科技法學探索系列 05　范建得教授主編

元華文創

區塊鏈
與營業秘密保護困難之突破

Utilizing Blockchain Technology to Solve Persistent Problems in Trade Secrets Protection

區塊鏈技術與營業秘密保護之對話

善用新興科技建構科技與法律之社會和諧進步

展望接軌世界區塊鏈司法實務之應用

郭彥呈
范建得　著

本書獻給所有跟我一樣被憂鬱症以及強迫症折磨的人，
我想告訴跟我一樣被精神疾病所苦的人，
你們並不孤單，
雖然疾病很折磨人，
但是一定要保持運動習慣，
一定要嘗試努力著生活並且努力好好活著。

同時也要感謝一路上陪伴我的師長以及朋友，
沒有你們我無法想像未來該怎麼生活下去。

最後希望有朝一日人們不會再被精神疾病所苦，
一定要相信外面的世界還是很寬廣幸福的。

致 謝

　　本著作能夠完成，必須向我的指導教授范建得老師致上最深的感謝，感謝范老師總是能在我迷茫的時候指引我方向，幫助我能夠鎖定問題以及梳理思緒，同時給我許多人生建議以及未來方向，每每與老師討論總能學習到許多新知，亦能一步步感受到自己的進步，我對老師的感謝實在太深太深，真的非常謝謝老師的指導。我也要感謝蔡昌憲老師、李紀寬老師兩位口試委員，在我論文口試的時候，提出許多精闢的建議，讓我能夠知道何處可以繼續加強，以及何處尚有可以繼續深入探索的領域，我對蔡老師以及李老師非常非常的感謝，謝謝您們每當我有問題的時候，都非常樂意解惑以及指導，我真的十分感謝您們。同時我也要向科法所每一位老師致上衷心的謝意，我所有的法律知識都是源自各位師長的教導，彥呈真心非常的感謝科法所能夠帶給我嚴謹的法學訓練以及知識培養，非常謝謝您們。

　　回首論文撰寫的過程其實對於大學剛畢業的研究生，是一大挑戰，為何說是挑戰，實係因為學術論文所要求的用字遣詞與日常行文多有不同，其所需閱讀之資料量非常的龐大，對於初入學門的生手而言，可能是一大難題。故在書寫論文以及閱讀資料的同時，如要我對於剛開始寫論文的人提出建議，我會建議可以常與同學以及師長討論，如此可以很大程度發現自己的盲點，以及看見需要加強之處。

　　上述感想是我的一點心得，與諸位朋友以及初入論文寫作的同學一起分享，同時也祝各位朋友在書寫論文的時候能夠鍥而不捨，在面對困難與挑戰之時大步向前，盡情地遨遊於知識之海。

序

　　本書共分六大章節，第一章為本書相關背景之簡介，包含問題意識以及研究方法，第二章則是簡介目前營業秘密於我國之概況，包含案例介紹以及營業秘密保護困境之討論，第三章則是對於近年發展中的新興科技區塊鏈之介紹，並探討區塊鏈是否能夠協助保護營業秘密，第四章則是簡介世界各國目前對於區塊鏈之發展與政策，第五章是實際探究區塊鏈技術應當如何與法律作互動，並提出如果要應用區塊鏈於營業秘密之保護，則實際上可以如何操作，最後第六章則是結論與建議。

　　補充言之，本著作係修改作者 107 學年度之碩士學位論文而成，本著作對於原學位論文做出修訂與增補，以期能夠符合目前區塊鏈之發展，若有不足或是疏漏之處，敬請告知，作者深知還有許多可以加強的地方，期望能與各位先進一起探討研究，一起探索區塊鏈的奧妙，非常感謝。

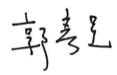

摘　要

　　隨著時代的進步，區塊鏈技術的出現對營業秘密之保護提供新的路徑，由於區塊練技術具有去中心化、可追蹤性、不可篡改之特性，其對於營業秘密的保護能有實質的貢獻，只要營業秘密所有人將其營業秘密加密上傳至區塊鏈，爾後若有訴訟問題發生，再解碼已入鏈的營業祕密，即可解決原先營業秘密訴訟中舉證困難之問題。本研究透過對於區塊鏈技術之探討，分析各國對於區塊鏈之應用，及各國對於區塊鏈法律面之發展，進而介紹區塊鏈如何與傳統法律進行合作。本研究初步結論肯定區塊鏈對於營業秘密保護的潛力，同時本研究認為我國應當妥善研究如何運用區塊鏈來保護營業秘密，此外亦應密切注意國際對於區塊鏈之發展趨勢，並思考如何讓法律的進步不落後於科技的發展。

　　關鍵詞：區塊鏈、營業秘密、智慧財產權、時間戳記

目　次

第一章　緒論

一、問題意識

　　關於營業秘密的保護，其係屬重要以及重大之議題，而此議題亦已係被世界上之先進之國家所為之重視，吾人對此係可以參見到，目前世界上除美國與歐盟對系爭之營業秘密，其所已為之相關之立法例外[1]，日本對於伊系爭之營業秘密之保護之相關議題，亦可係謂非常之重視。[2]而觀諸世界各國，在伊們營業秘密的保護議題上，其所討論之層次面上，係可知大陸對於系爭營業秘密之侵權層面，係已屬甚為之巨大，其係已對世界各國造成到可觀的商業上之損害，而如今在世界上數不盡的有關商業侵權案例之中，現可參從侵權系爭電腦軟體計算機，而試圖為獲利之「Supervision Inc 之 United States v. Fei Ye Ming Zhong 案」[3]，再到「高科技國防資訊之 Boeing 案」[4]，由此吾人即可

[1]　郭沐鑫(2016)，〈歐洲議會通過營業秘密保護指令〉，《科技法律透析》，28 卷 10 期，頁 4。作者指出，歐洲議會所通過之營業秘密保護指令為該成員國提供營業秘密之最低保護標準，但未涉刑事制裁而僅有民事救濟。

[2]　陳世傑(2015)，〈歐美營業秘密保護立法趨勢與對我國法制之啟示〉，《科技法律透析》，27 卷 2 期，頁 68-69。

[3]　United States v. Fei Ye. 436 F.3d 1117 (9th Cir. 2006).

[4]　補充言之關於波音公司與中國營業秘密之相關案件，亦可參考「The Economist」網站之報導，網站：https://www.economist.com/gulliver/2018/11/05/america-accuses-china-of-stealing-aerospace-trade-secrets (最後瀏覽日：10/01/2019) 同時關於國防科技與營業秘密之關聯性，可以參見章忠信「國防工業與之營業秘密保護」一文，網站：http://www.copyrightnote.org/ArticleContent.aspx?ID=8&aid=2826 (最後瀏覽日：10/07/2019) 作者指出國防科技工業是有可能亦與營業秘密相關，而關於如何妥善保護國防科技之營業秘密，亦係國家安全層面之問題。

得知，對岸對於世界之營業秘密於其之侵權層面，係為全面且可觀的。[5]

　　而在當今隨著網際網絡，以及資訊通訊科技之進步，伊們之高度發展對現世代的影響下，有學者係指出到，目前一企業，其所涵蓋，以及其所能掌控的智慧財產其之價值之統計，其中竟係有高達接近 7 成 5 的比例，係來自伊所掌握之所謂地「營業秘密」，緣此吾人即可得見到，在當今之訊息科技之技術，伊之蓬勃發展情勢下，系爭之企業體，究係應如何地妥善的保護，伊之珍貴且重要之營業秘密，不被任意為之竊取，抑或係遭不當之揭露，或係不當之取得等情事，係乃系爭企業的首要之急，然吾人於此亦可知，在現今之網路信息，以及前揭之通訊技術係已邁入到全新境界之情況，以其之無遠弗屆之趨勢，並無止歇之態勢下，吾人係可以預見到，未來世界高度數位化之網路世代之到來，其之必然性，以及其之蓬發面向將繼續地持續下去，而吾人若細觀世界於此之變化，其即可知此即對於系爭之企業，於其之營業秘密之保護之難度面上，更為之地雪上加霜，亦即吾人若從另一層面觀之，系爭之企業應對到，如此高度地科技之進步化之環境，其勢必將須對之投入更多地運營，以及維持之成本，進以維護及確保伊自身之利益。[6]然我國雖以科技為本，且係已著重到對數位人才之培養，惟近年來在營業秘密的保護層面上，係已一再地受到多重之打擊，對此吾人係可觀如，科技業之高階主管其於伊離職之嗣後，而帶走系爭企業之關鍵技術之情事，如梁 O 松案[7]，以及其他將於本文第二章介紹之各類案例，而由對之細部分析以及觀察到，我國曾係發生之各項之營業秘密相關之各大案例，吾人亦係可以推知到，目前社會上對系爭營業秘密之保護，其之問題層級之面向，可能係已上升至國安層面之相關的議題，而在其中對我國營業秘密的保護之危害面，最為之嚴重者，亦即換言之係對於營業秘密保護之議題，之最大之侵權地即係對岸，而此點

---

[5]　　曾勝珍(2010)，〈美國經濟間諜法施行成效之探討〉，《財產法暨經濟法》，22 期，頁 99-104。

[6]　　廖淑君(2014)，〈網路數位時代下之營業秘密保護探討—從美國白宮減少營業秘密竊盜管理策略談起〉，《科技法律透析》，26 卷 4 期，頁 33-34。

[7]　　補充言之，關於營業秘密案件整理，可以參見益思營業秘密管理產品知識分享園地網站，網頁：https://reurl.cc/e50aYK (最後瀏覽日：02/27/2020)

我國政府必須對之為密切地注意，以及持續的為觀察，進以能利社會之妥善
發展，以及完善到營業秘密之保護。[8]

　　目前之營業秘密其在保護之層次上，係已面臨許多困難，而其首要即係
關於到系爭之舉證層面的問題，吾人可知，一但面臨到有關營業秘密之爭議，
其在進入到訴訟層面上，系爭營業祕密之被侵害人，其究要如何對之妥善地
提出系爭之證據，用以完善地證明該營業秘密確為其之所有，其又應如何證
明該系爭之營業秘密，伊之營業秘密之三要件[9]，以及其究如何證明系爭營業
秘密，伊之侵害之發生時點等，在在之難處觀之係可得見到，其係確在實務
上存在到諸多之痛點。[10]而前述之困難係由於到，系爭之營業秘密其所內含之
私密性特點，其之特性即係在於，其係難以界定其之範圍，同時吾人亦難以
證明該系爭之被侵害人，伊確是權利人，而由此這也是當前營業秘密之訴訟，
其在進到法院為審理之時，係很難能對之成案的緣故，此外系爭之企業在伊
保護其極珍貴之營業秘密之時，其除須面臨到對內具有內部管理面上之問
題，而須要處理，其對外係亦面對到在法律上，對之舉證困難之窒礙，緣此
吾人當前若果要加強我國對於系爭之營業秘密的保護，及其之完善化層面，
吾人勢必須對之思考出全新的途徑，進以來保護此前人之難能可貴地智慧結
晶。[11]而對此可能地可以之突破之處，其係在於，在前揭所述現如今科技的快
速發展下，目前已新興出現之區塊鏈技術，其係正好可以嘗試地解決此一棘

---

[8]　張志朋、林佳瑩(2017)，《營業秘密訴訟贏的策略》，頁1，臺北：元照。

[9]　請參營業秘密法第2條：「本法所稱營業秘密，係指方法、技術、製程、配方、程式、設計或其
他可用於生產、銷售或經營之資訊，而符合左列要件者：一、非一般涉及該類資訊之人所知者。
二、因其秘密性而具有實際或潛在之經濟價值者。三、所有人已採取合理之保密措者。」

[10]　林昭如(2017)，〈從司法實務談「營業秘密管理指針」之內容管理〉，《科技法律透析》，29卷
3期，頁20。補充言之作者指出，由於當前社會其國際網路之發展，目前資料儲存之方式多元化，
營業秘密之洩漏可能之方式太多而防治困難。

[11]　補充言之請參經濟部智慧財產局網站，網頁：https://www.tipo.gov.tw/tw/cp-207-625771-ceb2d-1
.html (最後瀏覽日：10/17/2019) 該網站指出，傳統上營業秘密保護具有七大手段，其一係對於系
爭營業秘密之評估；其二係對於系爭營業秘密威脅之認知與偵測；其三係對於系爭營業秘密之保
護策略之完善制定規劃；其四係對於系爭營業秘密之存取權之限制；其五係公司對於其內部員工
之充足教育訓練；其六係公司對內需對於相關營業秘密之威脅與危害制定防範計畫；最後其七則
係若發現可疑事件則需立刻為通報以及相關處置。

手之問題，職是本文係欲藉由介紹區塊鏈的特性，而進而以之加以分析到，其與系爭之營業秘密保護之關聯面，以及其可對之提供地別於傳統理解上之保護方式，而係欲進一步地對區塊鏈究能如何的保護營業秘密，做相關之介紹與分析。[12]

二、研究目的

　　營業秘密的保護之所以困難，其係由於系爭之爭議，在其進入至訴訟階段之時，其在司法訴訟面上舉證之不易，而吾人在思考究如何解決該問題時，係參閱到近期所出現之新興科技，如 AI、大數據，以及區塊鏈等技術，其中由於區塊鏈技術的出現，其係提供了吾人對前揭問題之新的思考路徑，其可能係可以採行到別於傳統之方式，進以保護到系爭之營業秘密，是故本研究之目標，即係借重如今已備受社會界，以及各學術界討論之區塊鏈技術，就其之「特性」[13]，以及其可能之應用方式，探討其究能否對於系爭之營業秘密之保護，而能以提供嶄新的且可靠的保護之路徑，以其全新之方式處理目前的難處，同時亦係欲探究是否藉區塊鏈之助，而可能可以在未來伊於法院之訴訟層面上，善用其之應用面之優勢所在，而進以能對系爭區塊鏈之研究，究如何為保護系爭之營業秘密之疑問，嘗試地給出初步之探討與建議。[14]綜

---

[12]　補充言之請參經濟部智慧財產局網站，網頁：https://www.tipo.gov.tw/tw/cp-90-693761-02f9d-1.html（最後瀏覽日：10/17/2019）該網站指出，按澳洲智慧財產局對於 2018 年區塊鏈創新專利所發布之相關報告，可以知悉中國大陸係對於區塊鏈專利案之最大受理國，共計 1581 件，而其次則是美國、南韓、日本、歐洲以及澳洲等國。吾人由上亦可發見，目前區塊鏈之發展是在全球各地蓬勃盛行，對於區塊鏈之相關研究、實務以及報告亦是不斷推陳，而本研究對於區塊鏈之國際發展以及政策研究則將於本文第四章作介紹。

[13]　補充言之關於區塊鏈之相關技術介紹可以參考以下，高靖鈞、丁川偉、陳耀鑫、馬金溝、陳澤世(2017)，〈區塊鏈簡介與技術探討〉，《電腦與通訊》，169 期，頁 10。作者指出區塊鏈具有以下特性，分別係為不可竄改性、去中心性、透明性、安全性以及可追蹤性等特徵。

[14]　補充言之關於傳統上保護營業秘密之原則可以參考以下，曾勝珍(2019)，《智財權新研發—財經科技新興議題》，頁 245-246，臺北：五南。作者指出，傳統上營業秘密之保護措施計有六大主

上，本文欲達成之目標即係為，對我國營業秘密保護之未來，提供一新的可行之保護路徑，與相關之思考方向及模式，以期能讓我國對營業秘密之法治能更為地妥善。[15]

三、研究方法

本文之研究方法係有二，其一係為文獻分析法，此部係藉由海內外之學者之研究，而對於區塊鏈與營業秘密保護之應用，與其之方向作相關之介紹與分析；而其二則是比較法之研究，而本研究係透過比較各國對於營業秘密之立法例，以及伊們對於區塊鏈之相關地法律應用及政策方向，進以嘗試地對於區塊鏈與營業秘密之保護，在法律的架構下作介紹與分析，同時此外本研究亦會實際的探討各國對於區塊鏈之相關判決，進而對於我國可能可以為之學習或改進之處，作細部地介紹、分析，以及探討。[16]

軸，其一係為企業需加強員工對於營業秘密保護之認識以及法律責任之釐清；其二係為公司員工簽署保密契約係需負善良管理人之義務；其三係企業員工不得將營業秘密為洩漏之情事；其四則係企業須留意營業秘密之提供者其是否已經合法之授權；其五係員工不得將前公司之營業秘密使用於現任公司；最後其六則係社會各產業內需訂立營業秘密保護及管理守則。

[15] 鑑於區塊鏈具有去中心化、安全性、透明性、不可竄改性以及可追蹤性等特點，本研究於此欲探討是否能將區塊鏈技術應用於營業秘密之保護，同時探究區塊鏈技術對於解決目前營業秘密保護之困境之展望面、成效面以及實務面為何，故本研究之架構將於第二章對於當前營業秘密之保護現況與問題作介紹；於第三章對區塊鏈技術作探討；於第四章介紹世界對於區塊鏈之發展與政策；於第五章實際探討區塊鏈與法律之互動、展望與實務；最後則於第六章作出本研究之結論與建議。

[16] 補充言之關於我國現今營業秘密保護之困難，可由目前傳統法律上之訴訟實務觀之，對此可以參照王偉霖(2019)，〈高科技產業如何防止技術流失—營業秘密與敏感科技保護〉，施茂林(等著)，《智慧財產權與法律風險析論—人工智慧商業時代的來臨》，頁 682，臺北：五南。作者指出目前我國在訴訟上之實務，對於營業秘密案件之民刑事訴訟多存在審理費時之問題，其對營業秘密所有人難於法律上獲合適之保護，同時由於技術機密外洩其實質侵害已發生，而法院對該類案件結案動輒逾五年，故營業秘密之保護以現行之營業秘密法或是競業禁止規範可能稍嫌不足。由上作者對於營業秘密保護之現況可以發現，我國若欲完善營業秘密之保護，勢必須思考如何在現行規範以及實務困難之下，開創出全新的營業秘密保護途徑，而對此本研究則嘗試從區塊鏈的角度

（一）文獻分析法

本文係透過對各法學資料庫之檢索，進以分析國內外對於營業秘密之議題，以及國內外對於區塊鏈之討論做研究，並以華藝線上圖書館[17]、月旦法學知識庫[18]、法源法律網[19]、司法院全球資訊網[20]、Westlaw[21]、Google Scholar[22]、中國知網[23]等各式法律資料庫，以「區塊鏈」、「營業秘密」，以及「智慧財產權保護」等，為關鍵字做檢索，並對系爭搜尋結果之相關文獻，進行分析與統整歸納。[24]

（二）比較研究法

本研究係透過比較各國對於區塊鏈於法律面之應用，以及各國對於區塊鏈之實際地發展狀況，而嘗試對於我國使用區塊鏈技術，而進以來保護營業

出發，進而探討區塊鏈與營業秘密保護之對話可能性，以期對於我國營業秘密之保護盡棉薄之力。

[17] 請參華藝線上圖書館網站，網頁：http://www.airitilibrary.com/（最後瀏覽日：08/17/2019）

[18] 請參月旦法學知識庫網站，網頁：https://reurl.cc/VyVny（最後瀏覽日：08/17/2019）

[19] 請參法源法律網網站，網頁：https://www.lawbank.com.tw/（最後瀏覽日：08/17/2019）

[20] 請參司法院全球資訊網網站，網頁：https://www.judicial.gov.tw/index.asp（最後瀏覽日：08/17/2019）

[21] 請參 THOMSON REUTERS 網站，網頁：https://reurl.cc/e00nM（最後瀏覽日：08/17/2019）

[22] 請參 Google 學術搜尋網站，網頁：https://scholar.google.com/（最後瀏覽日：08/17/2019）

[23] 請參 CNKI 中國知網網站，網頁：http://cnki.sris.com.tw/kns55/default.aspx（最後瀏覽日：08/17/2019）

[24] 補充言之目前區塊鏈於我國法律面之討論有越來越蓬勃的趨勢，對此可以參見如鄭婷嫻(2018)，〈區塊鏈技術應用於我國公司治理法制之研究〉，《東吳法律學報》，30 卷 3 期，頁 6。作者指出區塊鏈技術之應用已不限於虛擬貨幣之面向，該技術之特點應被注重於其三大特性，分別係其一不可竄改性、其二可認證性、以及其三透明性，而透過前述特點之應用其可推廣之層面已擴及至保險面以及監管面，而其衍生之法律議題亦須受到重視與討論。此外亦有學者注意到區塊鏈智能合約之相關法律議題，對此可以參見林玟君(2019)，〈區塊鏈智能合約的契約法問題〉，《中正大學法學集刊》，63 期，頁 136。作者指出所謂智能合約係將締約之雙方當事人其約款以程式碼之方式訂立，而一旦約定之條件成就，則該智能合約即會自動執行之，其特點可讓雙方無信任基礎之締約人進行適當之合約訂立。由上述舉例可以發見，目前我國對於區塊鏈之討論已不限於虛擬貨幣或金融科技之面向，當前學者們正逐漸重視到區塊鏈技術於社會各產業面其應用潛力，以及相關法律議題之探究，故妥善探討區塊鏈於法律面向之應用潛力以及問題須受關注及正視，以利社會之發展與進步。

秘密之前景，做出實質之建議，以供政府為相關之參考。[25]而主要的比較對象，則是對於區塊鏈之發展，以及法律實務面走在前端，同時也是對於我方營業秘密之侵權，最為可觀之中國大陸，及對於智慧財產權保護之國際權威機構如 WIPO[26]以及 EUIPO[27]等組織，以及相關歐美等先進國家，伊們對區塊鏈之態度做研究，簡之，本研究係欲藉由觀察到，各國究係如何處理營業秘密與區塊鏈之關係，而在對伊們為分析與歸納後，進而回顧到我國之法制，最後則係再對我國之法制，以及政府單位提出相關之建議，與未來可以改善之方向，以供參考。[28]

四、研究範圍

有關智慧財產權之範圍及討論，伊係具有非常多的領域以及面向，而本研究雖會提及到諸多智慧財產權之相關法律，諸如著作權，或係商標權等，然由於時間以及篇幅之限制，本文將僅係對智慧財產權中之營業秘密之議題，做相關深入地探討。[29]而本研究即係以我國之法制為中心，對外輻射的探

---

[25]　關於世界各國對於區塊鏈之發展與規範，可以參見本文第四章之討論。補充言之，目前區塊鏈技術之應用已不限於金融之領域，其在非金融科技之面向亦十分具有發展潛力，對此可以參照王睦鈞(2019)，〈日本熱情擁抱區塊鏈的秘密〉，《臺灣經濟研究月刊》，42 卷 10 期，頁 94。作者指出區塊鏈技術將顯著影響社會經濟之發展，同時日本政府已建立區塊鏈之監管框架，以利區塊鏈技術與社會之結合。

[26]　請參 WIPO 網站，網頁：https://www.wipo.int/portal/en/index.html (最後瀏覽日：08/17/2019) 補充言之 WIPO 之全名為「World Intellectual Property Organization」，其譯則係世界智慧財產權組織。

[27]　請參 EUIPO 網站，網頁：https://euipo.europa.eu/ (最後瀏覽日：08/17/2019) 而補充之 EUIPO 全名係為「EUROPEAN UNION INTELLECTUAL PROPERTY OFFICE」，其譯名則係歐盟智慧財產局。

[28]　補充言之，目前世界各國對於智慧財產權之保護多有所重視，對此參見陳銘祥、吳尚昆、陳昭華、張凱娜(2019)，《智慧財產權與法律》，頁 59-61，臺北：元照。作者指出所謂 WIPO 係指世界智慧財產權組織，其內成員國計有 184 國，約佔世界國家總數之九成，而該組織之設立目的則為在保護創新及創造之同時，維護會員國之公共利益並促進經濟之發展。

[29]　補充言之營業秘密保護之重要性體現在，國內各大產業時常出現機密資訊或核心技術遭有心人士

討系爭營業秘密之保護，以及伊與區塊鏈交互之議題，而主要之比較對象除了歐美等國外，則係中國，本文之所會以此範圍為限定之故，即係由於，除歐美國家對於區塊鏈及營業秘密之探討，係多有所相關研究而係深具參考之價值外，由於中國大陸係為侵權我方營業秘密之主要的來源，其對於我國營業秘密之侵害案件，所占之比率極高，而於此部分之相關細部介紹，以及其實務案例面之分析，亦係可參本文第二章，關於我國營業秘密之重大侵害案例之介紹，且此外亦係由於到，對岸在世界上之地位係屬極為之重要，是故於之為深入的研究實屬非常必要。[30]而前揭之外最主要之原因，則係因中國對於區塊鏈之相關的學術研究，與其之發展層面，係已極為之迅速與蓬勃，且其已係居於全球研究及產業之領先地位，其之產業面於區塊鏈之應用，以及其在法律之實務面之發展，對於區塊鏈相關的司法解釋，及有關部門之規章亦已有所訂立，若由此點觀之，即可知若欲完善的保護系爭之營業秘密，除在研究歐美等國對於區塊鏈之觀點外，中國勢必亦是必須深入探討之對象。[31]綜上，本文選定之研究範圍係將著重於中國及歐美之國家，同時亦參考世界上對智慧財產權之議題，其相關面向之重要的組織，諸如 WIPO[32]或 EUIPO[33]等，以之作為比較研究之對象，之後再行回顧到國內對於系爭之營業秘密法，以及區塊鏈之應用的現況層面為檢討，嗣而再對我國政府機關，提出相關之建議，與可能可以進步之方向。[34]

外流或外洩至競爭對手，造成企業之重大損失，故營業秘密保護之重要性對於我國已為重中之中，而相關營業秘密侵害之案例可以觀察如台積電案及友達案等，可以參見施茂林、顏上詠 (2019)，〈智慧財產權與法律風險治理〉，《智慧財產權與法律風險析論—人工智慧商業時代的來臨》，頁 27-28。

[30]　請參本文第二章營業秘密侵害案例之介紹，包含台積電案、巴斯夫案以及深化鎵案等。

[31]　由於目前對岸科技正高度且快速的發展，其對於侵權我方各產業間之核心技術以及機密資訊之案例所見不鮮，故當前確保如何使我方企業其營業秘密能夠受到妥善之保護實為關鍵，故對於對岸現況以及相關規範及發展需有所研究以及重視，前述討論可以參見王偉霖(2019)，前揭註 16，頁 664。

[32]　參見 WIPO，前揭註 26。

[33]　參見 EUIPO，前揭註 27。

[34]　關於本文之結論與建議請參本研究第六章之介紹。

五、研究架構

　　本研究第一章係為緒論，係將分別對本研究之緣起，再到系爭問題之提出，以及相關之重要詞彙之定義作介紹，而第一節係介紹問題意識，第二節係為研究目的，第三節係為研究方法，第四及五分別係為研究範圍，以及研究架構，最後第六節則是對本文之相關重要名詞作定義與解釋。[35]

　　第二章將會從當代對於營業秘密保護之現況作介紹，亦將對營業秘密做定義，並介紹我國曾發生之重要營業秘密侵害之案例，最後再介紹目前營業秘密保護之難點究竟何在，並且探討究係有何解決當今營業秘密保護難點，其之創新之方法，本章第一節係為營業秘密保護現況，第二節則係論述重大營業秘密侵害案例，第三節則係綜合上述，而提出當前營業秘密保護之問題，第四節則係對我國企業如何因應系爭營業祕密被侵害之問題，而作探討，並指出目前引入新興科技來應對營業秘密侵害現況，其之必要性。[36]

　　第三章則係對能解決當前營業秘密保護問題之區塊鏈技術作簡介，並介紹為何係能透過區塊鏈，以之來保護系爭之營業秘密，以及引入區塊鏈技術的必要性究竟何在，同時亦對區塊鏈於保護營業秘密之展望面作介紹，職是本章第一節為區塊鏈之簡介，第二節則對區塊鏈保護智慧財產權之潛力作介紹，第三節係對區塊鏈能如何保護營業秘密做討論，第四節則係綜合前述討論對本章為小結。[37]

　　第四章則是對於目前世界各國對於運用區塊鏈於政策面、法律面、實務面，以及案例面作介紹，藉由比較各國之不同的面對區塊鏈之態度，嘗試的歸納出適合我國運用區塊鏈來保護系爭營業秘密之方式，而比較之國家則係

---

[35]　本研究第一章包含問題意識、研究目的、研究方法、研究方法、研究架構，以及重要名詞解釋。

[36]　本研究第二章包含營業秘密保護現況、重大營業秘密侵害案例、當前營業秘密保護問題，以及營業秘密保護展望。

[37]　本研究第三章包含區塊鏈簡介、區塊鏈保護智慧財產權之潛力、區塊鏈如何保護營業秘密以及本章小結。

由當前智慧財產保護研究之先進國家，如歐美地區，以及對於區塊鏈發展迅速之中國，而在上述作為案例研究對象外，同時亦會參考鄰近我國之先進國家，其之政策及實務方面，如日本及韓國，及位於大洋洲之高度法治化之國家澳洲，藉由細部的探究前述各國對於區塊鏈之態度，進而還原到各國對於區塊鏈發展之圖像，因此，本章第一節係介紹英國案例，第二節係為歐盟案例，第三節則係為美國案例，第四節則係為澳洲案例，第五節係為日本案例，第六節係為韓國案例，第七節則係為中國案例，第八節則係為我國案例，最後第九節則係整合上述討論作為本章小結。[38]

第五章則是對於區塊鏈於我國營業秘密保護之展望作介紹，第一節係簡介區塊鏈當前係處於示範之階段，第二節則是對於區塊鏈之實際法律操作性做介紹，第三節則是對區塊鏈如何應用於我國營業秘密法作介紹，第四節則是整理目前我國主管機關之態度，並於最後提出對主管機關之建議。[39]

第六章則是綜合上述討論，提出本文之結論與建議，第一節係為本文結論，第二節則係本文建議，第三節係未來展望，最後第四節則係未來研究之方向。[40]

六、名詞解釋

本節係將對本文之論題，以及相關之重要詞彙作名詞之解釋，目的則係欲透過本節之介紹，以使後續本文所討論之概念能夠更為之清晰。是故以下將針對本文出現之重點名詞作簡要地解釋，而分別將以法律概念之營業秘密，以及技術概念之區塊鏈作介紹，而後更詳細之法律名詞，以及技術名詞

---

[38] 本研究第四章為介紹當前世界各國對於區塊鏈之發展以及政策現況。

[39] 本研究第五章包含區塊鏈示範階段、區塊鏈之實際法律操作性、如何應用區塊鏈技術於營業秘密之保護、主管機關之態度以及對於主管機關之建議。

[40] 本研究第六章包含本文結論、本文建議、未來展望，以及未來研究方向。

之介紹將於本文第二章以及第三章作探討與解釋。[41]

（一）營業秘密

　　首先，係對究竟何謂「營業秘密」，為初步簡單之討論，而關於該系爭營業秘密之「定義」，以及其之「要件」等，伊係規定於我國營業秘密法第 2 條[42]，吾人若觀察該法條之文字即係可知，其中係已明定到對於營業秘密伊之定義，與其之保護要件，然須對之留意的主要係有三點，分別是其一之「秘密性」，其二之「經濟價值」，以及最後其三之「保密措施」[43]，而以上吾人究需如何為判斷及理解，則留待第二章為介紹，此外，同時間吾人亦須注意到，究本法之立法目的為何，可查，其即係要保護該系爭從事「發明」或為「創作」之人，係欲使其所對之付出的心血，以及伊所為之努力，能不被他人所為的不當行為「竊取」之，是故，我國政府遂已採行「立法」之方式，而對之為相關的保護，並係採取在「鼓勵」系爭之「創作」，以及該系爭「發明」之外，係欲藉由到本法之訂立，進以能維持我國社會之「正當」的競爭秩序及其環境，若需補充言之，則關於區塊鏈與營業秘密之交錯，以即與之的具體保護方式，可參第三章之介紹。[44]又其中關於營業秘密法上的詳細討論，將係由本文第二章做細部的論述。[45]

（二）區塊鏈

　　其次，係對於區塊鏈為解釋，而關於系爭區塊鏈的起源面，則係需從中

---

[41]　本文以下將初步介紹本研究將會提到之重要名詞，包含其一營業秘密、其二區塊鏈、其三比特幣、其四以太坊、以及其五智能合約，而詳細之解釋則可以參見本文第二章營業秘密之介紹，以及第三章區塊鏈之相關討論。

[42]　補充言之，關於營業秘密法第 2 條之實務見解，可以參見最高法院 102 年度臺上字第 235 號判決。

[43]　請參營業秘密法第 2 條：「本法所稱營業秘密，係指方法、技術、製程、配方、程式、設計或其他可用於生產、銷售或經營之資訊，而符合左列要件者：一、非一般涉及該類資訊之人所知者。二、因其秘密性而具有實際或潛在之經濟價值者。三、所有人已採取合理之保密措者。」

[44]　林洲富(2018)，《營業秘密與競業禁止》，頁 2-3，臺北：五南。

[45]　本文第二章將介紹營業秘密之規範、重要案例、保護難點以及新興展望。

本聰[46]的比特幣之建立，所為之談起，區塊鏈係作為伊之「底層技術」而為世界所知，對此，吾人係可將其理解為一所謂地「大型之去中心化之資料庫」。[47]簡而言之，所謂地區塊鏈體系，其即係一大型之「公共參與之帳本」，而究其之運作模式實係藉由在該系統內之各個「節點」，伊們所為之共同地參與該系爭之「記帳」程序，又在其中之每個區塊鏈之使用者，伊們雖係都是採行各自獨立之記帳，但彼此間之記帳的內容卻可係屬為一致，而在藉由前揭技術之特性下，由此點吾人即係能推導出，該系爭之區塊鏈技術，其核心所內含之重要特點，亦即其著名之「不可竄改」、「去中心化」，以及「資訊透明」等諸關鍵之特性。[48]於此補充而言道，對於系爭之區塊鏈技術，其之發展脈絡及途徑，吾人係可將其以三部分為理解，而在其中之具體演進方向，其一即係指所謂地「區塊鏈 1.0 之架構」，在該階段中之焦點，係為所謂地「數位貨幣」；而其二則係指「區塊鏈 2.0」，而在伊階段之關鍵則係所謂地「以太坊」與「智能合約」；其三則係「區塊鏈 3.0」，在此階段區塊鏈之演化面向，其係已超脫前述所及之數位貨幣(或稱虛擬通貨)，或係於金融領域應用之層面，而進而係已將該系爭區塊鏈之技術，應用在社會之各方向，諸如其一之「行政系統面」、其二之「藝術面」、其三之「企業面」，以及其四之「醫療面」等，亦即，伊係已於社會之各面向之不同的領域間，為之相關地應用之方案與模式，若需補充言之，現工業 4.0 技術下之區塊鏈體系，有論者已指出其將帶來世界全新的治理模式。[49]而關於區塊鏈之詳細介紹將於本研究第三章做闡釋。[50]

---

[46] 請參動區 BLOCKTEMPO 網站，網頁：https://www.blocktempo.com/who-is-satoshi-nakamoto-2/ (最後瀏覽日：06/25/2019) 而關於中本聰之身分訊息，雖其曾 P2P Foundation 註冊時留下其係 1975 年 4 月 5 日出生之男性日本人，然該資訊之真實性尚存質疑，目前中本聰之真實身分仍究不明。

[47] 楊佳侑(2018)，〈比特幣有機會成為新經濟時代的主流貨幣之一嗎？〉，《經濟前瞻》，175 期，頁 95。補充言之作者指出，比特幣係由中本聰所創造出之世界上第一個「分散性數位貨幣」。

[48] 張東風、沈誠(2018)，〈區塊鏈技術在稽核中的應用探討〉，《內部稽核》，100 期，頁 13-14。補充言之作者指出，區塊鏈之特性具有高保密性、高安全性、高可信度、可追溯性以及具有共識機制以及時間戳記等運作模式。

[49] 蔣勇、文延、嘉文(2018)，《白話區塊鏈》，頁 14-16，臺北：碁峰。

[50] 本文第三章將介紹區塊鏈之緣起、發展、特性以及區塊鏈之相關應用。

（三）比特幣

　　再其次，則係對究何謂「比特幣」為解釋，而關於所謂比特幣之起源，以及於其之發展脈絡，吾人係可以首先參見到，對於該系爭比特幣以及區塊鏈，在全球地域蓬勃發展之關鍵人物，亦即極著名之「中本聰」，可查，伊係曾在2008年10月31日所發表的一篇，伊名為「A Peer-to-Peer Electronic Cash System」的論文[51]，其即為現今比特幣以及區塊鏈之時代，揭開了帷幕，而觀伊之主要地貢獻可知，其係在於使的現比特幣之概念，與其之相關之應用於全球之區域，為之極快速地發展，而吾人若參閱其中所內涵之觀念，係可得知到，所謂比特幣的特點即在於，其係基於到所謂地「密碼學」的原理，其係採用系爭之技術，而對伊為之「加密」，進以能為別於傳統之系爭交易系統，且觀伊之特別係在於，其係並不需要為系爭交易之雙方，在已具備「信任」彼此之基礎上，而再以為系爭之交易，此外，吾人亦可得見，在應用前述比特幣而為系爭交易之優點，其關鍵即係在於到，其係可以保護運用其之特定的買家間，伊們為系爭交易之高度「安全性」[52]，且同時間該比特幣係屬於一種，吾人可對之為理解到，即之所謂地「去中介化的電子支付」之系統，而伊即係有別於一般傳統上，所採行之「中心化」的交易體系，換言之，其即係內含以「去中心化」此一概念為核心，又至於其所包含之技術面，則係採用到所謂「工作量證明機制」(POW)而為伊之運作，在該系統內，於其中之各節點間，伊們係為彼此互相之獨立，此換言之，在其中系爭之節點間，伊們係可以隨時地為離開，抑或是「重新」地為之加入到該系爭之網路系統[53]，此外，吾人若就現規範面之相關趨勢以觀，吾人即係可得知到，在目前階段美國以及德國等國，係已開始推動對於區塊鏈以及相關之「加密貨幣」(虛擬通貨)之法規及規範，緣此，對前述區塊鏈以及加密貨幣等，究伊們後續之發

---

[51] *See* Satoshi Nakamoto, *Bitcoin: A Peer-to-Peer Electronic Cash System.*(2008) 電子檔參見，https://bitcoin.org/bitcoin.pdf (最後瀏覽日：06/25/2019)

[52] *See* Satoshi Nakamoto ,supra note 51.

[53] *See* Satoshi Nakamoto ,*supra* note 51.

展及應用，吾人實係有必要繼續地對之為密切之觀察。[54]

（四）以太坊

其四，則是對於所謂「以太坊」為解釋，而關於所謂以太坊的具體概念，可查，其係包含了三大層涵義，伊分別係其一之「以太坊價值協定」，其二之「以太坊價值網路」，以及最後其三之「運作於價值網路上之分散式應用生態」，而對於該以太坊其所內含之體系及其之架構，以及伊之技術所運行之方式，吾人若對之細觀，可知其特性即係，究於該系爭之「以太坊(Ethereum)」系統，其即係屬是一個「開源的」，且係以前述系爭之區塊鏈技術，為伊所謂之「底層技術」，且同時，其亦係包含到目前已備受社會各界多所討論之，所謂地「智能合約」之功能，而綜之可得，伊即係一大型地「分散式公開之計算平臺」，而伊於其內則係含有到自己的「程式語言」，而在其中吾人係可以得見到，前揭所述之所謂地智能合約，伊係為在該系爭以太坊系統中，扮演到最「重要」的部分[55]，且同時間在系爭以太坊內之運作，其係已具備了屬於自己的數位貨幣，而進於內為之該系爭之諸交易，又其係稱作為「以太幣(Ether)」，而吾人對此係可將其之功能理解為，其係用作為系爭以太坊於其內之各「節點」，伊們於進行所謂地「共識活動」之時，其們所為之的「助燃劑(Gas)」，而此若觀察該助燃劑之作用，吾人係可以將之觀察為，現於該系爭以太坊之內部，查伊所生之交易之成本，伊前所運用地該系爭之交易機制，其之作用即係在於為「防止」到，於其內之可能之「無意義之交易」之產生。[56]進步言之，目前吾人若細觀系爭以太坊之體系內，伊係可供系爭網路上之系統的交易，亦即，究伊之處理能力，吾人係可得其係約為

---

[54] 請參 Anue 鉅亨新聞網站，〈虛擬貨幣現況比特幣要泡沫化？ 專家：現在是過熱轉穩定發展〉，網站: https://news.cnyes.com/news/id/4303711 (最後瀏覽日：08/21/2019)

[55] 補充言之關於智能合約之功能及特性，可以參見林玫君(2019)，前揭註 24，頁 141。作者指出智能合約係透過區塊鏈技術為底層技術，故當智能合約成立後，其按區塊鏈之特性即可將交易資訊安全透明的儲存至分散式帳本中，故智能合約其特點為，其可於不須第三方之介入下確保系爭交易的安全。

[56] 參見蔣勇、文延、嘉文，前揭註49，頁 77-79。

每秒可完成到「25」個交易，而由於該系爭之以太坊其之結構的特性面上，其係將其內所有地智能合約，都係存在於系爭網路上之每一個「節點」之中，是故，其係已具備了前述曾提及之，重要地區塊鏈之諸特點，其係即如所謂地「不可竄改性」、「透明化」，以及「去中心化」等重要地核心特性，而觀此類之特點，亦係已讓系爭之以太坊已係成為到，目前於伊之社會之網絡上，許多地採用前述之去中心化地分散式的應用之諸平臺間，伊們所較受喜愛為使用的相關之「架構」，若需補充言之，則在區塊鏈 2.0 中以太坊與下述之智能合約，即係其之要角，而須留意之。[57]

（五）智能合約

最後，係對於所謂「智能合約」之概念為探討，以及對其現如今之發展脈絡做初步地介紹，而首先吾人對之係可參，從最早提出該系爭智能合約概念的尼克・薩博(Nick Szabo)[58]，其係將之以吾人日常生活中，所常遇之「自動販賣機」，嗣以其之交易模式為例，而作相關解釋。[59]而吾人若細觀前揭該系爭自動販賣機，可查，伊之常見交易地行為模式，以及從其所內含之該「軟體」系統的視角，伊之觀點以為細部地觀察，即係可將吾人日常地生活中，所對之為投遞該系爭「零錢」，而為「交易」系爭「飲料」的過程簡化到，於今日，若該系爭之顧客伊對該機器投入到「10」元的新臺幣，且其同時伊係「按壓」該系爭販賣機，伊「面板」上之「A」按鈕，則該機器係會對之掉出烏龍茶，而按同一邏輯，若現該系爭之顧客，伊係亦投入 10 元且按此次壓 B 按鈕，則伊係將掉出紅茶，進步言之，其按壓 C 按鈕則係會掉出運動飲料等[60]，此時，吾人即係可從上述之舉例為觀察，以及對為思考到，當前述嘎系

---

[57]　參見蔣勇、文延、嘉文，前揭註 49，頁 77-79。

[58]　關於尼克・薩博的論文、著作以及更多資訊，請參其個人網站，網頁：https://reurl.cc/al49gZ (最後瀏覽日：10/22/2019)

[59]　*See* Nick Szabo, *The Idea of Smart Contracts*, Formalizing and Securing Relationships on Public Networks.(1997)

[60]　陳恭(2017)，〈智能合約的發展與應用〉，《財金資訊季刊》，90 期，頁 33-39。

爭之交易行為，伊在進行之時，前揭該系爭自動販賣機伊內部之「系統」，所應對到現外界所為之「投幣」地行為，以及為「按壓」之動作，其內部將所反應的「軟體」地思路流程，及伊之現體系，以及其內所依循地所謂「條款以及條件」究係為如何，而此時，諸如前揭按壓該何種之按鈕，以及，伊於現何所投入之金額，即其嗣所對應之品項，其即係是此部所謂地「智能合約」，伊之具體之運作模式顯現，且同時吾人此亦可觀察到，究其之交易之過程，伊係已無須第三方為之介入，而在該舉例中，可查即僅係該系爭自動販賣機，及顧客之二者，嗣伊們係採行到所謂「點對點」之方式為之，且實係由該系爭之軟體，伊「自動」地運行之，若需補充言之，則關於許多按智能合約而出現 Dapp 等，實亦有關注之必要，又關於區塊鏈之細部發展流程，可參以下第三章之相關討論。[61]

又對於前揭系爭智能合約之運作模式，吾人係可再進一步對之為相關解析，而伸言道，所謂地「智能合約」，其即是將該系爭締結合約之系爭交易之雙方，係藉助及透過到，目前正新興地前揭區塊鏈之技術，而以伊為中心之方式，將該締約之雙方之系爭交易，依其系爭之條約款項，而係採用到所謂之電腦「程式」化之「代碼」，進而以之「編寫」至該系爭的締結交易合約之內，在此時吾人即可對之為細部之觀察，即可知，該系爭交易中之「締約」雙方，伊們係並不須有任何地，互相為「信任」之基礎，而此際究其之原因，即係因該智能合約，伊係由所謂地「代碼定義亦由代碼執行」，則按此一特點，吾人可知伊即係指該系爭之智能合約，其一旦締約當初所設之「條件」已達成就，其即係為之「啟動」，換言之，其即會「自動」地運作，並且係採「強制」而為執行之，是故，由此技術之特性，即可見知，其即係確保了前述該系爭之合約，伊之未來係不會被人為地任意為之修改，或係對之為「偽造」，抑或係為「變造」之，是故，按此部之特點，吾人即可知悉到，伊係可以進免去外在之「人為因素」，所進而導致之「不確定性」，綜之，其係已較之「傳統」面的，所謂地人為執行的合約，而將來得更加地有效

61　參見陳恭，前揭註 60，頁 33-39。

率，若需補充言之，則從此點亦可觀察到現工業 4.0 之進步科技，發展實
之迅速。[62]

---

[62] 王文宇 (2018)，〈虛擬貨幣與智能合約的應用與法律問題〉，《會計研究月刊》，397 期，頁 1-7。
作者指出，智能合約的應用面臨許多考驗，若果交易雙方沒有在設計智能合約時，事先約定管轄
法及準據法，則當契約面臨爭議而一方要在某地提起訴訟時，該適用何種實體法律將會成為問
題。故作者建議，將準據法以及約定之管轄法院明確的寫入智能合約中，是避免上述問題發生之
應對方法。

第二章　營業秘密之保護現況與問題

一、營業秘密保護現況

　　智慧財產權之保護是國際間極為重視之議題[63]，在其中「營業秘密」是智慧財產權保護體系中之一環，而關於系爭營業秘密保護之脈絡及其沿革，所謂地「TRIPs」[64]係被認定是國際上，首次詳細地列出關於系爭「營業秘密處理準則」之多邊化地文件，伊其中之核心內容，係規範了「WTO」[65]之會員國，其們係必須遵照其之內容，而調整該內國之相關地法規範，而我國在 2002 年加入 WTO 後，目前係已依照「TRIPs」，而陸續地修定了國內智慧財產權保護之相關規範。[66]此外，關於系爭營業秘密法之保護體系，在我國是以訂立專法之方式，來為之保護[67]，而此舉係與國際社會上，施行智慧財產權保護之先

---

[63]　關於智慧財產權於國際間之相關界定規範，可以參見洪永城(2019)，《智財策略與專利攻防》，頁 28-34，臺北：五南。作者於該章節對於 WIPO、TRIPS 協定、NAFTA、特別 301 條款進行論述作相關介紹。

[64]　請參 World Trade Organization 網站，網頁：https://reurl.cc/50Alv (最後瀏覽日：08/17/2019) TRIPs 全名為「Trade-Related Aspects of Intellectual Property Rights」，而其譯名則係與貿易有關之智慧財產權協定，補充言之該協定之生效日期為 1996 年 1 月 1 日始。

[65]　請參 World Trade Organization 網站，網頁：https://www.wto.org/ (最後瀏覽日：08/17/2019) WTO 即係 World Trade Organization 之縮寫，而其譯名則係世界貿易組織。補充言之其於 1995 年 1 月 1 日成立，總部位在瑞士日內瓦，其預算為 2.09 億美元，目前共有 164 個成員，而我國已於 2002 年 1 月以「臺灣、澎湖、金門、馬祖個別關稅領域」之名義加入之。

[66]　請參外交部網站，網頁：https://www.mofa.gov.tw/igo/cp.aspx?n=26A0B1DA6A0EBAA2 (最後瀏覽日：08/17/2019) 補充言之 WTO 之成立目的係促進世界之公平性以及可預測性。

[67]　補充言之我國對於智慧財產權保護網之法律規範種類，可以參見洪永城，前揭註 63，頁 30-31。

進的國家,採行相同之模式。[68]而在初步概述的介紹營業秘密後,本章將嗣細部地簡介,關於系爭營業秘密之保護,伊之起源面、定義面,以及對該營業秘密之保護,其在當前所遇到之問題,並藉由我國實際曾發生之案例,以做為例示,進以詳細地探討目前營業秘密保護之困難,究竟係何在,同時亦係將針對我國現如今所面對之難題,提出可能可以之處理之方向,而最後將在本章後段處理至我國究是否,具有有引進到目前科學上新技術之需要,進而對以區塊鏈完善我國營業秘密保護,伊之必要性作相關地討論。[69]

(一)營業秘密保護之沿革

1.歷史起源

關於系爭營業秘密保護之緣起,係可以追溯至古代之「羅馬帝國」時期,當時係有所謂地「禁止收買奴隸之訴」[70],而該訴訟之目的,係即為防止系爭之營業秘密,遭他人為不當之利用之起源,其係欲使得該奴隸不會被他人以金錢為之利誘,進而可能洩漏伊之主人之商業機密地訊息。[71]而由上,吾人係可知悉到,系爭營業秘密的起源甚早,然隨著當今科技的發展,已係與古代社會之環境,不可相類比之,且目前的商業運行之處境及模式,已係與從前大不相同,其中現世界係已經歷過三次地工業革命,而目前係亦正進入「工業 4.0」[72]之發展,全球之科技係已正處在飛越般之向上提升之層面,是故在當前地時空環境之下,觀察系爭營業秘密之保護,伊與現代科技發展之間的

---

[68] 吳毅勳、梁光宇、徐嘉謙、蕭家捷、游怡伶、賴弘捷、魏偉城、陳晙男(2018),《營業秘密管理體系之創建》,頁 15-17,臺北:新學林。

[69] 本章將先後介紹營業秘密保護之現狀、營業秘密侵害之案例、營業秘密保護之困境以及營業秘密保護之新機。

[70] 補充言之亦有學者稱之「奴隸誘惑之訴」,對於營業秘密起源之相關介紹可以參見洪永城,前揭註 63,頁 248。

[71] 王偉霖(2017),《營業秘密法理論與實務》,頁 4,臺北:元照。

[72] 請參商周.com 網站,〈猜一猜,什麼是「工業 4.0」?〉,網頁:https://reurl.cc/6A676(最後瀏覽日:08/17/2019)該網站指出所謂工業 4.0 係由德國政府所推行之「高科技戰略」而生,其欲促進德國之繁榮以及改善就業狀況,其透過應用先進之技術以促進產業於生產面以及效率面之提升。

關係，實係對於研究當前系爭營業秘密保護之取徑，係為之重要地方向。[73]

2.保護理由

(1)維護競爭秩序

關於保護系爭營業秘密之理由，首先係可參我國營業秘密法第 1 條之明定：「為保障營業秘密，維護產業倫理與競爭秩序，調和社會公共利益，特制定本法。本法未規定者，適用其他法律之規定。」[74]吾人從其中之文字描述係可知悉，我國之營業秘密法，其之保護的目的之一即係「維護競爭秩序」，而所謂維護競爭秩序之所以重要，其是由於，若由國家立法以來保障系爭之營業秘密，吾人即將能使得系爭交易之雙方，伊們可在不傾向洩漏他們在為系爭交易之過程中，所獲知到的營業祕密，如此一來，該系爭交易之雙方，係將能於屏除在所謂之「不正方法的競爭」之前提下，係可以安心地在系爭交易之過程中，進以提出伊們系爭之營業秘密，而換言之，其係將進而可達到對系爭產業倫理之形成化，以及對社會秩序之得以維護。[75]

(2)促進創新研發

關於保障系爭營業秘密之重要性，其係在於鼓勵系爭之產業為研發，而由於該營業秘密之標的，現已係有法律為明確之規範，且同時間亦已進行相關之保護，故該系爭企業，其於為研發或係進行創新之際，伊自然將能有所本，進而蓬發其之技術，且藉助我國營業秘密法之訂立，系爭之企業係將得認知到，其之交易對象，或伊之競爭對手，將不敢為隨意的、任意的所為之外洩，抑或係盜取該系爭企業，伊之核心且關鍵的營業祕密，而在嗣系爭企

---

[73] 陸品丞、李宜靜、李宜玲(2019)，〈工業 4.0 通訊技術於運動控制系統之應用與趨勢〉，《機械工業雜誌》，434 期，頁 8。補充言之，作者指出工業之發展已進入工業 4.0 之時代，此世代之工業特點則係為虛實整合、自動化以及智慧工業。

[74] 請參營業秘密法第 1 條：「為保障營業秘密，維護產業倫理與競爭秩序，調和社會公共利益，特制定本法。本法未規定者，適用其他法律之規定。」補充言之，我國營業秘密法共有 16 條條文，其定位為民法之特別法，營業秘密法第 1 條為立法宗旨，第 2 條則係規範營業秘密之定義與要件，最新修正日期則在民國 102 年 1 月 30 日。

[75] 參見王偉霖，前揭註 71，頁 6。而關於營業秘密意義之相關論述，可以參見張凱娜(2018)，〈營業秘密〉，趙晉枚(等著)，《智慧財產權入門》，頁 317-324，臺北：元照。關於營業秘密之立法目的之相關討論，可以參見林洲富，前揭註 44，頁 2-3。

業能係具該認知下，吾人即可得推知，藉由本法之訂立，其係對於系爭產業之發展與創新層面，自然地會有所助益及幫助之。[76]

（二）營業秘密之定義

關於系爭營業秘密之發展脈絡，吾人係可對其之發展沿革，作細部地理解與相關介紹，其中在我國較早期的討論上，已有學者對於該營業秘密之保護面作為系爭之論述，而其係認為所謂地「Know-how」[77]，係可將之譯作所謂地「技術秘竅」，而吾人此際觀其之特性可知，其係雖非屬「專利權」之保護範圍，惟其仍係是我國智慧財產權之保護中，極重要之一環，故在法律上勢必需要尋求對其之相關地保護之途徑。[78]而現如今，我國對於系爭營業秘密之定義，吾人係可以參考到營業秘密法第 2 條本文之規定，其用字係已明確地指出，所謂「方法、技術、製程、配方、程式、設計或其他可用於生產銷售或經營之資訊」，而其係只要符合該營業秘密法第 2 條，其後段之規定，亦即我國民間社會上常言道之，所謂「營業秘密三要件」，如嗣其一之「秘密性」、其二之「經濟性」，以及其三之「合理保密措施」，若伊係已符合

---

[76] 關於營業秘密法其之立法目的、國際公約、智慧財產權國際領域內及體系之互動，以及營業秘密法第 1 條之規定等討論，請參見章忠信 (2001)，〈營業秘密法之立法目的〉，載於著作權筆記網站：https://reurl.cc/a6Wv9（最後瀏覽日：06/25/2019）同時關於營業秘密保護之重要性，請參見王偉霖，前揭註 71，頁 6-8。而營業秘密保護的優缺點、要件，以及實務，請參見張志朋、林佳瑩，前揭註 8，頁 5-8。

[77] 請參公平交易委員會對於技術授權協議案件之處理原則第 2 點第 3 項：「（三）本處理原則所稱專門技術（Know-How），係指方法、技術、製程、配方、程式、設計或其他可用於生產、銷售或經營之資訊，而符合下列要件者：1.非一般涉及該類資訊之人所知。2.因其秘密性而具有實際或潛在之經濟價值。3.所有人已採取合理之保密措施。」此外請參 Mission International Patent & Trademark Office 網站，〈探討「Know-how」與營業秘密是否為同一概念之問題〉，網頁：http://www.mission.com.tw/news-view.asp?idno=425（最後瀏覽日：08/17/2019）由上可知關於 Know-how 與營業秘密之關係，目前有否定說以及肯定說，而在肯定說中可以三類分別，分別係其一狹義說；其二廣義說；以及其三最廣義說。而觀察前述公平交易委員會對於技術授權協議案件之處理原則第 2 點第 3 項可之，其所稱專門技術之定義，係與營業秘密法第 2 條之用語具有相似性，且其所示之三要件亦與營業秘密法第 2 條之三項要件內涵具類似性。

[78] 李潮雄(1991)，〈營業秘密與專門技術之保護〉，《法令月刊》，42 卷 10 期，頁 411-412。

上述三要件之檢驗，其即可能構成我國營業秘密法，其所保護之客體。[79]而觀察不論以下將介紹之外國立法例，抑或是我國對於系爭營業秘密的相關定義，吾人均可以發現到，世界上各國家對於其營業秘密之保護，伊們係並非採取所謂「窮舉式的立法」，係故吾人由此即可知，營業秘密其以之不同地資訊的形式，以及其之各式之態樣，其係都可能可以受到法律相關之保護。[80]

　　而正如前揭所述，在現今中美貿易戰之情事下，由於我方係處在夾縫之間，若係欲妥善地對系爭營業秘密之變遷作因應，我方勢必需要知悉中美對於營業秘密之態度或伊之政策，以及相關立法之脈絡，以求妥善之因應，緣此首先吾人若觀察美國之立法例，其中係可參見到系爭「美國侵權行為法」第 757 條之內文，其係明確地指出，系爭營業秘密，伊係可涵蓋至所有應用在系爭營業中資訊，伊之形式以及裝置，且若該系爭之競爭對手，伊係並不知悉該資訊，則將可使其自身取得到相對之優勢，而關於該營業秘密之例示，其係可以如，系爭產品之「製程」，或伊機器裝置之「設備」，抑或係如獨家之「客戶名單」等。[81]此外，在美國民間所擬定之系爭「統一營業秘密法」中，當中第 1 條第 4 款之文字係指出道，所謂地營業秘密，伊是指一種「資訊」，而其係包含了如所謂地「公式、組合、程式、方法或技術」等。[82]而在其中伊之「第二巡迴上訴法院」的相關判決中，該承審之法官係認為在系爭「紐約州法」之規定下，如果該待定之客體其僅係為一概念，或僅係為單一之構想，則其係並不受到相關之保護，其除非在系爭案件之當事人，伊能夠證明該想法的確係具備所謂「新穎性」，或係具「原創性」之際，其才方能係被當作財產權而為保護之。[83]

---

[79] 請參營業秘密法第 2 條：「本法所稱營業秘密，係指方法、技術、製程、配方、程式、設計或其他可用於生產、銷售或經營之資訊，而符合左列要件者：一、非一般涉及該類資訊之人所知者。二、因其秘密性而具有實際或潛在之經濟價值者。三、所有人已採取合理之保密措者。」

[80] 本文以下將介紹營業秘密之相關保護法制，包含美國法、中國法以及我國法。

[81] 關於美國法上對於營業秘密之定義，可以參照「侵權行為彙編」，對此請參曾勝珍(2019)，前揭註 14，頁 245-246。

[82] 許惠祐(1992)，〈兩岸對營業秘密保護之比較〉，《資訊法務透析》，4 卷 2 期，頁 32-33。

[83] 張凱娜(1993)，〈紐約州法認為構想要受營業秘密保護必須具備新穎性〉，《資訊法務透析》，5

　　而其次若觀察對岸之立法例，則吾人係可知悉，中華人民共和國對於系爭營業秘密的保護，其係規範於各式條文之中，而並無對之訂立專法[84]，且其係將之稱作「商業秘密」[85]，而與我方慣用之營業秘密之用字係有所不同，而參關於其商業秘密之保護之最早起源，係可追溯至 1987 年其所實施之「商法通則」，而該「商業祕密」一詞之文字最早係出現於，伊之 1991 年所修正之民事訴訟法第 66 條。[86]而查其較近年之發展，吾人則可參其在 1993 年 9 月所頒布之系爭「反不當競爭法」[87]，在其中第十條即係對於所謂「商業秘密」，而為明確地定義之，再觀其內用字係指稱，所謂之商業秘密係具下述之三大特點，如其一係「不被社會大眾所知」；其二係能夠為伊之權利人獲來「經濟上之利益」；而最後其三則係具有實用性，並係已採取「保密措施」之技術面，以及經營面之相關資訊。[88]此外，吾人亦可觀其就實務上之處理面，其在該最高人民法院關於系爭營業秘密之態度中，其係指出關於確認系爭之商業秘密，究是否可被認可，其之要件係有「秘密性」、「實用價值性」，以及係已對之採取到「相當保密措施」等，而吾人由此即係可知，此其係能與我國營業秘密法第二條之規定，可為互相之參照。[89]

卷 11 期，頁 6。

[84] 補充言之，關於中國對於營業秘密之保護，可以參見經濟部智財局網站，〈兩岸有關營業秘密保護法制之介紹〉，網頁：https://reurl.cc/YlMQZO（最後瀏覽日：02/27/2020）

[85] 補充言之關於中國商業秘密法制之相關討論，可以參見劉遠山(2006)，〈論我國侵犯商業秘密犯罪的認定和處罰及刑法完善〉，《河北法學》，24 卷 2 期，頁 14。

[86] 曾勝珍(2017)，《智慧財產權法專論—透視營業秘密與競業禁止》，頁 129-130，臺北：五南。

[87] 補充言之關於中國反不正當競爭法之相關研究，可以參見王文杰(2001)，〈中國大陸反不正當競爭法之研究〉，《中國大陸研究》，44 卷 7 期，頁 81。

[88] 關於中國商業秘密之沿革、「反不正當競爭法」、「刑法」、「民法總則」，以及「中華人民共和國關於禁止侵害商業秘密行為之若干規定」之討論，請參見章忠信(2001)，〈中華人民共和國對於營業秘密之保護〉，載於著作權筆記網站 https://reurl.cc/144xZG(最後瀏覽日：08/20/2020)

[89] 李慧君(2001)，〈大陸最高人民法院之營業秘密侵權糾紛案例解析〉，《科技法律透析》，13 卷 4 期，頁 4。

（三）營業秘密保護法制

1.美國法

　　關於世界上各營業秘密之保護法制，首先即係對前揭與我國密切相關之美國法為討論，而若觀察早期美國法上就營業秘密之相關規定，可將之整理如下四，其一係 1939 年之系爭「侵權行為法整編」；其二則係 1979 年之系爭「統一營業秘密法」；而其三係 1995 年之系爭「反不正競爭法整編」；以及最後其四係 1996 年之系爭「經濟間諜法案」[90]，惟觀察前揭四部，可知其中只有 1996 年之「經濟間諜法案」係為正式之成文法，而其餘皆為美方民間，伊所自行整理出之對該營業秘密之「原理原則」，而由此吾人亦可知，就英美法系與大陸法系之不同處，但亦如前揭對中美法規之重要性所描述地，其仍係極具參考必要。[91]而在伊系爭「經濟間諜法案」當中係規範到，若該行為人係以不正當的手段，而獲得未經合法授權之系爭營業秘密，進而使得伊外國之企業，抑或是政府進而因此而受利，則其係將面臨高達 50 萬美金至 1 千萬美金，最高折合新臺幣近 3 億元之嚴厲地罰鍰，而此外該系爭之「經濟間諜法案」，其係適用於美國境外所發生之案件[92]，而觀其近年來對系爭營業秘密之保護，也亦日益趨於嚴密，其在 2012 時係已通過所謂之「國外與經濟竊盜罰則執行法案」，而該時任之總統歐巴馬先生，伊係已在 2013 年為之簽署，而使得關於系爭之營業秘密，對伊竊盜之刑責提高之，且此外美國近年所在為之相關地立法草案，則係可見到有如 2013 年時，由美國之參議員，其所提出之所謂地「防止網路竊盜法草案」，其之內容係其要求該美方之國家安全局，伊必須保護系爭之營業秘密；而同年之 6 月則係有美國參、及眾議院議員，伊們所提出之系爭「網路經濟間諜責任法草案」，而該法係要求

---

[90]　補充言之關於美國經濟間諜法之相關介紹，可以參見曾勝珍(2005)，〈美國經濟間諜法初探〉，《中正大學法學集刊》，19 期，頁 86-87。

[91]　參見王偉霖，前揭註 71，頁 29。而關於美國對於營業秘密之態度以及相關立法，可以參見廖淑君，前揭註 6，頁 35-43。

[92]　參見廖淑君，前揭註 6，頁 42。補充言之關於美國經濟間諜法案之介紹，請參王偉霖，前揭註 16，頁 672-673。同時亦可參見曾勝珍，前揭註 86，頁 192-194。

時任之美國總統，其係應向其之國會提出報告從事系爭「網路間諜行為」之人，且同時其係並允許到美國政府，係可以驅逐該為間諜行為之伊等人員出境。[93]由上，若細觀前述美國對於系爭營業秘密立法之保護，吾人係可以發現，在資訊通訊網路時代的高度之發展下，目前對於營業秘密的保護係愈加地困難，係故美國對之採取之因應策略係為，大量地強化其相關法律的增修，以及伊盡可能改善其之執行面之效率，冀以此來應對網路科技時代之浪潮化下，不斷發展之科學技術。[94]

2.中國法

其次則係對與我方極為相關之對岸的法律為分析，而中國係在 1980 年由其國務院頒定系爭「關於開展和保護社會主義競爭的暫行規定」[95]，而其中係具有「制止不正當競爭暫行條例」之草擬，並嗣於 1987 年完成制定「制止不正當競爭試行辦法」，然而就系爭營業秘密保護之問題而言道，其係並無對之為完整的法律體系之規範。[96]吾人可觀察到中國對營業秘密的保護，由於其對之並無設如專法之規定，故若欲詳探其對營業秘密保護規範，其制定之脈絡，則係可從以下三方面討論之，分別是其一之刑事面、其二之民事面，以及最後其三之行政層面。[97]而首先在刑事面上，關於系爭行為人在侵害該營業秘密之際，伊之處罰，係可以參考其之刑法第 185 條之收受賄絡罪[98]，而就其

---

[93] 參見廖淑君，前揭註 6，頁 38-43。

[94] 參見廖淑君，前揭註 6，頁 44。補充言之，可參李淑蓮(2017)，〈美國營業秘密法上路年餘，企業主買單嗎？〉，載於北美智權報網站:https://reurl.cc/OqqLZ7(最後瀏覽日：08/17/2019) 作者指出，美國之「Defend Trade Secrets Act」係譯為「美國保護營業秘密法」，且其係於 2016.5.11 日施行。此外作者亦指出前揭美國保護營業秘密法目前有兩大案例，其一係「Henry Schein, Inc. V. Cook」，而其二則係「Dalmatia Import Group Inc. v.FoodMatch Inc. et al.」。

[95] 請參北大法寶 pkulaw.cn 網站，網頁：https://reurl.cc/YZAgo (最後瀏覽日：08/17/2019) 由此可知「國務院關於開展和保護社會主義競爭的暫行規定」係於 1980 年 10 月 17 日實施，而目前業已失效。

[96] 參見許惠祐，前揭註 82，頁 39。

[97] 參見許惠祐，前揭註 82，頁 39。

[98] 請參中國刑法第 185 條：「銀行或者其他金融機構的工作人員利用職務上的便利，挪用本單位或者客戶資金的，依照本法第二百七十二條的規定定罪處罰。」

實務面觀之，其在 1984 至 1985 年間，其半年內其竟有達近 800 名之科技相關從業人員，因此罪而被捕，此可顯見到其對營業秘密保護之力度，而另外因營業秘密係常與所謂「有形之物體」為之結合，是故關於竊取盜賣系爭之營業秘密之情事，則可參考其刑法第 151 條[99]及 152 條[100]；而對於系爭營業祕密侵害之相關規範，則亦可參見其刑法第 219 條。[101]而此外在民事面上，其對於系爭營業秘密的保護，係可以參考其之「民法通則」中第 118 條之侵權行為，其係規定到，若系爭之公民或係法人，其之「版權」、「專利權」，及其他之科技成果權受到所謂地「剽竊」或「偽造」，則其係將有權停止該系爭之侵害。[102]而吾人亦可參考其之系爭「技術引進管理條例」[103]，以及該

---

[99]　請參中國刑法第 151 條：「走私武器、彈藥、核材料或者偽造的貨幣的，處七年以上有期徒刑，並處罰金或者沒收財產；情節較輕的，處三年以上七年以下有期徒刑，並處罰金。走私國家禁止出口的文物、黃金、白銀和其他貴重金屬或者國家禁止進出口的珍貴動物及其製品的，處五年以上有期徒刑，並處罰金；情節較輕的，處五年以下有期徒刑，並處罰金。走私國家禁止進出口的珍稀植物及其製品的，處五年以下有期徒刑，並處或者單處罰金；情節嚴重的，處五年以上有期徒刑，並處罰金。犯第一款、第二款罪，情節特別嚴重的，處無期徒刑或者死刑，並處沒收財產。單位犯本條規定之罪的，對單位判處罰金，並對其直接負責的主管人員和其他直接責任人員，依照本條各款的規定處罰。」

[100]　請參中國刑法第 152 條：「以牟利或者傳播為目的，走私淫穢的影片、錄像帶、錄音帶、圖片、書刊或者其他淫穢物品的，處三年以上十年以下有期徒刑，並處罰金；情節嚴重的，處十年以上有期徒刑或者無期徒刑，並處罰金或者沒收財產；情節較輕的，處三年以下有期徒刑、拘役或者管制，並處罰金。單位犯前款罪的，對單位判處罰金，並對其直接負責的主管人員和其他直接責任人員，依照前款的規定處罰。」

[101]　參見許惠祐，前揭註 82，頁 39。請參中國刑法第 219 條：「有下列侵犯商業秘密行為之一，給商業秘密的權利造成重大損失的，處三年以下有期徒刑或者拘役，並處或者單處罰金；造成特別嚴重後果的，處三年以上七年以下有期徒刑，並處罰金：（一）以盜竊、利誘、脅迫或者其他不正當手段獲取權利人的商業秘密的；（二）披露、使用或者允許他人使用以前項手段獲取的權利人的商業秘密的；（三）違反約定或者違反權利人有關保守商業秘密的要求，披露、使用或者允許他人使用其所掌握的商業秘密的。明知或者應知前款所列行為，獲取、使用或者披露他人的商業秘密的，以侵犯商業秘密論。本條所稱商業秘密，是指不為公眾所知悉，能為權利人帶來經濟利益，具有實用性並經權利人採取保密措施的技術信息和經營信息。本條所稱權利人，是指商業秘密的所有人和經商業秘密所有人許可的商業秘密使用人。」

[102]　參見許惠祐，前揭註 82，頁 41。亦請參中國民法通則第 118 條：「公民、法人的著作權（版權）、專利權、商標專用權、發現權、發明權和其他科技成果權受到剽竊、篡改、假冒等侵害的，有權要求停止侵害，消除影響，賠償損失。」

[103]　請參法律圖書館網站，網頁：http://www.law-lib.com/law/law_view.asp?id=3201（最後瀏覽日：

「經濟合同法」[104]，伊們係已設有關於系爭保密條款之規範，而進以能保障到其各經濟體之營業秘密。[105]最後則係在關於期之行政面上之觀察，則吾人對之係可參考其之系爭「企業職工獎懲條例」[106]，其係對系爭職工之所為地「不正行為」，而以伊行政之手段為之懲處，同時吾人亦可參見到，其各地區之相關地「工商管理面」之規定，諸如江西省、上海市，以及武漢市所制定之系爭「制止不正當競爭行為試行辦法」[107]，但此時需特別注意地是，由於伊們係處所謂「試行辦法」之地位，故其對於系爭營業秘密保護之成效，究竟為何，則尚需繼續地為觀察之。[108]而從上述中國對於系爭營業秘密的法律之保護體系以看，可知其雖然有對於該營業秘密之保護，訂立有相關法源之依據，惟其仍係欠缺到一有系統及體系地，即較全面完整之法律體系，以對系爭之營業秘密進行保護。[109]同時，雖然中國之新興科技，伊發展之速度極快而領先於世界，但其對營業秘密保護之法治層面，則係尚難謂之建立周全，於此是故我國企業與對岸，一旦發生事涉系爭營業秘密之相關的法律之糾紛，則在訴訟層面上，係可預見到我方將無法受到該體系健全法律之保護。[110]

08/23/2019) 補充而言中國技術引進合同管理條例係於 1985 年 5 月 24 日由國務院頒布之。

[104] 請參中國人民代表大會網站，網頁：http://www.npc.gov.cn/wxzl/wxzl/2000-12/06/content_4408.htm（最後瀏覽日：08/23/2019）由上可知經濟合同法係於 1982 年 7 月 1 日開始施行。

[105] 參見許惠祐，前揭註 82，頁 41。補充言之關於中國營業秘密保護之法制，其並無訂立營業秘密專法，其相關之營業秘密保護體系請參曾勝珍，前揭註 86，頁 61-62。作者指出中國營業秘密之保護體系，包含「反不正當競爭法」、「民法通則」、「技術合同法」、「勞動合同法」、「民事訴訟法」、「合同法」、以及「刑法」等相關規範。

[106] 請參法律圖書館網站，網頁：http://www.law-lib.com/law/law_view.asp?id=2555（最後瀏覽日：08/23/2019）

[107] 請參 Findlaw.cn 網站，網頁：http://china.findlaw.cn/fagui/p_1/319504.html（最後瀏覽日：08/23/2019）由上可知武漢市制止不正當競爭行為試行辦法，其施行日期係為 1985 年 11 月 29 日。

[108] 參見許惠祐，前揭註 82，頁 39-42。

[109] 關於中國營業秘密法制規範之無完整之體系，請參見許惠祐，前揭註 82，頁 40。補充言之關於中國對營業秘密法制之相關檢討，可以參見周作斌(2008)，〈商業秘密法律保護的國際比較與完善〉，《東亞論壇》，460 期，頁 10-11。

[110] 關於營業秘密保護之困難，請參本章第三節營業秘密保護困境之介紹。

3.我國法

　　在介紹完美國及對岸對於系爭營業秘密之保護後，最後此部則係回顧我國營業秘密之規範，而關於我國於營業秘密法訂立之脈絡，可知係於民國 85 年時已立有系爭營業秘密之專法[111]，在當時之立法者，伊們之考量系爭之營業秘密，係屬於所謂地「新形態之保護標的」，故嗣對其僅係設有關於民事方面之責任，而本文係認為此與中美在將區塊鏈相關規則初入法之際，係先從民事層面著手，而刑事面則繼續觀察，可謂具類似之思考，而我方伊時係並未將刑事責任，以及行政責任立入該專法中。[112]在當時立法者係以民事面先為之訂立系爭規範，其係認為到，關於營業秘密之刑事以及行政責任面，其只係需要回歸到伊時之公平交易法，以及刑法之條文中，對之為相應之處理即可。[113]惟正係由於到我國早期對於系爭營業秘密之保護，僅係只有民事責任的規定，此舉即係導致系爭雇主常常因為不容易對之為舉證，其係遭到侵權之事實以及伊遭受到損害之結果，而尚須進行費時且費力的民事訴訟程序，此點即係使得系爭營業秘密之保護之法治面，其並不夠於經濟效率層面為用。[114]同時，由於先前營業秘密立法之缺漏，我國營業秘密嗣於民國 102 年進行了修正，該次之修訂係新增了刑事責任之規範，而其之新修訂之條文，係立在本法第 13 條之 1 至之 4，吾人若觀察該條文之用字，即係可知，此舉係欲強化到我國對於系爭營業秘密保護的力道。[115]由此以下將對我國營業秘密法之內容作簡要之介紹。[116]

---

[111]　補充言之，關於營業秘密法規沿革、研究報告，以及重要判決等相關資訊，可以參見經濟部智慧財產局網站，網頁：https://www1.tipo.gov.tw/np.asp?ctNode=6738&mp=1 (最後瀏覽日：02/27/2020)

[112]　葉雲卿(2012)，〈我國侵害營業秘密刑事責任體系之規範體系〉，《法學論著》，63 卷 8 期，頁 58。

[113]　參見葉雲卿，前揭註 112，頁 58。

[114]　陳佑寰(2013)，〈不能說的秘密—營業秘密保護的困境與突破〉，《會計研究月刊》，326 期，頁 104。

[115]　參見張志朋、林佳瑩，前揭註 8，頁 3。

[116]　本文以下將依序介紹我國營業秘密法之理論基礎，以及營業秘密之保護要件。

（四）營業秘密之理論基礎

關於系爭之營業秘密法，其所建構之理論及其之基礎與背景，係助吾人理解該營業秘密保護之脈絡，伊之具體地觀察點，而若細觀國際間對於現營業秘密保護之相關立法，係可以將之歸納出兩大分類，其一是採訂立所謂地營業秘密之專法來保護之，而其二則是將對系爭營業秘密之保護，列為至所謂「不正競爭法」之部分，以作為系爭之立法。[117]而觀我國對於營業秘密法之立法層面，可知其之理論基礎，係肯認其之特性係為「財產權」，是故係採取訂立該系爭之營業秘密法專法之模式，以為之保護，而觀其之作法，伊係由系爭之立法者賦予該系爭營業秘密之權利人，其係可以依照其自己之自由的意志，來對其所擁有之系爭的營業秘密，而行使相關之權利，並設立以法律之位階，而排除該系爭第三人之所為之違法侵害，而在其中吾人係需對之特別注意的是，現如今關於系爭營業秘密保護之相關理論，主要係有四大類別，分別係其一之「契約理論」、其二之「侵權行為理論」、其三之「不正競爭理論」，以及最後其四之「財產權理論」[118]，而現國際上係多採肯認系爭營業秘密之財產權理論，我國亦不外如是地採納前揭財產權之理論，而若欲對之為相關細部地探討，則可嗣觀以下將分別介紹地，營業秘密保護之四大理論。[119]

1.契約理論

首先係可討論關於採行契約理論主張者之觀點，而其主要之關注點係認為到，關於系爭營業秘密之保護，其係來源與該營業秘密之相關聯者，伊們

---

[117] 王銘勇(1994)，〈日本營業秘密保護法制之研究〉，《公平交易季刊》，2卷1期，頁58。作者指出，世界各國對於營業秘密的保護大多是採不正競爭法作規範，可以參見德國、韓國以及日本之立法，而此外中國於1993年實施之反不正當競爭法第十條亦有對於其稱作商業機密之營業秘密作規範。

[118] 補充言之關於營業秘密法制之相關理論介紹，可以參見經濟部智慧財產局(2005)，《營業秘密法整體法制之研究》，頁16-20，臺北：經濟部。

[119] 以下將介紹營業秘密之四大理論，其一係為契約理論；其二係為侵權行為理論；其三係為不正競爭理論；其四則係財產權理論。關於營業秘密之理論，可以參見王偉霖，前揭註71，頁1-21。亦請參林洲富，前揭註44，頁6-10。

彼此之間係因為所謂地「明示」或「默示」上，而訂立該系爭之契約，進而係產生係屬契約上之所謂保密之義務，而其主要之類型例示如「保密之約款」，以及「競業禁止之約款」等。[120]而吾人若細觀採契約理論者之觀點，即可知採行此理論者伊之法理，其係會推得及發見到，系爭營業秘密所保護之範圍，係將會隨著該當事人之契約，而為自由之規定，進而係產生系爭之變動，甚至為擴張之狀況，故若伊們係以此理論為立基，則在該契約係未明確地規定到系爭保密之義務時，或是該契約之規範係並不完整之時，對於伊系爭營業秘密所保護的範圍，即係可能遭之不當的被擴大，抑或是縮小之，且此外關於採此觀點之缺點層面，則其可能係亦有無法遏止所謂地，欲以不當取得該系爭營業秘密者，其可對之所為而生相關之弊端。[121]

2.侵權行為理論

其次探討若係採侵權行為理論者之態度，其係認為到，除在該系爭營業秘密侵權行為人，伊破壞該保密之關係，而進而被法律制裁外，其尚需依照所謂地「普通法之衡平原則」，而直接地對於該系爭之營業秘密所有人，其之利益進行相關之保護，以進而彰顯法律對於其之「個人法益保護面」之尊重與重視，而若欲詳係地探討採行該侵權行為理論者，對其之完整論述層面，以及伊相關之法律實務面之發展，吾人即係可對之參照如 1939 年，前揭曾述之關於系爭「美國法律整編之侵權行為法」，以詳參其之關於侵權行為理論，與其之對話之脈絡及相關沿革。[122]

3.不正競爭理論

再其次若觀察採不正競爭理論者，伊之論述，係可知其之核心理念係認為，若有一行為，係對於破壞系爭市場面之公平性，以及對系爭之交易秩序

---

[120] 參見經濟部智慧財產局，前揭註 118，頁 17。同時參見林洲富，前揭註 44，頁 6-8。王偉霖，前揭註 71，頁 9-11。

[121] 賴文智、顏雅倫(2004)，《營業秘密法 20 講》，頁 99，臺北：益思。同時參見林洲富，前揭註 44，頁 6-7。王偉霖，前揭註 71，頁 8-11。

[122] 參見林洲富，前揭註 44，頁 8。同時亦可參見經濟部智慧財產局，前揭註 118，頁 17-18。亦請參王偉霖，前揭註 71，頁 11-13。

生之所謂地不當之衝擊,則伊即係需要被排除之,而採此理論而保護該系爭之營業秘密,伊之目的係因,當如今有人係欲以不正當之方法,而持有該系爭營業秘密之時,則其將會以之擁有到,關於其在相對之商業面上,於伊同業之競爭地優勢,而此即會破壞到該產業市場上,其所現存之公平地競爭秩序,是故法律於此係必須對之加以排除,且此外吾人係需對之特別注意的是,採此理論者,其係不認為到系爭之營業秘密,伊係為法律上的權利,而係認其對之於營業秘密之侵害,係應當回歸地適用我國民法第 184 條第 1 項之後段[123],而其對之的觀點係認為,究觀該營業秘密之性質,其係屬於所謂地「財產利益」[124],而觀之伊在大陸法系下之普遍地作法,係多將對系爭營業秘密之保護,臚列地訂立於系爭之「不正競爭法」中為之規範,而伊們之特點即係,其並未對之特別地訂立相關專法而為保護,而吾人若欲對奉行到所謂不正競爭理論之觀點者,於其之法理面以及實務等面向,作詳細的檢閱與探討,則對此係可以參照到,屬大陸法系之德國,對伊之系爭「不正競爭防止法」以為細部之觀察。[125]

4.財產權理論

而最後則係對於採財產權理論者,其之觀點為探討,其中伊們係主張系爭之營業秘密係是一種財產權。[126]而可究其之核心的本質為觀之,而知其係即為關於到所謂地「智慧財產權」之相關理解,且採此主張者係為國際上多數之國家,所對伊採取之態度,而我國亦不外如是地對於該營業秘密之立法,

---

[123] 請參民法第 184 條:「因故意或過失,不法侵害他人之權利者,負損害賠償責任。故意以背於善良風俗之方法,加損害於他人者亦同。違反保護他人之法律,致生損害於他人者,負賠償責任。但能證明其行為無過失者,不在此限。」

[124] 關於不正競爭理論之條文及舉例等,請參見林洲富,前揭註 44,頁 8-9。而關於營業秘密之定義、權利,以及利益之討論,請參見章忠信(2003),〈營業秘密?權利?利益?〉,載於著作權筆記網站:https://reurl.cc/x00Z31(最後瀏覽日:08/20/2020)。同時亦可參見經濟部智慧財產局,前揭註 118,頁 18。

[125] 關於不正競爭理論之討論,請參見林洲富,前揭註 44,頁 8-9。同時亦請參謝銘洋、古清華、丁中原、張凱娜(1996),《營業秘密法解讀》,頁 167,臺北:元照。

[126] 參見經濟部智慧財產局,前揭註 118,頁 18-20。

亦係採取到該主張之觀點。[127]而嗣我國之營業秘密法於西元 1996 年施行後，至此，該系爭之營業秘密係正式地於我國為之確定，其係不是「權利以外」的「法律利益」，而係是可以將之運用在系爭之營業秘密其之所有人，其於伊合理之利益，在其係並未被滿足之際，而係可由國家之強制力為之介入，進而使其為滿足之，是故由此吾人即係可以知悉，該系爭之營業秘密，嗣係具有於法律上所謂之「實力」，換言之，吾人即係可以肯認到其係為一種法律上之「權利」。[128]

（五）營業秘密之保護要件

在我國法律的規範下，系爭營業秘密法第 2 條係明定了關於，慣被稱作營業秘密三要件之相關規定[129]，而吾人若對之細觀，即可得伊三係分屬營業秘密之重要概念，係分別為其一之「秘密性」、其二之「經濟性」，以及其三之「合理保護措施」。[130]而由於前揭所謂之營業秘密之三要件，其在對於深入地討論系爭營業祕密，以及吾人加深對之的理解，係扮演到重要角色，是故對於營業祕密三要件之介紹，將嗣以為細部之討論，而在此同時，吾人亦須特別注意到的是，在系爭營業秘密的操作上，該系爭營業秘密之所有人，其於主張伊之營業秘密係被侵害之時，綜觀現如今之實務上之處理模式即可知，係需先對該系爭之當事人，其係對該系爭標的，係已盡到合理之保密措

---

[127] 曾勝珍(2013)，〈營業秘密案例新探討〉，《嶺東財經法學》，6 期，頁 5。作者指出我國營業秘密保護之沿革可區分為三大時期，第一時期是將營業秘密之侵害由民法或刑法之規定為處理；第二時期是隨著 1955 年公平交易法之定立，而由公平交易法之規範處理；而第三時期則係可以稱作我國智慧財產保護之高峰期，於該階段將營業秘密以專法定立而為保護之。

[128] 關於財產權之理論，請參林洲富，前揭註 44，頁 9。亦請參施啟揚(1995)，《民法總則》，頁 29，臺北：三民。請參區分權利與利益的通說，法力說。補充言之財產理論、權利說，以及利益說等，請參王偉霖，前揭註 71，頁 15-20。

[129] 補充言之，關於營業秘密法第 2 條之實務見解，可以參見最高法院 108 年度臺抗字第 518 號裁定。

[130] 請參營業秘密法第 2 條：「本法所稱營業秘密，係指方法、技術、製程、配方、程式、設計或其他可用於生產、銷售或經營之資訊，而符合左列要件者：一、非一般涉及該類資訊之人所知者。二、因其秘密性而具有實際或潛在之經濟價值者。三、所有人已採取合理之保密措施者。」

施，而為相關地作為作系爭之舉證[131]，嗣而再進到對於該案，伊系爭之承審法院，其在對該營業秘密之要件的判斷下，其之考量的次序之層面，而伊即係為應按照該標的，其究是否確為我國營業秘密法，其所保護之客體而為審酌，再次則係進至判斷該系爭標的，伊究是否係符合到前揭經濟價值性之要件，最後方係判斷到該系爭之案件，伊在客觀上，對其之管理到系爭秘密之狀態，究係為如何，以及其在主觀上，其是否有對於管理該系爭之營業秘密之意思。[132]而由於前揭所述之營業秘密三要件，伊們之重要性，是故本文以下將對營業秘密之三要件，進行逐一之細部介紹。[133]

1.秘密性[134]

首先是關於系爭營業秘密，其之「秘密性」作討論，其中關於我國營業秘密法第 2 條之用字，亦即其所謂地營業秘密之「非一般涉及該類資訊之人所知者」[135]，其係指該營業秘密係並非屬一般大眾，伊們所可以輕易地為知悉，而國內學者對之係有將本要件稱作為「非公知性」，抑或「新穎性」等，而學者指出由此二不同的法律用語觀察，吾人係可以看出到，前者之稱謂之用字較可能係受德國，抑或日本等，亦即伊大陸法系之國家的影響而為之；而後者所指稱之所謂地新穎性之用語，則可能係受到美國法上地營業秘密法制之要求，而對於本法上第二條之秘密性要件，以為不同之用語。[136]而吾人若進一步細觀我國營業秘密法，其中第 2 條規定之遣詞：「本法所稱營業秘密，係指方法、技術、製程、配方、程式、設計或其他可用於生產、銷售或

---

[131] 補充言之，關於合理保密措施之實務見解，可以參見最高法院 104 年度臺抗字第 738 號裁定。

[132] 參見林洲富，前揭註44，頁12。而關於營業秘密之要件，亦請參曾勝珍，前揭註86，頁54-58。同時請參最高法院 106 年度臺上字第 350 號民事判決。

[133] 營業秘密三要件即係營業秘密法第二條所明定之，「非一般人涉及該賴資訊之人所知者」、「因其秘密性而具有實際或潛在之經濟價值者」、以及「所有人已採取合理之保密措施者」。

[134] 關於秘密性之相關介紹，可以參見洪永城，前揭註63，頁251。

[135] 補充言之，關於非一般涉及該類資訊之人所知者之實務見解，可以參見智慧財產法院108年度民秘聲上字第6號裁定。

[136] 曾勝珍、陳武鍵(2012)，〈我國營業秘密保護要件及其相關判決評析〉，《法學論著》，64 卷 2 期，頁49。

經營之資訊，而符合左列要件者：一、非一般涉及該類資訊之人所知者。二、因其秘密性而具有實際或潛在之經濟價值者。三、所有人已採取合理之保密措施者。」[137]由上之法條文字之敘述，吾人係可知悉，在我國營業秘密法上，其所保護之客體係有二，其一是屬「技術機密」，例如企業工廠之「研究設計」、研發製造之「製程」，以及系爭之「發明」等；其二則是有關系爭之商業產業上，伊之「經營面」之相關資訊。[138]而吾人需特別注意的是，我國營業秘密法第 2 條第 1 款所規定之所謂「非一般涉及該類資訊之人所知者」，於其之實務面之操作上，在我國係採用所謂地「業界之標準」，以來判斷系爭之秘密性，而其之要求係指，該系爭資訊係並非是系爭之產業間，該相關之人士可以簡易地為取得之系爭資訊，此時其方係符合到本法秘密性之標準[139]，而簡之，除民間社會大眾之不知之外，該系爭專業領域之人士，伊們係亦不能為之知悉，亦即若該系爭標的係為普遍而可以得知者，則即係將不符合我國法上「秘密性」[140]之要件。[141]

2.經濟價值性[142]

再者係對所謂地「經濟價值性」為討論，而此觀我國營業秘密法第 2 條之用語可知，其所謂地「因其秘密性而具有實際或潛在之經濟價值者」[143]，吾人係可以將之理解為，我國之營業秘密法，伊對於其所保護之系爭的營業秘密，其必須對其之事業之競爭能力，係具非常之切要，且其除了在實際的應用層面上，已係具所謂之經濟價值外，伊尚係包含到目前未用於系爭之營

---

[137]　請參營業秘密法第 2 條。

[138]　曾勝珍(2009)，《營業秘密法》，頁 33，臺北：五南。

[139]　請參智慧財產法院 103 年度民營上字第 1 號民事判決。

[140]　補充言之，關於實務上營業秘密其秘密性認定之相關認定及判例，可以參見洪永城，前揭註 63，頁 254-255。

[141]　關於營業秘密之秘密性，請參林洲富，前揭註 44，頁 13-17。亦請參曾勝珍，前揭註 86，頁 55-56。亦參曾勝珍，前揭註 138，頁 33。同時請參智慧財產法院 106 年度民營上字第 1 號民事判決。而關於秘密性與美國等討論，可參張凱娜，前揭註 75，頁 318。關於新穎性之實務討論，可以參見王偉霖，前揭註 71，頁 60-71。此外關於秘密性之標準，可以參見林洲富，前揭註 44，頁 14-15。

[142]　關於經濟價值性之相關介紹，可以參見洪永城，前揭註 63，頁 251。

[143]　補充言之，關於經濟價值之實務見解，可以參見智慧財產法院 107 年度民營上字第 7 號判決。

業上，但仍具有該經濟上之價值之技術，抑或者是經驗等。[144]而究所謂之經濟價值者，其係指該標的係具有秘密性，且其係在實際上，抑或潛在層面係具有經濟的價值，才方具保護之必要[145]，簡之，吾人可將該經濟價值性之判斷，係認伊持有該營業秘密之企業，將會較未持有該系爭標得之企業，而較具之競爭力，吾人對此處例示係可見到，諸如降低該企業之產品，其所需之試誤所耗費之時間，伊之相關資料等，而此外吾人亦須注意，就算是系爭之產業，伊所為之該實驗失敗的相關地數據資料，也可能係具有在財產上的價值，而在此係不問其是否獲利，此處係可對之舉例而言道，方如系爭秘密客戶之「名單」、汽水可樂飲料各不同口味之「配方」、系爭產品為研發之方式「技術」，抑或是數位電子電腦計算機，伊之「程式碼」等。[146]

3.合理保密措施[147]

嗣則係對本法第 2 條之第三要件，伊之所謂地「合理保密措施」為討論，而究關於系爭之當事人，其對之為何種之保密措施，係方能達到本法所肯認地所謂地合理的標準[148]，其則係必須依照該該系爭營業秘密之種類，以及該系爭之事業體，伊之實際地經營模式，以及其當前社會上之通念，進而定之。[149]而在其中，所謂「保密措施」之用語，其係指該營業秘密之所有人，其係

---

[144] 參見曾勝珍、陳武鍵，前揭註 136，頁 52。

[145] 補充言之關於經濟價值性之相關事例，請參林洲富(2019)，〈營業秘密之定暫時狀態處分〉，《智慧財產權與法律風險析論》，頁 636，臺北：五南。作者以三種面向為舉例，其一係研發之技術、其二係電腦之程式碼，最後其三則係客戶之資料。

[146] 參見林洲富，前揭註 44，頁 19-20。關於價值性之實務討論，可以參見王偉霖，前揭註 71-77。同時亦可參見張凱娜，前揭註 75，頁 318。

[147] 關於合理保密措施之相關介紹，可以參見洪永城，前揭註 63，頁 251。

[148] 補充言之，關於合理保密措施之實務見解，可以參見最高法院 107 年度臺抗字第 687 號裁定。裁定原文指出：「按營業秘密法第 2 條規定，所謂「營業秘密」係指方法、技術、製程、配方、程式、設計或其他可用於生產、銷售或經營之資訊，而符合(一)非一般涉及該類資訊之人所知者、(二)因其秘密性而具有實際或潛在之經濟價值者、(三)所有人已採取合理之保密措施者，始足當之；而所稱『所有人已採取合理之保密措施』，應係指所有人按其人力、財力，依社會通常所可能之方法或技術，將不被公眾知悉之情報資訊，依業務需要分類、分級而由不同之授權職務等級者知悉而言；此於電腦資訊之保護，就使用者每設有授權帳號、密碼等管制措施，尤屬常見。」

[149] 謝銘洋(2008)，《智慧財產權法》，頁 151，臺北：元照。

有對之為具體地，管理該系爭營業秘密之行為，其係需有明確地告知到伊之
員工，該何者究係屬伊公司系爭之營業秘密，而係須對之為妥善地保護，且
吾人亦係須注意到，其係不能夠隨意地將其之公司，伊所有地資訊，皆視作
該系爭之營業秘密，而換言之，該公司係對之具有到善盡其管制，以及管理
伊之營業秘密之義務。[150]至於究如何係方符善盡該合理之保密措施，其則係
必須依照該系爭營業秘密之所有人，按其之人力以及財力為基準，再依所謂
地社會之通念以為之判斷，而對之係可以為實際地採行之保護方法，諸如係
將該系爭之資訊進行分類，或按職務為之授權，再該將系爭資訊，以不會被
任意人為之接觸之方式，嗣進行保護控管之，進步言之，其在主觀層面上，
該營業秘密的所有人，其係必須有保護該標的之意思，而在客觀上觀之，伊
則係需要有對之為保密的相關作為，方符之。[151]而按實務上之觀察，法院對
系爭之合理保密措施，伊之審酌因素，其主要係依據該具體個案之情形，並
參酌到社會通念定之，而係可參其在審查系爭保密措施之際，而對此處吾
人須細觀即可知，該系爭法院對之係不採嚴格認定，亦即，只要其在解釋上
係能判斷出，任何人係無法以所謂正當之方法，而簡易地窺知到該系爭之營
業秘密，此即可認為該營業秘密之所有人，其係已採取系爭合理之保密措施。
[152]而在該營業秘密之所有人，伊到法院提起訴訟，而係主張其之營業秘密遭
受侵害時，關於其究有無盡到合理的保密措施，此部之事實係因其係有利於
該營業秘密之所有人，是故其對之自應為舉證，以為證明之，若伊時其係無
法對之為舉證，則伊即係有可能因此，最終地導致其輸掉該系爭訴訟。[153]此
外，吾人若檢閱實務上常見之合理保密措施，伊究應如何妥切為之處理，可
知其係有諸如以下之，該十項舉例地整理，如其一之所謂控管系爭企業內部

---

[150]　參見曾勝珍、陳武鍵，前揭註136，頁56。

[151]　參見曾勝珍、陳武鍵，前揭註136，頁52-56。同時請參智慧財產法院105年度民暫字第13號
　　　民事判決。關於合理保密措施之相關實務，亦參林洲富，前揭註44，頁21。同時亦請參，王偉
　　　霖，前揭註71，頁77-79。

[152]　參見林洲富，前揭註44，頁22。

[153]　參見林洲富，前揭註44，頁23。

之「重要區域」、其二之簽訂系爭「保密條款」、其三之「工作日誌」之確
實填寫紀錄、其四之對員工作「離職訪談」及記錄、其五之「競業禁止」條
款之約定、其六之公司內部「文件機密」分級[154]、其七之限制員工影印之份
數與「文件追蹤」、其八之公司之網際網路資訊通路之「監測」、其九之追
蹤系爭機密文件拷貝版本的「流向」及記錄,以及其十之要求系爭企業員工
下班必須「清理完善」其之桌面等。[155]

4.營業秘密之管理[156]

關於營業秘密之管理,其係對於系爭之企業極為地重要,而究如何對之
實施妥善之管理,基本上係可以將之分成三大面向,分別是其一之「組織管
理」,其二之「人員管理」,及最後其三之「物之管理」。[157]而首先吾人若
係探討到組織管理之部分,即係可知,對於該系爭之企業,其究係如何對其
之經營,而為相關適當之監管,其究應係妥適採取之方式,及該伊等之策略,
係可得知到伊即係該系爭企業內部之最高階地負責人,其係必須能夠具有下
述所列之認知,以及為相關作為,即係如其必須對其系爭之關鍵地,伊公司
核心之營業秘密,能夠進行到有系統,以及有效率之分部地適當之規劃,而
此部換言之,即該系爭企業係能夠妥善地,為實行組織管理之要素,即係其
必須能明確到該管理階層的角色,以及可確實地明晰其之態度層面,其係應
能決定其之系爭管理的方向與目標,同時其亦應按照該系爭之企業之權責方

---

[154] 簡秀如、曾鈺珺(2017),〈於文件標示「機密」字樣是否即屬「合理保密措施」?〉,《理律法
律雜誌》,2017 卷 7 期,頁 20。 作者指出,雖然智財法院對於文件上以紅筆寫商業機密,是否
符合合理保密措施之要件採取嚴格解釋,但是最高法院認為係爭案件有以紅筆標著商業機密,可
認主觀有管理秘密之意思,勘認以採取合理的保密措施。

[155] 吳桂森、耿筠(2005),〈客戶名單保護其間之決策〉,《政大智慧財產評論》,3 卷 2 期,頁 68-71。
關於合理保密措施之要件以及國際之趨勢,可以參見張凱娜,前揭註 75,頁 319。

[156] 補充言之,關於營業秘密之管理方法態樣介紹,可以參見洪永城,前揭註 63,頁 256-257。

[157] 曾勝珍、嚴惠妙(2017),〈案例評析—兩岸營業秘密保護與管理〉,《智慧財產權法專論》—透
視營業秘密與競業禁止》,頁 41-45,臺北:五南。作者指出關於營業秘密之管理,可以分為三
大面向,其一係為營業秘密之保護,其二係競業禁止,最後其三則係風險之預防。而在營業秘密
保護之部分,作者則以臺灣智慧財產管理規範為參考,介定出組織管理、物的管理、以及人的管
理之三部細分及介紹。

面，而為之適當化地分工，進以利能夠統籌到該系爭負責人，其之職務層面，以期能盡善管理系爭之組織；而其次即係系爭企業之人員，伊管理的部分，此部則可以將之分成兩大面向為處理，其一係系爭之企業係須對於其之內部人員，而為系爭之教育訓練[158]，其二則是其對於該系爭之相關契約面，伊之完善管理方式，亦即其係必須能落實到該系爭保密之條款，以及其之競業禁止條款之規整，並且其亦需同時能夠訂立到，該良好之系爭企業之工作守則規範，俾以使系爭員工能為依歸；而最後則係關於物之管理的面向作介紹，而關於究竟伊何作為方屬物之管理，該之妥適之方式，實務係可參諸如，系爭之企業其係必須落實到，對系爭之內部文件機密，伊之按等級化地明確之標示，以及對其之公司內部之設備，為之管控之強化，同時其亦須加強控管該系爭企業，伊內部之重要地區域，進以能防止到，所謂地沒有權限的人可為之隨意地出入。[159]而在探看營業秘密管理之可行模式後，吾人若將眼光放眼當下，可知在當今 2019 年，全球正係進入到高度數位化之網路時代，此刻絕大多數地企業體，伊們係使用電子化之數位電腦而作為其儲存資訊，以及發送伊系爭企業內部的消息之媒介，而觀察在當今系爭之企業，其之內部遭受到駭客之入侵等情事，進而導致該系爭之重要機密被盜走，抑或系爭企業渠等內部之員工，為竊取系爭公司之重要核心地商業機密，而嗣後投奔其他之主要競爭對手，此等之案例亦係時有耳聞，而對此吾人若欲思索出相對之處理方式，則係可參見到經濟部智財局，其係已對我國之中小企業進行相關營業秘密保護之宣導，其係採行向系爭企業傳遞其在資安之控管層面，以及重要紀錄之留存，或係對其之預警面上，係皆須作出相關之管理作為，進以利保護其之營業秘密。[160]而針對如何妥善地保護系爭企業之營業秘密之議

---

[158] 補充言之關於營業秘密保護之相關檢核事項，可以參見汪家倩(2019)，〈營業秘密檢核表—訴訟及事業經營須知〉，《近年臺灣公司經營法制之發展》，頁138-148，臺北：五南。

[159] 參見曾勝珍、嚴惠妙，前揭註157，頁41-45。林洲富，前揭註44，頁24-29。同時參見資策會科技法律研究所(2016)，〈營業秘密管理指針〉，頁 5-19，電子檔參見：https://reurl.cc/5qqzO7(最後瀏覽日：08/22/2020)亦可參見張凱娜，前揭註75，頁344。

[160] 關於營業秘密管理之面向，參見曾勝珍、嚴惠妙，前揭註157，頁41-45。關於營業秘密管理之方針，涵蓋物之管理、人員管理，以及組織管理，參見林洲富，前揭註44，頁24-29。關於營業秘

題，隨著現今系爭區塊鏈技術的出現，學者間亦有越來越多地討論，對於區
塊鏈之保護各式智慧財產權，及其內之營業秘密的可能性，而因區塊鏈之特
性，其係正好能解決系爭之企業，伊對於其之營業秘密保護面之各式困難，
故針對如何妥善運用區塊鏈技術，來保護營業秘密之細部層面之討論，將嗣
於本文第三章作相關介紹。[161]

5.營業秘密之鑑定

關於營業秘密之實務面，吾人可知所謂鑑定係常見之處理，而其是一種
調查證據的方法，其係可以讓法官依其之自由心證，進以能斷定系爭事實之
真偽。[162]而關於鑑定程序模式之介紹，對此吾人首先係可參民事訴訟法 325
條之原文：「聲請鑑定，應表明鑑定之事項。」[163]同時再可參民事訴訟法 326
條第 1 項：「鑑定人由受訴法院選任，並定其人數。」[164]而此時需特別注意
地是，鑑定人其嗣係必須以其之具體之理由，進以完善地說明其之鑑定之意
見，而同時系爭之法院就該鑑定之意見，其係不能直接地，遽將之引為該裁
判之依據，而其係尚須踐行其對於該系爭證據之調查程序，嗣後方可進以之
決定。[165]而此外關於該鑑定與營業秘密之面向，吾人若觀察我國民事訴訟法

密之保護，參見張凱娜，前揭註 75，頁 341-345。關於營業秘密之重要性，以及其之保護策略及
方式，參見經濟部智慧財產局(2018)，〈中小企業合理保密措施作業程序〉，頁 1-6，電子檔參
見：https://reurl.cc/m99AMW(最後瀏覽日：08/22/2020) 關於企業員工被競爭公司進行挖角與營業
秘密侵害之相關討論，可以參見簡秀如、游舒涵(2019)，〈重要幹部被集體挖角是否必然侵害營
業密?〉，《理律法學雜誌》，2019 卷 7 期，頁 10-11。

[161] 本文第三章將介紹區塊鏈契機，涵蓋區塊鏈之簡介、區塊鏈於智慧財產權保護之潛力以及區塊鏈
能如何保護營業秘密。

[162] 補充言之關於營業秘密之鑑定，可以參見林洲富，前揭註 145，頁 639-643。作者對於營業秘密之
鑑定以三大面向為介紹，分別係其一「專業判斷」、其二「舉證責任」，以及其三「鑑定程序」。
其中作者於鑑定程序中之討論係三階層為論述，第一階層為「聲請程序」、第二階層為「調查
證據之程序」，最後第三階層則係「判決理由具體說明鑑定意見」。

[163] 請參民事訴訟法第 325 條：「聲請鑑定，應表明鑑定之事項。」

[164] 請參民事訴訟法第 326 條：「鑑定人由受訴法院選任，並定其人數。法院於選任鑑定人前，得命
當事人陳述意見；其經當事人合意指定鑑定人者，應從其合意選任之。但法院認其人選顯不適當
時，不在此限。已選任之鑑定人，法院得撤換之。」

[165] 請參最高法院 79 年臺上字第 540 號民事判例。

第 339 條之明定：「訊問依特別知識得知已往事實之人者，適用關於人證之規定」[166]，按其之用語即係可得而推知到，如果該案之證人，其係確有參與到系爭營業秘密，伊之確實之研發之過程，則其係自然地可以依其對於該系爭技術之相關研發，以及其系爭之專門知識，就其係具有親身參與的部分，為之系爭地「鑑定證人」，且其係視為所謂地「不可代替之證據方法」，而係無我國民事訴訟法 331 條第 1 項[167]之適用。[168]而關於究要如何證明到，該系爭證人伊係確有親自地參與，該系爭之研發創作的過程，此點吾人則係可以借助前述區塊鏈之技術，在使用區塊鏈技術下係可以達成到之效用，即係所有關於系爭之研發，或是該創作之歷程，於其中何人係確實地參與進其中，何人在何時間點，為違法地下載該系爭之任何資訊資料等，一切訊息都係在該區塊鏈上有之完整紀錄，且其係可供公開透明之檢驗。[169]由上，區塊鏈對於系爭營業秘密保護的潛力，係非常之巨大，而學者對於此點也係有諸多討論，此外由於目前關於對營業秘密之鑑定，伊之所費不貲之情事，若國內嗣對於區塊鏈技術的發展亦日趨於成熟，並將伊與我國之法律制度結合之近完善，則對於系爭企業於管理其之營業秘密，係將可謂是一大福音。[170]

（六）營業秘密之歸屬

　　關於營業秘密的歸屬面之議題，其在我國營業秘密法的討論上，係一直很有許多相關之爭議，揆諸我國現如今之產業界，以及學界，近年已係曾發

---

[166]　請參民事訴訟法第 339 條：「訊問依特別知識得知已往事實之人者，適用關於人證之規定。」

[167]　請參民事訴訟法第 331 條：「當事人得依聲請法官迴避之原因拒卻鑑定人。但不得以鑑定人於該訴訟事件曾為證人或鑑定人為拒卻之原因。除前條第一項情形外，鑑定人已就鑑定事項有所陳述或已提出鑑定書後，不得聲明拒卻。但拒卻之原因發生在後或知悉在後者，不在此限。」

[168]　參見林洲富，前揭註 44，頁 32。

[169]　關於區塊鏈之相關介紹，可以參見本文第三章之相關討論。

[170]　請參 CTCR 財團法人工商研究院網站，網頁：http://www.cicr.org.tw/index.php?do=article&id=75 (最後瀏覽日：06/28/2019) 其指出關於出具初步鑑定函要價 2 萬新臺幣起，而出具鑑定報告書則是 7 萬新臺幣起，有鑑於此，若我國對於區塊鏈技術的接受度提升，並運用其 6 大特性來保護企業之營業秘密，則對於企業保護營業秘密的費用將能顯著降低。

生許多地涉及營業秘密的案件，而其正多係是肇因於，在攸關該營業秘密之歸屬面，伊之相關地問題之中，沒有針對其為之清楚地釐清，而此外，若觀察在我國已發生之營密歸屬爭議之案例中[171]，通常係可將之整理地分為三種類型，其一即是系爭之員工在其離職之時，一併地將關於其先所屬之企業，其之生產命脈化地，伊之重要地核心技術，向其之競爭對手為不適當之流出，抑或其係惡意地，將之不當散佈到伊所屬之系爭之產業界內，進以讓該系爭之營業秘密，被廣泛之公開，而嗣令該原公司蒙受到極為重大之損失，而觀究伊舉之重點係在於到，此則可能導致先公司即因之，而失其原先係曾有之於競爭面的優勢地位；而其二則是系爭之員工於離職後，嗣利用其在原公司所學習到的，該極關鍵且主要地營業之秘密，而按伊所掌握之該核心之技術，而其後另組成新的公司而進而與伊之先公司，在伊系爭之產業界內，互相地為之競爭；最後其三則是該系爭之公司，於該企業在委託其系爭之合作夥伴，為之開發伊系爭之核心技術之時，對該系爭研發之過程，所因而生之該營業秘密，其之歸屬層面產生相關之混淆，進而嗣生相關地爭議等。[172]而吾人若要將系爭之營業秘密，伊之歸屬問題作細部之釐清，主要係可以從兩大面向作討論，其一是「原始取得」；其二則是「繼受取得」，而需特別注意地是，前者係包含以下之四種類型，分別係第一類之「自行研發」、第二類之「企業內部的雇傭關係」、第三類之「企業外部的委聘關係」，以及最後第四類之「共同研發」，而以下將分別較詳細地為介紹前揭其一之原始取得，以及其二繼受取得之部分。[173]

1.原始取得

(1)自行研發

首先觀察到，我國營業秘密法於其第 3 條至第 5 條之條文用語即可知，

---

[171] 補充言之，關於營業秘密之歸屬之實務見解，可以參見高等法院 104 年度重勞上字第 33 號判決。

[172] 參見王偉霖，前揭註 71，頁 91。關於營業秘密之歸屬以及應用，可參張凱娜，前揭註 75，頁 325-330。

[173] 林洲富(2018)，《智慧財產權法》，頁 194-195，臺北：五南。亦可參見林洲富，前揭註 44，頁 35-42。以及張凱娜，前揭註 75，頁 325-330。及王偉霖，前揭註 71，頁 91-113。

該部係對系爭營業秘密之主體為規範，而對於在進入到該營業秘密歸屬爭議面之問題，所謂地以「自行研發」，伊者之模式，其係較為之單純，即若該系爭之當事人其係以自行之研究，而進得出對該系爭營業秘密之成果，則就關於該系爭營業秘密之歸屬問題，其係當然地屬於該研發者，惟此處必須點出到，關於該營業秘密之歸屬面議題，其之所以具有到許多方面之爭議，其正是因為系爭營業秘密，還有可能是由於嗣三大面向之關係所生之，亦即如其一之「雇傭之關係」；其二之「委聘之關係」，以及其三之「共同之研發」，由此吾人係可知其之產生之過程，係可事涉到對多數人之間地，所謂之關聯問題，是若吾人係欲釐清對該系爭標的之歸屬面向，則即係尚需對我國之營業秘密法條文中，伊第 3 條至第 5 條之規範用字，作相關地文義之解釋，方以能對之為較妥適之理解。[174]

(2)雇傭關係[175]

而關於系爭營業秘密之歸屬，其於雇傭關係下之討論，可先參見到我國營業秘密法第 3 條，其之明文用字，其即係對於營業秘密之雇傭關係作規範，而其法律用語即係謂：「受雇人於職務上研究或開發之營業秘密，歸雇用人所有。但契約另有約定者，從其約定。受雇人於非職務上研究或開發之營業秘密，歸受雇人所有。但其營業秘密係利用雇用人之資源或經驗者，雇用人得於支付合理報酬後，於該事業使用其營業秘密。」[176]吾人若觀察上述條文即可知悉到，在所謂地雇傭關係下，對伊之營業秘密歸屬，係可以將之區分為二，其一即係「職務上的研發」，以及其二之「非職務上之研發」，而在前者職務上的研發面，於原則上，系爭之營業秘密的歸屬，係歸屬於該雇用人，惟例外則是係從於，伊們先前對該系爭契約之約定；而此外後者，亦即所謂之非職務上所研發的營業秘密面向，於其之歸屬問題面，原則上則係屬

---

[174] 參見林洲富，前揭註 173，頁 194。同時可以參見林洲富，前揭註 44，36。

[175] 補充言之關於營業秘密雇傭關係之相關介紹，可以參見洪永城，前揭註 61，頁 252。

[176] 請參營業秘密法第 3 條：「受雇人於職務上研究或開發之營業秘密，歸雇用人所有。但契約另有約定者，從其約定。受雇人於非職務上研究或開發之營業秘密，歸受雇人所有。但其營業秘密係利用雇用人之資源或經驗者，雇用人得於支付合理報酬後，於該事業使用其營業秘密。」

該系爭之受雇人，然此處吾人須特別地注意到，在該雇用人其係滿足了特定之條件之時，則其係可以使用該系爭之營業秘密。[177]而後於之此部，接下來吾人即係須探問到，究對於前揭系爭用語之所謂職務上與非職務上，其之區分之判斷依據何在，而於此，目前對其之主要之判準，則係為該受僱人，伊所創作之系爭之營業秘密，其究是否係在其之系爭僱用人，伊所為之監督地狀況下，所而完成對該系爭標的之創作，且同時吾人亦須判斷到，其究是否係在該受僱人，其於之平日地工作範圍之內，所進而為生成，抑或係產出之，而此對於前述之所謂職務範圍之判准，則係可以參照到下述三點分析，其一即係系爭僱用人其之「營業範圍」、其二係系爭受僱人之「職務工作範圍」，以及最後其三之當初之系爭「雇傭契約之約定」等，而進以之對伊綜合地為考量嗣判斷之。[178]

(3)委聘關係

又關於系爭營業秘密之歸屬，其於委聘關係下之分析，則可先參我國營業秘密法第 4 條，其係明文地對於系爭營業秘密，對伊之委聘關係作規範，而其之法律用語係為：「出資聘請他人從事研究或開發之營業秘密，其營業秘密之歸屬依契約之約定；契約未約定者，歸受聘人所有。但出資人得於業務上使用其營業秘密。」[179]吾人若細部觀察上述之法律文字，即可以知悉，我國對於系爭營業秘密，其於委聘之關係上，對該營業秘密之歸屬面問題，即是依該系爭之契約而定之，但是若係在沒有以系爭契約為約定的情形下，則該系爭之標的，則係歸該營業秘密的研發者，亦即該系爭之受聘人之所有，但於此時吾人須特別注意的是，該系爭之出資人其對於系爭之營業秘密，係具有到所謂地「使用權」。[180]而吾人若觀察系爭委聘關係下之營業秘密，其與於雇傭關係下之營業秘密之比較層面，即知其之不同點係可由此處觀之，

---

[177] 參見林洲富，前揭註 173，頁 194-195。同時可以參見林洲富，其揭註 44，頁 36-37。

[178] 參見王偉霖，前揭註 71，頁 95-96。

[179] 請參營業秘密法第4條：「出資聘請他人從事研究或開發之營業秘密，其營業秘密之歸屬依契約之約定；契約未約定者，歸受聘人所有。但出資人得於業務上使用其營業秘密。」

[180] 參見林洲富，前揭註 173，頁 195。同時可以參見林洲富，前揭註 44，頁 37。

而對此若在法理上為之分析，可知其係由於該系爭之出資人，其係已對該標
的之付出，及已一定程度之金額以及代價，是故此處在參酌到所謂地「利益
衡平」之價值下，則著實係應讓該系爭之出資人，係可以使用到該系爭之營
業秘密，而係不需要再要求其額外的，再支付其他地代價。[181]

(4)共同研發

而對於共同研發下之營業秘密歸屬問題，係可觀我國營業秘密法第 5 條
之規範，其係明文地對於系爭營業秘密之共同研發作規定，而查其之法律用
語係為：「數人共同研究或開發之營業秘密，其應有部分依契約之約定；無
約定者，推定為均等。」[182]若吾人仔細地觀察上述用語，即可知悉到，在該
系爭之營業秘密的各研發者，伊們之參與系爭創作的程度貢獻面，係為之不
明時，始將之推定為均等，而同時若較細部地參看本條之規定，即可知其係
與我國著作權法第 40 條第 1 項之規定係為之相像[183]，而其係可以互相地為之
參照。[184]此外，對於前揭系爭營業秘密，其之共有問題，學者係認為到，雖
然其無疑係為所謂分別之共有，但是為免往後因其所可能產生之相關爭議，
現對此之較為適宜的作法，是採在事先時，先以之為相關地約定，而以使得
該系爭之繁雜的共有關係，為之簡化，而若果如此，則係將能促進到該營業
秘密，其於未來為利用之可能地機會。[185]而針對該營業秘密之創作者，其參
與到系爭研發之程度不明，等之相關問題層面，則正係可以透過本文著重地
區塊鏈之技術來解決，而此係由於區塊鏈技術，其係能夠將該系爭之各創作
者的貢獻，作成完整地且可供他人為可信驗證的檢視，是故吾人由此即可知，

181　參見王偉霖，前揭註 71，頁 98。

182　請參營業秘密法第 5 條：「數人共同研究或開發之營業秘密，其應有部分依契約之約定；無約定
者，推定為均等。」

183　請參著作權法第 40 條：「共同著作各著作人之應有部分，依共同著作人間之約定定之；無約定
者，依各著作人參與創作之程度定之。各著作人參與創作之程度不明時，推定為均等。共同著作
之著作人拋棄其應有部分者，其應有部分由其他共同著作人依其應有部分之比例分享之。前項規
定，於共同著作之著作人死亡無繼承人或消滅後無承受人者，準用之。」

184　參見林洲富，前揭註 173，頁 195。

185　參見王偉霖，前揭註 71，頁 100。同時亦請參見趙晉枚、蔡坤財、周蕙芳、謝銘洋、張凱娜(2004)，
《智慧財產權入門》，頁 221，臺北：元照。

目前區塊鏈的技術，伊之技術面、法律面，以及政策面等討論，係可能於我國營業秘密保護之相關運用等面向，其潛力面係極為之巨大，而又由於區塊鏈於法律面等之結合，再為求較為完整地對之討論，吾人勢必對於其內涵之技術，而為相關之理解，是故其之技術面，以及伊後續各國之政策面，以及對之法律面之討論，將置於嗣後之三章節接續為之。。[186]

2.繼受取得

　　最後係關於到系爭營業秘密，其之歸屬面於繼受取得之問題，對此吾人係可先參酌到，我國營業秘密法 6 條第 1 項，而嗣觀其之明文即可知悉，其係對於該系爭營業秘密之繼受取得面，以作相關之規範[187]，而其之法律用語係為：「營業秘密得全部或部分讓與他人或與他人共有。」[188]而由於系爭之營業秘密，其於法上之較為特別之處，即其係不像是其他之智慧財產權，諸如「商標權」，或是「專利權」等之特性，該系爭之營業秘密，伊之特點正係在於到，其係並不必向該系爭之主管機關，以為之相關登記，且同時間由於該系爭之營業秘密，其並非係為所謂專屬之權利，是故於此只要該營業秘密之標的，伊只要係符合到我國營業秘密法第 2 條，亦即前揭曾述及到之所謂地，營業秘密三要件之檢驗，其即可係由該系爭之第三人，其以所謂地繼受之方式，來取得對該系爭營業秘密之所有，而此部觀其可能之態樣，嗣係具有二，分別是其一之「營業秘密之授權」，以及其二之「營業秘密之讓與」，同時，此外吾人亦需特別注意的是，關於前揭曾述及到之營業秘密，究伊之歸屬之兩大面向，即如之該「原始取得面」，以及該「繼受取得面」，此二者係均不用向系爭之主管機關，以為之登記，在此吾人係須對之為細心地留

---

[186]　關於區塊鏈之特性請參本文第三章第一節區塊鏈之簡介，涵蓋區塊鏈之緣起、區塊鏈之發展、區塊鏈之特性以及區快鏈之應用。

[187]　補充言之，關於營業秘密法第 6 條第 1 項及第 2 項之實務見解，可以參見臺北地方法院 94 年度智字第 59 號判決。

[188]　請參營業秘密法第 6 條：「營業秘密得全部或部分讓與他人或與他人共有。營業秘密為共有時，對營業秘密之使用或處分，如契約未有約定者，應得共有人之全體同意。但各共有人無正當理由，不得拒絕同意。各共有人非經其他共有人之同意，不得以其應有部分讓與他人。但契約另有約定者，從其約定。」

意。[189]

（七）營業秘密之侵害與救濟

1.營業秘密之侵害

　　在蓋覽系爭營業秘密歸屬面之議題後，緊接著吾人即需探問到，關於系爭之營業秘密，伊之侵害面之問題，而於此觀察我國營業秘密法第 10 條之規範可知，其係明文地對於營業秘密之侵害作五種態樣地舉例[190]，而其之法律用語係為：「有左列情形之一者，為侵害營業秘密。一、以不正當方法取得營業秘密者。二、知悉或因重大過失而不知其為前款之營業秘密，而取得、使用或洩漏者。三、取得營業秘密後，知悉或因重大過失而不知其為第一款之營業秘密，而使用或洩漏者。四、因法律行為取得營業秘密，而以不正當方法使用或洩漏者。五、依法令有守營業秘密之義務，而使用或無故洩漏者。前項所稱之不正當方法，係指竊盜、詐欺、脅迫、賄賂、擅自重製、違反保密義務、引誘他人違反其保密義務或其他類似方法。」[191]首先由此條文用字吾人即可知，本條第一款係言明到，若係以不正當之方法侵害該系爭之營業秘密，係方構成侵害，而此處若按其之反面解釋，則吾人可知，即係，若是其係以正當地方法而獲得該系爭之營業秘密，則其係並不構成所謂侵害，惟查其條文此處，即生相關疑義，亦即係究何謂之正當方法，而對此係可將之舉例而言道，諸如該系爭之公司，伊係以分析之方式，嗣而破解其之競爭對手的產品，即係其係以自己的技術，而為之所謂地「反向工程」，伊之還原

---

[189]　參見林洲富，前揭住 173，頁 195。同時可以參見林洲富，前揭註 44，頁 38-39。

[190]　補充言之，關於營業秘密法第 10 條之實務見解，可以參見智慧財產法院 102 年度民營訴字第 6 號判決。

[191]　請參營業秘密法第 10 條：「有左列情形之一者，為侵害營業秘密。一、以不正當方法取得營業秘密者。二、知悉或因重大過失而不知其為前款之營業秘密，而取得、使用或洩漏者。三、取得營業秘密後，知悉或因重大過失而不知其為第一款之營業秘密，而使用或洩漏者。四、因法律行為取得營業秘密，而以不正當方法使用或洩漏者。五、依法令有守營業秘密之義務，而使用或無故洩漏者。前項所稱之不正當方法，係指竊盜、詐欺、脅迫、賄賂、擅自重製、違反保密義務、引誘他人違反其保密義務或其他類似方法。」

方法[192]，此即係不構成前述之不正當之方法，而係可於法律上以為之；而本條第二款則是規範到，對於前款之該系爭營業秘密，其係以之惡意取得之人；後第三款則係規範到該對象，係為取得該系爭營業秘密，伊之時係為善意，但是其後係對之為惡意之使用，以及對之洩漏者；而第四款係所指涉到，所謂地因法律行為取得該系爭營業秘密，其即係指，如前揭曾係提及之「雇傭面」、或「委任面」，以及「授權面」等法律之相關行為；而觀第五款其之用語，伊所謂地依法令有保守該系爭之營業秘密之義務者，若此部需對此舉例而言道，其即係如本法第 9 條第 1 項之明文：「公務員因承辦公務而知悉或持有他人之營業秘密者，不得使用或無故洩漏之。」該之「公務員」[193]，或吾人亦係可參我國之系爭「建築師法」，伊第 27 條所規定之所謂地「建築師保密義務」，以及亦係可參考到我國系爭之「銀行法」，伊第 28 條第 4 項之「證券人員」保密義務等，換言之此處所謂地即須負保密義務者，由上即知可能涉有如公務員、建築師，以及甚至證券人員等。[194]而此外，若對於系爭營業秘密法第 10 條第 2 項，其所指之不正當方法為進步之討論，則係可以對之舉例而言道，如果在該系爭之公司，其之員工在當初伊訂立該系爭之雇傭契約之時，該之系爭約款係已有約定到，伊係必須在其離職之時，把該系爭公司之內部之核心地，系爭機密文件之檔案繳回，可是該員工卻於其離職

---

[192] 關於營業秘密與著作權、專利權及其他智慧財產權之互動，以及「還原工程」與「不正當方法」之討論，請參見章忠信(2001)，〈營業秘密與其他智慧財產權之關係〉，載於著作權筆記網站:https://reurl.cc/3LL1pR (最後瀏覽日：08/20/2020)

[193] 請參營業秘密法第 9 條：「公務員因承辦公務而知悉或持有他人之營業秘密者，不得使用或無故洩漏之。當事人、代理人、辯護人、鑑定人、證人及其他相關之人，因司法機關偵查或審理而知悉或持有他人營業秘密者，不得使用或無故洩漏之。仲裁人及其他相關之人處理仲裁事件，準用前項之規定。」

[194] 關於營業秘密之侵害及救濟，請參林洲富，前揭註 44，頁 71-75。同時亦請參見林洲富，前揭註 173，頁 196-198。亦可參建築師法第 27 條：「建築師對於因業務知悉他人之秘密，不得洩漏。」而銀行法第 28 條則係：「商業銀行及專業銀行經營信託或證券業務，其營業及會計必須獨立；其營運範圍及風險管理規定，得由主管機關定之。銀行經營信託及證券業務，應指撥營運資金專款經營，其指撥營運資金之數額，應經主管機關核准。除其他法律另有規定者外，銀行經營信託業務，準用第六章之規定辦理。銀行經營信託及證券業務之人員，關於客戶之往來、交易資料，除其他法律或主管機關另有規定外，應保守秘密；對銀行其他部門之人員，亦同。」

之嗣後，並沒有依此程序踐行到前揭之系爭約款，則此時伊對該系爭營業秘密之取得，其於本法第 10 條第 2 項為之分析，即知係難以謂之正當。[195]

2.營業秘密之救濟

在介紹對系爭營業秘密，可能地侵害態樣之後，吾人即係需進到下一階段，亦即對於該系爭之營業秘密，其可能為之的救濟手段以為探討，而在關於系爭營業秘密其於該侵害之救濟面上，其於民事面上可為之救濟的手段，即係有下三，其一即係所謂「禁止侵害請求權」，而其二則係「銷燬請求權」，以及最後其三係「損害賠償請求權」，伊們係分別規定在我國營業秘密法第 11 條至第 13 條，嗣以下分別地介紹之。[196]

(1)民事救濟

Ⅰ.禁止侵害請求權

首先係對於民事救濟面上，其對於「禁止侵害請求權」之觀察，而於此吾人即可參見到，我國營業秘密法第 11 條第 1 項，其即係明文地言明道：「營業秘密受侵害時，被害人得請求排除之，有侵害之虞者，得請求防止之。」[197] 吾人若細查其之法律用語，即可知在本條之前段，伊係規範狀況於該系爭之營業秘密，其係已遭受相關之侵害，而嗣可以對之為請求排除之；而其後段則是規範在，對於具有意圖為侵害該系爭之營業秘密之虞者，吾人係可以按本條，而請求防止該系爭狀況之發生。[198]

Ⅱ.銷燬請求權

其次則是對系爭營業秘密侵害之民事救濟面，可為之手段之二，亦即所

---

[195]　關於不正當取得之實務見解，請參林洲富，前揭註 44，頁 79。關於不正當方法，請參林洲富，前揭註 173，頁 197。同時亦請參見智慧財產法院 98 年度民著訴字第 9 號民事判決。

[196]　以下本文將依序介紹民事救濟以及刑事責任，前者涵蓋禁止侵害請求權、銷燬請求權以及損害賠償請求權；而後者則包含營業秘密法以及刑法之相關規範。同時可以參見林洲富，前揭註 44，頁 89。王偉霖，前揭註 71，頁 130-132。張凱娜，前揭註 75，頁 335-340。

[197]　請參營業秘密法第 11 條：「營業秘密受侵害時，被害人得請求排除之，有侵害之虞者，得請求防止之。被害人為前項請求時，對於侵害行為作成之物或專供侵害所用之物，得請求銷燬或為其他必要之處置。」

[198]　關於禁止侵害請求權，請參林洲富，前揭註 173，頁 200-201。同時參見營業秘密法第 11 條，前揭註 197。

調地「銷毀請求權」之介紹,而對此吾人係可觀,我國營業秘密法之第 11 條第 2 項,其係對之明文言明道:「被害人為前項請求時,對於侵害行為作成之物或專供侵害所用之物,得請求銷燬或為其他必要之處置。」[199]吾人若細查上述之法律用語,即可知悉到,本條之救濟方式其之效果,伊係能避免該系爭之損害,繼續地為擴大之,而同時吾人亦須對之特別注意地是,本條係不以所謂地「故意」,或係「過失」而為其之要件,又查其在實務上之運作層面,伊類案件其系爭之承審法院,通常係會對之要求到,該侵害營業秘密者,「銷燬」其藉以從事地前揭該系爭侵害之行為,伊所為之地「器具」、「物品」,以及「原料」等。[200]

Ⅲ.損害賠償請求權

最後則係對在系爭營業秘密侵害,其之民事救濟面上手段之三,亦即於「損害賠償請求權」之介紹,而對此吾人係可先參見到,我國營業秘密法第 12 條第 1 項,其係對之於明文地言明道:「因故意或過失不法侵害他人之營業秘密者,負損害賠償責任。數人共同不法侵害者,連帶負賠償責任。」[201]而關於本條之所謂地連帶損害賠償責任,則對之亦係可以參考到,我國民法第 185 條第 1 項。[202]此外,對於該系爭之損害賠償究如何為之計算,其係可依據到,系爭營業秘密法第 13 條之規定[203],而我國係對之係具有以下三說,分別

---

[199] 參見營業秘密法第 11 條,前揭註 197。

[200] 林洲富(2017),〈營業秘密之理論與實務交錯〉,《中華法學》,17 期,頁 248。同時可以參見林洲富,前揭註 44,頁 90。亦可參見王偉霖,前揭註 71,頁 132。

[201] 請參營業秘密法第 12 條:「因故意或過失不法侵害他人之營業秘密者,負損害賠償責任。數人共同不法侵害者,連帶負賠償責任。前項之損害賠償請求權,自請求權人知有行為及賠償義務人時起,二年間不行使而消滅;自行為時起,逾十年者亦同。」

[202] 請參民法第 185 條:「數人共同不法侵害他人之權利者,連帶負損害賠償責任。不能知其中孰為加害人者亦同。造意人及幫助人,視為共同行為人。」

[203] 請參營業秘密法第 13 條:「依前條請求損害賠償時,被害人得依左列各款規定擇一請求:一、依民法第二百十六條之規定請求。但被害人不能證明其損害時,得以其使用時依通常情形可得預期之利益,減除被侵害後使用同一營業秘密所得利益之差額,為其所受損害。二、請求侵害人因侵害行為所得之利益。但侵害人不能證明其成本或必要費用時,以其侵害行為所得之全部收入,為其所得利益。依前項規定,侵害行為如屬故意,法院得因被害人之請求,依侵害情節,酌定損害額以上之賠償。但不得超過已證明損害額之三倍。」

是其一之「具體損害計算說」，其二之「利益差額說」，以及最後其三之「所得利益說」，嗣該系爭營業秘密之所有人係可以就以下三說，選擇其一來計算該系爭之損害。[204]而最後係關於所謂地「懲罰性賠償」，其之相關規範面之討論，而其之條文則是規定於本法第 13 條第 2 項，吾人於此若觀伊之效用，即知其係可讓該系爭之承審法院，能夠判決出比前揭該系爭之損害額，更高地賠償金，但是其之上限則係為該系爭損害額之 3 倍，而於此伊即係為所謂地「懲罰性賠償責任」，但該系爭法院於伊作出上述判決之時，其係必須考量到，對該系爭個案之以下三大方面，而其一係該系爭之「情節」，其二係該系爭當事人雙方之「財力」，以及最後其三之，其對於該系爭營業秘密所為的「侵害程度」，而伊係需綜合地，按以上三面之分析，進以對之作成該系爭判斷。[205]

(2)刑事責任

在已對系爭營業秘密侵害，其之民事救濟面手段為之探討後，最後則是進到關於刑事責任面上的討論，而觀伊在我國對於侵害系爭營業秘密的刑事責任上，伊相關之法律係有二，其一係訂立於「營業秘密法」，其二則係規定於「刑法」，前者於法條面之規範，伊係分別立於我國營業秘密法，其之第 13 條之 1 到第 13 條之 4 作處理，而其係對於到侵害我國營業秘密罪，伊之犯罪之「構成要件」，以及「域外侵害營業秘密罪」，而作相關地規定，其中吾人係需對之特別注意地是，同法第 13 條之 3 係言明道，本法之第 13 條之 1 之罪，係須告訴乃論之[206]，且此外亦須留意到，本法第 13 條之 4，伊

---

[204] 參見林洲富，前揭註 200，頁 249。

[205] 關於懲罰性損害賠償，請參林洲富，前揭註 173，頁 203-204。同時參見最高法院 93 年度臺上字第 560 號民事判決。關於損害賠償之計算方式，可以參見王偉霖，前揭註 71，頁 133-141。

[206] 請參營業秘密法第 13 條之 1：「意圖為自己或第三人不法之利益，或損害營業秘密所有人之利益，而有下列情形之一，處五年以下有期徒刑或拘役，得併科新臺幣一百萬元以上一千萬元以下罰金：一、以竊取、侵占、詐術、脅迫、擅自重製或其他不正方法而取得營業秘密，或取得後進而使用、洩漏者。二、知悉或持有營業秘密，未經授權或逾越授權範圍而重製、使用或洩漏該營業秘密者。三、持有營業秘密，經營業秘密所有人告知應刪除、銷毀後，不為刪除、銷毀或隱匿該營業秘密者。四、明知他人知悉或持有之營業秘密有前三款所定情形，而取得、使用或洩漏者。前項之未遂犯罰之。科罰金時，如犯罪行為人所得之利益超過罰金最多額，得於所得利益之三倍

則是採取所謂地「兩罰主義」，而其係對於系爭「法人」以及其「代理人」作規範[207]；同時間，前揭之第二種對於侵害系爭營業秘密之法律，則是規定在刑法，且其分別係規範於我國刑法上第 317 條之所謂「洩漏業務上知悉工商秘密罪」[208]、第 318 條之系爭「洩漏職務知悉工商秘密罪」[209]，以及第 359 條之系爭「破壞電磁紀錄罪」等，而藉由以上之歸納，吾人對之亦係可知悉到，現如今我國對於該系爭營業秘密之侵害面，伊之相關規範上，在除了民事面之責任外，亦係已對之明文定有刑事面上之規定，以及相關適用，換言之，對於該系爭營業秘密的保護體系，已係有較完整之法律面之系統，然其對於系爭營業秘密保護之困難，以及究何不足處，及該後續係須引進區塊鏈思維之必要性，本文將嗣為後之部分以對之討論。[210]

　　而在介紹及蓋覽我國營業秘密之法制後，若稍回顧我國之現況，即可知我方雖係自詡以科技為本，且以之為初衷，然目前在實務上係已發生許多地，關於系爭營業秘密侵害之各式案例，是故對此在本節介紹系爭營業秘密，伊之法制層面後，本章將嗣於第二節中，以我國之實際曾發生之營業秘密侵害案為例，實際的探討我國營業秘密之保護在法制面，以及實務面究竟係面臨到，何種地問題以及挑戰，而進以思索未來下一步，較可行之方向何在。[211]

範圍內酌量加重。」而營業秘密法第 13 條之 3 則係：「第十三條之一之罪，須告訴乃論。對於共犯之一人告訴或撤回告訴者，其效力不及於其他共犯。公務員或曾任公務員之人，因職務知悉或持有他人之營業秘密，而故意犯前二條之罪者，加重其刑至二分一。」

[207]　請參營業秘密法第 13 條之 4：「法人之代表人、法人或自然人之代理人、受雇人或其他從業人員，因執行業務，犯第十三條之一、第十三條之二之罪者，除依該條規定處罰其行為人外，對該法人或自然人亦科該條之罰金。但法人之代表人或自然人對於犯罪之發生，已盡力為防止行為者，不在此限。」

[208]　請參刑法第 317 條：「依法令或契約有守因業務知悉或持有工商秘密之義務，而無故洩漏之者，處一年以下有期徒刑、拘役或一千元以下罰金。」

[209]　請參刑法第 318 條：「公務員或曾任公務員之人，無故洩漏因職務知悉或持有他人之工商秘密者，處二年以下有期徒刑、拘役或二千元以下罰金。」

[210]　關於侵害營業秘密之刑事責任討論，請參林洲富，前揭註 173，頁 209-211。請參刑法第 359 條：「無故取得、刪除或變更他人電腦或其相關設備之電磁紀錄，致生損害於公眾或他人者，處五年以下有期徒刑、拘役或科或併科二十萬元以下罰金。」

[211]　本第二節將介紹我國營業秘密侵害案例，包含台積電案、巴斯夫案以及深化鎵案等重要案例。

二、我國營業秘密侵害案例

　　我國關於營業秘密侵害的案例係屬非常之多，其中吾人可觀我國調查局其自 2013 年起，伊所偵辦的系爭之營業秘密案件中，其係已經調查了高達 89 件關於商業間諜的案例，其中令吾人震驚地係，竟有多達 38 件是竊取國內產業之營業秘密，而嗣至境外使用之，而查其多半的受害者，其多係屬我國之高科技產業，伊諸如係有關系爭之「半導體」業者、系爭「太陽能」業者、系爭「機電」業者，以及系爭「IC 設計」之業者等，而若觀查該所為之侵權之輸入地，則可知其多係為中國大陸，若究其之原因係可知，伊多半係遭對岸之科技大廠，為之吸收該產業之相關之人才，是故由此以觀，對岸對於我方營業秘密的侵權，實為首要的係須注意之對象。[212]此外，目前隨著「中美貿易戰」[213]的進行，其對於系爭營業秘密的侵權，只會更為地嚴重，是故我方對此係必須嚴陣以待。[214]職是，對於該系爭營業秘密的保護，係已經是國安層面的問題，而在若吾人係欲更清楚地知悉到，該系爭之營業秘密，其究是如何係遭侵害等，於伊之前提之下，以下即嗣將以我國實際曾發生之重大案例，而對該系爭之營業秘密侵害，其之實務作相關介紹。[215]

---

[212]　請參聯合新聞網網站，〈調查局：商業間諜　嚴重侵害臺灣競爭力〉，
網頁：https://udn.com/news/story/11315/3720751 (最後瀏覽日：06/25/2019)

[213]　關於中美貿易戰之相關討論，可以參見吳福成(2018)，〈中美貿易戰對「中國製造2025」之挑戰〉，《臺灣經濟研究月刊》，41 卷 11 期，頁 85-91。

[214]　請參風傳媒網站，〈中美貿易戰〉「中國偷竊商業機密、干預美企投資！」美國貿易代表辦公室聲明（全文）〉，網頁：https://reurl.cc/N3046 (最後瀏覽日：08/09/2019) 該報導指出，目前隨著國際社會對於網絡信息傳播的依賴高度上升，對岸公司藉由網路侵權系爭公司商業機密訊息之概率上升，專家指出其原因可能係為透過網路侵權對於其後勤更具優勢，同時後續若生爭議其亦可採取可信之否認態度。

[215]　請參由時報網站，〈提案修營秘法　經濟間諜最重判無期〉，網頁：https://reurl.cc/aQVx9 (最後瀏覽日：08/09/2019) 報導指出，由於我國產業自營業秘密於 2013 年新增刑責後，已損失逾 1700 億元，故目前對於營業秘密法之草案提出之目的，係為維護產業發展以及保護經濟安全。該「營業秘密法修正草案」之特點為，其明定若系爭行為人對境外之企業或機構為經濟侵權等之行為，最重將可處無期徒刑，採數罪併罰之方式同時罰金為 1 億元以下。同時該報導億指出，自 2013

（一）台積電案

　　首先於本部分，第一個要介紹的案例即是台積電案，而本案之所以有其重要性，其係由於到，伊是係屬系爭科技業界之高階主管，於其為離職之嗣後，而可能產生對該系爭之營業秘密，而為相關侵害之疑慮之典型[216]，而由於該系爭之當事人，伊係屬著名的臺灣積體電路公司(下稱台積電)，其之研發部門的主管，而其係曾研發的所謂地「銅製程」，係已享譽國際，同時其先前在台積電已係參與地研發，更係估計已達到 500 多項之專利，且其在台積電之 17 年來，已係累積之薪資，據係更已突破了新臺幣 6 億元，由於其係已掌握到台積電公司內部的多項營業秘密[217]，是故當系爭之當事人梁 O 松，伊嗣於民國 98 年離開臺積公司後，且於民國 100 年加入韓國的三星公司之時，台積電方旋即地向系爭之智慧財產法院，對之提起了相關之訴訟，伊時台積電方係提出三項之要求，其分別係為該第一項之梁 O 松不可洩漏「營業秘密」、第二項之其不可洩漏系爭研發人員的「資料訊息」，以及最後第三項之梁 O 松，伊在民國 104 年底前，係不得加入到系爭三星公司，而本案嗣經法院為審理後，一審雖係並沒有採納報台積電方第三項之請求，但本案係經上訴至二審時，則係以台積電方三項之要求，全部地獲准，亦即其係進而大獲全勝而作結。[218]

　　而本案之重要性以及關鍵性係在於到，其係為國內之智慧財產法院，於近年來最為重大之營業秘密相關之判決，然較為可惜地是，由於本案之系爭判決內容，係因涉及到該系爭企業之營業秘密，是故該判決並未公開之，然

年至 2018 年底，調查局所移送之 89 件關於營業秘密之案件中，9 成係為對岸廠商所為，其以對我方經濟面向以及國安面向造成重大影響。

[216] 補充言之，關於商業間諜之案例介紹，亦可參見中時電子報網站，〈商業間諜! 台積電副理為跳槽陸廠　狂印機密遭起訴〉，網頁：https://www.chinatimes.com/realtimenews/20180831001529-260402?chdtv (最後瀏覽日：02/27/2020)

[217] 關於臺灣積體電路製造股份有限公司之相關介紹請參其網站，網頁：https://www.tsmc.com/chinese/default.htm (最後瀏覽日：11/30/2019)

[218] 參見張志朋、林佳瑩，前揭註 8，頁 36。

在我國屢屢發生到有關之高科技產業，其之營業秘密為外洩之案件下，本案係對於我國營業秘密之保護具有一大貢獻，其即是觀察該最高法院對本案之態度，係採取堅定地保護我國企業營業秘密之立場，且本案係為我國首次判決中，在系爭之被告其於所謂「競業禁止」之期間過後，而嗣仍不能到系爭競爭對手之公司，為就業之案例，而由此吾人於伊之觀察，即係可以顯見最高法院宣示，其對於保護臺灣系爭產業競爭力之決心，而本案二審法官熊誦梅更指出道：「一個國家能有幾個大企業?如果我們不保護他們，要保護誰?」[219]此外由本案亦可發現到，該系爭之營業秘密對於系爭企業來說，係是非常重要的資產，而企業若果沒有妥善地，保護伊系爭之營業秘密，則將會可能造成到重大的商業上之損失，而本案另一個觀察重點係在於，本案該系爭法院雖並沒有認定梁 O 松洩漏台積電的營業秘密，但其仍係限制其在系爭之競業禁止期間，於過後仍不得到三星工作[220]，由此點吾人除了可以觀察到，我國對於系爭營業秘密保護，所具之危機意識外，更可以發現到我國在實務上，對於該系爭之營業秘密，其於傳統實務面上存在以久的問題，亦即在該營業秘密的侵害案件中，其在侵害面、證據面，以及侵害發生之時點，係很難為之認定以及作相關之舉證，而據知本案甚至已係有委託韓方之事務所，專門地為協助調查梁 O 松，伊是否究有可能的為侵害該系爭營業秘密，其之相關的可能的事證層面等，惟其最終係仍難以讓法院以梁 O 松洩漏系爭營業秘密而定罪。[221]

　　由上亦可知我國營業秘密現今的保護仍難謂之周全，連台積電如此大規模之企業體，係都如此地難以於訴訟上，明確地舉證其之營業秘密遭受到侵害，更何況係我國其他地各式中小企業，故由此吾人即可知悉，我國的確係

---

[219]　請參天下雜誌網站，〈獵殺叛將－揭密梁孟松投效三星始末〉，
網頁：https://www.cw.com.tw/article/article.action?id=5063951 (最後瀏覽日：06/25/2019)

[220]　補充言之，關於競業禁止之相關實務討論，可以參見勞動部網站，〈立法院今（27）日二讀通過勞動基準法部份條文增修，明確競業禁止、調動、必要服務年限及童工等規範，充分保障勞工權益。〉，網頁：https://www.mol.gov.tw/announcement/2099/24198/ (最後瀏覽日：02/27/2020)

[221]　參見張志朋、林佳瑩，前揭註8，頁37。

有檢視是否具有新興之科技，伊將能帶給系爭營業秘密之保護，之新途徑之必要。[222]

（二）巴斯夫案

　　第二個要介紹的案例是巴斯夫案，而其中巴斯夫公司(下稱巴斯夫)，其於我國之分公司，係於 1969 年時成立，而查其之資本額係為 35 億 6000 萬元，且其之主要地營業之化工產品，係為，諸如「塗料」、「化妝品」，以及「動物營養品」等，而同時其亦係經營電子相關之產業，其係已在我國之各地，為設廠，例如臺北、彰化，以及高雄等地，同時其係為一國際上知名之化學公司[223]，而本案之情事，係於在 2018 年時，我國刑事局係接獲到對之相關之檢舉，其係稱巴斯夫在我國之分公司中，其之 6 名現任的，以及離職的主管等，係涉嫌將系爭之巴斯夫，伊之電子製程之營業秘密為之竊取，並嗣後將該系爭之技術，移轉給伊位於中國之系爭競爭對手，而據估究該系爭之營業秘密之價值，其之市值係高達已近 35 億元新臺幣，而據查，本案之起因即係因該巴斯夫，伊之大陸之競爭對手，其係計畫於位於江蘇省之鎮江市，設立伊系爭之化學工廠，且其嗣係以高達月薪 45 萬元之新臺幣，吸引了巴斯夫之退休的廠長為之加入，而該廠長係先後地與本案系爭之工程部門，以及研發部門之同夥，進以為之合作，在嗣後將巴斯夫之電子關鍵之該系爭營業秘密，以作洩漏，而經警方為調查後，知其係已將伊相關之關鍵製程，以及該系爭之設計圖，交付給其之系爭中國競爭對手，而在事成之際，據知其之不法的利益，竟已係高達新臺幣 2 億元，而在該涉案之工程師，伊係已遭逮捕，而全案係已依違反營業秘密法而送辦之。[224]

　　吾人若細觀察本案，則可以發見到，於系爭營業秘密的保護確實係極為地重要，除了伊在實務上每每係涉及之金額之龐大外，亦係可以發見到，對

---

[222]　補充言之緊接著以下將介紹兩大著名案例，分別係巴斯夫案以及砷化鎵案。

[223]　請參 BASF 網站，網頁：https://www.basf.com/tw/zh.html (最後瀏覽日：06/30/2019)

[224]　請參聯合新聞網網站，〈陸企搶台積電生意大餅 2 年前吸收 6 高階主管變商業間諜〉，網頁:https://udn.com/news/story/7315/3580382 (最後瀏覽日：06/25/2019)

岸係對於我方營業秘密的侵權之可觀層面，已可知其係願意支付龐大的金錢代價，進以來換取我方之關鍵地技術，由此亦可顯見到我方，係已更須加緊地探討到，現對於系爭營業秘密的保護等各方面，無論是在強化系爭資訊系統之面向，抑或是思考我方目前之營業秘密，其於法制究有何地需要改進之處，而對之為相關細部之研討，且由此點觀之亦可知悉道，目前對於營業秘密保護，伊之重要性已是國安問題，現如今不可不謹慎地對待此類議題。[225]

（三）砷化鎵案

　　最後要介紹的第三個案例即是砷化鎵案，而在其中，我國調查局伊係於民國 104 年時，接獲到系爭穩懋公司之檢舉，報稱其係在其內部稽核之時，發現其竟有員工大量地為下載，以及重製該公司的營業秘密，而該公司嗣驚覺事態以為之嚴重，所以其係積極地配合調查局之行動。[226]在經調查後發現到，此次欲侵權我方營業秘密的公司，亦係為對岸之企業，且其係已鎖定系爭穩懋公司，伊特定的產品技術，再緊接著係透過系爭之所謂地獵人頭公司，進以重金而賄絡該系爭穩懋之工程師，而其係要求該工程師係須提供到該系爭企業，伊內部對於該系爭晶片，其製造之數據，以及其餘相關之營業秘密[227]，而我國調查局在經過評估以及對之蒐證之後，係已於民國 104 年 9 月 6 日，對之以營業秘密法第 13 條之 1 第 1 項第 1 款，以及第 13 條之 2 第 1 項，而進行偵辦本案，以防系爭穩懋公司其之損害繼續地為擴大。[228]而本案中，對岸企業係要求該系爭之穩懋工程師，伊將該機密之文件為「列印」以及「拷貝」留存之，而調查局最後係在透過對系爭之電子郵件為追查，並在穩懋全

225　關於營業秘密保護之困難，可以參見本章第三節之詳細介紹。

226　請參自由財經網站，〈中國 5 倍薪誘惑　穩懋員工竊密投靠〉，網頁:https://ec.ltn.com.tw/article/paper/930399 (最後瀏覽日：08/21/2019)

227　補充言之關於穩懋半導體公司之介紹，可以參見該公司網站，網頁：https://www.michaelpage.com.tw/zh/clientprofile/win-semiconductors (最後瀏覽日：12/01/2019)

228　請參法務部調查局網站，〈商業間諜肆虐臺高科技業　調查局與穩懋半導體共揪竊密集團〉，網頁：https://reurl.cc/e2nOm (最後瀏覽日：06/30/2019)

力地配合下，以及伊提供之系爭資訊，而將本案偵破之。[229]吾人由上可知，本案除了係再度印證中國對於我國營業秘密面之危害外，同時亦可以發現到，系爭企業如果伊係要妥善地保護該系爭之營業秘密，其除了在其內部係應建立妥善的所謂的資訊管理制度外，其亦應與國家機關為完善之配合，以充實對其營業之保護，而同時由於我方之營業秘密一再地遭到對岸之侵權，我方似應對之研擬新的對案，以來保護系爭之營業秘密，此或許引入新興科技如區塊鏈技術，即是可以對之進行研究之目標，而關於系爭區塊鏈技術，伊引入之必要性，則可以參見本文第三章關於區塊鏈之介紹。[230]

（四）營業秘密法施行現況

關於我國營業秘密法，伊之施行現況，吾人係可知悉在 2013 年時，於系爭營業秘密法加入刑責之前，我國對於刑事上之侵害該營業秘密，係按照著作權法之相關規定而為之保護，然於營業秘秘法嗣加入刑事責任後，據法務部之資料指出吾人可知，在 2013 年至 2017 年間，我國之檢調已係偵辦之 57 件關於營業秘密之案件裡，於其中起訴的竟僅有 27 件，而該判決確定的更係只有 2 件，查其之定罪率已係小於到百分之 8，而此觀新竹地檢署之檢察官林鳳師之表示到，雖然我國之營業秘密，於其之要件面已係臻至明確，但系爭產業界係會認為到，關於該系爭之營業秘密，伊之侵害面之案件之定罪率，竟屬係為之極低，在其中之關鍵點係有三大面向，可為之解釋，其一即係在該系爭公司之層面上，伊們係並未對於該系爭之營業秘密，盡到所謂合理的保護措施，同時其亦未對之為界定清楚，伊究何者係為營業秘密，而直到該系爭之侵害發生之時，其方才作補救，此實係屬為時已晚；其二則係系爭公司，其係無法證明到該系爭之標的，伊係確為所謂的營業秘密；而其三則係由於到，系爭之營業秘密，伊常是涉及到較高深之觀念，而在偵辦該類案件

---

[229]　徐言良(2017)，〈「臺灣製造」險外流—竊取高科技廠商營業秘密案〉，《清流雙月刊》，7 期，頁 21。

[230]　本文第三章之架構分為四部分，其一係為區塊鏈簡介；其二係區塊鏈於智慧財產權保護之潛力；其三係區塊鏈能如和保護營業秘密；其四則係綜合前述介紹而為小結。

之所需之人力層面，實係屬並不充足之。[231]而目前吾人若觀，對於系爭之營業秘密之保護，在公司內部係有建立到管理系統的相關模式層面，吾人對之係可以參見到，臺灣積體電路公司(下稱台積電)，而觀台積電保護其之營業秘密的方式係為，伊首先係將公司之營業秘密，先作相關之清點，緊接著再為所謂地分類之管理，而接著係即建立到伊係對何人，而可以使用到該系爭之營業秘密，嗣再進行該分類登記，而於此時伊系爭之資訊部門，則會對其作監管，若果該系爭之員工，伊係欲使用該系爭之營業秘密，則其係須經伊系爭之執行長，而為之批准，後進以為對其之營業秘密之保護，係為之分層的管控。[232]而在我國對於系爭營業秘密的保護已係屬不易之情勢下，再反觀對岸對其於系爭營業秘密的保護面，則可見到該情勢係更為之嚴峻，而其即係由於到，中國對於系爭營業秘密保護的概念，係並不非常著重的強調之，其許多企業高層伊們係在離職嗣後，便將該系爭之營業秘密帶往其下個公司，而此舉即導致了原本之公司，其之損害層面之重大，而此外關於系爭營業秘密之鑑定層面，其更是所費不貲，而雖然中國在其他智慧財產權之保護面，已有明顯的進步，但是在其之商業秘密上，若係欲對之採行到刑事之途徑，則係必須滿足到兩要件，其一即是伊之損害額須係達 250 萬元新臺幣以上；其二則是要證明到該系爭營業秘密其之所謂的「非公知性」，而對岸對之則係稱為之「密點」。[233]

　　由上可知，我國企業於本國之營業秘密之保護，係都如此地艱難，更何況是往來兩岸之間之企業，是故我國必須正視到對系爭營業秘密保護的困難現況，並對之思考相應之解決方案，如此方為之治本之道。[234]

　　綜合上述討論，吾人係可以發現到，實務上對於系爭營業祕密的保護是

---

[231]　請參財經新報網站，〈《營業祕密法》定罪率低，關鍵在這 3 件事〉，網頁：https://reurl.cc/RV82g (最後瀏覽日：06/30/2019)

[232]　參見財經新報網站，前揭註231。

[233]　請參聯合新聞網網站，〈維權難、立案更難！兩岸營業秘密的難點與對策〉，網頁：https://udn.com/news/story/6871/3325242 (最後瀏覽日：06/30/2019)

[234]　對於以新興科技如區塊鏈為營業秘密之保護貢獻，可以參見本文第三章對於區塊鏈之介紹。

有許多問題與困難的,而究其根本之原因,係為該系爭營業祕密之被侵害者,其係必須先證明該遭侵害之標的,其確係為所謂地營業秘密,而伊則其必須先經過營業秘密法第 2 條之營業秘密三要件之檢視,而我方大多數之企業正是於此營業秘密法之第一層之檢驗,即係無法為之通過。[235]整體而言道,我國營業秘密的保護係存在有兩大面向地問題,其一是所謂地營業秘密之證明面之問題;其二則是關於系爭營業秘密之管理面問題,以下分別地介紹之。[236]

三、營業秘密保護困境

正如前述所討論的,營業秘密是一種所謂地無形資產[237],而其係需要於滿足特定條件下才方能被保護之,而在目前數位電子化之環境下,對於該系爭營業秘密的保護,係更具相關之挑戰,此係由於在系爭營業秘密之構成要件中,該秘密之要件係難以被滿足之,且此外該系爭營業祕密之被侵害方,其於訴訟上亦係存在著所謂地舉證困難之問題,嗣在當前之環境下,對系爭營業秘密的保護困難,係可以將之分為三個面向,分別是其一之,該系爭營業秘密之範圍係難以認定之;其二之系爭營業秘密之合理保密措施,係難以對之為實施;以及其三之傳統地電子之數位證據,其之可信性不足之相關問題等,嗣以下分別細部地介紹之。[238]

---

[235] 請參營業秘密法第 2 條:「本法所稱營業秘密,係指方法、技術、製程、配方、程式、設計或其他可用於生產、銷售或經營之資訊,而符合左列要件者:一、非一般涉及該類資訊之人所知者。二、因其秘密性而具有實際或潛在之經濟價值者。三、所有人已採取合理之保密措施者。」

[236] 我國營業秘密保護具兩大困境,其一係營業秘密保護於法律面之困難,而其二則係營業秘密保護於管理面之困難,相關之討論請參本章第三節營業秘密保護困境之介紹。

[237] 補充言之,關於無形資產評價之相關資訊,可以參見 iPAS 網站,網頁:https://www.ipas.org.tw/CV/?AspxAutoDetectCookieSupport=1 (最後瀏覽日:02/28/2020)

[238] 張懷印(2019),〈區塊鏈技術與數字環境下的商業秘密保護〉,《電子知識產權》,3 期,頁 71。

（一）營業秘密保護於法律面之困難

1.營業秘密要件之認定

　　本章第二節係以我國營業秘密保護之實務案例為例，而係可以發見到，營業秘密之訴訟其在法院上，係連成案都極係困難，更遑論是進到定罪之層面，而究其之緣由，即係因該系爭之營業秘密案件，其於訴訟中舉證之不易。[239]在訴訟上，系爭營業祕密之被侵害者，伊必須先證明到該系爭標的，伊確係為營業秘密，而此點即必須通過前揭營業秘密三要件之檢驗，也就是係必須對該系爭標的之「祕密性」[240]、「價值性」[241]以及「合理保密措施」[242]以作驗證，而系爭之企業在面對到此第一步驟，往往就係無法通過之，此即係進而導致了系爭營業秘密之侵害案件，伊之成案率係如此低迷之問題。[243]整體而言，在系爭營業秘密訴訟中，該企業除應證明該系爭之營業秘密三要件外，其尚須證明到該營業秘密之歸屬，究為何在，且其亦須證明該營業秘密之被侵害之時點究為何[244]，而上述令系爭企業為難之點，其即是由於該系爭營業秘密，伊所具之私密性，其係並不像是「專利權」，伊是採行到所謂地登記制，此點即相較而言道，所謂專利權的範圍，伊亦較前揭之營業秘密而為之明確，而現與系爭營業秘密，較為類似的係可參見到所謂的「著作權」，

---

[239]　參見陳佑寰，前揭註114，頁104。

[240]　請參營業秘密法第2條。補充言之該條對於祕密性要件其規範用語係為「非一般涉及該類資訊之人所知者」。

[241]　請參營業秘密法第2條。補充言之該條對於價值性要件其規範用語係為「因其秘密性而具有實際或潛在之經濟價值者」。

[242]　請參營業秘密法第2條。補充言之該條對於合理保密措施其規範用語係為「所有人已採取合理之保密措施者」。

[243]　補充言之關於企業在營業秘密訴訟實務上所遭遇之困難點，可以參見黃帥升、洪志勳(2019)，〈企業建置營業秘密管理制度所面臨之衝擊〉，《近年臺灣公司經營法制之發展》，頁128-131。臺北：五南。作者指出目前營業秘密訴訟中，企業於實務上可能遭遇之困難包含，系爭侵權行為無法快速的即時因應察覺、無法對於系爭侵權案件之行為人為特定，以及難以對於系爭侵權事件為舉證等已存在良久之問題。

[244]　羅名威(2010)，〈營業秘密的法律保護網與新實務見解〉，《會計研究月刊》，301期，頁120。作者指出實務上對於營業秘密侵害時點認定困難，同時損害賠償之範圍也難以明確判斷。

其係亦不採行前揭之登記制。[245]而綜上，系爭之營業秘密係由其之私密性，進而導致對其之侵權行為所謂之舉證面上的困難，亦即其之範圍係不易為之界定，以及對該系爭之侵害之時點，吾人亦係無法明確地為舉證，而雖然我國對於系爭營業秘密之受侵害者，伊之舉證證明度係有所降低[246]，但系爭營業秘密仍就係存在該系爭之當事人，其於之蒐證困難面，即伊之最根本地問題，故我們對此即似需思考在科技面上，吾人是否有解方能突破，以及解決系爭現營業秘密之舉證困難之基本地問題。[247]

2.合理保密措施難以實施

而第二個要討論的面向則是關於系爭之合理保密措施，伊難以實施之部分，於其中其之保密性之要件，係屬營業秘密的重點之一，該系爭之營業秘密所有人，伊係必須對於其之營業秘密採取到，所謂之保密措施，而進以能防系爭之營業秘密被洩漏，抑或是竊取等情事。[248]但是在究何謂合理保密措施的認定上，其係時常地成為系爭營業秘密，伊之訴訟上攻防的對象，而觀其在現今之數位電子之環境下[249]，系爭營業秘密之所有人，其究竟係要採取到，哪些種類之保密措施，係可在認定上方屬合理，其在實務上係常有之爭議，例如可參某些系爭之雲端地服務平臺，其可能對之採取地唯一的保護措施，僅係屬控制該伊之系爭訪客，其之對系爭平臺為訪問的權限層面；而亦

---

[245] 補充言之有論者指出，營業秘密其保護之重要性以及必要性，其影響性並不亞於著作權、專利權或是商標權等其他智慧財產權，對此可以參見黃帥升、洪志勳，前揭註 243。作者亦指出營業秘密保護之困難，究其原因在於其本身之特性以及保存之方式，故尋找完善的營業秘密管理方式及機制，已為至關重要之問題。

[246] 莊郁沁(2017)，〈最高法院就營業秘密保護案件之舉證程度予以闡明〉，《理律法律雜誌》，2017卷 3 期，頁 13-14。

[247] 關於營業秘密在數字化時代之保護困難，可以參見張懷印，前揭註 238，頁 71-72。

[248] 請參自由財經網站，〈營業秘密保護 臺積視為競爭力管理〉，網頁：https://reurl.cc/2xoGn (最後瀏覽日：08/19/2019) 補充言之該報導指出，台積電對於營業秘密之保護是採「最小洩漏程度」，而該標準係假設系爭技術一遭竊取即無法回復，故其保護程度較高。由該企業之實例亦可得知，我國對於營業秘密之保護具有一定程度之意識與重視。

[249] 張力(2008)，〈數字環境下探究性學習的變革探究〉，《遼寧師專學報》，4 期，頁 77。作者指出所謂數字環境具有以下四大特點，分別是其一資料訊息接收端隻小型化；其二信息儲存設備普遍化；其三信息傳播方式多元化；以及其四知識流動快速化。

有些為系爭服務之平臺，其之保密措施面作為，則係是完全地取決於其之軟體面之供應商，而所對其為之的服務；更有些則係對於伊所為之保密措施，係僅採取到較為低度的作為，於此綜觀之，吾人即可知，在現如今之法律地實務上，其已係極有可能已無法達成到，該所謂地合理保密措施之要件，而由此吾人亦係可得知，在當今科技已係日新月異的網路時代下，面對到系爭之營業秘密，所為的合理保密措施，係已可見存在了對其之界定之困難之問題，簡之，合理保密措施與科技交錯，即可能產生一定相關之疑義。[250]

3.營業秘密範圍難以認定

　　而第三個要討論的是，關於系爭營業秘密之範圍難以認定之問題，首先吾人可知，若欲使系爭之營業秘密獲得法律保護[251]，其係必須滿足所謂地秘密性之要件，而對於系爭秘密性的認定，現如今是需藉由到社會「公眾之不知」，以及「行業之不知」來為判斷，亦即該系爭之營業秘密，伊係必須滿足到，對一般社會大眾，其不能輕易地得知，方才算符合前揭要件，而同時間對於兩岸實務上，於營業秘密之秘密性標準之界定，吾人亦係須細參相關之法條，及法院之判准而觀[252]，此外在法院的判決當中，法院通常係會透過該專業技術的審查，進以來判斷該系爭之營業秘密，伊是否係已被大眾或業界等，而所為之知悉，但是在現今電子數位化的發展脈絡下，系爭之營業秘密的範圍，係已變得謂之模糊不清，且由於一般社會大眾已係藉由到，現如今的資訊及通訊技術，伊係在所為得知系爭資訊，以及相關之數據的能力面，已係大幅之上升，再加上目前網路之資源搜索引擎，伊們的愈發強大之功能，現許多之資訊，係將不再受到前述所謂營業秘密之保護。[253]而透過現在可行

---

[250] 參見張懷印，前揭註238，頁72。

[251] 補充言之，關於營業秘密法之相關介紹，可以參見經濟部智慧財產局網站，〈我國營業秘密法介紹〉，網頁：https://www1.tipo.gov.tw/ct.asp?xItem=207075&ctNode=6740&mp=1（最後瀏覽日：02/27/2020）

[252] 補充言之關於營業秘密法要件之相關討論，可以參見曾勝珍、嚴惠妙(2017)，〈我國營業秘密法法制探討〉，《智慧財產權法專論—透視營業秘密與競業禁止》，頁106-108，臺北：五南。

[253] 參見張懷印，前揭註238，頁72。補充言之關於營業秘密定義之相關討論，可以參見曾勝珍、嚴惠妙，前揭註 252，頁 106。

的雲端儲存之技術，許多之公司已係將自己系爭之「客戶」面訊息，以及伊系爭之「產品」製造等訊息，抑或係該「技術」發展之策略，已係儲存於系爭之雲端平臺，然其多僅係採取到以設置系爭密碼的方式，而以為保護之，此點雖對於該一般之社會大眾，可能係具有到所謂之秘密性，但於該系爭企業之營業秘密，則係會被前揭系爭之雲端平臺之管理者，所得之，簡言之即係對於該管理者來說，伊該類之資訊係都是公開且透明的，此若以法律之觀點討論此一之現象，則本案可能即會因為該系爭營業秘密之所有人，伊前係採自願地，將其之營業秘密公開給該系爭之雲端平臺[254]，而進而在對系爭之營業秘密的保護上，產生相關後續地問題，而吾人由此即可見，在目前數位電子化之環境下的社會[255]，系爭營業秘密的保護層面上，係以比起上世紀而言道，要更係為之困難，其之範圍與伊之邊界已係變得模糊化，這也進一步地造成了，伊面對於到司法之實務上，於系爭之營業秘密其之範圍之認定之困難性，簡之，在現今社會的環境下，對營業秘密的保護將隨科技的進步而難度上升。[256]

4.傳統電子證據可信性不足

　　最後第四個要討論地即是，系爭傳統上地數位之電子證據，伊之可信性不足之問題，吾人對之係可觀察到，現如今在營業秘密之訴訟上，伊之存在已久的問題係即在於[257]，系爭營業祕密之被侵害人之舉證之困難面，其在當前數位電子環境下之時代而言之[258]，其要完善地證明該系爭之營業秘密之所

---

[254] 補充言之，關於雲端平臺之比較，可以參見 nextlink 網站，網頁：https://www.nextlink.com.tw/2019/03/26/choose-the-cloud/ (最後瀏覽日：02/28/2020)

[255] 補充言之，關於數字環境之相關介紹，可以參見人民網網站，〈數字環境下版權運用和管理〉，網頁：http://media.people.com.cn/BIG5/n1/2019/1213/c14677-31504526.html (最後瀏覽日：02/28/2020)

[256] 參見張懷印，前揭註238，頁72-73。

[257] 補充言之，關於營業秘密法之問題，可以參見自由財經網站，〈刑度高沒用！「營業秘密」審案效率需加快〉，網頁：https://ec.ltn.com.tw/article/breakingnews/2603933 (最後瀏覽日：02/28/2020)

[258] 補充言之，關於數字環境之相關討論，可以參見人民網網站，網頁：http://media.people.com.cn/BIG5/n1/2019/1213/c14677-31504523.html (最後瀏覽日：02/28/2020)

有人，伊係已對之盡相關之合理保密措施，以及於伊之被侵害之事證之提出，係屬十分之困難，此即係因系爭之營業秘密，其係具有所謂地「秘密性」之故，是故在該系爭營業祕密之被侵害人，其要完整地提出，伊之於系爭被侵害的事證之時，將係困於到系爭營業秘密，伊之本身之內涵面，於其之複雜性，以及伊之隱密性之下，換言之，傳統數位電子證據因其固有之缺點，即可能無法與現區塊鏈證據之優勢類比之。[259]

　　而在當前之環境下[260]，吾人若欲對兩岸營業秘密之保護，伊之相關問題為之理解，係需對於系爭法規面，及實務面多所研析，而現在營業秘密訴訟上，系爭營業祕密之被侵害人其係必須，於舉證系爭之侵害營業秘密者，係已具有所謂地「接觸」該原告的營業秘密，而於此時，吾人即係可對之提出相關之問題，亦即，在現如今其究係要如何地認定該系爭接觸，而此時即係可以知道，目前之情勢已係較傳統之環境下，更為地困難之，舉例係如在前揭之雲端平臺上，伊之系爭之營業秘密，即便系爭之公司係已有對於該營業秘密，採行設定伊相關之「防火牆」系統以為之保護[261]，但在面對到伊必須證明該競爭企業，或伊之離職員工具有前揭所謂地「接觸可能」，抑或是「接觸條件」之時，伊仍係須舉證出對之可以信賴的數位電子證據[262]，然於該數位電子證據之取得，也亦係存在到許多地不確定之因素，且此外當前的傳統之數位電子證據，其係存在著諸多地，容易被系爭網路為相關之攻擊，以及極係容易被偽造等情事，抑或係遭竄改等固有之問題[263]，同時，目前傳統地數位電子證據，其在伊移轉之過程中，也實係屬易於被外在之技術，而為之干擾，且該數位電子證據其之變動及伊修改之過程，也亦係屬不易地留下相

---

[259] 參見張懷印，前揭註 238，頁 72-74。

[260] 補充言之，關於合理保密措施之相關討論，可以參見 SUNRISE ATTORNEYS-AT-LAW 網站，網頁：https://sunrisetaipei.com/20191003-2/ (最後瀏覽日：02/28/2020)

[261] 補充言之，關於防火牆之相關介紹，可以參見 cisco 網站，網頁：https://www.cisco.com/c/zh_tw/products/security/firewalls/what-is-a-firewall.html (最後瀏覽日：02/28/2020)

[262] 補充言之，關於實質相似與接觸要件之相關討論，可以參見 LIEN & LIN LAW FIRM 網站，網頁：https://reurl.cc/vnybGk (最後瀏覽日：02/28/2020)

[263] 補充言之，關於數位證據之相關討論，可以參見本文第五章第二節之相關介紹。

關地完整之資訊，該上述各點即係導致了，系爭之營業秘密的數位電子證據，伊之真實性，於法院面係難以對之為判斷之問題，而在目前除了法制上係需要完善外，吾人似需思考在科技面上，究是否有新之解方，而能解決系爭營業秘密之舉證困難，等之基本面的問題。[264]

（二）營業秘密保護於管理面之困難

第二部份則需討論的是營業秘密之保護，其於管理面上之困難，而吾人係可知悉，系爭之企業其內部對於系爭營業秘密，伊之管理係必須嚴謹之[265]，然由系爭營業秘密在被侵害之時，系爭企業考量其是否究對之須提起系爭之訴訟，常因前揭之不易確定系爭營業祕密，其被侵害的範圍，以及擔心所謂地「第二次洩密」之問題，而時常地卻步於訴訟。[266]據上，目前在傳統上對此較好的對案，是對之採行訂立明確的，諸如所謂地「資訊資源使用準則」，或係系爭「智慧財產資料管理規範」，等企業之內部地工作守則，即係對之採事先地對於系爭之營業秘密，於之為明確地分類規範，而同時系爭企業在其為商業談判之時，其對於到系爭之營業秘密的保護，係必須約定於該系爭之保密合約中，即其係需明確地訂立前揭雙方在談判之前後，以及於系爭談判破裂時之保密義務。[267]且此外，系爭之企業其係亦應思考到，伊對於該營業秘密保護面，所可能之新作為，而對於協助相關系爭企業，伊們建立系爭之營業祕密規範，吾人係可參見到我國智財局，伊係參照日本之「經濟產業省」編有所謂地「營業秘密管理指針」，而供系爭企業以為參考。[268]而觀察營業秘密之保護，其於管理面上之處理，其亦可見走出全新路徑之必要性，

---

[264] 參見張懷印，前揭註 238，頁 72-74。

[265] 補充言之，關於營業秘密訴訟機制之建立，可以參見經濟日報網站，〈【名家觀點】建立有效營業秘密訴訟機制〉，網頁：https://money.udn.com/money/story/5629/3782521（最後瀏覽日：02/27/2020）

[266] 李傑清(2015)，〈臺海兩岸共同防制侵害營業秘密罪的檢討與建議—以司法互助落實營業秘密域外犯的處罰為主—〉，《輔仁法學》，50 期，頁 23。

[267] 陳錦全(1990)，〈商業談判中，談判後營業秘密的保護〉，《資訊法務透析》，2 卷 4-2 期，頁 7。

[268] 參見廖淑君，前揭註 6，頁 45。

而其在除傳統法上可為之相關保護方式，若欲將營業秘密之保護另闢出新徑，則參酌之新科技如區塊鏈之可能性，則不失為一探討方向。

四、營業秘密保護之新機

（一）科技導向

我國係以科技為本，其中我國係以之具有豐沛的創新之動能，而對此點吾人係可以參照到，我國近年所創立之「科學技術基本法」[269]，以及「金融科技發展與創新實驗條例」[270]等，由上吾人係可以發現到，我國對於系爭之新科技以及新思維的接受度，係屬非常之高的。[271]而且同時間，政府也亦係鼓勵系爭之產學界，努力地為相關之創新，以及研發具有突破性的思維面，以及創造等相關面向，此特點係已深植於人民之基因，及伊之熱愛冒險，以及酷愛學習新知識等我國之特色。[272]

（二）法制革新

對於保護系爭之營業秘密，在目前除了係必須檢討我國現有之法制面之外，吾人尚須對之思考到，於我國之營業秘密法，其在防範該系爭標的遭竊

---

[269] 請參科學技術基本法第 1 條：「為確立政府推動科學技術發展之基本方針與原則，以提升科學技術水準，持續經濟發展，加強生態保護，增進生活福祉，增強國家競爭力，促進人類社會之永續發展，特制定本法。」

[270] 請參金融科技發展與創新實驗條例第 1 條：「為建立安全之金融科技創新實驗（以下簡稱創新實驗）環境，以科技發展創新金融商品或服務，促進普惠金融及金融科技發展，並落實對參與創新實驗者（以下簡稱參與者）及金融消費者之保護，特制定本條例。」

[271] 補充言之關於金融科技發展與創新實驗條例之相關介紹，可以參見王明莊、江欣曄(2019)，〈我國「金融科技發展與創新實驗條例」檢評〉，《近年臺灣公司經營法制之發展》，頁 322-323，臺北：五南。

[272] 補充言之關於區塊鏈之相關政策討論，可以參見本文第四章對於世界上區塊鏈政策及相關發展之介紹。

面上，究是否係有不夠周延之處，而在未來係該如何地預防系爭之營業秘密，伊為之外流等面向，即係在防範該系爭之營業祕密，其被竊取之相關機制上，對於系爭營業秘密之保護於我國，係需要立即地對之為改善之。[273]此外我國在參照目前科技之革新狀況下，係已必須全面地思考，現如今究如何在科技的進步下，將系爭之新興科技，與我國現有地法制作結合，並將之思考伊在法制面上，究應當如何面對到該系爭進步之科技，而與其作相關之調整，進以促進社會整體之進步，以及法制的完整，而在該系爭法制面之調整外，各系爭之產業間同時也係需要建立到，對於系爭之營業秘密之保護的基本觀念，如此才方能在法制面、科技面，以及產業面等之三大方面，以之建立妥善地，全面之營業秘密保護制度。[274]

（三）創新思維

　　若欲妥善地建立我國營業秘密之保護機制，我國係必須思考在現有之營業秘密保護之難點下，如何對之能夠走出新的道路，而據此則係須仰賴所謂地「創新思維」，唯有吾人能夠以創新之思維進行相關之問題思考，方能夠走出全新的道路，而對此我國產學界，正好係具備豐沛的創新動能，伊係能以新穎的思考方式，來構建系爭之企業策略。[275]而相信在深植於我國人民心中之創新精神，係將能突破前揭之，現有的營業秘密保護之困難，且對此在當今工業 4.0 之時代，大數據、人工智能，以及區塊鏈等科技係紛紛地出現，究該如何妥善地運用現今之科技，進而來保護前揭探討之系爭之營業祕密，則已係成為目前產學界，必須立即思考的問題。[276]而針對前述問題本文之見

---

[273] 鄭嘉文、許祐寧(2017)，〈跨境投資技術保護與營業秘密之法制研析〉，《科技法律透析》，29 卷 12 期，頁 52。

[274] 而在關於區塊鏈之立法層面及技術，可以參見本文第伍章對於區塊鏈立法之建議，以及本文第叁章之結論與建議。

[275] 請參工商時報網站，〈創新思維 具焦臺灣產業聚落〉，網頁：https://reurl.cc/y8aDy (最後瀏覽日：07/01/2019)

[276] Klaus Schwab(著)，世界經濟論壇北京代表處(譯) (2017)，《第四次工業革命》。作者指出，第四次工業革命已經開始，其影響世界的速度前所未見，期將徹底顛覆我們的生活。其中予工業 4.0

解係以為到，由於區塊鏈係對於營業秘密的保護深具潛力，且區塊鏈的應用在世界各國係已具蓬勃發展之態勢，而我國對此係可以為密切注意之。[277]而雖近年來在我國對於區塊鏈係有所相關之討論，惟目前區塊鏈與針對智慧財產權保護的討論，在我國學界尚處起步以及發展之階段，是故本研究欲以區塊鏈技術為基底，進一步思考其於系爭營業秘密的保護，及其與之的未來展望。[278]

（四）區塊鏈契機

　　根據本章前述對於系爭營業秘密的法制、現況，以及營業秘密當前保護之困難點，吾人係可以發現到，目前實務上對於營業秘密的保護，係難謂之周全抑或係妥善，而根據前述所提到地營業秘密當前在保護上，所遭遇的各式之困難，現如今正係所謂地區塊鏈技術，伊派上用場之時機。[279]而由於系爭區塊鏈技術的特性，係與營業秘密保護的關鍵點，正好吻合之，緣此該系爭區塊鏈之技術，係可能夠解決前揭營業秘密之私密性之問題，而其在國際上於保護智慧財產權之方面，以及相關營業秘密之討論上，已係有許多之研究，目前係可知悉，只要對於系爭之營業秘密已有相關之管理，區塊鏈即係可以解決該營業秘密之歸屬面問題，進而係可證明到，該營業秘密之歸屬面究係屬何人，同時區塊鏈亦係能夠證明系爭之營業秘密，究是於何時而係遭

相關之科技如，3D 列印、無人駕駛、大數據、智慧城市以及區塊鏈等興新科技，將對全球造成極全面的、極大規模之衝擊。

[277]　關於國際上對於區塊鏈之發展以及政策取向，可以參見本文第四章之相關介紹。

[278]　關於區塊鏈於營業秘密保護之展望，亦可參見本文第叁章第三節之未來展望介紹。

[279]　陳浩(2019)，〈30 章〉，氏著，《區塊鏈深入淺出—精選 16 堂課輕鬆學會智慧合約予加密貨幣》，頁 5，新北:博碩。作者整理了目前中國各大企業對於區塊鏈保護智慧財產權的嘗試，其中七大平臺，分別是螞蟻金服區塊鏈、阿里健康區塊鏈、跨境食品溯源、阿里郵箱+法鏈、阿里雲+Hyperledger、數位雄安區塊鏈實施平臺以及天貓奢侈平臺 Luxury Pavilion 溯源等。上述各大平臺提供許多區塊鏈之應用，包含對於食品安全的進口溯源、正品溯源、減少假冒品以及一鑑溯源產品產地及報關時間等。由上可知，區塊鏈對於智慧財產權之保護，於世界上各產業界的應用正蓬勃發展，惟我國法制上對於區塊鏈應用於營業秘密保護的敏感度似乎略嫌緩慢，我國在科技的進步下似應對於法律的制定加快研討以因應世界之迅速變化。

到侵害，是故鑑於區塊鏈對於營業秘密之保護，係有能所貢獻的機會，嗣本研究將於第三章對區塊鏈之特性，以及當前之發展，及其與營業秘密之互動作細部的介紹。[280]

---

[280] 以下本文第三章將以區塊鏈所提供之契機為開展，涵蓋區塊鏈之緣起、發展、特性以及應用，進而探討區塊鏈於智慧財產權保護之潛力，緊接著探究區塊鏈能如何保護營業秘密，並在最後統整上述之介紹而為小結。

第三章　區塊鏈所提供之契機

一、區塊鏈簡介

（一）區塊鏈之緣起

　　區塊鏈之發展並非係為一蹴而就，吾人若觀區塊鏈於現今所具之重要特性，其諸如「去中心化」、「不可竄改性」、「透明性」，以及「安全性」等，伊於現今社會各領域之運用，可謂已係屬無遠弗屆，即在現如今全球係已處區塊鏈 3.0 時代的情勢下，關區塊鏈之應用面即已係開始廣泛擴及到各式地產業之間，且其亦係曾被經濟學人雜誌稱之為所謂地「信任的機器」，而觀伊給予其到如此之高度的評價，此也就令吾人產生了對其之疑問，即究係關於此可能夠引領未來全球之科技，以對現世界進入到下一步發展的該系爭之關鍵技術，於其緣起，究竟係為如何，而換言之，關於該區塊鏈技術，伊於現代之蓬發態勢及其之技術之進步幅度趨勢等，吾人最早地對之相關的預想以及脈絡究係為何，而關於前此揭之問題，吾人似可先從以下脈絡為觀察之，而據悉到早在距今 32 年前之 1988 年時，伊所謂「密碼龐克運動」[281]創始人之一的 Timothy May[282]就曾於之言道了：「一個幽靈正出沒在現代世界。」

---

[281]　請參 Cypherpunks Taiwan 密碼龐克網站，網頁：https://cypherpunks.tech/（最後瀏覽日：07/01/2019）其指出密碼龐克是一極具歷史淵源的密碼學組織，其以追求個人隱私、匿名以及自由為宗旨。

[282]　請參動區 BLOCKTEMPO 網站，〈【中本聰、比特幣的靈感來源】密碼龐克始祖 Timothy May 逝世，享壽 67 歲〉，網站: https://reurl.cc/0Mo1K（最後瀏覽日：07/01/2019）該文指出，Timothy C. May 是密碼龐克的傳奇人物，其著之加密無政府主義者宣言，其思想影響著後人對於密碼龐克的研究，同時亦對比特幣的誕生起了決定性的影響。

而在此處之伊所謂地「幽靈」，其即是係指一種所謂地「新形態無政府主義」
之出現，而查伊之緣由則係因為近代之「互聯網技術」，以及所謂地「公私
鑰密碼學」等科研，於伊們之快速地發展下，藉助到此前曾述之技術而係使
得該系爭之個人間，係能夠以較隱密的方式而為之互動，而若觀在該所謂地
「加密無政府主義宣言」中，則吾人即可知其係已指出道，在透過所謂地「防
竄改盒實施加密協議」下，於未來，人們將會獲得到能夠「於商業行為中，
在不知對方真實姓名以及法律地位的狀況下，協商電子契約」之能力[283]，而
正由該段敘述以觀之，吾人可知其似乎即係與現如今之區塊鏈技術之特性，
為隱隱地相合之，是故吾人此際若再將眼光放回到約三十年後的現在，即於
之觀察與比較到伊於前章節所述的區塊鏈技術，則即係可知悉到，現由於伊
的出現，已即係在許多之面向與 Timothy 當年所預期的所謂「防竄改盒」已非
常之接近，而觀該其中之現著重談論的區塊鏈技術，其係是將多種現代化之
技術而加以為融合，且其係已涵蓋到了所謂「共識機制」[284]、「公私鑰加密
技術」[285]，以及「點對點網路」[286]等，且其之創舉係創建了所謂地「具彈性
化之不可竄改資料庫」，而此於之該系爭地各使用者們係可於其中，以前揭
曾述及之區塊鏈各式特點，伊諸如透明化，以及可驗證的方式等而進以儲存
該系爭之相關各資訊，並此係以到所謂「匿名性」[287]之特性而為該各系爭交
易之活動，同時吾人亦可以對之發見到，該系爭之區塊鏈技術在當今，確正
係處於蓬勃且極快速地發展，而查其目前之廣表應用已係包含到了諸如「數

---

[283] 關於加密無政府主義宣言，可以參照 Timothy May 之網站，網頁：http://groups.csail.mit.edu/mac/
classes/6.805/articles/crypto/cypherpunks/may-crypto-manifesto.html (最後瀏覽日：12/10/2019)

[284] 關於共識機制之相關介紹，可以參見徐明星、劉勇、段新星、郭大治(2016)，〈區塊鏈技術名詞
與核心原理〉，《區塊鏈革命 中介消失的未來，改寫商業規則，興起社會變革，經濟大洗牌》，
頁 240-242，新北:遠足。作者指出，所謂的工作量證明機制其優點係為完全之去中心化，而權益
證明則是工作量證明之升級版。

[285] 關於公司鑰加密技術，可以參見 George Glider(著)，鄔篤雙(譯) (2019)，《後 Google 時代沒落中
的大數據和崛起的區塊鏈經濟》，頁 416-417，臺北：深石數位。作者有對於公開金鑰加密以及
私密金鑰做相關介紹。

[286] 關於點對點技術之相關介紹，可以參見徐明星、劉勇、段新星、郭大治，前揭註 284，頁 250-252。

[287] 關於匿名性之特點，請參本章以下區塊鏈特性之介紹。

位貨幣」[288]的發行，以及管理各智慧財產權等相關應用之多方面向。[289]

　　而若欲進一步詳實探究關於前系爭之區塊鏈的起源層面，吾人係可以將之較確切而實際地，以之追溯至距今約 12 年之 2008 年時[290]，於伊時一個所謂地密碼極克中本聰[291]，伊所發表之系爭一篇「比特幣：一種對等式的電子現金系統」[292] 論文，其對往後世界產生極為重大的變革，雖然該篇論文僅係只有短短地 9 頁，然觀伊現如今其所創造的產值面，可能係已突破到了千億美元，其係即可謂是一劃時代的一大推動科技進展的發明，而吾人此時若再將視點拉回至 2014 年時，即可觀察到，對於那時該系爭之區塊鏈技術，伊係主要地應用在所謂之「比特幣」[293]上且伊係成長極快速，而後在 2015 年時，全球係已開始積極地發展各面有關區塊鏈之各相關之研究，同時在 2016 年後中國係已明確地認可了系爭之區塊鏈技術，並已將之於伊社會之各產業層面進以廣泛地為使用。[294] 此外吾人若欲對系爭區塊鏈於對岸之發展為進步之觀察，則亦係可以參見到於 2016 年由中國國家工信部所發布之所謂地「中國區塊鏈應用發展白皮書」，而其係明確地指出到究何謂所謂之區塊鏈，其即係為一「分布式數據儲存」[295]、「共識機制」、「加密算法」，以及「點對點傳輸」之「計算機」，而於「互聯網時

---

[288] 補充言之關於數位貨幣之相關討論，可以參見林佳靜(2019)，〈數位貨幣與代幣經濟初探〉，《臺灣經濟研究月刊》，42 卷 10 期，頁 74-79。

[289] Primavera De Filippi, Aaron Wright(著)，王延川(譯) (2019)，《區塊鏈與法律-程式碼之治》，頁 1-2，臺北：元照。

[290] 補充言之關於區塊鏈出現之原因，可以參見龔鳴(2017)，〈區塊鏈:信任的機器〉，《寫給未來社會的新帳本—區塊鏈》，頁 18-19，臺北：大寫。

[291] 關於中本聰真實身分之相關討論，可以參見 George Glider，前揭註 285，頁 198-216。

[292] *See* Satoshi Nakamoto, *supra* note 51.

[293] 關於比特幣之相關介紹，可以參見 George Glider，前揭註 285，頁 408。

[294] 高海明、吳大煒、林筱、魏學江、楊樹磊(2018)，〈基於區塊鏈技術之合同防偽〉，《青海金融》，3 期，頁 55。

[295] 補充言之關於區塊鏈之分散式帳本技術，其相關介紹定義可以參見徐明星、劉勇、段新星、郭大治，前揭註 284，頁 244。

代」之「創新應用模式」。[296]由上可知,觀察系爭區塊鏈所內涵之各技術層次,伊在本質上即係為各式技術之綜合而以為之創新應用之結合模式,亦即,該區塊鏈即係為一所謂地「去中心化之網路數位帳本」[297],而觀察其所存在之方式以及其伊所為維護之特性面,伊係具有到讓所有人或此處可稱所有使用該系爭系統之各節點,伊們可以證明到其所為各系爭交易紀錄之完整性,以及證明到各該系爭紀錄確係未遭受人為之侵害,抑或係為之破壞等之特點,而該區塊鏈技術其在特性上即係確具有到前揭曾多所述及之所謂「不可竄改性」、「可以追溯紀錄性」、「無須交易雙方信任彼此性」、「去除中介機構性」,以及「時間戳記技術性」等各面,而吾人由上此際可知其之伊技術之原理層面,即係是已運用到當今之所謂「訊息技術」,而以之在網際網路之中,對伊於所有參與該所謂「聯網」之各電腦上,於之「嵌入」一系爭之「特殊之演算法」,而查其之功用係可以讓該每部電腦節點,係可以持有到屬自己之獨有地數位電子化之「帳本」,而在該系統之全體係遵守到前揭之所謂「共識演算法」之下,一但該系爭之數位電子化之帳本於之引入了新的項目,則按前區塊鏈之特性吾人可得,即係對之不能再行為任何更改,或即稱所謂不可竄改性,故伊係進而遂可以形成到一所謂地「獨特之記錄保存系統」。[298]

簡之,吾人係可以將該系爭之區塊鏈技術理解成,即係一所謂地「大型公有帳本」[299],而究其之所以關鍵且伊之創新面以及極重要之處係在於到[300],該系爭之區塊鏈技術係將社會上原本為獨立且互不為認識的個體,能於之在

---

[296] 聶靜(2017),〈基於區塊鏈的數字出版版權保護〉,《出版發行研究》,9期,頁34-35。

[297] 補充言之關於區塊鏈之本質可以參見龔鳴,前揭註290,頁21。

[298] Michael J.Casey ,Paul Vigna (著),林奕伶(譯)(2019),《真理機器-區塊練與數位時代的新憲法》,頁14-31,新北:大牌。

[299] 補充言之可以參見 George Glider,前揭註285,頁408。作者指出區塊鏈即係一資料庫,其內容涵蓋契約相關之記錄事項,同時以數學方式將系爭資訊為散列。

[300] Jai Singh Arun, Jerry Cuomo, Nitin Gaur(著),吳國慶(譯),〈區塊鏈簡介〉,《區塊鏈的商業應用成功實例 企業轉型 x 創新 x 營收成長》,頁6-7,臺北:基峯。 關於區塊鏈之商業面與競爭面之討論,可以參見之。

該系爭區塊鏈系統上，而形成了一所有人或稱所有地節點都能對之為互相信任，且係為不可變動的該系爭之紀錄[301]，而在此基礎下吾人即可將前部為之理解而肯認到，按區塊鏈此劃時代技術之出現，可得，目前世界各地社會之全新運行的「運轉核心」以及「模式」正係在為確立及構建，換言之，此即係因各地社會上對於以往須由到第三方為參與的交易機制及模式，其已係正逐漸轉變成為所謂的按區塊鏈思維之去中介(心)化之模式，是故在此際隨著科技的發展以及時代之進步下，在可預見的未來中，該系爭區塊鏈技術係將會帶領地球村社會邁向到全新的所謂「治理模式」。[302]進步言之，系爭區塊鏈技術係會在世界各角落以多個層面而實際地改變我們的生活模式，而其之應用範圍之廣表則係可從以下各式於之應用為舉例而觀之，伊諸如其一之「數位虛擬貨幣」、其二之「數位板權保護」、其三之「數位投票」、其四之「供應鏈管理模式」、其五之「公共服務」，再到其六之「專利相關應用」等各大面向，由此可見，區塊鏈之應用面係既廣且深，而觀察社會之各行業對之的態度，可見伊們係已認知到，若能夠妥善地採行到對該系爭之區塊鏈技術之運用，則其將係能使伊們享有達到如「更加快速」、「更加便宜」，以及「更加安全」等三大採用之誘因層面，係故由上所述吾人亦可觀見，區塊鏈的發展可預計將會係繼續在全球社會上，捲起滔天之浪潮，而世界亦可能會因該區塊鏈的發展模式及使用之特點，進而達到一定程度的所謂之「再分配」，以及該系爭之「透明性」。[303]

　　而若此部欲較細觀區塊鏈之實際應用面，則吾人可知，按現如今之區塊鏈技術的可行性為探究，則目前其已實係被許多之產業，認為到伊係具有開展「全新之商業運作模式」的能力，尤其是在關於「金融領域」的產業，伊們對區塊鏈的應用已係具有許多方向的討論，而區塊鏈亦係曾被多位地金融

[301]　補充言之關於價值轉移的本質，可以參見龔鳴，前揭註 290，頁 20。

[302]　See Michael J. Casey ,Paul Vigna, supra note 298. 關於區塊鏈之應用由潛力，以及相關應用面向等討論，可以參見之。

[303]　中國信息通信研究院數據研究中心(2017)，〈區塊鏈技術如何改變我們的生活〉，《科技中國》，8 期，頁 18-21。

科技專家認為到，吾人若能妥善運用之則將能係對該系爭業界產生到所謂之「破壞式創新」，而對此則可觀多所全球知名地大型銀行如其一之「UBS」[304]、其二之「Credit Suisse」[305]、其三之「BBVA」[306]、其四之「Barclays」[307]，以及其五之「Royal Bank of Scotland」[308]等係更是已投入對於該區塊鏈的各研究，由此部亦可看出的是，正是由於區塊鏈所內涵之特點已對於商業環境為重大影響，是故對之地研究已可謂如火如荼為進展，且同時目前已係有興許依伊之新型態地商品為之推出。[309]而對此，究區塊鏈技術之所以能如此吸引該系爭之各產業界之投入，查其之根本則係亦如前所曾述，而於此處對之為進一步之解構，遂即係由於到該區塊鏈系統係能在以下之六大方面實際地幫助到各式產業，而伊們分別是其一之「降低運作成本」、其二之「降低信任風險」、其三之「發展新商業型態」、其四之「程式架構靈活」、其五之「共享經濟實現」，以及其六之「開放原始碼」，而若細究上述其之重要特性之助益，則吾人可知即係因於該區塊鏈技術，伊係能夠實現按其之特點而明確實行到前揭所謂地「去中心化」、「去中介化」，以及「去信任化」之故。[310]

然而關於區塊鏈亦非全無弱點，究目前世界之區塊鏈生態以觀，則吾人可知該系爭區塊鏈發展的時間線，於之對照到各式科技以及對應各法律理論的建立層面，係可謂實並不長，亦即，科技之進步速度與法律界或學界的發展似屬並不一致，而目前學術界對於區塊鏈的討論係不算非常的豐富，縱使有也是多係集中於關於「虛擬貨幣」的面向，諸如「ICO」或「STO」等，而對於系爭區塊鏈技術面可以達到的如以之於「證據面」、「存證面」，或是

---

[304] 關於 UBS 之介紹，可以參見其網站，網頁：https://www.ubs.com/tw/en.html (最後瀏覽日：12/11/2019)

[305] 關於 Credit Suisse 之介紹，可以參見其網站，網頁：https://www.credit-suisse.com/us/en.html (最後瀏覽日：12/11/2019)

[306] 關於 BBVA 之介紹，可以參見其網站，網頁：https://www.bbva.com/en/ (最後瀏覽日：12/11/2019)

[307] 關於 Barclays 之介紹，可以參見其網站，網頁：https://www.barclays.co.uk/ (最後瀏覽日：12/11/2019)

[308] 關於 RBS 之介紹，可以參見其網站，網頁：https://www.rbs.com/ (最後瀏覽日：12/11/2019)

[309] 周濟群(2017)，〈區塊鏈的異想世界 金融新科技?分散式帳簿?〉，《會計研究月刊》，376 期，頁 81。

[310] 趙龍(2016)，〈區塊鏈－數位金融的推手〉，《證券服務》，647 期，頁 12。

「智慧財產保護層面」等,於系爭之區塊鏈可能涉及的問題實係並無廣泛且全面深入地學理之探討,惟此從反面吾人即可以推論到,目前對系爭區塊鏈的研究係尚有許多可值得鑽研的空間,對此,梳理現今國際於該區塊鏈研究的問題,似係可將之整理成兩大面向,其一係該理論之研究面係遠落後於科技實際之發展現狀;其二則係該系爭研究多係集中於對應用區塊鏈為底層技術之「比特幣」的討論,而忽略到關區塊鏈研究之其他方向,但目前吾人亦尚無需覺得悲觀,隨著各類學術會議對於該系爭區塊鏈的討論係愈見越豐富,可以預期到,未來各界關於區塊鏈的研究係將會更加地細緻化,而同時間若於區塊鏈之研究層面能加強於「產業界」、「學術界」,以及「研究界」等三方面之合作,以及政府於之為大力的推行,則伊係將能使關區塊鏈的討論更為地全面且深入,以利構建完善的區塊鏈生態系。[311]

（二）區塊鏈之發展[312]

　　吾人若就區塊鏈技術之發展趨勢為觀察,則係可知,目前學界指出係可將之區分為三個階段,分別是其一之「區塊鏈 1.0」、其二之「區塊鏈 2.0」,以及其三之「區塊鏈 3.0」,嗣以下分別地介紹之。[313]

---

[311]　韓秋明、王革(2017),〈區塊鏈技術國外研究述評〉,《科技進步與對策》,35 卷 2 期,頁 158-159。

[312]　關於區塊鏈的發展脈絡,可以參見龔鳴,前揭註 290,頁 37-40。作者指出區塊鏈因為具有強大的容錯性,同時其可在去中心化之基礎上,安全的為資料傳輸,故現今人們的興趣已從電子貨幣轉移至對區塊鏈技術之深入研究,而按 Melanie Swan 對於區塊鏈發展階段之區分,可分為區塊鏈1.0、2.0 以及 3.0。

[313]　關於區塊鏈演進階段之相關介紹,可以參見李震華(2016),〈《產業觀測》臺灣區塊鏈技術應用 3契機〉,載於財團法人資訊工業策進會網站,網頁:https://www.iii.org.tw/Focus/FocusDtl.aspx?f_type=1&f_sqno=138&fm_sqno=12 (最後瀏覽日:12/11/2019)

區塊鏈 1.0[314]	第一階段為區塊鏈 1.0，而此時期主要係是以比特幣[315]為主軸，並以其建置(構)所謂之「去中心化之支付體系」，而其係開創了所謂之「新的記帳模式」，且伊係藉由到系爭電腦之硬體而提供其之運算能力，進以進行民間慣稱之的所謂「挖礦」行為，並藉以之獲得該系爭之比特幣獎勵，而各使用者於該區塊鏈上之系爭資料，伊係具有到「可追蹤」以及「不可竄改性」等特色。[316]
區塊鏈 2.0	第二階段為區塊鏈 2.0，此時期之主軸則係轉變為系爭之「以太坊(Ethereum)」[317]，而此階段已係有所謂「智能合約技術」之出現，而觀該系爭智能合約之特點即係在於到，於之該系爭之各交易係不須經由前述之所謂地第三方之中介機構而為之，此外，因其係可用作紀錄多類各交易行為之特點，例如其一之「智慧財產權之交易」、其二之「產品生產履歷」，甚至其三之「歌手發行專輯」等，其係已被廣泛主要地應用在各金融體系當中。[318]
區塊鏈 3.0	第三階段為區塊鏈 3.0，而觀前揭區塊鏈 2.0 可知，伊主要係專注在金融領域，而此部區塊鏈 3.0 則是將之「昇華」到各式非金融領域之應用，亦即在區塊鏈 3.0 之特色面，伊即係

---

[314] 關於區塊鏈 1.0 之相關介紹，亦可參見徐明星、劉勇、段新星、郭大治(2016)，〈區塊鏈—顛覆世界的力量〉，《區塊鏈革命 中介消失的未來，改寫商業規則，興起社會變革，經濟大洗牌》，頁 75-78。作者整理了世界各國對於比特幣之發展概況，包含美國、中國、韓國以及法國等國。

[315] 關於比特幣之介紹，請參 Arvind Narayanan, Joseph Bonneau, Edward Felten , Andrew Miller,Steven Goldfeder (著)，蔡凱龍、王力恆(譯) (2017)，《區塊鏈-金融科技與創新》，頁 77-104，臺北：臺灣金融研訓院。其於該書第三章，係對比特幣之運行機制作深入分析。

[316] 黃邵彥、林有志、陳俊志、郭博文 (2019)，〈淺論區塊鏈之發展與趨勢〉，《電腦稽核期刊》，39 期，頁 42。同時亦可參見龔鳴，前揭註 290，頁 37-38。

[317] 關於以太坊之介紹請參，田籠照博(著)，朱浚賢(譯) (2018)，《區塊鏈:智慧合約開發、安全防護實作》。該書第一章係對區塊鏈之整體概念作介紹，而第一章第三節則係對以太坊網路作介紹。

[318] 參見黃邵彥、林有志、陳俊志、郭博文，前揭註 316，頁 42。同時亦可參見龔鳴，前揭註 290，頁 38。

> 其已擴及至現社會之各產業領域間，例如連接所謂地「物聯網」其上各機器間之「付款層面」，以及系爭「資訊安全」等，換言之，於現階段對該系爭區塊鏈技術之應用，伊已係進階至於「個人實體」的「生活層面」，而伊係已於各行產業間於藉由到該系爭之區塊鏈技術，而以之為進行革新，嗣進而再以之擴及到現社會之各式面向，換言之區塊鏈 3.0 即係區塊鏈於各業等之整合應用。[319]

　　由上之整理，吾人係可知悉到，由於區塊鏈係屬於工業 4.0 之新興技術，在新科技於社會之衝擊下，該區塊鏈技術其在應用層面上即可能涉及到許多法律議題，而正因區塊鏈係具有前揭所謂匿名性的特點，是故吾人在探討區塊鏈的應用時，其對於使用區塊鏈之各用戶，關於伊們之「身分勾稽」層面，或對究「區塊鏈是否需實名化」之議題，皆係尚須學理面之充分探討，而亦由於現科技與法律規範或學界討論之發展嗣非屬一致，是故關於區塊鏈於法律面之調和，勢必需要繼續對之研究，而＋關於前部之疑問，現世界上目前亦對該問題具相對豐富之討論，而吾人亦係可參見到對岸於區塊鏈實名制之議題，以及美國或歐盟組中等各式文獻，而近以為研究，此外由於該區塊鏈其之技術面特點，伊係採行運用到所謂「非對稱加密技術」，而於此即係又生關於法律面之疑惑，即係究關於伊是否係符合到我國電子簽章法之規範，而其對於所謂「數位簽章」之要件，伊究是否該當之，此於未來亦需學術上為深入探討之，而補充言之，針對此部分之討論，亦係可以參見到本文第五章對電子簽章法之介紹及整理。[320]然吾人仍不可否認的是，區塊鏈技術對於我國法制地發展將會產生到具決定性的影響，其所涉及之法律議題面之廣泛，而係需要到各產、學及研究界對之為繼續研究。[321]綜之，若對上述區塊

---

[319] 參見黃郁彥、林有志、陳俊志、郭博文，前揭註 316，頁 42。同時亦可參見龔鳴，前揭註 290，頁 38-40。

[320] 請參本文第五章對於電子簽章法與區塊鏈之相關討論。

[321] 黃紫旻(2017)，〈區塊鏈技術新興法律議題〉，《理律法律雜誌雙月刊》，2017 卷 3 期，頁 1。

鏈為初步之歸納，則係可知該區塊鏈的應用的潛力係植基於其之特性層面[322]，而由於到伊之技術可行性，該系爭之區塊鏈技術係可以在每一次之系爭之各交易紀錄中，「嵌入」伊之「時間戳記」，而正係由於該時間戳記，則吾人即係可將之運用其為舉證等於訴訟面上之各式應用，而在進一步結合前述其之「不易竄改性」，以及「去信任化」等特點，在可以預見到的未來，該區塊鏈技術對於系爭各智慧財產權的保護，係亦將扮演到極為重要之角色。[323]

（三）區塊鏈之特性

鑒於前揭對於區塊鏈整體圖像的概述，以及於其發展面與應用面等所為之初步地探討，吾人即係可知在關於到該系爭區塊鏈其之特性及定義層面下，因其所具備到之各式技術之綜合性，而可得伊其即係為一全新之「分散式架構體系」[324]，而正因其係具有到前述的高度地「穩定」等諸特性，且已係受到了世界上各「資本市場」之高度地重視[325]，以及各式於之的應用與研究正蓬勃演進之，若從根本觀之，此即係因該區塊鏈技術係具有到下述之五大特性，分別是前揭所曾述及的其一之「去中心化」、其二之「安全性」、其三之「透明性」、其四之「不可竄改性」，以及最後其五之「可追溯性」[326]

---

[322] 關於區塊鏈之特性，請參蔣勇、文延、嘉文，前揭註49，頁69-73。作者於該書於第一章第五節介紹區塊鏈之技術，其分別為資料不可篡改性、分散式儲存、匿名性、價值傳遞、自動網路共識、可程式化合約等特性。

[323] 請參華劼 (2018)，〈區塊鏈技術與智能合約在知識產權確權和交易中的運用及其法律規制〉，《知識產權》，2期，頁13-19。

[324] 關於區塊鏈之架構體系，可以參見冀鳴，前揭註290，頁27-29。作者原文指出：「區塊鏈係統由自下而上的資料層、網路層、共識層、激勵層、合約層和應用層組成。」

[325] 參見王文宇，前揭註62，頁1。補充之，關於區塊鏈之類型則可以參見冀鳴，前揭註290，頁34-37。作者指出區塊鏈之類型可以下列型態為區分，分別係為公有鏈、私有鏈、聯盟鏈、許可鏈、混合鏈和複雜鏈等。

[326] 補充言之關於區塊鏈功能之歸納，學者整理出以區塊鏈之特性為底所產出之八項主要功能，對此可以參見林俊成、邱祈榮、詹為巽、徐韻茹(2019)，〈區塊鏈應用於林業之現況與挑戰〉，《林業研究專訊》，26卷3期，頁1-3。作者整理出區塊鏈之八大功能，分別係為，其一區塊鏈係靈活之資料結構、其二區塊鏈可創建智慧合約、其三係分散式系統可加速系爭交易之速度、其四係

等，而在已為前部之概覽後，以下將分別對之為細部的介紹。[327]

1.去中心化[328]

　　首先即是關於到區塊鏈的第一個特性，亦即對「去中心化」之探討，而吾人若此先將視角移往傳統上之所謂地「線上網際網路服務」，即係可知悉到，其通常係需要該系爭之使用者們，其依賴較可信的所謂之權威機構，或是可信之中間機構，伊們於該買賣雙方之間為之協調其們所可能產生之相關問題，一般而言道，對該模式係可以分為三類，第一類常見的則係如「eBay」[329]或是「Uber」[330]，而於其中之運作模式，吾人可知該系爭之中間機構係「負責於系爭交易買賣雙方間建構市場」；而第二類之中間機構則是係「負責儲存以及維護網路」，諸如「Facebook」[331]、「YouTube」[332]或是「Wiki」[333]等；而最後第三類中間機構則是係「負責特定商品或是服務之認證」，係如「PayPal」[334]及「Spotify」[335]等，而在此部的討論中可見，傳統上所為之該交易行為，伊

建立新型態信任系統、其五係數字加密安全性、其六係防詐騙性、其七係防止雙重紀錄，最後其八則係對於物聯網之加強。

[327] 范建得、黎昱萱(2019)，〈淺析區塊鏈與其應用的法律問題〉，載於區塊鏈與法律政策研究中心網站:https://reurl.cc/lWxml (最後瀏覽日：07/02/2019) 作者指出，區塊鏈技術具有幾項重大特性，分別是資料之集體寫錄與保存、資料或訊息保存的去中心化與不可竄改性、資料或訊息的可追溯性以及流通於區塊鏈之資訊係具透明且具公信力。同時作者亦認為區塊鏈技術的確帶給世人跨時代的挑戰與機會，但是對於區塊鏈相關的法律規範仍有待明確定性以及監管之。

[328] 關於區塊鏈去中心化之相關介紹，可以參見徐明星、劉勇、段新星、郭大治(2016)，〈區塊鏈—顛覆世界的力量〉，《區塊鏈革命 中介消失的未來，改寫商業規則，興起社會變革，經濟大洗牌》，頁 51-53，新北:遠足。

[329] 關於 eBay 之介紹，可以參見其網站，網頁：https://www.ebay.com/ (最後瀏覽日：12/11/2019)

[330] 關於 Uber 之介紹，可以參見其網站，網頁:https://www.uber.com/tw/zh-tw/ (最後瀏覽日:12/11/2019)

[331] 補充言之，關於臉書使用者行為之相關研究，可以參見吳姮憶、羅偉峰(2014)，〈「按讚、留言或分享」—探究影響臉書訊息反應行為意圖之前置因素〉，《行銷評論》，11 卷 2 期，頁 107-131。

[332] 補充言之，關於 Facebook 與 Youtube 於網路口碑互動性比較之探究，可以參見蔡璧如、吳穎帆、莊苑仙(2016)，〈網路互動性對網路口碑之影響—Facebook 與 YouTube 的比較〉，商管科技季刊，17 卷 1 期，頁 81-111。

[333] 補充言之，關於 Wiki 其使用者行為之相關研究，可以參見栗四維·莊友豪(2009)，〈Wiki 使用者與使用行為之研究〉，《電子商務學報》，11 卷 1 期，頁 185-212。

[334] 關於 Paypal 之介紹，可以參見其網站，網頁：https://www.paypal.com/tw/home (最後瀏覽日：12/11/2019)

係常須所謂之第三方之中間機構為介入，但由前揭所述，吾人則係可知悉到此於區塊鏈則係為不同，因其係並不依賴到一個以集中化的所謂權威之模式而運行，由於區塊鏈是分散式架構，亦即於其中之每一個節點皆係屬中心，而每一個節點都是中心換言之即係沒有中心，亦即區塊鏈係非採中心化，以進而對該整體系統進行到統合之管理與指揮。[336]而就關於區塊鏈生態系的運作體系以觀，可知伊係透過到該系統內數以萬計之各節點為之合作，以進而達成維護該所謂地「大型之網路化的分散式帳本」，若由此點觀之，吾人即可知其之特點即係在於到完全的所謂地「自主性運作」，故其係可以之突破及避免到，前揭之傳統上採用地以往之集中式中心化之資料庫，嗣伊被入侵及為破壞的風險性，同時吾人亦係可知，由於該系爭技術係不需要傳統上所謂之地「第三方之中介機構」[337]，此換言之，吾人若能妥善之運用該區塊鏈技術，則係將能讓該系爭交易之成本大幅地為之降低。[338]然此若吾人係欲對該「去中心化」為進一步之解釋，則我們係可以將其理解為，在對該系爭系統之每一位內部地使用者或稱節點而言，其之所屬之地位係皆為平等，亦即，在該系統內之每一個節點中，伊們之「權限」係皆為相同，此並沒有任何人係具有到於之特別特殊地權限等，換言之，亦即於該系統內並沒有以前傳統上可以實施到所謂之「舞弊行為」之餘地，而就此點吾人此時若再進一步地回顧到，究以往網路平臺之發展模式，即可知通常其係在於進行伊之管理上之際，係都須設有一所謂地「主要管理者」，而其之權限則係會比該系統內之一般之用戶，來的更廣且深且強，而雖然當初該系爭之管理者，於其之設立之目的係為方便到該系爭系統，以為之統籌與管理等面，但此舉係即也導致了，若彼時有人欲惡意地為侵入該系爭之系統，伊其並不用從該系統之運行程式面之安全性為之著手，其僅只須對於該系統之實際系爭管理系統之該

---

[335] 關於 Spotify 之介紹，可以參見其網站，網頁：https://www.spotify.com/tw/（最後瀏覽日：12/11/2019）

[336] *See* Primavera De Filippi , Aaron Wright, *supra* note289,at 46.

[337] 李光斗(2019)，〈什麼是區塊鏈〉，《區塊鏈財富革命》，頁 26-29，新北：華夏。關於區塊鏈之技術面向，可以參見之。

[338] 參見黃邵彥、林有志、陳俊志、郭博文，前揭註316，頁40-41。

自然人，以為系爭之行為即可[339]，然對此處之缺點為分析，若吾人觀現如今
由區塊鏈技術體系的出現，則係已解決了傳統上該系爭系統之集中式管理
者，伊被「威脅」，或被以之「利誘」，抑或是為「叛逃」等之問題，而此
即係正因該區塊鏈之前揭所謂地「去中心化」之特點所助，簡之區塊鏈之去
中心化特點，即係可突破以往中心化體系的困境，而進而開闢到全新的路
徑。[340]

2.安全性[341]

　　再探討完去中心化特性後，第二個要探討的區塊鏈特性，即是關於區塊
鏈之「安全性」，而對此吾人可知，系爭之區塊鏈係以獨特的方式進以儲存
該系爭之數據，而吾人一旦將該系爭資訊記錄於系爭鏈上，則其將係難以被
更改竄改，抑或是為人為之刪除，且同時現世上係並沒有任何之一方有權利
以為之修改，或係對於該系爭儲存於鏈上之各系爭資訊以為之還原[342]，此外
於該區塊鏈之網路上，由於整體地區塊鏈系統係已被複製於全球中數以萬計
之完全不同的節點中，而正由於這些大量之節點之助，伊們係儲存了幾乎趨
近完全相同的該系爭之區塊鏈副本，而其藉由到該區塊鏈所內涵之技術，由
伊之底層協議係可達成到只要體系內其中之一方為之連接上網，而該全體之
節點之副本即係可為同步地為之更新，而就此部觀察，吾人對此即係可知悉
到，由此特點之助則在該區塊鏈系統中，若僅是伊單一之節點之副本而為失
效或係遭人為損害之，則其係對於到區塊鏈體系之整體的系統面生態系，係
完全地不生之任何影響，此即係因如前所述，該其餘之各節點仍舊係保有到
伊所有之各系爭資訊，而按此特性吾人進一步思索即可推知到，就該特性下
係亦導致到只要在其之數千萬之節點中，有一節點擁有到該系爭區塊鏈之副
本，萬一即使現如今之政府進以關閉該系爭之互聯網系統，然因該於區塊鏈

---

[339]　請參蘋果仁網站，〈認識區塊鏈：分散式、去中心化、開源〉，網頁：https://reurl.cc/WeyAL (最後瀏覽日：07/02/2019)

[340]　參見蘋果仁，前揭註339。

[341]　補充言之關於區塊鏈安全性之相關介紹，可以參見龔鳴，前揭註290，頁22-23。

[342]　參見李光斗，前揭註337，頁23。關於區塊鏈之技術面向及其特點，可以參見之。

網路之各系爭資訊，伊們仍舊是可以被完整地保留於世上，換言之，區塊鏈之資訊一經「寫入」上鏈到該系爭鏈上，伊即能被安全有效且係不可竄改地為之保存。[343]簡之，由於該系爭區塊鏈技術，伊係具有到所謂地分散儲存各系爭資料的特性，是故該系爭資料一經「入鏈」即係無法為之修改，伊亦係無法遭受到所謂之各式竄改，且如今在技術面上除非現欲入侵該系爭區塊鏈系統者，其能控制到該系爭區塊鏈體系上百分之 51 的節點，伊方有可能對之為完成侵入，惟實務上幾乎無法達成對過半數節點之掌握，據知若欲執意為修改該其中之資料，伊須對之付出的代價係可能高達近 10 億美元，而參照到該之作為與其所需耗費之金額，可見伊亦不符合成本之效益，是故於此吾人即可得見，基本上區塊鏈系統即係具有到無法被竄改之特性，而係具備到高度之安全性。[344]

3.透明性[345]

在探討完去中心化以及安全性後，第三個要探討的區塊鏈特性則是「透明性」，而對此吾人可知，由於區塊鏈技術係使用到前揭所謂之「數位簽章」，以及「點對點網路」等技術，係故吾人可知該系爭儲存於該系爭鏈上之資訊，其之特徵係為「透明」，且伊係屬不可逆且亦不可為竄改的，換言之，保存於該區塊鏈上之各系爭資訊只要一經過該系統為系爭之認證，其他系爭鏈上之使用者即可以對於該系爭區塊鏈上為交易之各原始數據，以及伊們所為系爭交易之相關訊息，進以作檢閱的動作，而同時間，每個使用者係皆可以在下載使用該系爭之區塊鏈時，依據該鏈上之資訊以來為檢視，觀察其所欲檢視之該特定帳戶，伊究是否係涉及到各特定之交易行為，以及其流程之脈絡，亦即，吾人由上即可得知所謂於區塊鏈上之行為，是可以被吾人以及各使用

---

[343] *See* Primavera De Filippi, Aaron Wright, supra note 289, at 48-49.

[344] 參見黃邵彥、林有志、陳俊志、郭博文，前揭註 316，頁 41。補充言之對於區塊鏈系統安全性之問題，可以參見龔鳴，前揭註 290，頁 23。關於彼特幣之相關討論，以及技術面向等模式，可以參見之。

[345] Jai Singh Arun, Jerry Cuomo, Nitin Gaur(著)，吳國慶(譯)，〈機會與挑戰〉，《區塊鏈的商業應用成功實例 企業轉型 x 創新 x 營收成長》，頁 34-35，臺北：碁峯。關於區塊鏈之特點及其與商業模式之重構，可以參見之。

者或稱節點為之稽核的，並且該系爭為交易之雙方，伊們皆係難以否認到該系爭之交易之存在，而此即係因系爭區塊鏈之系統，伊係仰賴到本文前述已提及之公開及「私密金鑰」[346]，以及該數位簽章等技術而成。[347]簡之，由上吾人可以得知，該系爭區塊鏈上之各式資訊等，吾人於該系爭鏈上皆可做查閱，而此係由於該系統內每個節點都保存到有前述之一份完整的該系爭之數據資料，是故該區塊鏈技術即可謂係一「開放共識之數據資料庫」[348]，而按「其透過公開透明之資訊共享」，其即係將能夠進而取代到以往中心化之第三方信任機構，而吾人由此亦可知悉，所有人及使用者皆可對於該系爭區塊鏈上，伊所有的系爭數據以及系爭鏈上所有之相關應用，以作所謂的檢閱之動作，換言之，吾人即係可得所謂之區塊鏈系統，其係具有「高度之透明性」，若需進步補充言道，則亦有論者將區塊鏈之透明性稱為匿名公開，而此即係因區塊鏈之公開係為加密過後的代碼與地址，吾人為瀏覽亦無從得知於伊之使用者之真實姓名，是故有稱作匿名公開性。。[349]

4.不可竄改性[350]

　　第四個要探討的區塊鏈特性即是「不可竄改性」，而對此吾人可知，由於區塊鏈上之每一筆交易係皆會被記錄到該鏈上之區塊，而經過各節點確認其後每一個所新生的區塊，伊們皆是基於前部區塊之基礎而生，故若係欲竄改該區塊鏈上之任一筆交易，則係皆會因其伊破壞到其所原有之區塊秩序，而致在實務上幾近為無法實現，退萬步言之縱使其實現了，其所必須對之負擔之代價亦係會遠超其所得之利益，是故區塊鏈上資料之安全性在技術上是

---

[346]　參見李光斗，前揭註 337，頁 35。關於區塊鏈之技術面，以及非對稱加密之相關討論，可以參見之。

[347]　*See* Primavera De Filippi, Aaron Wright , supra note 289,at 50-51.

[348]　補充言之，有論者亦將區塊鏈技術稱為「分散式總帳技術」，對此可以參見龔鳴，前揭註 290，頁 21。

[349]　劉偉、蘭宏宇(2016)，〈區塊鏈技術原理及基於區塊鏈技術的知識產權服務淺析〉，《產權導刊》，11 期，頁 65-66。

[350]　參見 Jai Singh Arun, Jerry Cuomo, Nitin Gaur，前揭註 300，頁 35。關於區塊鏈之不可逆性，以及不可竄改性等討論，可以參見之。

可以被確認的。[351]此外,正是由於區塊鏈是由每一個獨立區塊透過所謂之「鏈結」而組成,是故該每一區塊係為彼此相關,同時由於每一區塊係皆會包含到前一個區塊之所謂地「封裝值」,緣此,當系爭之行為人伊係欲為竄改該系爭資訊之時,伊則其即係會因為前述之封裝值之技術特性,而進而在該系爭實務面上無法為之,此點係可謂之「牽一髮而動全身」。[352]此外,由於該系爭之區塊鏈伊之時間戳記的特點面[353],其係可以使的該區塊鏈上每一筆資料皆具有到所謂地「時間標記」,而該區塊鏈之時間戳記之所以深具公用,即係無可以之證明該系爭區塊鏈上之各事件,伊們所發生之時點,故其在該系爭鏈上係扮演到如同傳統法上所謂地「公證人」之角色,然其之特點面又比前揭之所謂公證制度更為之可靠,而此即係因該系爭區塊鏈上所記錄之訊息,伊們係無法被竄改之故,而此正是由於到該區塊鏈系統運用了時間戳記,是故區塊鏈技術係已非常地適合運用在前述所謂地智慧財產權之保護議題面上,按目前於之在對岸實務上為觀察,只要該系爭之創作者事先將伊系爭之作品為入鏈,伊即係可透過到該系爭之時間戳記,嗣進而於訴訟上證明到其之「版權」確為存在,而若欲進步為補充,則關於區塊鏈之時間戳記訴訟面之觀察,則可參本文第五章之相關討論。[354]

5.可追蹤性

最後要探討的區塊鏈技術即是所謂「可追蹤性」,或稱「溯源性」,而關於對其之理解面,吾人可知,該系爭之區塊鏈技術,伊係能夠讓系爭寫入在該區塊鏈之系爭地各資訊,難以被人為之不當地竄改或係為變造,而同時藉由該區塊鏈其所內涵技術其內部之所謂地「共識機制」,以及該「驗證機制」等,其係可以對於該系爭之資訊內容,以及前述之系爭各交易之脈絡,

---

[351] 參見高海明、吳大煒、林筱、魏學江、楊樹磊,前揭註294,頁56。

[352] 請參 COBINHOOD 中文報網站,〈區塊鏈?去中心化?分散式帳本?到底是什麼關係?〉,網頁:https://reurl.cc/brQAl (最後瀏覽日:07/02/2019)

[353] 參見李光斗,前揭註 337,頁 32。關於區塊鏈與時間戳記之應用面、技術面,以及數據面等討論,可以參見之。

[354] 請參新浪科技網站,〈《區塊鏈 100 問》第 47 集:時間戳是什麼?〉,網頁:https://reurl.cc/aYOj4 (最後瀏覽日:07/02/2019)

按透過該技術之特點而進以達到所謂之「可驗證性」，以及「可追溯性」。[355]
而於此時，吾人若利用前揭所述之各區塊鏈特性，諸如其之「去中心化」、
「透明性」，以及「不可竄改性」等重要之技術特點，吾人即可知，其係將
確可使得所有該系爭過往之交易過程，被完整地為記錄下來且係已烙於該系
爭之鏈上，而進可供吾人為之稽核，此換言之，所有地對於該系爭區塊鏈之
存取者以及各節點，則皆係可以對之為完整的檢視該系爭資料，及伊們之交
易歷程以及其之脈絡，而在系爭區塊鏈的「可溯源追蹤性」之特點下[356]，其
將可使的就該區塊鏈之應用發展層次，已係不限於以往前述之區塊鏈 2.0 所涉
之金融科技層面，而是可以將之發展到全球社會之各式產業界，且其係可將
之應用於諸如「產品之供應鏈紀錄」，或是「產品之防偽」等方向，而係可
對如生產履歷之應用，或物流管理，抑或是各式智財權等之保護方面，遂進
而係能提高到各產業界對於伊們自身產品之掌握性。[357]詳言之，在當今全球
化脈絡之影響層面下，該系爭之每一件產品，從伊於製造完成之當下再至於
該之出貨程序後，其係必須經由到許多不同地廠商之間，伊們各於之為之協
力以合作，其之所涉層面，吾人觀察可見係已可能包含了如其一之「供應商」、
其二之「製造商」、其三之「物流業」，以及其四「零售業」等，藉由上述
各單位之合作，進而嗣後方才交於到該系爭之消費者之手，而該一份產品其
從前部之所謂地「初始訂單之建立」流程，再到該「製造之過程」，而後至
伊「送貨之單據」，最後再到系爭之「金流之流向」，或甚至關於到該「發
票之開立」等各面，吾人於此可知其係已涉及許多手以及該部相對繁雜之程
序，是故若爾後該系爭之企業，伊與其系爭之消費者間發生了商品面之系爭
訴訟上之糾紛，伊們如在傳統上之溯源程序之技術面上，係將會非常地繁瑣

---

[355]　王毛路、李莉莉(2018)，〈區塊鏈行業創新應用概述〉，《軟件和集成電路》，11 期，頁 41。

[356]　補充言之，關於區塊鏈之可追蹤性，可以參見網管人網站，網頁：https://reurl.cc/YlMRKo (最後瀏覽日：02/27/2020)

[357]　關於區塊鏈之技術面及應用面之討論，請參王毛路、李莉莉，前揭註 355，頁 38-42。補充言之關於區塊鏈之相關應用，可以參見許庭榮、彭冠今(2018)，〈區塊練+加密貨幣的新時代來了〉，《創富區塊鏈》，頁 67，臺北：布克。關於區塊鏈之應用面向、應用範圍，以及未來展望等可以參見之。

且層次多又複雜，且其亦須於之付出的代價亦將係非常地可觀，但現如今較為正面的消息是，隨著該系爭區塊鏈技術之出現，吾人正可利用前部區塊鏈之資訊透明特點，以及此部所論之「可溯源稽核」等之特性，妥善地運用其將該系爭之各式產品，從伊先製造再至該賣出之全數之過程，以為之透明且完整地記錄於該系爭鏈上，再進而使得所有於系爭區塊鏈上的參與者，可以對之「檢閱」以及「稽核」，若要簡言之，則正是由於區塊鏈之可追蹤性，其開展了各式產業界於溯源追蹤面之應用，且同時其亦以之解決了傳統上繁複程序之溯源難題。[358]

有鑑於以上所介紹之區塊鏈各特性，若要觀察以之政策面上之實務，則可見世界上已有國家實際地以系爭之區塊鏈技術作為該國家發展之主軸[359]，而其即係位於亞太地區金融核心的新加坡，而新加坡係於距今約 6 年之 2014 年推行其所謂地「智慧國家之計畫」，而其之願景係要創造利用到「網路」、「資訊通訊」科技，以及「數據」技術而更加緊密的社會，且同時以之發展新的經濟面機會，而據查，新加坡係於 40 年前之 1980 年代就已開始研究對數位電子技術等，伊之相關應用，且其係早在 2016 年時，IBM 即已與該新加坡之經濟發展局創立了系爭之區塊鏈研發中心，在目前之觀察可知新加坡已係透過了對區塊鏈技術之各式研究應用，遂係進已能改善伊之「跨境貿易供應鏈」所時常發生之所謂地「商業詐欺行為」，同時伊也於之係大幅地降低對以往該系爭交易紀錄之被竄改，或係遭到偽造之各問題。[360]而由上以觀，區塊鏈技術在其所內涵之前述各式特點，諸如透明(匿名公開)性、安全性、可追蹤(溯源)性、不可竄改性，以及對系爭之認證系統等，其係對於到新加坡，伊在為系爭進出口文件之檢驗面上，以及對該供應鏈效率之提升係有所廣大助益，然於之反觀到我國對於區塊鏈的研究起步係屬較晚，是故我國政府應

---

[358] 請參 DIGITIMES 網站，〈以區塊鏈追蹤供應鏈管理　交易過程全攤在陽光下〉，網頁：https://reurl.cc/y8dll（最後瀏覽日：07/02/2019）同時參見王毛路、李莉莉，前揭註 355，頁 40-41。

[359] 關於新加坡對於區塊鏈之發展背景，以及區塊鏈之生態體系及其應用，可以參見陳映竹(2019)，〈新加坡區塊鏈政策與應用發展〉，《臺灣經濟研究月刊》，42 卷 10 期，頁 88。

[360] 楊家侑(2019)，〈以創新應用技術開創貿易新時代〉，《經濟前瞻》，182 期，頁 91-93。

當在未來制定如以區塊鏈相關之法律政策時，思考目前在區塊鏈運用上國際間究有無可以合作之對象，同時我國產學界亦應把握這次工業 4.0 下區塊鏈的浪潮，進以思索究應如何將區塊鏈技術能夠妥善地引入各產業界為應用，進而讓我國之科技人才能夠在國際舞臺一展長才，同時也係更能促進我國產業之經濟面向之發展，同時補充而言道，關於區塊鏈於各國之發展面向，亦可參見本文第四章之相關介紹。361

（四）區塊鏈之應用

　　基於前述所提及之區塊鏈各部重要之特性，以及其之各式特徵等面，吾人係可知目前關區塊鏈之應用，實係已遍及到社會中之各產業面向362，伊舉凡從「金融科技面」363、「智慧醫療面」364、「人工智慧」、「物聯網」、「音樂文化面」365再到「社會公益面」等366，由此可見，區塊鏈已係逐漸遍

361　楊家侑(2019)，前揭註 360，頁 91-93。補充言之，關於新加坡 2019 年度相關之區塊鏈大會資訊，可以參見鏈聞網站，網頁：https://www.chainnews.com/zh-hant/articles/731353744191.htm（最後瀏覽日：12/27/2019）

362　關於區塊鏈之應用介紹，可以參見許家齊、邱祇榮(2019)，〈從區塊鏈及物聯網技術之應用探討我國林業知未來發展〉，《林業研究專訊》，26 卷 4 期，頁 65-67。作者整理出目前區塊鏈之相關應用共有九大類別，其分別係為，其一電子病歷之儲存保護、其二係群眾募資之應用、其三係租賃與銷售與區塊鏈之結合、其四係區塊鏈電子身分證、其五係區塊鏈於智財權保護之應用、其六係證書驗證、其七係產銷體系建置、其八係商品貨物溯源管理、最後其九係對於氣候變遷之相關應用，而同時作者亦指出區塊鏈能結合物聯網打造所謂「活立木確權技術」，以擴大對於林業之相關應用。

363　關於區塊鏈於金融科技面之相關討論，可以參見蕭佩珍(2019)，〈區塊鏈跨界創新應用與商業模式——工研院專題活動演講報導〉，《證券服務》，671 期，頁 97。作者原文指出：「區塊鏈可應用於跨境金融、供應鏈金融、資產擔保證券等領域。」

364　關於區塊鏈於智慧醫療面之相關討論，可以參見汪秀玲、謝明彥、莊仙妃、羅永欽、吳文正(2019)，〈區塊鏈應用在健康照護是趨勢或炒作〉，《臺灣醫界》，62 卷 3 期，頁 46-47。作者對於區塊鏈於智慧醫療面之應用整理為五大類別，分別係為其一「電子病歷交換管理」、其二「雲端藥歷查詢系統」、其三「臨床試驗與生物醫學研究」、其四「病人生成的數據管理」，以及最後其五「行政管理和財務信息」。

365　關於區塊鏈於音樂產業面之相關討論，可以參見杜芸璞(2019)，〈美國「音樂現代化法案」給予我國音樂授權之啟示〉，《智慧財產權月刊》，246 期，頁 95。作者對於新興科技於音樂產業之導入，認為不論系爭資料庫採區塊鏈或其他可為運用之科技，皆須著重應用面之技術完備，以及用戶端對新興科技之接受度。

佈到至前揭所述之個人實體生活層面，亦即現係為區塊鏈 3.0 之時代，而又吾人可知，區塊鏈之特色係已被面向社會之各領域間進行到了廣泛之研究，以及已具伊應用模式面之探討，而現關於區塊鏈的應用領域係可以將之以三大面向作分析之，其分別是其一之「金融科技」面向、其二之「供應鏈管理」面向，以及最後其三之「憑證登記」面向，嗣以下即就區塊鏈之三大應用面分別介紹之。[367]

1.金融科技面

首先在第一個部分，亦即對區塊鏈於「金融科技(Fintech)」面之應用以為之探討，首先可知金融科技之運用於現下亦實屬熱門，而與之相關之法律科技(或稱 Legaltech)的討論亦越來越多見，而在科技的發展下各行業間係無法將自身與科技絕緣，是故在關於此部區塊鏈於金融科技之面向之討論中，於此吾人係可知悉，該「金融科技」[368]係是前部所述之區塊鏈 2.0 而關於到該系爭之區塊鏈技術，伊之應用面向的最主要地場景之一，而吾人按前揭所介紹之區塊鏈特性即係可知，該系爭之區塊鏈對於系爭金融科技的幫助面，主要係在於到，該區塊鏈係能夠確實地協助系爭之各大金融行業體，伊們處理到關於該系爭之所謂「金融資產」的三大面向之問題，而此其一係為「記錄面」之問題，其二係為「轉移面」問題，以及最後其三係關於該「交易面」之問

---

[366] 補充言之關於區塊鏈之發展概況，可以參見魏瑞廷(2019)，〈振興臺灣新林業，區塊鏈展現林業新價值〉，《林業研究專訊》，26 卷 3 期，頁 9-13。作者整理目前區塊鏈之應用概況，已遍及農業、林業、環境、食安、教育、證據等面向，同時亦有將區塊鏈應用對於伐木過程之紀錄、木料 DNA 檢驗、林業金融、林業保險，以及供應鏈管理等。同時作者於結論處亦提及：「目前區塊鏈在各產業的應用中，確實解決許多產業的痛點，未來臺灣是否運用區塊鏈展現新價值，找尋林業新契機，以全球趨勢來看勢在必行，此舉將會帶領臺灣林業邁向下一個新世代。」

[367] 臧正運(2018)，〈區塊鏈的運用及展望〉，協和律師事務所(等著)，《金融科技發展與法律》，頁 59，臺北：五南。

[368] 請參電腦與通訊 Journal of Information and Communication Technology 網站，〈金融科技發展與芻議〉，網頁：https://reurl.cc/bKzrr (最後瀏覽日：07/02/2019) 作者為工業技術研究院資通所專案經理，其指出所謂金融科技或稱 Fintech，其定義為指所有與金融相關之科技，同時自 2014 年起金融科技已成為全世界資訊通訊領域之顯學。而根據 WEF 世界經濟論壇指出，金融科技之發展方向主要有六大面向，分別是保險、存款借貸、籌資、投資管理、市場資訊管理以及新興支付方式等。

題[369]，而關於該系爭區塊鏈於其中之具體的應用與解方，此係可以按四方面為描述，而其一係該系爭之「虛擬貨幣之發行面以及使用面」，其二係系爭之「金融資產的聯貸面以及交割面」，而其三係系爭之「財產抵押面」，以及最後其四係系爭之「保險科技應用面」等，觀察此部之解方與上述金融科技之痛點則可得見，由於區塊鏈具有不可竄改性以及可追蹤性及於稽核面之運用，換言之，由上之解方係確可實際地對應到前揭之問題而遂為之處理，同時正由於該區塊鏈技術其所謂之「可稽核性」，其係與該系爭金融交易之中，伊所需要之較高度之所謂「個人隱私空間」，以及該「資安控管之保護」痛點層面之各要求，而係為相互地吻合之，是故吾人於此即可知悉到，如能妥善地運用該系爭之區塊鏈技術，其即係將能夠回應到目前金融業界，伊們對於該系爭資訊安全的「監督面」，與伊「管理面」之廣大需求，且同時由於該區塊鏈係具備到前部所謂地「去信任化」之特性，而將之與金融業界為比較，即係可得其對於該系爭之金融資產的交易面，係將能達到所謂地「最小化交易成本」的功效，是故現如今若能完善運用該區塊鏈技術以建構該系爭之「全新金融交易系統」[370]，則係將可使得系爭金融行業逐漸穩步邁向全新的應用發展。[371]

2.供應鏈管理面[372]

其次在第二個部分需要探討到的應用，則是關於區塊鏈與「供應鏈管理」，而於此吾人係可知悉，按前揭對區塊鏈特性之介紹，該系爭之「供應鏈管理」[373]係亦屬區塊鏈應用面之包含範疇，而據此吾人可查，該所謂地供

---

[369] 補充言之關於稽核區塊鏈之相關討論，可以參見林邑軒、陳瑋婷(2019)，〈成功稽核的關鍵技能〉，《內部稽核》，105 期，頁 64-66。

[370] 李光斗(2019)，〈掘金區塊鏈:從互聯網+到區塊鏈+〉，《區塊鏈財富革命》，頁 153-154，新北:華夏。作者於此舉了兩個例子，其一是中國人民銀行所推行之「區塊鏈數字交易票據平臺」，其二則是中國銀聯的「使用區塊鏈技術的跨行積分兌換系統」。

[371] 參見臧正運，前揭註 367，頁 59。

[372] 參見 Jai Singh Arun, Jerry Cuomo, Nitin Gaur，前揭註 300，頁 54。關於信賴面及其問題等相關討論，可以參見之。

[373] 請參 MKC—知識管理中心網站，〈供應鏈管理(Supply Chain Management ;SCM)〉，網頁:https://mymkc.com/article/content/21419 (最後瀏覽日:07/02/2019)作者指出，按美國供應鏈協會

應鏈管理之必要性，伊之起因是由於到該系爭產業內之企業集團，伊們之不同之各主體間，其們相互間因為該系爭之「商業活動行為」之發生，其遂致使伊們在以下之三面向具需求，如其一之系爭之「金錢流向」、其二之系爭之「產品流向」，以及其三之「資訊流向」等，伊係已產生到所謂關於多元化的管理層面之迫切需求，而對之該系爭區塊鏈之於其中的應用與解方，即係包含了五大方向，分別是其一之「採購面管理」、其二之「庫存面管理」、其三之「物流面管理」、其四之「產品溯源」[374]，以及最後其五之「防偽面管理」等，由此五大方向而對應到上述之供應鏈面三大需求，而按前述區塊鏈之特性以於該痛點為之處理，於此，吾人即可知區塊鏈於係實具多所發揮之空間，而據前述企業伊在關於其供應鏈上之各主體間之資訊面，伊係屬並不完全，是故其們彼此在為該系爭之合作上，常係具有到所謂不透明之情事，以及系爭之資訊不對等之情況及問題，而此點即係會導致到該系爭企業，伊在為更新其之產品製造或為交易資訊之錯誤的產生，遂進而導致伊整體商業活動之不效率，然而如前之困難點，吾人可知隨著目前區塊鏈的出現[375]，其即係可以按前部之各特點而以提供該系爭之企業為所謂地「多方之同時整合」，以及該「實時之彙編資料庫」[376]等之幫助，若簡言之，其即係可減消該系爭之企業，伊於其之供應鏈上所謂之資訊不對等之問題[377]，而伊嗣可進一步地提高到該企業對於伊系爭供應鏈管理之效率層面中，而由此亦即顯見區塊鏈之功用之所在。[378]

SCC 之定義，供應鏈之範圍包含介於上游供應商至下游消費者之所有活動，從上游供應商、中心廠再到顧客間其中進行之管理行為，態樣包含訂單管理、物流管理以及庫存管理等。

[374] 參見李光斗，前揭註 370，頁 158。同時亦可參見 Jai Singh Arun, Jerry Cuomo, Nitin Gaur，前揭註 300，頁 61。關於區塊鏈之技術面以及區塊鏈技術之貢獻面等討論，可以參見之。

[375] 關於區塊鏈於產品溯源之相關應用，可以參見孫智麗、魏于翔、譚中岳(2019)，〈建構食品安全農食鏈體系及區塊鏈技術之應用〉，《臺灣經濟研究月刊》，42 卷 3 期，頁 25。

[376] 補充言之對於區塊鏈於產銷履歷之相關應用，可以參見黃冠庭、林裕彬、連宛渝、洪甄蔚、張佳祺(2019)，〈區塊鏈串聯產銷履歷大未來—溯源資訊全透明，食安把關再升級〉，《豐年雜誌》，69 卷 9 期，頁 79-80。

[377] 參見孫智麗、魏于翔、譚中岳，前揭註 375，頁 27。

[378] 參見臧正運，前揭註 367，頁 60。

3.憑證登記面

　　在探討完金融科技面與供應鏈管理面後，最後要介紹的區塊鏈應用，即是關於到區塊鏈與「憑證登記面」之討論上，而按前部區塊鏈之特點可知，區塊鏈因其之不可竄改性及安全性以及可溯源等，再加之其之時間戳記等應用，其於證據面、憑證面等皆能發揮功用，而關於伊於憑證面之部分，對此吾人係可知悉到，該系爭之區塊鏈在應用於所謂「憑證登記」之面向，係可以將之分成三大部分，分別是其一系爭之「權益證明」，其二系爭之「資格證明」，以及最後其三系爭之「身分證明」，而區塊鏈於其中之用途即是提供到所謂之「資訊登錄」以及管理層面，查其所為之具體應用係如下，諸如其一係系爭之「智慧病歷管理」[379]，其二係系爭之「個人身分認證」，其三係系爭之「股東權利行使」，其四係系爭之「學歷證明」[380]，以及最後其五係系爭之「智慧財產權授權」等，而再透過區塊鏈於前揭所介紹之諸特點，係諸如其之「不可竄改性」，以及所謂地「禁止重複交易」等技術面特徵，吾人可知該區塊鏈之各使用者，係可以確保到其登記在該系爭鏈上之系爭資訊的「真實性」，且同時由於區塊鏈之「安全性」，該系爭之資訊遭受到人為之偽造變造的機率，係將為極大幅地降低。[381]此外，吾人亦係可知所謂的「憑證」面，其係極為極重要的資訊類型，故其係實有必要獲得該真實且確切之重要之保護，而吾人再透過將系爭「憑證」，為即時地固定於該系爭區塊鏈上，其即係將能保護到該系爭之「憑證」，使伊不會被人為地為任意之竄改，此部換言之，吾人亦係可透過前揭所介紹之區塊鏈特性，而對之為進行追溯之動作，而嗣知其係進而係可以產生到保障該系爭之投資人權益，及等之所謂地正面化之各式效益，簡言之，區塊鏈於憑證面之應用以可按其之

---

[379] 請參 iThome 網站，〈北醫轉診病歷區塊鏈應用上線，小診所也能即時查詢病患全病歷〉，網頁：https://www.ithome.com.tw/news/125609 (最後瀏覽日：08/20/2019) 補充言之，由上可知目前我國對於區塊鏈應用於智慧病例共享，以及相關轉診資訊服務等面向，已有實務發展。

[380] 請參風傳媒網站，〈全臺第一批電子畢業證書！臺中市應用區塊鏈迎接數位時代〉，網頁：https://www.storm.mg/article/449586 (最後瀏覽日：08/20/2019) 由上可知，目前我國已有以區塊鏈之不可竄改性以及可檢證性，將之應用於學歷證明及證書發送之實務。

[381] 參見臧正運，前揭註 367，頁 59。

技術特點而發揮其之所長。[382]

　　若從上述的討論以為觀察，吾人實係可以看出到該區塊鏈應用的潛力面可謂是十分地巨大[383]，而有鑑於區塊鏈在本章前揭曾論及的特性及與其之相關應用層次，在當今智慧財產權保護的問題係已日益需要重視之情況下，相關該營業秘密以及其他智慧財產權之侵害案例，係屬於層出之不窮，而此點在本文第二章亦有所論及到，而由該部吾人即係可知對於我國智慧財產權侵權顯著之所在即是中國，然而中國其自身之智慧財產權保護層面的問題面，亦可謂係十分地嚴峻。[384]於此，若觀察到目前中國其現行對於該系爭智慧財產權法律的相關制定方面，吾人即係可以看出，其自距今 12 年前之 2008 年來，係已陸續地對於智慧財產權的保護面，進行了相關法律上之修正，如對之為歸納，即可知其係包含到如其一之「中華人民共和國專利法」[385]、其二之「中華人民共和國著作權法」[386]、其三之「中華人民共和國商標法」[387]、其四之「中華人民共和國反不正當競爭法」[388]等，吾人於此對之係可以發現到，中國其實對於其於智財權方面的保護，係已具有到一定之法律面基礎之

---

[382] 參見王毛路、李莉莉，前揭註 355，頁 40。同時參見參見臧正運，前揭註 367，頁 59。

[383] 補充言之對於區塊鏈潛力及展望之描述可以參見許庭榮、彭冠今，前揭註 357，頁 66。作者原文指出：「建立信任並快捷交易，是區塊鏈技術的最重要價值展現。從本質上來說，但凡可以用帶碼表達的交易，都可以用區塊鏈技術來實現。區塊鏈技術改變信用產生機制的功能和去中心化的特徵，對傳統行業、交易方式和商業模式帶來顛覆性影響。」

[384] 關於營業秘密之相關案件介紹，可以參見本文第二章之討論。

[385] 請參國家知識產權局 NATIONAL INTELLECTUAL PROPERTY ADMINISTRATION,PRC 網站，網頁：http://www.sipo.gov.cn/zhfwpt/zlsqzn/zlfssxzsczn/201508/t20150824_1164886.html (最後瀏覽日：08/20/2019) 由上可知，中華人民共和國其專利法已於 2008 年 12 月 27 日為第 3 次修正。

[386] 請參國家知識產權局 NATIONAL INTELLECTUAL PROPERTY ADMINISTRATION,PRC 網站，網頁：http://www.sipo.gov.cn/zcfg/zcfgflfg/flfgbq/fl_bq/1063535.htm (最後瀏覽日：08/20/2019) 由上可知，中華人民共和國其著作權法已於 2010 年 2 月 26 日為第 2 次修正。

[387] 請參國家知識產權局 NATIONAL INTELLECTUAL PROPERTY ADMINISTRATION,PRC 網站，網頁：http://www.sipo.gov.cn/zcfg/zcfgflfg/flfgsb/fl_sb/1140931.htm (最後瀏覽日：08/20/2019) 由上可知，中華人民共和國其商標法已於 2019 年 4 月 23 日為第 4 次修正。

[388] 請參國家知識產權局 NATIONAL INTELLECTUAL PROPERTY ADMINISTRATION,PRC 網站，網頁：http://www.cnipa.gov.cn/zcfg/zcfgflfg/zscq/fl_qt/1109520.htm (最後瀏覽日：08/20/2019) 由上可知，中華人民共和國其反不正當競爭法已於 2017 年 11 月 4 日為修訂。

作為，以及已係訂立到與之相關的細部規範，但現如今隨著目前新興之科技的發展以及系爭工業 4.0 的趨勢下，吾人可以知悉到，傳統之智慧財產權的保護方式，似實已無法妥善地應對到當前「互聯網」的時代的潮流，以及相關所生的衝擊，而在目前現科技高度發展的奔流下，現今科技之技術的特徵係可以，以以下之四大部分以作理解，伊分別係其一之「產品理念」，其二之「傳播方式」，其三之「技術特性」，以及其四之「侵權模式」等部分，而對之依此四面向為探討，可知現技術之研發週期縮短以及科技的奇點愈近，換言之科技之蓬發物度實非早期工業時代可比，而在當今吾人亦係可以知悉或推測到，該系爭對於智慧財產權的侵害行為面所發生之速度，亦實屬較十分快速且便捷，其對當前社會造成的損害更係是重大，是故可知，目前對岸在保護智慧財產權之方面可謂係又面臨到以下三大之困難，分別是其一之「維護智慧財產權成本高昂」之困難，其二之「侵權案件賠償低廉」，以及其三之「侵權舉證困難」等，而據此吾人即可知悉到，在現如今探討到新興科技之出現，而以之究可如何應用在保護當今智慧財產權之議題，以及對困難面之解決即係有其之必要性，而在目前的研究上即係已有對於該區塊鏈，伊可以應用在解決系爭智慧財產權之各糾紛作探討，而其係認為到按區塊鏈的技術面特點，伊即係可以有效地協助保護到各該智財權，此外在當今世界所運行之產業模式下，係亦已有所謂之系爭平臺業者方，伊實際的針對於該智慧財產權的保護面，及伊之各大面向進行到所謂地服務之提供，其例如了「智能化的智慧財產權保護平臺權大師」[389]等，而吾人亦可對之繼續得觀察之，簡言之，則係究觀現世界各式科技之蓬發態勢，實係對於法律規範面於各智財權之保護為一大挑戰，是故藉助區塊鏈技術的幫助以提升對智財權的保護，則係屬據高度的可行性以及必要性。[390]

[389] 請參權大師網站，網頁：https://www.quandashi.com/（最後瀏覽日：08/20/2019）補充言之，權大師提供三大面向之服務，分別係為商標面、專利面以及版權面，而在版權面中權大師提供著作權登記以及版權補證、變更及轉讓等服務。

[390] 劉慶新(2018)，〈互聯網+知識產權 生態新模式研究〉，《常州信息職業技術學院學報》，17 卷 5 期，頁 75-76。

現由於國內外對於所謂地「資料安全」、「資訊共享」[391]等概念，以及「營業秘密保護」等需求之逐步地上升，未來關於系爭之區塊鏈於智慧財產權保護之研究，相信會隨著時間愈增愈多，而是故若為細部地探討關於區塊鏈與智慧財產權之互動層面之圖像，本章以下將對於區塊鏈於智慧財產權保護的潛力，以及伊之展望層面作介紹。[392]

二、區塊鏈於智慧財產權保護之潛力

（一）使用區塊鏈之必要性

關於區塊鏈於智慧財產權保護之潛力面，由前部之介紹可知區塊鏈確於能對智慧財產之保護具貢獻，而此部首先究關於區塊鏈使用之「必要性」，吾人可知，其係具有三項較為主要之緣由，分別係為其一之「區塊鏈對於用戶身分保護嚴密」，其二之「數據保護完整」，以及其三之「防止駭客攻擊」等面向[393]，而由上述三點則係可見，究區塊鏈與傳統保護方式之不同，以及使用該區塊鏈技術之優勢點，以及該必要性之所在，而同時間由於該系爭之區塊鏈係具備技術上所謂之「匿名公開」之特點，其之使用者於應用該系爭之區塊鏈對其資料進行保護之際，其除在伊於訴訟上舉證面之證據適用層面上之外，其在保護其之系爭資料不被任何人，進而為之任意地竊取，或係為竄改上亦能有所相關程度之貢獻，而此部若退步言之，縱使該系爭之資料伊係遭竊，其係亦能按伊之溯源性而進以為之追蹤，係故吾人此即係可見，目

---

[391]　戴劍、張宇萌(2018)，〈區塊鏈開啟信息產權時代〉，《國際融資》，11期，頁46。

[392]　本文以下將以六大階層為討論，其一係使用區塊鏈之必要性；其二係區塊鏈於智慧財產權保護之潛力；其三係國際重視區塊鏈於智慧財產權保護之潛力；其四係區塊鏈具體保護智慧財產權之方式；其五係區塊鏈保護智慧財產權之應用；最後其六則係區塊鏈保護營業秘密之潛力。

[393]　補充言之對此可以參見龔鳴，前揭註 290，頁 22。

前區塊鏈在其之應用層面上實已係深具潛力。[394]

（二）區塊鏈於智慧財產權保護之前景

其次要談論的是關於區塊鏈於該智慧財產權保護面之前景，而此亦可觀前揭區塊鏈之特性與應用方式，以及該技術之可行性等面，而吾人遂可知由於到區塊鏈技術與該智慧財產權之結合應用，其係將能夠對於該系爭智慧財產權的保護，產生到極為積極的影響層面[395]，亦即，該區塊鏈技術將係能夠提升該系爭智慧財產權的保護面之效率，而於其之具體應用面向係有如以下三項，而其一係為「區塊鏈的哈希算法及時間戳記可解決智財權之無形性風險」；其二則係為「區塊鏈的存在性證明可解決智財權之獨佔問題」；最後其三則係為「區塊鏈的全球共享性可解決智財權之地域限制」，而關於以上三面向，吾人可知其係基於區塊鏈之特徵及技術特性，而為之進一步的探討，而以下將係對此部為較細部之介紹。[396]

1.哈希算法與時間戳記[397]

關於第一點的部分，亦即哈希算法與時間戳記，若將視角俯視區塊鏈生態系之全局，則吾人係可知，在當今科技之高度發展，以及前述互聯網路之蓬勃運行下，吾人亦需對之為關注的面向是，該系爭區塊鏈其與所謂的「鑑證層面」上之相關地應用，於伊之原理面及為之討論，而對此點吾人可以得

---

[394] 請參每日頭條網站，〈區塊鏈的優缺點〉，網頁：https://kknews.cc/zh-tw/tech/ygp5vmj.html（最後瀏覽日：08/24/2019）其指出區塊鏈雖具有對於既存價值觀之挑戰、能耗性能問題以及延遲性等問題，然區塊鏈之優點具有去中心性、不可竄改性、透明性、自治性以及匿名性等優點，其亦指出區塊鏈目前已應用於各個不同產業面，包含司法存證面、醫療面、娛樂面、金融面以及供應鏈管理面等，同時其亦言隨著時間之進行，相信區塊鏈技術能如同網際網路之出現對於社會之發展造成巨大之影響。

[395] 請參資策會科技法律研究所網站，〈區塊鏈技術運用於智財保護〉，網頁：https://reurl.cc/RKvax（最後瀏覽日：08/20/2019）由此可知，由於區塊鏈之去中心性、不可竄改性以及透明性等特點，區塊鏈對於智慧財產權之保護已有許多建樹，此外作者亦指出可以參見美國之 blockai 網站，其係成立於 2015 年，其目前開立系爭作品之著作權證書，以為訴訟攻防中之證據。

[396] 參見劉偉、藺宏宇，前揭註 349，頁 68。

[397] 補充言之關於區塊鏈所使用之加密技術介紹，可以參見吳壽賀、馮翔、劉濤、周廣益(2019)，〈全面認識區塊鏈〉，《加密金融新格局 以太坊區塊鍊交易實作》，頁 7-9，臺北：佳魁。

知到，該系爭區塊鏈的哈希算法，伊係可以對於任意的文件資料之內容進行到加密[398]，而伊透過該運算之結果即係會產生到該系爭之字符串[399]，而觀察該系爭之字符串之特點，即知伊係無法透過所謂的「反推法」，以逆向而得進行破解[400]，而此正是由於按其之特性，其正向算之容易度係遠大於反向破解運算之困難度，而同時由於該系爭「hash 散列」係屬極短，吾人係可以將其置入於該系爭之區塊鏈交易之資訊的文本之上，而此時當該系爭交易發生之時刻來臨，其即係可作為該可以信賴之「時間戳記」，進以來為系爭之交易進行證明以及為舉證，是故使用了「hash 算法」之區塊鏈系統，伊即係可以證明究該系爭資訊，伊在特定的時間範圍之內，系爭特定的數位文件中其之特定之內容究竟為何，而究前揭所述以觀，吾人可知由於區塊鏈哈希算法以及時間戳記的特性，其於舉正面以及鑑證面之應用將可以之發展，而於此若需補充言道，目前關於區塊鏈的「鑑證面服務」，伊係通常包含了各式之「文件資訊註冊」、及多樣之「文件儲存」、各類之「公證服務」，以及關於「智慧財產權保護服務」等面向，而由上吾人亦可知悉到，區塊鏈之技術特性與智慧財產權之保護痛點，亦可為互相之吻合而係需各界繼續為進步發展之。[401]

2.存在性證明

關於第二點的部分則係要談論到所謂的「存在性證明」，而觀察目前在學界及實務界對於區塊鏈的應用面上，吾人係可知其係透過到網際網路的使用中，而該使用人係可以透過前部區塊鏈之「哈希算法」，以來為伊自身的智慧財產權進行相關之保護，而由於到系爭之區塊鏈係能夠用於證明該系爭

[398] 補充言之關於區塊鏈使用之非對稱加密技術介紹，可以參見吳壽賀、馮翔、劉濤、周廣益，前揭註 397，頁 10。

[399] 請參海洋大學電機資訊學院資訊工程學系 Lagoon 程式設計課程網站，網頁：http://squall.cs.ntou.edu.tw/cprog/materials/Strings.html (最後瀏覽日：08/20/2019) 該程式設計課程指出，所謂字串係指「一連串字元之集合體」。

[400] 補充言之關於區塊鏈竄改不能性之相關介紹，可以參見吳壽賀、馮翔、劉濤、周廣益，前揭註 397，頁 7。

[401] 參見劉偉、蘭宏宇，前揭註349，頁 68。

之特定文件，或是伊系爭之特定地智慧財產權，伊們於該系爭之特定時間點之確定確切內容之存在，係為「真」，且同時區塊鏈又係以前述之「不可竄改」之方式，為保護該系爭之時間戳記資訊，再加上到區塊鏈伊本身所具的前揭討論之「安全性」，以及「透明性」等諸特點，吾人遂即可得知，該系爭區塊鏈之系統實係可以保護以及確保到，該系爭之文件資料不被任意地為之洩漏或遭竊取，是故由之區塊鏈的檢驗及「檢證證明」面之服務，已係可以適用到該系爭數位文件之資訊，以及對於相關智慧財產權的保護各面，簡之，藉助區塊鏈的時間戳記以及不可竄改性等諸特點，區塊鏈證據係可提供存在性之證明，而吾人係可將之應用至如檢證層面，或是後段第五章所談論的證據面上。[402]

3.區塊鏈之全球性解決智慧財產權地域性限制

最後第三點要討論的是關於區塊鏈於「突破智慧財產地域性」之限制面，而若細觀吾人前揭所討論之系爭「區塊鏈資料庫」之諸特性，綜之可得，伊其即是一個可謂是其一之「永久存在」、其二之「不能遭人任意竄改」，以及具備到其三之「透明性」的全球性的超大型資料庫[403]，而此一旦吾人將該系爭之交易以為之妥善地入鏈，則該系爭之交易係將被永久地保存於該系爭之鏈上，而按前揭所分述之各區塊鏈之特性，伊可謂係對於系爭智慧財產權的「公證面向」，以及保護面向等之，係皆可以謂之是一個「新穎的突破方案」，而若需進步言之，則按前揭所述可知，區塊鏈系統係非向傳統之體系，亦即如銀行可能伊們下午的 3 點 30 就必須得拉起其鐵門而為送客，而就算此將鏡頭拉到該股市等面向，則伊亦係會面臨到所謂地休市，而後無從為交易之，但是若此時我們聚焦於觀察區塊鏈則可得見，其是一整天皆不會休息至甚至一秒的體系，亦即，其係為全年無休的為運轉，且伊亦係無視到世界各地域性的限制，而仍隨時可為所謂之「P to P」，或稱點對點的交易，而由此

---

[402]　參見劉偉、藺宏宇，前揭註349，頁68。

[403]　補充言之關於區塊鏈所使用的雜湊演算法之相關介紹，可以參見吳壽賀、馮翔、劉濤、周廣益，前揭註 397，頁 8。

部吾人亦可看出到該區塊鏈所引領之全球之突破，且同時亦可觀該區塊鏈之前述之各技術面，其於之公証面向以及証據面向所生之助益等，其係確實能夠實際地幫助吾人保護到系爭之各智慧財產權。[404]

（三）國際重視區塊鏈於智慧財產權保護之潛力

1.WIPO 重視區塊鏈

緊接著要談論的是關於國際上具有代表性之組織，伊們對於區塊鏈於智慧財產權保護面之「關注」的態度，而對此吾人係可知，世界重要之智慧財產權面之組織諸如此系爭之 WIPO[405]，伊即係非常地重視區塊鏈，而若吾人查其內部之資源檢索系統則可得，伊係指出道目前已有 7030 件關於區塊鏈的討論或係研究，而該刊載於 WIPO 雜誌之研究更係已對之指出道，其係認為該系爭之區塊鏈技術，伊係可以在三大面向上確實地保護該系爭之智慧財產權之權利，而伊們分別是其一之「證明使用智慧財產權之證據」、其二之「證明智慧財產權之原創性」，以及最後其三之「打擊仿冒品及供應鏈管理」，而由此部吾人則可看出，伊係可將之與前揭曾所論之使用區塊鏈之優勢為對照，而遂即可得知到，關於區塊鏈於智財保護層次之應用，伊已係為全球之趨勢而已具有到全球各學界之研析，亦知其係可以確於如在時點面，或證據面等啟到該顯著之作用，又關於前述之三大面向等保護之細部討論，嗣以下為分別介紹之。[406]

(1)使用智慧財產權之證據[407]

在此處第一個要探討的部分是關於究對該系爭之智慧財產權，伊其之使用之「證據」層面，而該前部之研究係認為到，正係由於該區塊鏈技術的出

---

[404] 參見劉偉、蘭宏宇，前揭註349，頁 68。

[405] 請參 WIPO 網站，網頁：https://www.wipo.int/portal/en/index.html（最後瀏覽日：08/20/2019）由上可知 WIPO 之全名係為「World Intellectual Property Organization」，其係世界智慧財產權組織。

[406] Birgit Clark, Baker McKenzie, London, *Blockchain and IP Law: A Match made in Crypto Heaven?* ,available at: https://reurl.cc/qRxdR (last visited on: 07/02/2019)

[407] 補充言之關於區塊鏈於數位版權之相關應用介紹，可以參見吳壽賀、馮翔、劉濤、周廣益，前揭註 397，頁 30。

現，其係已有助於建構所謂地更加地聰明，且係為更有效率的智慧財產權面之保護，而在其知內係已將之稱作所謂地「Smart IP registries」，而其係透過到前述曾所提及之該系爭區塊鏈之時間戳記技術，以及該不可逆轉性等諸特點，而由上亦可知，吾人於使用區塊鏈技術即係可以確證明到該系爭之智慧財產權，伊之於第一次使用的時間點究係為何，亦即，究關於該智慧財產權利之開始，即至伊終結面皆係可以之為完整地追蹤，觀此部之特性即可得見，其係確可以應用在諸如到各智慧財產權之保護面，諸如「商標權」，或係「著作權」，抑或係「專利權」等證明之層面上，而係可為使用該智慧財產權之證據。[408]

(2)證明智慧財產權之原創性[409]

接著，第二個要探討的是究區塊鏈證明到該系爭智慧財產權，伊之「原創性」層面，而對此該前部之研究係認為到，按該區塊鏈的出現即係有助於保護所謂地「不採登記制」的智慧財產權，伊例如著作權，而這即是由於該系爭之區塊鏈，伊係可以提供較傳統面上而為可信之證據，而進以證明到關於該系爭之概念伊之發想面、使用面，以及其他各式之證明要件知層次，甚至關於該系爭之原創性以及該何時間點而為「第一次出版」等[410]，而前揭此等之效用則係須歸功於該系爭之區塊鏈，伊所內涵之該系爭時間戳記技術面之幫助，而同時此部 WIPO 相關之研究，也言明到目前已係有許多地新創知公司，伊們已係紛紛地投入對於該系爭區塊鏈技術，伊應用於各智財權如版權面保護的相關之應用，而由上亦可見，區塊鏈之時間戳記技術，由於到區塊鏈之不可竄改性等諸特點，綜之而可見在全球皆已有對於伊確能保證該系爭智慧財產權，伊們原創性之功效。[411]

---

[408]　*See* Birgit Clark, Baker McKenzie, London, *supra* note 406.

[409]　補充言之關於區塊鏈在智慧財產權之相關應用，可以參見吳壽賀、馮翔、劉濤、周廣益，前揭註 397，頁 30。

[410]　補充言之關於區塊鏈之相關應用場域，可以參見吳壽賀、馮翔、劉濤、周廣益，前揭註 397，頁 30。

[411]　*See* Birgit Clark, Baker McKenzie, London, *supra* note 406.

(3)打擊仿冒品以及供應鏈管理[412]

最後第三部分要探討的是區塊鏈對於所謂「仿冒品」之打擊層面，以及前揭對前揭曾述之供應鏈管理為補充，而對此，該部研究同時亦係指出到了，運用該系爭之區塊鏈科技，伊確係可以為打擊該系爭之仿冒品，亦即，其係能夠幫助到區分究竟何為「正品」，以及何則屬「仿偽品」，而此即係因該系爭之區塊鏈的技術面等之諸特性，而正係因該系爭之區塊鏈係可以較客觀的可驗證之方式，而進以記錄該系爭各產品的生產之時間點，以及對該系爭各地點的各式詳細之訊息，而且就關於該系爭產品伊們所使用的系爭原料之組成層面，以及伊之製造過程究為何等，亦伊係都已可以供該系爭之客戶以為之詳細檢驗，而此點則即係亦有助於前述之供應鏈之管理系統，即於伊之完善層面等，若此部須對之進步言之，則吾人可見不論中美或是世界各重要智財權組織，伊們皆逐漸發現到區塊鏈訴訟上時點之證明面功用，而按區塊鏈之諸特點而可將之應用到諸如打擊防偽品或供應鏈管理等，而此則係藉助到區塊鏈之不可竄改、時間戳記，以及可稽核性等特點，換言之對區塊鏈功效的肯認已是全球之趨勢。[413]

2.EUIPO 重視區塊鏈

補充言道，除了前部 WIPO 對於該系爭之區塊鏈的重視外，吾人亦係可查，目前 EUIPO[414]對於區塊鏈於該系爭各智慧財產權之保護等各方面的運用，也亦已係多有所相關之研究，且其也係認為到該系爭之區塊鏈，伊於其揭打擊仿冒(偽)品之層面上，已係深具有相關之潛力，換言之，目前對於區塊鏈之功用的認識，可謂已是世界的共識。[415]

---

[412] 補充言之關於區塊鏈於供應鏈面向之相關介紹，可以參見吳壽賀、馮翔、劉濤、周廣益，前揭註 397，頁 26。

[413] *See* Birgit Clark, Baker McKenzie, London, *supra* note 406.

[414] 請參 EUIPO 網站，網頁：https://euipo.europa.eu/ (最後瀏覽日：08/17/2019) 由上可知 EUIPO 全名係為「EUROPEAN UNION INTELLECTUAL PROPERTY OFFICE」，其係歐盟智慧財產局。

[415] *See* EUIPO ,*Using blockchain in the fight against counterfeiting - EUIPO launches a Forum to support concrete solutions in that field*, available at: https://reurl.cc/jEN7y (last visited on: 07/02/2019)

（四）區塊鏈具體保護智慧財產權之方式

　　由上述之討論吾人可知，區塊鏈技術其在該系爭智慧財產權保護的諸應用面向，係以在全球成為趨勢，而各地對其之研究及應用或係報章雜誌等，亦蓬勃的發展，而若以對岸實務於之的操作以觀，則吾人可見伊具體保護各智慧財產權之方式，其係已可以為綜之而涵蓋了三大方面，分別係為其一之「確權」面向，其二之「用權」面向，以及其三之「維權」面向，簡之，該區塊鏈技術在智慧財產權的保護上即係已十分地具有充足的可發揮應用之潛力，若能再透過對之適當地運用之諸方式，則係能此伊之功效更為顯著，具體而言道，吾人若完善的應用其之潛力，則係可以使該系爭之智慧財產權之五大層面為更佳的運用，而伊們分別是其一之「登記面」、其二之「授權面」、其三之「追蹤面」、其四之「評估面」，以及最後其五之「保護面」，將係使上述變得更為吾人而容易地運用之，而對此若係須為進一步之較具體而言以觀之，則即係可以知道，該系爭之區塊鏈技術，伊對於前部該系爭之智慧財產權的保護，係可以按以下之三大主軸以來完整的討論，而伊們分別是其一之「保密協議之管理」，其二之「智慧財產權的使用控制」，以及其三之「智慧財產權的可追蹤性」，嗣以下分別細部地介紹之。[416]

1.保密協議管理

　　第一個要討論的是關於所謂「保密協議之管理」，而對此吾人係可知，在當今社會發展下，所謂地傳統之保密協議，伊是係需要透過道各方之企業之費時且費力，而為往復地來回，方能以進行該磋商與伊相關之研討等，最後再加上龐大且密切之各文件往來方成的，而由其吾人可見，其係往往地產生了較巨大且可觀地該交易上成本或費用，而觀前揭之不效率，在如今吾人若係能妥善地運用到該系爭之區塊鏈技術，則伊即係可以使該系爭之各當事人間，伊們更便於地確認其該特定之系爭地保密協議，於伊是否究被簽署等各面，而進而能達到節省該系爭之企業體間，伊們所為運營之成本地顯著降

---

[416]　陳永偉(2018)，〈用區塊鏈破解開放式創新中的知識產權難題〉，《知識產權》，3期，頁76。

低，簡言之，該區塊鏈技術將能使得保密協議之管理面，擺脫以往之經濟不效率。[417]

2.智慧財產權使用控制

第二個要討論的是關於所謂地「智慧財產權之使用控制」層面，而於此吾人係可知悉到，在以往該系爭企業對於與伊與系爭之商業夥伴間，而為之該合作行為之中[418]，其係是會要求到將某些方為開放之各文件，而對之採行到較嚴格的限定，而進以於該系爭之特定之範圍之內，吾人若觀此舉之原因則可得，此部即係因該重要之商業秘密(營業秘密)，其係可謂是對各企業深具相關之價值，而若此須為補充，則對於該點吾人係亦可參前述第二章之相關討論，而又前部是故該系爭之企業伊即係希望能夠完全地，進以杜絕到於該系爭之合作中，未經允許的各人士，而伊可能以為之不當地竄改或為複製等各式行為[419]，惟從現如今的觀點往回以之探看，則吾人即係可知悉，此點在傳統上的古早實務即是很難以能對之做成的，但如今吾人在透過該系爭之區塊鏈技術之協助下，則係是可以在一定地程度內，妥善地幫助到該系爭之企業體進以達成此一之目的[420]，此若先由前揭之討論以觀，吾人係可知，由於到該區塊鏈係可以按所謂之「溯源」(可追溯性)，而進以追蹤到該系爭之各式資訊層面，遂進以能按脈絡化之模式以為之處理，是故運用該技術其係可以確知悉究竟在本件上，究是何人為瀏覽過該筆系爭之特定地訊息資料[421]，而後在可以確定該系爭之特定瀏覽者，伊之信息以及各資訊後，吾人即係可按該全網路之各節點間，而進以追蹤其究是否有關系爭之資料已係被為之不當之複製之情事，由此，吾人即可知悉道，若能妥當地應用該系爭之區塊鏈技

[417] 參見陳永偉，前揭註416，頁76。

[418] 補充言之，關於區塊鏈之概述與其知識產權之保護之相關討論，可以參見石超、余曉春(2019)，〈區塊鏈的知識產權保護模式與戰略布局研究〉，《科技與法律》，4期，頁41-47。

[419] 參見陳永偉，前揭註416，頁76。

[420] 補充言之，關於區塊鏈之相關資訊，可以參見 inwinSTACK 網站，網頁：https://www.inwinstack.com/2018/12/07/blockchain-intro/ (最後瀏覽日：02/29/2020)

[421] 補充言之，關於區塊鏈之關鍵元素，可以參見 IBM 網站，網頁：https://www.ibm.com/tw-zh/blockchain/what-is-blockchain (最後瀏覽日：02/29/2020)

術，其即係能保障該系爭企業對於伊們於該系爭資料之安全面，以及伊與前述之溯源面的掌控層次，簡之，若吾人能確實加強對於區塊鏈的妥善運用，則將能對該系爭之智慧財產權的使用控制進以為之強化。[422]

3.智慧財產權可追蹤性[423]

最後第三個要討論的是，關於智慧財產權之所謂「可追蹤性」，而於此吾人係可知，究使用該區塊鏈技術之原因，即係由於到其所內涵之前揭之各技術地特性，其即係能夠方便的對於該系爭特定之各智慧財產權，於伊之交易之狀況而進行到所謂地「實時地溯源追蹤」[424]，此換言之，吾人於之係可得見到，該智慧財產權之系爭之歷史上各交易之紀錄層面，以及其於之地脈絡將係可以被吾人為「驗證」，以及為之「稽核」，而按此揭特性則能係將使得吾人間，未來於之遭遇到該系爭智慧財產權爭議之際，在伊們之權利歸屬於之相關之糾紛時，係可以之於訴訟上進以在法院之實務中，能提供到有效且有力地相關之證明，簡之，按區塊鏈之諸特點，伊即係可完備對該智慧財產權之可追蹤性，而進以能在吾人遇訟爭之時提出對之較可信之證據。[425]

（五）區塊鏈保護智慧財產權之應用

在談完區塊鏈具體保護智財權之方式後，亦即本章第二節所提及之區塊鏈，伊究能夠運用在智財權保護之諸特性面後，以下將係對區塊鏈究能夠如何地為保護，實際的舉出該應用例，期進以能為吾人於之理解區塊鏈生態系之圖像為細部介紹，而若係欲對該系爭之智慧財產權之技術面，而以區塊鏈為詳細用例之介紹，首先吾人需更細部的觀察到，該系爭區塊鏈技術伊系統面之諸特性與應用面之關聯點，而於此方即可為知悉，該系爭區塊鏈之體系，

---

[422]　參見陳永偉，前揭註 416，頁 76。

[423]　補充言之關於區塊鏈應用於防偽面向之介紹，可以參見吳壽賀、馮翔、劉濤、周廣益，前揭註 397，頁 27。

[424]　補充言之，關於基於區塊鏈技術之智慧財產權平臺之建立實例，可以參見鉅亨網站，〈〈區塊鏈大應用〉印度邦政府聯手 PwC 推出區塊鏈智慧財產權交易平臺〉，網頁：https://news.cnyes.com/news/id/4248938 (最後瀏覽日：02/27/2020)

[425]　參見陳永偉，前揭註 416，頁 76。

伊保護系爭智慧財產權的基本技術原理如前曾述，即係如非對稱加密系統、POW 機制、默克爾樹、點對點、零知識證明、挖礦、哈希值等，而伊係具備到不可竄改性、透明性、匿名公開性、安全性，以及可追蹤性等，綜之，區塊鏈即係具有到四項最基本之技術，伊們分別是其一之「hash 算法」；其二之「非對稱加密」；其三之「P2P 網路」[426]，以及最後其四之「工作量證明機制」[427]，雖然上開所述似屬複雜，然此部本文前揭已有對之為整理及相關之介紹，是故在簡要回顧後以下將係著重在其實際層面上，究應如何具體地為用，而此關於到該系爭區塊鏈技術面與實務地交錯，究伊是否係確能妥善以前揭之四項技術，以之保護到伊該系爭之各使用者，伊們系爭地智慧財產權，關於此揭之問題，吾人對之係可以大陸蓬勃之「版權」產業為例而進行相關之思考，目前若就對岸實務上之運作模式為分析，則吾人可知，首先伊實務操作上係需對之建制到一所謂地「版權區塊鏈」體系，而在其中即係需包含到四大部分，分別係為其一之「作品上傳模塊」；其二之「版權登記模塊」；其三之「授權模塊」；以及最後其四之「內容審核模塊」，而吾人此際係須按前揭之區塊鏈諸技術，以之與上述體系為之建置完備之後，按該系統之運作方式則可知，於該體系內之各系爭使用者，伊們若確照前揭所建立之該系爭區塊鏈地平臺體系，進以為之利用，而係以其所設之平臺面規範，而確將伊們之各系爭地著作而以為上傳至該系爭區塊鏈平臺上之時，則該使用者們即係可獲得吾人以前述之系爭平臺以該區塊鏈技術為底，而所提供之相關各保障，諸如可提供如區塊鏈證書，而進以作訴訟上之證明伊確於何時點之存在性證明等，而以此用例則吾人係可以之觀察到，究運用區塊鏈之技術，其與智慧財產權保護面之實際應用模式，及伊之樣貌可能地圖像係為何。[428]

---

[426]　*See* Satoshi Nakamoto, supra note 51.關於 P2P 之相關討論可以參見之。

[427]　*See* Debin Liu, L Jean Camp (2006),Proof of work can work, WEIS.1 關於 POW 之相關討論可以參見之。

[428]　參見矗靜，前揭註 296，頁 34。作者指出，使用者在登記註冊該平臺後可以上傳系爭自有版權之作品，而系爭平臺會將 「DCI 碼」嵌合進入系爭作品中，而作者在將自己作品上傳至區塊鏈後，系爭平臺嗣後將會提供系爭使用者一份保有系爭使用者之作品之系爭哈希值以及系爭時間戳之數位證書，而吾人此時可知若系爭使用者將之妥善運用，其即可以在相當程度解決系爭作品之

　　此外若吾人係將視角就專注在對岸之學術出版地領域之中，則即可知，由於到中國目前對之侵權狀況仍係屬非常之頻繁，是故在傳統保護模式無法周全之後，其將區塊鏈視為解方則係屬必然，而伊在應用到區塊鏈技術其之時間戳記等之特性後，則伊即將係可以提供伊之各學術出版品項，其之獨一無二之證明，進以按此類之應用，以係將確可以解決到伊們各系爭權利歸屬面之諸爭議，基此，中國甚至已係於距今 3 年前之 2017 年 3 月，已將該系爭區塊鏈之技術應用於該版權登記之範疇當中，若區對之進一步探討，則可觀本文第五章之討論，又前此部換言之，區塊鏈之「時間戳記」技術之證明，於對岸是係具到法律效果的，而此觀伊生成之時間戳記之諸特點，係具有到以下之優勢，諸如「時間快速」、「成本便宜」，以及前述之不可篡改的特性，故於此吾人即係可知，伊即係與對岸版權面之痛點而互相地吻合，其即係對該版權之登記具有所謂地「實效層面」，亦係具備到「法效層面」，簡之，區塊鏈於對岸係可以之為防範版權之利益，以伊不被所謂之有心人士進以竊取而為利用之。[429]

　　也就是說，吾人藉由觀察到區塊鏈於對岸之實務上之運用，則吾人即係可得，該系爭區塊鏈技術在中國所謂地「數字版權」領域層面之保護，伊係已提供了所謂地創新層面之機制，且伊係已從原先之政府面行政監管之部門的層次，已係逐漸地擴大至人人都可以參與，而以為該系爭之監督，按其之應用區塊鏈之去中心化特性，達到「放權於民」[430]，以及就該「市場思維」[431]之特點觀察，其係可望能以形成到所謂地「平權化之監督」，進以迎接區塊

　　　存在面之問題及時效面等問題。

[429]　劉一鳴、蔣欣羽(2018)，〈基於區塊鏈技術的學術出版板權屏障研究〉，《編輯之友‧Editorial Friend》，8 期，頁 97-98。

[430]　李晶晶、王志剛(2018)，〈區塊鏈技術推動下的數字版權保護〉，《新聞與法》，6 期，頁 95。作者指出，區塊鏈可以理解成一全民共同參與以及紀錄之帳本，其中之生產、交易、傳播等流程完全數位化，各節點間形成一廣大的自治監督組織，進而形成一無法被摧毀之放權於民之版權保護系統。

[431]　參見李晶晶、王志剛，前揭註 430，頁 95。作者指出，區塊鏈能建立去中心化之信任系統，可以建構新形態互聯價值網路之體系，開創價值交換之新時代。

鏈下之思維模式,以及全新時代之到來,而正是有賴工業 4.0 時代之助,由於對岸對區塊鏈的投入及發展較早於全球,且由於對岸十分重視區塊鏈的完善科研,是故目前其已在全球區塊鏈之研究中處於領先之地位。[432]

此進步言之,觀察中美在區塊鏈之領先,我國的研究面似對之稍嫌緩慢而需上緊發條,而在已為前述之概略面討論後,以下茲舉例目前區塊鏈在保護各智慧財產權之實際具體之應用,而伊係分別有三面向,其一是「區塊鏈技術於防止仿冒品之應用」、其二是「區塊鏈技術於商標權之應用」,以及最後其三之「區塊鏈技術於著作權保護之應用」。[433]

1.區塊鏈技術於防止仿冒品之應用

首先係關於系爭區塊鏈技術其於「防止仿冒應用」之討論,而對此吾人係可知,此部係與前揭 WIPO 與 EUIPO 對之的觀點可為互相的參照,而若就對岸於之態度層面為觀察,可知其亦係認為正係由於該區塊鏈之技術面特點,就伊之內涵到前揭之「可追溯性」、「不可竄改性」,以及「時間戳記」等諸多重要技術特性,而按此其即係可以有效地幫助到該系爭之物流行業間,於伊們為之追蹤其系爭之供應鏈上之每一貨物之流向及其脈動,以及對其所為之該生產面以及銷售面等之每一階段之各訊息,其之脈絡性,同時由於該系爭每一階段之系爭各訊息資訊點,以及該貨物之流向地脈絡性,已盡係於該鏈上有完整之信息資訊,亦即,伊們即明確地紀錄於該系爭之區塊鏈上[434],緣此,該系爭之消費者對之即係可以明確地知道,究其所購買之該系爭各產品,伊們之緣起以及伊曾往之流向究竟係為何,此換言之,該系爭消費者其們在透過到區塊鏈之技術面地協助,即係可以明辨到該系爭產品之究真偽性,同時由於該區塊鏈技術係確能夠對於該系爭商品,於其們之運輸流轉之全過程地訊息之紀錄層面,而以為之較完整且完善之保存,其即係也能

---

432 參見李晶晶、王志剛,前揭註 430,頁 95。

433 補充言之區塊鏈於營業秘密保護之潛力將於本節第六項為介紹,而關於區塊鏈能如和保護營業秘密可以參見本章第三節之相關介紹。

434 補充言之,關於區塊鏈於防偽面之相關討論,可以參見行銷人網站,網頁:https://www.marketersgo.com/trend/201805/dg1-alibaba-blockchain-food-products/ (最後瀏覽日:02/29/2020)

根本地幫助該系爭各消費者們為伊之明確地辨認到所謂地「平行輸入之商品」，從而伊係從基本面上保障該系爭各消費者，伊們有明確區別該系爭產品伊們真偽之權利等各面，簡之，吾人可知對岸與 WIPO 或 EUIPO 對於區塊鏈能打擊防偽品這點係具有相類似之看法。[435]

2.區塊鏈技術於商標權之應用

其次要探討的是關於系爭區塊鏈技術與「商標權」之互動，而於此吾人係可知，區塊鏈於商標權或專利權之功用，此於前揭 WIPO 或 EUIPO 亦有對之相關的討論，而此對岸亦係有觀注到區塊鏈於商標權之應用，在透過前揭區塊鏈技術之內涵特點各面，伊在系爭商標權保護之相關地討論面向，其係與該著作權之保護之方式，具相類性似而係可以為類比之，緣此，吾人若能妥善地應用該系爭區塊鏈之技術，其係將可以較好的解決到一大問題，即究竟係為何人為之「先使用」該系爭商標，伊之所謂地證明面之問題，而針對此點吾人即係可知，在區塊鏈時間戳記之可信性係可以被確認之下，由於在該系爭於之地每一筆交易當中，該系爭商品上伊們所內含之諸訊息例如，該系爭之商標渠等即係已被完整的紀錄在該系爭之區塊鏈上[436]，係故吾人於此只要統計該系爭區塊鏈中，以及對該智能合約中伊們之內涵之各訊息，進以對之為進行較完整之數據比較分析，吾人遂即可得出在最初之第一次的該系爭之商業交易中，究係屬何人先使用到該系爭之商標，緣此，在透過該區塊鏈中的系爭訊息之各紀錄，其係也可以讓該該系爭商標在為伊「申請註冊」之時，其係不會因為所謂地「不顯著」此一特性，而進被系爭之對岸之商標局進而駁回該次之申請，換言之，若吾人能夠較妥善地透過區塊鏈技術之各應用，進以來保護該系爭之商標，則其即將係能夠較好的保護到，該系爭商標權之後續之相關處理各面等之問題，簡言之，對岸與 WIPO 或 EUIPO 等皆

---

[435]　參見華劼，前揭註 323，頁 16。作者指出，唯鏈(VeChain)係中國第一個基於區塊鏈之防偽平臺，而其發布了一款基於區塊鏈技術之防偽芯片，其可以方便的嵌入需要查驗之商品中。

[436]　補充言之，關於區塊鏈與商標權之實務，可以參見經濟部智慧財產局網站，網頁：https://www1.tipo.gov.tw/ct.asp?xItem=708742&ctNode=7124&mp=1 (最後瀏覽日：02/29/2020)

係已注意到區塊鏈於商標權之應用前力，而以對之多所研究。[437]

3.區塊鏈技術於著作權保護之應用

最後要討論的即是關於區塊鏈究能如何保護系爭之「著作權」，而對此吾人係可知，區塊鏈之技術內涵係可以在該系爭之每一份之信息上，戳蓋上所謂之「時間戳記」，而此點之所以重要係因，其係能夠對於該系爭之各著作，伊之每一階段該不同之各創作歷程，進行到完整且無法竄改之記錄，基此，吾人對之即係可知，其之優勢即是在保障若些等狀況，伊係希望採所謂之「匿名創作」，抑或是較注重其之隱私權的各作者中，以往可能困於技術上之不可行而至生著作權歸屬之疑義，然其現如今即係可藉由工業 4.0 之區塊鏈之技術之「時間戳記」、「不可竄改性」，以及「有效性」等諸特點，進以來確認該系爭作品的作者身分究為何[438]，同時由於該區塊鏈技術，其所為之「戳蓋」之所謂地「時間戳記」的特點層面，其於該訴訟面上即係可以將之做為系爭之證明(據)，緣此，究竟該第一個訪問伊系爭文件的自然人，其究竟為何即可因其技術特性而呼之欲出，而同時由於該份創作的作者係因於，伊即係為最初之第一個訪問到該系爭文件之人，而此一關鍵之訊息即已係被完整地記錄在該鏈上，是故吾人此即旋可知，其係確可以藉由到該系爭之區塊鏈之技術，以進而作為該系爭著作人渠等證明其之身分之證據，而進以能夠保障其之寶貴的著作權，簡之，關於區塊鏈於著作權之應用面可行性上，對岸與 EUIPO 或 WIPO 皆係注意到該技術之可行性，也關注到區塊鏈於智慧財產權保護面之廣大潛力。[439]

---

[437] 參見華劼，前揭註 323，頁 16。作者指出，在中國商標法判定何者先使用，以及何者係原使用，其範圍需要明確的考量到，系爭商標開始使用之「時間」、「銷售對象」，以及「廣告宣傳」等考量，其在人工統計可能有疏漏的情事下，透過區塊鏈技術之應用將能較好證明之。

[438] 補充言之，關於區塊鏈與著作權之相關討論，可以參見 cnnfi 網站，〈區塊鏈於著作權產業之應用〉，網頁：http://www.cnfi.org.tw/front/bin/ptdetail.phtml?Part=magazine10708-581-9 (最後瀏覽日：02/29/2020)

[439] 參見華劼，前揭註 323，頁 15。作者指出，在作者匿名的情況下可能產生所謂之「孤兒作品」，其之存在對於系爭著作權力之行使以及後續使用造成困難，導致向何人請求授權均成問題，但若吾人能運用區塊鏈之時間戳記之特性，則將能確認作品之作者為誰，在兼顧作者之匿名需求以及第三方之使用作品需求下，進而達到平衡。

（六）區塊鏈於保護營業秘密之潛力

在前揭關於區塊鏈技術、應用，以及其對智財權保護之潛力後，接下來即是關於到本文之主軸，亦即區塊鏈對於該系爭營業秘密之保護層次，而由於本文前揭之篇幅已係談及到究營業秘密保護的重要，以及伊所面臨之各式困境，且本章前述亦已對之述及區塊鏈之優勢各面，是故此下一部分即係是關於本研究主題之導入，而即係關於到區塊鏈與營業秘密之互動各面，以及伊與之保護該系爭營業秘密之可能性以及必要性，及對之作相關之整理分析，若欲更細部探看法律面之操作，則亦可參嗣後第五章之介紹，而此外國際上對於區塊鏈保護營業秘密的潛力由前觀之亦已多有討論，伊亦有學者認為到若該系爭企業係以區塊鏈以來保護伊之營業秘密，則將係可以被認為到其係已踐行到合理之保護措施，簡之，由上部之各面討論，吾人即係可以得見，區塊鏈於保護智慧財產權，以及伊細部保護到營業秘密之痛點等各面，即係深具潛力，而以下則係對於區塊鏈究能如何保護營業秘密，作具體上的探討，同時也會將營業秘密與皆不採登記保護模式的著作權，為一起分析，進以期對此部之議題為較完善之介紹與討論。[440]

三、區塊鏈能如何保護營業秘密

首先在談論區塊鏈對之所能夠提供的各助益之前，吾人首先須從營業秘密保護之策略面談起，而在細觀其之特性以及綜合前揭所述之區塊鏈各特性，吾人即係可知，此處所欲談之問題，其係與系爭著作權的傳統上保護方式之中，具有了許多互相可比擬以及參考之處，此換言之，營業秘密的保護與所謂區塊鏈思維之導入，皆係與該著作權的保護面具有諸多地相似以及可

---

[440] *See* BERNSTEIN,Use of blockchain in protecting and enforcing trade secrets, available at: https://reurl.cc/Wm5L5 (last visitedon: 07/02/2019)

借鑒處，而同時間該二者於法律上之特性，除係都非採所謂之「登記制」外[441]，伊們於實務上亦時常面臨到所謂「不法侵害」之各問題[442]，是故該著作權係時常地與系爭營業秘密之保護而相為交錯，而若該系爭著作權人，其係與該系爭營業秘密之所有人係為之同一，則實務上係可以採行到將該系爭著作，行以所謂「不作發表」之措施，而此舉係可以同時地保護其之營業秘密以及該著作權，而針對此部，吾人係可參我國著作權法第 10 條之規定之「著作人於著作完成時享有著作權。」[443]由此吾人即係可知，該系爭著作之完成伊縱使並未發表之，其亦係不影響法律層面對於該著作之保護[444]，而由上吾人亦可得見，該系爭著作權的保護與所謂地營業秘密保護之二者間，實係具多可相互為借鑑之處，是故以下將係藉由到討論該著作權之保護，而其後期可將之應用伊之原理，而進以探討該區塊鏈技術於保護系爭營業秘密之可能地取徑，緣此，本節係將分為兩部分討論，第一部分係介紹現行著作權之保護；而第二部分則係介紹究如何運用區塊鏈以來保護營業秘密。[445]

（一）著作權之保護

1.著作人需舉證之事項

首先係關於著作權保護之部分，此部欲著重探討的是關於該系爭之著作人其於該著作權之訴訟中，其所需對之舉證之事項等，而對此吾人首先係須回顧到我國著作權保護之沿革，進以根本地查其之保護脈絡及思維究為何

---

[441] 關於著作權之取得，註冊保護主義、創作保護主義之發展，及著作權法制之沿革脈絡，以及著作權法之條文，請參章忠信(2004)，〈著作權的取得〉，載於著作權筆記網站：https://reurl.cc/Vb24N (最後瀏覽日:08/21/2019)

[442] 請參自由時報網站，〈著作權提告年約 5 千件 起訴不到 4 成〉，網頁：https://reurl.cc/rO0mN (最後瀏覽日：07/05/2019)

[443] 請參著作權法第 10 條：「著作人於著作完成時享有著作權。但本法另有規定者，從其規定。」

[444] 關於何時取得著作權、國際性著作權公約，以及著作權之證明等討論，請參見章忠信，前揭註 441。

[445] 本節第一部分為著作權之保護，其分為兩階層，其一係為著作人須舉證之事項；其二則係著作人舉證之證明方法。本節第二部分亦分為兩大階層，其一係傳統上對營業秘密之保護；其二則係區塊鏈保護營業秘密之方式。

構，而於之吾人係可知，我國之著作權法於早期係採所謂地「註冊保護主義」[446]，而後伊則係在距今 35 年前之 1985 年修正，進以為符合國際主流的所謂「創作保護主義」，而後者之特點是對於該著作權的保護，伊係不再以「註冊」而為要件，而正由於到我國著作權法制的革新，該著作人在伊創作完成之際，其即係享有到著作權之保護，但觀著作權之特點則吾人可知，伊係確屬「私權」，嗣後若該著作人與他人發生相關之爭執，其係自應對該系爭權利之存在層面，以而提出該相關之證明，是故該系爭著作人伊係必須保留到，其之完整的該系爭創作面之發想過程，以及留存到該創作，伊究係於何時何地為發行之相關各式資訊，及其他與該著作相關權利，而有關之可以為佐證之資料，後進以留待該系爭法院對該事證之認定[447]，而此外吾人可參照著作權法第 13 條之規定，其係已對之言明道：「在著作之原件或其已發行之重製物上，或將著作公開發表時，以通常之方法表示著作人之本名或眾所周知之別名者，推定為該著作之著作人。前項規定，於著作發行日期、地點及著作財產權人之推定，準用之。」[448]由上吾人即係可知，我國著作權法為方便該系爭著作權人為舉證，伊特規定到該著作人伊係只要完成此揭要件，其即係生所謂地「推定」之效果，惟此項制度則係使得該系爭之著作人，伊之舉證責任之負擔為之加重，而在觀我國對之訴訟之實務面上，該系爭著作人即係對之必須證明到以下四點，分別是其一之「證明著作人身分」、其二之「證明著作完成時點」、其三之「證明獨立創作」，以及最後其四之「釋明侵害之事實」，嗣以下分別介紹之。[449]

---

[446] 補充言之，關於著作權法之沿革，可以參見法規資料庫網站，網頁：https://law.moj.gov.tw/LawClass/LawHistory.aspx?pcode=J0070017 (最後瀏覽日：02/27/2020)

[447] 補充言之關於著作權法近年修正之相關介紹，可以參見章忠信，〈兩岸著作權法修正發展之觀察與初步探討〉，《智慧財產評論》，11 卷 2 期，頁 105。

[448] 請參著作權法第 13 條：「在著作之原件或其已發行之重製物上，或將著作公開發表時，以通常之方法表示著作人之本名或眾所周知之別名者，推定為該著作之著作人。前項規定，於著作發行日期、地點及著作財產權人之推定，準用之。」

[449] 關於前述著作權之初步介紹及關於著作權之保護、沿革、條文、舉證以及證明方式等討論，請參經濟部智慧財產局網站，〈著作人舉證責任及方法〉，網頁：https://reurl.cc/0Mmq6 (最後瀏覽日：07/05/2019)

(1)證明著作人身分

第一個要談論的是關於「證明系爭著作人之身分」，而所謂地證明該著作人的身分之意旨係為[450]，該系爭之著作人伊係必須對於該系爭著作，係能提出到其確屬該主張者所為創作完成之相關證明，而此部分係將涉及到該著作人究是否有「能力」以為之創作，及伊究是否有充足地「時間」而完成該系爭著作，以及最後其是否能提出該系爭「證明」，而後嗣對該系爭創作之各過程以為之舉證，及對伊之系爭相關文件資料地各式面向之證明面等，而針對前述舉證證明其確係為該著作之著作人，此於訴訟實務上係極為之重要，此點對於該系爭法院進以認定該著作權之歸屬究為何，係具備到決定性之影響，而由此吾人亦可得見，在證明身分這一點上，若由前部之區塊鏈特性及諸應用以觀，可見其於智慧財產權保護之重要性，以及亦可知其係確能起到證明該著作人身分之功用。[451]

(2)證明著作完成時點

第二個要談論的是關於系爭著作之「完成時點」，吾人對此可知，由於該著作完成之日，伊即係受著作權法之保護[452]，是故該系爭著作人證明其之著作完成之時點，係是非常重要的，其即係係攸關到我國著作權法，其究何時能夠確實保護到該系爭著作，例如，若該系爭著作伊是在民國 54 年 7 月 11 日以前完成，而伊卻係未照當時之法規，而對該系爭著作進行到註冊，則伊即係不受著作權法之保護，但若該系爭著作係完成於民國 54 年 7 月 12 日後，伊即係受我國法保護，是故由此可知，對於「日期」以及「時點」的部分，伊於該系爭著作是極具重要性的。[453]此外按最高法院判決指出可知，關於認

---

[450] 補充言之，關於兩岸著作權法之相關討論，可以參見馮振宇(編)(2013)，《兩岸著作權法之修正檢討與展望》，臺北：元照。

[451] 參見經濟部智財局，前揭註 449。

[452] 補充言之，關於著作權法及相關子法之整理，可以參見經濟部智慧財產局網站，網頁：https://www1.tipo.gov.tw/lp.asp?ctNode=7202&CtUnit=3564&BaseDSD=63&mp=1（最後瀏覽日：02/28/2020）

[453] 請參全國法規資料庫網站，網頁：https://reurl.cc/WjRG7（最後瀏覽日：08/09/2019）由上可知著作權法之修訂條文係為：「中華民國五十三年七月十日總統令增訂第 22、31、32、36、41 條條文；

定到系爭著作為抄襲之要件係有二，其一是「接觸」，其二則是「實質相似」，由此，如果該系爭之著作人，伊可以舉證到其之著作確係完成在對方之前，則其即係可以擺脫前揭所謂抄襲之指控，且同時伊還可以反過來以為之主張到，以其之完成時點確係在其後之著作為所謂之抄襲，緣此，吾人由上可知，證明該系爭著作完成的時點，確係是極為關鍵且係為該訴訟之雙方，伊們將所互相著重之攻擊以及對之防禦的焦點，而若要簡要談論，則可知由於著作權保護之時點於務訟面之重要性，區塊鏈係可以提供確切可信之證明，是故其在證明該著作之完成時點究為何，此之問題將係能起到顯著之功用。[454]

(3)證明獨立創作

　　第三個要討論的部分是所謂地「證明獨立創作」，而吾人可知，該系爭之著作人伊係必須證明其為著作之時，係為所謂地「獨立創作」[455]，並證明到其係並未參考到其他人之先前的各式著作，而若伊係是藉由「接觸」而後抄襲他人之作品，則伊即係會被認為伊確非為前揭之獨立創作，於此，吾人係對之可觀最高法院之判決原文，其係言明道：「按著作權所保護者，為著作人獨立創作之作品，兩作品祇其均來自獨立之表達而無抄襲之處，縱相雷同，亦僅巧合而已，仍均受著作權法之保護。」從上可知，該系爭之各著作人，伊們於如何證明其確是採所謂獨立創作進以完成該著作，其係對該案件之判決層面具有重大的影響，而若需對之進部言道，則係可知由於區塊鏈技術之不可竄改，如果該著作人將伊每一階段之創作確實上鏈，則由於該每一段之創作揭會具有鏈上可信之時間戳記，則據此該著作人將能於著作權之訟爭中佔據較為有利之處境。[456]

　　原第 22～29 條遞改為第 23～30 條，原 30～32 條遞改為第 33～35 條，原第 33～36 條遞改為第 37～40 條，原第 37 條遞改為第 42 條；並修正第 25、26、33、35、37～40 條條文」

[454]　參見經濟部智財局，前揭註449。

[455]　補充言之，關於著作權之原創性，可以參見章忠信(2014)，〈著作的原創性〉，載於著作權筆記網站，網頁：http://www.copyrightnote.org/ArticleContent.aspx?ID=9&aid=2607（最後瀏覽日：02/27/2020）

[456]　參見經濟部智財局，前揭註449。

(4)釋明侵害之事實

最後第四個部分要談論的即是所謂地「釋明侵害之事實」，而對此吾人可先觀察到著作權法第 90 條之 1 第 2 項之規定，查其之用語可見，其係指出到我國海關伊為「查扣」該系爭著作權的侵害之「實務」之程序，而其係是要以「書面」為之等[457]，並且伊係提及到了所謂之「釋明侵害之事實」[458]，而由前揭此部之文字，吾人係可以將之理解為，該系爭之著作人，伊如係要申請到我國海關，而對於伊該系爭之著作權之侵害物，進而以為之查扣，則其即係須具所謂地書面「釋明」之，而觀在此處之釋明之用字則係可得見，如果吾人此際係藉助到前揭所曾述之區塊鏈各優點以及使用必要性，我們即可以知道，區塊鏈特性於此正適用之，而觀伊之不可竄改以及時間戳記等，其於此處係可謂立即能有提供到相當層面之助益，而此外若是該系爭之著作人伊係要向我國司法單位為之「告訴」或係「告發」等，查其之告訴或告發人，伊亦須為之舉證進以證明其之權利，此方進以能讓該等警察機關，以及檢察官能夠以之相信到其所為地各主張，而遂進以能對之為之搜索，或為扣押該系爭之著作權面侵害之物，而由此處觀之則吾人亦可得見，此究竟係要如何對之為妥適地舉證證明，其如在傳統上之作法即係會存在一定的疑義，然此處若藉區塊鏈以為用，則按前揭所述之伊諸特性以及該各用例以觀，則伊確係將可能可以對之大有所為。[459]

2.著作人之舉證之證明方法

由上之整理吾人可知，舉證即是此部之關鍵所在，然舉證實屬一大學問，而其中常言曾道「舉證之所在就是敗訴之所在」，由此吾人即係可知，對於負擔「舉證責任」義務的那一方，其之舉證成敗其實已係攸關到了該系爭訴

---

[457] 補充言之，關於著作權法第 90 條之 1 之實務見解，可以參見高等法院 105 年度上字第 1658 號判決。

[458] 請參著作權法第 90 條之 1 第 2 項：「前項申請應以書面為之，並釋明侵害之事實，及提供相當於海關核估該進口貨物完稅價格或出口貨物離岸價格之保證金，作為被查扣人因查扣所受損害之賠償擔保。」

[459] 參見經濟部智財局，前揭註449。

訟之成敗，而對此若參照到我國民事訴訟法第 277 條之規定之[460]：「當事人主張有利於己之事實者，就其事實有舉證之責任。」[461]由此條文之文義吾人即係可知，該系爭之著作人伊於系爭之侵權訴訟中，其是必須負擔到前揭之舉證義務的，且其在前揭所述之著作權法係已廢除到所謂地「著作登記制度」後，其對於該系爭著作人伊之舉證責任面，係已愈發地沉重，而該一般社會大眾或是企業在究能否妥善地為舉證，諸如伊其之著作人之「身分」、或獨立創作之「過程」，以及該系爭創作完成之「時點」等各面，則即係是該著作權侵害案件之關鍵點，而前述該身分、過程，以及時點之面，吾人此由前章及前部即可知，伊們即係區塊鏈能確提供助益之所在，是故由此部吾人亦係可觀察到，由於該營業秘密與著作權保護之可相互借鑒之特性，以及區塊鏈與伊們保護痛點之相吻合，即係可初步地推得出到區塊鏈似已係能對之發揮一定之助益，而此外吾人若回觀法條之規範即可知，該系爭之著作人其依照著作權法第 13 條之規定，此即係指，伊對於有利其之事實係自需負擔到所謂地證明義務，由此方才能在法律上「推定」其係確為之著作人，而有鑑於此，該系爭著作人伊係應當在其為該創作之時，妥善的保存該相關創作之各式「歷程」、及該創作之發表「資訊」，以及其他相關可供「證明」該創作之資訊，而吾人由此亦可得，此亦是前部區塊鏈能發揮功用之處。[462]而以下嗣將以兩部分對於該系爭著作人，伊於創作完成之時，其係可以採行的傳統面之著作保護措施作介紹，期能在對傳統面之保護需求中之觀察，得出導入區塊鏈技術的切要突破點，緣此，以下第一部份是著作類別之區分；第二部份則是保護方式之類型。[463]

---

[460]　參見經濟部智財局，前揭註 449。補充言之，關於民事訴訟法第 277 條之實務，可以參見最高法院 109 年度臺簡上字第 3 號裁定。

[461]　請參民事訴訟法第 277 條：「當事人主張有利於己之事實者，就其事實有舉證之責任。但法律別有規定，或依其情形顯失公平者，不在此限。」

[462]　參見經濟部智財局，前揭註 449。同時請參著作權法第 13 條：「在著作之原件或其已發行之重製物上，或將著作公開發表時，以通常之方法表示著作人之本名或眾所周知之別名者，推定為該著作之著作人。前項規定，於著作發行日期、地點及著作財產權人之推定，準用之。」

[463]　參見經濟部智財局，前揭註 449。本部分涵蓋兩大面向，分別為其一著作類別，其包含音樂著作、

(1)著作類別

Ⅰ.音樂著作

在第一個對著作類別的區分，首先可以先觀察到對於「音樂著作」的部分，而吾人可知，在系爭音樂著作的層面中，現行傳統的保護方式係可以向經過該系爭之主管機關，伊們所許可成立之所謂地「著作權集體管理團體」，進以作「存證」，換言之，該系爭著作人伊們係能透過將自己之著作，以為繳交給前述該系爭之各集管團體而為之留存，而即後可將之作「登錄」，而該一般之社會民眾即可以對之向該系爭之各著作權集體管理團體，進以得作查閱該系爭資訊之動作，爾後若伊係遇有到關該系爭著作之相關紛(訟)爭，則該系爭著作人即係可將先前所登錄於該著作權集體管理團體，伊之系爭資料為提出，後進以作為證據，而若對之需補充言道，由此部吾人及係可以看出到，此係採傳統上之中心化之模式以為處理，然若係透過到區塊鏈思維之模式，則按區塊鏈之分散式特性，而伊即係可將該系爭之各著作為上鏈，而後即係可在系該爭訴(爭)訟發生之際，將之提出進以作為可信之證據，而吾人亦係可由此觀察出區塊鏈模式與傳統保護方式之差異點。[464] 又此外，我國目前已係有 6 個經系爭主管機關許可之著作權集體管理之團體，伊們係分別是其一之「社團法人中華音樂著作權協會（MUST）」[465]、其二之「社團法人亞太音樂集體管理協會（ACMA）」[466]、其三之「社團法人臺灣錄音著作權人協會（ARCO）」[467]、其四之「社團法人中華有聲出版錄音著作權管理協會（RPAT）」[468]、其五之「社團法人臺灣音樂著作權人聯合總會（MCAT）」，以及最後其

語文著作以及程式創作；其二則係保護方式，其則涵蓋法院認證、外國登記、律師認證以及保留文件。

[464] 參見經濟部智財局，前揭註 449。

[465] 請參社團法人中華音樂著作權協會網站，網頁：https://www.must.org.tw/（最後瀏覽日：12/28/2019）

[466] 請參社團法人亞太音樂集體管理協會網站，網頁：https://www.acma.org.tw/（最後瀏覽日：12/28/2019）

[467] 請參社團法人臺灣錄音著作權人協會網站，網頁：https://www.arco.org.tw/（最後瀏覽日：12/28/2019）

[468] 請參社團法人中華有聲出版錄音著作權管理協會網站，網頁：http://www.rpat.org.tw/（最後瀏覽

六之「社團法人臺灣音樂著作權協會（TMCS）」，惟據知，該其中之 MCAT 與系爭之 TMCS 係已分別於民國 105 年，以及民國 106 年遭到了所謂地「廢止許可」並已係被「命令解散」之，若從此點進以為觀察，則可得區塊鏈技術因為其之不可竄改性，該系爭紀錄一旦上鏈，則係無法被抹消或是竄改，而由此即可知若將系爭資訊係上鏈到區塊鏈中，則係可以免除以往第三方機構遭遇如 2008 年金融海嘯之關閉，或是股市休市等問題，亦即，區塊鏈是 24 小時全年無休永久為吾人提供服務的創新技術。[469]

II.語文著作

第二個可以觀察到的即是「語文著作」，而對此吾人即係可知，在所謂地語文著作之層面上，傳統上之保護模式係該系爭之著作人係可以向位在「國家圖書館」[470]的「中華民國國際標準書號中心」[471]，於伊申請該系爭之「標準書號」，嗣再進而取得該系爭之「國際書碼 ISBN」進以得進行編號，爾後係可將該著作送存於國家圖書館，若伊日後係遇有到訴訟上之糾紛，則係亦可將前述該系爭紀錄，用以作為該系爭之舉證面上之證據，而補充言道，觀此之保護模式，亦可清楚的看出此係依然係採行到如前部之所謂地中心化之體系，而觀前揭所登錄之書碼，伊若轉換到採行區塊鏈之模式，吾人即可知悉到，由於區塊鏈時間戳記的特性，只要該著作人於訴訟上明確的提出其已為上鏈之證據，由於該證據依區塊鏈之諸特性吾人可知伊係無法為竄改，且已係保有到該著作人完整之創作記錄，以及可信之時間戳記等，是故該系爭之著作人，伊們若能妥善藉區塊鏈之助，即可確保到伊於訴訟上，係能提出

日：12/28/2019)

[469] 請參經濟部智慧財產局網站，〈現有之著作權集體管理團體〉，網頁：https://reurl.cc/ZLMNW (最後瀏覽日：07/05/2019)

[470] 請參國家圖書館網站，網頁：https://www.ncl.edu.tw/content_53.html (最後瀏覽日：08/09/2019) 該網站指出其館藏特色係包含七大面向，如普通書刊、善本圖書、政府出版品、學位論文、漢學研究資料、微縮資料以及電子資源等。

[471] 請參國家圖書館全國新書資訊網網站，網頁：https://reurl.cc/g9G7z (最後瀏覽日：08/09/2019) 該網站指出系爭新書之出版者，可在該書出版前 3 個月內申請之。

安全性高且極高可信度之證據。[472]

Ⅲ.程式創作

第三個可以談論到的即是所謂「程式創作」之部分，吾人可知，其各著作人們於電腦程式創作時[473]，若欲對之為傳統上較完善之保護，則該系爭之著作人伊係應當在其編寫伊各程式碼之過程時，將該系爭之研發紀錄以為完整之留存，而該紀錄可能地係會涉及之各態樣，若對之整理可知係約有五種，伊們係諸如其一之「工作日誌」、其二之「草稿」、其三之「資料結構」、其四之「可行性分析」，以及其五之相關「開會紀錄」等，而若該著作人係妥善地將該前揭之各部完整之研發為紀錄而進以為留存，則係將是伊日後究能否保護到該系爭著作權之關鍵點，而此部若進步言之，吾人在參見前部之介紹即可知，其所涉及之部分正係可以區塊鏈技術為之結合，該系爭之著作人若果能將伊為創作之完整記錄，如前之工作日誌、草稿，或是開會紀錄等於區塊鏈上存之，或稱「上鏈」，則伊即係可藉重到該區塊鏈的特性而嗣後於伊之相關訴訟中，能夠更完善的為舉證而進而進保護伊之權利。[474]

(2)保護方式

Ⅰ.法院認證

又關於此部傳統上之「保護」著作權之方式，第一點則係可先觀察到所謂地「法院認證」，而對此吾人係可先見到我國公證法之規範，其之第 46 條以下係對於系爭法院之公證處，伊以為相關之公證而進行各該系爭之規範[475]，而系爭之著作人伊係可先將其之著作，送往到前揭之公證處，而後進行該系爭之公證，惟該公證書之作用層面，伊僅係可確認到系爭當事人之「真正」，其對於到該系爭之著作，伊究是否確真是該系爭著作人所作，於該公

---

[472] 參見經濟部智財局，前揭註 449。

[473] 補充言之，關於程式語言之相關資訊，可以參見科技新報網站，網頁：https://reurl.cc/EKqN5g（最後瀏覽日：02/28/2020）

[474] 參見經濟部智財局，前揭註 449。

[475] 補充言之，關於公證法第 46 條之實務，可以參見高等法院 100 年度上字第 85 號判決。

證則即係無法在法律層次上進以為「推定」之[476]，此外，該系爭之著作人伊亦係可向系爭之民間之團體以為辦理相關之認證，補充言道，又前揭之公證亦係可以將之適用到各類型的諸創作，然若需對之為進步比較，關於區塊鏈於公證面之應用，吾人即係可觀對岸於之的各式實務面之發展，其所建立的區塊鏈思維之治理模式，已係居於到世界各國之領先地位，而實可供各國為參考及借鑑。[477]

II.外國登記

第二點則吾人係可以看到所謂之「外國登記」部分，而於此處該系爭之著作人伊們亦可向該可以受理我國之人民，其們登記之外國以申請所謂的「著作登記」[478]，然於此處吾人尚須對之留意到，該外國政府伊所頒立之該證明書，究其之性質係屬於所謂之「私文書」，故伊在其提交於該系爭法院進以為系爭之證據前，伊係尚需經由我國之駐外代表處[479]，對伊進行系爭之認證。[480]補充言之，關於存證面以及登記面等之討論，此部即係區塊鏈系統確可供幫助之處，而該相關之討論則係可參本文第五章之後段，簡之，區塊鏈於存證面、登記面，以及記錄面等，即係可對於該智慧財產權之保護面提供到實質之助益，又關於前揭著作權之「存證」等，吾人係可以將之參見到距今 25 年之 1995 年而由「中華保護智慧財產權協會」[481]，伊所公布之所為地「著作

---

[476] 補充言之關於公證法 46 條請參：「民間之公證人免職、撤職或因其他事由離職時，應與其繼任人或兼任人辦理有關文書、物件之移交；其繼任人或兼任人應予接收。民間之公證人因死亡或其他事由不能辦理移交者，其繼任人或兼任人應會同所屬之地方法院或其分院指定之人員接收文書、物件。依第四十三條規定封存之文書、物件，繼任人或兼任人應會同所屬之地方法院或其分院指定之人員解除封印，接收文書、物件。民間之公證人之交接規則，由司法院定之。」

[477] 參見經濟部智財局，前揭註 449。

[478] 補充言之，關於著作財產權之登記相關資訊，可以參見經濟部智慧財產局網站，網頁：https://www1.tipo.gov.tw/lp.asp?CtNode=7023&CtUnit=3436&BaseDSD=7&mp=1 (最後瀏覽日：02/28/2020)

[479] 補充言之，關於駐外代表處之相關資訊，可以參見外交部網站，網頁：https://www.mofa.gov.tw/OverseasOffice.aspx?n=6357834932B83C83&sms=5A961ED2E4BA25E8 (最後瀏覽日：02/28/2020)

[480] 參見經濟部智財局，前揭註 449。

[481] 請參中華保護智慧財產權協會網站，網頁：http://www.ippa.org.tw/ (最後瀏覽日：08/10/2019)

權存證登記辦法」[482]，若細此辦法之架構則可得，該系爭辦法係共計 10 條，而可受理之著作權存證登記之種類，則係規範於其之第 4 條[483]，而該著作權存證登記面之事由則係規範於伊第 5 條[484]，而此外關於系爭之「著作權存証登記委員會組織簡則」，則共係計十條，其係按該協會之章程第 23 條訂立之，而由此以觀在傳統之保護與科技之交錯，則可見科技之日新月異而以係帶來不同以往之保護模式，短短 30 年內，目前已有如前揭 Timothy 當年所預測的防竄改盒概念化之區塊鏈之出現，亦即可顯見到科技之力量。[485]

Ⅲ.律師認證

第三點要討論的是關於「律師認證」之部分，對此吾人係可知，該系爭著作人其係可以委請到律師以進行該系爭之「認證」，而該律師對之係可出具到所謂地「證明書」，以來對該系爭之著作，伊之創作內容以及前述之創作完成等，其們之各時間點，進行到該系爭之認證，同時該律師亦可將該認證，以所謂地「備份」之方式進以留存於其之事務所當中，並係可將該系爭認證附上伊所謂地「時間戳記」，嗣進以待日後作為系爭證據使用，而此處吾人若觀察到該傳統之作為，亦可得見，現今所謂地關於「Legaltec」之討論，亦即在法律科技的概念之出現，由上可知該系爭律師係可為諸如證明書、備份、時點，以及加蓋時間戳記等作為，而此部即係能與區塊鏈所可提供之各助益等面向，互相為助，亦即若能透過科技之幫助而能令該傳統之作為措施，

---

[482] 請參中華保護智慧財產權協會網站，網頁：http://www.ippa.org.tw/Service2.htm（最後瀏覽日：08/10/2019）

[483] 請參著作存證登記辦法第 4 條：「第四條：本協會受理著作權存證登記申請種類如下：一、圖形。二、語文。三、電腦程式。四、科技或工程設計。五、戲劇舞蹈。六、音樂。七、美術。八、攝影。九、衍生著作。十、視聽。十一、錄音。十二、一般性登記。」

[484] 請參著作存證登記辦法第 5 條：「本協會受理著作權存證登記申請事由如下：一、著作人登記。二、著作權人登記。三、著作權轉讓登記。四、著作權繼承登記。五、著作權授權登記。六、著作權移轉、處分之限制登記。七、著作權設定質權登記。八、著作權共有登記。九、別名/不具名登記。十、著作完成日登記。十一、著作首次公開發表（發行）登記。十二、著作權人死亡消滅登記。」

[485] 補充言之關於該委員會之任務請參著作權存證登記委員會組織簡則第 2 條：「一、受理著作權存証登記。二、對所受理著作權存証登記，提供証明。三、推廣著作權保護觀念。四、對著作權保護之政策提供意見以為政府機關之參考。五、接受政府或其他團體委託之事項。」

更加係具安全性與可信性，則此科技與法律之結合，將實係似為法律界之一大福音。[486]

Ⅳ.保留文件

第四點要討論的是關於所謂「保留文件」之部分，對此吾人可知，該系爭之著作人伊自身，係必須保留到該系爭創作過程之全部地「文件資料」[487]，而進以利於未來伊作為該系爭訴訟上之證據，例如伊在為創作系爭圖畫相關之著作時，該著作人於前階段伊所繪製之「草圖」等油畫構圖之際，或是伊在撰寫舞臺歌劇本時，關於該系爭之劇情的「草稿」等，而又伊所為該創作之相關地「會議紀錄」亦係需為留存[488]，此外，與伊相關聯之各契約面文件，則係可以將之為建檔而於該系爭之電腦中，於此部吾人可為注意，甚至具有論者係曾建議到，該系爭之著作者，伊係可以對於自己為寄送該系爭之「存證信函」，並以此作為日後若欲訟爭之證據，而此若以現代工業 4.0 的觀點為察，則可見前述寄送存證信函之作法，可以顯見是欲要確保該證據之證明力，亦及對於智財權的保護上，究如何對之為證明或是對之提供可信之證據實屬切要，而若此以現今區塊鏈思維為之處理，則其係僅需將該系爭創作之各歷程、草稿，亦或是草圖等之構圖，為加密而上傳入鏈，則其即係可以於該訟爭中，提出到具可信時間戳記之該區塊鏈證據，而遂進以能為之較完善的保護到該系爭之各著作人之智慧財產權。[489]

然吾人需要特別注意的是，前述所提及的各式保護該系爭著作權之方法[490]，伊諸如以存證之方式而於該系爭之各「著作權集體管理團體」，或是交

---

[486] 參見經濟部智財局，前揭註 449。

[487] 補充言之，關於著作權保護期間之相關討論，可以參見著作權筆記網站，網頁：http://www.copyrightnote.org/ArticleContent.aspx?ID-3&aid-533 (最後瀏覽日：02/28/2020)

[488] 補充言之，關於紀錄、軌跡，及資料保存之相關討論，可以參見 iThome 網站，網頁：https://www.ithome.com.tw/news/88090 (最後瀏覽日：02/28/2020)

[489] 參見經濟部智財局，前揭註 449。

[490] 補充言之，關於著作權之案例、法規、侵權、線上音樂，以及數位出版等資訊，可以參見經濟部智慧財產局網站，網頁：https://www1.tipo.gov.tw/lp.asp?CtNode=7561&CtUnit=3348&BaseDSD=7&mp=1(最後瀏覽日：02/27/2020)

由到該系爭律師以為之「認證」，抑或係交由外國以之著作權「登記」等諸方式，伊們在性質上皆係屬所謂地「私文書」，而此部吾人係可按我國民事訴訟法第 357 條之規定以觀之[491]，即可知伊係尚需由該系爭之著作人舉證該系爭之文書確係為真正。[492]然其揭該等之證明，其之效力層面上亦僅係供該案系爭之法官以為之參考，伊係並無證據法上為所謂「推定」以為之證據的效果，而此外關於前揭所曾述之公證處的「認證書」，查其之效力係並不及於認證到該系爭之著作，伊是否確為該著作人所創作之，此換言之，伊其之效力僅係及於到該系爭認證該著作完成之「時間」，以及該系爭著作人之「簽名」，伊其並無所謂的「證據推定」的法效。[493]又此觀前部其他之保護之方法，吾人即係可知，伊諸如前述所提之中華民國國際標準書號中心，查其所發放之所謂「編碼」，伊們亦僅係供證明該系爭之申請人，伊係確曾於該特定時間為之登記，伊係亦無如前揭之該推定之法律效果，而由上所述為觀查，吾人即可得見到，當該系爭之著作權嗣發生該相關爭議之時[494]，雖然該著作人伊為之該系爭之「舉證方法」係屬至為重要，然關於後段之層面，亦即對於該著作人，伊所舉證之資料其之證據力究為如何，此部則即尚需該系爭之司法機關為之調查進以認定之，而由此處吾人即可以看出，在前揭傳統保護方式之問題層面中，縱使該系爭之當事人係可能以為相關之措施，然而在進到後續舉證之層次，關於該系爭舉證之方式以及究該證據之所謂證據力層面，對渠等之可能於訴訟上所生之不確定性，究是否有突破之解方，此即係是下述區塊鏈可以起到關鍵作用之重點部分。[495]

---

[491] 補充言之，關於民事訴訟法第 357 條之實務見解，可以參見最高法院 108 年度臺上字第 2348 號判決。判決原文指出：「又私文書之真正，如他造當事人有爭執者，則舉證人應負證其真正之責，此觀民事訴訟法第 357 條之規定自明。」

[492] 請參民事訴訟法第 357 條：「私文書應由舉證人證其真正。但他造於其真正無爭執者，不在此限。」

[493] 參見經濟部智財局，前揭註 449。

[494] 補充言之，關於著作與著作物之區分，可以參見法律百科網站，〈著作權法所保障的是什麼？——著作、著作物是不同的概念〉，網頁：https://www.legis-pedia.com/article/Intellectual-property-rights/53（最後瀏覽日：02/27/2020）

[495] 參見經濟部智財局，前揭註 449。

綜上，若歸納前述目前對於該系爭著作權的保護方式[496]，則吾人可得，係可將其分為二類，其一係為該系爭之當事人自己留存到該相關創作之「紀錄」；其二則係是交由到其他之機構以進行所謂之「認證」，而此分析前述所論及的傳統之保護方式，我們可以發現到在該系爭著作權保護上，伊之關鍵係有下三，而伊們分別係為其一之著作人之「身分」、其二之系爭著作完成之「時點」，以及最後其三之對於該系爭「侵害事實之釋明」，而吾人若能在該上述三點獲得到該系爭法院的認可[497]，則對於該系爭之案件於伊之勝訴面，則係屬指日而可待，而此外，若從著作權之保護與營業秘密保護的相似性以為之借鑑，我們則係可以發現到，若係欲將此二項權利為保護之完善，則伊們在前述之「身分」、「時點」，以及「侵害」，此三面向係必須具備能讓該系爭之法官進以為採信的「證據」，此換言之，若吾人係欲完善到以及突破以往對該營業秘密的保護困境，則係是必須要能達成在對該系爭之營業秘密創作者之身分、營業秘密完成之時點，以及營業秘密侵害之釋明，按此三大面向進以作全面之保護，而對此，正如前揭之所述，觀察到區塊鏈之技術特性之重要，伊正係可應用於營業秘密之保護，是故以下將係對究如何運用該系爭之區塊鏈技術，而進以為該營業秘密之保護作較為細部之介紹。[498]

（二）如何運用區塊鏈保護營業秘密

由前述對該系爭著作權保護之介紹，吾人係可知，前述之證明該著作創作者身分，及證明創作被侵害之事實範圍，以及相關之舉證等面向，伊們係對該系爭著作權之侵害訴訟面屬至為關鍵，而根據著作權與營業秘密保護之相似性，吾人即可知在營業秘密保護上，究如何證明該營業秘密創作者身分，以及伊營業秘密被侵害之事實，於伊們亦係屬訴訟上之關鍵處，而此點其正係可藉由到前述之區塊鏈之諸特性以來保護之，由此，吾人係可觀本章第一

---

[496] 參見經濟部智財局，前揭註449。

[497] 補充言之，關於著作權之實務，可以參見智慧財產法院108年度民著上易字第5號判決。

[498] 本文以下將以兩步驟為介紹，其一係傳統上對營業秘密之保護，而其二則係區塊鏈保護營業秘密之方式。

節之部分，此即係對於區塊鏈之特性而為介紹，而該區塊鏈的特性即係與系爭營業秘密保護的痛點正相吻合，此亦即，該區塊鏈技術係可以運用在保護該系爭之各智慧財產權，伊自然也係可以運用在營業秘密的保護上。[499]而本文第二章即係對傳統上營業秘密保護方式為之介紹，而透過到對傳統保護方式進以按工業 4.0 之區塊鏈技術進行改良，則其即係可對之發展出較新穎的，保護該系爭營業秘密之取徑。[500]而究區塊鏈係可以在證據面上保護到該系爭之營業秘密，此即係因區塊鏈係已提供到了確切(安全性與不可竄改性)，及可驗證(可供稽核)的系爭創作資訊之保護，同時伊也係已解決了證明該系爭營業秘密範圍，伊之模糊的問題，目前只要對於該系爭營業秘密有為管理，並且係將該系爭資料為入鏈，則此藉由到區塊鏈伊之匿名公開性以及不可竄改性等之特點，伊即係將能對該營業秘密之保護起到一定程度之作用。[501]簡之，藉由區塊鏈而保存該系爭營業秘密的優點層面，此即係是使該系爭之各資料將係可供驗證(可稽核)，而在未來伊們如遇訴訟之糾紛，則伊係亦可供該系爭之法院進以為之參考，而於目前已係有關於法律之區塊鏈出現，同時也有許多區塊鏈之驗證平臺出現，而若欲對此部補充言到，則吾人亦可參我國調查局對司法證據鏈之研發，亦或是觀查民間區塊鏈存證王，抑或是 BIP 區塊鏈智權平臺等出現，又中美對於區塊鏈證據之應用則係更為豐富，美國佛蒙特州已確立區塊鏈證據於法庭之適用規則，對岸則係已訂立到所謂地區塊鏈信息服務管理規定，以及已係具有許多地關於該區塊鏈證據之適用，伊於著作權相關判決之各用例。[502]綜上，以下將分兩部分而介紹區塊鏈究能如何保護營業秘密，第一部分係為對傳統上營業秘密保護方式之回顧，第二部分則為談論應用區塊鏈保護營業秘密之潛力。[503]

---

[499]　請參本章第一節關於區塊練特性之相關介紹。

[500]　請參本文第二章關於營業秘密保護之相關討論。

[501]　補充言之關於區塊鏈於取證以及證據面向之相關介紹，可以參見吳壽鶴、馮翔、劉濤、周廣益，前揭註 397，頁 29。

[502]　補充言之關於區塊鏈於公證面向之介紹，可以參見吳壽鶴、馮翔、劉濤、周廣益，前揭註 397，頁 28。

[503]　補充言之區塊鏈對營業秘密之保護方式，可以兩大面向作介紹，其一係區塊鏈技術對營業秘密之

1.傳統上對營業秘密之保護

　　回顧本文第二章對於營業秘密之介紹，吾人即可知，目前關於營業秘密之區分，係有二類，其分別是屬「商業性營業祕密」，以及「技術性營業秘密」，而前者所謂地商業性營業秘密，伊之態樣係係諸如該公司其一之「員工名單(冊)」、其二之關鍵「客戶名單」、其三之「供應商之資訊」、其四之「公司發展之目標」，以及其五之公司系爭「產品之研發方向」等；而後者所謂之技術性營業秘密，則可如公司新研發之「產品」，而吾人對知可得，其係通常是該系爭公司投入了大量的資本，進以所研發之，而對該技術性營業秘密保護之重要性，實係已不下於前揭知商業性營業秘密，且伊雖然係可以透過到該專利權，而以來保護到該技術性的營業秘密，然吾人對此可知，此處用到知專利之保護，伊係具有特定的保護期間，雖此係其於法律面上能係具對之較強的保護效果，但其對於該系爭公司之致命性的缺點即是在於到，如果該系爭公司將該伊研發以之申請專利為保護，則伊係必須公開到其之技術，而觀對於此點之嚴重性，則伊係可能讓該公司失去以往於系爭行業內所領先之競爭面優勢，而由於就該業界生態以觀，該同業之間往往僅具些微的技術上之領先，即係可以為之先行地進入系爭市場，於之若補充言道對此係可觀經濟學上所謂地「先行者優勢」，而如若伊將自身辛苦所創造之研發技術進以為向大眾公開，則實係非常容易地遭受到該同業以之為模仿，而其後所生之各仿冒產品之大量流出，則係即會打擊到該原本公司的市場營運層面。[504]由上，若果該系爭公司伊係透過到所謂地營業秘密來保護其之研發，則伊即可因該系爭營業秘密的特性，即係就在於其之「祕密性」，而如此則將係可以使伊降低被其之競爭者而為進以為仿冒之風險性。[505]

安全保管，其二則係區塊鏈技術可以營業秘密訴訟之舉證，而詳細之介紹則可參本文下述之討論。

[504] 彭玉樹、周佩嬋(2005)，〈被仿冒廠商因應策略之探索性研究〉，《公平交易季刊》，13 卷 4 期，頁 67。補充言之作者經實證研究後指出，若企業遭遇仿冒品之衝擊，其可透過兩大方向來反制，其一係行銷導向策略，其二則係透過法律反制反冒品。作者亦指出透過上述反制策略，企業將能在其業務面以及財務面危顯著改善。

[505] 謝銘洋(2018)，〈營業秘密之保護與管理〉，載於經濟部智慧財產局網站：https://reurl.cc/AveOK (最後瀏覽日：07/05/2019)

進一步言之，若欲細部回顧我國營業秘密法之脈絡，吾人對此係可觀我國已於民國 85 年所制定之該系爭營業秘密法，而該營業秘密法之立法目的即是要維護到各產業間的倫理，以及伊們為適宜的競爭秩序，亦即，我國係希望藉由到對營業秘密的訂立，而以之避免該同產業間係以所謂不當的方式，進以而為竊取或是侵害到彼此之營業秘密，後在防止上述之情事下進而建立較為公平的競爭秩序。[506]又對於該營業秘密的性質，吾人若分析可見，伊係非屬一具有所謂「排他性」之權利，而其係是屬於「無體財產」，且伊係同時係可以與他人為共有之，此外，吾人若觀我國目前對於智慧財產權的保護，即係可知，現係將之可分成三類方向之立法，而伊們分別是其一之「鼓勵創新技術」、其二之「保護文化創意」，以及最後其三之「維護交易秩序」，而吾人對此若為進步探看即係可知，於其一之關於系爭鼓勵創新技術的相關立法，吾人先係可參見到專利法[507]；而後對於保護該系爭文化創意的立法例，則係可參著作權法[508]；最後關於到維持系爭競爭秩序的立法面，則係可參見到諸如商標法[509]，或公平交易法[510]，以及營業秘密法等。[511]而吾人若此時再將視角拉回於該營業秘密法之條文面，即係可得見，在透過營業秘密法之訂立，該系爭營業秘密之所有人，伊係可以對於該不當侵害伊自身營業秘密之他人進以為禁止之，此外，正如前揭所述之營業秘密與著作權，伊們是極為密切地相關的，若對此須舉例而言道，可知此若是有該系爭企業之員工而為違法影印該系爭公司之文件，則伊即係可能觸犯到如著作權法，以及該營業

---

[506] 參見謝銘洋，前揭註 505。同時請參營業秘密法第 1 條：「為保障營業秘密，維護產業倫理與競爭秩序，調和社會公共利益，特制定本法。本法未規定者，適用其他法律之規定。」

[507] 請參專利法第 1 條：「為鼓勵、保護、利用發明、新型及設計之創作，以促進產業發展，特制定本法。」

[508] 請參著作權法第 1 條：「為保障著作人著作權益，調和社會公共利益，促進國家文化發展，特制定本法。本法未規定者，適用其他法律之規定。」

[509] 請參商標法第 1 條：「為保障商標權、證明標章權、團體標章權、團體商標權及消費者利益，維護市場公平競爭，促進工商企業正常發展，特制定本法。」

[510] 請參公平交易法第 1 條：「為維護交易秩序與消費者利益，確保自由與公平競爭，促進經濟之安定與繁榮，特制定本法。」

[511] 參見營業秘密法第 1 條，前揭註 74。

秘密法等，而由於該系爭營業秘密係是常以特定的形式，以作為伊之表現層
面，此即係可能是對之展現在於，諸如「程式」之設計，抑或是「製程」等
面，而伊在不論是以書面之形式，或是言語形式而將該系爭營業秘密之內容
為闡述，則係都會構成到該著作權法保護的對象，因此吾人在探討對營業秘
密保護時，對於前揭著作權法保護之方式亦須為參照之，於此吾人亦可得見，
由之本文前述遂方亦導入對著作權與營業秘密法，伊們之交錯做初步介紹。[512]

　　而正如前揭曾述，對於該系爭營業秘密之侵害態樣係可以將之分為五種
[513]，對此若簡要而為之回顧，即可知伊們係分別是其一之「以不正當方法取
得營業祕密者」、其二之「知悉或因重大過失而不知其為前款之營業祕密，
而取得、使用或洩漏者」、其三之「取得營業祕密後，知悉或因重大過失而
不知其為第一款之營業祕密，而使用或洩漏者」、其四之「因法律行為取得
營業祕密，而以不正當方法使用或洩漏者」，以及最後其五之「依法令有守
營業祕密之義務，而使用或無故洩漏者。」[514]而此時對於上述侵害之救濟層
面究為何，而吾人即對之係可以採取到民事責任之救濟途徑，而同時觀我國
營業秘密法，其在修法後亦係有關刑事責任面的加入，然於此部分之問題，
係正如本文第二章曾論及的，該營業秘密係具有許多面向之保護困難，而關
於我國營業秘密之各案件，伊們於法院之成案率面向係屬於極低，而此點即
是由於對該系爭營業秘密之侵害面，而以為之舉證困難之緣故，而此吾人若
細看該系爭營業秘密法為實施後之情勢[515]，則可見伊基本上係對於我國業者
等，係可以在三方面起到相關地作用，而伊們分別是其一之「讓業者更加重

---

[512]　參見謝銘洋，前揭註 505。

[513]　補充言之，關於營業秘密之實務，可以參見最高法院 108 年度臺上字第 36 號判決。

[514]　參見謝銘洋，前揭註 505。同時請參營業秘密法第 10 條：「有左列情形之一者，為侵害營業秘
密。一、以不正當方法取得營業秘密者。二、知悉或因重大過失而不知其為前款之營業秘密，而
取得、使用或洩漏者。三、取得營業秘密後，知悉或因重大過失而不知其為第一款之營業秘密，
而使用或洩漏者。四、因法律行為取得營業秘密，而以不正當方法使用或洩漏者。五、依法令有
守營業秘密之義務，而使用或無故洩漏者。前項所稱之不正當方法，係指竊盜、詐欺、脅迫、賄
賂、擅自重製、違反保密義務、引誘他人違反其保密義務或其他類似方法。」

[515]　補充言之，關於營業秘密刑事判決之實務，可以參見最高法院 107 年度臺上字第 2950 號判決。

視營業祕密開發與管理」、其二之「導正產業界之競爭秩序」，以及其三之
「引進國外技術與管理資訊」，然對於上述之營業秘密法之功用，吾人若將
時間拉到現西元 2020 年以為之觀察，即可知單單只有法律面對該營業秘密之
保護係實屬不夠，而觀察到在該傳統上系爭之各業者，伊們究能如何保護其
系爭之營業秘密等面，伊對之常見的較古典的作法係計有十種，而整理可知
係分別是其一之「實施門禁管制」、其二之「網路資安管理」、其三之與「商
業談判對造訂立保密約款」、其四之「銷毀資料與垃圾檢查」、其五之「管
制要點區域」、其六之「重要文件管理」、其七之「影印文件限制與管理」、
其八之「員工離職面談」、其九之「競業禁止約款」，以及最後其十之「與
員工訂立保密條約」等，然對此部吾人係可知，雖然傳統上已係有許多對於
該營業秘密的保護措施可以對為實施，然此觀察本文第二章所述及的營業秘
密保護之各困難，即可知前揭諸作法似仍無法妥善的保護該系爭之營業秘
密，而由此處亦可顯見區塊鏈技術對之可行性之重要，以及使用區塊鏈突破
營業秘密保護困難之必要。[516]

　　由上本部簡要的對我國營業秘密法脈絡等之回顧，吾人可知，雖然我國
對於營業秘密係已有相關立法以及修法之保護措施，並已係在該營業秘密法
上加入到刑事責任之相關規範，但是此部則係可以參見到本文前揭第二章所
整理之我國重大營業秘密侵害之各案件，以及如該營業秘密之成案率極低等
之根本面問題，就此而言道，關於該營業秘密保護最大的問題，即係在於到
所謂地系爭之舉證層面上，而究如何能夠對之為確切的舉證，以使該系爭之
法官伊能夠確信到該營業秘密之存在為真，以及對該系爭營業秘密之侵害範
圍，及時點等各面向，則係是關於營業秘密保護，在當前必須面對地最大挑
戰。[517]而如今，在觀察透過傳統上各式保護營業秘密措施之效用，可見伊們
似以無法應對科技數位化之進步所帶來的挑戰，然吾人對之尚不必過度悲

---

[516] 參見謝銘洋，前揭註 505。

[517] 王仁君、張永宏(2018)，〈淺論營業秘密之保護及證據保全〉，《全國律師》，22 卷 10 期，頁
40。作者指出實務對於營業秘密之保全面，基於營業秘密其之特殊性，其證據具有快捷傳遞性以
及滅失性，法院應當對於發動證據之保全為合適之放寬處理。

觀，在透過區塊鏈技術的誕生，可知該系爭之區塊鏈技術即係能夠以匿名公開的等諸方式來保護該營業秘密，而就前揭本文所述之長篇幅對營業秘密整體之困境為介紹後及對區塊鏈技術之契機，嗣以下將係細部具體論及究竟區塊鏈技術能如何保護該系爭之營業秘密。[518]

2.區塊鏈保護營業秘密之方式

首先本部係談論關於區塊鏈技術，伊究竟能夠如何具體地保護該系爭之營業秘密，而對此吾人係可先為之概觀，而知，在透過到前揭伊之「時間戳記」[519]，以及「零知識證明」[520]等之諸特性，即係可得，該系爭區塊鏈系統伊確係具有到保護該系爭之諸企業體間，伊們之各營業秘密之「潛力」，而同時伊們亦可以運用到該該區塊鏈而進為該各系爭企業，進以保存伊該完整對之的諸數位電子證據，而進以利伊們日後對之於訴(爭)訟面上而為之舉證，此外，該諸企業體亦係可以透過到區塊鏈的所謂「加密機制」，而在此刻間即能對於到以往該系爭之營業秘密，於伊之儲存面上，其所謂之「真正性」層面之問題，而得到解決途徑，並係是能夠確保到其之各資訊，確係未被任意人為竄改之[521]，綜之，若伊們確能將該各營業秘密為知保護妥當，則即係將能讓該系爭企業更具有相對之競爭力，然此反之可得，如果伊們對該系爭之營業秘密間，沒有對為之較妥善地相關之諸保護，則即係會帶給該系爭企業係屬較重大之各危害。[522] 由上，吾人可知對於該營業秘密的保護，即確係

---

[518] 區塊鏈保護營業秘密之方式，包含區塊鏈之安全性、區塊鏈之信任機制、區塊鏈之分散式儲存、區塊鏈之非對稱加密、區塊鏈之零知識證明、區塊鏈之時間戳記等，詳細之討論請參本文以下之介紹。

[519] 請參 IBM Knowledge Center 網站，網頁：https://reurl.cc/ap4LX (最後瀏覽日：07/05/2019) 其指出時間戳記係為一資料類型，其資訊包含日期以及時間值。

[520] 請參科學人雜誌網站，〈匿名信賴 讓信賴運算與隱私權攜手合作，使線上交易更安全可靠〉，網頁：https://reurl.cc/lE7Yd (最後瀏覽日：07/05/2019) 其指出所謂零知識證明係源自 1990 年由貝爾實驗室以及英國劍橋大學合作發展之「Zero-Knowledge Proof」概念，其核心係為系爭特定人，可以在不揭露其機密的情況下進行證明。

[521] 張懷印(2019)，〈區塊鏈技術與數字環境下的商業秘密保護〉，《電子知識產權》，3 期，頁 71。

[522] 參見張懷印，前揭註 521，頁 71。補充言之對於營業秘密保護之重要性，可以參見財團法人資訊工業策進會科技法律研究所(2019)，〈法院觀點:營業秘密的秘密性與價值性〉，《從產業秘辛和實務數據探索營業秘密管理》，頁 35，臺北：元照。

實屬非常之關鍵，然此吾人若再將視角拉回到世界層面上以觀，則即係可見，伊多年來係已成為國際間所重視的一大難題，又對此，雪上加霜的困難點即如前部所述，在隨著現今科技已無比快捷的工業 4.0 發展下，我們已係可以觀察到各科技所已帶給我們的各式實體生活之衝擊層面，諸如所謂物聯網科技其之進步面，以及對岸已係指出到的所謂地「數字化」現象的發展，於此可見，現今的社會已與傳統社會之運行模式，已係大大為之不同，而此亦如前部之所述，現今全新的社會運轉核心，伊係因區塊鏈出現而正在重新為之建構，而此後吾人若再將視角聚焦於本部之營業秘密，即可觀察到，在現今的時代人們通常對該營業秘密之諸作為，則即係如前所述，係是將伊該系爭之諸營業秘密，儲存於該系爭網路上的空間，而此點吾人可知，遂將係極易於導致到該營業祕密進以被不當之竊取，若伊此係對之儲存在較為普通的網路之空間或雲端之中，則伊在管理層面以及該資料之安全層面等，係皆會有產生到對之維護其安全面之諸多疑慮，而對諸如該一般企業體的「客戶名單」或係各「研發資料」等各面向，伊若將之儲存與該尋常之網路空間之中，則即可能係並不夠地安全或係穩固，且同時吾人可對之觀察的是，其亦係不便於吾人對為之為適當管理，此外我們亦可知悉地是，在現今已確係有各式雲端儲存的技術之出現，而此伊們對於到目前營業秘密之侵害面上，則係可能已較往常吾人對之更加難以發(查)覺，以及進而對為之舉證，是故由上可見，在現今科技的發展下，營業秘密的保護確係面臨到重大挑戰[523]，然此部吾人亦無須為之驚慌，其正如本部開頭所述，區塊鏈技術確是能夠具體保護到該營業秘密的，而嗣以下繼續對此議題為之研析。[524]

同時亦必須指出的是，對於前述之各式重大問題，傳統之營業秘密的保護法制確已經無暇對之為處理[525]，而對此美國以及歐盟等，伊們雖係已有提

---

[523] 補充言之對於近年營業秘密保護愈受重視之境況，可以參見財團法人工業策進會科技法律研究所 (2019)，〈營業秘密保護現況〉，《從產業秘辛和實務數據探索營業秘密管理》，頁 3，臺北：元照。

[524] 參見張懷印，前揭註 521，頁 71。

[525] 補充言之，關於營業秘密法律及資訊面之相關介紹，可以參見 softnext 網站，網頁：https://www.

出到專門的法制進以來保護該系爭企業的營業秘密，惟其依然是以傳統商業環境下的法律環境，進行為之想像而以來規範之，後進而對於該系爭管轄權面以及侵權面而來做認定，而觀中國則係又並未有專門的營業秘密保護之法律，吾人可知，中國處理營業秘密的方式係正如前述，伊是透過到所謂不正當競爭法，以及伊之相關各法律規範來為處理[526]，是故由此吾人即可以確認的是，在當前科技發展下，雖然人類的生活係愈發地便利，然正係因現今該數位環境下之社會之進步性，伊係與傳統之商業環境中，產生了多層次之差異，緣此，營業秘密保護規範勢必須對之有所為調整，此處如若吾人又僅係依照傳統法律面來為處理之，則在面對當前社會環境的劇烈之變化下，即可得見到法律面保護已確係屬不足，簡之，吾人係極需發展新的營業秘密保護途徑，而區塊鏈技術正是可以對症下藥之解方。[527]

　　而回應到前述營業秘密係須隨著科技之進步以進行相對之調整與適應，區塊鏈正好即係可以較完善地解決到目前營業秘密保護之困境，而此部對於營業秘密保護之困境，吾人亦可參見本文第二章對於目前我國於營業秘密保護之主要五大困難之介紹。[528]同時由於，區塊鏈技術係融合了前述「時間戳記」、「加密」，以及「分布式帳本」等技術，其已係是目前工業 4.0 發展下的謂處前端之領導的技術[529]，且由於到該區塊鏈係具備了前揭關鍵之不可竄改、去中心化、零知識證明、時間戳記，以及安全性等諸創新特點，區塊鏈目前係已經在各行各業被廣泛地為運用，而此若吾人將區塊鏈技術應用於對營業秘密的保護，伊可見係將能有效地解決該企業，伊們在目前互聯網時代

---

softnext.com.tw/dataprotection/epaper/05/index.html（最後瀏覽日：02/28/2020)

[526] 補充言之對於前揭營業秘密法制面討論，亦可參見本文第二章對中國及美國營業秘密法制之介紹。

[527] 參見張懷印，前揭註 521，頁 71。

[528] 請參本研究第二章所介紹之我國營業秘密保護五大困難，其分別係營業秘密保護要件認定、合理保護措施難以實施、營業秘密範圍不明、傳統電子證據可信性不足以及營業秘密管理面之困難。

[529] 請參區塊勢網站，〈圖解：區塊鏈解決工業 4.0 與星巴克的共同難題〉，網頁：https://reurl.cc/apLEY （最後瀏覽日：08/20/2019) 其指出目前由於工業 4.0 注重生產線與數位資訊之搭配，而區塊鏈技術可以在溯源面以及防偽面提供幫助。

中以及工業 4.0 的發展衝擊下，對於該系爭之營業秘密保護所面的諸困境，而該系爭企業妥適運用區塊鏈技術，伊即將可以具體解決到其之營業秘密，在遭遇系爭前述各侵害時之訴訟上舉證面問題，換言之，該企業也係能運用區塊鏈來以對之為合理地保密措施，且同時其在管理層面上也能對之有所顯著助益，而最後該企業即係可以在伊面臨關營業秘密訟爭之時，確切地提供給該系爭之法院伊可以為之較傳統上更可信賴的證據。[530]

簡之，本文第二章係介紹在目前吾人所處之數位之環境下，該系爭企業對於伊營業秘密保護的困境，而後係可以將之困難層面分成前述之三大類面向，分別是其一之系爭營業秘密的「邊界難以認定」、其二之「合理保密措施難以實施」，以及最後其三之「數位電子證據證明的難度高」，而針對到以上之困境，此部以下則係具體的對之介紹到，該系爭之區塊鏈技術則係可以確在兩個面向對為解決之，伊們分別是其一是之該系爭區塊鏈技術可以對為「安全的保管該系爭之營業秘密」；而其二則是該區塊鏈技術係可以妥善地用為該系爭「營業秘密訴訟中之證明」，後就該二部本章之關鍵處之討論，嗣以下分別細部為介紹之。[531]

(1)區塊鏈技術可以安全保管營業秘密

首先是關於對該區塊鏈技術之中，與伊確能「安全保管」到該系爭營業秘密之介紹，而吾人對此可知，該系爭之區塊鏈係可以提出到可供社會各方為驗證的證據，進以來證明伊之營業秘密的存在，同時此部亦可參後段所將談論到的所謂「零知識證明」之概念，而伊之優勢除了係能在該系爭法院中，使其可以提出到具高度可信性之證據外，該區塊鏈對於「保存」該系爭之營業秘密也實係深具有相關貢獻，此部即係，其確係可提供到按可靠的技術方式下，而以來保護該營業秘密[532]，其中，該系爭企業只要先將其之系爭營業

---

[530] 參見張懷印，前揭註 521，頁 72。

[531] 本文以下之討論包含兩部分，其一係區塊鏈技術可以安全保管營業秘密，其二則係區塊鏈技術可以用為營業秘密訴訟中之證明。

[532] 請參財團法人資訊工業策進會網站，〈區塊鏈技術的衝擊與課題〉，網頁：https://reurl.cc/Q1e6O （最後瀏覽日：07/05/2019）其指出，區塊鏈具有不可竄改性、透明性以及高度之安全性，且由於

秘密以為之「入鏈」動作，則按區塊鏈技術之內涵，即依其之「哈希算法」，其即會幫助到該系爭之營業秘密以進行所謂「加密」，而該加密後之資訊中於此部係一般社會大眾，伊們係可以對之為檢閱的資料，伊是該交易信息之時間戳記，以及包含到該計算機之代碼等，而此換言之，該大眾對之僅係能看到加密後之「代碼」而非該系爭營業秘密之「本身」，亦即，該營業秘密即已係被區塊鏈系統轉換而已為完善「保存」之，且此由於到該區塊鏈前述之「安全性」，該系爭之營業秘密係不會被任意人為洩漏，此也就是說，由於到區塊鏈技術面之諸特性，縱使退萬步言之面臨私鑰丟失或真受該入侵，則此按區塊鏈之可溯源性亦可將該脈絡為完整明確之釐清，即其亦可對之完善保護到該營業秘密，而由上諸特性吾人係可得見，若使用區塊鏈來保護該系爭之營業祕密，則伊係將會遠比傳統上保護營業秘密之諸方式，來得更為之安全可靠，簡之，採用區塊鏈技術即係可以安全保管系爭營業祕密。[533]

I 區塊鏈信任機制對營業秘密之保管

關於該區塊鏈技術伊確能夠安全的保管該系爭之營業秘密之議題，若查其內涵之第一部分則係可知，吾人係即須觀察到該區塊鏈之所謂「信任機制」，而我們對之可以明確知道的是，使用到區塊鏈以保護該營業秘密的原理，即是先透過到該區塊鏈內部之「共識機制」[534]，而由該區塊鏈共識機制的特性以觀[535]，可知伊係可以使該營業秘密的所有人，其在保護伊營業秘密之層面上，其係不需要透過到所謂傳統上其他之第三方機構，如果此在早期金融交易中為比喻，則該傳統第三方則係如銀行於之扮演的角色，而此部亦可顯見到區塊鏈別於以往之去中心化特點，而同時伊透過該共識機制，其係亦能確保到該系爭營業秘密伊儲存之「真實性」，並且係亦能確保到該營業

　　區塊鏈係採分布式之帳冊架構，其可從外部檢證系爭資料是否遭到竄改，其於資訊安全之防護面向，具有穩定穩固之特點。

[533]　參見張懷印，前揭註 521，頁 76-77。

[534]　補充言之，關於區塊鏈共識機制之相關介紹，可以參見吳壽鶴、馮翔、劉濤、周廣益，前揭註 397，頁 12。

[535]　參見張懷印，前揭註 521，頁 77。

區塊鏈與營業秘密保護困難之突破

秘密，伊係確未被任意人為不當竄改之，而又在此部所談論之，伊所謂地「共識信任機制」，綜之，其即係可以決定到該系統伊究係需要按照該整個體系內，究哪一個節點而以來為記帳，進步言之，區塊鏈所採用的共識機制之目的即是用以決定哪一個節點可以獲得該筆交易之記帳權，若觀比特幣之運行機制可見，其係透過所謂「POW 機制」來決定，而若吾人須對之為簡易理解，即係該系統內之各節點係需要對之計算一個數學上非常困難之難題，而該哪一個節點可先算出答案，即可獲得該系爭之記帳權，同時伊亦可以獲得一些比特幣以作為獎勵，而此過程亦即係吾人所慣稱之所謂「挖礦」，同時由上之機制伊即係可以之確保該系爭之交易能夠被完成之。[536]然此處吾人必須點出的是，該區塊鏈上的共識機制係有很多，目前係可將之區分為三大類別，其分別是其一之「權益證明」[537]、其二之「工作量證明」[538]，以及最後其三之「股份授權證明」[539]，而在透過該系爭區塊鏈上的諸共識機制，該區塊鏈伊即係可以完成到其不需要第三方機構參與之特性，或稱之去中心化，而伊係只要透過其內之程式以及該系爭諸共識機制進而為之運作，是故，上述區塊鏈的證明機制即係可以讓系統內之各使用者，在不需要對於任何人具有所謂信任的基礎之下，而為運行，而此也亦可顯見到究經濟學人為何會稱區塊鏈技術為「信任的機器」之故，亦有論者將該區塊鏈之特性稱為「去信任化」，而此外，若吾人係採在該系爭區塊鏈上為進行交換該系爭數據，同時間還可以對於該區塊鏈的諸系爭數據之「真實性」層次具有到保證，此換言之，透過上述對區塊鏈機制的進一步討論可見，按區塊鏈技術所內涵之真實性，伊

---

[536] 范守慈(2016)，〈共識決的信任機器 區塊鏈有如拜占庭帝國將軍〉，載於中時電子報網站：https://reurl.cc/2xzyE (最後瀏覽日：07/05/2019) 其指出所謂工作量證明演算法之運作，其係參與其中之每一節點須處理同條件之難題，而先計算出之節點該區塊鏈即屬於系爭節點，而該被計算出之數值則可向其餘節點提供以為工作量之證明。

[537] 補充言之，關於權益證明機制之相關介紹，可以參見吳壽鶴、馮翔、劉濤、周廣益，前揭註 397，頁 13-14。

[538] 補充言之，關於工作量證明機制之相關介紹，可以參見吳壽鶴、馮翔、劉濤、周廣益，前揭註 397，頁 12-13。

[539] 補充言之，關於股份授權證明機制之相關介紹，可以參見吳壽鶴、馮翔、劉濤、周廣益，前揭註 397，頁 15-16。

確係可以與營業秘密的保護而為之結合，亦即此係可按區塊鏈技術為零知識證明而同時安全保護到該系爭營業秘密，其亦能供訴訟上對為之證明，若需補充言之，則從此點可得，經濟學人將區塊鏈技術稱為信任機器實有其妥適性存在。[540]

Ⅱ 區塊鏈分散式儲存對營業秘密之保管

而查其內涵之第二部份，吾人則係可以觀察到該區塊鏈之所謂「分散式特點」，我們可以知道的是，正係由於該區塊鏈的技術特點而係使其成為一所謂「分散式帳本」[541]，而觀其內之組成之要素則係可知，伊即是透過到該系爭之分散式儲存各系爭數據(各節點皆保有完整之帳本資訊)，及前述加密之技術(哈希算法以及非對稱加密)[542]，以及所謂之點對點網路(Peer to Peer)等，按諸多要素而綜合成之[543]，又觀該系爭區塊鏈的潛力面之大，其功用面係已能夠達成到嗣為「轉移」該系爭之各資產諸面向，或是改變到現行吾人為「儲存」該系爭各資料，抑或係對該「紀錄」面之諸各系爭數據的方式[544]，緣此，該系爭企業若係採用到區塊鏈以來保護其之營業秘密，此即如前曾述，觀其之過程係是將該系爭營業秘密轉化成所謂「哈希值」以來保護，且由於到該系爭區塊鏈是一「分散式的帳本」，是故，該營業秘密的信息係是已被加密而後儲存至該每一個區塊鏈系統上，伊之各式之節點中，亦即，其並不是按以往的中心化之儲存方式，而係是在該系爭之區塊鏈系統上，伊每一個節點中都係即會有一份該系爭帳本，於伊完整地紀錄之備份，職是，若有人想要

---

[540]　參見張懷印，前揭註 521，頁 77。

[541]　補充言之，關於分散式帳本技術之相關介紹，可以參見凌群電子報網站，〈淺談分散式帳本技術〉，網頁：https://reurl.cc/72Zmkk (最後瀏覽日：02/27/2020)

[542]　補充言之，關於加密技術之相關介紹，可以參見 BINANCE–ACADEMY 網站，網頁：https://www.binance.vision/zt/security/symmetric-vs-asymmetric-encryption (最後瀏覽日：02/28/2020)

[543]　參見張懷印，前揭註 521，頁 77。

[544]　羅鈺珊(2017)，〈分散式帳本與區塊鏈的應用現況與挑戰〉，《經濟前瞻》，173 期，頁 80。作者指出所謂分散式帳本技術，其係將數位資訊按時序排列進而載於數位資料庫中，並將之為加密保存。同時參見張懷印，前揭註 521，頁 77。

對之為竄改該系爭區塊鏈帳本上之相關各紀錄[545]，其首先係必須能夠更改到該系統內所有各節點之帳本，而此點在伊技術之實務上即係是難以達到的，就算伊係執意要對為之，其所需花費在改變該帳本之紀錄成本面上，伊所需之金額已係逾十億美元，觀此舉實亦係不符其之經濟面效益，而由此部則可得見，吾人亦可於之再次地看出到該區塊鏈之安全性，同時正係由於到該區塊鏈之安全性，是故，伊使用區塊鏈來保護該系爭之營業秘密，除了其保存之安全面係可以為吾人之預見及確保外，正因區塊鏈係是一分散式帳本技術，而伊之功能此係可以為透過相關程式面之設計，而將可使該使用者伊決定該系爭之何種類之諸資訊等，伊們係是可以為各成員之共享，以及後究何類之資訊係是只能給該特定之對象以為之查閱，此部換言之，若吾人以此在對照前部第二章曾述及的台積電管理伊之營業秘密的分層授權之模式，進以為互相之參照，則可得若伊嗣採用到區塊鏈技術以為保護其之營業秘密，則可見將確能加強伊對之的監管層次，而由上歸納，透過到區塊鏈來管理及保護該系爭之諸營業秘密，伊係將能夠確實的實現到對各營業秘密使用者，伊們之所謂地分層授權，且係同時可以讓該公司內部之各不同職位的諸參與者間，能係以不逾越該營業秘密之瀏覽之各權限，而此點對於到該營業秘密的瀏覽面上，以及其之下載面即係都可以完善進行到於前述權限之控管，而遂進而能避免到該系爭人員對於該營業秘密所為之各不當下載所為，抑或是為竊取該營業秘密行為之發生，簡之，按區塊鏈之分散式儲存之諸特點，其確係可以起到保護該系爭營業秘密之關鍵作用。[546]

Ⅲ區塊鏈非對稱加密技術對營業秘密之保管

而查其內涵之第三部分可得，伊即是關於「非對稱加密技術」之討論，吾人對之可知，該區塊鏈的技術特點係是使用到所謂「非對稱之加密算法」[547]，而此正是透過該非對稱加密的特點，而係可以使得該區塊鏈之「安全運

---

[545] 關於區塊鏈與竄改之相關討論，可以參見 medium 網站，〈區塊鏈技術如何做到難以竄改？就讓散列函數（哈希）告訴你！〉，網頁：https://reurl.cc/k54gr9（最後瀏覽日：02/27/2020）

[546] 參見張懷印，前揭註 521，頁 77。

[547] 補充言之，關於非對稱加密之相關討論，可以參見 Samson's Blog 網站，〈區塊鏈 BlockChain -

行(轉)」被確保,而若進步觀察,該所謂非對稱加密技術,伊是透過所謂之「公鑰」以及「私鑰」來完成,而該公鑰與私鑰之關係係是為兩兩成對的,於此若需舉例而言道其之運作模式,則即係如果吾人現使用到該公鑰來對於該系爭資料以為之加密,則目前只有與之對應的私鑰,才能以對之為「解碼」,而同理反之亦然。[548] 又關於非對稱加密伊名稱之由來,其正是因為到該區塊鏈之技術上,伊於加密的鑰匙與其解密的鑰匙係不是同一支鑰匙,故此即係稱所謂地非對稱加密,而正由於到該區塊鏈技術係使用了非對稱加密法,是故該區塊鏈係能夠應用在該使用者,伊身分之驗證層面,後進而確保到該鏈上之每一筆交易係都是屬安全的,而其中,非對稱加密係是該區塊鏈系統中最核心的技術之一,觀其之功用係讓該區塊鏈實現了不需要仰賴以往之傳統第三方機構,而後對為之身份面之諸驗證,同時該區塊鏈技術也是在人類5000多年的歷史上,人們第一次能夠在該互聯網路上,成功且穩定的建置到一永久運行、存在,且係「不可竄改」以及「不可偽造」之大型去中心化分散式資料庫,簡之,按區塊鏈技術來保護系爭資訊即可在安全性上達到高度之可靠性。[549]

由上,吾人可知,使用區塊鏈來儲存該營業秘密的諸原理,即係是透過到將該系爭資料先行以前述之哈希算法為加密,而該哈希算法吾人可查,伊係是一種「單向的密碼散列」,其正向運算即為容易,然其係極難以或稱無法被反向破解,遂從而係可以之確保到該區塊鏈上的各數據不被任意人為竄改[550],而該使用者將其之營業秘密以前述哈希算法儲存於鏈上後,如果該使

量子計算機與區塊鏈技術〉,網頁:https://www.samsonhoi.com/771/blockchain-quantum-computing (最後瀏覽日:02/27/2020)

[548] 參見張懷印,前揭註521,頁77。同時請參程式前沿網站,〈對稱加密與非對稱加密優缺點詳解〉,網頁:https://reurl.cc/DN45E (最後瀏覽日:08/20/2019) 其指出所謂非對稱加密技術,其運作原理係由成對之公鑰及私鑰組成,而公鑰與私鑰間能互為加密以及互為解密,其亦指出非對撐加密之優點係為其之安全特點。

[549] 參見張懷印,前揭註521,頁77。

[550] 請參 NEO Docs 網站,網頁:https://reurl.cc/0Vvgk (最後瀏覽日:08/20/2019) 其指出所謂哈希算法亦稱為散列算法,其用途係為將任意資料數據轉化進而創建數字指紋之方法。而系爭散列函數能將特定資訊資列壓縮摘要,進而創建一稱為散列值之數字指紋,使數據量縮小同時固定格式。

用者係想要對該系爭資料以為之查閱，則其係必須使用到前述該系爭私有之密鑰(公私鑰、非對稱加密技術)才方能對之進行解密，而此點即係確保了該營業秘密儲存在系爭區塊鏈上之安全性，現如今除了該系爭使用者自行丟失該系爭之私有密鑰外，觀全球目前對之最安全保護該系爭營業秘密的方式，即係是將該營業秘密先行加密而後傳入到該系爭之區塊鏈系統上，只要伊非不小心丟失的話，換言之，區塊鏈技術之高度安全性即可確立之，若需補充言之，則關於區塊鏈技術之產業應用實例，可參第四章之介紹。[551]

(2)區塊鏈技術可以用為營業秘密訴訟中之證明

而關於接下來要談論的重點，即是究區塊鏈與訴訟中之證明功用，吾人可知，區塊鏈技術係具有前述時間戳記之特點[552]，而該時間戳記係為區塊鏈的提供了所謂可溯源性之保證，其係可以為該營業秘密提供到伊確實為存在之相關證明，同時該區塊鏈證據亦係可在該系爭法院訴訟中，進以作為可以之信賴的高可信之證據，此外，運用到區塊鏈技術還可以運用前揭所曾論及之所謂地「零知識證明」概念[553]，而其之特點即是可以在不洩漏該系爭營業秘密為何，於伊機密訊息為保密的狀況下，以對該營業秘密進行到相關之證明動作，而目前觀該區塊鏈證據的效力層面，伊係已經獲在國際上許多國家之諸法院之認可，伊例如美國以及中國等，查伊之特點即係有別於一般傳統的數位電子證據，該區塊鏈證據的特性即係在於到以下四點之整理，如其一之「不能竄改」、其二之「可以溯源」、其三之確保系爭「數據真實性」，以及最後其四之「高度可信度」等，而由此吾人亦可顯見，區塊鏈證據之特

其亦指出目前有兩大系統，其一為 SHA256，其二則係 RIPMED160，而區塊鏈在為交易時，其運作系統會使用兩次 SHA256 為計算。補充言之作者亦指出，區塊鏈在生成系爭合約之地址時，其運作程序係先行計算 SHA256 之散列，而後再為計算 RIPEMD160 之散列。

[551] 參見張懷印，前揭註 521，頁 77。

[552] 補充言之，關於區塊鏈與時間戳記之相關討論，可以參見人民網網站，〈對「去中心化」的區塊鏈如何監管〉，網頁：http://blockchain.people.com.cn/BIG5/n1/2019/0110/c417685-30514073.html (最後瀏覽日：02/27/2020)

[553] 補充言之，關於零知識證明之相關研究，可以參見中央研究院資訊科學研究所網站，網頁：https://iis.sinica.edu.tw/page/researchoverview/Achievements.html?lang=zh&mobile (最後瀏覽日：02/28/2020)

性則係如區塊鏈技術之特點，其係能夠具備到高度之可信性而能為吾人所用，又關於區塊鏈係可為訴訟上證據的部份，正如前述，中國以及美國皆係已有相關區塊鏈證據於訴訟上之使用之相關各式規範，而吾人係可對之為密切注意及觀查。[554]

I 零知識證明系統

緊接著，此部第一個要談論的觀念是系爭之「零知識證明」，而吾人可知，所謂地「零知識證明系統」，其係如前述係指在不洩漏任何有關該系爭營業秘密訊息之前提下，使得該對造能夠據以相信以及確認到該某個特定之事實為真[555]，而若由此部觀之，該被上傳入區塊鏈以為保護之該系爭營業秘密，其確係並非是紀錄該系爭營業秘密的原文本之檔案，而此即伊係是將該營業秘密在透過前揭之哈希算法為加密後，方再以為之入鏈[556]，是故伊已係透過到區塊鏈而紀錄該系爭之哈希值，其即係能按區塊鏈之特性，而證明該系爭之文件伊係於特定的時間點而已為存在，且同時由於該區塊鏈紀錄的是所謂地哈希值而非原檔案，是故，該營業秘密之內容係並不會被洩漏，而此若就理論上而言道，吾人使用區塊鏈來保護該系爭之營業秘密，除可以確保到該系爭營業秘密不被任意人為洩漏外，其同時亦可於伊於法院訴(爭)訟上提供到可以之高度信賴之證據，由此，區塊鏈技術係可謂確為保護該系爭之營業秘密，開創了嶄新的路徑，又若需進步言之，則關於世界對於區塊鏈技術之政策趨勢，則可參第四章之相關討論。[557]

而由本文前揭第二章的介紹即可知，因系爭之祕密性係屬營業秘密之重

[554] 參見張懷印，前揭註 521，頁 75。

[555] 王化群、吳濤(2017)，〈區塊鏈中的密碼學技術〉，《南京郵電大學學報》，6 期，頁 64。作者指出，所謂零知識證明知特點係為，其能在不透漏機密信息知情況下使驗證者為驗證，而作者亦指出在區塊鏈中零知識證明具有巨大之可用性。

[556] 補充言之，關於零知識證明知產業實例，可以參見動區 BLOCKTEMPO 網站，〈【ING 銀行｜零知識證明】ING 發布新的「零知識證明套件組」，保護區塊鏈上資料的隱私〉，網頁：https://www.blocktempo.com/ing-bank-launches-open-source-privacy-improvement-add-on-for-blockchains/ (最後瀏覽日：02/27/2020)

[557] 參見張懷印，前揭註 521，頁 75。

要特點[558]，所以現保護營業秘密的難點即係在於到，如果將其透過所謂地第三方機構以為保存，則係難免存在了所謂地「洩密」面之疑慮，是故傳統上係難以透過第三方機構而使用到時間戳記以來對營業秘密為保護，但由於現今之區塊鏈技術的出現，以及前述關於零知識證明系統的應用，其係將可以使該系爭之時間戳記在不洩漏伊營業秘密資訊的前提下，對於該系爭之營業秘密提供到較為妥善之保護，換言之，現透過區塊鏈技術，即可突破善藉其去中心化之特性而突破以往中心化之現制。[559]

Ⅱ 時間戳記證明營業秘密存在

第二個要介紹的重點則是關於到「時間戳記」的觀念，吾人可知，該系爭區塊鏈之時間戳記[560]之特點面，伊正是確保到該區塊鏈係確具備系爭所謂地可追蹤性之關鍵，而該所謂之時間戳記，伊正係如本章先前部所介紹的，其係能明確顯示一份資料中，伊是確於某特定之時點前，已確係為存在且係為完整而可供驗證之系爭數據，觀其之表現形式可查，伊則通常係是透過到該系爭之所謂「符號序列」，後進而標定到該特定「時點」之時間究為何，又該系爭之時間戳記是在前述該系爭資料被「加密」後，此方所形成之可作為訴訟上證據之證明，而其係可以對於所有網路之文件資料上，提供到「高可信」的時間面之相關證明，進步言之，若欲舉伊實務為例，則目前伊已係在中國各領域有較寬廣的運用[561]，且其已如前述，係被肯認為係具備法律面之效力，而若欲對之深入地探討，則伊現今係主要應用在於對岸「版權登記」之訴訟面，而關於該時間戳記伊確係具有到法律效力之部分，吾人係可以將之追溯至中國據今 12 年前之 2008 年，伊於其深圳法院的所謂之「利龍湖案」中，而進已係獲得該法院之肯認[562]，簡之，該系爭可信的時間戳記，查其之

---

[558] 補充言之，關於秘密性之實務見解，可以參見最高法院臺抗字第 870 號裁定。

[559] 補充言之對於傳統上營業秘密保護之困難，可以參見本文第二章第三節之相關介紹。

[560] 參見張懷印，前揭註 521，頁 75。

[561] 補充言之，關於中國時間戳記第一案，可以參見中國知識產權研究網網站，〈首例時間戳司法應用案例判決書發生法律效力 附該案件裁判文書〉，網頁：http://www.iprcn.com/IL_Zxjs_Show.aspx?News_PI=2106 (最後瀏覽日：02/28/2020)

[562] 請參廣東省深圳市龍崗區人民法院 2008 年度深龍法民初字第 5558 號民事判決。

運用原理，其即是運用到前述之哈希算法進以對於該文件之資料，嗣進行區塊鏈上之「轉換」，進以生成係具法效的所謂「時間戳」，後即因其之高可信性而進以能對於該文件資料，提供法院到伊係確實「存在」之相關證明，又關於區塊鏈與存在性證明之存在，亦可參前述細部討論。[563]

進一步言道，目前其於對岸之著作權領域也係獲廣泛之運用[564]，吾人可知，其係根本上具備了三大優勢，分別是其一之「效率高」、其二之「信度高」，以及最後其三之「低成本」的優勢，並且就伊係可以確實證明到該系爭著作究完成之時點等面，目前實務上中國係已有多家法院表態支持，由此吾人係可得見，現今區塊鏈技術所可以達到之，對該營業秘密以及其他諸智慧財產權保護之功效面，伊係可以為該營業秘密渠等提供到確實地前揭存在之證明[565]，查其之原理即是把該系爭之欲保存建檔之文件上傳入該區塊鏈(入鏈)，進而按永久存在且不可竄改之資料庫而證明其之存在，而透過在該區塊鏈上加入到系爭之時間戳記[566]，其即確係可以為所有地文件提供伊們確實地存在之證明，若吾人究實務上究應如何按營業秘密而對之為操作，則可知該區塊鏈之各使用者間只要將伊所欲保護之營業秘密，使用到前述哈希算法而加密入鏈之，該區塊鏈即係可以對文件明確地加上該系爭之歸屬究係為何，以及該系爭之時間戳記等[567]，遂進而為營業秘密在未來訴訟上提供到前揭所謂存在證明，同時亦須點出的是，該證明係為「單向」且係可以被追溯(可追

---

[563] 張懷印、馬然(2018)，〈著作權侵權案件中電子證據「可信時間戳」的合理運用〉，載於知識產權司法保護網網站：https://www.chinaiprlaw.cn/index.php?id=5253 (最後瀏覽日：08/20/2019) 作者指出關於可信時間戳記於中國之司法適用，可以溯源至第一案也就是 2008 年之利龍湖案。同時參見張懷印，前揭註 521，頁 75。

[564] 補充言之，關於區塊鏈於著作權之相關討論，可以參見翁竹霆(2016)，〈淺談區塊鏈之著作權保護機制〉，載於資策會科技法律研究所網站，電子檔參見：https://stli.iii.org.tw/article-detail.aspx?no=66&tp=3&i=94&d=7680 (最後瀏覽日：02/28/2020)

[565] 參見張懷印，前揭註 521，頁 75。

[566] 補充言之，關於區塊鏈之相關創新案例，可以參見經濟部技術處網站，〈區塊鏈在供應鏈中的創新應用案例[趨勢新知]〉，網頁：https://www.moea.gov.tw/MNS/doit/bulletin/Bulletin.aspx?kind=4&html=1&menu_id=13553&bull_id=6733 (最後瀏覽日：02/27/2020)

[567] 參見張懷印，前揭註 521，頁 75。

溯性)之證明，亦即，其係極不易被偽造之(不可竄改性)[568]，然尚須辨明的是，該區塊鏈時間戳記與傳統的時間戳記原理究係為不同，該傳統數位之時間戳記，伊係需要該使用者將伊系爭之各資料發送至該中心化之數位時間服務機構，嗣待該機構對該系爭之文件加入日期後，方再加密回傳至該用戶，然區塊鏈的特點就係在於到其之去中心化[569]，因區塊鏈的運作原理即是透過所有分散式之節點一起對之以為相關驗證，伊係並非是如傳統數位時間服務機構地所謂中心化之驗證模式，是故由此吾人即係可知，透過到區塊鏈技術之助則係將能確保到該系爭用戶其資料的完整性，進以得按該特性之不可竄改性及真實性等之優勢，嗣更為地效率，同時亦可按區塊鏈之去中心化而免去於傳統時間服務機構之竊取或竄改之風險，簡之，使用區塊鏈之時間戳記係可以讓營業秘密的保護更為完善。[570]

Ⅲ 區塊鏈電子證據效力[571]

第三個也是最後要討論的是，即係關於區塊鏈之所謂「數位電子證據之效力面」，對此吾人係可知，使用區塊鏈保護該營業秘密之優點即係為[572]，其除了伊具有證明到該營業秘密存在之效用外，其同時亦能知悉到究何人對於該營業秘密，係有進行到所謂地違法下載之諸行為，而由於保存於該區塊鏈上的營業秘密，如遇使用者係欲對之進行查閱，其則係須擁有前述該系爭之私鑰而方能對之進行到解碼[573]，而伊在沒有私鑰的情況下，其即係無法解鎖該系爭之營業秘密更遑論下載之，而此退萬步言之就算該私鑰遭竊，而正

---

[568] 補充言之，關於區塊鏈之溯源，可以參見動區 BLOCKTEMPO 網站，網頁：https://www.blocktempo.com/blockchain-use-case-food-security/ (最後瀏覽日：02/28/2020)

[569] 補充言之，關於區塊鏈之去中心化相關介紹，可以參見 CloudMile 網站，網頁：https://www.mile.cloud/zh-hant/what-is-blockchain/ (最後瀏覽日：02/27/2020)

[570] 參見張懷印，前揭註 521，頁 75。

[571] 補充言之，關於數位證據之相關討論，可以參見本文第五章第二節之相關介紹。

[572] 參見張懷印，前揭註 521，頁 76。

[573] 補充言之，關於公私鑰原理之相關介紹，可以參見區塊吧網站，網頁：https://reurl.cc/GkzR4d (最後瀏覽日：02/28/2020)

由於到該區塊鏈技術之特點，即如伊之透明性[574]，是故，何人於該系爭之鏈
上為何行為皆係可以對為之追蹤，而此點正係是使用到區塊鏈技術而保護該
系爭之諸營業秘密，而係有別於傳統方式之優勢處所在。[575]

　　若欲稍作此部之歸納，吾人可知，在早期地維護該營業秘密之方式上，
伊大多係透過到所謂之「雲端儲存」或是對「網路平臺之建檔」等模式[576]，
是故若吾人係按傳統之方式進以對該營業秘密而為保護，一旦該系爭之營業
秘密遭到侵害或係竊取，伊則往往係難以對之進行所謂之「溯源追蹤」，而
正由此點觀之，則係更突顯區塊鏈技術之出現，其將係對於到該系爭營業秘
密的保護有所顯著助益，而觀目前區塊鏈技術係已在各大智慧財產權保護之
諸領域間，穩健地發揮伊之功用，但雖然該區塊鏈實係具多面之優點，然吾
人若欲妥善的於法律面上檢討該區塊鏈之功用性，則係必須對之細部檢視的
即係，究基於該區塊鏈技術之數位電子證據，伊究是否能適用於該系爭法院
訴訟中進以作為相關之舉證[577]，而此即係區塊鏈技術究能否在法律層面上之
應用與發展之關鍵[578]，然對此雖然全球各地之法院尚還在觀察，但是細查可
知，目前美國佛蒙特州已經確立了關於區塊鏈證據於法庭上使用之諸規則，
同時中國亦對區塊鏈於訴訟之功用多所肯認，此部亦可參見本文第五章之討
論，而若將視角關注在對岸，則即可知在中國已係有認可區塊鏈作為證據之
訴訟面案例[579]，而對於此之區塊鏈證據之重大里程碑，吾人係可以對該所謂
之「杭州互聯網法院案」，以作較為密切之觀察，而此據悉在 2018 年 6 月時，

---

[574]　補充言之，關於區塊鏈透明性之相關介紹，可以參見鏈聞網站，網頁：https://www.chainnews.com/
　　　zh-hant/articles/236923568222.htm (最後瀏覽日：02/28/2020)

[575]　參見張懷印，前揭註 521，頁 76。

[576]　請參 CloudMile 網站，〈雲端平臺大比拼：GOOGLE VS. AMAZON VS. MICROSOFT〉，網頁：
　　　https://www.mile.cloud/zh-hant/cloud-comparison/ (最後瀏覽日：08/20/2019) 補充而言作者指出，
　　　目前雲端平臺的比較下，AWS 其較為安全，而 Azure 則較可與微軟設備配合，然 GCP 之介面設
　　　計最具親和性。

[577]　補充言之，關於區塊鏈存證於法院之肯認，可以參見杭州互聯網案，以及天平鏈存證第一案。

[578]　補充言之，關於區塊鏈證據之確認，可以參見 iThome 網站，〈中國最高法院承認區塊鏈資料的
　　　證據效力〉，網頁：https://www.ithome.com.tw/news/125763 (最後瀏覽日：02/27/2020)

[579]　補充言之，關於司法區塊鏈，可以參見北京互聯網法院以及杭州互聯網法院之經驗。

該系爭之杭州互聯網法院，伊係於一關於到系爭著作權侵害之案件中，其係對之明確的表明到，對於該系爭之區塊鏈之數位電子證據之效力層面給予了認可[580]，而觀該案之重要性係正如前述，伊係在於其是中國第一件在智慧財產權訴訟之中，進而為肯認到該區塊鏈數位電子證據伊證據力之案件。[581]而該承審法官係對之認為到，該系爭之區塊鏈在作為數位電子證據平臺中，係具有到所謂之「高效率」以及「穩固」面等之特點，是故在審判中應以所謂地「中立客觀」的觀點，進以來對該類數位電子之「存證方式」，伊之法律效力而為認定之[582]，若在對之進步觀察，則可知現如今中國已有頒布區塊鏈信息服務管理規定，以及相關之最高人民法院之解釋，而由此亦可顯見對案對區塊鏈證據面之重視與其發展之快速。[583]

由上可知，雖然伊時對區塊鏈作為證據的效力，以及對之詳細的規範原則係需要更多學理面上的論證，但是關於應用區塊鏈作為證據之議題，已係逐漸地受到中國法院的認可[584]，而關於該細部對於系爭區塊鏈證據能力之探討，吾人係可以參考到本研究第五章之相關介紹。[585]

然若於此處先簡要的對之論及，則吾人可知在傳統上，普通的數位電子證據由於伊在取證之層面上，係存在著較保存不易且易被偽造竄改之根本面問題，而該系爭法院一般在審理該數位電子證據效力之時，伊通常係採取到非常謹慎待之的態度，而現今由於區塊鏈技術的出現，在觀運用區塊鏈存證之數位電子證據，伊與傳統數位電子證據的不同之處即係在於到，區塊鏈證據具有了三大面向之優勢，如其一之「不可竄改性」、其二之「可信度高」，

---

[580] 補充言之，關於時間戳記判決第一案，可以參見請參廣東省深圳市龍崗區人民法院 2008 年度深龍法民初字第 5558 號民事判決。

[581] 請參杭州互聯網法院 2018 年度浙 0192 民初字第 81 號判決。

[582] 參見杭州互聯網法院，前揭註 581。

[583] 關於區塊鏈於營業秘密保護之運用、證明、案例、與傳統數位證據之不同，以及區塊鏈證據之真實性審查等，請參見張懷印，前揭註 521，頁 76。

[584] 可以參見杭州互聯網案，以及天平鏈存證第一案之相關判決。

[585] 關於區塊鏈證據能力之相關討論，可以參見本文第五章之相關介紹。

以及最後其三之「不易被偽造」等諸特性[586]，然前述之各傳統數位電子證據，諸如數位「郵件」之紀錄，或是網路「社群」平臺之訊息等，其係具有到較容易被偽造，且對之為所謂地「回溯性不佳」等固有面問題，是故由此部對照即可得知，該系爭之區塊鏈證據則係不會具有到上述之各問題[587]，而係可以之進行較傳統上更為優勢之保護。[588]

　　此正由於該系爭之區塊鏈證據，按其之內涵之「高可信度(可信性)」及「不可竄改性」，再加上伊「可回溯追蹤(溯源性)」之特點[589]，其在於法院之審理中係更容易地被接受到該證據的所謂「可信性」，以及「真實性」，也正係由於到區塊鏈證據前揭之可回溯追蹤性，伊在系爭營業秘密訴訟的諸場景中，若是該系爭企業係使用到區塊鏈證據以作為證據，則伊係即可以透過到該區塊鏈之數位電子證據來明確地表示到，究何人係於何時為違法下載之諸行為，此進步言之，使用區塊鏈證據以為之舉證，按其之真實性則係將較傳統之數位電子證據來的更強，而由於該區塊鏈前述之諸技術特性，其係可將所有包含到本部重點之該系爭之營業秘密，伊資料的相關以下五部份之資訊面，諸如其一之系爭「創造之過程」、其二之系爭之「起始點」、其三之所謂「增加」、其四之系爭「檢視」，以及最後其五之所謂該「資料下載於移轉過程」等各面，係皆對之全部為完整地保存於該鏈上，而正依此揭特點，其即將係有助於對該系爭之案件之完整侵權流程面向，進以為之驗證，嗣進而對於該證據的真實性能以得到相關充分之闡釋，簡之，綜合到前部對於營業秘密之困難，以及區塊鏈對於營業秘密保護之吻合，將伊們綜之可見區塊鏈可以在該營業秘密之各部如上之脈絡完整的保存於鏈上，而係可供訴訟上

---

[586]　補充言之，關於區塊鏈之特性可以參見本文第三章之相關介紹。

[587]　補充言之，關於區塊鏈技術之特點面、用例面，以及服務面等，可以參見阿里雲網站，網頁：https://www.alibabacloud.com/tc/knowledge/what-is-blockchain (最後瀏覽日：02/27/2020)

[588]　關於區塊鏈與傳統數位證據之差異，以及區塊鏈證據鏈之形成，請參見張懷印，前揭註 521，頁76。

[589]　補充言之，關於區塊鏈之特性，可以參見蔡玉琬(2019)，〈未來的網路信任與價值基礎——區塊鏈技術〉，載於科技政策觀點網站，網頁：https://portal.stpi.narl.org.tw/index/article/10471 (最後瀏覽日：02/27/2020)

為提供高可信性之證據，同時由於該區塊鏈之諸特點，其亦能在安全保存面上，妥善的保護該營業秘密，進而免去伊在傳統中心化模式下之方式之遭受竊取或竄改之風險，是故，區塊鏈是現保存系爭營業秘密之最佳方案。[590]

四、小結

　　由上述之討論吾人即係可知，區塊鏈係能夠在「交易面」、「管理面」，以及「證據面」上保護該系爭之智慧財產權[591]，而區塊鏈對於營業秘密之保護係可從前述四大面向論之，其分別係其一「證明營業祕密創作者身分」、其二「證明營業秘密被侵害之時點」、其三「證明何人違法下載」，以及其四「證明營業秘密原創」，而區塊鏈技術係提供了有別以往且有效率的保護該營業秘密之方式，目前吾人由上即可知，只要該營業秘密之所有者伊將該系爭之營業秘密先以為之入鏈，則該營業秘密即係會被「加密」[592]，而後其之營業秘密則即係並不會被大眾所得知，該大眾可以為知悉正如前述僅係有該「哈希值」，以及該系爭之「時間戳記」，是故，由此該系統之特性面雖係為向大眾為公開，然伊仍係具該系爭之匿名性(匿名公開)，且其亦具備到前述之「零知識證明」之概念，此外，觀察吾人將該系爭營業秘密為上傳入鏈之優點層面，即係該使用者係將不會再被對之額外地，收取到諸如前部所談之，交由傳統上保護面之律師對以為之認證及備份等所需之律師費，而此對於該系爭之企業體伊降低其之營運成本面，即係亦有所之助益，而若需補充而言之，則根據到系爭歐盟指令之指出，吾人係可知，將該系爭之營業秘密以為之上傳入鏈，伊確係是為一種合理的保護該營業秘密之措施，而在現今

---

[590]　參見張懷印，前揭註521，頁75。

[591]　補充言之，關於區塊鏈與智慧財產權之相關討論，可以參見方格子網站，〈區塊鏈與智慧財產權〉，網頁：https://vocus.cc/article/5d2304e7fd897800016cbdd0 (最後瀏覽日：02/27/2020)

[592]　補充言之，關於區塊鏈之五項核心技術，可以參見 iThome 網站，〈區塊鏈運作原理大剖析：5大關鍵技術〉，網頁：https://www.ithome.com.tw/news/105374 (最後瀏覽日：02/27/2020)

確已係有越來越多的企業體，伊們提供將該系爭營業秘密以為之入鏈之各服務，吾人對之可觀例如「MyDocSafe」[593]，其之服務面係提供到該系爭之企業或是諸個人間，伊們能夠將該諸「敏感資訊」，或伊之「商業機密」，抑或是吾人所稱之地各「營業秘密」，進以上傳入該區塊鏈中，而後即對之可為較傳統面上之更妥適之保護。[594]而在綜述對區塊鏈究如何能具體的保護營業祕密後，由於此部概念係屬較為相對之複雜，是故以下將對於本章介紹的區塊鏈，伊能夠在保護營業秘密上所做出之諸貢獻，作簡要之回顧。[595]

（一）證明營業祕密創作者身分

第一個關於使用區塊鏈來保護系爭營業秘密優勢之所在，即是透過到區塊鏈技術，即係可以證明到伊究是誰為之創作[596]，而藉由到該前述之時間戳記的特性，則係確可以對之提供完整的證明，而此觀對岸傳統上的保護方式係是透過到所謂地「版權登記」，而對此部則係可以參照到「中國版權保護中心」的數據，但是前述伊係具備到較複雜的人工流程以及與之金錢面之花費，而按現如今觀點看之，可得現在透過到區塊鏈的時間戳記技術，由於該時間戳記係是一個可以被驗證的(可稽核性)數據，而且在該系爭之區塊鏈系統中[597]，伊每個區塊皆是依據時間戳而以之順序相連，是故此按文義面觀之可得區塊及區塊相連，而後構成該區塊鏈，是故，吾人係可以應用到該時間戳記以來證明該系爭紀錄的真實性，同時該時間戳記在區塊鏈中之特點，實係具有到如前述「公證人」之性質，而此即係因該區塊鏈係具備到的諸不可竄

---

[593] *See* MyDocSafe, available at: https://mydocsafe.com/us/ (last visited on: 08/20/2019)

[594] *See* Mathias Avocats, *How can Blockchain and trade secrets support each other?* , available at:https://reurl.cc/2RAza (last visited on: 08/20/2019)

[595] 以下回顧將包含四方面，分別係為其一證明營業秘密創作者身分；其二係證明營業秘密被侵害之時點；其三係證明何人違法下載；其四則係證明營業秘密原創。

[596] 補充言之，關於區塊鏈與創作存證之相關實務，可以參見中時電子報網站，網頁：https://www.chinatimes.com/newspapers/20191219000359-260210?chdtv (最後瀏覽日：02/29/2020)

[597] 補充言之，關於區塊鏈之數位身分，可以參見 BINANCE–ACADEMY 網站，網頁：https://www.binance.vision/zt/blockchain/blockchain-use-cases-digital-identity (最後瀏覽日：02/29/2020)

改等特性，故若該系爭之營業秘密所有者，係已將伊創作之資訊保留於該鏈上，則伊係即可以留下完整的，而為不可竄改之，以及可以被檢證(稽核)的資訊，遂進而係可以驗證到該創作者之身分，由此亦可顯見到區塊鏈之永久存在及大型去中心化資料庫特點。[598] 簡言之，關於區塊鏈的特性面，伊係能夠證明到該系爭之營業秘密，伊究是於何時間點為完成，這就是由於到區塊鏈時間戳的特性，而吾人須留意，其係有別於以往傳統上之時間戳記，而其係藉由到區塊鏈前揭所多次述及之透明性、不可竄改性，以及去中心化等特性，而按該區塊鏈的技術下，進以可以完整的保護該系爭創作人之諸資訊，此外，吾人若欲從實例以觀，則亦可以參見美國之「blockai」網站[599]，其係提供了運用區塊鏈以來保護該系爭智慧財產權之服務，而查其之運作方式，此則亦可與前述所介紹之對岸區塊鏈平臺之建構面而互相參照，又此部係是由該創作人藉由到伊在該網站為註冊登記後，而前系爭網站則會提供到該創作人之一份「證明文件」，並且透過到該區塊鏈之「透明性」，以及該不可竄改的諸特性，遂以來證明到該使用者伊係確為該創作者，而由上可知，依據該系爭區塊鏈的特徵及優勢面，吾人係可以以之預見到，伊係可望於未來法庭上之攻防面提供幫助，同時我國也可以參考到美國對於該系爭創作者的保護，以及對岸於區塊鏈之研析等，而後將該區塊鏈技術落實於該營業秘密之保護，而嗣在法律面上亦一起與之推動產業界之成長，進以完善該區塊鏈生態系及其與各式智慧財產權之保護與應用，而綜上，完善使用區塊鏈技術，則將能證明到該營業秘密之創作者究為何。[600]

---

[598] 請參高維空間網站，〈在版權保護方面，區塊鏈技術如何運作?〉，網頁：https://reurl.cc/G2qA3 (最後瀏覽日：02/27/2020)

[599] 補充言之，關於 blockai 之相關討論，可以參見科技新報網站，網頁：https://technews.tw/tag/blockai/ (最後瀏覽日：02/29/2020)

[600] 請參資策會科技法律研究所網站，〈區塊鏈技術運用於智財保護〉，網頁：https://reurl.cc/DrMoQ (最後瀏覽日：02/27/2020)

（二）證明營業秘密被侵害之時點

第二個使用區塊鏈保護該營業秘密的優點即是在於所謂的「時(間)點」，吾人可知，藉由到將該系爭營業秘密為上傳入鏈[601]，即係可以知道究何特定時間係為該營業秘密之被侵害之時點，此若欲進步對其實例以觀，則對此係可以參照到「Acronis Notary」所提供之「憑證服務」，若細觀其之憑證則可知，伊係可以將每個「公證面」之檔案與該區塊鏈系統之「紀錄」連接，進以便該各使用者以檢視其之「真實性」，同時該憑證係包含了所有保護該資料所需的「資訊」[602]，亦即，其係可供各方對該憑證進行「檢驗(稽核)」，而此若對之推廣到在該法律訴訟實務上以為之觀察，可知現營業祕密之被侵害者，伊係必須向該系爭法官證明到，該系爭之營業秘密伊是在某個確切日期為存在[603]，後進而以之向該法官說明該營業秘密確係為何時而被侵害，而吾人此際可見，此點透過前述區塊鏈之不可竄改等諸特性，即係可以供該使用者於遇訟爭時提出到究該營業秘密，伊確切的創作「日期」，以及伊確切之被侵害之「時點」究為何，後遂進而能以之而利於伊訴訟中之相關攻防，簡之，妥善使用區塊鏈技術將能證明到該營業祕密被侵害之時點究為何。[604]

（三）證明何人違法下載

第三個使用該區塊鏈之優點即係在於到所謂地「違法下載」之面向，吾人可知，關於究何人係於該特定時間為違法之該下載行為之時，此即係可以透前述過區塊鏈之諸技術進而得知，而對此若需實例以觀，則我們係可以參

---

[601] 補充言之，關於上鏈之相關資訊，可以參見鉅亨網站，網頁：https://news.cnyes.com/news/id/4399795 (最後瀏覽日：02/29/2020)

[602] 補充言之，關於區塊鏈憑證與綠能之結合，可以參見電腦與通訊網站，網頁：https://ictjournal.itri.org.tw/Content/Messagess/contents.aspx?&MmmID=654304432122064271&CatID=654313611331661503&MSID=744065356735474250 (最後瀏覽日：02/29/2020)

[603] 補充言之，關於區塊鏈與演算法之相關資訊，可以參見 iThome 網站，網頁：https://www.ithome.com.tw/voice/129246 (最後瀏覽日：07/0/2019)

[604] 請參 Acronis 網站，〈何謂區塊鏈技術？〉，網頁：https://reurl.cc/znG1p (最後瀏覽日：07/0/2019)

照到前述之中國杭州互聯網法院之著名「杭州案」，在該案中伊係對於該使用區塊鏈技術為存證之於「法律效力」層面中，進以對為之「肯認」之案件[605]，而該案即如前所述即係是與「著作權」相關之侵害面之案件，而細觀伊之原告係透過到該系爭之存證平臺，而能以針對到該系爭侵權行為者，伊所為之違法侵權的「原始碼」，而後係將其下載至所謂「factom」之區塊鏈而和該「比特幣區塊鏈」中，進以為之比對[606]，而在該系爭之杭州互聯網法院再對此案經過到完善之審理後，伊係認為到透過到該區塊鏈之技術，伊係確可以保證該系爭之來源之「真實」層面，且同時伊係可以確保到該系爭資料的「可靠性」層次，換言之，前揭該第三方之存證平臺，其所為之對於伊侵權方之該系爭之網頁，而進以進行到所謂之「下載比對」，即係是可以對於該系爭之數位電子資料，而進行為所謂地「存證之固定」，而最後則係該系爭法院係對之透過到，該技術上之「檢驗」而確認伊們確係屬一致，故嗣對於以該區塊鏈技術而為之系爭「存證」，係確可將之作為該系爭侵權案件認定之證據，簡之，觀察上述中國之杭州互聯網法院一案之脈絡，即係可見該法院係以肯認到該區塊鏈證據於法律上之效力，而此即係區塊數位證據之一大里程碑，而又觀察上述之事實脈絡可知，該區塊鏈與當今科技之幫助等各面，確係可以證明到究何人對之為違法之下載。[607]又此關於杭州互聯網法院一案中之詳細學理上之討論，係可以參見本文第五章之介紹。[608]

（四）證明營業秘密原創

第四個使用該區塊鏈的優點即是可以對之證明到該系爭營業秘密之「原創」，吾人可知，該區塊鏈之所以可以證明該營業秘密的原創性，此係由於

---

[605] 請參杭州互聯網法院 2018 年度浙 0192 民初 81 號判決。

[606] 補充言之，關於 factom 之相關服務，可以參見 factom 網站，網頁：https://www.factom.com/ (最後瀏覽日：02/27/2020)

[607] 請參中時電子報網站，〈陸網路法院 首案例確認區塊鏈存證具法律效力〉，網頁：https://reurl.cc/9mA3v (最後瀏覽日：08/21/2019)

[608] 對此可以參照本文第五章第二節對於區塊鏈具法律操作性之介紹。

到區塊鏈技術之特性，係具有永久且不可竄改之諸特點，由此觀之，區塊鏈對於該系爭營業秘密之創作證明面，係是最完美的保護措施(除非該私鑰為大意丟失)，而此亦即可觀區塊鏈於對岸之發展，即係可知，伊係可以在如前部所述之三方面來為顯著之貢獻，伊們係分別是其一之「確權」層面、其二之「用權」層面，以及最後其三之「維權」層面，細觀伊之實務即係可知而能以這三個層面，而來提升以及保護該系爭營業秘密的效率，又此即係因使用該區塊鏈技術面，即係可以完整的紀錄到，該一個特定作品之完整且完善的諸創作之歷程，查其諸如從伊之「發現」面，再到「完工」面，以及該作品之「移轉」面等各層次間，皆係能為完整保存於該系爭鏈上，是故，由之可見該區塊鏈是可以被吾人信賴，及可以為檢證(稽核)，以及確係屬透明(匿名公開)的最佳保護該營業秘密之方案[609]，現如今，該區塊鏈係已實際的應用在保護營業秘密上，現已係有許多新創公司對之提供了運用到區塊鏈技術以為保護該營業秘密的諸多產品，伊們例如「Colu」[610]、「Monegraph」[611]、「Blockai」[612]以及「原本」[613]等，又觀伊前述之各新創公司間，其原則上(各平臺所為細部措施可能會有諸不同)係透過對該系爭之諸作品，以「登記」該前述系爭之「時間戳記」之方式，以及提供「檢測」之服務，而後查伊們究是否會被其他之諸智慧財產權竊取者，以為之攻擊等相關「驗證」層面之服務，而該使用者們對之除了會收到各相關該平臺之證書外，該類之平臺也係會透過對系爭網路之檢索，進以進行搜尋究是否有對之為相符合的諸作品而欲對為侵權者之何在，伊如若一旦發現到該侵權之行為，則此該類之平臺即會立即地對

---

[609] 補充言之關於確權、用權、以及維權之差異性可以參見保全網-區塊鏈電子數據存證平臺網站之相關介紹，網頁：https://www.baoquan.com/mobile/news/f8QWrx2aQvagC1dUvqRTuB?lang=zh(最後瀏覽日：12/30/2019)

[610] See BRAVE NEWCOIN.,*Colu Partners With Revelator For Blockchain-Based IP Management*，available at:https://bravenewcoin.com/insights/colu-partners-with-revelator-for-blockchain-based-ip-management-system (last visited on: 08/20/2019)

[611] See MONEGRAPH, available at: https://monegraph.com/ (last visited on: 08/20/2019)

[612] See TechCrunch, Blockai uses the blockchain to help artists protect their intellectual property, available at: https://techcrunch.com/2016/03/14/blockai-launch/ (last visited on: 08/20/2019)

[613] 請參原本鏈網站，網頁：https://yuanbenlian.com/ (最後瀏覽日：08/20/2019)

之採取相對之措施，而進以妥善應對該侵權者，而以為之完善保護，綜上，觀察區塊鏈之技術面以及諸多實例面則可見，區塊鏈確實係可以證明到該系爭之營業秘密，伊確係屬原創。[614]

綜上，本章係介紹了關於區塊鏈的緣起、特性、應用以及其對於智慧財產權保護之潛力，並於本章第三節討論了區塊鏈能夠如何保護營業秘密[615]，如能妥善運用區塊鏈之技術，則係可以滿足在營業秘密秘密性之特點下，對於營業秘密之存在進行認證，而由於區塊鏈技術之不可竄改性及時間戳記等特性，如果該企業能夠妥善運用區塊鏈，將能發展有別以往傳統上保護營業秘密之模式，過去保護營業秘密的方式對於現今工業 4.0 時代頗為不足，若果是用傳統保護方式則在面臨法院上舉證層面之要求即係會遭遇障礙，而如果能妥善運用區塊鏈之安全性、不可竄改，以及時間戳記等諸特性，則吾人對於營業秘密的保護將更為完善。[616]

而使用該區塊鏈以保護該系爭之營業秘密，其之優點面除了係方便於法院訴訟上之舉證外，其在營業秘密的管理上亦能有助益，若能妥善使用區塊鏈保護營業秘密，則係可以讓該系爭創作者其對於研發該營業秘密之歷程面，而為完整之記錄，關於究何人參與進其中，何人對之為違法下載各文件，係完全可以在區塊鏈上找到確切之證明，故使用區塊鏈將確能使吾人能對於前述營業秘密舉證之困難，及證明該系爭侵害之不易，找到新的突破方向，是故，現在正是積極思考如何充分運用區塊鏈技術於智慧財產權保護之層面，以及完善營業秘密保護之關鍵時刻，除了知道區塊鏈於營業秘密之保護潛力外，吾人更需積極思索如何完善相關之法律機制，進而確保對於區塊鏈

---

[614] 請參每日頭條網站，〈區塊鏈——智慧財產權保護的利器〉，網頁：https://reurl.cc/eKbGM (最後瀏覽日：08/20/2019)

[615] 請參本章第三節之相關介紹。

[616] 補充言之關於工業 4.0 之演變及相關介紹，可以參見陳政雄、李翔祖(2016)，〈從工業 1.0 談到工業 4.0〉，《中華印刷科技年報》，頁 53。由上述介紹吾人可以得知，隨著科技的不斷快速進步發展，如今社會已從工業 1.0 演化之工業 4.0，對此法律面亦應對之為演變進化，如此方能與時俱進，緣此探討新興之區塊鏈技術能夠如何保護營業秘密，實是對於科技快速進步的當下，必須深入探究的重要問題。

技術之最大限度運用，而在介紹完區塊鏈對於營業秘密保護的潛力之後，本
文第四章將以目前世界於區塊鏈之研究已有成果之各國應用、政策發展[617]、
立法態度，以及相關具代表性之案例作介紹。[618]

---

[617] 補充言之，關於區塊鏈於世界上之監管、政策、以及法規之發展狀況，可以參見,李光斗(2019)，
　　〈區塊鏈面臨的挑戰〉，《區塊鏈財富革命》，頁 250，新北：華夏。

[618] 補充言之本文第四章係為區塊鏈政策及相關案例之介紹，其中遍及歐洲、美洲、亞洲及大洋洲等，
　　涵蓋英國、歐盟、中國以及美國等相關討論。

第四章　各國重要案例及發展介紹

一、英國

　　在細部介紹完本文前三章之所涵蓋之各式基礎概念，如問題意識、營業秘密保護困境，以及區塊鏈技術之突破契機後，本部係將承接前三章所點出的區塊鏈議題，而再對之更進一步地，具體的觀察到現世界各國對於該區塊鏈政策層次之諸研究層面，以及究對之地態度係為何，後期能以之完善地繼承到前部所提之議題而得在實際的層次上進以為觀察，是故，本章係將細部舉例全球各具代表性，以及對於該區塊鏈之研析係處於較領先地位之各國，並欲以之於區塊鏈之發展面向之整體圖像上，能以為較完整之剖悉，而後方係能供我國於之為細部比較及借鏡，由此，首先吾人係可以先觀察到，對於該系爭區塊鏈之研究及政策之導向中，已係對之多有所探究之英國，而吾人對此即係可查，該英國之司法部係已對之指出道，前述該系爭之區塊鏈技術，伊係確可以應用在於所謂之「稽查」，而於伊各式各樣的諸系爭「數位犯罪證據」之中，而又觀此 Davidson 在其於該系爭於區塊鏈之應用地一文中，係已於之點出到了，現目前英國在關於伊之刑事訴訟之層面上，就該系爭對之為「有效」且「正確」的系爭「紀錄」，而嗣進以之能作為對該系爭案件之相關證據，伊是係屬非常之重要且係為關鍵的，且同時若觀察到該當地之司法單位之態度，吾人即係可知，伊亦極係對之希望能夠進一步地運用到該系爭之區塊鏈系統，進以能來確實地證明各該系爭相關案件之中，究該系爭證據的所謂「真實性」層次，而若觀此處而需要再為補充，則吾人係可見除英國已係察覺到該區塊鏈之技術，伊於該系爭證據相關諸應用方向之重要性

外，我國調查局亦已對之建置到相關地運用該區塊鏈技術，伊其之所謂地雲端數位「證物鏈」，而若由此部以觀，則吾人即係可見該區塊鏈伊於該系爭證據保護之方向，確已係屬於全球之趨勢，而此部換言之，該系爭之區塊鏈伊於該證據面向之各應用，伊在為藉助到本文第三章所曾討論之諸用例，則係可見，伊確係是在前揭其之真實性層面上為之功用之顯著，而即確係可對之在法律面上以發揮到較明顯之效用。[619] 由上吾人亦係可知，在當今各式資訊係已大量地透過前揭該系爭(互聯)網路進以為傳輸的情況下，前述所謂地「數位證據」之地位，以及對之地相關各部應用即係愈發顯地更加地重要，而目前由於到所謂「高階影像編輯軟體」的出現，伊於之大量為偽造的各式影像，以及各面之影片等係已於之極迅速且大數量地出現，而此處若以現 2020 之觀點為查，則係可見，按人工智慧等各式科技之急速地發展之下，如今已有諸如所謂之「DeepFake」地概念出現，而觀伊之特性吾人可知，伊即係可以對該網路上各式影片之該系爭各人物地「面容」，而為所謂之「換臉」動作，而由此亦係可顯見到，於未來之各式流通之訊息或係諸影片等，於伊們之真實性層次上，則即可能係在該科技發展下而繼續地遭受各式困難與挑戰，此亦即，究竟該訊息為真或屬假，在現科技之進步下該等邊界已係逐漸係難以為常人所區分之，此亦可謂該假訊息係可能由之而以成為真訊息，而該真訊息則即係湮沒於前述各式之假訊息之中，緣此，究如何能夠確保該系爭之證據伊來源之「正確性」，以及究該系爭之「完整性」之部分，此即係有賴該區塊鏈體系於之地幫助[620]，而又前述英國司法部對此揭趨勢亦係已提出到了以下的該系爭之解決方案，其係認為到於未來伊係可以要求到該各該相關之司法單位，伊們係可建置採行到所謂地「雲端儲存資訊」之系統，而

619　請參區塊客網站，〈英國司法部：區塊鏈技術可助政府保護及稽查數位證據〉，網頁：https://reurl.cc/7zvLy (最後瀏覽日：08/18/2019)

620　請參 Technews 科技新報網站，〈擔心被 AI 換臉技術禍害？Deepfake 糾察隊正在趕來〉，網頁：https://technews.tw/2019/08/06/diss-deepfake-team-are-forming/ (最後瀏覽日：08/18/2019) 其指出目前除了數位照片可能被偽造之外，所謂 deepfake 之技術可以將影片中系爭人物之臉譜置換，進而導致社會對於系爭影片其公信力以及系爭人物之信賴之衝擊。

據之嗣後再將該系爭諸案件伊之每段系爭地影像，其們之該系爭「hash 值(哈希值)」等，進以為之上傳而「入鏈」，又此部之技術流程亦係可參前述第三章之諸相關介紹，其後若果伊於未來該法庭其係確需要對之為驗證(稽核)，究儲存於上之該系爭之各式證據，則伊即係可以按前揭所曾述及之所謂地「密碼學」之各方式，進以對其為之「解密(碼)」，而後伊遂進得方以之證明到該系爭之諸影片，或係該各系爭之影像等，伊們確係並無經過任何人為之方式，進以對為各修改(竄改)動作，而此時吾人若係要對之為進步之比較觀察，則係可見伊之概念係與中國現運行之所謂「天平鏈體系」，具有到諸多可互相借鑒之處，而據查，該天平鏈之系統即係透過前述之區塊鏈技術，嗣以伊之為諸證據而後係可供該互聯網法院之體系得進以為之審理，此換言之，該天平鏈系統即係可將各於該區塊鏈之證據，以之建立於司法上之系爭證據平臺，而利該系爭法院於伊之審理層面，能進而以之確立到其係確未遭人為之變造或係為之竄改，遂係能提升到該法院之審理面效率，以及伊對其之真實性等相關疑義處之解決之各面層次，而究對該天平鏈之細部介紹，則係可見本部後段之討論。[621]

　　又查英國之政經地位而於地球村視野以觀，則吾人即係可知，英國係為全球之金融交易面向之超級大國，而觀該國於之發展之策略層面，即係可見到，伊亦係特別地著重對該區塊鏈技術於伊金融業之發展方向，且同時伊亦係對該區塊鏈之技術，伊究能如何地具體協助其之政府面於伊之治理方向，而嗣已多有所對之以為之探究，吾人此若為進步地細觀其之政策面之諸特點，則即可見到，伊係已為領先世界諸國而發布到伊究該區塊鏈政策面之該系爭「白皮書」，而伊即係自距今 5 年之 2015 年已開始著手，此就該英國對於伊區塊鏈政策之具體施政面層次上，吾人可以具焦對之參見到該系爭之「FinTech Futures: The UK as World Leader in Financial Technologies」[622]，此若

---

[621]　參見區塊客，前揭註 619。

[622]　請參 TECH NATION 網站，〈FinTech Futures: UK as World Leader in Financial Technologies〉，網頁：https://technation.io/news/fintech-futures/ (最後瀏覽日：08/18/2019) 而關於英國政府由科學辦公室所發布之「FinTech Futures: UK as World Leader in Financial Technologies」白皮書，電子檔請

再進一步地分析與觀察該白皮書之內容,則即係可知,該區塊鏈政策白皮書主要係針對該政府於之治理面向提供到了具體各式方向之建議,整理可見伊係為兩大主要之面向,其一係建議該英國政府伊對於其系爭金融業之轉型策略上,係可以藉由到重點觀察及細部地研究該「區塊鏈技術」以及所謂地「虛擬貨幣」[623],此部若需補充言之,則亦可見此前所述之區塊鏈 1.0 比特幣、區塊鏈 2.0 以太坊,以及現區塊鏈 3.0 之虛實整合;而其二則係應著手建置該所謂之「監理沙盒」之制度,而後方得用以培育到諸創新之「金融科技」,而此部若以現 2020 年之視角以為之觀察,則即可知,我國亦已對於該監理沙盒觀念為之引進,且同時我國亦著手由央行對現所謂地 CBDC 為之研究,又亦已為區塊鏈產業大聯盟之建立,此換言之我國對於世界之發展亦已有所因應,然於實際面之層次則尚須指出到,究該區塊鏈之證據面及於法制面之分析及諸學理對之地討論等,則仍然實似不及中國及美國,以及世界各國及各區塊鏈研究組織之蓬勃,是故於此部則係需待時日而繼續努力為推動及觀察,此方係屬能在工業 4.0 時代下繼續進步之作法。[624]

　　若吾人此再將視角拉回英國於之區塊鏈地研析層面中,則即係可知,英國對於該區塊鏈政策之面向是有循序之目標以及脈絡的,此部亦係可參見到伊該系爭之「Distributed Ledger Technology: Beyond Blockchain」[625],而細觀該白皮書之重要性即係是在於到,其係屬領先全球之地位而係由伊國家級別而為之研究,而究對於該區塊鏈之發展性層面,進而為之於所謂地「綜合性地評鑑」,又查其之內容即係對之指出到,觀該區塊鏈系統於該伊政府之治理面之諸潛力,係為藉由到其於之技術面上之各式特性之助益而為,又其於之具體上之效果即係為,查該區塊鏈技術伊確係能夠降低到伊政府面之各式

參: https://reurl.cc/42Axv (最後瀏覽日:08/18/2019)

[623] 補充言之關於英國對於加密貨幣之監管及政策,可以參見李光斗,前揭註 617,頁 253。

[624] 國發會綜合規劃處(2018),〈區塊鏈國際趨勢〉,《臺灣經濟論衡》,16 卷 3 期,頁 99。

[625] 請參英國政府科學辦公室網站,網頁:https://www.gov.uk/government/organisations/government-office-for-science (最後瀏覽日:08/18/2019) 而其所發布之「Distributed Ledger Technology: Beyond Blockchain」白皮書之電子檔請參:https://reurl.cc/506jV (最後瀏覽日:08/18/2019)

難題，諸如其一之「人為之操作失誤」、其二之「系統詐欺」，以及其三之「貪汙犯罪」等各面問題，此換言之，該區塊鏈技術即係能夠突破以往人為面之諸限制，同時吾人亦係可期能以之促進到該政府面，為之「加速」伊之組織行政面，於其之效率面上層次，並且可見到伊係確可提供該系爭政府，於之建立到與伊人民間之「信賴關係」，而此即係藉由到該區塊鏈系統前述之諸特點，伊諸如透明性以及安全性等，同時又該區塊鏈技術亦係將能在伊所謂地「資料共用面」上，確實地協助伊人民與其政府間之「合作關係」，而觀此點即可進步言之，此係亦能將之於前述中國對於該區塊鏈之發展以為同步地觀察，同時前部亦係已指出到按區塊鏈技術面之諸式發展，則吾人即係可見該全新社會運轉之模式之再建構，同時亦按區塊鏈技術之各運用，伊亦係可加強到前揭所謂全民參與之系爭平權化監督模式之建立，此亦即，伊係亦能確實提高到民眾與伊政府間之互信面基礎，基此，綜上即係可知究為何全球對於區塊鏈之高度重視，以及該區塊鏈之趨勢面及應用面係屬是為全球性的。[626]

　　此外補充而言到，該英國政府其所建置之所謂地系爭「金融監理沙盒制度」，伊已係於距今 4 年前之 2016 年 4 月為啟動，而觀該機制之特點面，伊除了其係屬領先全球地概念之設計(模式)外，該制度係確能夠建置到係屬安全，且可供該政府為控管該系爭諸風險之妥善環境，此換言之，透過該沙盒制度則伊係確能以之供該區塊鏈生態系之產業，伊們進以為之健全地發展，而又截至 2018 年為觀察該制度之具體實施面狀況，則即可知，伊已係具 29 間系爭企業體係通過到伊前述之審核，而查伊驚人之點係在其中竟係具高達 4 成以上，是與該區塊鏈之技術有關，而觀其之應用層面則係已涵蓋到，如前揭第三章曾述之諸如其一之「保險」面、其二之「股權」面，以及甚至其三之「債券」面等各式之面向，而此就伊產業之蓬勃態勢以觀，吾人即係可知，究伊於實務之發展與實績，其實確係值得我國為繼續觀察與學習之。[627]

---

[626]　請參國發會綜合規劃處，前揭註 624，頁 99。

[627]　請參國發會綜合規劃處，前揭註 624，頁 99。

二、歐盟

　　第二個值得我們為觀察的則係是歐盟，吾人可知，歐盟之於全球係屬極大之經濟體，而其內所涵蓋之各國對於該區塊鏈系統亦屬極為之重視，由此則亦係可查區塊鏈技術之全球化特性，以及現如今對於該區塊鏈之諸式研究，伊們即係可謂已如世界競賽，此外，據查於歐洲區域上之共達 105 間之各企業體，其們擁有到前揭所謂之該系爭「分散式帳本技術」，伊諸如區塊鏈技術之各式公司，已確係於距今 1 年前之 2019 年 4 月，而為共同地加入到該系爭之「國際共信區塊鏈應用協會(INATBA)」，而此若觀該協會之宗旨即係可見，伊係希望能確實地利用到前述該系爭之區塊鏈技術，而進以之來創造較美好的「社會環境」[628]，而若細觀該「INATBA」的倡議之溯源，則可知伊即係是來自於此部所談之歐洲，伊域內之該系爭「歐洲區塊鏈產業圓桌會議」，查目前觀伊現所參與的各主要之企業體間，伊們所涉之種類甚廣，而係已包含到如英國的「巴克萊銀行」[629]以及「巴黎萊雅」[630]等，又查該 INATBA 現之主要目標地層面之上，即係是欲推廣到伊所謂地「區塊鏈全球治理模式」，並可見伊係欲使得該區塊鏈技術，而得以讓該各系爭產品間的諸式生產之過程中，以及就伊所供之各服務間能進以為之更加地可信，而後遂進而得以之具體地對之而創造到全新的「商業模式」，而此部若究該區塊鏈之全球治理模式為觀，則吾人即係可知，伊亦可再次地驗證到前述之該區塊鏈技術，伊確係正在構建到全新社會運轉核心之論點，而又正係由於到該區塊鏈技術伊所具之前述第三章之各式特點，現已係可見伊於全球之蓬發態勢，而嗣係將於如今區塊鏈 3.0 之階段中，繼續為之穩步地發展，又同時該 INATBA

---

[628]　請參 INATBA 網站，網頁：https://inatba.org/ (最後瀏覽日：08/18/2019) 補充言之 INATBA 其全名為「the International Association for Trusted Blockchain Applications」，其注重區塊鏈之管制面以及政策面，同時其欲推廣區塊鏈技術及欲使區塊鏈技術能進步至下一階段。

[629]　請參巴克萊銀行網站，網頁：https://www.barclays.co.uk/ (最後瀏覽日：08/18/2019)

[630]　請參巴黎萊雅網站，網頁：https://www.lorealparisusa.com/ (最後瀏覽日：08/18/2019)

現也係已獲得到許多國際組織於之的大力支持及推動，基此，綜上吾人即係可見未來確係可期該系爭區塊鏈之技術層次，伊係確將能成為到推動地球村之經濟面發展上，該系爭地重要動能。[631]

此時吾人若將視點再聚焦於歐盟，則即係可知，按歐盟最新地對於該區塊鏈之研究報告係可見，究該區塊鏈於之所謂地「落地方案」，伊可能係須採該系爭之「許可制區塊鏈」模式，而觀此由「Consensys AG」[632]所研究而由前述該系爭歐盟區塊鏈小組，伊所發布之該系爭「區塊鏈的可擴展性、互通性、可持續性」報告之中[633]，其係對之指出到究前述之所謂地許可制區塊鏈，觀其之特點而相較於該「公有制區塊鏈」則係可見知，其係確較能對於該系爭諸用戶之間，伊們於各系爭場景面於之地運用層面上，而為之更加地靈活且為自由，而又歐盟對於該區塊鏈之研究係亦對之於指出到，若此係採行到前述之該許可制之區塊鏈，則查其係確將能為創新到現有之該系爭「互聯網系統」，而後遂進而能以之實際地提升到該歐盟之經濟體層次，而就伊之整體經濟面上之各式動能。[634]惟吾人此部亦不能對之太過地高興，此即係因該報告同時間亦係指出到了，觀該許可制之區塊鏈之特性面，伊目前仍係具有於實務面上之各式問題，而係必須立即為解決之，此若需舉例而言道，則伊究係應如何得於該系爭鏈上，以為處理伊規模較為龐大之於該系爭區塊鏈上之各式交易，或是伊究應如何能於各該不同之區塊鏈系統間，伊們以為之妥善資訊面之交流，以及為交換等諸多面向，同時該報告亦係對之明言道，查該系爭區塊鏈之技術，伊若究要能為之較穩健地進以為之發展，則其係必須

---

[631] 請參 CSRone 永續報告平臺，〈歐盟和 105 個機構倡議區塊鏈 加速實現 SDGs！〉，網站：https://reurl.cc/QKkxq (最後瀏覽日：08/13/2019)

[632] 請參 CONSENSYS 網站，網頁：https://consensys.net/about/ (最後瀏覽日：08/18/2019)

[633] 請參 EU Blockchain Observatory and Forum 網站，網頁：https://www.eublockchainforum.eu/about (最後瀏覽日：08/18/2019) 而其所發布之「SCALABILITY INTEROPERABILITY AND SUSTAINABILITY OF BLOCKCHAINS」報告，電子檔請參：https://reurl.cc/EOEK0 (最後瀏覽日：08/18/2019)

[634] 請參動區 BLOCKTEMPO 網站，〈歐盟最新報告指出：區塊鏈落地應用將會由「許可制區塊鏈」領頭〉，網頁：https://www.blocktempo.com/eu-report-blockchain-adoption-will-be-led-by-permissioned-platforms/ (最後瀏覽日：08/13/2019)

可以達成到，伊係能於該各式不同之區塊鏈中，能進行到對之各式數據得以之為「交換」之層次，以及對伊能於該各不同區塊鏈中之各交易行為面，伊們之所謂系爭「通行」等，此換言之，究對於伊跨鏈之間的互動究如何能為更加地效率以及可行，則係是伊必須於之為較妥善處理之主要議題，唯有如此方能係使該部系爭之效益，得以為達到該「最大化」。[635]由上若係需進步舉例而言，則吾人係可以觀察到，究有關如該系爭「房產業」面向之區塊鏈，政府係必須對之為研究的即是，伊應能使其得能與該系爭之「建築業」間，或於之如該「營造業」間等，伊們之各區塊鏈間而得進行到於各該系爭於鏈上之各式地交易，又或是對於該系爭之「保險業」面向之區塊鏈，伊此前同步之觀念可知，該政府係應係使伊能得與該「醫療業」面向之區塊鏈間，而進行到對該系爭之諸資訊溝通等面之完善，又此部若以現 2020 年之視角為觀察，則就中國司法區塊鏈之運行以及該天平鏈之實務以為對照，則可見，其之作法是將其內各式節點之效力而為之區分，諸如伊公證處或是該法院或其他之各式節點等，而後按其強度之不同而為整體體系之不同設計，而該各節點對之可掌握的功能亦分別定有相關之規範，此換言之其在各節點之技術面及管理面亦係已有制定到各式細部之規定，又查其之天平鏈運作上亦已為成效頗豐，是故，由上之脈絡實亦可顯見該區塊鏈之功效即係非屬一般。[636]最後，吾人若再將視點聚焦於前述之報告，即係可知該系爭報告亦係已指出到，究如何能打造到較成功之區塊鏈，其係必須包含到該四大主要地面向，伊們分別是其一之所謂地「願景清晰化」、其二之系爭「技術必要性之確認」、其三之所謂「完善政府治理監督機制」，以及最後其四之系爭「各節點技術知識完備」等，此部區塊鏈之關鍵各點若吾人欲為之比較，則亦可同步觀察到我國區塊鏈產業大聯盟之相關設置概況，又同時該系爭報告亦係有建議，歐盟現亦係應持續地對於該區塊鏈之技術，以及就伊之發展面提供到相關之

---

[635] 參見 EU Blockchain Observatory and Forum，前揭註 633。同時請參見 636 參見動區 BLOCKTEMPO，前揭註 634。

[636] 參見動區 BLOCKTEMPO，前揭註 634。

支持，並應建構到除了理論以及該各應用架構之外，對於伊究如何為治理該系爭區塊鏈技術，進行到較細部地探討與之重視，此換言之，該系爭報告係已全面地對於歐盟究如何應對工業 4.0 之區塊鏈浪潮，具體地點出了一條較可行之路徑，而由此部吾人亦係可見，歐盟對於區塊鏈之著重與重視。[637]

　　若此部需對之補充更多具體地實例，則吾人係可將視角聚焦到愛沙尼亞，而據知，伊係已於距今 16 年之 2004 年加入到歐盟，而查該國之地理係為該系爭波羅的海之三個超小型國家之中，伊人口數量最少，且同時間伊面積亦係屬最小的國家，又在此處須特別指出的是，究為何此部係特別將該愛沙尼亞突出地而為之介紹，亦即，伊究值得我國於之借鑑參考之處等，此即係在於到，其係在全球之諸政府中，伊除係在該系爭「數位電子化治理」之整合性屬最為完備之外，同時伊也是最多應用到該系爭區塊鏈技術之國家[638]，基此，鑑於其於發展系爭區塊鏈系統之實績，伊實確具有我國進以為之借鑒之必要，又細觀其國家之發展策略則即可知，伊確係極重視該政府內諸系統於之地數位電子化層面，以及對之於該數位科技上之經濟面發展，此換言之，現如今查其係已成功地由伊早期係屬地所謂「蘇聯之計畫型經濟體制」，而嗣轉型為現所謂地「數位型政府」，又觀就該數位治理面向而言，此亦為我國所欲邁向之目標，是故基此亦可見究參酌伊為比較之益處。[639]而就伊為上述數位化之過程面，即係可將之於前述我國之數位發展脈絡為分析比較，又細觀該該愛沙尼亞其之數位化發展之沿革係可知，伊係可從三大主要地面向為之研析，而其一則係該愛沙尼亞已早係於距今 20 年前之 2001 年，建立了伊所謂地該系爭「X-road」系統[640]，若細查該系統之特點層面則即可見，

[637] 參見動區 BLOCKTEMPO，前揭註 634。

[638] 請參外交部網站，網頁：https://reurl.cc/oOWdj (最後瀏覽日：08/13/2019) 外交部指出，愛沙尼亞共和國其首都為塔林，其人口數約為 130 萬，幣制係採歐元，而其國土面積為 45227 平方公里。補充言之其於 1991 年 9 月 17 日加入聯合國，而其語言則係愛沙尼亞語，其屬烏拉爾語系而接近芬蘭語。

[639] 參見國發會綜合規劃處，前揭註 624，頁 97。

[640] 請參 e-estonia 網站，網頁：https://e-estonia.com/solutions/interoperability-services/x-road/ (最後瀏覽日：08/13/2019)

伊係能將該各政府之各機關局處之間，伊們之諸系爭資料庫而進為之整合，而其之地位係在當時間屬最為先進之該系爭「人民資料庫系統」；其二則係可觀伊於距今約 18 年前之 2002 年時，該愛沙尼亞政府則係於之發行到該系爭之「晶片身分證」，伊則能基此係使其之諸人民，其們能夠較為有效地利用該政府之各式資料庫，又若觀此須為比較，則亦可觀察現全球所謂數位身分證技術的諸式討論；其三則係吾人須較為注意的，該國政府已係於距今 13 年前之 2007 年，即就開始使用到該系爭之區塊鏈技術，而後係將其於之伊原有地所謂該「電子簽章系統」，以之而進行到全方位升級，又此部關該區塊鏈與伊電子前章技術之討論，亦可參嗣後第五章之細部介紹，又同時前述伊係已利用到該區塊鏈技術，而查伊確能以之強化到該政府之「資訊安全控管」層面，而嗣藉由到該上述各系統之建置完備，該愛沙尼亞現亦已於之成為到全球之於伊區塊鏈發展面上之領先集團，其已係運用該區塊鏈技術而提供到伊政府之治理面向，其之許多係數較先進化地諸服務，若需舉例而言，則伊係包含到如其一之「電子健康管理」、其二之「電子教育」，以及其三之「電子內閣」等，而由此揭亦可顯見到，伊究對於區塊鏈於數位化之治理，或稱該區塊鏈思維而於該具體政策面之導入上，其係確能夠建立到較為高效率以及改善到諸如前述歐盟與英國等部中，所曾點出到的究該行政面等之處理之速率。[641]

　　又觀近期愛沙尼亞之發展，吾人係可參其於距今 6 年之 2014 年時，伊領先全球而所推出之所謂地該系爭「數位公民政策」，若觀該政策之主要策略則可見，伊係為先藉其係使用到該系爭數位電子身分證面之發行，而後進以之吸引到該於網際網路之線上，於之地各系爭之諸移民，又查該策略實係旨在發展到對於該愛沙尼亞之「投資面」，以及對於伊之「勞動力」而以為之補充，又該策略係著重於係欲得使將該科技面之發展與伊產業上之創新，就伊們之連結層次中而進以為之所謂「加固」，又我國亦係對於到該數位政策面十分地重視，而觀上述該愛沙尼亞自距今 13 年前之 2007 年採用到該系爭

---

[641]　參見國發會綜合規劃處，前揭註 624，頁 97-98。

區塊鏈技術以來，其於之政府行政面之諸運行亦係屬功效顯著，然對之較為可惜的是，我國對於該區塊鏈於諸如行政面、司法面，以及推廣至各法律應用面間，雖已係有逐漸地對之討論及實施，伊諸如司法院所建置的區塊鏈平臺等相關之系統，然觀此前愛沙尼亞及英國，以及歐盟等對之的發展與伊之應用面效率，則實似可見吾人仍係屬稍為之緩慢，而似須加緊趕上之。[642] 又該前述各具有到伊所謂「數位公民」之身分者，查其之優勢即知，其即係得享有到於該愛沙尼亞之諸系爭銀行間，進以為其一之「開戶」、其二之「支付」，或係為其三之「轉帳」等諸權利，又同時間伊們亦係可為之「簽署」到具有該「法律效力」之「文件」，且亦能對為之「繳稅」，以及亦得於各該系爭諸交易行為中，得享有到伊該歐盟相關之諸「優惠待遇」等各式權利，而此若需對之補充而言到，吾人即可觀該愛沙尼亞於推行伊各系爭政策之策略之時，伊係對之具有到該相關完善之配套及後續規劃，同時由之亦可觀伊確係對於該數位政策之極為重視，以及伊對於該區塊鏈思惟之融入層面，吾人可知，按區塊鏈於前部所揭之諸式特性，以及該愛沙尼亞已自 13 年前即引入該區塊鏈系統，進以為該政府治理面之層次，即可觀其現已係妥善的運用到該區塊鏈之不可竄改、安全性，以及去中心化等，將之納入於伊治理面之具體幫助，而此點即可確係供我國以為之借鏡。[643] 同時進步言之，吾人亦可參見愛沙尼亞更係已於距今 3 年之 2017 年，已設立到全球首座之所謂地「數位大使館」，而查其係透過到與該系爭之「盧森堡」而進以為之系爭協議，又觀其於海外所設立之該大使館之效用層次，吾人可知，伊即係能將該內國之諸如其一之「財政面向」、其二之「地籍文件」，以及其三之「保險資訊」等，伊們諸重要資料間以進行該所謂地「備份」，而得進以備如國家不幸遭遇危難之時，能藉由該前述之數位大使館，而以為該內國之重大關鍵資料之提供，後藉該系爭所儲之諸式資訊，嗣進而得以之確保到該國家仍能為正常

---

[642]　參見國發會綜合規劃處，前揭註 624，頁 98。補充言之關於愛沙尼亞對於區塊鏈、加密貨幣以及數位公民之相關介紹，可以參見李光斗，前揭註 617，頁 255。

[643]　參見國發會綜合規劃處，前揭註 624，頁 98。

地運行之，而由此部則係可補充而言到，若吾人觀察前揭第三章之描述，即係可知，按區塊鏈技術之系爭分散式特性，伊係可使該系爭資訊而為完善之保存，此處縱使其一節點已為之損壞，其餘之各節點間亦係保有到該完整之資訊，此換言之即，該區塊鏈實係可以於對該系爭資訊之保存面，具體地提供到助益。[644] 又由上諸補充即可知，該愛沙尼亞對於應用該工業 4.0 之重點區塊鏈，而於伊政府治理面係已具有到國家層級之重視與研析，同時藉由系爭愛沙尼亞之實務，吾人亦係可進一步確認到其對區塊鏈技術之研究與實績，係確是深值得我國為之重視與發展的。[645]

三、美國[646]

第三個要討論的即是美國，而伊對於該區塊鏈之發展亦係多有所著墨，吾人係可以參見到其由伊多個政府部門之間，對於該區塊鏈系統之研究，以及已為各式之試點之項目，且其係除在距今 2 年之 2018 年時，就該美國聯邦政府及伊各地之州政府間，伊們對於前述各系爭之區塊鏈技術，已即係對之有為相關之立法外，同時吾人亦係可參見到該美國政府之各部會間，諸如伊之「國會」與該系爭之「國家標準技術研究會」等，其們係已曾發布到各式研究，如其一之「區塊鏈和政府應用中的適用性」、其二之「區塊鏈技術概述」，以及其三之「區塊鏈：背景和政策問題」等諸多相關報告，而由上所述，吾人即可概見美國對於該系爭區塊鏈技術之重視以及所已為之研析，又此部亦係可顯見美國政府對於該區塊鏈系統，已確係有對之初步地發展策略，以及與之相關監管之具體地方向，基此，若需再進步言之，則吾人係可

觀伊佛蒙特州對該區塊鏈證據面之肯認，且伊已係有對之為相關的法庭適用上之諸規則，又此部亦可觀伊與中國之區塊鏈證據於其司法面之實務，若需對之為較細部比較層面分析，則係可參嗣第五章之相關介紹。[647]

又目前美國對於該系爭區塊鏈伊於其法律面之發展，吾人係可以先以之參見到該國各州政府之間，伊們對於該區塊鏈之合法性地位之態度層次，據查，除伊各州係已進行蓬勃對之為立法面之肯認外，伊各州亦係對該區塊鏈之發展面而為積極地投入之，而於之若梳理現如今美國對之地立法現況，則吾人即係可知，伊係共計已達 12 州而對於該區塊鏈之技術面，已為該相關之諸多立法，並伊們已係嘗試利用到該區塊鏈之技術，而進以之解決到各式如下所列之諸法律問題，此若需加以之為綜整，則可見伊具體上係可分為四大主要地面向[648]，伊們分別係如第一大面向之「承認」該系爭之區塊鏈，就其之「數位電子記錄」伊於之該「合法性地位」[649]，並係可將該系爭之區塊鏈之紀錄，嗣進用於如該第一項之「契約面」、第二項之「紀錄面」，以及最後第三項之「簽名面」等，而觀此部為伊立法之承認之各州，則係計有如其一之「亞歷桑納州」、其二之「俄亥俄州」、其三之「伊利諾州」，以及其五之「內華達州」等；第二大面向則係對於該系爭之區塊鏈技術，於伊之為所謂地「稅負禁止」，或係對其施以到如採該系爭之「許可證」，等之該「限制手段」等面，又此觀伊目前之各州間，則係有如其一之「內華達州」，以及其二之「伊利諾州」等，已為相關之諸立法；第三大面向則係允許到該「私部門」間利用到伊區塊鏈之技術，而以為如第一項「股票發行」，以及第二項「紀錄」該諸系爭交易等各面，此部則係計有如其一之「德拉瓦州」，以及其二之「加州」等；最後第四大面向則係已為立法肯認到該政府之各相關部門間，伊們確能夠使用到該區塊鏈技術進而為伊之治理層次，此部則係諸

---

[647]　楊筱敏、倫一(2019)，〈美國區塊鏈技術監管和立法進展及思考〉，刊載於 CAICT 中國信通院網站：http://www.caict.ac.cn/kxyj/caictgd/201904/t20190401_197096.htm (最後瀏覽日：08/013/2019)

[648]　參見楊筱敏、倫一，前揭註 647。

[649]　補充言之，關於區塊鏈證據規則具相關立法之州，可以參見佛蒙特州證據規則第 902 條，以及佛蒙特州法第 1913 條之相關規定。

如該「科羅拉多州」，伊係已建議到其確係可以使用該系爭區塊鏈系統，而進以之運用於於該所謂「商業紀錄」之層次，以及於該政府各機構間而以為之「資訊交流」等。[650]

而從上述美國對於該區塊鏈之相關立法、政策，及諸研究等，吾人係可得見如下列之諸啟發[651]，而此部伊係可以從三大方向進以為之類型化[652]，第一大方向則係就國家對於該系爭之區塊鏈技術，伊實係必須對其所可能產生之諸式法律議題間，而進以為所謂地預作研究及因應之，此則係例如到對該區塊鏈於其一之「定義面」、其二之「特性面」、其三之「應用面」，以及甚至其四之「風險面」等之各式層次，皆係須為深入探究之，並在已為到對伊就該適當其五之「學術面」，以及其六之「技術面」之分析後，進而對該區塊鏈之各相關概念，得以之如該管制問題等，進行到該系爭於伊其七之「基礎面」之建立，後進方得以之創建到適合該區塊鏈技術為發展之環境[653]，又此若需對為比較觀察，則可參對岸已係制定如區塊鏈信息服務管理規定，於伊之定義、管理，以及罰則等皆已有具體規範，此亦可為吾人藉鑑；第二大方向則係在該區塊鏈系統之蓬勃發展下，該系爭政府伊係必須以較冷靜且極理性的態度，「審慎客觀」的對於該區塊鏈之政策做出到較妥適的政策面規劃，後進以能避免到諸系爭企業體以及社會之各面，伊們對於該區塊鏈技術而嗣為之地，諸如該系爭之所謂盲目地投資等各行為，抑或係為濫用到該區塊鏈技術而進以為之諸不法之態樣，所可能產生到之各面情事，此若需舉例而言，則即例如到現 2020 年時常所耳聞之不肖虛擬貨幣投資詐騙，又此部若需進步言之，此即更能觀究參前部對於該愛沙尼亞自 2013 年所導入到之區塊鏈系統，而進於伊數位治理之完善進步之方向必要，而此即係可藉對區塊鏈

[650] 參見楊筱敏、倫一，前揭註 647。

[651] 補充言之，關於美國區塊鏈產業之綜覽，可以參見動區 BLOCKTEMPO 網站，〈投資人必讀｜你不可不知的「美國加密貨幣、區塊鏈產業」生態總覽〉，網頁：https://www.blocktempo.com/the-united-states-of-crypto/（最後瀏覽日：02/027/2020）

[652] 參見楊筱敏、倫一，前揭註 647。

[653] 補充言之，關於區塊鏈發展面之相關討論，可以參見工研院產業科技發展所網站，網頁：https://reurl.cc/nVQAme （最後瀏覽日：02/027/2020）

之先為較完善之認識，而後避免如上述之濫用區塊鏈之狀況之產生，遂係可以為我國發展數位政策之借鏡；其三係雖然該區塊鏈系統，伊係實具有到於技術面上之高度安全性及可信性，然對於該區塊鏈伊所可能涉及到之資訊安全等方面，就渠等之風險層面實仍應加強對之地評估以及研究，後進以能利該政府進得以為之完善治理，而嗣方能較妥善地與該科技之進步相結合之，此若需補充言之，吾人即係可見前部所述地所謂「綜合性評鑑」之觀念，伊則係需對之為全方位的分析與探討。[654]而由上吾人即係可知，若我國係欲完善到對該系爭區塊鏈之治理機制等諸層面，參見到如上對於美國於區塊鏈之實務發展，以及究該相關立法之諸措施，則伊實係可以供吾人參酌到其對於該區塊鏈於其一之「安全面」之評估、其二「法律面」之制定，以及伊於其三「產業面」之諸具體應用，而綜合地進以為之相關借鑑。[655]

四、澳洲

　　第四個要探討的對象則係澳洲，而吾人可知，澳洲政府對於該區塊鏈系統之研析，已係建置到處國家級地位之發展計畫及於之地該系爭發展路線之圖示，而該國政府係甚至對於到伊諸區塊鏈公司間，提供到達近 10 萬澳幣，折合約 200 萬元臺幣之金額，進以利其能穩健發展該區塊鏈技術，亦與之能參與到世界各相關之區塊鏈諸會議，又伊政府係已指出到，就該區塊鏈政策發展之主要目標，即係為欲使該澳洲之區塊鏈諸產業間，係能為穩居於到全球對該區塊鏈之較前沿之領導性地位，而又吾人若細觀前述該政策圖示則即係可知，查伊之內容將係涵蓋到對該區塊鏈於之地其一之「監管面」、其二之「技術面」、其三之「投資面」，甚至最後其四之「技術面」建置等，於之為較整體圖像之較全面地發展，而此又觀究前揭該澳州政府提供伊各系爭

---

[654] 參見楊筱敏、倫一，前揭註 647。

[655] 補充言之本文對於我國區塊鏈立法之相關建議，可以參見本文第肆章之結論與建議。

企業體間，達 10 萬澳幣 200 萬元之原因，則即係因於資助該創設於澳洲之區塊鏈公司，而能得以之與該澳洲政府之投資處於伊之各代表團間，方得參與到舉辦在較遙遠美國之所謂地「區塊鏈共識大會」，同時又關於澳洲對於該區塊鏈之發展，吾人亦係可細部參見到，該國政府亦已係向該系爭之「數碼轉型辦公室」，伊提供到達約 70 萬澳元，折合約 1400 萬元臺幣，進以供其為研究該區塊鏈技術，伊於其之政府界之可能地諸式應用，此外其亦向伊所謂地系爭之「Standards Australia」[656]，亦提供達 35 萬澳幣，折合約 700 萬元臺幣，而遂以利其能穩妥發展到關於該區塊鏈之諸式「標準」之層面，綜之，吾人由上係可見該澳洲對於伊產業於區塊鏈研究之補助，以及伊對於扶植其內區塊鏈體系之成長，已係具有到相關之規劃及藍圖，且同時伊係亦著重與國際間之皆軌，又觀伊對於該區塊鏈產業的積極態度與實際之幫助，實亦可供吾人為學習與比較。[657]

五、日本[658]

第五個要介紹的即是日本，吾人可知日本對於區塊鏈的研究，甚至伊對於虛擬貨幣的法律地位等，已係有許多研究產出以及實務，吾人即係可觀伊於區塊鏈之發展實亦係可供借鏡，又按該系爭「日經亞洲評論」之報導可查，日本目前已係有近百間之企業將以為聯合，進而應用該區塊鏈之技術再進以為之合作[659]，又此點亦與前揭歐洲企業體之作為可供互相比較，亦可見區塊

---

[656] 請參 Standards Australia 網站，網頁：https://www.standards.org.au/ (最後瀏覽日：08/14/2019)

[657] 請參 Coinnewshk 幣訊網站，網頁：https://reurl.cc/VyEOA (最後瀏覽日：08/14/2019)

[658] 補充言之關於日本對於虛擬貨幣之相關政策，可以參見李光斗，前揭註 617，頁 252-253。

[659] 補充言之關於日本區塊鏈發展之快速，可以參見王暐勻，前揭註 25，頁 95-97。作者指出區塊鏈對於日本經濟具有五大面向之引響，分別是其一「忠誠獎勵價值流通的基礎設施」、其二「資產證明—如何證明你的房子是你的？」、其三「減少閒置資源，實現高效率共享經濟」、其四「實現透明、高效率、高度可靠的供應鏈」，以及最後其五「智慧合約」之出現。

鏈在全球產業之發展必要性，又此部前揭其中係包含到諸如「三菱電機」[660]以及「安川電機」[661]等諸業者，此若細觀其願為合作之原由，則吾人係可知，其等實係欲透過該區塊鏈系統之諸特性，而得在除提升到各該企業面伊運營之效率層次之外，同時亦係欲保障到該自身之各營業資訊間及降低其為之營運等之成本，而此究應用該區塊鏈之必要性，查對於伊等之製造業而言，此即係因該系爭之諸如其一之「製造資訊」，及其二之上中下游諸廠商間「產業之狀況」，其三之該各系爭「技術成熟性」，以及最後其四之各「競爭力層面」，實是為彼此連結的，而此部細觀亦係可與第三章之曾述之區塊鏈於供應鏈管理之運用為連結比較，即可觀區塊鏈於可帶給諸產業之助益是不分地域的，亦可查區塊鏈之全球化，緣此，現今伊諸企業體間已係認知到對於該系爭資訊進而以為之分享，將係能更有利其之產業自身之發展，而達整體之效率，又查前揭計畫之主要特點，可知伊係允許到該每一參與之各式廠商之間，伊們對於該系爭之資訊之分享，及於伊各訊息量多寡，以及就該分享之各對象等間，係具有到伊為之「自由決定」之權限，而此部亦可連結到前述所討論的「分層授權」等概念，亦可知由於該區塊鏈之技術特性，各該參與之節點其之層級及功能亦係可為規劃，又此部計畫中伊該同時間各該企業體，也係能對該系爭為分享之資訊，而為對之進行相關地「收費」，此外，查該計畫亦係極為歡迎到伊諸各小型企業體之參與，進而一同地對於該日本之諸製造業之進步面，得進以為貢獻，又同時該計畫亦係由該系爭之「Industrial Value Chain Initiative」[662]進行對之相關之監管，而其係確預計於 2020 年，進行對該計畫之啟動，綜之，觀察日本對於區塊鏈產業之發展，亦可再次顯見區塊鏈於產業面之貢獻，如果系爭各企業體能對區塊鏈系統之應用為妥善規劃，則伊確將能提供實值之幫助。[663]

---

[660]　請參三菱電機網站，網頁：https://www.mitsubishielectric.co.jp/ (最後瀏覽日：08/18/2019)

[661]　請參安川電機網站，網頁：https://www.yaskawa-global.com/ (最後瀏覽日：08/18/2019)

[662]　請參 IVI(Industrial Value Chain Initiative)網站，網頁：https://iv-i.org/wp/ja/about-us/whatsivi/ (最後瀏覽日：08/18/2019)

[663]　請參 TechOrange 網站，〈【區塊鏈大聯盟】日本一百家製造業即將聯手，使用區塊鏈共享營運資

六、韓國

　　第六個要介紹的是韓國，而關於伊區塊鏈之發展其與日本對於區塊鏈之研析亦多有所討論，又關於伊具體作為之觀察，吾人係即可知其目前係已將該區塊鏈之技術，引入到該「首爾市」伊政府之行政系統面之層次，且同時伊係預計將於 2019 年時，推出應用到該區塊鏈系統之系爭之「首爾市民卡」，以及各該相關認證之系統，以期進而能以之提升到伊人民之便利性層次，此部若以前述為比較，則吾人可查伊之政策作為面亦與愛沙尼亞之數位公民以及伊對區塊鏈數位治理之重視，又觀現如今該首爾市政府已係提供到多項基於系爭區塊鏈技術，於伊之服務層面之應用，而伊係包含到如其一之區塊鏈之「數位電子化投票」，以及其二之應用到該區塊鏈技術而於該系爭「汽車面」之應用，諸如伊之第一項地「契約面」、第二項地「性能資訊面」，以及最後第三項地該相關其車況等之「管理面」之諸系統，又關於前述之諸應用如需補充，則現亦可加之於前所述及之智能合約一起使用，而按該智能合約之代碼定義且由之執行之特性，其於系爭「車險面」亦能多有助益，又現已是區塊鏈 3.0 之時代，是故關於區塊鏈於社會各面之應用之蓬發，亦屬可為預見，且此外韓國係已於距今 2 年之 2018 年 10 月，已對之提出到該系爭之「區塊鏈城市首爾市計畫」，若細查伊之態勢即係可知，該計畫之目標係為欲於 2022 年前，創立到近逼 1 億美元，折合約 30 億元新臺幣之所謂地系爭「區塊鏈基金」，後進以之供該各系爭產業，伊們能對於該區塊鏈之發展面諸層次，以及對該優質區塊鏈專案等之推行，並期最終能已之促進到該首爾市於未來，能夠確邁向伊所為地「智能城市」之目標，而在距今一年之 2019 年 5 月初，查伊韓國之「金融監督管理委員會」伊已係宣布到，其係已於之批准共計達 9 家之區塊鏈新創企業體，得進入到伊之監理沙盒，又查該沙盒

訊！〉，網頁：https://buzzorange.com/techorange/2019/06/18/japan-100-company-blockchain/ (最後瀏覽日:08/14/2019)

之機制係設置為 4 年期，而該韓國政府亦已係對該制度投入近 400 萬美元，折合約 1 億 2 千萬元新臺幣之研究資金，進以欲利該產業之穩健發展，此又如若需對該沙盒制度為進步比較言之，則吾人係可觀英國以及我國之監理沙盒發展現狀況，並以之為對照與借鑑，綜之，由上韓國政府對於區塊鏈之大力推行，以及伊所對之欲投入的龐大金額之投資，以及伊關於智慧城市之概念，此與愛沙尼亞之區塊鏈數位治理亦有相似性，又若以之回顧到我國之發展，則實可見我國對於區塊鏈之投入，似尚不如韓國對之的積極性，然關區塊鏈可於政府治理面及產業發展面之諸助益，我國實似欲對之更為主動的回應對區塊鏈技術之研究與投資，以利區塊鏈生態系之完善落地。[664]

七、中國

（一）區塊鏈政策整理

　　第七個必須要著重探討的國家即係大陸，而吾人可知，中國對於該區塊鏈技術於其「產業面」以及「政策面」等，係皆有所著重之探究與實績，吾人可觀伊已係制定到諸如區塊鏈信息服務管理規定，且同時伊最高人民法院對於互聯網法院審理案件若干問題等之規定等亦多有闡釋，亦即，其於伊規範方向已有相關較為具體之措施，又在其實務面對於該區塊鏈證據之應用，吾人係可參伊互聯網法院所建置之區塊鏈證據平臺，亦即「天平鏈」之運用，而伊對之已係產出到肯認該區塊鏈證據係具法律效力之諸判決等，吾人由之可見中國對於區塊鏈之發展即係可謂領先世界，此換言之，其係已於全球區塊鏈之諸研析概況之中，處於到極為進步之領導地位，又關於伊區塊鏈之具體政策及規範等諸面向，則係可以將之綜整及歸納為兩大主要地面向，伊分

664　請參區塊客網站，〈亞洲區突圍！「區塊鏈城市」首爾將於年內推出區塊鏈市民卡〉，網站：https://blockcast.it/2019/05/21/seoul-to-implement-blockchain-in-citizen-cards/（最後瀏覽日：08/14/2019）

別係為其一之所謂地該系爭「頂層設計之部署」，而其二則係究該產業間「推廣」與該系爭區塊鏈技術之「融合」方向與之諸「目標」，又查前者之相關政策則係有三，而其一係於距今 4 年之 2016 年 10 月經其「工業和信息化部(工信部)」所發布之該系爭「中國區塊鏈技術和應用發展白皮書」[665]；其二則係亦於距今 4 年之 2016 年 12 月經其「國務院」所發布之該系爭「『十三五』國家信息化規劃」[666]；而最後其三則係於距今 2 年之 2018 年 9 月經其「國家發展改革委(發改委)」所發布之該系爭「關於發展數字經濟穩定並擴大就業的指導意見」，由上，吾人可見對岸對於該區塊鏈之探悉層次，是以國家全體之力為之大力支持，同時伊已係訂立到較完整且全面的整體政策方向及相關配套，而由上亦可顯見，對岸對該區塊鏈技術之發展策略，是先按伊頂層之設計進以為之部署，同時亦為可見伊整體圖像之發展規劃層次，此點係亦深得吾人為之借鏡。[667]又查伊後者之諸政策文件，已係計有高達 11 項資料之完善建置，而觀其一則係於距今 4 年之 2016 年 12 月由前揭工業信息化部所發布之該系爭「軟件和信息技術服務業發展規劃(2016-2020 年)」[668]；其二係於距今 3 年之 2017 年 1 月，亦由前述該系爭工業信息化部所發布之系爭「大數據產業發展規劃(2016-2020 年)」[669]；其三亦係伊於距今 3 年之 2017 年 3 月由伊工業信息化部所發布之該系爭「雲計算發展三年行動規劃(2017-2019 年)」

---

[665] 請參中國工業和信息部網站，網頁：http://www.miit.gov.cn/ (最後瀏覽日：08/013/2019) 而中國區塊鏈技術和應用發展白皮書(2016)，電子檔請參: https://reurl.cc/NzVpx (最後瀏覽日：08/013/2019)

[666] 請參中國中央人民政府網站，〈國務院關於印發"十三五"國家信息化規劃的通知〉，網頁：http://big5.www.gov.cn/gate/big5/www.gov.cn/gongbao/content/2017/content_5160221.htm (最後瀏覽日：08/018/2019)

[667] 請參中國國家發展和改革委員會網站，網頁：http://www.ndrc.gov.cn/ (最後瀏覽日：08/018/2019) 同時亦可參見發改就業 2018 年第 1363 號「關於發展數字經濟穩定並擴大就業的指導意見」。

[668] 請參中國國家發展和改革委員會網站，網頁：http://www.ndrc.gov.cn/fzgggz/fzgh/ghwb/gjjgh/201706/t20170622_852132.html (最後瀏覽日：08/018/2019)

[669] 請參中國工業和信息化部網站，〈《大數據產業發展規劃(2016－2020 年)》解讀〉，網頁：http://www.miit.gov.cn/n1146295/n1652858/n1653018/c5465700/content.html (最後瀏覽日：08/018/2019)

670；其四則係於距今 3 年之 2017 年 7 月由前述國務院所發布之系爭「新一代人工智能發展規劃」671；其五係於距今 3 年之 2017 年 8 月由該「商務部」所發布之該系爭「商務部辦公廳、財政部辦公廳關於開展供應鏈體系建設的通知」672；其六係於距今 3 年之 2017 年 10 月由前述國務院發布之該系爭「關於積極推進供應鏈創新與應用的指導意見」673；其七亦係於距今 3 年之 2017 年 11 月由前揭國務院發布之該系爭「國務院關於深化『互聯網+先進製造業』發展工業互聯網的指導意見」674；其八則係於距今 2 年之 2018 年 4 月由該「教育部」所發布之該系爭「教育信息化 2.0 行動計畫」675；其九亦係於距今 2 年之 2018 年 9 月由該「最高人民法院」所發布之該系爭「最高人民法院關於互聯網法院審理案件若干問題的規定」676；而其十則亦係於距今 2 年之 2018 年 9 月由該「民政部」所發布之該系爭「『互聯網+社會組織(社會工作、志願服務)』行動方案(2018-2020 年)」677；最後其十一則係亦於距今 2 年之 2018 年 9

670　請參中國工業和信息化部網站，〈《雲計算發展三年行動計畫（2017－2019 年）》解讀〉，網頁：http://www.miit.gov.cn/n1146295/n1652858/n1653018/c5570632/content.html(最後瀏覽日：08/018/2019)

671　請參中國中央人民政府網站，網頁：http://www.gov.cn/zhengce/content/2017-07/20/content_5211996.htm (最後瀏覽日：08/018/2019) 同時亦可參見國發 2017 年第 35 號「國務院關於印發新一代人工智能發展規劃的通知」。

672　請參中國商務部流通業發展司網站，網頁：http://ltfzs.mofcom.gov.cn/article/ag/wlbzh/201708/20170802627302.shtml (最後瀏覽日：08/018/2019) 同時亦可參見商辦流通發 2017 年第 337 號「商務部辦公廳 財政部辦公廳關於開展供應鏈體系建設工作的通知」。

673　請參中國中央人民政府網站，網頁：http://www.gov.cn/zhengce/content/2017-10/13/content_5231524.htm (最後瀏覽日：08/18/2019) 同時亦可參見國辦發 2017 年第 84 號「國務院辦公廳關於積極推進供應鏈創新與應用的指導意見」。

674　請參中國中央人民政府網站，

網頁：http://www.gov.cn/zhengce/content/2017-11/27/content_5242582.htm (最後瀏覽日：08/18/2019)

675　請參中國教育部網站，網頁：http://www.moe.gov.cn/srcsite/A16/s3342/201804/t20180425_33418 8.html (最後瀏覽日：08/18/2019) 同時亦可參見教技 2018 年第 6 號「教育部關於印發《教育信息化 2.0 行動計畫》的通知」。

676　請參中國最高人民法院網站，網頁：http://www.court.gov.cn/zixun xiangqing-116981.html (最後瀏覽日：08/18/2019) 同時亦可參見法釋 2018 年第 16 號「最高人民法院關於互聯網法院審理案件若干問題的規定」。

677　請參中國中央人民政府網站，網頁：http://www.gov.cn/xinwen/2018-09/11/content_5321054.htm (最

月由該「國家發展改革委(發改委)」及其「國家開發銀行(國開行)」所發布之
所謂地「全面支持數字經濟發展開放性金融合作協議」，由上吾人可見，在
已為年分之統計後，即係可見伊於近五年間，已對區塊鏈整體發展之規劃為
較屬整體性之部署，又在已為前揭頂層部署之同時，各式相關較細部之規劃
亦以為妥善之建置，而細觀伊所參與進其中之諸部會，伊包含如工信部、國
務院、最高人民法院、民政部、商務部、發改委、國開行，甚至教育部等，
吾人此即係可見，其確是以舉國之各單位全力的對於該區塊鏈相關技術等，
進以為整體之研究與建置，而其各部會間亦係對之具有各詳細之規畫發展方
案，見此之對於工業 4.0 之區塊鏈全面之研析與擘劃策略，實悉深值吾人為細
部之參考與借鏡。[678]

（二）區塊鏈案例以及實務

1.杭州互聯網案

又觀察對岸於區塊鏈證據之訴訟實務中，之所以本文認為對岸深值吾人
借鑑，此即係因觀察我國法院之實務判解，或是函釋學說等，究區塊鏈證據(存
證)之諸研究或係實務等，實係似較為之稀缺，甚至究為該前述之較基本之觀
念，以該可信時間戳記為關鍵字檢索司法資料庫，亦可見關於伊數位電子可
信時間戳之判解，亦係較對岸稀少，是故對照大陸對區塊鏈以及數位證據面
之司法趨勢以及科技應用之實績以觀，其確係深值吾人為借鏡，又細查伊之
發展則即可見，中國早在 2018 年時，就係已確產生到了首例肯認到該系爭之
區塊鏈存證面，而以之作為該系爭證據之案件，其即係為該著名之「杭州案」，
在該案例中，該系爭之杭州互聯網法院伊係對之認可了該系爭案件之原告
方，伊所對之使用該區塊鏈系統而進以為該「存證」之方式[679]，並已係對前
部該「侵權」之各系爭「事實面」，進行到了伊相關之各式認定，而後該系

後瀏覽日：08/18/2019)

[678] 關於上述中國區塊鏈政策及規範之盤點請參，中國區塊鏈生態聯盟、青島市嶗山區人民政府、賽
迪(青島)區塊鏈研究院(2019)，《2018-2019 年中國區塊鏈發展年度報告》，頁 19-20。

[679] 請參杭州互聯網法院 2018 年度浙 0192 民初 81 號判決。

爭杭州互聯網法院係對之認為到，究對於該區塊鏈技術而進行伊所謂該「存證」的系爭之證據，伊們係應該要對之於該訴訟中，進以「秉持」到所謂地「客觀」，且係屬較為「中立」且「開放」的態度，而嗣以來為伊「綜合」地判斷之，並同時伊係須根據到究該數位電子數據等之諸式法律間，而綜以為較完整地判斷到其之「證據力」層次，而又若需補充言之，則由此案實係揭開了該區塊鏈數位證據於對岸之實務面之發展，而後於之的實務更係不斷蓬勃出現，由此亦可顯見該杭州案所達成的劃時代里程碑。[680] 又關於該案之詳細介紹以及究區塊鏈證據能力之諸討論等，亦係可以參考本文第五章之細部介紹。[681]

2.天平鏈

正如前述，對岸對於將該區塊鏈系統導入司法之實務，已係多有所探悉以及實績，吾人若需較具體地對之為研析，即係可見關於近來對岸極為著名之該「天平鏈」系統，伊於其司法實務面之運用等之沿革，據查，此係即可較細部地參見到該「北京網際網路法院」所為之諸措施，又伊已係於距今 2 年之 2018 年 9 月 9 日，而已係為之建置到了中國首例採行到以該「數位電子證據」之為一「開放式平臺」，此也就是伊所謂的「天平鏈」，簡之，伊即係屬一司法數位證據平臺，而觀其之特點可知，伊係採用到前述該區塊鏈體系之諸技術，而進以之來保存各該系爭案件之諸式證據，又目前吾人係可知，只要現對岸之已為前述該區塊鏈存證的各式諸平臺方，伊們先將伊們諸之該系爭各資訊，而進為之接入到前揭該天平鏈之數位電子證據之該系爭平臺上，又此際需補充言之，此處對於前揭各系爭平臺伊們之「接入面」、「技術面」，甚至「管理面」等諸規範伊係亦以為之明確訂立可查，又接前部則此際伊們之諸數位電子證據，於接入該系爭平臺後，其們間所謂地該前所曾論及之該「數據指紋(hash)」，此際即係就會寫入到該系爭之天平鏈中，而於

---

[680] 請參 NARLabs 國家實驗研究院科技政策研究與資訊中心，〈中國杭州互聯網法院：區塊鏈具電子存證法律效力〉，網站：https://reurl.cc/vRj2L (最後瀏覽日：08/18/2019)

[681] 補充言之本文第伍章之架構係分為四大面向，其一係區塊鏈技術示範階段；其二係區塊鏈具法律操作性；其三係區塊鏈於營業秘密法之展望；其四係我國主管機關之態度。

此時該天平鏈即係會對為之為回傳該系爭之「存證編碼」，而給予該系爭之諸第三方之區塊鏈存證平臺間，未來就該原告伊於該北京網際網路法院，於伊之訴訟之時，該法院即係會對之調取到該系爭之天平鏈內之諸證據，而以之進行到完善地驗(檢)證，而此時吾人可知，伊即又將係因該前揭系爭之諸證據間，伊們係是由於到前揭之區塊鏈系統之諸式特性，基此以觀吾人即係可得，伊們確係是可證明到其們實係並未被原告等為任意人為之竄改，由此，伊們其係即屬吾人可以為之信任之該系爭之證據，又如需對之具體舉現實務案件為例，則吾人係可參該天平鏈之所謂地「藍牛仔」案，於該案中即可見對於該天平鏈運作模式之解析，及伊流程之完整運用，與實務判決之觀察等各面，綜上，由對岸對於區塊鏈存證於司法實務面之肯認，以及伊與科技面之完善結合，觀此之諸實績係實得吾人為之藉鑑，而此也是為何對岸能夠於區塊鏈研究之層面，於世界居於領先地位之故，在政策面方向先以頂層設計為之部署，接著分布為之細部規劃，而後於司法實務面與科技面結合而生如天平鏈系統，同時亦由前揭諸部會鼎力而為發展區塊鏈生態系之完善落地，此部之發展策略層次，係即可供全球欲對之為發展之參考。[682]

（三）區塊鏈發展之建議

又究如何能妥善發展該區塊鏈之生態系，而能俾使其之完善落地，此部即可以前揭之所述，而遂觀對岸之發展模式，吾人可知，按中國之系爭「區塊鏈年度發展報告」則即係可見知[683]，伊係於該六大主要地面向而對於究如何發展該系爭之區塊鏈技術，提出到相關具體之政策面上建議，又查其一即係為，伊應將該系爭區塊鏈體系之發展，由國家之層面而於之進行對該部之完整建置，又此部亦可與前揭英韓澳等例為對照，且此伊除須完善對到該區塊鏈於前述伊頂層之設計以及諸規劃面外，該政府之各部門間亦係應當建立

---

[682] 請參每日頭條網站，〈最高人民法院：「天平鏈」本鏈，竟有這麼多學問！〉，網頁：https://kknews.cc/tech/eyoakaz.html (最後瀏覽日：07/08/2019)

[683] 參見中國區塊鏈生態聯盟、青島市嶗山區人民政府、賽迪(青島)區塊鏈研究院，前揭註678。

到對之完善且確實地，就該區塊鏈層面之「合作機制」，進以能利伊們為較完善之合作，補充言之，此部亦可與前述所介紹之頂層設計之三大政策為互相參照之；其二則係政府應當加速到，對於該系爭區塊鏈之諸產業間，究伊之所謂地「標準化」為之建置，而後方得將該區塊鏈之生態系環境中，進以之訂立到較為明確化之各式標準，而此亦與前揭英澳亦有可比較處，又此部伊諸例如為完善該區塊鏈發展之四大項，第一項為「圖像」、第二項為「時程」、第三項為就該各行業間之所謂地「標準化建置」，以及最後第四項則係為，伊應發布到適用於伊各行業間，得於之為適當應用地該系爭之「區塊鏈指南」等，而政府伊亦係應對之採取到較為正面之態度，進而方鼓勵伊之各第三方機構等，於伊能為建置到該各系爭諸式區塊鏈有關之產品，及其之相關應用之各方系爭諸如「認證標準」等面[684]，又此部如需對之補充，則吾人則係可見前揭澳洲等部之介紹，伊亦極為重視伊對其所謂之數碼辦公室，進對其各業之所謂標準化之建置，而可為較細部地比較；其三係為政府面須對於該技術之創新進以為之相關重視，同時對於該諸基礎之設施面及伊設備等，亦應為完備之；其四係為建議到該政府能夠開始著手而為推動，就該區塊鏈之「試點」項次以及伊為「示範」之層次，後進以能利該區塊鏈於之所謂地「完善落地」[685]，此部若需為舉例，則可見如政府面亦應能於伊諸如第一項之「農業」、第二項之「畜牧業」、第三項之「能源業」，最後第四項之「製造業」等，能方建立到關於伊妥善應用到該系爭區塊鏈，而於此使該前述第三章之供應鏈面向，於之如伊第一項之「管理面」、第二項之「認證面」，以及最後第三項之「溯源面」等之，進為「完善示範」之層次，同時政府於伊之「治理面」以及「民生面」等，伊亦係應為開展基於該區塊性思惟等之諸示範，亦即係將區塊鏈思維之導入，而得應用到該工業 4.0 之新興科技，而能對於到諸如第一項之「數據交易」、第二項之「權利監督」，以及

---

[684]　補充言之，關於區塊鏈存證之相關討論，可以參見本文第五章第二節之相關介紹。

[685]　補充言之，關於區塊鏈試點之實例，可以參見科技新報網站，網頁：https://technews.tw/2019/12/11/block-weekly-191211/ (最後瀏覽日:02/27/2020)

最後第三項之「個人保護」等，按前揭諸面向間而能進行到對之為整體且完善地「評估」，又此部綜合性評鑑之概念，亦可與前揭英國之部為綜比較之；其五則係為應打造該系爭之區塊鏈之產業園區，而得進以之促進該系爭產業面之為較健全地發展；最後其六則係對於該區塊鏈人才面之培養，及以於之地教育層面亦應極為地重視之，綜之，吾人由上即可見，對岸對於區塊鏈之發展建議，係為按上述之政府面、產業面、標準面、試點面、治裡面，以及人才面等，進以之為全方面得擘劃與架構，又加之前揭之頂層設計以及分布規範，再加上技術面如司法區塊鏈概念之導入，吾人即係可見，對於究如何使區塊鏈生態系能為完善落地，以及推行區塊鏈思惟之模式，觀對岸之實務與實績，是值得吾人深加研究的。[686]

八、我國

最後在看完上述各國或具代表性之組織，伊們對於區塊鏈發展之各態度及政策後，現則是要將視角放回到我國，而吾人對此若係觀則係可知，國內如今已係出現到具提供前述該系爭區塊鏈存證服務之平臺，伊即係如該系爭之「BIP 區塊鏈驗證中心」，而又究按該區塊鏈驗證中心，伊所提供之服務則即係可知，其係包含到了六大主要地面向而為，又伊們分別是保護到如其一之「研發成果」、其二之「營業秘密」、其三之「著作權」、其四之「專利」、其五之「商標」，以及最後其六之系爭「合約」，綜為之保護。[687]又查該平臺之運作模式，則吾人可知，伊係提供該系爭之諸用戶，得將伊重要之標的，諸如該營業秘密之系爭文件等，透過到前述第三章為加密之系統，而後產生該前述及之「數位化的指紋」，同時在該系爭之原始文件能不被洩漏之狀況

下，進以之上傳至該區塊鏈系統中，而後即得藉由該系爭之數字指紋，而能以之證明到該系爭營業秘密之內容，由此脈絡可見，其係欲解決到長久以來，關於該系爭諸智慧財產權間伊們為侵害層面之「舉證困難」等諸問題，此外據查該平臺網頁之介紹之描述，則係可知，若該使用者係將伊系爭之各營業秘密為上傳至該區塊鏈驗證中心，則伊即係即可以按該區塊鏈系統曾述之「時間戳記」，以及該驗證中心所發之「證明文件」等，進以之證明到其們係確屬該使用者之營業秘密。[688] 又根據該平臺之諸應用以觀，可知若我國各企業體，均係將其們之各營業秘密為數位加密之後，而嗣放上該系爭之區塊鏈系統，則此依據前揭區塊鏈之諸特點，諸如「去中心化」、「不可篡改性」、「安全性」，以及「透明性」等，若果該企業未來係確遭遇到如前述之營業秘密訴訟爭議，則伊若係已先將該自身之諸營業秘密而為知加密至入該區塊鏈中，則伊將即係能透過該工業 4.0 之新興科技之助，而得以能將讓伊自身在遭遇到如前揭系爭諸法律訴訟之時，能對之取得到較為有利之地位。[689] 又補充而言，本文對於區塊鏈之存證以及相關該區塊鏈系統於我國證據法上之地位，及其與該營業秘密法之互動等面，嗣將於本研究第五章進以為之細部介紹以及檢驗。[690]

　　此外吾人亦係可參見到系爭之國發會綜合規劃處[691]，伊對於我國發展區塊鏈之諸建議[692]，吾人若細觀則可見，其係已指出到我國於區塊鏈之發展層次，係具有到四大面向之重點，而其一係我國除應促進到究該系爭區塊鏈創

---

[688]　參見 BIP 區塊鏈驗證中心，前揭註 687。

[689]　參見 BIP 區塊鏈驗證中心，前揭註 687。

[690]　關於區塊鏈存證平臺之檢驗，可以參見本文第伍章第二節第五項第四款之介紹。

[691]　請參國家發展委員會網站，網頁：https://reurl.cc/gLKEQ (最後瀏覽日:08/18/2019) 其指出國家發展委員會綜合規劃處，其設立之目的係為辦理有關國家於政策發展以及相關計畫之規劃、審議以及協調。

[692]　補充言之關於國發會對於區塊鏈之相關發展介紹，可以參見鄭漢榮(2019)，〈臺灣區塊鏈政策趨勢 從中央與地方政府的案例觀察〉，《臺灣經濟研究月刊》，42 卷 10 期，頁 80。作者指出區塊鏈將應用於「建立具安全且可信賴的資料交換機制」，同時作者亦指出國發會已於 2019 年組成「臺灣區塊鏈大聯盟」，希望能夠全方面的推動區塊鏈之健全發展。

新之諸產業間，伊們能夠為之健全發展之外，似亦係須積極地協助到我國之各式產業間，其們對於到區塊鏈系統之引入，進而以之利該系爭諸產業之進步[693]，此部亦可與前述澳洲政府對區塊鏈產業面之補助為比較觀察，或是韓國首爾市的區塊鏈基金作法等，又此觀國發會究提出該第一項建議之原因，可知即係為，查我國係確擁有到完善之資訊面及產業之系爭供應鏈，同時間我國亦具有較多元且優秀之資訊科技面等，以及關通訊面之諸人才，又對於人才培養面之注重亦可觀前部對岸之區塊鏈報告之建議為比較，基此，於目前實已係具備到發展該系爭之區塊鏈產業鏈[694]伊生態系之環境以及條件[695]，由此，政府面實亦係應於伊所推行之諸政策面，於之該區塊鏈之發展，而進以為之全力地支持，此方得使我國遂能以之開發出具有到國際之競爭力層面，於之創新地諸式產品，又關於此部之建議，正即係可於前述對岸之區塊鏈發展擘劃而為細部地比較觀察，亦可參前揭歐盟圓桌會議或 INNATBA 等所提之諸概念，同時此即亦可顯見該區塊鏈發展之趨勢實係當代重點；其二則係我國應對於究如何監管該系爭之區塊鏈之諸式法律規範等，進行於之地明確化，而以之遂能利該系爭之諸產業間，伊們係能夠進以之確實受到該相關各法律層次之保障，同時政府係亦應正視到該區塊鏈產業，其所具備之所謂地系爭「產業自律性」，以及該「創新性層次」，以進而方能對之制訂出能夠既符合該系爭「風險控制面」，同時亦能利於該系爭各式產業發展之政策以及規範[696]，又此部若需比較觀查，則可見在前揭中美已對區塊鏈法律及實務多有實績之下，我們更應加倍對之努力迎頭趕上，而在學理、實務，以及規範面為健全之發展，同時關於該標準化之建置亦可與前述澳洲數碼辦公室為比較之；其三則係對於該區塊鏈伊於系爭「個資保護」之面向，伊所可

[693] 補充言之關於區塊鏈大聯盟成立之相關介紹，可以參見國發會產業發展處(2019)，〈臺灣區塊鏈大聯盟成立大會〉，《臺灣經濟論衡》，17 卷 3 期，頁 89-91。

[694] 補充言之關於區塊鏈產業發展近況之介紹，可以參見廖世偉(2019)，〈區塊鏈發展趨勢及產業應用〉，《臺灣經濟論衡》，17 卷 3 期，頁 69。

[695] 國發會產業發展處(2019)，〈臺灣區塊鏈大聯盟的契機與展望〉，《臺灣經濟論衡》，17 卷 3 期，頁 76。關於區塊鏈與臺灣之發展及轉型方向以及展望等，可以參見之。

[696] 補充言之，對此可以參見國發會產業發展處，前揭註 695，頁 74。

能發生之各式衝突間，政府亦係必須密切為注意之，又例如觀歐盟現已係提出所謂地「GDPR」，伊之所謂「一般資料保護規則」[697]，而查其內涵之該系爭「被遺忘權」[698]，則此即係可見伊與前揭區塊鏈之不可竄改性所可能之衝突面向，是故，伊們於之互動則係需要政府對之進行必要地探究；而最後第四項建議則係，政府應係盡速地將該區塊鏈體系引入於系爭政府之治理系統之層次上[699]，又此亦即，對於政府於該系爭「數位治理」之面向，實係必須著重地探究到伊與區快鏈之相性，是若此部對照到前揭愛沙尼亞之案例則即係可見，該數位治理與區塊鏈之互動性，伊是確可能具有具體提升該政府治理面效率之助益地，此外，由於目前確已實係處在極高度數位化之時代，是故，政府實似必須能夠因應到現科技之進步，而以之建構到邁向數位化之較完善地可見整體圖像之發展策略，而俾使該區塊鏈體系之生態系能夠完善落地。[700]

九、小結

　　由上述國際上對於該系爭區塊鏈伊於產業面、政策面，以及案例面之各介紹，諸如英國、歐盟，及澳日韓等之實務，吾人此即係可知，目前世界究對於該區塊鏈體系之研析，除在學術上於之地討論外，其於立法面以及實務面均係已有諸多實例而可以為參照之，而我國由於已係身處該工業 4.0 之現況，而究如何方能以之加速到國內關於區塊鏈之法規，及伊於政策面等之完善，以及具體地促進該系爭諸產業間對之於人才庫之升級等各面向，就較妥善之發展而言，實係必須由政府界、產業界，以及學界等三方為通力之合作

---

[697]　請參 EU GDPR.ORG 網站，網頁：https://eugdpr.org/ (最後瀏覽日:08/18/2019)

[698]　請參 TECHTARGET NETWORK 網站，網頁：https://reurl.cc/Vykly (最後瀏覽日:08/18/2019) 該網站指出所謂被遺忘權，係指個人具有要求互聯網絡對於其個人訊息為移除之權利。

[699]　補充言之，關於政府參與可以參見國發會產業發展處，前揭註 695，頁 73。

[700]　參見國發會綜合規劃處，前揭註 624，頁 105。

以及研究[701]，以此方能為健全到我國對區塊鏈之治理系統之體系層次，以及該制度面之完善。[702]此外由本文前揭之介紹即係可知，目前中國已係將該區塊之鏈證據能力[703]於伊法律面中為之肯認[704]，是故，若該系爭使用者伊係欲赴中國為伊營業秘密，或係其他智慧財產權面相關之諸法律行為之時，伊似應先參照到對岸對於該區塊鏈體系於司法實務上之之現狀層面，而係為妥善地將該自身之營業秘密而以為之上傳入鏈，進以茲諸該系爭企業體或係該個人間，伊們於未來產生到關於系爭營業秘密或相關智慧財產權面之諸式爭議時，伊們能於該訴訟面上於之完善地保障[705]，而究關於該區塊鏈證據能力之探討與該營業秘密保護之關係等，以及究中國及美國對於區塊鏈於法律面上之諸討論等面，則係可以參見到以下本文第五章之介紹。[706]

---

[701] 補充言之關於我國目前中央與地方對於區塊鏈發展之推動整理，可以參見鄭漢榮，前揭註 692，頁 84。作者理出目前我國區塊鏈發展脈絡，包含國發會、中央銀行、金管會、調查局、臺北市、新竹市、新竹縣以及臺中市，該列單位已對區塊鏈相關案例為推行，而作者對於目前我國區塊鏈發展之觀察有三點結論，其一是政府對於區塊鏈之推動方式呈現多樣化之發展，其二是政府對於區塊鏈之推動內容呈現多樣化，最後其三則是政府對於區塊鏈之態度呈現開放之趨勢。

[702] 關於區塊鏈技術之展望，以及區塊鏈之核心與現代社會之發展脈絡等討論，可以參見李光斗，前揭註 617，頁 243。

[703] 請參最高人民法院關於互聯網法院審理案件若干問題的規定第 11 條：「當事人提交的電子資料，通過電子簽名、可信時間戳記、雜湊值校驗、區塊鏈等證據收集、固定和防篡改的技術手段或者通過電子取證存證平臺認證，能夠證明其真實性的，互聯網法院應當確認。」

[704] 補充言之關於區塊鏈於司法領域之應用狀況，可以參見張磊磊(2019)，〈《區塊鏈司法存證應用白皮書》發布〉，《金融科技時代》，7 期，頁 91。

[705] 補充言之，除了中國法院已經承認區塊鏈技術之證據力，美國於區塊鏈之討論亦有於法庭審理中作為證據之空間。See Guo, A. ,*Blockchain Receipts: Patentability and Admissibility in Court.*, Chi.-Kent J. Intell. Prop, 16, 440. (2016)

[706] 補充言之本文第五章涵蓋，區塊鏈技術之示範階段、區塊鏈之法律操作性、區塊鏈於證據法上之地位、區塊鏈存證平臺之效力、區塊鏈於營業秘密案件之操作、區塊鏈於營業秘密法之展望、對我國主管機關之建議等，相關之詳細內容以及目次請參本研究第伍章之介紹。

第五章　區塊鏈於營業秘密保護之展望

一、區塊鏈技術示範階段

　　本章將實際探討區塊鏈與法律之互動，而吾人可知，區塊鏈是非常新的技術[707]，雖我國已積極對區塊鏈進行研究[708]，然目前區塊鏈尚處技術示範階段[709]，對此可觀我國司法判決尚未有針對區塊鏈證據力之論述[710]，但區塊鏈之研討在產業界、學術界，以及研究界已有逐漸蓬勃發展之趨勢[711]，未來區塊鏈於我國之研究規模係可望持續成長。[712]又從本文第四章之各國重要案例可以發現，區塊鏈技術於法律上之應用亦係深具潛力[713]，其之特性可與營業

---

[707] 關於區塊鏈之起源、發展、技術以及展望，可以參見袁勇、王飛躍(2016)，〈區塊鏈技術發展現狀與展望〉，《自動化學報》，42 卷 4 期，頁 481-482。

[708] 請參國家發展委員會網站，〈國發會將協助各部會運用區塊鏈技術，推動公共事務〉，網頁：https://reurl.cc/OlDvy (最後瀏覽日：08/01/2019)

[709] 關於區塊鏈技術示範階段，以及區塊鏈之應用面發展，及區塊鏈與工業 4.0 等討論，可以參見亞洲矽谷網站，網頁：https://reurl.cc/vnMdmN (最後瀏覽日：01/27/2020)

[710] 請參司法院法學資料檢索系統網站，網頁：https://law.judicial.gov.tw/FJUD/default.aspx (最後瀏覽日：08/01/2019) 若以「區塊鏈」為關鍵字進行檢索，共計有 9 筆資料，惟其多係關於區塊鏈報導、區塊鏈銷售紀錄表等，實務上對於區塊鏈僅簡單提及，仍未見對於區塊鏈於存證面以及證據面之論述。

[711] 請參動區 BLOCKTEMPO 網站，〈區塊鏈產業指南〉，網頁：https://reurl.cc/nVK1vv (最後瀏覽日：01/27/2020)

[712] 請參動區 BLOCKTEMPO 網站，〈國發會宣佈：「臺灣區塊鏈大聯盟」將於 7 月 12 日啟動〉，網頁：https://reurl.cc/MKYOm (最後瀏覽日：07/08/2019)

[713] 溫溫雨薇、黃邱榆(2019)，〈區塊鏈技術背景下司法取證制度的發展〉，《法制博覽》，36 期，頁 124。關於區塊鏈於司法取證之優點以及其之技術面等優勢，可以參見之。

秘密之保護相結合[714]，此點對於完善我國營業秘密之保護具有助益。[715]而觀察本文第二章之討論可知，我國對於營業秘密之保護在法制及實務面尚存許多問題[716]，緣此正是引入區塊鏈技術研究之時機，以期伊能提供我國思索全新之營業秘密保護途徑。[717]由上，本章將綜合前述本文對於營業秘密以及區塊鏈的討論，細部地探究當今我國法律應如何面對區塊鏈所帶來的衝擊，以及對之在法制層面應如何為適用及調整，本章嗣將介紹區塊鏈在法律層面能夠如何實際地操作，進而觀察區塊鏈能夠如何與我國營業秘密法作適用與調整，最後再對我國主管機關為相關建議。[718]

二、區塊鏈具法律操作性[719]

（一）區塊鏈存證之真實性

首先，在本部區塊鏈具法律操作性之層次，吾人需先聚焦於關於區塊鏈

---

[714] 關於區塊鏈技術對於營業秘密保護之展望及潛力，學術面可以參見張懷印，前揭註 521，頁 71-78。亦可參見 WIPO 於 2019 年之 Report on the blockchain workshop，電子檔參見: https://reurl.cc/Yl2 QW0(最後瀏覽日：02/09/2020)。該 WIPO 之報告指出區塊鏈係可以用為保護營業秘密之方式。產業面可以參見如 BIP 智權區塊鏈服務平臺，所提供之營業秘密存證服務，網頁參見:https://blockchainip.net/ourservice (最後瀏覽日：02/09/2020)。實務面可參見區塊鏈存證之第一案，杭州互聯網法院 2018 年度浙 0192 民初字第 81 號判決。政策面可以參見自貿區臨港新片區對商業秘密以區塊鏈為保護之試點建議，網頁參見: https://www.thepaper.cn/newsDetail_forward _5547110 (最後瀏覽日：02/09/2020)。

[715] 本研究第四章介紹各國重要案例以及發展，包含英國、歐盟、美國、澳洲以及日韓等。

[716] 實務面問題包含法院成案率低、數位證據可信度低，以及範圍難以界定等問題。

[717] 本研究第二章介紹營業秘密保護之現況及問題，同時亦對營業秘密相關之重要案例以及保護困境作討論，並在最後提出對營業秘密保護之新機。

[718] 本研究第五章共有四節，第一節係區塊鏈示範階段；第二節係區塊鏈具法律操作性；第三節係區塊鏈於營業秘密法之展望；最後第四節則係對我國主管機關之態度作檢視並提出建議。

[719] 關於區塊鏈對營業秘密保護之助益及操作性，以及區塊鏈之應用，及零知識證明之相關面相等討論，可以參見張懷印，前揭註 521，頁 71。

之真實性，而在訴訟中法院對於系爭證據之判斷主要係基於到四點，分別是系爭證據之「合法性」、「關聯性」、「真實性」，以及「證明力」[720]，又在中國法律之發展下，可觀，「電子證據」係是一種獨立的法定證據，其係能夠對於系爭案件之事實進行證明[721]，但該數位電子證據要具備真實性，方能具備到證明能力，目前實務上數位電子證據由於伊具有「易被竄改」、「感知不易」，以及其「虛擬化」之諸不利特性[722]，數位證據之客觀性及其之真實性經常被系爭法院所質疑，而此點也時常成為訴訟中雙方當事人爭辯之主要焦點。[723]

　　進步言之，關於審查該系爭數位電子證據之真實性，吾人係可參，中國最高人民法院對於中華人民共和國刑事訴訟法的解釋中，其第 93 條言明道應係審查：「關於電子數據之內容是否為真，需審查其是否有刪除、修改以及增加等情事。」同時，伊民事訴訟法亦可參照此點來審查系爭數位電子數據究是否真實。[724]此外，觀察中國「電子簽名法」可知[725]，其中第 8 條亦係言

---

[720] 補充言之電子證據已成為證據之主流，對此可以參見人民網網站，〈電子證據須保障合法真實關聯性〉，網頁：http://legal.people.com.cn/n1/2019/0412/c42510-31026319.html（最後瀏覽日：02/09/2020）

[721] 周玲玲(2012)，〈「電子證據」概述及其採集與認定〉，刊載於中國法院網網站：https://www.chinacourt.org/article/detail/2012/12/id/799019.shtml（最後瀏覽日：08/01/2019）作者指出，中國於 2013 年時實施新修之「中華人民共和國刑事訴訟法」，其以將電子證據明定為法定之證據種類，而對此可以參照該法第48條關於可以證明用於案件事實的材料之規定。

[722] 關於電子證據審查之四大難點，可以參見中華人民共和國最高人民檢察院網站，〈電子證據審查認定"四難"及其解決〉，網頁：https://www.spp.gov.cn/spp/llyj/201911/t20191107_437495.shtml（最後瀏覽日：02/09/2020）

[723] 請參李靜彧、李兆森(2018)，〈基於區塊鏈存證的電子數據真實性探討〉，《COMPUTER ENGINEERING & SOFTWARE》，39 卷 6 期，頁 111。同時參見陳同香(2011)，〈行政訴訟中的電子證據〉，《山東商業職業技術學院學報》，11 卷 5 期，頁 80。作者指出電子證據之特性為高科技性、無形性、不易感知性、易修改性以及易刪除性。同時作者亦指出雖電子紀錄被刪除後可以技術回復之，然非專業技術人員對於其中之變化難以察覺，固其在一定程度上對其證明力有所削弱之。

[724] 參見李靜彧、李兆森，前揭註 723，頁 111。同時請參最高人民法院關於適用中國刑事訴訟法的解釋第 93 條：「對電子郵件、電子數據交換、網上聊天記錄、博客、微博客、手機短信、電子簽名、域名等電子數據，應當著重審查以下內容：（一）是否隨原始存儲介質移送；在原始存儲介質無法封存、不便移動或者依法應當由有關部門保管、處理、返還時，提取、複製電子數據是

明道，審查系爭數據電文之真實性係須參考以下四點，分別是「電子數據之生成」、「電子數據之保存」、「電子證據發件人之可靠性」，以及「其餘因素」等，而查前述必須綜合考量之因素係有，諸如該系爭數據之格式是否「完善」，及蒐集數據之過程是否「安全」等，此部亦即，若該數位電子數據具有「偽造」、「修改」，以及「增減」等之情事，則其此即會因其係影響到該系爭證據之真實性，而進不被系爭法院所採納。[726]

綜合觀察，在中國審查數位電子證據之實務面上，伊法院之關注面向如前所述，分別係就數位電子數據之「生成」、「收集」、「保存」，以及「傳送」等[727]，而在上述關鍵因素中，該系爭區塊鏈證據即係可在前揭要點進行到確保[728]，吾人可知，該區塊鏈證據之優勢即在於其技術自身之特性，由於區塊鏈係具備前述第三章曾介紹的不可竄改性、安全性以及透明性等諸特性，區塊鏈系統係能夠保證依附其之數位電子證據，伊不被不當侵害之，同時亦可以確保該系爭數位證據之真實，是故，運用區塊鏈來保護系爭證據，即可以保留該系爭案件最原始且較真實的樣貌，同時亦能以較客觀的方式以

否由二人以上進行，是否足以保證電子數據的完整性，有無提取、複製過程及原始存儲介質存放地點的文字說明和簽名；（二）收集程序、方式是否符合法律及有關技術規範；經勘驗、檢查、搜查等偵查活動收集的電子數據，是否附有筆錄、清單，並經偵查人員、電子數據持有人、見證人簽名；沒有持有人簽名的，是否註明原因；遠程調取境外或者異地的電子數據的，是否註明相關情況；對電子數據的規格、類別、文件格式等註明是否清楚；（三）電子數據內容是否真實，有無刪除、修改、增加等情形；（四）電子數據與案件事實有無關聯；（五）與案件事實有關聯的電子數據是否全面收集。對電子數據有疑問的，應當進行鑑定或者檢驗。」

[725] 請參中央人民政府門戶網站，網頁：https://reurl.cc/qx3DR（最後瀏覽日：08/01/2019）由此可知，中華人民共和國電子簽名法係在 2004 年 8 月 28 日由人民代表大會常務委員會於第 11 次會議通過，並於 2005 年 4 月 1 日施行之。

[726] 參見李靜彧、李兆森，前揭註 723，頁 111。同時請參中國電子簽名法第 8 條：「審查數據電文作為證據的真實性，應當考慮以下因素：（一）生成、儲存或者傳遞數據電文方法的可靠性；（二）保持內容完整性方法的可靠性；（三）用以鑑別發件人方法的可靠性；（四）其他相關因素。」

[727] 參見人民網網站，前揭註 725。

[728] 關於區塊鏈對營業秘密保護之助益及操作性，以及區塊鏈之應用，及零知識證明之相關面相等討論，可以參見張懷印，前揭註 521，頁 71。同時可參見郭鎧源（2019），〈法律視角下基於區塊鏈技術的電子存證系統〉，《法制博覽》，25 期，頁 61-63。

呈現系爭案件之情事，其亦有助於法院於各案件中之審理[729]，而同時由於區塊鏈所具前述「分布式」之特性，亦即，該系爭數據係存放在區塊鏈系統上之每一節點之中，是故對單一節點之損害並不會影響到整體之系統，換言之，區塊鏈體系係可以確保系爭數位電子數據之真實，此外，關於區塊鏈之數據存證方式，由於其係採行所謂「數位電子簽名」之技術，可知，其係確保了系爭使用者之身分，且按其前述去中心化之特點即知，其係可免除以往第三方集中式之中介中心存證人員，伊所為之竄改紀錄地各風險，而由此可得，區塊鏈技術係能夠保證存儲在其上之內容確為真，是故，若將該系爭證據保存在區塊鏈上，則吾人將能證明系爭之數據，伊之完整且未遭竄改，而進能在訴訟上之舉證層面對於當事人更為有利之。[730]

在為實務與制度之討論後，若觀察區塊鏈技術於學理面之影響，可查，區塊鏈技術的出現已係對於傳統上之「證據理論」產生到衝擊，除了日前中國杭州互聯網法院已肯認區塊鏈之證據效力外[731]，吾人亦可參「最高人民法院關於互聯網法院審理案件若干問題之規定」之頒布，由此可顯見，目前中國已經承認系爭區塊鏈證據於伊訴訟中之適用，同時其實務上亦已開始運行以區塊鏈技術為底之證據系統，如前述第四章所提及之「天平鏈」，然必須指出的是，在學理層面上對於系爭區塊鏈證據與傳統證據理論之相關衝突，仍尚待釐清，該區塊鏈證據係需要證明其在證據法上之地位，以及對傳統證據理論之質疑作出相關之回應[732]，舉例言之，在學理上，對於系爭區塊鏈證據的最大質疑就是對於其「證據資格」之認定層次，按照中國「最高人民法

---

[729] 請參 anue 鉅亨網站，〈「區塊鏈大應用」俄羅斯知識產權法院運用區塊鏈技術 存儲版權數據〉，網頁：https://news.cnyes.com/news/id/4250348 （最後瀏覽日：08/01/2019）補充言之，目前區塊鏈於法院之應用，除了中國正在快速發展外，俄羅斯之知識產權法院亦注意到區塊鏈於法院實務應用中之潛力。

[730] 李靜戎、李兆森，前揭註 723，頁 111-112。

[731] 請參杭州互聯網法院 2018 年度浙 0192 民初字第 81 號判決。

[732] 請參中華人民共和國最高人民法院網站，網頁：http://www.court.gov.cn/zixun-xiangqing-116981.html (最後瀏覽日：08/01/2019) 補充言之，由上可知最高人民法院關於互聯網法院審理案件若干問題之規定，係由最高人民法院審判委員會於第 1747 次會議通過，並在 2018 年 9 月 7 日施行之。

院關於民事訴訟法的司法解釋」其中第 104 條之規定,區塊鏈證據係必須接受三大證據理論之檢驗,其分別係「真實性理論」、「關聯性理論」,以及「合法性理論」,以下將分別討論之。[733]

1.真實性理論之檢驗

首先,必須要探討的即是區塊鏈證據能否通過「真實性」之檢驗,吾人可知,按證據法學之理論,就該數位電子證據關於真實性之檢驗,伊係必須通過數位電子證據之「內容真實」、電子「數據真實」[734],以及電子證據「載體真實」之驗證[735],而從前揭 2018 年 6 月之杭州互聯網案中可知,由於該案中區塊鏈證據之內容係由該系爭侵權之「網頁中截圖」、及「網頁數據代碼」,以及伊「系爭調用日誌」所生成,就其證據之真實性係獲得到法院之「肯認」,細部觀察之,雖然該證據之「生成」除係經過該案原告傳送給該系爭之「保全網」[736],以及亦經系爭公證單位之介入,但可觀,系爭法院查前述各系爭之介入行為,伊係並未對於該系爭證據之本身,進行到任何不當地人為修改,緣此,就該區塊鏈數位電子證據之真實性層次上,法院對之係認為伊係具有「可信性」[737],同時吾人可知,由於區塊鏈本身技術所備之前揭不可竄改性、

---

[733] 張玉潔(2019),〈區塊鏈技術的司法適用、體系難題與證據法革新〉,《東方法學》,3 期,頁103。

[734] 關於電子證據之真實性審查之判準,可以參見最高人民法院關於修改《關於民事訴訟證據的若干規定》的決定,第105 條及 106 條。

[735] 彭霄(2014),〈我國證據法學體系與英美之比較〉,《廣東行政學院學報》,26 卷 1 期,頁62。補充言之作者指出,中國之證據法學體系係分為兩部分,其一係為證據論,其二則是證明論。前者包含三個面向,分別是證據概述、證據種類以及證據分類;後者包含八個面向,分別是證明概述、證明標準、舉證責任、免證方法、取證制度、舉證制度、質證制度以及認證制度。

[736] 請參保全網,網頁:https://www.baoquan.com/ (最後瀏覽日:08/01/2019) 該網站首頁即標明,保全網助力杭州互聯網公證處上鏈,同時亦明示杭州互聯網公證處知識產權服務平臺正式上線。而參考該網站所提供之服務,可知其注重三大面向,分別是鑑真、存證以及增信,其係透過區塊鏈技術為基底,提供與司法機構之合作,其可以運用於司法出證以及在線取證,而其服務對象則係包含律師事務所、維權平臺以及公司企業等,其之服務核心即係透過落地司法領域之聯盟鏈亦即保全鏈提供服務,為電子數據提供憑證以利訴訟之舉證。

[737] 關於區塊鏈證據其可信性,及其他數位證據之實務案例,以及法院之論理脈絡等,可以參見郭鎧源,前揭註 728,頁 63。

安全性，以及透明性等諸特徵，該區塊鏈作為保存證據之「載體」層次，其亦實係具備所謂地完整性。[738]綜之，觀察前述法院對於該案之判斷，吾人可知，以區塊鏈技術來提供證明之系爭數位電子證據，其係可符合證據理論上對於該系爭證據之真實性層次上之要求，而若需進步補充，則可參前述第三章對於區塊鏈特性之介紹，而可查，在真實性上之層次，區塊鏈體系按其本身知技術特點，係實具高度之可信性及可靠性，同時亦可觀世界對於區塊鏈體系，伊所謂技術自證上的討論。[739]

2.關聯性理論之檢驗

其次，要檢驗的即是區塊鏈與「關聯性」，吾人可知，在證據法理論上，所謂「關聯性」係指[740]，究該系爭證據伊對於其所要證明之系爭事實，伊係需具有到屬「必要」之「最小限度證明力」[741]，此若進一步對之為解釋，可觀，如今如果對於現所欲提出之某項新證據，就其之效果上，伊若果確能夠為之「強化」，或係「印證」，該目前於訴訟上之某項「待證」的事實，亦即，伊對於到其之「可能性」，或係伊之「不可能性」等之判斷；又或者就該系爭之新提出系爭證據之效用上，其係可以對之為所謂地「黏合」，就伊某項待證之事實其之「證據碎片」；抑或係對於目前現有之諸證據進行「強化」，則基此觀之，此項證據即係得滿足前述所謂關聯性之要求[742]，又針對

---

[738] 參見張玉潔，前揭註 733，頁 104。同時參見杭州互聯網法院 2018 年度浙 0192 民初字第 81 號判決。

[739] 參見張玉潔，前揭註 733，頁 104。

[740] 補充言之關於證據關聯之相關討論，可以參見王瑞萍(2011)，〈淺析證據的關聯性〉，《商品與質量》，7 期，頁 114。

[741] 周恒(2018)，〈電子證據載體關聯性理論視角下的網貸平臺電子證據保存服務〉，《科技與法律》，5 期，頁 38。作者指出所謂關聯性理論係源於英美證據法，其要求係爭證據須對待證事實具最小限度之證明能力，而中國之證據法體系亦吸收前述之概念，並於立法以及司法面進行闡釋之。同時參見張玉潔，前揭註 733，頁 104。

[742] 補充言之，關於關聯性理論之檢驗，可以參見秦波(2010)，〈訴訟證據的關聯性認定標準的思考〉，《四川教育學院學報》，26 卷 9 期，頁 31。補充言之，指出對於關聯性之思考可以四項特徵以及認定標準切入，分別係為其一係證據內容及基礎之客觀性；其二係證據之內在性；其三係證據嚴格性；最後其四則係證據時代性。

前述之杭州互聯網法院一案[743]，吾人可知，查其所肯認之區塊鏈存證方式[744]，係由於區塊鏈前述之不可竄改性以及時間戳記等之功能，其係使得該基於區塊鏈之數位證據，伊能比按傳統上作法，如採「網頁截圖」等較傳統之數位電子證據，就伊之證據證明方式更具有相關之證明力，是故，基於系爭區塊鏈技術之對於伊所具備的補強該現有之證據證明力，伊係可以在證據理論上，被認為到係滿足關聯性理論之檢驗，而若需進步補充言之，則可查，按前揭第三章對區塊鏈特性之分析，可見，區塊鏈數位電子證據之特點，即係較傳統數位電子證據，而來的更為之安全可信且可靠。[745]

3.合法性[746]理論之檢驗

最後，要檢視的則是區塊鏈與「合法性理論」，吾人可知，在證據理論上，關於合法性之檢驗係係包含到四個面向，分別係其一之「採證主體之合法性」、其二之「採證程序之合法性」、其三之「證據保全之合法性」，以及最後其四之「證據形式之合法性」[747]，進一步解釋之，在證據法之理論上[748]，關於前述合法性之要求是有如所謂「機械化」而比對該系爭法律的過程，此亦即，其係並不包含個人之私部門情感上之諸面向，而此係是有關就該系爭法律，伊之規定上究為何而進行判斷，換言之，只要目前於法律面上，實係沒有為明文地禁止該系爭區塊鏈之應用，或是現法律上係已逕自承認該區塊鏈技術之合法性[749]，則此際以該系爭區塊鏈技術而來保存之數位電子證據之

---

[743] 請參杭州互聯網法院 2018 年度浙 0192 民初字第 81 號判決。

[744] 關於杭州互聯網法院對區塊鏈存證之審查邏輯脈絡，可以參見郭鎧源，前揭註 728，頁 63。

[745] 參見張玉潔，前揭註 733，頁 104。

[746] 熊偉(2014)，〈現代法律合法性理論研究的三個視角—基於理想類型方法的分析〉，《河海大學學報》，16 卷 2 期，頁 83。作者指出若要將法律關於合法性的討論做加深以及加廣，則可按三種視角來對之作展開，分別是形式性有效、接受的實效以及程序性共識，而前述三種視角是按對合法性之受眾以及客體等要素重視程度之不同，而為區分，而在宏觀的視角下，此三種面向係處於動態平衡之中。

[747] 補充言之關於合法性之表現面向，可以參見鄭新星、柯力(2019)，〈區塊鏈與法庭信息化建設融合探析〉，《法制與社會》，27 期，頁 167-168。

[748] 補充言之，關於區塊鏈存證之合法性審查，可以參見郭鎧源，前揭註 728，頁 61。

[749] 補充言之，關於區塊鏈存證目前之效力，可以參見郭鎧源，前揭註 728，頁 61。

作為上，即可認係已滿足此部合法性之要件，而此若需補充言之，則可參前述第四章對於世界區塊鏈政策層次之相關介紹，同時，亦可參中國之區塊鏈信息服務管理規定，以及其之最高人民法院關於互聯網法院審理案件若干問題的規定，以及參美國佛蒙特州區塊證據規則等相關立法實踐。[750]

綜上，就中國法之討論觀察，吾人可知該系爭區塊鏈技術係已滿足「真實性」、「關聯性」，以及「合法性」之檢驗，是故，基此實似應肯認其在法律上係能夠獲得相對應之證據資格[751]，以及就其在法律上關伊之證明能力，應該亦係使其能得到肯定[752]，然須特別指出的是，上述學理面上之探討，並非係認為前揭系爭地每一個使用區塊鏈體係為存證之諸證據，吾人皆可認可其之證據效力，此亦即，就該有關前述系爭區塊鏈證據力之判斷，此尚需由該諸不同個案間為之詳細地檢證之。[753]

（二）區塊鏈存證之司法實務

緊接著要探討的是，關於區塊鏈技術於司法面之實際情況，而區塊鏈在司法實務的應用，吾人係可參中國對於區塊鏈取證於法院審判之應用[754]，而對此「北京互聯網法院」[755]的法官朱閣之見解係為，其係認為由於該區塊鏈技術，伊係能夠直接地對於該系爭之諸證據為所謂地「對接儲存」，是故，若妥善運用該系爭區塊鏈技術，則將能夠在效率方面上，大幅地節省到系爭法院對於該系爭證據，伊檢證面上之難度，此外，其亦能顯著地提高現法院

---

[750] 參見張玉潔，前揭註 733，頁 104。

[751] 補充言之，關於司法聯盟區塊鏈天平鏈及存證面之相關資訊，可以參見北京互聯網法院網站，網頁：https://www.bjinternetcourt.gov.cn/ (最後瀏覽日：02/28/2020)

[752] 補充言之，關於司法區塊鏈平臺之上線，可以參見郭鎧源，前揭註 728，頁 63。作者指出目前北京、山東，以及杭州已有區塊鏈電子證據平臺之上線推行，同時作者認為對於未來司法區塊鏈之發展前景將可能達到「國家級司法區塊鏈」。

[753] 參見張玉潔，前揭註 733，頁 104。

[754] 關於北京互聯網法院所建構之天平鏈體系之相關介紹，以及互聯網之數位證據平臺，及司法區塊鏈節點等相關面向及數據，可以參見李杰(2019)，〈互聯網法院的現狀以及區塊鏈存證取證研究〉，《四川職業技術學院學報》，29 卷 3 期，頁 15-16。

[755] 請參北京互聯網法院網站，網頁：https://www.bjinternetcourt.gov.cn/ (最後瀏覽日：08/24/2019)

於訴訟面之效率[756]；同時，亦可參見「深圳知識產權法庭」[757]法官祝建軍之見解，而其係認為如吾人能係妥善地使用該系爭區塊鏈而為取證，則此對於相關數位電子技術之取證上將更為有利之；此外，就中國產業界對於區塊鏈的討論實亦係不曾間斷，而查「螞蟻金服司法區塊鏈」[758]的負責人栗志果之觀點係為，就未來之發展，係是要打造從創作之源頭而以保護之所謂地「全鏈路版權保護平臺」，並嗣將該系爭平臺與諸系爭各法院為對接之[759]；又「法信公證雲科技有限公司」[760]總經理陳艷則指出，未來在互聯網科技，伊結合到如「公證」與「版權」上相關之保護，係會有更多的各式應用，而該區塊鏈技術係可以為法律之工作者，伊提供到更為完善的服務層次。[761]

由上，吾人實係可以發現到，該區塊鏈之應用潛力係不只在於系爭產業界為之顯現[762]，就目前伊於司法實務的應用進程上與方式觀察，亦已係為發展快速[763]，然而，現對於區塊鏈與法律結合所可能產生的疑義，或是法律必須對之進行的調整項目，及須對之為地解釋等，則係必須為之更加詳細的釋明，此方進以利該系爭之區塊鏈體系，伊於司法實務之發展能夠更佳地完

---

[756] 補充言之，目前北京互聯網法院之電子訴訟服務平臺功能，其包含開庭公告、文書公開、庭審公開、訴訟指南、訴費計算，以及下載中心等服務。

[757] 請參中國最高人民法院網站，網頁：http://www.court.gov.cn/zixun-xiangqing-75412.html（最後瀏覽日：08/24/2019）補充言之，由上可知深圳知識產權法庭以及金融法庭係於 2017 年 12 月 26 日正式開始辦公活動。

[758] 請參螞蟻金服網站，網頁：https://tech.antfin.com/blockchain（最後瀏覽日：08/24/2019）

[759] 補充言之，螞蟻金服區塊鏈之優勢在於五大面向，分別是「高效共識機制」、「密碼學安全和隱私保障」、「跨鏈交互協議」、「可信執行環境」，以及「智能合約編程語言與安全分析」。

[760] 請參法信公證雲網站，網頁：https://reurl.cc/RdNvdr（最後瀏覽日：01/28/2020）

[761] 楊靜怡、張先雨(2019)，〈2019 知識產權南胡論壇—"全球化與知識產權保護"國際研討會綜述〉，《電子知識產權》，4 期，頁 101。

[762] 補充言之，關於區塊鏈於政府治理面之應用，可以參見牛宗嶺(2019)，〈利用大數據及區塊鏈技術構建政府"智慧大腦"〉，《人民論壇》，33 期，頁 74-75。

[763] 關於區塊鏈與法院審理之結合展望、司法區塊鏈之脈絡，以及區塊鏈與司法之融合等討論，可以參見張春和、林北征(2019)，〈司法區塊鏈的網絡訴源治理邏輯、困惑與進路〉，《中國應用法學》，5 期，頁 136-137。

善。[764]

　　又在現今工業 4.0[765]的時代下，吾人可查，相對之地所謂「證據法學」也係必須進入全新的發展階段，目前可觀，由於前述大數據[766]的蓬勃發展，此在系爭訴訟地程序中，對於到諸系爭案件的各項資訊，伊皆會係進入前揭大數據體系而進行相關之分析[767]，而此隨著社會進步之快速，可查，中國證據法的發展上已正係轉變為以前述之各數位電子證據，伊為「主體」之全新時代[768]，而在面對到司法程序中，無論此際係屬於原告或是被告，其在法律實務上之諸所為，可觀，係都會留下其對應之各式數據上地諸資料，緣此，吾人係已面臨全新數位電子證據時代之到來，對此究如何為正確的分析、及保護該系爭證據，以及對之所演化的系爭諸證據規則之各內涵等，勢必皆須進行所謂地「校準驗證」[769]，正如前述，目前工業 4.0 之現況下，已係有如「大數據」、「人工智慧」[770]，及「區塊鏈」之顯現，對此可預見地是，現傳統

[764] 吳弈錡(2018)，〈淺談區塊鏈技術與其法律議題〉，《理律法律雜誌》，2018 卷 1 期，頁 14-15。作者指出，目前隨著區塊鏈之發展可能產生許多法律議題必須探究，例如區塊鏈之匿名性與用戶身分之勾稽問題以及區塊鏈與專利適格性之相關問題等。

[765] 張曙(2014)，〈工業 4.0 和智能製造〉，《機械設計與製造工程》，8 期，頁 1。關於所謂工業 4.0，作者指出其係由德國技術科學院(ACDTECH)等相關機構提出，「第四代工業—Industry 4.0」之構想，其將使工業產業提升至新的體系，而其正是源於目前新興科技之發展，諸如互聯網、區塊鏈、人工智慧等相關新的材料或係能源之發展，其將進一步形成巨大之產業鏈及市場。

[766] 孟小峰、慈祥(2013)，〈大數據管理:概念、技術與挑戰〉，《計算機研究與發展》，1 期，頁 147。作者指出關於大數據(Big data)之概念，可以藉由所謂 3V 定義來解釋，亦即大數據具有三個特點，分別是多樣性、高速性以及規模性，同時可以藉由上述特性將大數據與海量數據(Massive data)以及超大規模數據(Very large data)，進行區別。而目前甚至有論者應當將 3V 定義拓展為 4V 定義，亦即透過加入真實性或是價值性等觀念於其中。

[767] 關於司法區塊鏈之發展脈絡及展望，以及其與大數據、互聯網，以及智能合約結合等討論，可以參見張春和、林北征，前揭註 763，頁 133。

[768] 馬小花(2005)，〈電子證據在民事訴訟中的運用問題探析〉，《陝西理工學院學報》，23 卷 4 期，頁 29。作者指出在 2005 年時即已具愈來愈多以電子證據來主張己身權利之事例。

[769] 補充言之，關於司法體系之內部共享鏈相關介紹與展望，可以參見張春和、林北征，前揭註 763，頁 133-134。

[770] 何立民(2016)，〈人工智能的現狀與人類未來〉，《單片機與嵌入式系統應用》，11 期，頁 81。作者指出人類智能之基礎係建構在人類之思維與行為層面，其雖然可以文字或是書籍進行知識之傳遞，然人類個體之智能無法與他人共同享有，同時亦無法透過遺傳之方法來傳遞。而今在人工

上之文本證據將已漸被該新興之網路科技所取代之，緣此，當今吾人所必須重視的問題即是，究如何得在該全新數位證據之時代下，妥適地對該系爭之諸證據間，而進行到對之完善地取證，又關於前述數位電子證據層次之取證，就伊之成功與否，實將係直接地影響到該系爭之當事人，伊於法院訴訟上之成敗及其對之最後量刑等之考量，基此，如今由前述區塊鏈技術的演進，在可預見的未來下，觀其對於數位電子證據的「保護」、「收集」，以及「取證」，係將即對該司法實務產生全面性之革新，而由前述之分析與檢驗，吾人亦可觀，該區塊鏈體系於之地適用，其於證據法上之檢驗亦係屬妥適，又查其之特徵係得與工業 4.0 與進步科技為之結合，亦可得對於區塊鏈證據之使用，已實係吾人未來所不可避之趨勢。[771]

　　細部言之，若在法學領域中為觀察，吾人可知正如前揭所述，該系爭證據係必須滿足三性，分別係為其一之「合法性」，其二之「真實性」，以及其三之「關鍵性」[772]，而在現階段之各式證據，伊已係多半經由數位電子化之設備而為保存，然若吾人此係使用較傳統且普通之數位電子化地，而以為之保護的諸平臺業者之服務，則由前述之研析可知，其係對於該系爭諸證據保護的安全性上，即係具有安全層次上之疑慮，反之，吾人此部若以前述該系爭區塊鏈體系為伊之貯存證據系統，若其能妥適地使用該區塊鏈體系，而將伊各系爭之諸證據間，進以作為該系爭保護之方式，則在優點面上可見，除其將該系爭之諸證據上傳入該系爭鏈上，此係可方便其諸使用者間，進行相對之查驗外，就其之所內涵之諸技術特性，如前揭之不可竄改性等，也將

　　智慧出現下，其可以透過外部之智慧體系以及智能工具等，進行智能之積累、傳承以及共享，進而使人類從知識之共享逐漸演變至智力之共享。

[771] 關於區塊鏈與證據法之變革之討論，請參張玉潔，前揭註 733，頁 104。可以參見上海市法學會網站，網頁 https://reurl.cc/Z77onp（最後瀏覽日:08/22/2020）補充言之，可以參見李杰，前揭註 754，頁 17。作者指出區塊鏈應用於取證面以及存證面，對於法院審理的意義在於三點，其一係促進司法之整合及聯合、其二係增加安全以及真實性，最後其三則係對於取證面以及存證面之費用相對較低。

[772] 參見張玉潔，前揭註 733，頁 104。

可見即可對當前數位電子證據之新時代化，立下決定性的基石[773]，又吾人透過該系爭區塊鏈技術，以來建置數位電子化證據資料庫之際[774]，該系爭使用者在伊為註冊登錄之後，其即可以實現所謂「實時」地上傳伊系爭之證據，並得透過其之「數字簽名」來為該系爭證據，伊進行到所謂地「保全措施」，而其在借助該區塊鏈技術的特性下，以及前揭所述之其所具之特別高度安全性之特點，可以預見的是，在伊未來於司法訴訟上，其對於以下之三大項次，如其一之「數位電子之取證面向」，其二之「舉證面向」，以及其三之「質證面向」等，係都能帶來穩定性的革新方式，而該使用者於伊透過該區塊鏈技術之「不可竄改性」、「透明性」，以及「去中介性」等，就其之諸劃時代之關鍵性技術特點，實係皆將能夠幫助不僅只該系爭之使用者本身，在可期的未來，其亦能涵蓋到如「檢警機關」之層次上，等之三大項助益，諸如其一係「人證面」、「物證面」，以及「書證面」等所謂證明關聯性之面向；及其二之合法性面向；以及最後其三之真實性之保障，是故，由上吾人即可知，區塊鏈在未來證據學上係可以提供到可觀且顯著地效益。[775]

又查目前的司法實務上，吾人由前述介紹可知，該數位電子證據已係是最常見的證據保存方式[776]，但是究其最根本之問題為查，吾人可知即係其存在容易被人為偽造變造，以及被人為惡意侵害之特性，故其在傳統數位電子證據之討論上，由於該系爭使用者其在伊為保護該系爭相關證據，伊之每一個環節中，其係都有可能被攻擊，此例如其一之「收集環節」、其二之「傳

[773] 補充言之，對於區塊鏈應用於證據存證面及取證面之介紹，可以參見李杰，前揭註 754，頁 16。

[774] 補充言之，關於區塊鏈証據資料庫之相關介紹，可以參見張春和、林北征，前揭註 763，頁 133-134。作者提出可以區塊鏈之技術建置「司法內部共享鏈」、「多元社會合作鏈」，以及「公共服務聚合鏈」等。

[775] 張鑫(2019)，〈區塊鏈技術對我國證據學領域的應用展望〉，《現代交際》，6 期，頁 46-47。而關於區塊鏈與數位證據之討論，可以參見上海市法學會網站，前揭註 771。同時可參張玉潔，前揭註 733，頁 104。

[776] 關於數位證據之關於數位證據之定義、類型、概述及特性，可以參見邱獻民、林宜隆(2007)，〈數位證據在法庭上之攻防對策〉，《資訊、科技與社會學報》，12 期，頁 53-63。關於常見保存方式，作者指出如「電腦設備產生之紀錄」、「數位文書」、「數位聲音」、「數位影像」、「數位跡證」，以及「電腦以外設備儲存之數位證據」等。

送環節」，以及最後其三之「保存環節」，此也進而導致該系爭司法機關在判斷該系爭數位電子證據，就伊之「完整性」，以及其是否究竟為「真實」，進而產生相當之困難，是故，此係進而影響到就該數位電子證據，伊之「證明力」，基此，現於司法實務中區塊鏈之出現將係扮演到至關重要之角色[777]，查其潛力之大，實可能將顛覆傳統數位電子證據，伊前於法庭審理實務上對該數位證據檢驗之困難性，此外，由於該區塊鏈體系伊所具於前揭第三章所曾述之「分散式特性」、「可信性特性」、「透明性特性」、「不可竄改性特性」，以及「安全性」等諸特點，吾人如能妥善的運用該系爭區塊鏈系統，而進以為如其一之「存證面應用」、其二之「取證面應用」，以及最後其三之「固證面應用」，則嗣其係將能在確保該系爭數位電子證據上，就其一之「完整性」，其二之「安全性」，其三之「有效性」，以及最後其四之「真實性」等，於此之四大關鍵層面，而讓該訴訟之系爭法院，進得以採信該系爭之數位電子證據。[778]

具體流程而言，究關於該系爭區塊鏈體系係如何為存證[779]，吾人係可將該系爭存證之過程分為下述三個步驟，此分別係為，其一之「使用者進行區塊鏈平臺註冊」，其二之「存證數據生成」，以及最後其三之「數據儲存」等，同時由於該系爭區塊鏈上的諸數據間，伊於該系統上節點上之任意人，其皆係可以藉由到公開的網絡而查詢該系爭之諸相關資訊，是故，吾人於此即係可得知，伊將可以之應用在未來之三大方向應用，即如其一之「司法取證機構」、其二之「電子認證平臺」，以及其三之「公證處」等應用，同時按技術上觀察可知，上述之機構係由於該系爭之每一個網路上，伊之各節點間實係都保存到了，伊相關之各系爭每一份地同一數據，緣此，吾人即可藉之確保到該系爭數位電子證據，伊之真實性，又吾人可知，區塊鏈系統在證據上之最為經典且重要之應用，即是前述所謂地「存證溯源」，未來若果社

會上對之地應用，係能將前述存證中心妥善地結合到司法機關以及相關實務之運作，進而得建立到初具規模之「聯盟鏈」，則此對於前揭數位電子證據伊之「公信力」層面，以及對之地「可信性」層次，將嗣得更為顯著地提升，又此若需補充而言，則關於司法聯盟區塊鏈之技術以及關於天平鏈等諸討論，亦須留意。[780]

　　此外，關於數位電子證據之重要性，吾人可知，其係體現在處理如其一之「網路侵權」、其二之「網路誹謗」，以及其三之「網路金融」等層面，吾人可查，中國係在 2012 年 2 月對於「刑事訴訟法」[781]以及「民事訴訟法」[782]之修正，以及 2014 年對於到「行政訴訟法」[783]的修訂，此可得見，伊已係在法律訴訟之層面上，肯認系爭之數位電子證據，就其係得作為一種「獨立證據」之效力，同時也為該數位電子證據在伊訴訟實務中的運用，提供了法源上之依據，然而，目前傳統地數位電子證據伊之根本問題即如前述，此係根源於其之「極易被竄改性」，換言之，究如何得在系爭訴訟中證明到該系爭之數位電子證據，伊之「真實」則係已成為吾人必須對為突破之方向[784]，是故，目前以區塊鏈的運用而作為對前揭傳統數位電子證據以為解套之方案[785]，實係根本上地借重伊對該系爭證據於保護層次的安全性以及真實性，此亦即，其係對於解決到前述傳統數位電子證據中，伊極關鍵之「真實性難點」

---

[780]　參見李靜彧、李兆森，前揭註 723，頁 109。

[781]　請參中華人民共和國中央人民政府網站，網頁：http://www.gov.cn/flfg/2012-03/17/content_2094354. htm (最後瀏覽日：01/28/2020)

[782]　請參中國人大網網站，網頁：http://www.npc.gov.cn/wxzl/gongbao/2012-11/12/content_1745518.htm (最後瀏覽日：01/28/2020)

[783]　請參中國政府網網站，網頁：http://big5.www.gov.cn/gate/big5/www.gov.cn/flfg/2006-10/29/content_ 1499268.htm (最後瀏覽日：08/24/2019) 補充言之，由上可知中國行政訴訟法之立法目的係規範在該法第 1 條：「為保證人民法院正確、及時審理行政案件，保護公民、法人和其他組織的合法權益，維護和監督行政機關依法行使行政職權，根據憲法制定本法。」

[784]　補充言之，關於司法區塊鏈之訴源治理，可以參見張春和、林北征，前揭註 763，頁 128-132。作者提出二大建議，分別係「建立可信電子證據平臺」、「強化區塊鏈基礎建設」，以及「打造司法信用共治平臺」。

[785]　補充言之，關於區塊鏈存證產業之出現，可以參見區塊鏈存證王網站，網頁：https://app.chainsecurity.asia/blockchainwitness/web/index.html (最後瀏覽日：01/28/2020)

提供了對案[786]，又如前述，中國最高人民法院日前更已於 2018 年 9 月頒布了「最高人民法院關於互聯網法院審理案件若干問題的規定」[787]，而查其中之第 11 條已係明確的於透過「司法解釋」之方式，對該區塊鏈數位電子存證之手段進行到相關之確認，此亦係確立到區塊鏈體系在證據層面發展之重要性。[788]

目前，中國已係有許多學者對於區塊鏈作為數位電子證據之相關應用進行細部研究，例如李靜彧與李兆森，其於 2018 年提出「基於區塊鏈存證的電子數據真實性探討」一文中，伊即詳細地論證了系爭區塊鏈體系於數位電子證據，伊之取證面之真實性[789]；又李杰亦對區塊鏈之存證及取證層次，而於互聯網法院之應用作出相關研究，伊係提出「互聯網法院的現狀以及區塊鏈存證取證研究」[790]；而郭鎧源則提出了「法律視角下基於區塊鏈技術的電子存證研究」[791]；此外，張春和與林北征係對於司法區塊鏈提出討論[792]；而張懷印則對於究區塊鏈得如何保護系爭之營業秘密，做了深入的原理解釋以及分析；又雷蕾係對區塊鏈於數位電子存證之抗辯事由，其之司法審查層次作

---

[786] 補充言之，關於建立可信電子證據平臺之建立，可以參見張春和、林北征，前揭註 763，頁 130。

[787] 請參最高人民法院關於互聯網法院審理案件若干問題的規定第 11 條：「當事人對電子數據真實性提出異議的，互聯網法院應當結合質證情況，審查判斷電子數據生成、收集、存儲、傳輸過程的真實性，並着重審查以下內容：（一）電子數據生成、收集、存儲、傳輸所依賴的計算機系統等硬件、軟件環境是否安全、可靠；（二）電子數據的生成主體和時間是否明確，表現內容是否清晰、客觀、準確；（三）電子數據的存儲、保管介質是否明確，保管方式和手段是否妥當；（四）電子數據提取和固定的主體、工具和方式是否可靠，提取過程是否可以重現；（五）電子數據的內容是否存在增加、刪除、修改及不完整等情形；（六）電子數據是否可以通過特定形式得到驗證。當事人提交的電子數據，通過電子簽名、可信時間戳、哈希值校驗、區塊鏈等證據收集、固定和防篡改的技術手段或者通過電子取證存證平臺認證，能夠證明其真實性的，互聯網法院應當確認。當事人可以申請具有專門知識的人就電子數據技術問題提出意見。互聯網法院可以根據當事人申請或者依職權，委託鑑定電子數據的真實性或者調取其他相關證據進行核對。」

[788] 陳新(2019)，〈民事訴訟中基於區塊鏈技術的電子證據應用研究〉，《法制博覽》，頁 215。

[789] 參見李靜彧、李兆森，前揭註 723，頁 109-112。

[790] 參見李杰，前揭註 754，頁 13-18。

[791] 參見郭鎧源，前揭註 728，頁 61-63。

[792] 參見張春和、林北征，前揭註 763，頁 116-137。

研究[793]；陳新則係對於區塊鏈數位電子證據於民事訴訟上之應用作出研究。[794]若將視角聚焦在產業應用層面上，吾人可知，目前亦已係有多家網路平臺對於系爭區塊鏈數位電子存證，提供服務，對此係可參如美國德州奧斯汀之「Factom」，或係如中國之「保全網」等[795]，此外，在數位電子證據之司法實務面上，吾人即可以細部參見前揭 2018 年 6 月 28 日杭州互聯網法院，伊對於該著作權侵害之案件之審理流程與法律分析，且據查其是中國第一次肯認區塊鏈之證據效力[796]，而此後在同年地 10 月，北京市東城區人民法院在一「網路傳播權侵害案件」中，其也係肯認了該區塊鏈數位電子證據之效力[797]，而此部需要特別指出的是，在 2018 年 9 月 18 日時，前揭杭州互聯網法院所設立的「司法區塊鏈平臺」已經正式地上線運作[798]，觀其之特殊處可知，其係已成為中國第一座運用前揭區塊鏈體系而進行審判的法院，而此點亦是區塊鏈系統於法律訴訟實務中，進被肯認的具體展現，惟不可諱言地，對其相關法律上之監管以及對之學理上的探討，仍須繼續為深入且廣泛地研究以及對為探索。[799]

（三）我國之數位證據規範

1.我國現行法律規範

前述觀察對岸區塊鏈證據與數位證據的討論與實務發展，若將視角據焦我國現行法律之規範及現況，可查，在現如今之科技發展背景下，當今係處

---

[793] 雷蕾(2018)，〈從時間戳到區塊鏈:網路著作權糾紛中電子存證的抗辯事由與司法審查〉，《View on Publishing》，321 期，頁 10-14。

[794] 陳新，前揭註 788，頁 215。

[795] 請參 Factom 網站，網頁：https://www.factom.com/ (最後瀏覽日：08/24/2019) 補充而言上可知，Factom 提供系爭數據之存在證明、系爭數據之過程證明、系爭數據之完整性以及數字身分等服務。同時亦可參見保全網網站，網頁：https://www.baoquan.com/ (最後瀏覽日：01/28/2019)

[796] 請參杭州互聯網法院 2018 年度浙 0192 民初字第 81 號判決。

[797] 補充言之，關於區塊鏈於司法證據化之實踐，可以參見張春和、林北征，前揭註 763，頁 126。

[798] 請參中華人民共和國最高人民法院網站，〈杭州互聯網法院區塊鏈智能合約司法應用上線—存證量超 19 億條〉，網站: http://www.court.gov.cn/zixun-xiangqing-194221.html (最後瀏覽日:01/28/2020)

[799] 參見陳新，前揭註 788，頁 215。

網際網路蓬勃發達的時代[800]，吾人可知，數位電子技術以及資訊上之通訊之科技正係快速地演化[801]，而對此可見「新形態」的犯罪亦正不斷地在出現，若觀察其之態樣則可知，其多係透過「網路」、「手機」，或是「電腦相關平臺」以進行犯罪手段施行[802]，針對此點，吾人則可知關於「數位證據」[803]之討論在如今即係顯得至關重要[804]，而所謂數位證據之概念，其係指在現今之網路世代下，使用前述數位電子產品或是網路之設備，而以數位儲存之方式所保存之系爭證據，又其係可以對於該系爭所待證之事實，加以為佐證[805]，而關於該數位證據之收集層面之流程，其係必須透過前揭曾述，亦即所謂地「數位鑑識程序」[806]，而以來對該系爭證據為保存或是取證，又此處所謂數位鑑識程序，伊則意指，對該儲存於網路電子設備中之系爭資料，而進行相關之鑑識動作，舉例言之，其分別係如分析該儲存於系爭網路設備上之「數位跡證」，或是對該跡證進行相關之「蒐集」作為等[807]，惟正如前述於中國

---

[800] 補充言之，關於寬頻網路之相關介紹，可以參見鄭聖慶(2011)，〈寬頻網路系統與匯流技術發展計畫成果與展望〉，《電腦與通訊》，139期，頁18-21。

[801] 補充言之，關於多樣化電子設備出現造成尋找證物難度之提升，可以參見許晉銘(2011)，〈數位鑑識發展對個資法之影響〉，《資訊安全通訊》，17卷2期，頁73。

[802] 補充言之，關於網路犯罪之類型之相關介紹，可以參見法務部暨所屬機關網站，網頁：https://www.moj.gov.tw/cp-1033-45746-3deac-001.html (最後瀏覽日：01/29/2020)

[803] 李榮耕(2014)，〈刑事審判程序中數位證據的證據能力—以傳聞法則及驗真程序為主〉，《臺北大學法學論叢》，91期，頁173。作者指出所謂數位證據(Digital evidence)，係指以數位方式傳輸，或儲存在電磁設備載體中之紀錄，而其用途為於審判當中對於待證事實進行證明。

[804] 林宜隆(2004)，〈網路犯罪防治與信賴機制之建立—以網路交易犯罪為例〉，《研考雙月刊》，28卷1期，頁92。作者指出隨著國際網路之發展，已出現許多透過網路之犯罪行為，包含網絡欺詐、網絡侵害以及網絡竊聽等。

[805] 補充言之，關於數位證據之定義亦可參見王以國(2008)，〈數位證據之刑事證據能力相關議題研究〉，《科技法律透析》，20卷11期，頁13。

[806] 陳愛湛、林怡伶、吳佳翰、宋子莉(2015)，〈數位鑑識機構認證標準規範及操作程序之介紹與建議〉，《資訊安全通訊》，21卷1期，頁1。作者指出關於數位鑑識於我國之發展，可以溯源至2000年時，張維平以及蔡震榮提出相關學術成果發表，而數位證據具有脆弱之特性，此點導致其在訴訟中往往是判決關鍵之處，惟現今我國關於數位鑑識仍未訂立標準之規範程序。

[807] 補充言之，關於數位鑑識、行動鑑識資安鑑識之定義，以及數位鑑識程序之相關建議，可以參見林宜隆(2017)，〈淺談數位犯罪、數位鑑識及消費者建議積極作為〉，《消費者報導雜誌》，431期，頁5-6。

法上之討論所介紹的，就該數位證據的物理特性觀之，伊係使得其係具有五
大顯著地疑義[808]，分別係為其一之「易遭竄改性」、其二之「不易舉證來源
以及完整性」、其三之「無法直接感知性」、其四之「易散布性」，以及最
後其五之「難以舉證關聯性」[809]，由於前述數位證據之諸不利特性，吾人可
知，其係極容易遭受人為之不當竄改，且伊係易於透過網路而大量遭受傳播
及複製[810]，且其在實務上亦難以為舉證其與該當事人間之「連結關係」，此
係由於，該數位證據係儲存在數位電子網路設備當中，是故，其係無法直接
地藉由人類之感官進所為之感知[811]，緣此，於實務上亦難以對於該系爭之數
位電子證據，就伊之來源以及其之完整性層次進行到相關之舉證[812]，而上述
諸問題，即係我國實務上對於該數位電子證據之五大疑義，而正是由於前述
數位電子證據之五大問題，目前其在數位鑑識層面上，通常都係需要透過到
專業之團隊以來協助，緣此，在當今網路具備高度匿名性之現況下，對於該
系爭數位證據之鑑識上，傳統上觀之，當事人即必須對之額外花費高昂的金
錢，進以聘僱專業之團隊進行訴訟上之協助，而此若補充言之，對於突破傳
統上之作法，則可參前述第三章之討論，對於區塊鏈技術之引入為研析。[813]

　　進步言之，前述數位電子證據在我國之訴訟中，同樣係必須滿足對於「證
據能力」[814]之相關要求，又所謂「證據能力」，伊係指該證據係具有可以於

---

[808]　補充言之，關於數位証據(或稱電子證據)之疑義，可以參見張明偉(2018)，〈電子證據之傳聞疑義〉，
《東吳法律學報》，29卷3期，頁30。

[809]　補充言之，關於數位證據之特性以及其於訴訟上之相關對策，可以參見邱獻民(2015)，〈數位證
據在法庭上之檢視與攻防〉，《電腦稽核》，31期，頁147。

[810]　補充言之，關於數位犯罪以及「網路犯罪學」之相關討論，可以參見林宜隆，前揭註807，頁3-4。

[811]　參見王以國，前揭註805，頁12。

[812]　補充言之，鑑於傳統數位證據於訴訟上舉證之難點，目前已有企業提供以區塊鏈存證提升證據於
法院中被接納之機會，對此可以參見 iThome 網站，〈新創區塊科技推出數位存證上鏈 App，要
讓數位證據在法庭舉證時更具效力〉，網頁：https://www.ithome.com.tw/news/131931 (最後瀏覽日：
02/11/2020)

[813]　蔡孟真(2014)，〈淺談數位鑑識與訴訟程序〉，載於 PHYCOS 網站：http://www.phycos.com.tw/articles
/87 (最後瀏覽日：07/08/2019)

[814]　請參司法院大法官釋字第582號解釋理由書。其對證據能力之解釋原文為：「所謂證據能力，係
指證據得提出於法庭調查，以供作認定犯罪事實之用，所應具備之資格；此項資格必須證據與待

系爭訴訟上作為證據之「資格」，其係是對於所有與該系爭訴訟相關之證據，
伊欲在法院審理中，得具備到相關作用之一大前提，而該數位證據伊必須係
要能是具有到證據能力之證據，該系爭法院方可進一步依照其之心證，進而
對其之「證據價值」層次[815]做出判斷，而此處所謂之「證據價值」，伊則係
指該法院對於系爭具備證據能力之證據，就其是否可以為「信任」或是查其
對於待證事實伊證明力之「強弱」等，此換言之，即係法院對該證據價值之
「證明力」[816]之判斷，而針對前述所提及之數位鑑識程序[817]，其之重要性係
關於到該數位電子證據之「保全面」以及「蒐集面」，而對此相關之規範可
以參見刑事訴訟法，以及民事訴訟法之規定，而此若補充觀察，可知，在傳
統上之作法對於數位電子證據之對案，通常係藉由到數位鑑識，而若對照上
述論及的區塊鏈效用，則吾人亦可見區塊鏈於突破傳統之功效，亦可印證前
述之區塊鏈於司法實務之突破性貢獻。[818]

(1)刑事訴訟法規範

首先，關於前揭數位證據之分析，若就刑事訴訟法之觀點為查，吾人可
知，在我國刑事訴訟法中對於該證據能力之規範，係具有相關之所謂地「嚴
格證明程序」[819]，若是在關於該系爭證據之取證層面上係具有到不合法律之

證事實具有自然關聯性，符合法定程式，且未受法律之禁止或排除，始能具備。」

[815] 黃翰義(2010)，《程序正義之理念（三）》，頁9，臺北：元照。作者指出對於證據之評價，其需
考量整體之構成要件關聯性，以如拼圖之方式構建事實全貌，雖然各證據間可能有個別之評價，
然該個別評價亦應以事實全貌之證據鏈方式為思考，方能形成完整之證據評價。

[816] 趙元孫(1998)，〈公證書的實質證據力－兼評最高法院八十六年度臺上字第二一四二號民事判
決〉，《法令月刊》，49卷12期，頁29。作者指出所謂證據之證明力或稱證據價值，其不於法
律中做積極或消極之規範，而是將其交由法官依其心證作為判定，此即我國採自由心證主義之故。

[817] 補充言之，關於數位證據、數位鑑識，以及未來發展之相關建議，可以參見林宜隆，前揭註807，
頁5-6。

[818] 參見蔡孟真，前揭註813。

[819] 補充言之，關於嚴格證明之定義可以參見臺北地方法院91年度訴字第342號判決。判決原文指
出：「而另外從嚴格證明之理論來看，對於此種未經詰問之證人審判外陳述理論，也可以獲得上
述相同之結論，依照國內刑事訴訟法學者較多數之看法及最高法院判決之意旨（九十三年度臺上
字第四六五七號、第四八三八號、第五八九九號），所謂之嚴格證明係指『證據資料必須具有證
據能力，容許為訴訟上之證明，並在審判期日經合法調查後，始有證明力，而得為法院評價之對

處，則伊所取得之系爭證據，其即係會因無「證據能力」，故也不需再對之進到「證明力」之討論。[820] 又在我國刑事訴訟法的規定中，關於刑事訴訟程序之「發動」上，係可以將之分為兩大面向，分別是其一之「公訴」，以及其二之「自訴」[821]，而前者所謂地公訴程序[822]，其係有檢察官需要對為舉證來說服法官，亦即，伊對於該被告之犯罪事實而來做舉證，在實務上，對於公訴程序中，該數位電子證據係多由檢察官進指揮該司法警察而進行到對之相關地蒐證；又後者所謂地自訴程序[823]，吾人可知，雖然原告在訴訟上係沒有如同前揭之檢察官，伊所代表國家公權力之相關地位[824]，但基此，實係可以參見到最高法院於民國 91 年度第四次刑事庭會議之決議[825]，若引用該會議中之用語可見：「關於第一六一條第一項檢察官應負實質舉證責任之規定，亦於自訴程序之自訴人同有適用。」[826]由上即係可知，對於伊所採行自訴程

象。故具備證據能力並經合法調查，乃嚴格證明法則之要件；所謂合法調查，係指容許為訴訟上證明（具備證據能力）之證據資料，直接顯現於審判庭，依刑事訴訟法第一百六十四條、第一百六十五條及第一百六十五條之一等規定，提示當事人、代理人、辯護人或輔佐人，使其辨認，或向其宣讀或告以要旨，予其陳述意見及辯論證據證明力之程序而言。』」

[820] 林鈺雄(1999)，〈嚴格證明法則與直接審理原則－最高法院相關裁判之綜合評釋〉，《臺灣本土法學雜誌》，5 期，頁 3。作者指出在嚴格證明法則下，法院所使用之證據方法以即對於待證事項之調查程序，需經過嚴格之證明程序。而所謂嚴格之證明程序之嚴格性，作者進一步指出其表現在兩大面向，其一係為法定調查程序之限制，而其二則係法定證據方法之限制。

[821] 補充言之，關於告訴、自訴之實務見解，可以參見高等法院 107 年度上易字第 916 號判決。判決原文指出：「再按告訴、自訴係刑事訴訟法為保障被害人向偵查機關申告犯罪事實、或逕行向法院請求對於被告確定刑罰權存否及其範圍之權利，被害人行使上開權利後，縱如法院查無證據證明被告無告訴人、自訴人指訴犯罪嫌疑，倘不能證明告訴權、自訴權有濫用情事，或有誣指他人犯罪者，致他人名譽受損，斷難徒憑被告嗣後經法院判決無罪確定，逕以認定告訴人、自訴人有不法侵害他人名譽之情事。」

[822] 請參刑事訴訟法第 251 條：「檢察官依偵查所得之證據，足認被告有犯罪嫌疑者，應提起公訴。被告之所在不明者，亦應提起公訴。」

[823] 請參刑事訴訟法第 319 條：「犯罪之被害人得提起自訴。但無行為能力或限制行為能力或死亡者，得由其法定代理人、直系血親或配偶為之。前項自訴之提起，應委任律師行之。犯罪事實之一部提起自訴者，他部雖不得自訴亦以得提起自訴論。但不得提起自訴部分係較重之罪，或其第一審屬於高等法院管轄，或第三百二十一條之情形者，不在此限。」

[824] 補充言之，關於公訴之實務，可以參見高等法院 93 年度上易字第 1208 號判決。

[825] 參見蔡孟真，前揭註 813。

[826] 請參最高法院 91 年度第四次刑事庭決議。

序之該系爭自訴人，就其所需負的舉證責任係與前述檢察官一樣，其即係必須為舉證來說服該系爭法官，嗣進證明該系爭被告之犯罪事實確屬確鑿，而對前述該公訴程序以及自訴程序之被告，其在訴訟上亦係有對於前揭該檢察官，以及系爭自訴人為之反制之手段，此亦即，其係可以透過到我國刑事訴訟法第 163 條之明文[827]：「當事人、代理人、辯護人或輔佐人得聲請調查證據，並得於調查證據時，詢問證人、鑑定人或被告。審判長除認為有不當者外，不得禁止之。法院為發見真實，得依職權調查證據。但於公平正義之維護或對被告之利益有重大關係事項，法院應依職權調查之。法院為前項調查證據前，應予當事人、代理人、辯護人或輔佐人陳述意見之機會。」[828]由上可見，該被告確係可以透過聲請調查證據，進而動搖該法官之心證[829]，而從上述討論係可知，在我國刑事訴訟實務上，除了代表國家的檢察官外，刑事之被告，或是採用自訴之原告，實皆係具使用到「數位鑑識」[830]之機會，而此若再進步言之，可知，鑒於上述數位鑑識所需的花費之高昂，若該被告、檢察官，或是採自訴之原告，其係妥善地藉由前述之區塊鏈存證方案，吾人可知，在前揭第二、三及第四章所曾舉的區塊鏈保護實例，可觀，區塊鏈係為突破司法現況之新穎解方，然我國對於區塊鏈於司法實務之適用，似乎仍須加緊腳步以更上國際趨勢。[831]

---

[827] 補充言之，關於刑事訴訟法第 163 條之實務見解，可以參見最高法院 108 年度臺上字第 3259 號判決。判決原文指出：「刑事訴訟法第 163 條已揭櫫調查證據係由當事人主導為原則，法院於當事人主導之證據調查完畢後，認為事實未臻明瞭仍有待釐清時，始得斟酌具體個案之情形，予以裁量是否補充介入調查。」

[828] 請參刑事訴訟法第 163 條：「當事人、代理人、辯護人或輔佐人得聲請調查證據，並得於調查證據時，詢問證人、鑑定人或被告。審判長除認為有不當者外，不得禁止之。法院為發見真實，得依職權調查證據。但於公平正義之維護或對被告之利益有重大關係事項，法院應依職權調查之。法院為前項調查證據前，應予當事人、代理人、辯護人或輔佐人陳述意見之機會。」

[829] 補充言之，關於自由心證之介紹及限制，可以參見王文(1967)，〈論自由心證之限制〉，《法令月刊》，18 卷 4 期，頁 10-11。

[830] 補充言之，關於數位鑑識之過程及狀況，可以參見許晉銘(2011)，〈數位鑑識發展對個資法之影響〉，17 卷 2 期，頁 74-80。

[831] 參見蔡孟真，前揭註 813。

(2)民事訴訟法規範

在觀察刑事訴訟法上之相關規範後，若將視角轉向民事訴訟法上之討論，吾人可見，按我國最高法院 104 年度臺上字第 2200 號民事判決意旨係可知，該民事訴訟法伊於原則上，實係非具對該系爭證據，伊於資格之相關限制，又該意旨原文係為：「按證據能力係指可做為證據調查對象證據方法之資格，民事訴訟本於自由心證主義，原則上無證據資格限制，證人之證詞縱因傳聞而得，亦非無證據能力，至其證詞之證據力，則由法官按合法證據調查程序所得之全證據資料，包括當事人、代理人之辯論內容、態度、攻擊防禦方法之提出、提出時期等，於斟酌全辯論意旨後，透過經驗法則與論理法則，本於自由心證予以評價。」[832]

同時，於此部亦可同時參見到最高法院 104 年度臺上字第 1455 號民事判決意旨，其係明確地對之指出道，我國民事訴訟法，伊之目的即係在「解決紛爭」與「維護私法秩序和平」，此可見知，民事訴訟之目的實係與前揭述及之刑事訴訟，伊之目的係屬不同，此換言之，我國民事訴訟法即正如前所述，伊係並未如同該刑事訴訟法設有究對系爭證據能力之各規定，此亦即，在我國民事訴訟法之規範上，原則上係採就前揭各該系爭之當事人等，伊必須「自行」地對之提出到，就該系爭案件之「事實」層次，緣此，此即也係給予到系爭區塊鏈證據可以為切入之角度，若果前揭該原、被告間，對之係能妥善地運用前揭區塊鏈之諸特點，則即可見其將得於該系爭訴訟上，將能借助前述區塊鏈之高度可信性，進而嗣居於較為有利之地位。[833]

---

[832] 請參最高法院 104 年度臺上字第 2200 號民事判決意旨。同時，關於民事訴訟之架構圖，可參蔡孟真，前揭註 813。

[833] 請參最高法院 104 年度臺上字第 1455 號民事判決意旨。最高法院判決原文係為：「按民事訴訟之目的旨在解決紛爭，維持私法秩序之和平及確認並實現當事人間實體上之權利義務，為達此目的，有賴發現真實，與促進訴訟。惟為發現真實所採行之手段，仍應受諸如誠信原則、正當程序、憲法權利保障及預防理論等法理制約。又民事訴訟之目的與刑事訴訟之目的不同，民事訴訟法並未如刑事訴訟法對證據能力設有規定，就違法收集之證據，在民事訴訟法上究竟有無證據能力？尚乏明文規範，自應權衡民事訴訟之目的及上述法理，從發現真實與促進訴訟之必要性、違法取得證據所侵害法益之輕重、及防止誘發違法收集證據之利益（即預防理論）等加以衡量，非可一概否認其證據能力。苟欲否定其證據能力，自須以該違法收集之證據，係以限制他人精神或身體

又對於民事訴訟上之證據[834]，此亦可以參見我國民事訴訟法第 266 條之
規定[835]：「原告準備言詞辯論之書狀，應記載下列各款事項：一、請求所依
據之事實及理由。二、證明應證事實所用之證據。如有多數證據者，應全部
記載之。三、對他造主張之事實及證據為承認與否之陳述；如有爭執，其理
由。被告之答辯狀，應記載下列各款事項：一、答辯之事實及理由。二、前
項第二款及第三款之事項。前二項各款所定事項，應分別具體記載之。第一
項及第二項之書狀，應添具所用書證之影本，提出於法院，並以影本直接通
知他造。」[836]由此即知，上述條文係已明確的指出道，原告係必須在伊言詞
辯論之書狀中，為之列明事實、理由，以及證明該應證事實之證據，同時伊
在具有多數證據的狀況下，其係必須全部的為記載之。[837]

同時，吾人亦須參照同法第 286 條之規定[838]：「當事人聲明之證據，法
院應為調查。但就其聲明之證據中認為不必要者，不在此限。」[839]由上，可
見知該法院在系爭當事人遇有爭執之時，其之判斷依據是照該當事人伊所聲

自由等侵害人格權之方法、顯著違反社會道德之手段、嚴重侵害社會法益或所違背之法規旨在保
護重大法益或該違背行為之態樣違反公序良俗者，始足當之。」同時，關於證據能力與證據力之
架構圖，可參蔡孟真，前揭註 813。

[834] 關於民事訴訟法與數位證據面之相關討論，可以參見蔡孟真，前揭註 813。

[835] 補充言之，關於民事訴訟法第 266 條之實務見解，可以參見高等法院 107 年度勞抗字第 12 號裁
定。

[836] 請參民事訴訟法第 266 條：「原告準備言詞辯論之書狀，應記載下列各款事項：一、請求所依據
之事實及理由。二、證明應證事實所用之證據。如有多數證據者，應全部記載之。三、對他造主
張之事實及證據為承認與否之陳述；如有爭執，其理由。被告之答辯狀，應記載下列各款事項：
一、答辯之事實及理由。二、前項第二款及第三款之事項。前二項各款所定事項，應分別具體記
載之。第一項及第二項之書狀，應添具所用書證之影本，提出於法院，並以影本直接通知他造。」

[837] 參見蔡孟真，前揭註 813。

[838] 補充言之，關於民事訴訟法第 286 條之實務見解，可以參見最高法院 108 年度臺上字第 2486 號
判決。判決原文指出：「查當事人聲明之證據，除認為不必要者外，法院應為調查，民事訴訟法
第 286 條規定甚明。所謂不必要者，係指當事人聲明之證據，依其聲明之意旨，與待證事實毫無
關聯，或縱令屬實，亦不影響法院就某事項已得之強固心證，而其仍聲明關於該事項之證據方法
等情形而言。倘當事人聲明之證據，與待證事實非無關聯，或足以影響法院之心證，即不得預斷
其結果，認無必要而不予調查。」

[839] 請參民事訴訟法第 286 條：「當事人聲明之證據，法院應為調查。但就其聲明之證據中認為不必
要者，不在此限。」

明之系爭證據，而來進行相關綜合判斷，而此時法院係不可以遽依照職權來為介入調查之，惟針對此點，則係可以參考到同法第 288 條之規定[840]：「法院不能依當事人聲明之證據而得心證，為發現真實認為必要時，得依職權調查證據。依前項規定為調查時，應令當事人有陳述意見之機會。」[841]由前述條文可知，該系爭法院係只有在為了「發現真實」之必要，例外地允許該法院係可以按照伊之職權來調查系爭之證據，而關於該法院調查證據之方法上，則係必須參考道我國民事訴訟法第 289 條[842]：「法院得囑託機關、學校、商會、交易所或其他團體為必要之調查；受託者有為調查之義務。法院認為適當時，亦得商請外國機關、團體為必要之調查。」[843]吾人由該條文用語可知，在我國民事訴訟法上，若果該案件係涉及到前述數位電子證據之時，此係有三方嗣可能有使用到系爭數位鑑識之機會，其分別是其一之法院方、其二之被告方，以及最後其三之原告方，又此若需補充言之，則綜上可查，對於前揭數位電子證據之討論與應用，在前述數位鑑識之昂貴成本情事下，若果無人係能妥善地運用該區塊鏈技術，則此對於我國司法實務於之智慧法庭化相關開展層次，與訴訟效率對之地提升，係即可能具有相當程度之幫助。[844]

(3)數位證據之性質

在數位證據的討論上，必須細部探究的是，究竟數位證據其之性質為何，吾人可知，證據按其之「物理性質」與其「存在之狀態」，吾人係可將之分為以下三項，其一係「書證」，其二係「物證」，以及最後其三係「人證」，而對於證據之調查方法，吾人可知其係有其一之「文書」，其二之「證人」，

---

[840] 補充言之，關於民訴訴訟法第 288 條之實務見解，可以參見最高法院 108 年度臺抗字第 748 號裁定。

[841] 請參民事訴訟法第 288 條：「法院不能依當事人聲明之證據而得心證，為發現真實認為必要時，得依職權調查證據。依前項規定為調查時，應令當事人有陳述意見之機會。」

[842] 補充言之，關於民事訴訟法第 289 條之實務見解，可以參見最高法院 102 年度臺簡抗字第 129 號裁定。

[843] 請參民事訴訟法第 289 條：「法院得囑託機關、學校、商會、交易所或其他團體為必要之調查；受託者有為調查之義務。法院認為適當時，亦得商請外國機關、團體為必要之調查。」

[844] 參見蔡孟真，前揭註 813。

其三之「被告」，其四之「勘驗」，以及最後其五之「鑑定人」等五項[845]，又其中「人的證據方法」係有三而係包含「鑑定人」、「被告」，以及「證人」；「物的證據方法」亦有三，而此係包含如「勘驗」、「文書」，以及「鑑定」，惟由於我國數位證據其發展時間甚晚[846]，其所內涵之觀念過於新穎，是故，關於其之概念，以及型態及其之相關理論係尚在發展中[847]，又同時關於該類數位電子證據於我國證據法上之地位，以及對之地證據方法等學理亦尚處討論之中，吾人可查，其目前係包含如「書證說」、「物證說」等而未有定論，且我國亦未對之有為任何相關之立法。[848]

(4)我國現有法律規範不足

進步言之，就我國當前法律發展觀之，實係並未如同前述中國對於該數位電子證據具有到明確地法律規範，同時，我國係並未有專章或採專法來對於該數位電子證據，亦或是前揭數位鑑識來加以訂立，又我國法律上明文規範之證據方法僅有五種[849]，分別是前述之「人證」、「書證」、「當事人」、「鑑定」以及「勘驗」，此可見其係並未有對於該數位證據之進一步規範，由此，實務上對於數位電子證據之鑑識或是提出，往往係只能採行所謂地「書證」或是「鑑定」，伊當中之「準文書」規範[850]，或是透過「勘驗」之程序

---

[845] 朱帥俊（2011），〈論電子證據之分類與傳聞法則〉，《司法新聲》，99期，頁39。

[846] 補充言之，關於數位證據之發展實務，目前已有以區塊鏈存證來突破傳統數位證據之舉證問題之企業，可以參見 msn 財經網站，〈善用區塊鏈不可竄改特性，「區塊鏈存證王」APP 能保存數位證據，解決現代人官司糾紛〉，網頁：https://reurl.cc/Yly1YO（最後瀏覽日：02/11/2019）

[847] 補充言之，關於證據法之訂立相關討論，可以參見自由時報網站，〈司改會議〉自由心證範圍大研議制定「證據法」〉，網頁：https://news.ltn.com.tw/news/society/breakingnews/2030310（最後瀏覽日：02/11/2019）

[848] 參見朱帥俊，前揭註845，頁39。

[849] 參見蔡孟真，前揭註813。

[850] 補充言之，關於準文書之實務見解，可以參見智慧財產法院101年度民商上字第16號判決。判決原文指出：「然查，電子郵件為電子簽章法第2條第1款規定之電子文書，性質上屬民事訴訟法第363條第1項所規定『於文書外之物件有與文書有相同之效用者』之準文書。因係寄件人透過網路郵件服務商之電子郵件帳戶寄發，其郵件之原始電子檔或由寄件人留存，亦可由寄件人自行刪除，而歸於消滅。故要求收件人從寄件人電子信箱提出原件，以證明該電子文件形式之真正，事實上確有困難，此於電子郵件之寄件人為利害關係相對立之人時，更形同緣木求魚，因此收件

來對於該系爭個案為適用，由此，吾人係可見知，我國係並未注意到該系爭數位電子證據就伊之特殊性，進而予之特別訂立與之相關地特別規範。[851]

　　此外，我國對於與前述數位電子證據[852]，較為相近內涵之法律條文，查伊之規範亦係具有到「用語不清」，且「定義未明」之顯著問題[853]，此若以全國法規資料庫之檢索系統為例，如果先以「電子證據」作為關鍵字查詢，可知該搜尋結果係為 0 筆資料；次以「數位證據」作為關鍵字查詢，該相關資料係有兩筆，惟其皆僅位在「辦事細則」或是「作業基準辦法」等非屬法律之位階[854]，且其對於伊相關之諸內涵、定義等，亦未對有明確之規範；後若以「數位資料」為關鍵字，則有 10 筆資料；而若以「電子文件」為關鍵字，可查雖有 123 筆資料，然上述資料多半僅係「辦法」、「細則」，或是「行政規則」等，同時，伊系並與該系爭證據無涉，抑或係為之定義不明等。[855]

　　又上述所提及以「數位證據」為關鍵字檢索得知的兩筆資料[856]，其分別是「內政部警政署刑事警察局辦事細則」[857]其中第 15 條[858]，以及「電子支付機構資訊系統標準及安全控管作業基準辦法」[859]，其中第 13 條以及 16 條，

人通常僅能以間接方法證明電子郵件之真正。」

[851] 參見蔡孟真，前揭註 813。

[852] 補充言之，關於數位證據之相關討論，可以參見臺網中心電子報網站，網頁：http://www.myhome.net.tw/2015_11/p02.htm (最後瀏覽日：02/28/2020)

[853] 參見蔡孟真，前揭註 813。

[854] 補充言之，關於法規命令及行政規則之相關討論，可以參見行政院農業委員會網站，網頁：https://www.coa.gov.tw/ws.php?id=4178 (最後瀏覽日：02/28/2020)

[855] 參見蔡孟真，前揭註 813，同時請參全國法規資料庫網站，網頁：https://law.moj.gov.tw/ (最後瀏覽日：08/24/2019)

[856] 參見全國法規資料庫，前揭註 855。

[857] 請參內政部警政署刑事警察局辦事細則。補充言之其第 1 規定明示該細則係為該局之內部分工職掌：「內政部警政署刑事警察局（以下簡稱本局）為處理內部單位之分工職掌，特訂定本細則。」

[858] 請參內政部警政署刑事警察局辦事細則第 15 條：「科技研發科掌理事項如下：一、辦理資訊、通信及網路數位鑑識工作。二、數位鑑識技術、設備器材之研究、發展及運用。三、協助偵辦重大及特殊新興科技犯罪案件。四、支援重大、特殊刑案現場數位證據蒐證及鑑識工作。五、新興科技犯罪態樣之研究及防制。六、刑事科技、數位鑑識技術之資訊蒐集及應用。七、刑事科技知能研究發展及教育訓練。八、其他有關科技研究發展事項。」

[859] 請參電子支付機構資訊系統標準及安全控管作業基準辦法。補充言之其法源依據係規範在同法第

然吾人可知，其係並非法律位階之規範，且其對於該數位證據之定義亦未提及，此外若再以「數位鑑識」為關鍵字搜尋，則此僅係有 1 筆資料，且其亦僅位在「辦事細則」之地位。[860]此外，目前我國在法律規範上，與數位鑑識較為相近的概念係為所謂地「電磁紀錄」[861]，而其係規範於我國刑法第 10 條第 6 項，查其之法律用語係為「稱電磁紀錄者，謂以電子、磁性、光學或其他相類之方式所製成，而供電腦處理之紀錄。」[862]然在目前實務運作下，吾人可知，其係並無法滿足實務上的需求[863]，在當今已是工業 4.0 之互聯網及大數據之區塊鏈時代[864]，該系爭之數位化已經是目前社會發展的一大趨勢，對於前述數位資料其在我國實務上，在在皆可顯見其之重要性[865]，而由上述檢索結果，吾人可知，我國對於相關數位電子證據之規範，實應當為積極的完善各該相關之法制，進而得健全該系爭法律之建構，又若需綜合上述而為補充，吾人即可觀，在前述章節之介紹中，可查區塊鏈證據已係在世界層次廣泛地為分析應用，並已係具諸多實例，然我國對於區塊鏈證據之基礎，亦即於之數位證據上，與之相關地討論與立法例，仍實似有所不及，而係急需加緊跟上世界地趨勢。[866]

2. 我國現行電子證據之實務

若將視角具焦在當今數位電子證據之實務，吾人可知，在當今數位電子化以及資訊通訊科技發展下，使用網路大環境進行相關犯罪之所為已是數見

---

1 條：「本辦法依電子支付機構管理條例（以下簡稱本條例）第二十九條第二項、第三十九條及第四十條準用第二十九條第二項規定訂定之。」

[860] 參見蔡孟真，前揭註 813。

[861] 補充言之，關於電磁紀錄之實務，可以參見最高法院 105 年度臺上字第 713 號裁定。

[862] 請參刑法第 10 條第 6 項：「稱電磁紀錄者，謂以電子、磁性、光學或其他相類之方式所製成，而供電腦處理之紀錄。」

[863] 參見蔡孟真，前揭註 813。

[864] 補充言之，關於互聯網與物聯網之差別，可以參見鼎新 AI 商務應用雲網站，網頁：https://a1.digiwin.com/essay/essay-content.php?detail=57 (最後瀏覽日：02/28/2020)

[865] 補充言之，關於營業秘密保護資安面之相關討論，可以參見 softnext 網站，網頁：https://www.softnext.com.tw/dataprotection/TS_rulelist_e.html (最後瀏覽日：02/28/2020)

[866] 參見蔡孟真，前揭註 813。

不鮮，對此於我國法之理解上，係可查前述新型態之犯罪正係大量地出現[867]，又對於該系爭案件其相關數位證據之「收集面」、「處理面」，以及「因應面」等，在我國已係是刻不容緩之問題[868]，通常來說，由於該系爭數位證據係具有前揭曾述之「複製性」、「無痕跡性」、「匿名性」，以及如「非感知性」等諸特點[869]，實務上對於該系爭數位證據於其之「原件及複件」等之「真實性」，以及「同一性」等，可能係認其具「相同」之效用，惟其亦無法免除吾人對該系爭數位證據，伊可能係遭受任意人為之偽造或變造等之諸疑義[870]，此進步言之，在現今數位發展之社會環境下，現隨著科技的發展已實日新月異，如今已係有愈來愈多資訊通訊上，相關之軟體科技為出現，例如「LINE」[871]、「Messenger」[872]、「Instagram」[873]、「Gmail」等之如「通信紀錄」、「截圖」，以及「電子郵件」等，同時亦可觀有如「行車紀錄器」之影音之內容，或係系爭「照片」等，而由於上述諸數位電子證據，伊係屬較易複製，以及極易被人為竄改[874]，及其於遭受更改之際，亦實難以被人為察覺等，各式相關疑義[875]，若果此係要將前揭數位證據，得妥善應用於我國

---

[867] 方嘉鴻、林宜隆(2014)，〈網路犯罪問題與防範對策之警政五力分析〉，《電腦稽核》，30 期，頁 128。作者指出由於網際網路之迅速發展，以及其所具備之資訊流通快速之特性，目前各式過網路所為之犯罪行為正大量出現，其類型包含駭客攻擊、煽動犯罪以及個資外洩等。

[868] 補充言之，關於數位鑑識程序之相關介紹，可以參見林宜隆、方彥霏(2017)，〈行動裝置數位證據鑑識標準作業程序與案例驗證之探討-以行動鑑識工具 UFED 萃取數位證據為例〉，《資訊安全通訊》，23 卷 3 期，頁 7-12。

[869] 參見邱獻民，前揭註 809，頁 147。

[870] 蔡宜縉(2010)，〈數位鑑識工具之介紹與比較 以 Encase,FTK 鑑識網拍木馬程式為例〉，《刑事雙月刊》，38 期，頁 47。作者指出數位證據之特性具有四大面向，分別係為無痕跡修改性、易複製性、不可直接感知性以及不易溯源性等。

[871] 請參 LINE 網站，網頁：https://linecorp.com/zh-hant/company/info (最後瀏覽日：08/03/2019) 該公司網站首頁指出，LINE Corporation 之總部係在日本，而 Line Plus Corporation 則係於 2013 年於韓國成立。此外該網站亦指出，LINE 之理念有四，分別係為與世界接軌、速度第一、熱情洋溢以及數字會說話等。此外其企業理念則係，拉近人與人與資訊以及服務間之距離。

[872] 請參 Facebook for developers 網站，網頁：https://reurl.cc/WejRe (最後瀏覽日：08/24/2019)

[873] 請參 Instgram 網站，網頁：https://www.instagram.com/about/us/?hl=zh-tw (最後瀏覽日：08/24/2019)

[874] 參見邱獻民，前揭註 809，頁 147。

[875] 補充言之，關於數位證據之易竄改性及數位鑑識之趨勢發展，可以參見曾韵、嚴惠溱(2014)，〈數

刑事案件審理，於此究應如何對之為規範，又該類數位電子證究據應符合到何種條件，才能滿足我國法上就證據能力之要求，針對前述之各疑問，此係可以參見到最高法院 107 年度臺上字第 3724 號之刑事判決，對於上述相關問題之態度。[876]

(1)最高法院 107 年度臺上字第 3724 號刑事判決

I 上訴理由

必須注意的是，本判決係為最高法院 107 年度臺上字第 3724 號刑事判決，又本案上訴人之上訴理由係稱，由於本案系爭之行車紀錄器其所錄製之影像，伊其如「複製光碟」、「隨身碟」等，係是屬「衍生證據」，上訴人遂以其與原始儲存在行車紀錄器之原「SD 卡」[877]之內容之不同，而按前揭數曾述之數位證據，係具有容易遭受竄改，以及容易被破壞的特性，又本案魏 O 宏所提出之雲端硬碟檔案目錄，查其所顯示的「上次修改時間」，係為 2012 年 1 月 21 日，而上訴人被誣陷之案發日為 2012 年 9 月 24 日，由此，係可以見得該系爭證據係早已上傳完畢，是故，其非為本案之證據，而魏 O 宏在勘驗電腦時指稱，本案之行車紀錄器所錄製之內容，其係存儲於 SD 卡中，而其原始檔案之修改日期是系統時間紀錄為之，且稱其在為傳送至該雲端硬碟時，係並未再有修改之動作等理由圓謊，然其係誤將該修改日期抄錄錯誤，進而產生破綻。[878]此外亦可參「FILE0810」檔案，其內部所顯示之對話係有晦暗不明之情事，由上，實係可以高度懷疑此係魏 O 宏對系爭之原始檔案為剪接，以及為黏合系爭聲音訊號之故，而由於該原始判決並沒有交代不採前述有利於系爭上述人之證據之理由，是故，此係有判決不備理由之錯誤發

位鑑識產業趨勢分享〉，《勤業眾信通訊》，頁 17-20。

[876] 伊谷(2018)，〈數位證據之證據能力與合法調查〉，網站：https://reurl.cc/VV0nb (最後瀏覽日：07/08/2019)

[877] 請參 SD Association 網站，網頁：https://www.sdcard.org/cht/developers/overview/index.html (最後瀏覽日：08/03/2019) 該協會指出 SD 記憶卡有三種外型與尺寸，分別係為標準尺寸、miniSD 以及 microSD，而目前 SD 標準被用在多種行動儲存之產業市場，包含手機、平板電腦、印表機以及數位相機等。

[878] 請參最高法院 107 年度臺上字第 3724 號刑事判決。

生。[879]

Ⅱ最高法院見解

最高法院此對數位電子證據之見解十分重要，伊係認為到，一般來說由於前揭數位證據係具有前述之五大特點，分別是其一之「無限之複製性」、其二之「無差異性」、其三之「無痕跡性」、其四之「製作人匿名性」，以及最後其五之其內容「非屬人類運用感官可以理解」等諸特點[880]，由於其係具有前揭諸特性，關於該數位證據之複製品係與該原件，實具「同一性」以及「真實性」，然其雖有相同之效果，惟該複製的過程仍係有可能因為人為之操作，使其無法免於「作偽」或是遭「竄改」，是故，原則上若此係要以該數位證據對於系爭之待證事實以為之證明，其係必須提出「原件」做為調查，或伊所提出之「複製品」係必須與原件為核對，伊證明相符方才得做為證據[881]，然吾人需特別注意的是，最高法院係指出道，如若該原件已然滅失或者是對於提出系爭原件具有困難，而該系爭訴訟當事人對於該複製品之真實性有所質疑時，我國法律並非係當然地排除該數位證據之證據能力，此時法院應對之審查其所取得該證據的過程，伊是否係通過證據使用禁止之要求，進行勘驗或是鑑定該原件之複製件，如嗣後發現其確未經過竄改或是變造，則該複製品即係該原件內容之重現，其係並未有任何人為因素之介入，獲致生對於系爭內容之真實性之影響，如果其係經合法之調查程序，其自然係有證據能力，若果肯認其係經合法之調查程序，則該複製件自有證據能力，然關於能否藉由該複製件作為判斷被告犯罪事實之依據，此點則係後端證明力之問題。[882]

---

[879]　參見最高法院，前揭註 878。

[880]　補充言之，關於數位證據之特性，可以參見邱獻民、林宜隆，前揭註 776，頁 57-58。作者對於為何數位證據會於證據法上引起諸多之討論之原因，其指出需先探究數位證據之特性，而對於數位證據之特性作者對之以六大面向為區分，分別係為無限複製性、無痕跡修改性、可復原性、不易確定製作人性、無法以人類知覺直接感知性以及環境依賴性。

[881]　補充言之，關於數位證據定性及相關特性介紹可以參見法思齊(2011)，〈美國法上數位證據之取得與保存〉，《東吳法律學報》，22 卷 3 期，頁 97-99。

[882]　參見最高法院，前揭註 878。最高法院判決原文：「我國社會隨著電腦資訊及網際網路科技之快

最高法院其後指出，本案系爭行車紀錄器其 SD 卡之數位影片檔案，其係需利用電腦或是手機等數位電子設備進行解譯與播放，其係屬於前述所論之數位電子證據，若將行車紀錄器 SD 卡之數位影片檔案轉錄至隨身碟、光碟或是電腦設備以及雲端平臺等進而再下載該系爭檔案，其則屬於原始數位證據之複製品，而本案係警方於 102 年 6 月 25 日在魏 O 宏住處搜索其涉嫌之妨害風化案件時，查扣其 Apple 電腦[883]，檢察官於同年 10 月 28 日勘驗其電腦硬碟內之行車紀錄器資料，進而發見檔案錄音內有魏 O 宏交付 20 萬予上訴人之對話，原判決認為魏 O 宏於民國 101 年 9 月 24 日時將行車紀錄器所錄製之資料檔案，轉移儲存至電腦中，嗣後將其上傳至雲端硬碟，其係僅出於自我保護之機制，單純的將系爭內容為留存，原審亦係言明，檢察官於勘驗時，對於魏 O 宏被查扣之 Apple 電腦中擷取檔案，其有可能遺漏部分檔案，但是至本案第一審時，魏 O 宏已將原本上傳至雲端硬碟之所有檔案下載提供給法院，故致使檔案數有所出入，惟其非魏 O 宏另為偽造檔案或是增補檔案所致，而本案魏 O 宏在其蘋果電腦被查扣後，不可能有竄改其內檔案之機會，本案雲端檔案目錄中具有 20 個完整檔案，故可以確認其為原先遺漏而未提出之檔案，此為第一審勘驗其中檔案之結果，且各檔案均為 5 分鐘時長，其中兩方

遠發展，利用電腦、網路犯罪已屬常態，而對此形態之犯罪，相關數位證據之蒐集、處理及如何因應，已屬重要課題。一般而言，數位證據具無限複製性、複製具無差異性、增刪修改具無痕跡性、製作人具不易確定性、內容非屬人類感官可直接理解（即須透過電腦設備呈現內容）。因有上開特性，數位證據之複製品與原件具真實性及同一性，有相同之效果，惟複製過程仍屬人為操作，且因複製之無差異性與無痕跡性，不能免於作偽、變造，原則上欲以之證明某待證事項，須提出原件供調查，或雖提出複製品，當事人不爭執或經與原件核對證明相符者，得作為證據。然如原件滅失或提出困難，當事人對複製品之真實性有爭執時，非當然排除其證據能力。此時法院應審查證據取得之過程是否合法（即通過「證據使用禁止」之要求），及勘驗或鑑定複製品，苟未經過人為作偽、變造，該複製品即係原件內容之重現，並未摻雜任何人之作用，致影響內容所顯現之真實性，如經合法調查，自有證據能力。至於能否藉由該複製品，證明確有與其具備同一性之原件存在，並作為被告有無犯罪事實之判斷依據，則屬證據證明力之問題。」

883　請參 Apple 網站，網頁：https://www.apple.com/tw/leadership/（最後瀏覽日：08/03/2019）由該網站可知，Apple 生產銷售多種類之電子相關產品，包含桌上型電腦、平板電腦、手機以及電子手錶等。而該公司目前 CEO 係為 Tim Cook，其總部則係位在美國加利福尼亞庫比蒂諾。

之對話係為連續且流暢，故難認有竄改之情形。[884]由上，本案魏 O 宏並無可能於民國 101 年 1 月 21 為偽造或竄改係爭行車紀錄器之檔案，或是藉由其於電腦內儲存傳送雲端硬碟以勿陷本案之上訴人。[885]由此，本案系爭雲端硬碟之檔案目錄所謂之「上次修改時間」，其並非檔案內容修改日期係無疑。[886]

　　最高法院最後結論認為，由於原審係經合法調查而任上開檔案之內容為真，且該證據取得之過程合法，進而採為證據，對於卷內相關資料並無違經驗法則或論理法則[887]，而本案上訴意旨以上開行車紀錄檔案內容於案發日期民國 101 年 9 月 24 日前以上傳，其內容為偽造，原判決認其有證據能力進而不利上訴人，而有證據法則不當使用以及判決不備理由云云，上訴人僅憑己見任意旨摘，而為事實之爭執，於法律對於可以為第三審上訴理由不合。[888]

　　(2)本案評析

　　由本案係可以看出，最高法院對於該系爭數位證據的特性與疑義等諸問題，其係對之提出了所謂「步驟化」之調查方式，吾人此須特別注意的是，

884　參見最高法院，前揭註 878。

885　補充言之，對於上述法院論理程序若以區塊鏈技術為引入，則可以觀察北京互聯網法院之相關案例，對此可以參見李杰，前揭註 754，頁 16。

886　參見最高法院，前揭註 878。

887　補充言之，關於最高法院對於證明力以及證據取捨之見解，可以參見最高法院，前揭註 878。最高法院判決原文：「證據之取捨及其證明力之判斷，俱屬事實審法院自由判斷裁量之職權，此項自由判斷職權之行使，倘不違背客觀存在之經驗法則及論理法則，即無違法可指，觀諸刑事訴訟法第 155 條第 1 項規定意旨甚明，自難任憑己意，指摘為違法，而據為上訴第三審之適法理由。且告訴人、被害人就事實經過所為之指述，固不得作為認定犯罪之唯一證據，仍應調查其他補強證據以擔保其指證、陳述確有相當之真實性，而為通常一般人均不致有所懷疑者，始得採為論罪科刑之依據。惟茲所謂之補強證據，並非以證明犯罪構成要件之全部事實為必要，倘其得以佐證告訴人、被害人指述之犯罪非屬虛構，能予保障所指述事實之真實性，即已充分。又得據以佐證者，雖非直接可以推斷該被告之實行犯罪，但以此項證據與被害人之指述為綜合判斷，若足以認定犯罪事實者，仍不得謂其非屬補強證據。是所謂補強證據，不問其為直接證據、間接證據，或係間接事實本身即情況證據，均得為補強證據之資料。」

888　參見最高法院，前揭註 878。最高法院判決原文：「其他上訴意旨，或對原審取捨證據與自由判斷證據證明力之職權行使，或對原判決理由已經說明之事項，徒以自己之說詞，再為事實上之爭辯，泛指為違法，非適法之第三審上訴理由，本件上訴違背法律上之程式，應予駁回。」

查伊之前提,係該系爭證據係必須先經過「合法」的方式來取得之[889],惟如該系爭為取得該系爭證據的方式,係屬不合法之方式,則在該階段即係可以參照我國刑事訴訟法第 158 條之 4 用語:「除法律另有規定外,實施刑事訴訟程序之公務員因違背法定程序取得之證據,其有無證據能力之認定,應審酌人權保障及公共利益之均衡維護。」[890]而進以之排除對於該非法取證方式,伊之系爭證據地證據能力,又假設該數位電子證據之取得,係按前揭合法之方式而為取證,則此係即進入由該法院為審理之調查階段,其此係適用刑訴第 165 條之 1:「前條之規定,於文書外之證物有與文書相同之效用者,準用之。錄音、錄影、電磁紀錄或其他相類之證物可為證據者,審判長應以適當之設備,顯示聲音、影像、符號或資料,使當事人、代理人、辯護人或輔佐人辨認或告以要旨。」[891]針對到此點,最高法院對之的要求,伊是必須先依照該系爭之數位電子證據,就伊之原件來進行相關之調查,而當該系爭數位電子證據之原件已經係屬「滅失」,或是伊係具有提出之「困難」等諸情事,抑或就該系爭本案當事人,伊係對該數位電子證據之複製件,就其之「真實性」具有相關爭議之時,此時吾人尚須注意到,此際係並非為當然地排除該系爭數位電子證據,就伊複製件之證據能力,而是由於到該數位電子證據伊之複製件,係與該系爭原件,實係具有到前揭之「同一性」以及「真實性」之緣故,是故,此刻該系爭法院即應當係以刑事訴訟法第 212 條之規定:「法院或檢察官因調查證據及犯罪情形,得實施勘驗。」[892]而進為勘驗,或是依同法第 198 條之規定:「鑑定人由審判長、受命法官或檢察官就下列之人選任一人或數人充之:一、就鑑定事項有特別知識經驗者。二、經政府機關委

---

[889] 參見伊谷,前揭註876。

[890] 請參刑事訴訟法第 158 條之 4:「除法律另有規定外,實施刑事訴訟程序之公務員因違背法定程序取得之證據,其有無證據能力之認定,應審酌人權保障及公共利益之均衡維護。」

[891] 請參刑事訴訟法第 165 條之 1:「前條之規定,於文書外之證物有與文書相同之效用者,準用之。錄音、錄影、電磁紀錄或其他相類之證物可為證據者,審判長應以適當之設備,顯示聲音、影像、符號或資料,使當事人、代理人、辯護人或輔佐人辨認或告以要旨。」

[892] 請參刑事訴訟法第 212 條:「法院或檢察官因調查證據及犯罪情形,得實施勘驗。」

任有鑑定職務者。」[893]而進對該複製品為所謂之鑑定，又此若需補充言之，則關於此部之鑑定，亦可與此前曾述之現今究數位鑑識上，於費用層次之較為可觀為留意，此換言之，若將之數位鑑識之部分與後續所談之區塊鏈數位電子證據，伊之所謂技術自證，或稱自我鑑真特性，而為比較，則似乎可以見得區塊鏈數位電子證據較傳統證據之優勢處，簡之，若能如美國佛蒙特州之區塊鏈證據規則為處理，則即係有其效益處。[894]

　　回到本案，如果該系爭法院在踐行上述程序後，係可以確認該數位證據之複製件，伊係確未遭受任意人為之不當竄改，抑或是變造等，則該法院即似應肯認到該複製件即是該系爭數位證據，伊原件之再次「顯現」，同時伊即亦應肯認其係可以發見到該系爭數位證據，伊係並未遭人為之介入，並以為不當之竄改，嗣就其之真實性之顯示即係不生影響，且此時可觀，既已係為「合法」之調查，則該數位電子證據之複製件即係可以為該系爭判決之基石，又最後關於該系爭複製件，伊究能否確實地證明到該系爭被告之「犯罪事實」，以及伊得證明其係確實有與該複製件具「同一性」之原件，伊所確切地「存在」，可查，此係屬後端所謂「證據證明力」之問題，而此若需補充言之，則關於前揭區塊鏈數位證據之複製件及原件之討論，以及就區塊鏈數位電子證據之分析，係可參本文後段之相關討論，同時亦可查區塊鏈數位電子證據之真實性、關聯性，以合法性等分析，簡之，究區塊鏈數位電子證據之應用，實係可參如中國區塊鏈信息服務管理規定、最高人民法院關於互聯網法院審理案件若干問題的規定，以及前述美國佛蒙特州法區塊鏈證據規則之立法實踐，而為借鏡。[895]

　　又關於前述曾提及之區塊鏈平臺，以及就相關區塊鏈之憑證機構，伊是否係符合到我國電子簽章法之諸要求，本文以下介紹之。[896]

---

[893]　請參刑事訴訟法第 198 條：「鑑定人由審判長、受命法官或檢察官就下列之人選任一人或數人充之：一、就鑑定事項有特別知識經驗者。二、經政府機關委任有鑑定職務者。」

[894]　參見伊谷，前揭註 876。

[895]　參見伊谷，前揭註 876。

[896]　本文以下將依序介紹電子簽章法其早期發展、電子簽章法之法律規範以及電子簽章法與區塊鏈，

3.電子簽章法

(1)早期發展

正如前述，關於區塊鏈與憑證機構之分析，以及其是否落入我國電子簽章法之相關規範，尚需釐清，而就伊相關根源討論，吾人可知，由於網絡及科技之高速發達，關於到「電子商務」[897]之發展已極係蓬勃，目前可見傳統之商務行為係正逐漸被淘汰，又此處所指涉之電子商務，係意為較廣泛面向之電子商務，例如「訂車票」、「繳停車費」、「繳房屋稅」，抑或是「訂課本」等，而為了得妥善結合當今之資本體系，得走向數位電子交易社會之完善發展，該系爭之「電子數位簽章制度」就此而生[898]，吾人可知，該制度係藉由前揭第三方之認證系統，而以來嘗試處理各系爭當事人間，伊對於真實性之疑慮，而此揭制度係可以提供以及提升該當事人，對於伊系爭交易之信賴層次，然此所謂電子數位簽章制度，吾人可查，其係存有許多地疑慮，首先就是關於該系爭「電子數位簽章」，就其內涵之意義，及伊目的究竟何在，以及其於我國證據法上之地位究為何，其究竟存儲於該系爭認證系統，伊之各資料檔案，其於我國證據法上之適用，吾人係須將其理解為，伊係提供到該系爭案件為之舉證及證明之方式或方法等，抑或係需將其理解為就該系爭「電子數位文件」之原本，又或是其係僅係作為該系爭案件，伊於證明該系爭交易上，伊之輔助參考資料等。[899]由上，為了確定該系爭「電子商務」之安全性，吾人對於該系爭「數位簽章」在我國證據法上所提供之效用，及其地位亦即必須對之深入地討論[900]，若此以證據法的角度對之進行相關探究

並探討區塊鏈於證據法上之地位、區塊鏈於營業秘密訴訟中之操作、區塊鏈於營業秘密法之展望。

[897] 黃瓊慧、陳政芳、許書偉(2004)，〈電子商務與公司價值〉，《企業管理學報》，61 期，頁 4。作者指出在 2002 年時，全球網路使用者數目已達 6 億人次，電子商務之潛在商機預估接近 1 兆美元，換言之電子商務蘊含龐大之商機，其亦為 21 世紀經濟之主力，可望推動發展知識經濟以及數位經濟之浪潮。

[898] 補充言之，關於當年電子簽章法草案之相關介紹，可以參見丁靜玟(2000)，〈電子簽章法草案〉，《理律法律雜誌雙月刊》，2000 卷 2 期，頁 5-6。

[899] 陳志龍(2000)，〈電子數位簽章與證據法〉，載於臺灣法律網網站：https://reurl.cc/RMYnr (最後瀏覽日：07/08/2019)

[900] 補充言之，關於當年電子簽章法立法建議之相關討論，可以參見李科逸(2000)，〈電子簽章立法

[901]，則可見即必須處理到下述疑問，例如其一，究竟該數位簽章之系統，其所內存之諸系爭數位電子資料檔案，以及其與該系爭與有產生爭議之「數位文本資料」，吾人應當如何對之於我國法律法理上為之理解；其二，我國傳統上之書證制度於該數位電子商務之實務上之操作，係是否足夠應對之；其三，吾人面對該系爭諸爭議間，究需對之以「正本」、「影本」，「原件」或「複製件」以為之理解，還是尚需要思考到其他諸對案等，而若綜合前述之問題，簡之，即係須探討到該數位電子簽章，伊於我國證據理論上之地位究為何，又若需補充言之，則吾人可知區塊鏈證據伊之原件複製件間，亦係有兩派學者為爭論，而關於此之細部分析，則留待後段章節為論。[902]

又首先吾人回顧我國法之「電子數位簽章」制度，吾人可知其之目的係為，伊係透過該系爭「電子數位密碼」，進而確保該系爭文件之秘密，而其所內涵之技術原理係來自前述之「密碼學」[903]，而該「電子數位簽章」，實就好似將該文件伊所附有地「內碼」，而外人此係必須要能夠先突破到該系爭之內碼，後方有可能為知悉，而進獲得該系爭文件之內容，而觀系爭「電子簽章」之加密技術，伊係透過較長串之數位電子密碼以為之，目前在實務上可見知，其越長串之密碼係越難被人為破解之。[904]再者，即係關於該電子數位簽章，伊在證據法上之地位問題，吾人可知，由於各數位電子資料伊所具之「浮動性」，是故，為了保證其係能在該系爭數位傳送過程之中，能進維護該系爭數位交易之「安穩性」，係故對此係設有一「第三方驗證中心」[905]，

之建議與因應〉，《科技法律透析》，12卷9期，頁40-41。

[901] 補充言之，關於電子簽章及文件之效力討論，可以參見李科逸，前揭註900，頁33-35。

[902] 參見陳志龍，前揭註899。

[903] 黃宗立、楊竣崴、張智閎、羅翊萍、高士閎、黃勝亮、洪志修、余昆霏(2014)，〈量子密碼學研究領域介紹〉，《資訊安全通訊》，20卷3期，頁4。作者指出可以將傳統密碼之技術分為兩大類，其一係為對稱式密碼系統；其二則係金鑰公開之密碼系統。前者已重排以及替換之方式為安全性之根基，而後者則係透過數學上難題之運算來保障其安全性。

[904] 參見陳志龍，前揭註899。

[905] 補充言之關於驗證與認證之不同，可以參見行政院農業委員會產銷履歷農產品資訊網，網站：https://taft.coa.gov.tw/ct.asp?xItem=1217&ctNode=211&role=C（最後瀏覽日：08/03/2019）其明確指出所謂認證(Accreditation)，係由政府以及相關主管機關對於特定人或特定機構給予之認可，其用

可查，究此制度之創設，實係為確保該系爭數位電子文件，於伊之證據能力，又其知目的即係為防止以及降低該系爭數位文件，伊所被偽造等諸風險，同時也係可以避免到該系爭之交易，其之「寄件人」，伊於傳送該自身之數位電子資料，而嗣後又逕行以為之竄改[906]，抑或是該系爭交易之「收件方」，伊對於該系爭數位文書傳達後，再為之變造或竄改，緣此，該「電子數位簽章制度」即在對於該系爭文件進行前述「加密」以及「解碼」外[907]，又加入了此第三方驗證機構，而進以對伊安全維護作提升。[908]最後，關於「數位簽章」之證據，其於訴訟上係是用作證明該系爭交易之內容究為何，以及系爭交易之時間點為何，由上，其係具有我國法上「勘驗證據」之性質，而若需補充言之，則關於區塊鏈數位電子證據，與前揭勘驗上之討論，則可見本章後段之相關分析。[909]

簡之，上述「電子數位簽章」認證系統上之資料，其在證據法上係可能具有「特殊」之地位，其一方面可為比對之資訊，另一方面則係在該系爭交易被任意人為介入或竄改時，係能夠提供到於證明及舉證之證據，就其在證據法上為保護該系爭數位電子交易，實係具有重要之功能[910]，又在證據法上，該第三方認證中心伊所保有的文件，即係可以之來判定該系爭文件究是否遭受竄改或變造，此換言之，該系爭驗證中心之文件功能，即係為所謂地「勘驗之輔助功能」，然此若需補充言之，則吾人可見，此傳統上之第三方驗證中心，實係為中心化之機構，而在現 2021 的視角下為察，則可見按區塊鏈技術之出現，以及其所具之安全性以及去中心化等，實以突破了以往的體系，而進開創了全新時代。[911]

途係為表明該特定人或機構，具備執行特定工作或程序之能力；而所謂驗證(Certification)，則係指由中立之客觀第三方對於特定產品、服務或係程序符合特定要求，而出具之證明而謂之。

[906] 補充言之，關於憑證機構之發展，可以參見李科逸，前揭註 900，頁 38-39。

[907] 補充言之，關於數位簽章運作之概念，可以參見李科逸，前揭註 900，頁 31-32。

[908] 參見陳志龍，前揭註 899。

[909] 參見陳志龍，前揭註 899。

[910] 補充言之，關於電子簽章當年發展趨勢以及原則，可以參見李科逸，前揭註 900，頁 29-30。

[911] 參見陳志龍，前揭註 899。

(2)我國電子簽章法規範[912]

　　若將視角具焦於我國電子簽章法之規範，吾人可知，該系爭「數位簽章」[913]其之概念，係與常人「實體」上之簽名相類似，然查其之區別係在於該系爭數位簽章，伊係運用到前揭第三章曾提及之「非對稱加密算法」[914]，而按我國電子簽章法第 2 條之規定即可知：「本法用詞定義如下：一、電子文件：指文字、聲音、圖片、影像、符號或其他資料，以電子或其他以人之知覺無法直接認識之方式，所製成足以表示其用意之紀錄，而供電子處理之用者。二、電子簽章：指依附於電子文件並與其相關連，用以辨識及確認電子文件簽署人身分、資格及電子文件真偽者。三、數位簽章：指將電子文件以數學演算法或其他方式運算為一定長度之數位資料，以簽署人之私密金鑰對其加密，形成電子簽章，並得以公開金鑰加以驗證者。四、加密：指利用數學演算法或其他方法，將電子文件以亂碼方式處理。五、憑證機構：指簽發憑證之機關、法人。六、憑證：指載有簽章驗證資料，用以確認簽署人身分、資格之電子形式證明。七、憑證實務作業基準：指由憑證機構對外公告，用以陳述憑證機構據以簽發憑證及處理其他認證業務之作業準則。八、資訊系統：指產生、送出、收受、儲存或其他處理電子形式訊息資料之系統。」[915]

　　由上可見，所謂電子簽章是指「依附於電子文件並與其相關連，用以辨識及確認電子文件簽署人之身分、資格及電子文件真偽者。」此外由同條第 3款可知，所謂數位簽章則是「將電子文件以數學演算法或其他方式運算為一定長度之數位資料，以簽署人私密金鑰對其加密，形成電子簽章，並得以公

---

[912] 補充言之，關於電子簽章法之修正建議，可以參見郭戎晉(2009)，〈日韓憑證機構管理規範之研究－兼論我國「電子簽章法」之修正建議〉，《科技法律透析》，21 卷 6 期，頁 37-41。

[913] 補充言之，關於數位簽章其法律效力面之相關討論，可以參見楊佳政(1998)，〈電子交易中數位簽章與電子文件之法律效力淺析〉，《資訊法務透析》，10 卷 2 期，頁 13-17。

[914] 請參張家維(2018)，《智能契約法制與監理之研究》，國立臺灣大學法律學研究所碩士論文，頁84-85。

[915] 請參電子簽章法第 2 條。補充言之，電子簽章法係於民國 90 年 11 月 14 日公布，而電子簽章之立法目的可以參見該法第 1 條第 1 項：「為推動電子交易之普及運用，確保電子交易之安全，促進電子化政府及電子商務之發展，特制定本法。」同時參見張家維，前揭註 914，頁 84-85。

開金鑰加以驗證者。」[916]而由前述我國電子簽章法第 2 條之規範則可知，該電子簽章與系爭數位簽章，伊在內涵及意思層面上係並不相同，常理上言之，系爭電子簽章係用作「辨識」系爭數位資料發送者伊之「身分」，以及該系爭數位資料究係為真抑或為假，然而此數位簽章則是透過到前揭「非對稱加密演算法」，伊之方式進而構成到該系爭之電子簽章，綜上吾人即可得，此係可以利用該系爭地數位簽章，嗣以之為加密後而進構造出電子簽章，若需補充言之，則關於區塊鏈體系之非對稱加密技術，以及零知識證明等細部分析，可參前述第三章之介紹。[917]

(3)電子簽章法與區塊鏈

進步言之，關於電子簽章法與區塊鏈之交錯，據查，吾人於區塊鏈上進行系爭交易之時[918]，實係經由前揭「數位簽章之模式」而以「非對稱加密演算法」，伊之方式以進行相關之計算，進而係能夠保證該系爭諸交易資料，係可以被吾人所信賴，且亦對於該系爭交易之安危有所相關地顯著保障[919]，但是當所謂「數位簽章」之技術，就伊之系爭「公開金鑰基礎建設」，係以前揭區塊鏈技術以為構建之時，吾人此際可能會產生相對之疑問，則即係該系爭按區塊鏈體系，伊所構建之數位簽章，究能否符合我國電子簽章法，於伊關於數位簽章之定義[920]，同時進一步言之，吾人究可知其是否能夠適用到該法，而以對於前述相關憑證機構之規範，實亦尚需為探究，同時，由於該系爭區塊鏈體系係使用前揭地「非對稱加密演算法」，可查，其係將網路中該系爭之「數位錢包」，就伊之位置資訊抑或係該系爭諸公鑰等，伊各相關之數位電子資料，而進以該系爭使用者伊之私有金鑰為之加密，而其此係透

---

[916] 參見電子簽章法第 2 條，前揭註 915。同時參見張家維，前揭註 914，頁 84-85。

[917] 參見張家維(2018)，前揭註 914，頁 84-85。

[918] 補充言之，關於區塊鏈交易所之相關要聞，可以參見 BLOCKTEMPO 動區網站，網頁：https://www.blocktempo.com/category/cryptocurrency-market/exchange/ (最後瀏覽日：01/29/2020)

[919] 補充言之，關於比特幣之運作原理、區塊鏈、私密金鑰，以及「分散式共識系統」之相關介紹，可以參見 bitcoin 網站，網頁：https://reurl.cc/nVKvoD (最後瀏覽日：01/29/2020)

[920] 參見電子簽章法第 2 條之規定，前揭註 915。

過到該系爭區塊鏈系統上，伊之各節點提供到相關之算力，最後再行以公開之金鑰而為驗證程序，是故，觀上述流程而此於法理原則上，其實似係應係符合到前述我國電子簽章法，伊對於數位簽章之相關定義，而此若需補充言之，觀於區塊鏈體系之技術特性，可參前述第三章之介紹，同時關於電子數位簽章之部分歷程，亦可參前揭之討論。[921]

　　然而，此又對之衍伸出進一步之問題，亦即，關於我國現行電子簽章法對於該系爭憑證機構之規範，其究是否得適用於該系爭區塊鏈平臺，或是其餘相關之各機構[922]，又對於此處之疑義，係可參見到本法第 11 條第 1 項之規定「憑證機構應製作憑證實務作業基準，載明憑證機構經營或提供認證服務之相關作業程序，送經主管機關核定後，並將其公布在憑證機構設立之公開網站供公眾查詢，始得對外提供簽發憑證服務。」[923]由前述條文可知，對於不論何人其係想要為「公開簽發公鑰或私鑰之人」，其實係必須按照本條將該系爭憑證作業之基準，委由「經濟部」以為之審查，惟觀察此條文之用語可知，由於本條僅係規範到所謂地「公開簽發」之情形，因此，若其此係採行所謂地「封閉架構」，則即係無需適用到本條之規定，又目前在實務之運作上，針對到前揭數位憑證之發行與保管，伊係仍多仰賴到第三方之中介機構，而吾人可知，其係多採行到前述地集中化之模式，而此即係與區塊鏈體系，伊主要地分散式之特點，逕相違背，是故，關於區塊鏈中相關該數位簽章之各規定，伊可能係勢必須隨著現科技技術的進步，嗣於我國電子簽章法進以為之調整，若需再為補充言之，則現關於區塊鏈證據平臺之建構，以及

---

[921] 參見張家維，前揭註 914。

[922] 補充言之，關於相關區塊鏈平臺可以參見奧丁丁區塊鏈服務網站，網頁：https://reurl.cc/8lkX2X（最後瀏覽日：01/29/2019）該平臺網站指出，其係發現區塊鏈於各產業間之相關應用，包含醫療業、航空業、旅宿業、農業、製造業、物流業、貿易進出口、食品業、畜牧業、藝文業、金融業，以及法律應用等面向。

[923] 請參電子簽章法第 11 條第 1 項：「憑證機構應製作憑證實務作業基準，載明憑證機構經營或提供認證服務之相關作業程序，送經主管機關核定後，並將其公布在憑證機構設立之公開網站供公眾查詢，始得對外提供簽發憑證服務。其憑證實務作業基準變更時，亦同。」同時參見張家維，前揭註 914，頁 85-86。

究區塊鏈相關憑證機構之規範，係可以參照到中國對於司法區塊鏈之實務層次，同時亦可參其對於區塊鏈信息服務管理規定之施行，就伊所開設之相關標準而為比較觀察，而關於後續區塊鏈專法之設立，以及從電子簽章法之角度出發等層次，則容後探討。[924]關於區塊鏈之證據能力問題，本文以下介紹之。[925]

（四）區塊鏈於證據法上之地位

1.中國區塊鏈證據之發展

　　若此時將視角聚焦於區塊鏈於證據法上之地位，吾人可知，對於區塊鏈之證據能力，正如本節第一部分所介紹的一樣[926]，目前「中國最高人民法院審判委員會」係以司法解釋之方式，肯認了系爭區塊鏈證據的合法性地位[927]，又由於區塊鏈技術目前之所謂「證據化作用」，可觀，其係已改變了傳統上證據法下之證據結構，此由觀察前揭杭州互聯網法院之判決即係可知[928]，此外，區塊鏈證據之意義係不限於新興之數位電子證據[929]，此即係因，其係將帶來前述證據法上地全面之革新[930]，諸如，關於該系爭證據資格的認定，或是關於證據理論的變革，而此點也是我國證據理論可以隨著科技進步之借鏡處。[931]回顧言之，區塊鏈存證之個案之起源，伊即係於 2018 年 6 月之杭州互聯網案[932]，吾人可查，該案事實係並不複雜，然因該案係肯認了前述區塊鏈

---

[924] 參見張家維，前揭註 914，頁 85-86。

[925] 本文以下將介紹區塊鏈於證據法上之地位，並將以中國區塊鏈證據之發展與美國佛蒙特州區塊鏈證據之發展作對照與比較，進而指出其相似與相異之處，以供借鑑。

[926] 請參本節第一部分關於區塊鏈証據能力之相關介紹。

[927] 參見最高人民法院，前揭註 787。

[928] 請參杭州互聯網法院 2018 年度浙 0192 民初字第 81 號判決。

[929] 補充言之，關於區塊鏈於數字財產權、無形資產，以及確權等創新應用，可以參見鄭戈(2018)，〈區塊鏈與未來法治〉，《東方法學》，3 期，頁 83。

[930] 關於區塊鏈於科技法庭證據面之相關應用，可以參見鄭新星、柯力，前揭註 747，頁 167-168。

[931] 補充言之，關於可信之電子證據平臺建構，可以參見張春和、林北征，前揭註 763，頁 130。

[932] 請參杭州互聯網法院 2018 年度浙 0192 民初字第 81 號判決。

存證之方式，而進於司法實務上之適用，嗣使其在中國法學界掀起了狂風。[933]
又可查前述中國的民事訴訟法第 63 條，伊係明文地將該數位電子數據，認定
為法定證據類型[934]，惟我國則如前述，係是未將該數位電子證據，進作出明
確於法律上之定義與規範[935]，此也是我國似需要再行思考的部分，可見知，
在中國法律界的討論下，由於其之民事訴訟法如上係已將數位電子數據，明
列為法定之證據方法[936]，是故，其現對於區塊鏈數位電子證據的討論脈絡即
係為，針對到關於該區塊鏈存證，伊究係能否被納入到該數位電子證據之範
圍，以及現基於該區塊鏈自身之技術特性，包含諸如去中心化、不可竄改性，
以及安全性等[937]，對該區塊鏈證據其之證據地位，是否實係基於其之區塊鏈
證據伊為「載體」之身分[938]，抑或其係立基於該區塊鏈伊「本身」之特性，
而進成為一所謂地「實體證據」[939]，此如果採取前者之看法，則吾人可知，
就該區塊鏈數位電子數據之屬性，即係可能會轉往「書證」層面[940]，又同時
該區塊鏈證據之法律效力為何，實亦須對之為細部討論。[941]

　　進步言之，前述區塊鏈證據究之所以會在中國引發狂風般地討論，此即
係因其與其餘之數位電子證據之重大不同處[942]，又區塊鏈證據在前述杭州案

---

[933]　參見張玉潔，前揭註 733，頁 101。補充言之，關於區塊鏈証據於法院審查之判斷及審查應用，
　　　可以參見鄭新星、柯力，前揭註 747，頁 167。

[934]　請參中國民事訴訟法第 63 條：「證據包括：（一）當事人的陳述；（二）書證（三）物證；四）
　　　視聽資料；（五）電子數據；（六）證人證言；（七）鑑定意見；（八）勘驗筆錄。證據必須查
　　　證屬實，才能作為認定事實的根據。」

[935]　請參本節前揭關於數位証據地位之相關介紹。

[936]　請參本節前揭關於電子數據法定證據方法之相關介紹。

[937]　補充言之，關於區塊鏈技術之本質，可以參見鄭新星、柯力，前揭註 747，頁 167。

[938]　參見張玉潔，前揭註 733，頁 101。

[939]　參見張玉潔，前揭註 733，頁 101。

[940]　補充言之，關於書證之實務，可以參見最高法院 108 年度臺抗字第 919 號裁定。

[941]　參見張玉潔，前揭註 733，頁 101。

[942]　補充言之，關於區塊鏈技術之創新點，可以參見趙金旭、孟天廣(2019)，〈區塊鏈如何重塑治理
　　　結構與模式〉，《當代世界與社會主義》，3 期，頁 5。作者指出，區塊鏈解決了所謂「數據孤
　　　島」，以及「數據確權」之問題。

實係因其自身之技術特性，而進得完成了所謂地「自我證明真實」[943]，而關於「技術自證」之相關討論，亦可參後段之相關介紹，此點也是其與其他傳統數位電子證據，極為相異之處[944]，此亦為該系爭法院肯認到該系爭區塊鏈證據效力之前提[945]，而根據前揭中國區塊鏈證據之案例，吾人尚須對之進一步必須探問的是，究關於區塊鏈證據之法律效力，其能否確實地改善當前社會，現對於到傳統數位電子證據，伊證明力薄弱之現狀。[946]

由上可知，區塊鏈係是一個正在發展的新科技，又其於法學上的價值即係在於到，該系爭區塊鏈實係溝通了現學界以及實務界，伊之相對地隔閡[947]，而區塊鏈證據的特點，如前曾述，即係在於伊之所謂地「證據自證」之模式[948]，而此點亦係與其他傳統上之數位電子證據深有所別[949]，可以預見地是，由於區塊鏈技術伊所具於法律應用上之潛力，我國使用區塊鏈技術來對該系爭司法訴訟之過程，即於伊之證據上為「驗證」、「保護」，以及「提交」等諸層面，在近未來都會有所具體地運用與研究[950]，亦可參如後段將論之調查局，伊所研發之所謂「雲端區塊鏈證據平臺」等諸應用，又由前述可知，該系爭區塊鏈技術之重點，即係在於到，系爭普通的數位電子證據，伊通常都係需要藉由各式各樣而與其餘諸證據間之組合，以及與各相關證據，進以為所謂

---

[943] 請參杭州互聯網法院 2018 年度浙 0192 民初字第 81 號判決。

[944] 補充言之，關於區塊鏈之技術創新，可以參見趙金旭、孟天廣，前揭註 942，頁 7。

[945] 補充言之，關於北京互聯網法院採用天平鏈證據判決之第一案，可以參見人民網網站，〈北京互聯網法院採用「天平鏈」證據判決首案出爐〉，網頁：http://blockchain.people.com.cn/n1/2019/0412/c417685-31027667.html（最後瀏覽日：02/13/2020）

[946] 參見張玉潔，前揭註 733，頁 104。

[947] 補充言之，關於區塊鏈與科技法庭 2.0 之融入，可以參見鄭新星、柯力，前揭註 747。

[948] 關於區塊鏈之自我鑑真特性，可以參見吳美滿、庄明源(2018)，〈區塊鏈存證技術在互聯網金融犯罪治理中的應用〉，《人民檢察》，22 期，頁 53。

[949] 關於區塊鏈之核心特點，及區塊鏈之技術面綜述，以及區塊鏈技術之內涵與目的等討論，可以參見趙金旭、孟天廣，前揭註 942，頁 5。

[950] 補充言之，關於區塊鏈存證之獨特價值在於四大面向，對此可以參見吳美滿、庄明源，前揭註 948，頁 52-53。作者指出區塊鏈存證具有四大效益，分別係「證據提取高效性」、「證據固定準確性」、「證據儲存穩固性」，以及「製作主體中立性」。

之「鏈式論證」，嗣以來檢證其之真實性，然可觀，現區塊鏈數位電子證據，則是藉伊其之自身就可以完成關於就其真實性之相關檢驗，換言之，此也就是前述所謂「技術自證」之具體體現。[951]

細部言之，若回顧檢閱前述曾多次提及之杭州案，伊之審理邏輯[952]，吾人可知，該系爭法院係透過四個主要面向，進以來判斷該區塊鏈證據究是否可信，伊係分別從其一之「區塊鏈之法律性質」、其二之「存證平臺資格審查」、其三之「取證手段審查」，以及最後其四之「可信度審查」而綜判斷之，總結來說，該杭州互聯網法院，伊係是透過中國之電子簽名法第4條[953]，以及第 8 條[954]之相關規定，後將該區塊鏈數位電子證據定性為所謂地「數據電文」，而其後該系爭法院係透過對於該「公證文書」之檢視，以及對系爭區塊鏈存證為之審查，後進行了「兩重檢證」，嗣進一步確認到了該系爭「數據電文」伊之完整性，同時，又法院亦對於前述該系爭保全網的資格上進行了審查，爾後，伊係進認可其符為該存證平臺之資格。[955]又對於此部該系爭區塊鏈證據，伊究是如何生成的，對此觀察本案之流程可見，首先本案「華泰一媒」伊係使用第三方網路平臺，亦即前述之「保全網」，就伊之開放原始碼之程序「Puppeteer」[956]，爾後係進對於該系爭侵權之網頁進行了「截圖」之措施，嗣透對過該系爭網頁之截圖分析，即係可以知道該侵害者，就伊所

---

[951] 參見張玉潔，前揭註733，頁104。

[952] 請參杭州互聯網法院2018年度浙0192民初字第81號判決。

[953] 請參中國電子簽名法第4條：「能夠有形地表現所載內容，并可以隨時調取查用的數據電文，視為符合法律、法規要求的書面形式。」

[954] 請參中國電子簽名法第8條：「審查數據電文作為證據的真實性，應當考慮以下因素：（一）生成、儲存或者傳遞數據電文方法的可靠性；（二）保持內容完整性方法的可靠性；（三）用以鑑別發件人方法的可靠性；（四）其他相關因素。」

[955] 補充言之，關於杭州案之介紹，可以參見陳新(2019)，〈民事訴訟中基於區塊鏈技術的電子證據應用研究〉，《法制博覽》，7 期，頁215。同時參見張玉潔，前揭註733，頁104。

[956] 請參 ITREAD01 網站，網頁：https://www.itread01.com/content/1543463772.html（最後瀏覽日：08/04/2019）其指出所謂 Puppeteer 為一 Web 網站前端之自動化測試工具，其係由 Google 發行之一透過「DevTools」之協議進而使用控制「headless Chrome」之「Node」庫，其功能為作為爬蟲訪問系爭網路頁面而收集所需資訊。

發布之系爭文章，實係與該涉案文章係屬完全之相同，其後，該保全網再透過到「浙江千麥司法鑑定中心」，進對前述之取證之工具如「Puppeteer」，以及「curl」程式，進行到相關之「司法鑑定」，而在確認了上述兩項程式，伊係皆完善地具備到前揭網頁截圖之能力後，緊接著該保全網即將前述系爭之網頁截圖，以及就該系爭侵權網頁之「程式碼」，以及諸相關如「調用日誌」等，伊內容計算出前述第三章曾述之「哈希值」，並將之為上傳於該系爭區塊鏈驗證數據公司「Factom」之區塊鏈，基此步驟可查，此係進而保證到該數位電子數據不會遭受任意人為之不當竄改，從而，對於該系爭之數據內容，就伊之完整性以得進作相關之確認。[957]

基於上述歷程，杭州互聯網法院係認定到[958]，就該區塊鏈技術存證，伊是係有受到所謂「公正對待」之必要，是故，當前對證據的審查係必須要審慎地對待系爭區塊鏈體系，伊所具備的前述「不可竄改」，以及「不可以被刪除」等諸特點[959]，同時以立基於前揭曾述之該證據審查之「合法性」、「關聯性」，以及「真實性」來綜判斷[960]，由於本案中各項證據為之地「互相印證」，此係包含如「區塊鏈存證」、「存證平臺資格」，以及「技術公證」等，且同時被告係並無對之提交法律上為有效之反對意見，緣此，該系爭區塊鏈證據的「有效性」，最後係被該法院為肯認之。[961]

從上述中國司法實務上之回顧與分析，吾人可以發現，於該案中杭州互聯網法院伊僅僅是將該系爭之區塊鏈證據，作為在前揭證據鏈上之一「普通證據」，換言之，其實係並未真正地彰顯到區塊鏈體系伊之去信任化、去中介化，以及安全性等諸特點，在該案中似乎該系爭存證平臺方之「資格」，以及「技術公證」等才是主要真正發揮功用地部分，亦即，於該案中對於前

---

[957] 參見張玉潔，前揭註 733，頁 104。

[958] 參見杭州互聯網法院 2018 年度浙 0192 民初字第 81 號判決。

[959] 補充言之，關於區塊鏈之特性，可以參見本文第三章之相關介紹。

[960] 補充言之，關於杭州互聯網法院之相關資訊，可以參見杭州互聯網法院網站，網頁：https://www.netcourt.gov.cn/portal/main/domain/index.htm (最後瀏覽日：02/28/2020)

[961] 參見張玉潔，前揭註 733，頁 104。

述區塊鏈證據的使用似甚為地表面化，其實未觸及到關於區塊鏈證據之真正核心部分，惟該案雖然僅是淺淺的運用到了系爭之區塊鏈證據，但是可以確定的是，吾人係不可否認該區塊鏈證據，伊係與傳統地數位電子證據，就伊之不同點將係會在未來司法實務中，進而具體地體現出來，此外，由於到區塊鏈技術目前關於前述所謂「證據化」之應用，中國最高人民法院係頒布了「最高人民法院關於互聯網審理案件若干問題的規定」吾人由該規定之第 11 條可查，伊係對於該區塊鏈證據之地位，係為明確的肯認之，又引用該規定之法律用語之原文可見：「當事人提交的電子數據，通過電子簽名、可信時間戳、哈希值校驗、區塊鏈等證據收集、固定和防竄改的技術手段或者通過電子取證平臺認證，能夠證明其真實性的，互聯網法院應當確認。」[962]由上述規定即可見知，該區塊鏈技術之「證據性」，伊已經不是按前揭諸互聯網法院為之個案性而判斷，而實已係上升到了所謂司法機關為「共識」之標準，基此，在未來可以預見的是，就該區塊鏈數位電子證據的合法化，將即係有可能具體地改變系爭當事人，伊對於其證據之「存證方法」，以及「態度」，同時，該區塊鏈證據亦有可能得在其之證明力係已得到確認地狀況下，大幅地改寫現數位電子證據之治理版圖，若需進補充言之，則此即可與前述第三章曾述之區塊鏈全新治理方式之具體顯現等，以為對應。[963]

　　目前，中國對於區塊鏈證據學理上之探討，如上所述，伊係已經肯認到

---

[962] 請參最高人民法院關於互聯網法院審理案件若干問題的規定第 11 條：「當事人對電子數據真實性提出異議的，互聯網法院應當結合質證情況，審查判斷電子數據生成、收集、存儲、傳輸過程的真實性，並着重審查以下內容：（一）電子數據生成、收集、存儲、傳輸所依賴的計算機系統等硬件、軟件環境是否安全、可靠；（二）電子數據的生成主體和時間是否明確，表現內容是否清晰、客觀、準確；（三）電子數據的存儲、保管介質是否明確，保管方式和手段是否妥當；（四）電子數據提取和固定的主體、工具和方式是否可靠，提取過程是否可以重現；（五）電子數據的內容是否存在增加、刪除、修改及不完整情形；（六）電子數據是否可以通過特定形式得到驗證。當事人提交的電子數據，通過電子簽名、可信時間戳、哈希值校驗、區塊鏈等證據收集、固定和防篡改的技術手段或者通過電子取證存證平臺認證，能夠證明其真實性的，互聯網法院應當確認。」

[963] 參見張玉潔，前揭註733，頁 104。

區塊鏈之證據能力，對此亦係可以參見本節第一部分之介紹[964]，簡之，基於區塊鏈技術伊所提供之證明，實係可滿足其證據理論之三個要件，其分別是其一之「合法性」、其二之「關聯性」，以及最後其三之「真實性」[965]，此換言之，該區塊鏈證據係已能在目前中國法律實務上，進獲得相對之證據資格以及證明能力，然在此處，尚必須進一步為之探討的是，究關於區塊鏈證據之一大爭議，亦即前述所謂地該區塊鏈數位電子證據，伊究竟係屬於「原件」，抑或是「複製件」。[966]對此可查，認為前述區塊鏈證據係屬於原件者，其主要係認為到，由於該數位電子證據，觀伊之特點就是在於，其係能夠被完整地而為複製，所以此主張者伊係認為現只要該數位電子資訊，係能夠被伊為完整的紀錄，其即係具有如原件之證據上效力，而基此不論就該系爭證據，伊之載體與原件究是否同一；又採複製件論者，伊則係認為到，由於前述之數位資料，查伊之「傳播」、「運行」，以及「修改」等層次，係皆係透過無法以人體肉眼以為辨識之程序，以為完成之，是故，前述該「書證化」之數位電子證據，伊即係應為複製件，而在前揭該杭州互聯網法院案中，吾人可觀，其係並沒有要求該案之原告提出到對系爭區塊鏈證據之原件，伊亦未要求到原告係需對之證明該系爭之區塊鏈證據，伊與原件係具同一性等，是故，由此點吾人即可以發現到，該杭州互聯網法院實係將系爭區塊鏈之證據視為原件，補充言之，關於原件與複製件以及數位證據之討論，亦可與前述最高法院判決相比較之。[967]

綜上，吾人可查在中國區塊鏈證據的蓬勃發展下，其杭州互聯網案，無

---

[964] 請參本章第二節對於區塊鏈証據能力之相關介紹。

[965] 補充言之，關於區塊鏈存證於刑事面之展望，可以參見吳美滿、庄明源，前揭註 948，頁 54。

[966] 請參最高人民法院關於民事訴訟證據的若干規定第 70 條：「一方當事人提出的下列證據，對方當事人提出異議但沒有足以反駁的相反證據的，人民法院應當確認其證明力：（一）書證原件或者與書證原件核對無誤的複印件、照片、副本、節錄本；（二）物證原物或者與物證原物核對無誤的複製件、照片、錄像資料等；（三）其他證據佐證並以合法手段取得的、無疑點的視聽資料或者與視聽資料核對無誤的複製件；（四）一方當事人申請人民法院依照法定程序製作的對物證或者現場的勘驗筆錄。」

[967] 參見張玉潔，前揭註 733，頁 104-105。

疑係對於該系爭區塊鏈證據化之一大里程碑，由該案即係可見，在如今已處區塊鏈證據之時代下，伊對於中國證據法之革新層次，係可謂勢在必行，而此於傳統上之各數位電子證據，諸如於各通信軟體之聊天紀錄或截圖等[968]，伊在未來將會面臨到區塊鏈數位電子證據的挑戰，又雖然該區塊鏈證據之法律理論還在發展中，但是藉由該案係可見，伊已係明確了究如何得於實際上對於該區塊鏈證據，伊於法律實務上為之使用，可預見，於未來該案之諸討論，即係也會對之於中國關於區塊鏈證據法上，進立下基石。[969]

　　在介紹完中國對於區塊鏈證據之證據能力肯定之態度後，本文以下將介紹美國佛蒙特州對於區塊鏈證據之發展，而佛蒙特州之所以具有參考價值，其之原因則詳如本文以下所述。[970]

2.美國佛蒙特州區塊鏈證據之發展

　　首先在司法實務中，吾人可知，如果該系爭法院要能具體確立儲存於前述區塊鏈中之文件，或是各數據資料，其確係為真實，實係有賴於其一之「司法鑑定中心」、其二之「數位電子存證機構」，以及其三之「公證處」，等三方之互相配合[971]，進以對該系爭證據能夠提供到妥善之證明，進而得讓法院能夠採信該系爭證據確為真，而目前除了中國對於區塊鏈在證據法上的效力多有所探討外，似亦可參照美國佛蒙特州對於區塊鏈於司法實務上應用之發展。[972]

　　又佛蒙特州之所以具有參考價值，此係可以從兩方面為解釋，其一係是

---

[968] 褚福民(2018)，〈電子證據真實性的三個層面——以刑事訴訟為例的分析〉，《法學研究》，4 期，頁 129-130。關於數位證據之分析等相關討論，可以參見之。

[969] 參見張玉潔，前揭註 733，頁 104。

[970] 補充言之本文以下將介紹美國佛蒙特州之區塊鏈證據發展，以及中國與佛蒙特州對於區塊鏈規範不同之比較，以供借鑑。

[971] 補充言之，關於區塊鏈對於傳統電子證據完整性及真實性常於訴訟中被質疑之突破，可以參見，陳全真(2019)，〈區塊鏈存證電子數據的司法適用〉，《人民司法》，4 期，頁 85。此外，關於區塊鏈對於知識產權公證之創新，可以參見張德芬、張邁瀚(2019)，〈區塊鏈技術下知識產權公證業務的創新〉，《河南科技》，33 期，頁 20-21。

[972] 施鵬鵬、葉蓓(2019)，〈區塊鏈技術之證據法價值〉，《檢查日報》，頁 3。

在當前中美貿易戰的局勢下[973]，我方係處在系爭貿易戰的夾縫中[974]，中國與美國對我方來說係不論是政治上或是貿易上，皆是非常重要的國家，職是此於本文第一章研究方法中亦有提及，究會以中國以及美國為比較參考之對象[975]；其二則是由於美國佛蒙特州在當前，伊係唯一對於區塊鏈所應適用之證據規則，具有單獨訂立州法的一州，是故，其在探討美國對於區塊鏈之司法發展，與應用係極具參考之價值。[976]

　　針對佛蒙特州法的規定，吾人可知，其係將系爭「區塊鏈」定義為：「區塊鏈係透過互聯網系統、對等式網絡以及相關交互方式進行維護，並具安全性、加密性、時序性以及去中心性等特性，建構而成之分散式帳本或是統一數據資料庫。」[977]同時，佛蒙特州對「區塊鏈技術」之定義係為：「區塊鏈技術係使用區塊鏈之電腦程式軟體、電腦程式硬體或是其軟體與硬體之集合。」[978]由上佛蒙特州對於區塊鏈之定義可以發現，其對於區塊鏈之規範方式，係是為「抽象」而「廣泛」的立法方式，又採行此點規範方式之原因，即係由於該系爭之區塊鏈，以及有關區塊鏈之技術，尚位於極速發展之階段，是故，透過該州對其相對為廣泛之規定，伊可係使該區塊鏈技術在現科技之

---

[973] 請參 BBC 網站，〈中美貿易戰:五個問題看懂第一階段協議的關注點〉，網頁：https://www.bbc.com/zhongwen/trad/business-51132474 (最後瀏覽日：02/03/2020)

[974] 請參天下雜誌網站，〈蘋果中箭！川普全面開戰，3000 億美元中國商品加徵 10%關稅〉，網頁：https://www.cw.com.tw/article/article.action?id=5096285 (最後瀏覽日：08/04/2019) 其指出美方將於 2019 年 9 月 1 日對剩餘之 3000 億美元之從中國輸往美國之商品加課百分之 10 之關稅。同時報導亦指出據 Consumer Technology Association 之數據顯示，系爭課稅將影響 540 億之遊戲主機、390 億電腦產品以及 450 億之手機產品，同時可能將使 iPhone 及相關產品售價提高，進而對消費者造成衝擊。

[975] 請參本文第一章所之研究方法。

[976] 參見施鵬鵬、葉蓓，前揭註 972，頁 3。

[977] *See* 12 V.S.A. § 1913 Blockchain enabling: (a) As used in this section：(1)"Blockchain"means a cryptographically secured, chronological, and decentralized consensus ledger or consensus database maintained via Internet, peer-to-peer network, or other interaction.

[978] *See* 12 V.S.A.§1913. Blockchain enabling: (2) "Blockchain technology" means computer software or hardware or collections of computer software or hardware, or both, that utilize or enable a blockchain.

持續發展下，伊於法律上為其預留空間，而進以得作相關之解釋。[979]

此外，必須特別指出的是，由上條文規範為觀察，吾人可知，佛蒙特州係並未如同前述中國對於該區塊鏈之「不可竄改性」，以及就伊之「不可偽造性」而於立法例上做肯認[980]，亦即，佛蒙特州對於該區塊鏈之特性上，伊係對之採取較為謹慎的態度，此可觀，該州法僅僅於之提及該區塊鏈所具之「一致性」，又該州後續對於區塊鏈之證據規則，其便是建立在前述「一致性」之基礎，嗣進以為規範。[981]進步言之，按美國「聯邦證據規則」其中第901條及同法第902之明文規定[982]，吾人可查，其係規範到該提出證據者，伊係須提出可以支持該系爭證據，伊確係該提出者所主張證據認定之證據，又觀此規範之目的，伊實係為滿足該訴訟上對於系爭證據於之「辨認」層次，以及對之為「鑑定真偽」之需求，惟亦有證據係因其可以實施此前曾述之「自我鑑定真偽」之特性，而該類證據即係可以不須倚靠到額外地可以信任之「外部證據」，進為其之證明，補充而言，此部亦可與上述就所謂「技術自證」之討論，互相對照之。[983]

復按佛蒙特州之規範，吾人可知，其係認為若該系爭數位紀錄資訊，伊係以數位電子化之方式紀錄於該區塊鏈中，則其在特定的條件下係可以因其具備前述所謂地「自我鑑定真偽」之特性，進而無須以該外部之證據再對為之證明，又該州對於系爭區塊鏈證據之具體規範如下，伊首先係必須有合於系爭法律規定之證人，伊為之宣誓並為一「書面」上之聲明，而該書面之聲明係必須詳細地敘明三點，其一係該系爭之證人，其係可以於訴訟中為作證之「資格」、其二係該系爭數據資料入鏈之確切「日期」以及「時間」，以

---

[979] 參見施鵬鵬、葉蓓，前揭註972，頁3。同時亦可參美國佛蒙特州法第1913條之相關規定。

[980] 補充言之，關於佛蒙特州之相關資訊，可以參見佛蒙特州網站，網頁：https://www.vermont.gov/（最後瀏覽日：08/04/2019）

[981] 參見施鵬鵬、葉蓓，前揭註972，頁3。

[982] 補充言之，關於聯邦證據規則之條文，可以參見 Cornell LAW School 網站，網頁：https://www.law.cornell.edu/rules/fre（最後瀏覽日：02/28/2020）

[983] 參見施鵬鵬、葉蓓，前揭註972，頁3。同時亦可參美國聯邦證據規則第901條及第902條之相關規定。

及其三之該區塊鏈系統接受到系爭數據資料之「時間」及「日期」等。[984]又該州法係要求到該系爭紀錄係為所謂地「定期活動」而保存於鏈上，同時該系爭紀錄係是前述該定期活動，伊之常見地「合規」之作法，此外，就該提出區塊鏈證據之一造，伊係須根據其州法而必須對之提出書面上之通知，並且於訴訟中於提出該系爭區塊鏈證據之前，伊係須盡早地向該對造，提出該此系爭紀錄以及系爭之聲明，如此進以得利該對造能為之質疑檢證，以及對之為查閱等。[985]

此外，關於區塊鏈與傳聞證據規範上之交錯，吾人可知，由於區塊鏈證據係生於訴訟庭外，且其係用以證明該待證事實確為真，故其係需受到所謂地「傳聞法則」之拘束，而按佛蒙特州法規定，可觀，此將該「數字資訊」以數位電子方式儲存並寫入區塊鏈中，其係包含到該系爭信息資訊與伊之數字資料，若果該系爭證據已附前述所提及之相關州法，伊所訂立之鑑定證據真偽之規範中，諸如關於該合格證人之書面聲明等，則此際係應將該系爭證據視為所謂地「傳聞例外」，而由前述之「定期業務紀錄活動」[986]，於此點進行到於傳聞例外之適用，除非，該系爭證據之資訊來源或是伊相關構成之材料，其組成之可信度係屬不足，此方不能將該系爭證據為適用前揭傳聞例

---

[984] *See* Vermont Rules of Evidence, RULE 902. SELF-AUTHENTICATION, (13) Blockchain records. Any digital record electronically registered in a blockchain if it is accompanied by a written declaration of a qualified person, made under oath, stating the qualification of the person to make the certification and：(A) the date and time the record entered the blockchain;(B) the date and time the record was received from the blockchain;(C) that the record was maintained in the blockchain as a regular conducted activity; and(D) that the record was made by the regularly conducted activity as a regular practice. A party intending to offer a record into evidence under this paragraph must provide written notice of that intention to all adverse parties, and must make the record and declaration available for inspection sufficiently in advance of their offer into evidence to provide an adverse party with a fair opportunity to challenge them.

[985] 參見施鵬鵬、葉蓓，前揭註972，頁3。*Also See* Vermont Rules of Evidence, supra note 563.

[986] *See* 12 V.S.A.§1913. Blockchain enabling: (2) A digital record electronically registered in a blockchain, if accompanied by a declaration that meets the requirements of subdivision (1) of this subsection, shall be considered a record of regularly conducted business activity pursuant to Vermont Rule of Evidence 803(6) unless the source of information or the method or circumstance of preparation indicate lack of trustworthiness. For purposes of this subdivision

外。[987]其後，即是該州法對於前述區塊鏈證據之推定規範[988]，吾人可查，州法係表明道，關於經區塊鏈技術之應用而證實之紀錄，伊係為真實，但其對於該事實或記錄之真實性之推定，係並不適用於該系爭內容之法律地位，或是究伊之真實性與有效性等，而因上述區塊鏈證據「推定」，所致生之事實不利之一造，其應於訴訟中係須提出到充分且足夠之證據，進而證明該系爭區塊鏈證據其之「身分」、「時間」，或是「紀錄」等係為不符，此外，前述之推定對於就「舉證責任」之分配，係不生影響。[989]最後，即是關於該系爭推定之適用範圍，州法指出，其係適用於運用該區塊鏈技術，就伊所維護之事實或係記錄，舉例而言，其係包含如其一之契約當事人其「契約條款」、執行以及生效「期日」；其二之「貨幣」、「財產」，以及契約之所有權「移轉」以及「談判」等；其三之任何人其「記錄管理」、「保存」，以及「地位」或「治理參與」；其四之「私人交易」或政府機構間相互作用之「地位」；以及最後其五之系爭紀錄之「真實性」及「完整性」等。[990]

---

[987] 參見施鵬鵬、葉蓓，前揭註972，頁3。

[988] *See* 12 V.S.A.§1913. Blockchain enabling: (3) The following presumptions apply：(A) A fact or record verified through a valid application of blockchain technology is authentic.(B) The date and time of the recordation of the fact or record established through such a blockchain is the date and time that the fact or record was added to the blockchain.(C) The person established through such a blockchain as the person who made such recordation is the person who made the recordation.(D) If the parties before a court or other tribunal have agreed to a particular format or means of verification of a blockchain record, a certified presentation of a blockchain record consistent with this section to the court or other tribunal in the particular format or means agreed to by the parties demonstrates the contents of the record.(4) A presumption does not extend to the truthfulness, validity, or legal status of the contents of the fact or record.(5) A person against whom the fact operates has the burden of producing evidence sufficient to support a finding that the presumed fact, record, time, or identity is not authentic as set forth on the date added to the blockchain, but the presumption does not shift to a person the burden of persuading the trier of fact that the underlying fact or record is itself accurate in what it purports to represent.

[989] 參見施鵬鵬、葉蓓，前揭註972，頁3。

[990] *See* 12 V.S.A.§1913. Blockchain enabling: (c) Without limitation, the presumption established in this section shall apply to a fact or record maintained by blockchain technology to determine：(1) contractual parties, provisions, execution, effective dates, and status;(2) the ownership, assignment, negotiation, and transfer of money, property, contracts, instruments, and other legal rights and duties;(3) identity, participation, and status in the formation, management, record keeping, and governance of any

3.中國與美國佛蒙特州規範之比較

若將中國日前所頒布之「最高人民法院關於互聯網法院審理案件若干問題的規定」[991]，與前述佛蒙特州對於該區塊鏈之相關規範，進行比較分析，吾人可知，目前美國佛蒙特州對區塊鏈證據之規定係有兩大主要不同[992]，其一是佛蒙特州雖然認為到該系爭區塊鏈體系，伊係具有到難以竄改之特性，但是反方面解釋則可知，其係仍具被竄改之可能性，於是該州係認為縱然在特定條件下，該區塊鏈技術係能夠進行到前述之「自我鑑定真偽」，但是其亦特別對之規設計範了，就提出區塊鏈證據之一造，伊係必須對之提供前述所提及之該系爭相關諸紀錄，以及相關各聲明等，進以利該對造得與之進行查驗，以及為之具體提出質疑；又第二大不同則是，由前述可觀，佛蒙特州相較中國立法例而言[993]，該州似更傾向於區塊鏈之前述「技術自證」，而非傳統上中國仰賴之第三方「數位電子認證機構」、「司法鑑證中心」，亦或「公證處」所開立之「公證證明」，此若需補充言之，吾人可知，常理而言，雖然區塊鏈之不可竄改性如前述第三章所介紹的，係具備所謂百分之 51 之風險，但是亦如前述，此舉在經濟分析上亦不符合竄改區塊鏈體系之效益，然實亦可理解佛州對此之所以採取較為保守之態度。[994]

---

person;(4) identity, participation, and status for interactions in private transactions and with a government or governmental subdivision, agency, or instrumentality;(5) the authenticity or integrity of a record, whether publicly or privately relevant; and(6) the authenticity or integrity of records of communication.(d) The provisions of this section shall not create or negate：(1) an obligation or duty for any person to adopt or otherwise implement blockchain technology for any purpose authorized in this section; or(2) the legality or authorization for any particular underlying activity whose practices or data are verified through the application of blockchain technology.

[991] 補充言之，按「根據最高人民法院關於互聯網法院審理案件若干問題的規定」可知，最高人民法院審判委員會頒布此規定之原因係為：「為規範互聯網法院訴訟活動，保護當事人及其他訴訟參與人合法權益，確保公正高效審理案件，根據《中華人民共和國民事訴訟法》《中華人民共和國行政訴訟法》等法律，結合人民法院審判工作實際，就互聯網法院審理案件相關問題規定如下。」並以此頒布共計 23 條之司法解釋。

[992] 參見施鵬鵬、葉蓓，前揭註 972，頁 3。

[993] 補充言之，關於佛蒙特州關於區塊鏈之相關立法過程介紹，可以參見比特幣資訊網站，網頁：https://reurl.cc/QprXaM (最後瀏覽日：02/03/2020)

[994] 參見施鵬鵬、葉蓓，前揭註 972，頁 3。

　　綜之，於區塊鏈技術出現之前，吾人可知，在司法證據以及司法證明的範疇內，由於前述數位電子數據，伊在法律訴訟中被系爭法院所採信的比率之較為低落，究該困擾系爭諸法官之根源，即係因該系爭之數據究屬所謂地「原生證據」與否，以及究該系爭諸證據是否被任意人為造假或係偽造[995]，而上述基本問題即是在以往司法領域內，就傳統數位電子證據在法律發展上之根本處難題，然而由前可知，在區塊鏈體系出現之後[996]，由於其係具備到本文第三章所介紹之分散式以及去中心化之諸特點[997]，該區塊鏈系統中每一個電腦節點，伊都可以為「共享」該去中心化分布式記帳之系爭分類帳，此換言之，在該區塊鏈系統的幫助下，前述該系爭「入鏈」之證據伊究係為原件或係屬複製件之問題，此部重要性上則已降低，此即由於，該系爭區塊鏈系統中伊每一節點所儲存之系爭分類帳諸副本間，其係與該系爭原件具有所謂地「同一可信度」[998]，又在中國的司法實務上觀察，由於其揭司法區塊鏈諸如「天平鏈」之設置，以及杭州互聯網法院等法院等之推廣[999]，目前對於當事人伊數位電子取證面，以及存證面等兩方面之成本，係大為之降低，而此點對於目前中國過多的訴訟案件數量，以及對之法官人員不足的情況，亦已有所顯著幫助，此點也是區塊鏈體系於中國受到其法律司法界內，高度地肯定之故[1000]，但不可否認的，同時學者也係點出，此觀就區塊鏈技術於法律界之應用上，未來若係要更妥善的為相關健全之發展，其係必須對於該區塊鏈體系建構到完整的「證據使用規則」，換言之，其亦必須保障到該訴訟當事之所謂地「質證權」，同時學者亦觀察到，現目前中國證據法之發展態勢，其係已將逐漸由傳統的「公證」走向其所謂地「技術自證」，而此特點係可

---

[995]　補充言之，關於數位證據之易被偽造等特點，可以參見陳全真，前揭註 971，頁 81。

[996]　關於區塊鏈技術之出現突破傳統數位證據之低可信度，以及區塊鏈證據面之探討與完整數位證據等面向，可以參見陳全真，前揭註 971，頁 81。

[997]　請參本文第三章關於區塊鏈技術特性之介紹。

[998]　補充言之，關於區塊鏈之可信度與以往電子證據之差異性，可以參見李杰，前揭註 754，頁 17。

[999]　補充言之，關於天平鏈之建置以及相關配套之規則，可以參見法安網網站，〈北京互聯網法院"天平鏈"的應用建設〉，網頁：http://m.faanw.com/zhihuifayuan/1770.html（最後瀏覽日：02/03/2020）

[1000]　補充言之，關於區塊鏈於司法面應用之潛力，可以參見陳全真，前揭註 971，頁 85。

以在降低「偽證」的同時間，進提高該系爭訴訟之效率，惟欲妥善達成此一目標，實則有賴現科學技術的繼續進步與發展，而以現 2020 的視角為查，即係可見就該區塊鏈證據之應用，已係於世界紛紛落地，是故，對於前揭區塊鏈證據規則之建置，即實係深具必要。[1001]

4.我國區塊鏈證據之發展

(1)我國法律規範

若將區塊鏈證據之發展，以國內之視角並從證據根源為分析，吾人可知，證據法係是訴訟法的靈魂，惟關於民事訴訟法之部分，其正如本文前揭所介紹地[1002]，其係並無關於證據能力之相關明文地規定[1003]，而刑事訴訟法則不然[1004]，此查刑事訴訟法之目的，可見，伊即係要確定到國家伊於具體個案之中，其對被告「刑罰權」之程序規範[1005]，進而得讓該實體法得有所用武之地。[1006]又關於國家對於系爭個案，其具體刑罰權之有無，係可以將之分為兩個主要

[1001] 參見施鵬鵬、葉蓓，前揭註 972，頁 3。

[1002] 請參本文前揭對數位證據規範及關於民事訴訟法於證據能力面之相關介紹。

[1003] 補充言之，關於民事訴訟法對於證據能力之實務，可以參見最高法院 104 年度臺上字第 1455 號判決。該判決原文指出：「按民事訴訟之目的旨在解決紛爭，維持私法秩序之和平及確認並實現當事人間實體上之權利義務，為達此目的，有賴發現真實，與促進訴訟。惟為發現真實所採行之手段，仍應受諸如誠信原則、正當程序、憲法權利保障及預防理論等法理制約。又民事訴訟之目的與刑事訴訟之目的不同，民事訴訟法並未如刑事訴訟法對證據能力設有規定，就違法收集之證據，在民事訴訟法上究竟有無證據能力？尚乏明文規範，自應權衡民事訴訟之目的及上述法理，從發現真實與促進訴訟之必要性、違法取得證據所侵害法益之輕重、及防止誘發違法收集證據之利益（即預防理論）等加以衡量，非可一概否認其證據能力。苟欲否定其證據能力，自須以該違法收集之證據，係以限制他人精神或身體自由等侵害人格權之方法、顯著違反社會道德之手段、嚴重侵害社會法益或所違背之法規旨在保護重大法益或該違背行為之態樣違反公序良俗者，始足當之。」

[1004] 若以「證據能力」為關鍵字搜尋相關法律條文，可知提及證據能力之條文包含刑事訴訟法第 155 條、第 158 條之 4、第 273 條；刑事補償法第 4 條、第 7 條；刑事審判實施詢問及詰問參考要點；法院辦理重大刑事案件速審速結注意事項等。

[1005] 補充言之，關於刑事訴訟法相關制度介紹，可以參見陳樸生(1968)，〈修正刑事訴訟法上證據法則之運用〉，《法令月刊》，19 卷 3 期，頁 3-7。

[1006] 林鈺雄(2017)，《刑事訴訟法 (上)》，頁 488-489。關於刑事訴訟法之目的，亦可參見林鈺雄(1999)，〈論刑事訴訟之目的〉，《政大法學評論》，61 期，頁 403-420。關於刑事訴訟目的面之相關討論，可以參見之。

地層面觀查，分別是其一之就該系爭案件之「事實認定」，以及其二之所謂「法律評價」兩部分，至於伊犯罪之事實，究應當如何對之為認定，此即係刑事訴訟之核心，亦為我國證據法必須對之處理地對象，而根據我國刑事訴訟法第 154 條的 2 項之規定係可知：「犯罪事實應依證據認定之，無證據不得認定犯罪事實。」[1007]由此可見，其即係是我國證據法之「帝王條款」，一般係對之稱為「證據裁判原則」，而從其中所謂地「無證據不得認定犯罪事實」等用語，若由反面則可以推知到，該系爭案件之被告係受所謂「無罪推定」之保護，而後關於我國證據裁判原則之中，究所謂「證據」之資格應當如何對為認定，亦即，就該系爭證據伊係必須要具備到何種條件，伊方能作為認定系爭犯罪資格之基礎，此揭問題即係涉及到所謂「證據資格」之認定，而對此部則係可參我國刑事訴訟法第 155 條第 2 項之規定：「無證據能力、未經合法調查之證據，不得作為判斷之依據。」[1008]吾人可查，本條所謂證據能力之用語，其正係指涉前述所謂地證據資格，又綜合本條與同法第 154 條第 2 項之規定，可知，按我國刑事訴訟法之規範，正如學者所言：「得以作為認定犯罪事實之依據者，以有證據能力為限；反之，無證據能力之證據，不得作為認定犯罪事實之依據。」[1009]然而，此究竟何謂證據能力[1010]，吾人可觀，我國刑事訴訟法係並未對此而進為定義，是故，此實係必須借助其他證據法之法理來以為探究，目前則可將前述之證據能力，以兩項要件為限制之，其一係為「消極要件」，其二則係「積極要件」，以下分別介紹之。[1011]

I 證據能力之消極要件

首先是關於證據能力消極要件之分析，吾人可知，關於證據能力之消極

[1007] 請參刑事訴訟法第 154 條：「被告未經審判證明有罪確定前，推定其為無罪。犯罪事實應依證據認定之，無證據不得認定犯罪事實。」

[1008] 請參刑事訴訟法第 155 條：「證據之證明力，由法院本於確信自由判斷。但不得違背經驗法則及論理法則。無證據能力、未經合法調查之證據，不得作為判斷之依據。」

[1009] 參見林鈺雄，前揭註 1006，頁 488-489。

[1010] 補充言之，關於證據能力之相關討論，可以參見 LIBRA LAW OFFICE 網站，網頁：https://www.justlaw.com.tw/News01.php?id=7558（最後瀏覽日：02/29/2020）

[1011] 參見林鈺雄，前揭註 1006，頁 488-489。

要件係指,究所謂證據使用之禁止,其亦有對之稱為「證據排除」,又該系爭證據如果伊係違反了此部消極條件之限制者,則該系爭證據即係無證據能力,此處例如我國刑事訴訟法第 156 條[1012]所規範之,其以之「不正當的訊問方式」,或是以「強暴」、「脅迫」之方式,進所取得之該系爭證據,其於此際即係不得作為該系爭之證據。[1013]

II 證據能力之積極要件

其次是關於證據能力積極要件之分析,吾人可知,在未經禁止使用之系爭證據,其尚需滿足前述所謂之「積極條件」,亦即,其係必須滿足到該系爭之「嚴格證明法則」,才方能取得該系爭之證據能力[1014],又所謂之嚴格證明法則,其係指該系爭犯罪事實,就伊之「證明面」以及「調查面」等,係必須要對之使用到前揭「法定之證據方法」,同時伊係必須恪謹遵守該相關之調查程序,此換言之,由上吾人即係可知就該系爭之證據,伊如若要能取得到該證據能力,其尚必須滿足「消極之必要條件」,以及同時滿足「積極之必要條件」才行。[1015]

III 證據價值之評價

又在前述系爭證據取得到證據能力後,就該訴訟法院應如何對之判定該系爭證據,伊確之可信[1016],此問題即是所謂「證據之證明力」之問題,而根

[1012] 請參刑事訴訟法第 156 條:「被告之自白,非出於強暴、脅迫、利誘、詐欺、疲勞訊問、違法羈押或其他不正之方法,且與事實相符者,得為證據。被告或共犯之自白,不得作為有罪判決之唯一證據,仍應調查其他必要之證據,以察其是否與事實相符。被告陳述其自白係出於不正之方法者,應先於其他事證而為調查。該自白如係經檢察官提出者,法院應命檢察官就自白之出於自由意志,指出證明之方法。被告未經自白,又無證據,不得僅因其拒絕陳述或保持緘默,而推斷其罪行。」

[1013] 參見林鈺雄,前揭註 1006,頁 489。

[1014] 補充言之,關於嚴格證明法則之相關討論,可以參見陳世旻(2011),〈嚴格證明法則下之人證證據方法架構〉,《萬國法律》,180 期,頁 78-80。

[1015] 參見林鈺雄,前揭註 1006,頁 489。

[1016] 補充言之,關於科技之進步與鑑定之相關討論,可以參見蔡墩銘(1997),〈鑑定之證據能力與證明力〉,《臺大法學論叢》,26 卷 4 期,頁 170。而由上述作者之原文介紹可知,法院與科技之隔閡自 1997 年已出現,多數法官對科技並不明晰,而需借助鑑定,然對照區塊鏈技術之出現,由於區塊鏈之應用可以建置如天平鏈之司法聯盟鏈,其對法院審理建置一完整證物鏈及斷案將具

據我國刑事訴訟法第 155 條第 1 項本文可知：「證據之證明力，由法院本於確信自由判斷。」[1017]由此可查，本條即係所謂之「自由心證原則」，而關於前揭該系爭之區塊鏈證據，伊究能否具備證據能力，其在我國刑事訴訟法之規範下，實則必須通過前述所論及的消極要件檢驗，以及積極要件檢驗之。[1018]

(2)我國數位證據之檢驗

以下，係進入關於我國數位證據之檢驗，綜合前述關於中國區塊鏈證據法之討論[1019]，以及我國對於數位證據之法律實務[1020]，及電子簽章法對於相關憑證機構之認定[1021]，吾人尚係必須對之檢視該區塊鏈證據，伊於我國當今法律發展脈絡下，就其之證據能力究應當如何判斷，並對該區塊鏈體系能否作為該系爭之證據，進行到法律上之分析，惟我國學界及實務界對於前述數位電子證據之定義並未一致[1022]，目前學者認為到關於該數位電子證據，伊之較完整定義係為：「電腦儲存媒體中任何足以證明犯罪構成要件或關聯之數位資料，為物理證據之一種，包括有文字、圖片、聲音、影像等型態，具有可無限無差異複製、原始作者不易確定、資料完整性不易驗證等性質，其以數位方式儲存於電腦儲存媒體上。」[1023]參照上述定義，吾人即可以發現，在我國法律地討論上，觀前揭系爭區塊鏈數位電子證據，伊在性質上，由於其係屬由該證據原件經過技術上，嗣哈希值之轉換進而方以之存入系爭區塊鏈中

助益，對於科技法庭抑或科技法庭 2.0 之討論亦逐漸出現，故如何將新興之科技與法院審理為妥適整合，係當前工業 4.0 環境下之重大課題。

[1017] 參見刑事訴訟法第 155 條，前揭註 1008。

[1018] 關於消極要件檢驗以及積極要件檢驗請參前述之相關介紹，同時參見林鈺雄，前揭註 1006，頁 488-489。

[1019] 請參本章前述對於區塊鏈證據發展脈絡之相關討論。

[1020] 請參本章前述對於數位證據之相關介紹。

[1021] 請參本章前述對於電子簽章法演變之相關介紹。

[1022] 參見朱帥俊，前揭註 845，頁 39。

[1023] 邱獻民(2007)，《刑事數位證據同一性之攻擊與防禦》，東吳大學法律學研究所碩士論文，頁 6。

[1024]，緣此，其地位似屬於數位證據，然我國並無所謂數位證據專章，是故，關於區塊鏈證據於我國證據理論之適用，尚待學理完整對之的探討。[1025]

然而必須指出的是，藉由前揭分析可知，雖然該區塊鏈系統在我國似屬於數位證據，但其係又與傳統上之數位電子證據深有所別，針對此點亦可以參見本章前述對於區塊鏈於中國證據法上地位之介紹。[1026]吾人可觀，該區塊鏈系統較傳統數位證據較為突出之特點，即係在於到，伊傳統上之數位電子證據係具有前述曾提及之「可無限無差異複製」、「原始作者不易確定」，「資料完整性不易驗證等性質」等諸缺點[1027]，此亦可與上述最高法院刑事判決為對照，然而，此際區塊鏈證據的優勢，即係顯現在於其技術本身之特性，可查，由於區塊鏈伊所具之不可竄改性、安全性，以及透明性等諸特點，吾人透過對該區塊鏈之使用，即係能夠保證伊其之數位電子證據，得不被任意人為不當之侵害，同時亦可以保證該系爭證據之「真實」，緣此，現運用區塊鏈來保護該系爭證據，實係可以保留到該系爭案件，伊之最原始的樣貌，以及將能以最客觀的方式而以呈現該系爭案件之真實，同時，此亦進而有利於各法院審理案件。[1028]此外，有鑑於前述區塊鏈證據之特點而與傳統數位證

[1024] 補充言之，關於司法區塊鏈於我國之推行，近期已出現「區塊鏈電子訴訟文書服務平臺」，對此可以參見智高點網站，〈司法院新推區塊鏈電子訴訟文書服務平臺，凱基銀明年將率先介接提升訴訟聲請效率〉，網頁：https://koin.kcg.gov.tw/?p=2431 (最後瀏覽日：02/04/2020)

[1025] 關於數位證據之規範，目前僅具政府機關（構）資安事件數位證據保全標準作業程序，然其並非法律位階，而僅係作業程序。補充言之，其訂立目的參見如下：「為使各級政府機關（構）於執行資安事件調查時能有效保全及運用數位證據，及執行人員於執行數位證據識別、蒐集、擷取、封緘及運送作業時有所依循，爰參考相關數位鑑識國際標準（ISO／IEC 27037 Guidelines for Identification, Collection, Acquisition, and Preservation of Digital Evidence ，數位證據識別、蒐集、擷取及保存指引），特訂定本作業程序。」

[1026] 請參本章前述對於區塊鏈證據法之相關介紹。

[1027] 參見邱獻民，前揭註1023，頁6。

[1028] 補充言之，關於區塊鏈證據之優勢，可以參見蔡長春、劉子陽(2019)，〈區塊鏈技術輔助司法辦案優勢明顯〉，載於法制網網站，電子檔參見：https://reurl.cc/NaVKy5 (最後瀏覽日：02/14/2020) 作者原文指出區塊鏈技術之四大優勢，分別係為「存證當事人上傳文件和證據防止竄改」、「驗證已存證訴訟證據解決取認證認證難」、「保證上鏈證據真實解決互相信任問題」，以及「在證據材料完整性真實性上優勢明顯」。

據之諸差異，亦可細觀我國目前在數位證據法制上模糊，以及前述所論及之相關立法之各缺漏，對此，即係有賴我國法律及各學科諸研究者間，繼續關注該區塊鏈證據之議題，同時，因我國係並未有一部完整的證據法之法典，其多是散佈於刑事訴訟法以及民事訴訟法中，是故，以下本文將以有法律明文規定法定證據方法之刑事訴訟法作為檢驗前揭區塊鏈證據能力之依據。[1029]

　　吾人可知，觀我國之刑事審判之程序，伊之目的，其即係要確認到該系爭之被告其所為之諸犯罪事實，究伊其之「真實性」[1030]，及確認到該系爭被告所為之系爭「罪名」究竟為何，以及確認該系爭法官，伊究應當對之如何地為「量刑」等，諸式之相關考量，而前揭所述可查，此係對於該系爭被告之「權益」，伊之影響係屬極為重大，又吾人對之係可以參見到我國刑事訴訟法，其對於該系爭刑事審判程序之相關規範，伊所訂定之諸條文等係以較大幅度作相應之規定以及為涵蓋[1031]，此外，我國係為遵行到所謂地「程序正義」[1032]，吾人對此即係可觀我國刑事訴訟法之規範方式，伊係彰顯到了兩大

[1029] 本文以下將以我國刑事訴訟法為區塊鏈證據能力之檢驗。

[1030] 關於刑事訴訟之目的，可以參見最高法院 91 年度臺上字第 2908 號判例。判決原文指出：「刑事訴訟之目的，固在發現實體之真實，使國家得以正確的適用刑罰權，並藉之維護社會秩序及安全，惟其手段仍應合法、潔淨、公正，以保障人權，倘證據之取得，非依法定程序，則應就人權保障與公共利益之均衡維護，依比例原則予以衡酌，以決定該項非依法定程序取得之證據應否賦予證據能力。」

[1031] 請參全國法規資料庫網站，網頁：https://law.moj.gov.tw/LawClass/LawAll.aspx?pcode=C0010001 (最後瀏覽日：07/15/2019) 補充而言，我國刑事訴訟法共計 512 條條文，而最新修正日期則係 2019 年 7 月 17 日。

[1032] 補充言之，關於對於程序正義以及對實體真實之兼顧，可以參見最高法院 93 年度臺上字第 664 號判例。判決原文指出：「按刑事訴訟，係以確定國家具體之刑罰權為目的，為保全證據並確保刑罰之執行，於訴訟程序之進行，固有許實施強制處分之必要，惟強制處分之搜索、扣押，足以侵害個人之隱私權及財產權，若為達訴追之目的而漫無限制，許其不擇手段為之，於人權之保障，自有未周，故基於維持正當法律程序、司法純潔性及抑止違法偵查之原則，實施刑事訴訟程序之公務員不得任意違背法定程序實施搜索、扣押；至於違法搜索扣押所取得之證據，若不分情節，一概以程序違法為由，否定其證據能力，從究明事實真相之角度而言，難謂適當，且若僅因程序上之瑕疵，致使許多與事實相符之證據，無例外地被排除而不用，例如案情重大，然違背法定程序之情節輕微，若遽捨棄該證據不用，被告可能逍遙法外，此與國民感情相悖，難為社會所接受，自有害於審判之公平正義，因此，對於違法搜索所取得之證據，為兼顧程序正義及發現實體真實，應由法院於個案審理中，就個人基本人權之保障及社會安全之維護，依比例原則及法益權衡原

證明法則之內涵，其分別係為其一之「嚴格證明法則」，以及其二之「自由證明法則」[1033]，其中前者係適用在對於該系爭之犯罪事實，其之「認定」層面，而後者則係適用在就該系爭「程序」事實面，以及「量刑」等層面上，然在我國實務地運作上，雖然前揭嚴格證明法則，伊目前於傳統上之證據適用面，實係並無過多爭議問題為產生，但隨著現今之新興科技發展之快，可知，在當今網際網路之傳播已係屬無遠弗屆，以及觀現互聯網科學之快速發展之下，由於該系爭網路數位設備，以及就系爭影像音訊及視頻機械之高度進步，現如今其係已經遠非傳統上所謂之「證據理論」，進可以對為涵蓋之，是故，在探討新式新興之科技，伊之發展下，究我國數位證據要如何妥善地在我國刑事訴訟法上，其之所謂「嚴格證明法則」下為之適用，其實係深具有深入地為探究之必要性。[1034]

吾人可查，前述所謂「嚴格證明法則」，其之內涵係彰顯在，就該系爭之證據除伊係必須具有前揭法定證據能力之外，其於審判中亦應係經過到「合法」之證據調查[1035]，此換言之，該「嚴格證明法則」之內容係即包含了二者，而其一即係「具證據能力」，以及其二之「合法調查」，此二項核心要件，又關於前揭所謂地數位電子證據，伊究應如何得通過該「嚴格證明法則」之

則，予以客觀之判斷，亦即應就(一)違背法定程序之程度。(二)違背法定程序時之主觀意圖（即實施搜索扣押之公務員是否明知違法並故意為之）。(三)違背法定程序時之狀況（即程序之違反是否有緊急或不得已之情形）。(四)侵害犯罪嫌疑人或被告權益之種類及輕重。(五)犯罪所生之危險或實害。(六)禁止使用證據對於預防將來違法取得證據之效果。(七)偵審人員如依法定程序，有無發現該證據之必然性。(八)證據取得之違法對被告訴訟上防禦不利益之程度等情狀予以審酌，以決定應否賦予證據能力；又犯罪嫌疑人「同意警方進入」，能否推定為「自願性同意搜索」？尚非全無疑義。」

[1033] 補充言之，關於嚴格證明與自由證明之實務，可以參見最高法院 106 年度臺上字第 105 號判決。判決原文指出：「法院所應調查之待證事項，依其內容，有實體爭點及程序爭點之分；而其證明方法，亦有嚴格證明及自由證明之別。其中對訴訟法事實（如證據是否具有證據能力）之證明，因非屬犯罪構成要件之事實，雖以經自由證明為已足；然所謂自由證明，係指使用之證據，其證據能力或證據調查程序不受嚴格限制而已，所為之認定，仍須有卷存證據可資憑認，始屬適法。」

[1034] 吳冠霆(2012)，〈由嚴格證明法則論數位證據及影音證據於刑事訴訟法上之處理〉，《司法新聲》，101 期，頁 75-76。

[1035] 補充言之，關於證據裁判原則以及嚴格證明之相關討論，可以參見司法院大法官釋字第 582 號解釋理由書。

檢驗，可知，其即須以該系爭之數位證據伊係確有無該「證據能力」，以及其係是否已經前揭「合法調查」等之兩大面向，以來為檢驗之。[1036]同時，吾人可知所謂地「證據能力」，就其之檢驗係包含三大部分，此部，其一係為該系爭之「關聯性要求」；其二該為系爭之「真實性要求」；其三則為該系爭之「證據未經排除」等，若此需補充言之，此亦可與前述對岸法理上之討論為比較觀察。[1037]其中，關於該系爭「證據關聯性要求」之部分，其係包含到兩者，其一係為該系爭之「自然關聯性」，以及其二則為伊系爭之「法律關聯性」[1038]，吾人從中可知，前者係指所謂地該系爭證據之「存在」，係須對於前述之系爭「待證事實」，伊究確是否存在，能夠具有到所謂「最小限度」的證明力而謂之，又後者則係指，縱然該系爭證據伊係具有到前述之自然之關聯性，然就該系爭之證據，伊亦係不能使該系爭法院，就伊對於前揭系爭之證據關聯性，進以產生到所謂「錯誤之評價」而言之；而後就「證據真實性」之檢驗，此則係指伊其係必須證明到該系爭數位電子證據，伊係並非遭受認意人為之不當竄改，抑或是遭受偽變造而言之，然若其係提出之該系爭數位電子證據，伊係為所謂地「複本證據」，而係非該原始之證據時，此就其系爭之證據能力觀查，則係必須經過究該其系爭之「複本」，伊係能

[1036] 參見吳冠霆，前揭註 1034，頁 86。

[1037] 參見吳冠霆，前揭註 1034，頁 86。

[1038] 補充言之，關於證據能力之相關討論，可以參見司法院大法官釋字，前揭註 1035。理由書原文指出：「在正當法律程序下之刑事審判，犯罪事實應依證據認定之，即採證據裁判原則（本院釋字第三八四號解釋、十七年七月二十八日公布之刑事訴訟法第二百八十二條、二十四年一月一日修正公布之同法第二百六十八條、五十六年一月二十八日修正公布之同法第一百五十四條前段及九十二年二月六日修正公布同法第二項前段參照）。證據裁判原則以嚴格證明法則為核心，亦即認定犯罪事實所憑之證據，須具證據能力，且經合法調查，否則不得作為判斷之依據（五十六年一月二十八日及九十二年二月六日修正公布之刑事訴訟法第一百五十五條第二項參照）。所謂證據能力，係指證據得提出於法庭調查，以供作認定犯罪事實之用，所應具備之資格；此項資格必須證據與待證事實具有自然關聯性，符合法定程式，且未受法律之禁止或排除，始具備。如證人須依法具結，其證言始具證據能力（前大理院四年非字第十號判決例、最高法院三十四年上字第八二四號判例、現行本法第一百五十八條之三參照）；被告之自白，須非出於不正之方法，始具證據資格（十七年七月二十八日公布之刑事訴訟法第二百八十條第一項、二十四年一月一日修正公布同法第二百七十條第一項、五十六年一月二十八日修正公布後同法第一百五十六條第一項參照）。」

為「忠實」地呈現其該系爭「原本」等之要求，伊才方能始具備到該證據能力[1039]；又所謂地「證據未經排除之檢驗」，其係指該系爭之數位電子證據，其除非於「性質」上明顯的屬於該系爭「供述」之證據，否則，伊基本上其即應當係以該所謂地「非供述證據」，而進以來對為認定之，是若，該系爭數位證據伊係為非供述證據亦若未被排除之[1040]，則其此係須對為符合以下三方面之檢驗，此部，分別係其一之「證據係屬於真實」；其二之就該系爭證據之產生，如伊確係有可能對之使該系爭法院，伊「生成」到所謂地「錯誤評價」等疑慮之際，此際，就該前述關聯性為查，實係應當對此為「傳喚」該系爭證據之「製作人」，而進來對為「證明」之；以及最後其三，其係是就該系爭之數位電子證據，伊必須係非以前揭「不法」之手段，嗣進而取得之。[1041]

關於合法調查之層面[1042]，吾人可知就該系爭數位電子證據，伊之原始調查程序，原則上係應依我國刑事訴訟法第 165 條之 1 第 2 項：「錄音、錄影、電磁紀錄或其他相類之證物可為證據者，審判長應以適當之設備，顯示聲音、影像、符號或資料，使當事人、代理人、辯護人或輔佐人辨認或告以要旨。」[1043]以及同法第 212 條：「法院或檢察官因調查證據及犯罪情形，得

[1039] 參見吳冠霆，前揭註 1034，頁 86。

[1040] 補充言之，關於非供述證據之相關資訊，可以參見法律百科網站，網頁：https://www.legis-pedia.com/QA/question/213（最後瀏覽日：02/29/2020）

[1041] 參見吳冠霆，前揭註 1034，頁 86。

[1042] 補充言之，關於合法調查之相關討論，可以參見司法院大法官釋字，前揭註 1035。理由書原文指出：「所謂合法調查，係指事實審法院依刑事訴訟相關法律所規定之審理原則（如直接審理、言詞辯論、公開審判等原則）及法律所定各種證據之調查方式，踐行調查之程序；如對於證人之調查，應依法使其到場，告以具結之義務及偽證之處罰，命其具結，接受當事人詰問或審判長訊問，據實陳述，並由當事人及辯護人等就詰、訊問之結果，互為辯論，使法院形成心證〔五十六年一月二十八日修正公布前之刑事訴訟法第一編第十三章（人證）、第二編第一章第三節（第一審審判）及該次修正公布後同法第一編第十二章第一節（證據通則）、第二節（人證）及第二編第一章第三節（第一審審判）等規定參照〕。」

[1043] 請參刑事訴訟法第 165 條之 1：「前條之規定，於文書外之證物有與文書相同之效用者，準用之。錄音、錄影、電磁紀錄或其他相類之證物可為證據者，審判長應以適當之設備，顯示聲音、影像、符號或資料，使當事人、代理人、辯護人或輔佐人辨認或告以要旨。」

實施勘驗。」[1044]及同法 213 條：「勘驗，得為左列處分：一、履勘犯罪場所或其他與案情有關係之處所。二、檢查身體。三、檢驗屍體。四、解剖屍體。五、檢查與案情有關係之物件。六、其他必要之處分。」[1045]而進為勘驗調查之，然而，對於前述該系爭數位電子證據，就伊之所謂地「替代證據」以為調查之時，此處吾人可查，就該系爭替代證據情事為舉例則如，該系爭之被告伊被起訴係因其於該系爭之網站，而以如「貼文留言」之方式嗣進行「辱罵」該對造，以及或為「毀謗」對方，則該系爭法院於此時刻，就其之作為伊並非係「勘驗」該系爭原始爭端之網站，而嗣其係為勘驗該系爭之所謂「電腦畫面截圖列印之資料」，而於此時刻，該法院所為之調查該書式「列印」之該系爭資料，此即係前揭所謂地「替代證據」，然吾人亦可知，若按在原則以及法理上為分析，法院此當應為所謂地「勘驗原件」，縱此際係許可其係可勘驗該「替代證據」，其亦須建立在該系爭之原始證據，伊係具為調查之「困難」之情事，抑或係就該系爭替代證據之調查，係將對該當事人之「權益」係屬「不生影響」之時方可許之，然此時亦須特別言明的是，若該系爭當事人其係並「不同意」該系爭法院，伊進行調查前述該系爭之替代證據之時，然於此時點，該系爭法院又仍然「執意」地欲調查前揭該系爭之替代證據之際，就此揭時點，該系爭法院即係應當對為之「說明」，伊於其之調查該系爭原始證據上，就伊之困難究竟何在，又此查其所得敘述之方式，係可以為以下之二者，吾人可觀，其一係按「當庭諭知之方式」，而其二則係以為「判決中說明」之，於此時方可謂之妥適。[1046]緣此，綜合上述可見，對於到我國數位電子證據之檢驗以及介紹，吾人係可知該數位電子證據於我國現行法律之發展及規範下，其係尚處學理以及實務發展之過程中[1047]，然我國如

[1044]　請參刑事訴訟法第 212 條：「法院或檢察官因調查證據及犯罪情形，得實施勘驗。」

[1045]　請參刑事訴訟法第 213 條：「勘驗，得為左列處分：一、履勘犯罪場所或其他與案情有關係之處所。二、檢查身體。三、檢驗屍體。四、解剖屍體。五、檢查與案情有關係之物件。六、其他必要之處分。」

[1046]　參見吳冠霖，前揭註 1034，頁 84-86。

[1047]　補充言之，關於中國時間戳記第一案，可以參見中國審判網站，網頁：http://al.chinatrial.com/lib/cpal/AlyzContent.aspx?isAlyz=3&gid=C656843 (最後瀏覽日：02/28/2020)

為求妥善地恪謹遵守「程序正義」，我國實關於就該數位電子證據之相關法律規範，以及對為之相關地調查程序等，似應盡速地將之為進步明確之。[1048]

(3)區塊鏈證據能力之檢驗

I 真實性理論之檢驗[1049]

關於證據能力之討論，亦可以參見本章第二節前述關於區塊鏈具法律操作性之介紹，以下作簡要回顧分析。[1050]按證據理論可知，前揭數位電子證據伊關於真實性之檢驗，實係必須通過到就數位電子證據之三大項次分析，分別是其一之「內容真實」、其二之「數位數據真實」，以及最後其三之數位證據「載體真實」之驗證，又關於前揭傳統上網路數位電子證據，就伊之真實性審查，此係即包含兩大面向[1051]，其分別係為其一之所謂「證據形式之客觀性」，以及其二之「證據內容之客觀性」，可查，前者係由於到網路數位電子證據，就伊之特殊性，也就是按該數位電子證據，伊所具備之所謂地「數位性」，又此係可以從兩方面來審查其形式之客觀性，亦即，按其一之該系爭網路數位證據就伊「本體」之所謂「二維碼客觀性」，以及其二之就該系爭之二維碼，伊之「轉換」而為其他可以「感知」，嗣進供該主體而進以為之審查之客觀性；最後，關於該證據內容之客觀性，可觀，此即係指該審查系爭證據伊之內容，其究是否為該系爭地客觀事實，伊之「反映」所謂之[1052]，而此若需補充言之，則對於此部之客觀性以及感知，實亦可與前述究傳統數位證據之特性介紹，為互相的比較之，同時即係可查，該區塊鏈數位電子證據之高度可信性及可靠性。[1053]

[1048] 參見吳冠霆，前揭註1034，頁86。

[1049] 補充言之，可與本章第二節對於區塊鏈証據真實性理論之檢驗互相參照之。

[1050] 本章第二節前述對於區塊鏈證據之檢驗，係以真實性理論、關聯性理論以及合法性理論檢證之，可與本部分互相參照之。

[1051] 補充言之，關於真實性理論之檢驗之相關討論，可以參見周新(2019)，〈刑事案件電子證據的審查采信〉，《廣東社會科學》，6期，頁236-237。

[1052] 夏蔚、范智欣(2015)，〈網絡證據的證據能力認證規則研究〉，《政法學刊》，6期，頁77。

[1053] 參見張玉潔，前揭註733，頁104。

　　此外，亦如前述，若從前揭 2018 年 6 月之杭州互聯網案中觀之[1054]，由於該案中區塊鏈證據之內容，如前述，係由該系爭侵權「網頁中截圖」、「網頁數據代碼」，以及「系爭調用日誌」生成之，就其證據之真實性係已獲得法院之肯認，又雖該證據之生成亦如前曾述，伊係除經過該案原告為傳送給該系爭「保全網」[1055]，以及各公證單位為之介入[1056]，但吾人可查，前系爭之諸介入行為等，伊係並未對於該系爭證據之「本身」，進行到任何不當之人為修改，是故，該區塊鏈數位電子證據就伊之真實性，實即係具所謂地「可信性」。[1057]最後，正如前述曾分析地，由於該區塊鏈本身技術之不可竄改性[1058]、安全性，以及透明性等諸相關特性[1059]，可觀，該區塊鏈作為保存該系爭數位電子證據之「載體」，可認伊係具有到「完整性」，由此觀之，前揭以區塊鏈技術而以來提供該相關證明之數位電子證據，其即係已符合到前揭證據理論上，伊對於證據之真實性之相關要求，又此若需補充言之，則關於區塊鏈數位證據之真實性，則對於此前曾述之技術自證，或是有稱自我鑑真，此一特性之較傳統數位電子證據之區別，實亦需注意之。[1060]

II 關聯性理論之檢驗[1061]

　　吾人可知，如前分析，該證據理論上所謂之關聯性係指[1062]，該系爭證據對於其所要證明之該系爭事實，伊係需具有到所謂地必要之「最小限度證明

[1054] 請參杭州互聯網法院 2018 年度浙 0192 民初字第 81 號判決。

[1055] 補充言之，關於保全網之相關資訊，可以參見保全網網站，網頁：https://www.baoquan.com/ (最後瀏覽日：02/28/2020)

[1056] 補充言之，關於公證制度之相關介紹，可以參見司法院網站，網頁：https://www.judicial.gov.tw/tw/cp-1414-12021-bc1f4-1.html (最後瀏覽日：02/28/2020)

[1057] 參見張玉潔，前揭註 733，頁 104。

[1058] 補充言之，關於不可竄改之相關討論，可以參見數位時代網站，網頁：https://www.bnext.com.tw/article/54356/ione-blockchain-logistics (最後瀏覽日：02/28/2020)

[1059] 補充言之，關於區塊鏈之特性，可以參見本文第三章之相關介紹。同時，關於本案之審理脈絡，可以參見前揭州互聯網法院民初字 81 號判決之相關討論。

[1060] 參見張玉潔，前揭註 733，頁 104。

[1061] 補充言之，可與本章第二節對於區塊鏈証據關聯性理論之檢驗互相參照之。

[1062] 補充言之，關於電子證據關聯性理論檢驗之相關討論，可以參見周新，前揭註 1051，頁 235-236。

力」，可查，由於前揭數位電子證據其係儲存於所謂「虛擬地址」上之證據，而此正係由於到其所具備之「虛擬空間性」，可觀，其係必須先經過到「轉換」之步驟，嗣伊才方能與現物理空間上產生到互動，而此點則係導致該數位電子證據，伊於證明該待證事實之時，其係所需同時滿足到其一之就該系爭「內容」，以及其二之伊系爭「載體」等之關聯性[1063]，又若欲進一步解釋關聯性之定義，則此係可為如下思考，如若該某項新證據，伊如果確能夠為「強化」及「印證」該某項待證之事實，而就伊之「可能性」或係「不可能性」，抑或者係是可以為「黏合」前述某項待證之事實，就伊之諸「碎片」間，或是其係可對於該現有之證據進行到前述之「強化」，則此項證據伊此即係可認係滿足前述關聯性之要求。[1064]若針對前述之杭州互聯網法院一案細觀[1065]，吾人可知，其所肯認之該系爭區塊鏈存證方式，伊係由於到該區塊鏈之不可竄改性，以及時間戳記等之諸功能，其係使得基於該區塊鏈之數位電子證據，伊係能遠比傳統上之數位證據，例如對於該網頁為之「截圖」等，較之傳統地數位電子證據伊證明之方式，進以更具相關之證明力[1066]，是故，由上可見，基於區塊鏈技術之對於伊所具備的「補強」該現有證據之證明力，伊即係可以在現證據理論上，被認為到實係已具滿足前述就關聯性理論之檢驗，若再需補充言之，則關於區塊鏈數位電子證據，究伊之證明方式，以及其於前述諸智慧財產權之具體保護層次，則亦可參前述第三章及第四章之相關介紹。[1067]

[1063] 劉品新(2016)，〈電子證據的關聯性〉，《法學研究》，6 期，頁 178。同時前述所謂「系爭證據對於其所要證明之事實具有必要之最小限度證明力」，可參張玉潔，前揭註 733，頁 104。亦可參本文前揭之相關介紹。

[1064] 參見張玉潔，前揭註 733，頁 104。

[1065] 參見杭州婦聯網法院 2018 年度浙 0192 民初字第 81 號判決。

[1066] 補充言之，關於區塊鏈時間戳記之產業面，可以參見 Blocknotary 網站，網頁：https://www.blocknotary.com/timestamp (最後瀏覽日：02/28/2020)

[1067] 參見張玉潔，前揭註 733，頁 104。

Ⅲ 合法性理論之檢驗[1068]

正如前述，吾人可知在網際網路上，係可以將各不同之數位電子設備視為所謂「節點」，而該系爭各式之操作行為，伊係會於各不同之節點留下相對應之「跡證」，又司法機關即係可以透過前揭諸不同節點間，按伊之原始證據就其為傳輸之痕跡，以及相關紀錄等進以對此部合法性以為相對之印證。[1069]又在證據理論上，吾人可見，關於前揭合法性之檢驗實係包含四個主要地面向，此部，伊分別為其一之「採證主體之合法性」、其二之「採證程序之合法性」、其三之「證據保全之合法性」，以及最後其四之「證據形式之合法性」，此若需進一步解釋之[1070]，即可觀，在現證據理論上，關於該合法性之要求，係即是有如按「機械化」之方式而比對該法律的過程，換言之，此其係並不包含所謂地私人情感上之面向，而係是就有關各該系爭法律之規定間，究為何以之進行綜合判斷，亦即，只要目前法律上係沒有明文地禁止到對該區塊鏈之應用，或是現法律上已係承認到該區塊鏈技術之合法性，則此際以該區塊鏈技術為之，而來保存之該系爭數位電子證據，即係可肯認其係以滿足到前揭合法性之要件，同時若需補充言之，則關於區塊鏈數位電子證據之立法實踐部分，可觀中國之區塊鏈信息服務管理規定、最高人民法院關於互聯網法院審理案件若干問題的規定，以及美國佛蒙特州之區塊鏈證據適用規則，而為借鏡分析之。[1071]

又前述對於數位電子證據之檢證步驟，係與本章前述介紹之中國對於區塊鏈證據能力之審查具有可比性，其亦可以與本章第二節前部之討論互相參照之。[1072]

[1068] 補充言之，可與本章第二節對於區塊鏈証據合法性理論之檢驗互相參照之。

[1069] 趙敏(2018)，〈公訴案件電子證據的合法性審查〉，《人民檢察》，10期，頁79。

[1070] 補充言之，關於合法性之相關討論，可以參見中國網網站，網頁：http://www.china.com.cn/law/txt/2007-02/28/content_7881994.htm (最後瀏覽日：02/28/2020) 同時請參張玉潔，前揭註733，頁104。

[1071] 參見張玉潔，前揭註733，頁104。

[1072] 本章前述對於區塊鏈證據之檢驗，是以真實性理論、關聯性理論以及合法性理論為介紹，可與本部分之討論互為參照。

　　綜上，吾人可查，該系爭區塊鏈技術係已滿足「真實性」、「關聯性」，以及「合法性」之檢驗，吾人似應對之肯認其在法律上，實係能夠獲得到相對應之「證據資格」，以及伊在法律上對於其之「證明能力」，似應該得到相對之肯定[1073]，然而必須要特別指出且為注意的是，上述之學理面上的探討，實並非係認為前述每一個使用該系爭「區塊鏈存證」的諸證據，該系爭法院都可以對之認可其之證據效力，換言之，有關該「區塊鏈證據力」，此尚需由現每一個不同案件之個案，對以為之詳細檢證，以及為細部探討處理之。[1074]

IV 區塊鏈證據之消極要件檢驗

　　關於區塊鏈證據之消極要件，究伊之分析，此若以刑事訴訟上自訴人為例，該區塊鏈證據原則上應係不生無法通過前述消極要件檢驗之問題，此係由於，所謂地證據能力之消極要件，其係意旨前述所謂地「證據排除」[1075]，又查其之目的可知，伊係是規範到該系爭之「公權力」，其係不得以前述之「強暴」或是「脅迫」等，該不正當之訊問方法，而進來取得該系爭之證據，是故，對於該營業祕密被侵害之人，就其儲存與伊網路上之區塊鏈數位電子證據，其在我國刑事訴訟法主要需要探討的部分，似是對於伊積極要件上之檢驗。[1076]

V 區塊鏈證據之積極要件檢驗

　　關於區塊鏈數位電子證據，伊之積極要件分析，吾人根源上可查，根據

[1073] 童豐(2018)，〈公證介入區塊鏈技術司法運用體系初探——從杭州互聯網法院區塊鏈存證第一案談起〉，《中國公證》，9 期，頁 62。補充言之，若細觀中國實務對於區塊鏈證據之討論脈絡，作者指出在杭州互聯網法院一案中，互聯網法院將區塊鏈證據定性為「數據電文」，而其法源依據可以參照中國電子簽名法第 4 條、第 5 條、第 6 條以及第 7 條之規定。惟關於電子證據或數位證據之規範，我國對之並無專法或專章，而此點亦造成我國實務上操作數位證據層面，具有一定程度上之模糊空間。

[1074] 參見張玉潔，前揭註 733，頁 104。

[1075] 補充言之，關於證據排除法則之發展脈絡，可以參見賴玉山(1978)，〈證據排除法則之研究〉，《臺大法學論叢》，7 卷 2 期，頁 148-155。

[1076] 請參司法院網站，〈刑事案件提起自訴注意事項〉，網頁：https://www.judicial.gov.tw/assist/assist01/assist01-19.asp (最後瀏覽日：08/24/2019) 補充言之該網站指出，刑事案件之自訴人有三大注意事項，分別係為其一自訴主體；其二自訴限制；以及其三自訴程式。

我國刑事訴訟法上「證據通則」之規定，其中第 155 條第 2 項係已言明道：「無證據能力，未經合法調查之證據，不得作為判斷之依據。」[1077]觀本條用語，伊所謂地「未經合法調查」，就其之法律解釋上，伊係意指未經前揭「嚴格證明程序」而言之，又關於該嚴格證明之程序，則係可以參照到前述地刑事訴訟法上，伊對於現證據方法之諸式相關之規定，即可觀，此部按前揭所謂地「嚴格證明方法」，其係對於該犯罪事實為之地相關諸「調查措施」，其係必須依照到前述之「法定」之證據方法，進以為之限制，又我國刑事訴訟法係對之係規範到了五種法定證據方法，可查，伊分別係為其一之「被告」、其二之「證人」、其三之「書證」、其四之「鑑定」，以及最後其五之「勘驗」，同時，對於上述之法定證據鑑定方法，該前述之區塊鏈數位電子證據，就伊前揭第三章所含之諸特點，此如其一之「不可竄改性」、其二之「分布性」、其三之「公開性」、其四之「安全性」，以及其五之「可溯源性」，及此前曾述及之諸具體體現方式，就伊有可能於此落在地區域，可查，其一即係為所謂地「勘驗」，吾人可知，此即係因，由於究前揭勘驗之觀念分析上，伊係指透過所謂「人」之感官及感覺，而進對該系爭為相關犯罪之「人」、「地」，以及「物」之證據，與之犯罪諸「情形」等，而進為之調查，同時亦可見，就該勘驗之「主體」係為「法官」與「檢察官」，係故，於此無論是任何之該系爭「標的物」，只要就其之「存在」以及查其相關諸「狀態」間，伊係確可能影響到該系爭法官，伊之「心證」，則皆係可以為前揭勘驗之「對象」，此外，吾人可查，該勘驗係屬於到前述「物之證據方法」，由於前揭該系爭區塊鏈數位電子證據，由第三章之介紹、第四章實例，以及本章前述學理上分析，吾人可知，伊係確可以為「完整」的保存到該系爭之數位電子證據，而進以於該系爭區塊鏈之體系上[1078]，是故，若此際該系爭法院

[1077] 請參刑事訴訟法第 155 條：「證據之證明力，由法院本於確信自由判斷。但不得違背經驗法則及論理法則。無證據能力、未經合法調查之證據，不得作為判斷之依據。」

[1078] 補充言之，對於司法區塊鏈之貢獻，可以參見 Bitnance 網站，〈杭州互聯網法院常務副院長：司法區塊鏈有五個司法和社會價值〉，網頁：https://bitnance.vip/news/4dbaa93d-fe70-4443-8717-f094350d7cec（最後瀏覽日：02/04/2020）

伊係欲對於該系爭案件之「事實」層次，就以為知悉地更加為之清楚，則其即係可以對之進行到「勘驗」，以就位在該區塊鏈上之諸系爭數位電子證據等之；又關於前揭區塊鏈數位電子證據，其二有可能所落在之區域，則即係為「文書」，又此亦有將之簡稱為所謂「書證」者，吾人可知，查此其之「性質」伊係與前述之勘驗同屬於上述「物之證據方法」，但是在實務上分析，伊所可能對之產生的具體問題，此即係是，前揭該系爭文書伊作為到前揭法定之證據方法之際，可觀，就其之要件上實係必須要具備到所謂地「可讀性」，且同時其亦係需為之「書面」層次，是故，其在以往學理上之討論中，此即係有對於到該相關系爭案件，如之諸系爭「影音」紀錄，以及就該系爭之「錄音」紀錄等言之，伊究係如何得透過前述之「嚴格證明程序」，而嗣進對引入該「審判庭」之討論，此可查，其在德國通說上即係認為到，其係應透過前述之「勘驗之證據方法」，而進以來探查前揭該系爭之「錄音帶證據」之內容，由此可見，伊係認為在學理上，其係並無法通過上述系爭之「文書」要件之檢驗，是故，其即係應以「勘驗」而為之，進步言之，若綜合前述第三、四，以及本章前段，而以前述分析觀察，則該區塊鏈數位證據似對之採「勘驗」之程序較為可行。[1079]

綜上分析，該區塊鏈證據如若係採行到上述勘驗之途徑，則根據上述刑事訴訟法之檢驗，該系爭之證據則係可以通過前述消極要件，以及積極要件為之地檢驗，惟我國目前對於該區塊鏈證據，其之效力究為何，係並未有學理上的討論，相關的實務判決亦付之闕如，相比中國對於區塊鏈法制之發展，我國法制上仍有許多進步之空間。[1080]

[1079] 參見林鈺雄，前揭註1006，頁585-596。

[1080] 對此可以參見本文第四章對於中國案例之回顧，以下節錄本文前述之介紹：「中國對於區塊鏈之法制於區塊鏈於產業面以及政策面皆有所探究，其關於區塊鏈之政策及規範面向可以整理為兩大面向，其一係頂層設計之部署，其二則係產業推廣與技術之融合。前者之政策有三，其一係於2016年10月經工信部所發布之『中國區塊鏈技術和應用發展白皮書』；其二則係於2016年12月經國務院發布之『十三五國家信息化規劃』；而其三則係於2018年9月經發改委發布之『關於發展數字經濟穩定並擴大就業的指導意見』。後者之政策文件計有11項資料，其一係於2016年12月由工信部所發布之『軟件和信息技術服務業發展規劃(2016-2020年)』；其二係於2017年1月由工信部所發布之『大數據產業發展規劃(2016-2020年)』；其三於2017年3月由工信部所發

Ⅵ區塊鏈作為傳聞證據之檢驗
①我國法律規範

以下進入關於區塊鏈傳聞證據上的觀察，吾人可知，所謂「傳聞證據」[1081]其係指，該被告以外之人其在該系爭之「訴訟」審判外，而所對為之地「陳述」[1082]，又該系爭陳述，伊係用以「證明」到目前之「待證事實」，究伊之「真偽」而係謂之到上述地「傳聞」，又該系爭陳述係並不以所謂「言詞」上之陳述為限，是若，該被告以外之人，伊係未對為「當面」之出庭，而伊遂係以「書面」方式將其所「目睹」，抑或係為「聽聞」之事實，而嗣進行到該系爭之「供述」，則此際前述該系爭以書面方式之陳述，伊即亦為「傳聞證據」。[1083]又按系爭「傳聞法則」係可知[1084]，所謂地傳聞證據，伊在該系

布之『雲計算發展三年行動規劃(2017-2019 年)』；其四係於 2017 年 7 月由國務院所發布之『新一代人工智能發展規劃』；其五係於 2017 年 8 月由商務部所發布之『商務部辦公廳、財政部辦公廳關於開展供應鏈體系建設的通知』；其六係於 2017 年 10 月由國務院發布之『關於積極推進供應鏈創新與應用的指導意見』；其七係於 2017 年 11 月由國務院發布之『國務院關於深化互聯網+先進製造業發展工業互聯網的指導意見』；其八係於 2018 年 4 月由教育部發布之『教育信息化 2.0 行動計畫』；其九係於 2018 年 9 月由最高人民法院發布之『最高人民法院關於互聯網法院審理案件若干問題的規定』；其十係於 2018 年 9 月由民政部發布之『互聯網+社會組織(社會工作、志願服務)行動方案(2018-2020 年)』；其十一則係於 2018 年 9 月由發改會及國開行所發布之『全面支持數字經濟發展開放性金融合作協議』。而上述中國區塊鏈政策及法規盤點以及區塊鏈發展之詳細介紹，請參中國區塊鏈生態聯盟、青島市嶗山區人民政府、賽迪(青島)區塊鏈研究院，前揭註 678，頁 19-20。

[1081] 請參最高法院 93 年度臺上字第 3360 號判決。判決原文指出：「按傳聞證據係指並非供述者本身親眼目睹之證據，在公判程序無法經由具結、反對詰問與供述態度之觀察等程序加以確認、驗證，且大部分經由口頭之方式由證人重覆聽聞而來，在性質上易於造成不正確傳達之危險，原則上應予以排除適用。」

[1082] 補充言之，關於傳聞法則、傳聞證據，以及傳聞例外之相關討論，可以參見李春福(2014)，〈檢訊筆錄與傳聞證據-以日本法制之運作為中心〉，《東吳法律學報》，25 卷 4 期，頁 135。

[1083] 請參法操 Follaw 網站，〈【法操小教室】傳聞證據〉，網頁：https://www.follaw.tw/f06/8657/ (最後瀏覽日：07/15/2019)

[1084] 補充言之，關於傳聞法則之脈絡，可以參見最高法院 96 年度臺上字 4464 號判決要旨。判決要旨指出：「我國傳聞法則係初次引進，其傳聞之例外，未若美國法制之繁複 (參見司法院九十二年一月印行，美國聯邦證據法，第九七至一二○頁)，較之於日本法亦為簡略 (參照日本刑事訴訟法第三百二十一條至第三百二十八條)，於實務運作上，賦予法官較大之裁量權。基於證據資料愈豐富，愈有助於真實發見之理念，應可參酌先前實務之見解及相關外國立法例，就本法所未規定之具類似性情形者，個別類推適用於已規定之相關法條，委之於司法判決之解釋以補充累積其

爭法院地審判中，伊實係並不具備到證據上之地位，此即係因，該傳聞證據，就伊之證據能力係不符法律上規範[1085]，此可查，在審判中只有經過到前述「證據能力」為檢驗之證據，方能作為該系爭之證據，嗣進而得為該法院進以為「審判」之依據，然觀我國之刑事訴訟法，伊對於上述傳聞法則係設有到相關「例外」之規定[1086]，此部係指，符合該類規定者，伊係可以例外地允許其為上述系爭之「證據」，此即例如現刑事訴訟法第 159 條之 1 第 1 項之規定：「被告以外之人於審判外向法官所為之陳述，得為證據。」[1087]吾人由本條可知，上述被告以外之人若在其餘案件中如「刑案」、「民事訴訟」，或其他諸法律「程序」，只須該被告外之人，伊於條文上之法官其「當面」前，進以為之「陳述」，則係皆適用於本條之規範，由上亦可知，我國法係係並不要求該被告以外之人，伊實需要在法院訴訟中，「面對面」的向系爭法官為「陳述」[1088]，其只要在「審判外」向法官為該系爭之陳述，伊即亦可作為該

不足。是以，事實審法院於調查證據，遇有傳聞供述之情形，本乎傳聞證據之所以排除其證據能力，在於未經當事人之反對詰問權予以核實之立論，自應先究明原始證人是否存在或不明，傳喚其到庭作證，使命具結陳述，並接受被告之詰問，以確認該傳聞供述之真偽。因發見真實之必要，並得依刑事訴訟法第一百八十四條第二項之規定，命原始證人與傳聞證人為對質，俾求實體真實之發見。原始證人已在審判中具結陳述者，微論其陳述與傳聞供述是否相符，該傳聞供述應不具證據能力；惟原始證人如就主要待證事實之陳述與傳聞供述相左或不一致，則得以傳聞供述作為彈劾證據，用來爭執原始證人陳述證據之證明力。倘若原始證人確有其人，但已供述不能或傳喚不能或不為供述，依上說明，宜解為應類推適用刑事訴訟法第一百五十九條之三之規定，以該傳聞供述，經證明具有可信之特別情況，且為證明犯罪事實之存否所必要者，例外許其得為證據，賦予其證據能力（參見日本刑事訴訟法第三百二十四條第二項）。」

[1085] 補充言之，關於傳聞法則之相關討論，可以參見陳樸生(1999)，〈傳聞證據處理方法之比較〉，《法令月刊》，50 卷 2 期，頁 80-82。

[1086] 補充言之，關於傳聞法則例外之相關討論，可以參見陳樸生，前揭註 1085，頁 82-85。

[1087] 請參刑事訴訟法第 159 條之 1：「被告以外之人於審判外向法官所為之陳述，得為證據。被告以外之人於偵查中向檢察官所為之陳述，除顯有不可信之情況者外，得為證據。」

[1088] 實務面上可以參見，最高法院 107 年度臺上字第 1831 號判決。判決原文指出：「按刑事訴訟法第 159 條第 1 項明定被告以外之人於審判外之言詞或書面陳述，除法律有規定者外，不得作為證據。此一傳聞法則所規範者，固不以言詞為限，並兼及書面，然必係報告自己所體驗事實之『供述證據』。同法第 159 條之 5 乃上開規定所指之例外，故亦應僅適用於供述證據，不包括非供述證據。惟當事人倘對於案內之非供述證據並無爭議，且依卷內資料亦無違法不得為證據之情形，法院調查後，縱未於判決內就其證據能力一一詳加論述說明，亦不影響其判決本旨。」

系爭之證據。[1089]

　　此外，可參同法第 159 條之 1 第 2 項：「被告以外之人於偵查中向檢察官所為之陳述，除顯有不可信之情況者外，得為證據。」又本項此所規範之所謂地顯有不可信之情況，伊即係指該被告以外之人，其在該系爭「偵查」中向「檢察官」所為之系爭地「陳述」中[1090]，又該系爭陳述的「成因」係因上述該人係受到「外力」上之影響，或為「心理」狀態不穩之所故而謂之，惟本項係由於到前揭所謂「偵查不公開」之情事，目前實務上對之實係難以本項之用語之「顯有不可信」，而進來主張該系爭陳述，伊係沒有上述之「證據能力」。[1091]

　　同時，亦可參見同法第 159 條之 2 之規定：「被告以外之人於檢察事務官、司法警察官或司法警察調查中所為之陳述，與審判中不符時，其先前之陳述具有較可信之特別情況，且為證明犯罪事實存否所必要者，得為證據。」

[1089] 參見法操 Follaw 網站，前揭註 1083。

[1090] 補充言之，關於本條之實務見解，可以參見最高法院 107 年度臺上字第 518 號判決。判決原文指出：「按偵查中檢察官通常能遵守法律程序規範，無不正取供之虞，且接受偵訊之被告以外之人，已依法具結，以擔保其係據實陳述，如有偽證，應負刑事責任，有足以擔保筆錄製作過程可信之外在環境與條件，乃於刑事訴訟法第 159 條之 1 第 2 項規定「被告以外之人於偵查中向檢察官所為之陳述，除顯有不可信之情況者外，得為證據。」；另在警詢（包括檢察事務官及調查人員之詢問）所為之陳述，則以「具有較可信之特別情況」（同法第 159 條之 2 之相對可信性）或「經證明具有可信之特別情況」（同法第 159 條之 3 之絕對可信性），且為證明犯罪事實存否所「必要」者，得為證據。係以具有「特信性」與「必要性」，已足以取代審判中經反對詰問之信用性保障，而例外賦予證據能力。至於被告以外之人於偵查中未經具結所為之陳述，因欠缺「具結」之信用性保障程序，難以遽認檢察官已恪遵法律程序規範，而與刑事訴訟法第 159 條之 1 第 2 項之規定有間。易言之，被告以外之人於偵查中，經檢察官非以證人身分傳喚，於訊問取證時，除在法律上有不得令其具結之情形者外，亦應依人證之程序命其具結，其陳述方得作為證據。惟被害人、共同被告、共同正犯等被告以外之人，在偵查中未經具結之陳述，依通常情形，其信用性仍高於在警詢所為之陳述，衡諸其等於警詢、檢察事務官或調查人員調查時所為之陳述，同為無須具結，卻於具有特信性與必要性之要件時，即得為證據，若謂在偵查中未經具結而向檢察官所為之陳述，一概否認其證據能力，無其證據價值不如警詢之陳述，顯然失衡。從而，在檢察官訊問時未經具結之陳述，依舉輕以明重原則，固不宜一概排斥其證據能力，然仍應本於同法第 159 條之 2、第 159 條之 3 等規定之同一法理，於具有相對或絕對可信性之情況保障，及使用證據之必要性時，始例外賦予其證據能力。」

[1091] 參見法操 Follaw 網站，前揭註 1083。

[1092]由上可查，在系爭訴訟中對於本條之適用，伊係必須滿足條文用語上之三項要件，其一係為該被告以外之人其於上述審判中所為之該系爭陳述，伊係與其於系爭審判外之陳述，實屬於並「不一致」；其二則係其之陳述在伊先前，伊係必須滿足到所謂「較為可信」，此部要件上之檢驗，因此，系爭法官在適用本條之際，伊尚須言明到其之「較為可信」之「具體」地緣由；最後其三則是，欲適用本條文之際，係須滿足究其之目的，伊係欲證明到該系爭之「犯罪事實」，伊是否究為真實之「存在」而為必要者[1093]，由上可知，本條之適用，即係必須滿足到前揭之三項要件，方才能以本條為法源依據，而進主張該系爭陳述，伊確係滿足到前述傳聞法則之例外，而可以作為到系爭法院伊進行審判之該系爭證據。[1094]

吾人可知，同法第 159 條之 3 之規定係：「被告以外之人於審判中有下列情形之一，其於檢察事務官、司法警察官或司法警察調查中所為之陳述，經證明具有可信之特別情況，且為證明犯罪事實之存否所必要者，得為證據：一、死亡者。二、身心障礙致記憶喪失或無法陳述者。三、滯留國外或所在不明而無法傳喚或傳喚不到者。四、到庭後無正當理由拒絕陳述者。」[1095]由上，可以見知，本條係開設了多項「情事」可以被告外之人，其若向「司法

[1092] 請參刑事訴訟法第 159 條之 2：「被告以外之人於檢察事務官、司法警察官或司法警察調查中所為之陳述，與審判中不符時，其先前之陳述具有較可信之特別情況，且為證明犯罪事實存否所必要者，得為證據。」

[1093] 補充言之，關於本條之實務見解可以參見最高法院 108 年度臺上字 3389 號判決。判決原文指出：「刑事訴訟法第 159 條之 2 所稱『具有較可信之特別情況』，乃指相對之可信，亦即被告以外之人於審判中之陳述，與審判外不符，其審判外先前陳述之背景具有特別情況，比較審判中陳述之情況為可信者而言。由於本條被告以外之人業於審判中到庭接受詰問，其審判外之陳述已受檢驗覈實，因此，所謂『具有較可信之特別情況』，以自由證明為已足。又引為爭執、彈劾被告以外之人在審判中所為陳述證明力之審判外陳述，當與其審判中之陳述不符，該等審判外先前之陳述，如符合於刑事訴訟法第 159 條之 2 所定『可信性』及『必要性』例外要件，自得為證據。」

[1094] 參見法操 Follaw 網站，前揭註 1083。

[1095] 請參刑事訴訟法第 159 條之 3：「被告以外之人於審判中有下列情形之一，其於檢察事務官、司法警察官或司法警察調查中所為之陳述，經證明具有可信之特別情況，且為證明犯罪事實之存否所必要者，得為證據：一、死亡者。二、身心障礙致記憶喪失或無法陳述者。三、滯留國外或所在不明而無法傳喚或傳喚不到者。四、到庭後無正當理由拒絕陳述者。」

警察官」或係「檢察事務官」等為「陳述」之時，而進得以之作為系爭證據，又其分別係為其一之「死亡」、其二之「到庭無正當理由拒絕者」，以及其三之「身心障礙者」，以及最後其四之「滯留國外者」等，我國法係例外地將上述四種情事中，伊對該系爭陳述係在「調查」中所為之，且實具備「特別可信」以及為「證明犯罪事實」伊究存在與否者，將該系爭「陳述」認為係可以做為該系爭之證據[1096]，又實務上針對本條係對之認為到，就算該被告以外之人在審判中係有「正當理由」而不為陳述之時，若前揭之陳述係於之較具所謂「可信」之「特別情事」，且同時該系爭之「證詞」，伊係為證明該系爭犯罪，伊於究「存否」上之真實性，則此際該系爭證詞，伊亦係可以做為該系爭法院進行伊於審判上之依據。[1097]

另外，根據實務上之見解，關於前揭該系爭通訊監察上伊之「錄音」或「錄影」，而進所擷取之系爭「音頻」或「視頻」，由於，此其係僅憑藉該所謂地「機械力」而進以為之拍攝或錄影，亦即，其係並未以「人為」進行操控之，是故，就前該系爭之錄音以及錄影，伊係經刑事訴訟法第 165 條之 1 第 2 項[1098]之規定而以為之調查，緣此，其係自有該系爭之「證據能力」，然而，若果該系爭之「通訊監察」，究伊之「監聽譯文」，其係由被告以外之人如上述之「司法檢察官」等，其係於「審判」外而將前該系爭「譯文」為整理「記錄」，則其本質上觀察，伊實係屬該被告以外之人之系爭「書面陳述」，換言之，其即係為「傳聞證據」。[1099]

②區塊鏈於傳聞證據之檢驗

關於區塊鏈與傳聞證據之檢驗，吾人若先將視角聚焦條文，可知，按刑事訴訟法第 159 條之 4 之規定：「除前三條之情形外，下列文書亦得為證據：

[1096] 補充言之，關於本條之相關實務見解，可以參見最高法院 108 年度臺上字第 3078 號判決。

[1097] 參見法操 Follaw 網站，前揭註 1083。

[1098] 請參刑事訴訟法第 165 條之 1：「前條之規定，於文書外之證物有與文書相同之效用者，準用之。錄音、錄影、電磁紀錄或其他相類之證物可為證據者，審判長應以適當之設備，顯示聲音、影像、符號或資料，使當事人、代理人、辯護人或輔佐人辨認或告以要旨。」

[1099] 請參見最高法院 97 年度臺上字第 2550 號刑事判決。關於證據能力之相關討論，可以參見法操 FOLLOW，前揭註 1083。

一、除顯有不可信之情況外，公務員職務上製作之紀錄文書、證明文書。二、除顯有不可信之情況外，從事業務之人於業務上或通常業務過程所須製作之紀錄文書、證明文書。三、除前二款之情形外，其他於可信之特別情況下所製作之文書。」[1100]吾人可見，在「業務」中、「公務」中，或是其他文書伊係可以做為該法院審判中之系爭證據，但其尚須滿足本條之三項要件[1101]，分別係其一，我國公務員按照伊職務上所製作之「證明文件」，以及「紀錄文書」等，伊只在上述所謂「顯不可信」之狀況下，方係不可作為該系爭證據；其二，從事業務之人或因「一般業務之流程」而須製作之該「證明文件」，以及「紀錄文書」斗，此除亦上述「顯不可信」之情況下，否則，即可以之作為該系爭證據；其三，除前述之規定，其他文書伊於「可信」之特別情況下製作，亦可以之作為該系爭證據。[1102]進步言之，關於本條第一款之規定，若需舉例，即係例如警方節日在任意路上而進為「臨檢」，而後所生之該系爭「紀錄表」，此其係因為並不具備前述所謂「例行性」之系爭特性，是故，其係不能進以為之證據[1103]；而本條第二款之規定，進步言之，例如一般民眾於伊為「報稅」季之所需要，而生之該系爭「扣繳憑單」，則依此即可以作為該系爭之證據[1104]；又本條第三款其所謂地「可信」之特別情況，進步言之，就伊之舉例，即諸如下四，如其一之各期刊之「學術論文」、其二之「家族譜系」抑或其三之「統計報表」資訊，以及其四之政府機關「公報」等，其即係滿足本款上之規定，而進可以之作為該系爭證據[1105]，然必須點出的係，該「傳聞法則」於我國實務幾似有似無，目前諸系爭傳聞證據，伊基本上於

[1100] 請參刑事訴訟法第 159 條之 4：「除前三條之情形外，下列文書亦得為證據：一、除顯有不可信之情況外，公務員職務上製作之紀錄文書、證明文書。二、除顯有不可信之情況外，從事業務之人於業務上或通常業務過程所須製作之紀錄文書、證明文書。三、除前二款之情形外，其他於可信之特別情況下所製作之文書。」

[1101] 補充言之，關於本條之實務見解可以參見最高法院 107 年度臺上字第 4178 號判決。

[1102] 參見法操 Follaw，前揭註 1083。同時參見刑事訴訟法第 159 條之 4，前揭註 1100。

[1103] 補充言之，關於本條第一款之實務見解可以參見最高法院 108 年度臺上字第 3327 號判決。

[1104] 補充言之，關於本條第二款之實務見解可以參見最高法院 107 年度臺上字第 4583 號判決。

[1105] 補充言之，關於本條第三款之實務見解可以參見最高法院 108 年度臺上字第 3376 號判決。

實務中實係皆可為採用之，此點即於美國法上對於伊之傳聞證據，其應係為「原則排除」，而例外方才可採用之，即係具有顯著地不同。[1106]

　　具體而言，關於前揭區塊鏈證據究能否於我國訴訟法上為使用，對此係即可以參照前述曾論及之美國佛蒙特州法[1107]，其對於伊區塊鏈數位電子證據上之使用，定有相關之規範，可查，該州係由「定期業務紀錄活動」此點而肯認到前述區塊鏈數位電子證據，伊係屬於傳聞法則之例外，而反觀我國若在訴訟中係欲對之使用該區塊鏈數位電子證據，則在上述法定證據方法之檢驗外，即係可以參照刑事訴訟法第 159 條之 4[1108]適用，可觀，由於該區塊鏈證據在我國之使用上，通常係藉助可信賴之第三方區塊鏈存證機構以進行相關之存證，同時該機構亦會頒布如區塊鏈存證之證明文書，是故，該系爭證明文件於我國刑事訴訟之實務中，此按刑事訴訟法第 159 條之 4 第 2 款以及第 3 款之規定[1109]，即似可以將之認為系爭之證據。[1110]

　　然而，關於所謂數位電子證據其是否究須受到「傳聞法則」之規範，有學者認為到，除了對數位電子設備伊所生之該系爭紀錄外，上述所謂傳聞法則其之適用對象，主要應係對於到該數位電腦設備，伊之所「存儲」之系爭紀錄，以及其所謂地「混合之紀錄」[1111]，又上述類別，伊係因為具有所謂「人之供述」[1112]之情事為混之介入，而嗣於其中之該數位電子證據，而始須受前揭「傳聞法則」之規範，同時，另外關於該數位電腦其之「自動生成之紀錄」，此舉凡如該自動之自助「提款機」，其於伊提款時所自動生成之該系爭「時

[1106]　參見法操 Follaw，前揭註 1083。

[1107]　請參美國佛蒙特州法第 1913 條，同時亦可參見美國聯邦證據規則第 901 條以及 902 條。

[1108]　參見刑事訴訟法第 159 條之 4，前揭註 1100。

[1109]　參見刑事訴訟法第 159 條之 4，前揭註 1100。

[1110]　補充言之，關於司法院以區塊鏈技術為基礎之「司法院電子訴訟文書服務平臺」，可以參見聯合新聞網網站，〈創新金融！凱基銀與司法院合推電子訴訟文書服務平臺〉，網頁：https://reurl.cc/jdza8M (最後瀏覽日：07/15/2019) 由此吾人可以預見，區塊鏈技術與我國法院實務之結合，以及學術上對於區塊鏈技術之相關討論，數量可能將攀升，故關於區塊鏈相關存證層面之討論，則有詳細探究之必要，以利科技與法律之結合。

[1111]　參見朱帥俊，前揭註 845，頁 52。

[1112]　補充言之，關於人之陳述之相關討論，可以參見陳樸生，前揭註 1085，頁 80。

間紀錄」[1113]、或系爭交易所生之「流水號」，抑或係如所謂地「ISP」服務之該系爭「登入紀錄」等[1114]，此部因其係基於該數位電子設備，就其之內部地「程式命令」而進為行動，亦即，其係並不含有前述所謂地「人之供述」之情事，是故，其即係不應以前揭該「傳聞法則」進以而為之「檢視」，而即係對應以該「物證之標準」以來處理之，又此部所謂之「物證之標準」，伊則係是對於該系爭之證據，伊究竟有無該「證據能力」，此換言之，其係應當視其於取得該系爭之「物證」，究伊之「合法性」層面，以及其是否係依「法」實行就該系爭證據，伊之「調查程序」，而以來進一步地認定之[1115]，但同時間學者亦係指出到，對於該系爭之「行為人」，伊於「操作」該系爭之電子電腦數位設備之時，而進對為「儲存」之該系爭相關證據，就伊之資料，此際對該系爭資料，伊究是否得含有到前述所謂地「人之供述」之情事，而嗣可以適用到前述之傳聞法則，此點則係有賴對於我國法院實務上之發展，而繼續地觀察之。[1116]

由上可知，關於數位電子證據於我國之發展，對於其於傳聞法則上之適用，以及其所相對之證據調查程序，我國係並無完善的法律規範，亦即，對於系爭區塊鏈數位電子證據，伊究應當如何為之「認定」或係「適用」，係皆無明確的法律規範，進步言之，我國甚至連前述數位電子證據之相關法律規範或係適用，皆係無明文之規定，是故，我國對之尚須為密切注意與觀察，同時對於實務之發展所可能產生的疑義，亦須釐清之。[1117]

(4)區塊鏈證據能力之檢討

以下進入關於區塊鏈證據能力之檢討，吾人可知，區塊鏈證據在其性質上，由於其係由該系爭之「證據原件」，伊經過前述之「哈希值」轉換，而

[1113] 補充言之，關於電腦自動生成之紀錄與傳聞法則之討論，可以參見朱帥俊，前揭註845，頁45-52。

[1114] 補充言之，關於計算機自動產生之存儲及混成證據等之討論，可以參見朱帥俊，前揭註845，頁44-45。

[1115] 請參最高法院97年度臺上字第3854號刑事判決。

[1116] 參見朱帥俊，前揭註845，頁52。

[1117] 請參全國法規資料庫網站，網頁：https://reurl.cc/e0qZL (最後瀏覽日：07/15/2019)

後進存入該區塊鏈中，是故，伊在我國證據法上其之地位，由前揭之分析可知，其係屬數位證據，然我國現並沒有所謂數位證據或是電子證據專章，對此係可以參照本節前述關於我國數位證據之討論。[1118]此外，參照前揭我國最高法院 107 年度上字第 3724 號刑事判決，可知，該系爭法院基於現數位電子證據伊之諸特性，其係對之採行「步驟化」之調查方式[1119]，基此，吾人首先必須對為確認該區塊鏈數位電子證據，伊係透過合法之方式為取得，如若其之取證係是透過不法之方式，則即會按我國刑事訴訟法第 158 之 4[1120]排除伊之證據效力。[1121]若該區塊鏈數位電子證據係透過合法方式以為「取證」，則法院按刑事訴訟法第 165 條之 1[1122]需「調查原件」，如若該「原件滅失」或是「提出困難」，方才可以按我國刑事訴訟法第 212 條[1123]或是 198 條[1124]為「勘驗」或是「鑑定」，此換言之，若認為該區塊鏈數位電子證據，因為其之不可竄改性而係為原件的話，則可以直接依 165 條之 1 調查之；如係認為該區塊鏈證據為複製件者，則此是依同法第 212 條或是 198 條為鑑定或是勘驗，由上可知，該區塊鏈數位電子證據，伊即不會因為其係原件或是複製件之學理上爭論，而進來直接地排除其之證據效力，如若法院在踐行上述程序後，伊係可以認可該區塊鏈數位電子證據，伊確未遭竄改或是人為之變造，則法院縱使認為該區塊鏈證據伊為複製件，其實亦應於此時點，肯認到該複製件係為原件內容之所謂「重新顯現」，亦即，就其之真實性層次係確係未遭人為之不當介入，而實係未被影響之，是故，在現已為合法調查後，該系爭之

[1118]　請參本節前述對於數位証據地位之相關討論。

[1119]　請參最高法院 107 年度上自第 3724 號刑事判決。

[1120]　請參刑事訴訟法第 158 條之 4：「除法律另有規定外，實施刑事訴訟程序之公務員因違背法定程序取得之證據，其有無證據能力之認定，應審酌人權保障及公共利益之均衡維護。」

[1121]　請參最高法院 107 年度上字第 3724 號判決。

[1122]　請參刑事訴訟法第 165 條之 1：「前條之規定，於文書外之證物有與文書相同之效用者，準用之。錄音、錄影、電磁紀錄或其他相類之證物可為證據者，審判長應以適當之設備，顯示聲音、影像、符號或資料，使當事人、代理人、辯護人或輔佐人辨認或告以要旨。」

[1123]　請參刑事訴訟法第 212 條：「法院或檢察官因調查證據及犯罪情形，得實施勘驗。」

[1124]　請參刑事訴訟法第 198 條：「鑑定人由審判長、受命法官或檢察官就下列之人選任一人或數人充之：一、就鑑定事項有特別知識經驗者。二、經政府機關委任有鑑定職務者。」

區塊鏈數位電子證據，伊自然可以為法院以為裁判之基礎，緣此，其之證據能力即似應被肯認之。[1125]

由前述對於區塊鏈證據能力之分析，本文認為區塊鏈之證據能力在我國應當被肯認，然而我國對於區塊鏈證據之發展相較中國晚了可謂不少，此可查，中國對於數位電子證據甚至有專門之法律為規定[1126]，惟我國關於「電子證據」、「數位證據」、「數位鑑識」等在法律上都沒有明確規範[1127]，此點也導致了前揭區塊鏈數位電子證據，就伊之證據能力在實務上即可能遭受到嚴峻質疑，然值得慶幸的是，我國調查局已係有注意到區塊鏈對於存證層次之潛力[1128]，並已係對此展開應用，但目前上實務觀察，我國尚未有應用到該區塊鏈存證之相關判決產生，亦未有關於區塊鏈之諸存證平臺，如伊所出具之區塊鏈證書等之相關判解之產生，是故，該系爭區塊鏈數位電子證據，伊於我國司法上實務之發展，即似需要繼續密切的觀察之。[1129]

(5)區塊鏈證據之證明力

關於區塊鏈證據證明力之分析，若先從根源層次觀察，則吾人可知，所謂證據之證明力[1130]，其係指該系爭證據伊之「證明程度」究為何[1131]，此點係由該系爭法院依照該法官之所謂地「自由心證」，而進為判斷，而對此係可以參照到最高法院 28 年上字第 2595 號判例：「證據之證明力如何，依《刑事訴訟法》第二百六十九條規定，法院有自由判斷之權，苟其判斷之論據，

[1125] 請參刑事訴訟法第 158 條之 4、165 條之 1、198 條，以及 212 條之相關規定。

[1126] 補充言之，關於中國最新電子證據之發展，可以參見世界日報網站，〈最高人民法院發新「決定」微信、微博紀錄可當民事證據〉，網頁：https://reurl.cc/8lQl9y (最後瀏覽日：02/15/2020)

[1127] 請參本章前揭關於數位證據發展之相關介紹。

[1128] 請參聯合新聞網網站，〈強化鑑定證據力 調查局研發區塊鏈存證技術〉，網頁：https://udn.com/news/story/7314/3774944 (最後瀏覽日：02/15/2020)

[1129] 本文以下將介紹區塊鏈證據之證明力以及區塊鏈證據之實務，緊接討論區快鏈於營業秘密訴訟之操作。

[1130] 補充言之，關於證據證明力之相關討論，可以參見唐舒欣(2019)，〈試探究刑事訴訟中影響證據證明力大小的因素〉，《法制博覽》，26 期，頁 217-219。

[1131] 補充言之，關於事實認定、證據取捨，以及證明力判斷之實務見解，可以參見最高法院 108 年度臺上字第 4359 號判決。

按諸通常經驗，並非事理之所無，即不能違背經驗法則。」[1132]又「證據力」雖係由該系爭法院按其前述之自由心證而綜為判斷，然可查，其係有兩項限制不得由該法院依該自由心證而進判斷之，其一即是刑事訴訟法第 156 條第 2 項關於「被告自白」之規定：「被告或共犯之自白，不得作為有罪判決之唯一證據，仍應調查其他必要之證據，以察其是否與事實相符。」[1133]其二則是同法第 47 條關於「審判筆錄」之規定：「審判期日之訴訟程序，專以審判筆錄為證。」[1134]由前述條文以觀，上述關於「被告自白」以及「該審判筆錄」等，伊即係不能由前揭法院按伊之自由心證而判斷之。[1135]此外，按最高法院 86 年臺上字第 394 號判決：「法院認定事實應憑證據，而證據之證明力固由法院依其自由心證斷定之，惟其認定須合於論理法則與經驗法則，否則其事實之認定，即屬違背法令。」由上可知，前述之自由心證實係並非無限上綱之，其尚須受到所謂地「經驗法則」以及「論理法則」之限制。[1136]又對於經驗法則以及論理法則之定義，此即係可參最高法院 91 年臺上字第 741 號民事判決：「法院依自由心證判斷事實之真偽，不得違背論理及經驗法則，民事訴訟法第二百二十二條第三項亦有明示。所謂論理法則，係指依立法意旨或法規之社會機能就法律事實所為價值判斷之法則而言。所謂經驗法則，係指由社會生活累積的經驗歸納所得之法則而言；凡日常生活所得之通常經驗及基於專門知識所得之特別經驗均屬之。」[1137]

[1132] 請參最高法院 28 年上字第 2595 號判例。

[1133] 請參刑事訴訟法第 156 條：「被告之自白，非出於強暴、脅迫、利誘、詐欺、疲勞訊問、違法羈押或其他不正之方法，且與事實相符者，得為證據。被告或共犯之自白，不得作為有罪判決之唯一證據，仍應調查其他必要之證據，以察其是否與事實相符。被告陳述其自白係出於不正之方法者，應先於其他事證而為調查。該自白如係經檢察官提出者，法院應命檢察官就自白之出於自由意志，指出證明之方法。被告未經自白，又無證據，不得僅因其拒絕陳述或保持緘默，而推斷其罪行。」

[1134] 請參刑事訴訟法第 47 條：「審判期日之訴訟程序，專以審判筆錄為證。」

[1135] 請參法操 FOLLAW 網站，〈【法操小教室】何謂證據能力、證據證明力？〉，網頁：https://follaw.tw/f06/8065// (最後瀏覽日：08/19/2020)

[1136] 請參最高法院 86 年臺上字第 394 號判決要旨。

[1137] 關於經驗法則實務之討論，請參姜世明(2009)，〈論經驗法則〉，《政大法學評論》，107 期，頁

　　進一步解釋經驗法則，學說間係有不同見解，而對之具體且詳細的定義
係：「經驗法則亦可稱為經驗定律，通常係指從人類日常生活經驗所歸納而
成的一切知識或法則；具體言之，係包含依科學方法觀察驗證自然現象而予
以歸納之自然定律、支配人的思考作用之邏輯或論理法則、數學上原理、社
會生活上義理慣例、交易上習慣、以及其他有關學術、藝術、工商業、語言
等生活活動之一切定則。」[1138]由上觀之，可得所謂經驗法則，其即係源自就
人類之「經驗」，而嗣綜為之「歸納」以得，又此即係包含如上述之「驗證」、
「邏輯」、「慣例」，以及「習慣」等。

　　另外，關於論理法則之解釋，亦可參照最高法院 79 年度第 1 次民事庭
會議：「所謂論理法則，係指依立法意旨或法規之社會機能就法律事實所為
價值判斷之法則而言。例如依證書之記載確定事實時，必須該證書之記載或
由其記載當然推理之結果，與所確定之事實，在客觀上能相符合者，始足當
之；若缺此符合，即屬違背論理法則。」[1139]同時該民事庭會議上，亦對該「證
據法則」有所解釋：「所謂證據法則，係指法院調查證據認定事實所應遵守
之法則而言。法院採為認定事實之證據，必須於應證事實有相當之證明力者，
始足當之。若一種事實得生推定證據之效力者，必須現行法規有所依據，亦
即以現行法規所明認者為限，不得以單純論理為臆測之根據，而就應證事實
為推定之判斷，證據之證明力，應由審理事實之法院依自由心證認定之，並
於判決理由項下記載得心證之理由。否則，即為判決不備理由。」[1140]若需補
充言之，則即可將我國對於法庭證據上之運用方式，將之與前揭第四章之諸
政策舉例，而為比較與研析，同時亦可查中、美，以及歐洲等之不盡相同思
維。

4-5。同時亦請參最高法院 91 年臺上字第 741 號民事判決。

[1138] 關於經驗法則之討論，請參姜世明，前揭註 1137，頁 3-6。同時亦請參邱聯恭、許士宦(2007)，
《口述民事訴訟法講義》，頁 153。

[1139] 請參最高法院 79 年度第 1 次民事庭會議。

[1140] 關於證據能力以及證據證明力之相關討論，可以參見法操FOLLAW網站，前揭註 1135。同時參
見最高法院民事庭會議，前揭註 1139。

　　由上述關於證據證明力之介紹可知，原則上就該系爭證據伊之證明程度究為何，此點係由系爭法官按伊自由心證判斷之，然而，該自由心證並非係屬無限上綱，其仍係受到前述該「經驗法則」以及「論理法則」之限制。[1141] 又關於區塊鏈數位電子證據，伊之證明力究為何，此由於，按區塊鏈體系伊所保存之該系爭數位電子證據，可查，伊係已藉助到該區塊鏈技術於伊前揭之諸「技術自證」等特性，即可觀，其實係具有到高度安全性、不可竄改性，以及可信性，此點在中國現法律規範以及美國佛蒙特州之立法實踐，皆可以為參照之[1142]，且我國亦係逐漸地注意到該區塊鏈作為證據層次，伊其所具之高度可信性之各特質，雖然目前沒有相關地實務判決，然可以觀察到我國調查局伊之實務發展，其係對於該區塊鏈存證系統，預計在 2019 年底推出[1143]，又法律界對之亦可能可以密切注意的即係，究是否我國之區塊鏈之存證體系，伊會如中國般之快速發展，同時亦可以觀察，究區塊鏈數位電子證據，伊對於我國傳統數位電子證據，伊之證明力不足之問題，其之改善程度究為

[1141] 補充言之，關於自由心證之實務見解亦可參見最高法院 108 年度臺上字第 4121 號判決。判決原文指出：「刑事訴訟法關於證據之證明力，雖採自由心證主義，將證據之證明力，委由法官評價，但仍應受刑事訴訟法第 155 條第 2 項外部性界限及同條第 1 項但書內部性界限之限制。亦即，凡有證據能力經合法調查之證據，包括直接證明待證事實之直接證據、可得推論直接事實之間接證據，及推論證據證明力之輔助證據，皆為法院評價之對象，由法官本於生活經驗上認為確實之經驗法則及理則上當然之論理法則，以形成確信之心證。是心證之形成，來自於經嚴格證明之證據資料之推理作用；有由一個證據而形成者，亦有賴數個證據彼此形成而獲得者，因此如何從無數之事實證據中，擇其最接近事實之證據，此為證據之評價問題。在數個證據中，雖均不能單獨證明全部事實，但如各證據間具有互補或關聯性，事實審法院自應就全部之證據，經綜合歸納之觀察，依經驗法則衡情度理，本於自由心證客觀判斷，方符真實發現主義之精神。倘將卷內各項證據予以割裂，單獨觀察分別評價，或針對供述證據，因枝節上之差異，先後詳簡之別，即悉予摒棄，所為之證據判斷及推理演繹，自欠缺合理性而與事理不合，即與論理法則有所違背，所為判決即為違背法令。」

[1142] 請參區塊鏈信息服務管理規定、最高人民法院關於互聯網法院審理案件若干問題的規定，藝可參鑑佛蒙特州法第 1913 條、聯邦證據規則第 901 條以及 902 條。

[1143] 請參 Microsoft News 網站，〈數位證據怎麼保護　調查局明公布〉，網頁：https://reurl.cc/15Opp（最後瀏覽日：07/16/2019）而吾人由上可知，雖然我國目前尚未對於區塊鏈證據有相關之判決或是法律規範，然而我國調查局確實注意到區塊鏈在應用上能夠以其之技術特性來保護數位證據之證據能力以及證明力。

何,以及其後續對我國可能的相關影響等諸式面向。[1144]

(6)我國區塊鏈證據實務發展

在區塊鏈技術為逐漸之發展而初具規模之當下,法務部調查局係於今年4月開發了「司法區塊鏈」之最新應用[1145],針對此點,吾人係可以參見到法務部資通安全處吳處長之表示,其係指出了我國調查局在歷經了多年間,伊對於該新興科技之系爭區塊鏈體系上之研究,伊目前係已對之推出了將該系爭「鑑識報告」而為「上鏈」之服務,進步言之,其係透過將該系爭之鑑識報告,就伊之系爭數位電子檔案,而以前揭區塊鏈體系為「加密」等技術,嗣以之上傳至前揭曾述地「以太坊」節點中,而吳處長亦言道:「鑑識報告上鏈是調查局區塊鏈應用之第一步。」[1146]同時,吾人亦可知悉,系爭調查局係預計在 2019 年底時,正式地推出該所謂地「雲取證上鏈服務」,又查其之運作模式可知,其係將目前儲存於「網路硬碟」之該系爭證物,嗣進以為之「加密入鏈」,而此舉係欲以之進一步地強化到對於該系爭數位電子證據,伊之「保護」層次,進步言之,我國調查局推動將前述該系爭證物以為入鏈之目的,據處長之表示即係為「確保鑑識時之數位檔案,並沒有遭到任何的竄改或異動。」[1147]而於先前之階段,我國調查局在研究該工業 4.0 新興科技之區塊鏈技術時,伊即係已發現,其實伊係確已具備到前揭第三章所曾介紹之諸特點,此諸如其一之「透明性」、其二之「不可竄改性」、其三之「時間戳記」,以及其四之「可溯源性」等各式特性,可查,其係正好與我國司法實務上對於所謂「證據保全」[1148]之主要痛點,可謂係需求相符,同時我國

[1144] 補充言之本文對於區塊鏈於營業秘密法之展望,將於本章第三節介紹之。

[1145] 補充言之,關於「強化鑒定之證據力」,可以參見中央通訊社網站,〈強化鑑定證據力 調查局研發區塊鏈存證技術〉,網頁:https://www.cna.com.tw/news/asoc/201904240257.aspx (最後瀏覽日:02/15/2020)

[1146] 請參 iThome 網站,〈臺灣司法證據保全引進區塊鏈技術〉,網頁:https://www.ithome.com.tw/news/130738 (最後瀏覽日:07/08/2019)

[1147] 參見 iThome,前揭註 1146。

[1148] 李維心(2019),〈營業秘密之證據保全——借鏡美國 2016 年營業秘密防衛法〉,《智慧財產權月刊》,245 期,頁 46。補充言之,作者指出我國營業秘密法於證據保全層面,並無相關特別之規定,故目前實務上對於證據保全之操作則係民事訴訟法第 368 條以下之規定。

調查局亦已表示，觀該該區塊鏈技術伊即係非常適合地應用於我國現之司法領域，此可觀，在目前階段上調查局在進行伊所謂地「查扣證物以及搜索」之時，伊實係有九成以上都是使用到「電腦」或是「手機」等電子儀器，而以來記錄該系爭之諸「物證」[1149]，而對此吾人即可知，其於現場為進行調查之各相關人員等，伊即係需經手極為大數量之該數位電子證物，而又為了滿足到我國刑事訴訟法之要求等之痛點，該調查局即係必須對之「出具」到所謂之「鑑識報告」，又此在我國法院實務上而為觀察，吾人即可見知，對於該系爭之數位電子證據，於伊可信度上之質疑，即係是該系爭訴訟中，進以為攻防的主要重點，同時，由於到我國係為順應現工業 4.0 時代之科技化發展，目前數位化之電子證據即可謂係越來越多，如今甚至律師方對於該數位電子證據的質疑，也已係愈發地常見，且更可謂係相對地劇烈，此外，目前案件中對於該系爭之數位電子證物，就伊之可信度上之要求，更是時常係需要勞煩到所謂「專家證人」而進行到「鑑識」[1150]，然隨著時代之進步，以及區塊鏈技術的發展快速，可見，我國調查局已將該區塊鏈體系與數位電子鑑識為結合，進而得以完善到就該系爭證物伊之「前段蒐集面」，以及其「後端鑑識報告之證明力」等，同時伊於未來展望上之層次，該調查局係已表示了，其於訴訟上之「法官」、「檢察官」或是「利害關係人」等，其對於該相關證物伊究是否確是調查局「原始」上之證物，即係可採用業已為入鏈之該系爭鑑識報告，觀伊之哈希值，以此進行前揭之比對，嗣進而得妥善地證明該系爭證物，伊係確未遭任意人為竄改之。[1151]

　　由上述對於區塊鏈證據於我國之討論，可知，雖然目前我國尚未有對於區塊鏈取證之相關判決，但我國實務上對於區塊鏈體系確係可以「保全」該系爭證物，以及區塊鏈之不可竄改性，伊於提升該系爭證物可信度之層面，

[1149] 參見 iThome，前揭註 1146。

[1150] 補充言之，關於專家證人之相關討論，可以參見司法院網站，〈司法院研討刑事選任鑑定人、專家證人制度〉，網頁：https://reurl.cc/k5mdp3 (最後瀏覽日：08/04/2019)。

[1151] 參見 iThome，前揭註 1146。

係已有所肯定。[1152]在未來的發展，我國似應對之明確化該區塊鏈技術在我國證據法上之地位，對此，係可以參考如同前述中國對於數位電子證據，以及區塊鏈之相關明文規定[1153]，或是美國佛蒙特州對於使用區塊鏈證據之明文程序規定[1154]，嗣進而完善我國於數位證據層面之諸多問題，以及營業秘密存在已久的被侵權人舉證困難之障礙，若能透過我國司法「判決」、「立法」，或是相關「函釋」對於區塊鏈數位電子証據地位做出明確之解釋，將係更有利於我國營業秘密以及其他智慧財產權之保護。[1155]

（五）區塊鏈證據於營業秘密訴訟中之操作

1.時間戳記於我國營業秘密之推行

關於區塊鏈證據於我國營業秘密訴訟中的操作，就根源上觀察，吾人可知伊之重要特性即是所謂地時間戳，又所謂地「時間戳記」其即係一數位化之戳記[1156]，查其傳統上之功能，可知，係為該系爭電子文件伊提供到準確的時間上「證明」，或是「署名」等[1157]，進步言之，其係用於「證明」該系爭電子文件，伊於存證前後係確未被竄改之重要地「認證」。[1158]而對於該時間戳記之相關應用，此係可以參考到如日本以及韓國之於地發展，前者可查伊係已在 2017 年由伊行政法人「INPIT」[1159]，嗣以該前述之時間戳記而提供相

[1152] 請參許明恩(2019)，〈調查局用區塊鏈提升作業效率〉，載於 Medium 網站：https://reurl.cc/d6WZV （最後瀏覽日：08/04/2019）作者指出區塊鏈技術可以達成，將數位證物於司法體系內安全以及高效移轉之功用，並協助在全球的視野下對於犯罪行為之處理與打擊。

[1153] 請參「區塊鏈信息服務管理規定」、「最高人民法院對互聯網法院審理若干問題的規定」。

[1154] 請參佛蒙特州法對於區塊鏈證據規則之相關規定。

[1155] 補充言之，本文對於我國區塊鏈相關之立法建議，可以參見本章第二節第五項第八款之介紹。

[1156] 補充言之，關於時間戳記之重要性及相關介紹，可以參見 ASIAPEAK 網站，網頁：https://www.asiapeak.com/timestamp.php （最後瀏覽日：02/16/2020）

[1157] 補充言之，關於時間戳記與電子化時間證明之相關討論，可以參見資安人網站，〈時戳-電子化社會的時間證明〉，網頁：https://www.informationsecurity.com.tw/article/article_detail.aspx?aid=7311 （最後瀏覽日：02/16/2020）

[1158] 請參 World Patent & Trademark Law Office 網站，〈臺灣現正積極推動營業秘密時戳存證服務〉，網頁：https://reurl.cc/VdmVQ （最後瀏覽日：02/15/2020）

[1159] 請參獨立行政法人工業所有權情報‧研修館網站，網頁：https://www.inpit.go.jp/index.html （最後

關之「存證」服務；後者則係在 2014 年已由該指定之營業秘密保護中心，嗣進行到系爭服務層次之提供。[1160]此外，我國為加強對於該系爭營業秘密保護之力度，正如前述，已係在 2013 年由智慧財產局推動完成關於營業秘密法之「修法」[1161]，可查，已在該系爭之規範中加入了「刑責」[1162]，又相關之實務進展亦係可參見到財團法人資訊工業策進會，伊之業務單位，亦即該科技法律研究所[1163]，伊目前正在研發關於營業秘密時間戳記之存證服務[1164]，由此可見，我國係已發見到該系爭時間戳記，伊對於營業秘密之保護，就伊之重要性層次。[1165]另外，前述之資策會科法所，伊之所以確係欲使用到該時間戳記來保護系爭之營業秘密，據查，其主要目的係要幫助到該系爭企業間，在伊係遭遇到其之機密為外洩之時[1166]，能夠進以該營業秘密時間戳之存證，而以來對為立即地於訴訟中提出相關可信證明，進而得作證該系爭文件其確存在之時點，並實係欲透過該系爭之服務，而進能夠在保護該系爭企業伊營業秘密之訴訟上，得提供較為充分之舉證「檔案」或係舉證「文件」等，此若需

瀏覽日：08/05/2019)

[1160] 參見 World Patent & Trademark Law Office 網站，前揭註 1158。

[1161] 補充言之，關於營業秘密法增訂刑責之相關討論，可以參見章忠信(2012)，〈立法院修正營業秘密法增訂刑責訪問回應稿〉，載於著作權筆記網站，電子檔參見：http://www.copyrightnote.org/ArticleContent.aspx?ID=8&aid=2495 (最後瀏覽日：02/16/2020)

[1162] 補充言之，關於營業秘密法之沿革，可以參見經濟部主管法規系統網站，網頁：https://law.moea.gov.tw/LawContentSource.aspx?id=FL011321#lawmenu (最後瀏覽日：02/16/2020)

[1163] 請參資策會科技法律研究所網站，網頁：https://stli.iii.org.tw/model.aspx?no=74 (最後瀏覽日：08/05/2019) 補充言之該網站指出，資策會科法所之目標係成為科技法律制度與政策之推動者，同時其亦積極與國際法治進行接軌與整合研究。

[1164] 補充言之，關於資策會於時戳存證之相關討論，可以參見財團法人資訊工業策進會網站，〈保守營業秘密 千萬不能大意 資策會藾研發服務公司(RSC) 注重機密管理與存證保護〉，網頁：https://www.iii.org.tw/Press/NewsDtl.aspx?nsp_sqno=1993&fm_sqno=14 (最後瀏覽日：02/16/2020) 亦可參見同網站之，〈電子時戳助舉證 智財管理 so easy〉，網頁：https://reurl.cc/ZnDGWl (最後瀏覽日：02/16/2020)

[1165] 參見 World Patent & Trademark Law Office 網站，前揭註 1158。

[1166] 補充言之，關於營業秘密保護之實務策略，可以參見經濟部智慧財產局所編之「營業秘密保護實務教戰手冊」，電子檔參見：https://www1.tipo.gov.tw/ct.asp?xItem=499568&ctNode=6740&mp=1 (最後瀏覽日：02/16/2020)

補充言之，則吾人可知，以現 2021 的視角觀察，若以該區塊鏈技術之時間戳記來為之應用，則在透過其前述第三章所述之諸特性，即係可以之提供該系爭企業伊於訴訟上之較可信的證據，同時，亦可由此觀察出現科技進步之速度，實屬快速。[1167]

2.時間戳記可以證明主觀有保護之意思

關於到前述時間戳記，伊之功用層次，吾人此若先回顧前揭電子文書之特性[1168]，即可知，就該電子文書伊所具備之提升業務上「效率」，以及其所具有地「可復原性」等諸優點，目前將該系爭文書資料等，嗣進行所謂數位電子化已經是世界主要地趨勢[1169]，惟電子文書除前述優點外，可查，其之缺點亦很是明顯，其中，最主要之缺點即是其在訴訟法上係屬於前述已提及之該數位電子證據[1170]，此換言之，前揭該數位電子證據伊之缺點層次其亦係具備之，例如，前揭其之「易遭受竄改」、「無法確定發行人」，抑或是無法確切地得知該系爭文書，究伊所為做成之「日期」等。[1171]

又前述電子文書缺點之所以可謂重大，此即係因[1172]，如若該系爭電子文書之智慧財產權，諸如該著作權等係已遭受到「不法」之侵害，則該系爭著

[1167] 參見 World Patent & Trademark Law Office 網站，前揭註 1158。

[1168] 補充言之，關於電子文書與傳統文書之差異，可以參見姜世明(2018)，〈電子文件於實體法及程序法上基本問題提示〉，《電子文書及電子商務相關實體與程序問題之研析—民事程序法焦點論壇 第四卷》，頁 5。

[1169] 請參國家發展委員會檔案管理局網站，網頁：https://www.archives.gov.tw/Publish.aspx?cnid=1840 (最後瀏覽日：08/05/2019) 由上可以發見電子文書在我國是受到重視的，同時亦可參我國設有電子交換文檔服務中心。

[1170] 關於數位證據之相關檢驗，可以參見本章前揭之討論。

[1171] 陳昱宏(2017)，〈電子文書存證制度－淺談日本電子時戳及時戳保存制度〉，載於資策會科技法律研究所網站：https://reurl.cc/pkpNe (最後瀏覽日：07/08/2019)

[1172] 補充言之，關於如何保護營業秘密之相關評論，可以參見 INPIT 網站，〈会社の秘密を守るには（第 1 回）〉，網頁：https://www.inpit.go.jp/katsuyo/tradesecret/report_tizai_1.html (最後瀏覽日：02/17/2020) 以及同網站，〈解説：会社の秘密を守るには（第 2 回）〉，網頁：https://www.inpit.go.jp/katsuyo/tradesecret/report_tizai_2.html (最後瀏覽日：02/17/2020) 及同網站，〈会社の秘密を守るには（第 3 回），網頁：https://www.inpit.go.jp/katsuyo/tradesecret/report_tizai_3.html (最後瀏覽日：02/17/2020)

作人對此究應如何提出到相關完善之證明，嗣進以妥善證明該系爭之電子文書，就伊之發行係確早於伊所被侵害之時點[1173]，是故，就該系爭時點之問題進以為釐清，此即係屬致關重大，針對此點，實係可以參照到日本以電子化之「時間戳記」，而進得「保護」及「證明」該數位電子文書，進得以妥善地證明該系爭所做成之時間點等，又伊之發展[1174]，同時係可以參見到「日本研修館」及「獨立行政法人工業」[1175]，此可查，前者係提供前述之「電子時間戳記」，而為保管該系爭之諸電子文書；後者則係提供到所謂「工業所有權」等之諸情報，進步觀之，以上述日本發展該時間戳記之實務，即係可以在闡釋日本究係如何以該電子時間戳記，而保護該智慧財產權之同時[1176]，亦可作為我國之借鑑，又此部若需對照觀察，則關於數位電子證據之諸疑義，以及須對之為保護的各式措施，若以現 2021 的現況為查之，則即可見其關於智慧財產保護之難點，於區塊鏈技術之善用即可於之為突破，同時亦可由此點觀察出，區塊鏈數位電子證據於之時間戳記，伊之高度可信性，於未來訴訟上將會有更多的應用。[1177]

　　進步言之，日本政府係已體認到在時代之發展下[1178]，前述之電子文書已經大幅的取代現傳統之紙本文書，然由於該系爭電子文書其於技術上即係具有前述容易遭到竄改，等諸式特點[1179]，又日本政府對之的解方係採行到研發可以在該電子文書中，或是該系爭資訊內加上明確地時間資訊之系統，伊即

[1173] 關於此點，可以與本文第二章營業秘密保護之難點一併參照。

[1174] 參見陳昱宏，前揭註 1171。

[1175] 補充言之，關於管理機密文件之重要性，可以參見 INPIT 網站，網頁：https://faq.inpit.go.jp/tradesecret/ts/ts_manage.html（最後瀏覽日：02/17/2020）

[1176] 補充言之，關於日本時間戳記相關案例，可以參見 INPIT 網站，網頁：https://faq.inpit.go.jp/tradesecret/ts/jirei.html（最後瀏覽日：02/17/2020）

[1177] 參見陳昱宏，前揭註 1171。

[1178] 補充言之，關於日本對於時間戳記相關用語之解釋，如時間戳服務、TSA、時間戳令牌，以及哈希值等，可以參見 INPIT 網站，網頁：https://faq.inpit.go.jp/tradesecret/ts/ts-glossary.html（最後瀏覽日：02/17/2020）

[1179] 補充言之，關於電子文書原件之相關討論，可以參見汪振林(2011)，〈電子文書的原本性確保及其證明問題〉，《重慶郵電大學學報》，23 卷 5 期，頁 30-34。

係欲藉由該附加於系爭電子文書之「時間戳記」，進以之向該第三人為完善地證明該系爭之文書，究伊之存在時點。[1180] 又觀察日本對於電子時間戳記之規範層次之設計，此即係可以參照到 2004 年其總務省，伊所頒布之該「商務相關指針」[1181]，可觀，其係提供到該相關商務之業者，伊所可以為遵行之諸式規範，以及供該系爭制度使用者間，而進得為之參照；此外，亦係可參照到 2005 年日本財團法人該「Data 通信協會」，伊所成立之所謂地「時間商務認定中心」等[1182]，基此，此若伊有業者係欲進行到就「時間認證」等之相關諸式業務活動，其即須基此經過前述之時間商務認定中心，就伊之驗證，又伊係進對於該系爭業者，伊之三項次為查，其一係「制度」、其二係「技術」，以及最後其三之「系統」，等綜為檢驗，嗣符合前揭該時間商務認定中心伊之基準者，伊則即可以獲頒到所謂之「認定標章」[1183]，而該通過前述時間商務認定中心之業者，伊係將被稱作「時刻認證業務認定事業者」，此外，其之英譯則係為「Time Stamp Authority」[1184]，此若需補充而言，則觀察前述日本政府之作為，吾人可查其係極為重視時間戳記所可以為訴訟舉證之部分，同時亦可觀其之作為，伊係採按中心化之機構而對為執行之，此點係與現區塊鏈體系之去中心化深有所別，若按現 2021 視角為觀察，除了必須讚賞到日本對於該時間戳記證據之重視，此亦須給予區塊鏈技術之出現而所提供之高可信時間戳記，此一重大技術突破而對於智慧財產權可能之幫助，而給予重

[1180] 參見陳昱宏，前揭註 1171。

[1181] 請參日本總務省頒布之商務相關指針，電子檔參見：https://reurl.cc/oW7Zg （最後瀏覽日：08/05/2019）

[1182] 補充言之，可以參見日本電信電話公司網站，網頁：https://www.ntt.co.jp/index_c.html （最後瀏覽日：02/16/2020）

[1183] 補充言之，關於「時刻配信業務認定事業者(TAA)」，以及「時刻認證業務認定事業者(TSA)」，可以參見日本通信協會網站，網頁：https://www.dekyo.or.jp/tb/contents/list/index.html （最後瀏覽日：02/16/2020）

[1184] 補充言之，關於 Time-Stamping Service Accreditation Center 之制度概要、申請方法、認定事業、公表資料，已及參考資料等，可以參見 Japan Data Communication Association 網站，網頁：https://www.dekyo.or.jp/tb/contents/summary/index.html （最後瀏覽日：02/16/2020）

視，亦可觀科技與法律之結合實為有其一定地重要性。[1185]

　　若再稍稍地回顧該電子時間戳記之所以重要[1186]，此即係因，觀其之功用即係作為證明該系爭之電子文書資料，伊於特定時點前係以確實地存在，且該系爭資料伊係並未遭受任意人為之竄改[1187]，又伊際其之驗證原理，實係藉由到比對該系爭電子時間戳記中，嗣查其所記錄之「數位電子資訊」與該「原初電子資訊」，後進而以之驗證前述該系爭時間訊息，伊究是否有遭受竄改，而此若需補充言之，則即可查此與現區塊鏈之作法亦有可供討論處，吾人由前述第三章係可知，按區塊鏈體系之諸式特性，可知一旦該系爭資訊入鏈後，其係將原本之訊息以哈希值為轉換，可知，此係單向散列而難以反向破解，而使用者具有公私鑰，伊可以再需要時再對該資訊為之解譯，又區塊鏈體系係內涵時間戳記之功能，是故，除了將資訊保存在系爭鏈上係具有高度安全性外，就該系爭資訊之確流通時點，亦可為吾人知悉，而關於該區塊鏈證據原件複製件之問題，則係可參前述之相關討論。[1188]

　　此外，前述電子時間戳記之應用層次，亦係極為地廣泛[1189]，可查，其係可使用在各式欲使用「時間證明」之系爭電子文書中，對此係可以參見到「總務省」於其官方網頁中之「時間戳記技術相關檔案」[1190]，其即係言明到，由於前述之系爭電子時間戳記，伊係可以對於該各式領域之系爭電子文書資料，進為附加該時間戳記[1191]，是故，其即係可以賦予該系爭之電子文書資料，

[1185]　參見陳昱宏，前揭註 1171。

[1186]　補充言之，關於 Timestamp Token Certification 之相關介紹，可以參見 National Center for Industrial Property Information and Training 網站，〈Timestamp Token Certification Service〉，網頁：https://www.inpit.go.jp/english/utili/tstcs_top.html（最後瀏覽日：02/17/2020）

[1187]　補充言之，關於時間戳記之技術面、業務準則，以及時間戳使用趨勢等相關資訊，可以參見日本總務省網站，網頁：https://www.soumu.go.jp/main_sosiki/joho_tsusin/top/ninshou-law/timestamp.html（最後瀏覽日：02/17/2020）

[1188]　參見陳昱宏，前揭註 1171。

[1189]　補充言之，關於日本時間商務委員會之相關資訊，可以參見 Time Business Forum 網站，網頁：https://www.dekyo.or.jp/tbf/index.html（最後瀏覽日：02/17/2020）

[1190]　請參日本總務省對於時間戳記技術介紹，電子檔參見：https://reurl.cc/VkL8b（最後瀏覽日：08/05/2019）

[1191]　補充言之，關於確保電子文件日期時點之方式，可以參見 INPIT 網站，網頁：https://faq.inpit.go.jp/

較高度之可信度[1192]，又關於該電子時間戳記於智慧財產權保護之應用上，可觀，其之功用即係為可以證明到該系爭智慧財產權之內容，伊究確於何時而為之做成[1193]，進而得保護該系爭之著作人，抑或其創作人等之諸權利；此外，其亦係可應用在現「電商平臺」中，進以之證明該系爭交易確係於何時訂立之該「時點」；或係用於現「醫療產業」中，嗣可證明該系爭之「電子病歷」，伊係確未遭受任意人為不當之竄改或係偽造等，此若需補充言之，則查其之發展廣度亦實與現區塊鏈技術之功用，具一定之重疊，從前述第三章之介紹可知，由於區塊鏈技術其係高度安全性，以及其於高可信時間戳記之效用，其現於如交易、保險、醫療、音樂、藝術，以及金融等，各式之平臺皆可有所顯著貢獻，進步言之，此亦可與前曾述及之區塊鏈 3.0 時代，互相的為比較之。[1194]

　　同時，關於前揭電子時間戳記，究伊之應用亦係可以參照到前述研修館(INPIT)之網站[1195]，可觀，其係針對關於該電子時間戳記，伊之服務諸式面向而為提及，可查，其亦係可以應用在各智財方向，如「專利」、「商標」以及「營業秘密」之諸訴訟中[1196]，而在該系爭營業祕密被洩漏之狀況下[1197]，可見，該營業秘密之所有人即係可以前述該系爭之電子時間戳記，進以證明該

---

tradesecret/ts/ts_day.html (最後瀏覽日：02/17/2020)

[1192] 補充言之，關於日本信託服務論壇之相關介紹，可以參見 Japan Trust Service Forum 網站，網頁：https://www.dekyo.or.jp/tsf/ (最後瀏覽日：02/17/2020)

[1193] 補充言之，關於日本電子簽名相關之法律介紹，可以參見日本總務省網站，〈電子署名及び認証業務に関する法律の施行（電子署名法）〉，網頁：https://www.soumu.go.jp/main_sosiki/joho_tsusin/top/ninshou-law/law-index_e.html (最後瀏覽日：02/17/2020)

[1194] 參見陳昱宏，前揭註 1171。

[1195] 補充言之，關於 INPIT 所提供之時間戳存儲服務，可以參見 INPIT 網站，網頁：https://www.tss.inpit.go.jp/web/tssa01/sctssz990101 (最後瀏覽日：02/17/2020)

[1196] 補充言之，關於 INPIT 支持案例之相關介紹，可以參見 INPIT 網站，網頁：https://faq.inpit.go.jp/tradesecret/service/jirei.html (最後瀏覽日：02/17/2020)

[1197] 補充言之，關於 INPIT 所提供之營業秘密諮詢窗口相關介紹，可以參見 INPIT 的相談支援窗口網站，〈「営業秘密・知財戦略相談窓口～営業秘密 110 番～」のサービス概要〉，網頁：https://www.inpit.go.jp/katsuyo/tradesecret/madoguchi.html (最後瀏覽日：02/17/2020)

系爭所遭到洩漏之證據，伊在某特定時點前已確係被其所「保有」之事實[1198]，然而在該系爭電子時戳制度發展下[1199]，其之缺點即係具有該數位電子，伊所謂「時戳憑證」為滅失或毀損等之風險，對此前述「INPIT」所提供地「電子時戳保管制度」，伊係可以一定程度地降低該前述該系爭電子時戳憑證，就伊滅失上之風險，而進使該系爭憑證使用者，伊能得於特定期間內為進行相關之「備份」。[1200]然不可諱言地，參照日本所推行之電子時間戳記存證服務，雖然我國早些年係有關於推行時間戳記於營業秘密保護應用上之討論，然經法學資料庫檢索後發現已無下文，實為可惜，而若需另外以 2021 視角補充言之，則即可見，前述該電子時戳保管制度，亦係有一定程度的可參考性，吾人可知，雖然現區塊鏈技術可謂是最安全地保管該系爭資訊之科技，然其亦有風險之存在，此即前述曾提及之該私鑰丟失情事，如若該系爭使用者伊無對該資訊保管妥善，則即尚無解方可供因應，而對此亦可參前些時候，新聞所曾提及的，一位區塊鏈使用者因其無妥善地保管其之私鑰，而在伊紀錄之隨身碟為丟失之後，嗣可能遭受到伊投資上之上億金額之損失，是故，關於保管此一議題，仍即有一定程度的重要性。[1201]

　　目前，就營業秘密與電子時戳之交錯，吾人可知，我國營業秘密侵害案件數量係屬可觀[1202]，屢屢皆係動搖國本之事例在案，對此亦可以參見本文第

[1198] 補充言之，關於 INPIT 對於營業秘密管理之相關解答與建議，可以參見 INPIT 網站，網頁：https://faq.inpit.go.jp/tradesecret/faq/kanri.html（最後瀏覽日：02/17/2020）同時亦可參見同網站對於營業秘密管理及洩漏防範之相關答覆，網頁：https://faq.inpit.go.jp/tradesecret/faq/leakage.html（最後瀏覽日：02/17/2020）

[1199] 補充言之，關於時間戳記、認證，以及電子簽名之應用及作用之相關介紹，可以參見總務省所編之「電子署名・認証・タイムスタンプ その役割と活用」，電子檔參見：https://www.soumu.go.jp/main_sosiki/joho_tsusin/top/ninshou-law/pdf/090611_1.pdf（最後瀏覽日：02/17/2020）

[1200] 參見陳昱宏，前揭註 1171。

[1201] 以電子時間戳記為關鍵字檢索華藝線上圖書館、法源法律網、月旦法學知識庫均不見我國對於電子時間戳記制度之推行或設置，此外亦可參見本節下一部分，關於實務上電子時間戳記判決之檢索之相關討論，而由此可知我國對於電子時間戳記制度之推行似待繼續加強。

[1202] 補充言之，關於營業秘密侵害於法院之審理實務統計，可以參見智慧財產法院網站，〈營業秘密訴訟事件(案件)之審理情形〉，電子檔參見：https://ipc.judicial.gov.tw/ipr_internet/doc/Statistics/10801-23.pdf（最後瀏覽日：02/17/2020）

二章關於營業秘密侵害案件之介紹[1203]，可查，關於系爭營業秘密究竟必須如何為保護，在現如今已是國安層級之問題，雖然該營業秘密訴訟之當事人，伊於該營業秘密訴訟具爭執時，就兩造所提出之各式文件及資料上舉證，其確係屬於我國法上之營業秘密與否，此係法院認定上之問題，然若該系爭營業秘密所有人能於伊為製作及研發該系爭營業秘密之時，對其相關之文件以及各電子文書等資料，能進行前揭所謂「分層授權」之管理，同時按前揭所論及之「電子時間戳記」作確時附加[1204]，此舉至少能在其之營業秘密訴訟中，得證明到該系爭營業秘密之所有人，其於主觀上實係具有保護該系爭營業秘密之意思，進以供該系爭法院為參考之。[1205]

惟我國關於前述電子時戳之認定，伊並無主管機關為負責，相關智慧財產權之諸憑證機構，伊之法源層次之依據亦有所不明之處，可見，我國於數位證據或稱數位電子證據之發展似已稍嫌地緩慢，此點即是我國需要立即檢討的重點。[1206]

反觀，前揭電子時間戳記制度，在國際上係已行之有年[1207]，如若我國能夠妥善地引入相關之制度，將能對我國智慧財產權保護上提供到新的思維，

[1203] 請參本文前揭第二章關於營業秘密侵害之相關介紹。

[1204] 補充言之，關於營業秘密之管理方式可以參見本文第二章以及第三章之相關介紹。

[1205] 參見陳昱宏，前揭註 1171。作者指出，關於系爭標的是否為營業秘密雖係法院認定之範疇，然營業秘密所有人如對之預先設置文件分類以及時間戳記之附加，此舉在訴訟中可以證明系爭營業秘密所有人對於該標的係具主觀上保護之意思。

[1206] 補充言之，若以時間戳記為關鍵字查詢法規資料庫網站，網頁：https://reurl.cc/5ge39n（最後瀏覽日：02/18/2020）由上其於可知於法律、法規命令、行政規則、地方法規、法規草案，以及大法官解釋等均無資料，唯一有提到關於時間戳記的僅有期貨商管理規則、期貨經紀商管理規則、電子支付機構資訊系統標準及安全控管作業基準辦法，以及電子票證應用安全強度準則，然期貨經紀商管理規則已遭廢止，其餘三者亦僅淺淺提及時間戳記，如期貨商管理規則第 55 條 13 款之「擅改買賣委託書、買賣報告書或其他單據上之時間戳記。」；電子支付機構資訊系統標準及安全控管作業基準辦法第 9 條第 4 款之「訊息不可重複性：應採用序號、一次性亂數、時間戳記等機制產生。」、同辦法第 10 條第 1 項第 5 款之「應設計於使用者進行身分確認與交易機制時，須採用一次性亂數或時間戳記，以防止重送攻擊。」；電子票證應用安全強度準則第 9 條第 6 項第 1 款第 5 點之「應設計於持卡人進行身分確認與交易機制時，須採用一次性亂數或時間戳記，以防止重送攻擊。」

[1207] 可以參見前揭電子時間戳記之相關介紹。

又此處值得吾人思考的是，現如今科技之進步已實係不可同日而語之[1208]，綜觀，目前使用前揭區塊鏈技術而進行該存證，此除了係具備高度可信性以及安全性外，正如前述，其即亦具備到該電子時間戳記之功能，且優點上，該區塊鏈系統實具有不需要前揭第三方中介之特性，而在此揭技術性能之比較下，前述日本所推行的電子時戳制度，即似可以現區塊鏈技術而來進行相關革新進步之，此點也是本文欲指出且強調的該區塊鏈特性之優勢。[1209]

　　綜之，前述區塊鏈體系係能夠實現到「技術自證」，以及其亦具備本文第三章所介紹之諸優點[1210]，目前似應在我國透過政府進行評估後，建立到相關區塊鏈證據制度，可參如北京互聯網法院及杭州互聯網法院等，伊行之有年之區塊鏈存證制度。[1211]又關於該區塊鏈證據則係涉及法律規範制度之完備，此即有賴政府相關機關等，伊對之進行妥適地評估考量，同時亦須思考究是否可以透過公聽會或研討會之多次舉行以來廣納資訊，進而對相關區塊鏈制度之確立而為制定，進以利法律與科技一同穩健進步之。[1212]

3.時間戳記與法院判決

　　以下進入關於時間戳記與實務之分析，由前可知，就該系爭時間戳的使用係可以解決到前述當事人，伊關於維護其權利上的問題[1213]，又此觀察中國

[1208] 補充言之，關於科技之重大政策方向，可以參見科技部網站，網頁：https://reurl.cc/A1x9EE (最後瀏覽日：02/18/2020)

[1209] 補充言之，關於時間戳記與區塊鏈之不可竄改性之相關討論，可以參見鏈聞網站，〈為什麼時間戳會成為區塊鏈不可篡改的重要條件？〉，網頁：https://www.chainnews.com/zh-hant/articles/528240183491.htm (最後瀏覽日：02/17/2020)

[1210] 請參本文前揭第三章關於區塊鏈特性之介紹。

[1211] 補充言之，關於區塊鏈存證之發展，以及區塊鏈電子證據平臺之適用，及相關法制規範等面向，可以參見新浪新聞網站，網頁：https://news.sina.com.tw/article/20200123/34068280.html (最後瀏覽日：02/17/2020)

[1212] 請參金融監督管理委員會網站，〈金管會召開「研商證券型代幣發行監理規範座談會」〉，網頁：https://reurl.cc/75kLN (最後瀏覽日：08/05/2019) 由該新聞稿可知我國對於區塊鏈議題是有所關注，然其多係注重於 STO 亦即證券型代幣之面向，而我國目前對於區塊鏈之存證面向之探討則未引發如數位貨幣面之廣大討論。

[1213] 補充言之，關於授時中心之科研成果，可以參見中國科學院國家授時中心網站，網頁：http://www.ntsc.ac.cn/kycg/ (最後瀏覽日：02/19/2020)

訴訟實務即可知[1214]，在現數位電子證據已係成為主流之情事下[1215]，該法院由於前揭數位電子證據，究伊之「不穩定性」，以及關於到前揭數位證據之諸式不利特性，其遂在伊審理面之層次上，係遭受到可觀地難題[1216]，然而現隨著所謂「可信時間戳記」的推出[1217]，可觀，其係可以提供到較「可信」且「精準」之該「第三方時間戳記服務」[1218]，其後，經過為期三年的發展，該時間戳記之應用上係已在如「淘寶」[1219]等之網站，於伊之用戶使用數量而為大幅地上升，此可見知，中國對於可信時間戳記之發展係屬於十分快速[1220]，同時，亦可觀察到該深圳市之「人民法院」[1221]與「國家授時中心」[1222]之合作案，其係建立到了全中國第一個由法院所認可之「可信時間戳電子證據系統」，進步觀之，其係透過前述該時間戳已將系爭之訴訟，伊所涉之數位電子證據，而進為所謂地「固化」，查其功效可知，伊即對為降低了該訴訟當事人，對於伊所「維權取證」上之難度，若需補充言之，則可見觀於可信時間戳記，此在日本、韓國，以及中國等皆有所助益，而以現 2021 視角觀之，由於區塊

[1214] 補充言之，關於審判信息之公開，可以參見中國審判流程信息公開網網站，網頁：https://splcgk. court.gov.cn/gzfwww/ (最後瀏覽日：02/20/2020)

[1215] 補充言之，關於互聯網授時之相關資訊，可以參見 TIME.AC.CN 網站，網頁：http://www.time.ac.cn/ Service/003/174.html (最後瀏覽日：02/19/2020)

[1216] 補充言之，關於數位證據之法制相關發展，可以參見中華人民共和國最高人民法院網站，〈最高人民法院關於修改《關於民事訴訟證據的若干規定》的決定〉，網頁：http://www.court.gov.cn/ zixun-xiangqing-212711.html (最後瀏覽日：02/20/2020)

[1217] 補充言之，關於授時方法之相關資訊，可以參見中國科學院國家授時中心網站，網頁：http://www.ntsc.ac.cn/jgsz/kybm/ssffyjs/ (最後瀏覽日：02/19/2020)

[1218] 補充言之，關於可信時間戳系統之相關介紹，可以參見深圳市知識產權聯合會網站，〈TSA 可信時間戳電子證據固化系統介紹〉，網頁：http://www.szipa.org.cn/nshow-290.html (最後瀏覽日：02/19/2020)

[1219] 請參淘寶網網站，網頁：https://reurl.cc/KN0gj (最後瀏覽日：08/05/2019) 該網站指出，淘寶網係為中國廣受歡迎之商品網路購物平臺，目前註冊於其中之用戶高達5億，每日固定上站人次為6000萬，而每分鐘售出之商品數約為5萬件。

[1220] 補充言之，關於時間戳記服務之提供及相關介紹，可以參見聯合信任時間戳服務中心網站，網頁：https://www.tsa.cn/ (最後瀏覽日：02/19/2020)

[1221] 請參深圳市中級人民法院網站，網頁：https://www.szcourt.gov.cn/ (最後瀏覽日：08/05/2019)

[1222] 請參中國科學院國家授時中心網站，網頁：http://www.ntsc.ac.cn/ (最後瀏覽日：08/05/2019)

鏈體系具有高可信之時間戳,其即可與上述之觀念為進一步的運用之。[1223]

不可諱言地,相較於對岸對於數位電子證據法制,以及實務之快速發展[1224],我方實務對於前述之電子時間戳記,抑或是可信時間戳之判決,實係甚為之稀少,此若以「電子時間戳記」為關鍵字而檢索我國司法判決,結果顯示為0;而以「可信時間戳記」為關鍵字檢索,結果顯示亦為0;若以「時間戳記」為關鍵字檢索,民事判決有計有 16 件、刑事判決計有 66 件、行政判決計有 5 件,此雖以時間戳記為關鍵字查詢,看似有所豐富地判決可以參考,然其多係非前述之電子時間戳記,而係多為如監訴狀收執之時間戳記、或告訴狀上之收文時間戳記,抑或買賣報告書,以及其他單據上之時間戳記,及刑事自訴狀本院之收文時間戳記等。[1225]

由上,若欲了解我國實務對於前述數位電子時間戳記之態度,本文擬就我國判決實務中,伊極少數涉及電子時間戳記之判決作相關舉例地介紹。[1226]

對此可參智慧財產法院 102 年度民著上字第 13 號判決,判決原文係指出:「雅虎公司[1227]及科高公司[1228]均為世界知名網路公司,就網頁郵件之儲存、管理及時間戳記當有相當公信力,幾無被篡改之可能,足認上訴人於 94 年 4 月 1 日任職於華文網公司之前,系爭著作之一部已然存在。」[1229]亦可參智慧財產法院 101 年度民專訴字第 119 號判決:「被證 3-3 為 Kinetic Case 於 2010

[1223] 請參中國科學院國家授時中心,〈時間戳成為電子證據〉,電子檔參見:https://reurl.cc/VdnVy(最後瀏覽日:07/08/2019)

[1224] 請參本章前揭對於數位證據發展之相關介紹。

[1225] 請參我國司法院資料查詢系統網站,網頁:https://www.judicial.gov.tw/lab3.asp(最後瀏覽日:07/17/2019)

[1226] 民事層面可以參見智慧財產法院 102 年度民著上字第 13 號判決,以及智慧財產法院 101 年度民專訴字第 119 號判決;刑事層面可以參見最高法院 100 年度臺上字第 96 號判決。

[1227] 請參 YAHOO!奇摩網站,網頁:https://tw.yahoo.com/(最後瀏覽日:08/05/2019)

[1228] 請參 Google 美商科高公司網站,網頁:https://about.google/intl/zh-TW_tw/our-story/(最後瀏覽日:08/05/2019)科高公司也就是廣為人知的 Google,其經營理念係為持續尋求最好的答案,而目前世界使用 Google 的人數已達數十億,而該公司旗下產品包含 Youtube、Android 以及 Smartbox 等,該公司不但規模龐大發展亦十分迅速,其係為國際間盛名卓著之公司。

[1229] 請參智慧財產法院 102 年度民著上字第 13 號判決。

年 12 月 6 日上傳於 Youtube[1230]標題為『How to install the Kinetic Case 』之影片，上傳完成後由 YouTube 網站自動加註上傳的時間戳記為 2010 年 12 月 6 日，應可推定該上傳時間點為真正，另於 YouTube 網站以『How to install the Kinetic Case』檢索亦可顯示標題為『How to install the Kinetic Case』之影片並觀看等情，業經本院於 102 年 1 月 8 日當庭勘驗屬實，並作成勘驗光碟可證足認該影片上傳時影片提供者將該影片隱私權設定為公開，且該影片亦未遭 YouTube 網站移除，是被證 3-3 於 2010 年 12 月 6 日所揭露之資訊得被認定能為公眾得知者，係早於系爭專利申請日，可為系爭專利相關之先前技術。」[1231]

由上述我國實務判決吾人可知，法院對於該時間戳記，伊可信性上之認定標準，係由該提供到系爭時間戳記之公司或機關，伊究是否可信而進為判斷，若該系爭時間戳記係由如上述兩判之公司雅虎、科高及 Youtube 等，則法院對其所生成之時間戳記，伊之可信性認定即為上升之，此若需補充言之，則本文以為關於該時間戳記究是否可信，如能參照到前述中國或是美國係具有到較具體的認定標準，諸如區塊鏈信息服務管理規定，以及區塊鏈證據使用規則等，則將能更為妥善的斷定該數位電子時間戳記，伊之可信性層次，同時，關於區塊鏈體系之高可信時間戳之重要性，亦須注意之。[1232]

刑事判決的部分可以參照最高法院 100 年度臺上字第 96 號判決，判決原文指出：「宜蘭縣調查站亦同時函以：本案雖無法藉由調閱網路連線資料而鑑別郵件檔頭是否有遭竄改，惟仍可利用三方合約書電子檔之檔案屬性、Metadata[1233]等資料搜尋、分析、比對，輔以檔案之時間戳記，將檔案間關連

[1230] 請參 Youtube 網站，網頁：https://www.youtube.com/intl/zh-TW/yt/about/ (最後瀏覽日：08/05/2019) 該網站指出，Youtube 之理念係為賦予世界上每一個人具發聲之機會，而其核心宗旨可從四大面向觀之，分別係為自由表達意見、自由取的資訊、自由選擇成功途徑以及自由加入社群。其相信透過大眾之積極發聲以及人民間之互相傾聽，世界會變得更加美好。

[1231] 請參智慧財產法院 101 年度民專訴字第 119 號判決。

[1232] 參見智慧財產法院 102 年度民著上字第 13 號判決，以及智慧財產法院 101 年度民專訴字第 119 號判決。

[1233] 請參國家教育研究院網站，網頁：http://terms.naer.edu.tw/detail/1679224/?index=6 (最後瀏覽日：08/05/2019) 由該雙語詞彙以及學術名詞資訊網查詢可知，所謂 Metadata 係指後設資料或稱元資料，其字面之意思係指「有關資料之資料」，現今多譯為詮釋資料，而其功能係為描述各式資源

性加以連接，可重建出檔案產生流程等語。而依該鑑定之『原始建立時間』、『上次儲存時間』加以觀察可知：陳志成傳送予靖天公司之『MOD 頻道契約書.pdf 』此份文件應為修改前 『931129-合約書-阿 sir-MOD 頻道契約書.doc』檔而得，而三方合約書則係修改前『MOD 頻道契約書.pdf 』而得，據此可知並無遭竄改之情。」[1234]由上可知，本案是最高法院判決唯一提及電子時間戳記之判決，而本案法院係透過鑑定之方法而判斷該系爭電子檔之時間戳記可信，進而確立系爭契約書未遭竄改，此若需補充言之，則吾人可知，正如前述數位鑑識的成本實屬高昂，如若現今對於區塊鏈技術之重視能為提升，以及關注其高可信時間戳之功效，則對於訴訟上成本之減輕以及效率，將可謂有顯著幫助。[1235]

　　綜合上述本節介紹之判決可知[1236]，雖然我國關於電子時間戳記之判決以及實務應用並不豐，但電子時間戳記於實務上之助益，伊係可以幫助法院建立其之心證[1237]，進而得確立該系爭檔案確未遭竄改，抑或確立該系爭專利究是否為先前技術，等之時間點而判斷，惟就該可信時間戳之發展，在我國仍舊值得觀察，同時我國相關機關仍似應盡速地對於該系爭數位證據，伊之於我國證據法上之適用作出明確之規範，方屬妥適。[1238]

4.區塊鏈存證平臺效力

　　以下進入關於區塊鏈存證平臺效力的分析，吾人可查，若以「區塊鏈存證平臺」為關鍵字搜尋我國司法院判決檢索系統，則在民事、刑事以及行政判決檢索結果皆為 0 則；以「區塊鏈存證」為關鍵字檢索之，在我國民事、刑事以及行政判決結果依然為 0 則；以「存證平臺」為關鍵字搜尋我國民事、

之屬性，以確保人與機器間之妥善溝通或係執行任務等。

[1234] 請參最高法院 100 年度臺上字第 96 號判決。

[1235] 參見最高法院，前揭註 1234。

[1236] 參見智慧財產法院 102 年度民著上字第 13 號判決、智慧財產法院 101 年度民專訴字第 119 號判決，以及最高法院 100 年度臺上字第 96 號判決。

[1237] 參見陳昱宏，前揭註 1171。

[1238] 關於對我國區塊鏈證據之相關立法建議，請參以下本章第二節第五項第八款之介紹。

刑事以及行政判決依然是 0 則；然若以「存證」為關鍵字搜尋我國判決雖然資料豐富，惟仔細檢閱則發現多係存證信函之相關判決，此點在我國民事、刑事以及行政判決皆然。[1239]

由上觀之，係可以發現我國目前關於區塊鏈存證實具有兩大問題[1240]，第一是我國民間雖然已出現許多區塊鏈存證平臺[1241]，然該系爭區塊鏈存證效力，於我國實務上，尚未有判決產生[1242]，基此，究區塊鏈存證之效力應當如何判斷即成問題；其二是我國長年來對於數位證據之學理，或是實務之發展皆似過於緩慢，此關於數位電子證據之認定，以及相關證據規則上，甚至皆沒有於該法規中為明確地規範，更遑論現關於區塊鏈證據，伊之證據程序等之規範，而此點在中國或是美國等，對於該區塊鏈數位電子證據之規範，以及該程序適用之標準皆已有所訂立[1243]，此點似是我國需要密切對為注意之處。[1244]

進步言之，雖然我國目前並無對於該系爭區塊鏈存證，伊究應當如何判斷其效力之相關判斷準則，然對此係可以參照於該區塊鏈存證發展，已經行之有年之杭州互聯網法院，及現北京互聯網法院之經驗，細部觀察其於之區塊鏈存證上之效力，究應當如何對為判斷，而為借鏡與比較。[1245]

[1239] 請參我國司法院法學資料檢索系統網站，網頁：https://law.judicial.gov.tw/FJUD/default.aspx (最後瀏覽日：07/17/2019)

[1240] 參見司法院法學資料檢索系統網站，前揭註 1239。

[1241] 關於區塊鏈相關服務之提供，民間面可以參見 BIP 智權區塊鏈、奧丁丁區塊鏈，以及區塊鏈存證王等；政府面可以觀察司法院新建立之「區塊鏈電子訴訟文書服務平臺」，以及法務部對於區塊鏈數位證據之研究，及法務部新創立之以「律師查詢系統」等。

[1242] 參見司法院法學資料檢索系統網站，前揭註 1239。

[1243] 可以參見區塊鏈信息服務管理規定、最高人民法院關於互聯網法院審理案件若干問題的規定；聯邦證據規則第 901 條、902 條，佛蒙特州法第 1913 條等相關規定。

[1244] 請參全國法規資料庫網站，網頁：https://reurl.cc/e0qZL (最後瀏覽日：07/17/2019)

[1245] 補充言之，關於北京互聯網法院司法區塊鏈之天平鏈相關介紹，可以參見法安網網站，網頁：http://m.faanw.com/zhihuifayuan/1770.html (最後瀏覽日：02/19/2020) 同時由法安網吾人亦可知悉，天平鏈之運作係由「三規」所支持，其分別係為「北京互聯網法院天平鏈接入與管理規範」、「天平鏈應用接入技術規範」，以及「天平鏈應用接入管理規範」。如政府未來欲建立如天平鏈之司法聯盟區塊鏈，或可參照其已行之有年之制度面、行政面，以及審理面之相關規範，進而探

　　對此，具體即可以參照到本章先前所介紹之「杭州互聯網法院案」[1246]，而查該案特殊之處，可見知，伊除了實係中國第一次對於該區塊鏈數位電子存證之法律效力，伊進行到論述而認定之案件外[1247]，該案亦已入選到杭州互聯網法院，伊所發布之「2018 年智慧財產權十大典型案例」[1248]，由上可見，該案於中國區塊鏈數位電子存證之法律效力，伊之實際「影響力」[1249]，若要簡要回顧該案係究如何對於該區塊鏈存證之法律效力，以為認定而供參考[1250]，則即可以從前述四項次之審查要素，而以來判斷該系爭區塊鏈數位電子存證之效力，可查，伊分別是其一之「電子證據來源之真實性」、其二之「電子數據儲存之可靠性」、其三之「電子數據內容之完整性」，以及最後其四之「電子證據間的關聯性」。[1251]

　　由上可觀，前揭第一項係與該區塊鏈存證平臺相關，後三項則係與區塊

討應如何對區塊鏈存證為合適之治理以及管理。關於天平鏈存證之第一案，可以參見請參黃玲麗 (2019)，〈北京互聯網法院採用「天平鏈」証據判決首案出爐〉，載於人民網網站，電子檔參見：http://blockchain.people.com.cn/BIG5/n1/2019/0412/c417685-31027667.html （最後瀏覽日：02/19/2020) 亦可參見新浪新聞網站，〈北京互聯網法院使用區塊鏈技術，跨鏈存證數據量達上億條〉，網頁：https://news.sina.com.tw/article/20191202/33520118.html (最後瀏覽日：02/19/2020) 關於互聯網法院設立之起源，可以參見中華人民共和國國家互聯網信息辦公室網站，〈為什麼全球第一家互聯網法院誕生在中國？〉，網頁：http://www.cac.gov.cn/2019-11/04/c_1574400776656841.htm (最後瀏覽日：02/19/2020)

[1246] 請參杭州互聯網法院 2018 年度浙 0192 民初 81 號判決。

[1247] 補充言之，關於法院對區塊鏈存證之審理脈絡，可以參見杭州互聯網法院 2018 年度浙 0192 民初字第 81 號判決，其以四個面向來判斷該區塊鏈存證是否可信，分別係從區塊鏈之「法律性質」、「存證平臺資格審查」、「取證手段審查」，以及「可信度審查」為綜合判斷。

[1248] 請參中國知識產權雜誌官方網站，網頁：http://www.chinaipmagazine.com/Topics/InfoShow.asp?56-2510.html (最後瀏覽日：08/05/2019)

[1249] 補充言之，截至 2019 年中國法院實務操信區塊鏈存證之證據案例，可以參見史明洲(2019)，〈區塊鏈時代的民事司法〉，《東方法學》，3 期，頁 113。亦可參見郭鎧源，前揭註 728，頁 61。此外亦可參見陳新，前揭註 788，頁 215。作者指出前述北京市東城區人民法院 2018 年民初字第 3538 號判決，由第三方存證平臺提供之基於區塊鏈的電子證據獲法院採納。

[1250] 補充言之，關於杭州互聯網案之相關介紹，可以參見崔夢雪(2019)，〈區塊鏈電子存證的證據法價值分析——以杭州信息網絡傳播權糾紛案為例〉，《無線互聯科技》，10 期，頁 149-150。

[1251] 鏈證經濟(2019)，〈什麼樣的區塊鏈存證具有法律效力？杭州網際網路法院給出四要素〉，載於區塊塊 QKKFORUM 網站：https://reurl.cc/E9LYg (最後瀏覽日：07/08/2019)

鏈技術相關之，又關於後三者之介紹亦可以參照本章第二節關於區塊鏈證據之介紹[1252]，同時，在審查系爭數位電子證據之來源，就伊之真實性時，此觀該案互聯網法院之認定上[1253]，係由於到該案系爭之第三方存證平臺，伊實係設置在一般常用之所謂「阿里雲」伺服器中[1254]，且查該系爭之第三方之存證平臺，伊已係獲所謂地「網站安全一級認證證書」[1255]，由此以觀，該系爭互聯網法院即對之認為該系爭網站，伊係是可被認定為具備到「安全」地生成該系爭數位電子「數據」，伊之環境。[1256]

　　亦如前述，若從技術觀點出發，則吾人可知，該系爭第三方存證平臺，伊係採用前揭該系爭之「puppeteer」，以及「curl」等程式，以來對其揭該系爭侵權網頁，嗣進行到所謂「抓取」，以及前揭所謂地「源代碼識別」，又上述程式實係已具系爭「公開性」，以及所謂地「普遍適當性」，並且可查，前述該系爭之「取證」以及為「固證」之程序，就伊之進行地「過程」中[1257]，係即是由該「預先」設定之電腦程式而來為之「自動完成」，是故，前述該系爭之取證及固證等諸流程，伊遭受到人為竄改之可能性係為極低[1258]，由此，伊就系爭數位電子數據之生成，就其來源上之「可信度」，伊即係被系爭法院認定為較高[1259]，其次，查伊審查之關於數位電子數據儲存之「可靠性」等層次，亦如前述，法院係對之認為到該區塊鏈體系，伊是相對其他之技術而言，較得為可靠之保持該系爭數位數據，於伊「內容」上完整之技術。[1260]

[1252] 請參本章第二節關於區塊鏈證據之相關介紹。

[1253] 補充言之，關於杭州互聯網案之裁判要旨，可以參見崔夢雪，前揭註 1250，頁 150。

[1254] 補充言之，關於阿里雲之相關介紹，可以參見阿里雲網站，網頁：https://cn.aliyun.com/（最後瀏覽日：02/19/2020）

[1255] 補充言之，關於網絡安全認證之相關資訊，可以參見中國網絡安全審查技術與認證中心網站，網頁：http://www.isccc.gov.cn/（最後瀏覽日：02/19/2020）

[1256] 參見鏈證經濟，前揭註 1251。

[1257] 補充言之，關於杭州互聯網案之事實脈絡，可以參見崔夢雪，前揭註 1250，頁 149。

[1258] 參見鏈證經濟，前揭註 1251。

[1259] 補充言之，關於杭州互聯網案之案件價值，可以參見崔夢雪，前揭註 1250，頁 150。

[1260] 參見鏈證經濟，前揭註 1251。

綜上，杭州互聯網法院於該案中係認定到，該區塊鏈數位電子證據，伊確係能夠有效的證明該系爭侵權之「事實」[1261]，而由上述杭州互聯網法院一案之簡要回顧，吾人即可知，若要審查我國區塊鏈存證平臺伊之法律效力，在我國現尚未有明確地關於區塊鏈或是數位電子證據之規範，以及就學理上之討論時，其係可以作為參考之判斷依據，亦即可以藉由以下四項次審查要素，如其一之「電子證據來源之真實性」、其二之「電子數據儲存之可靠性」、其三之「電子數據內容之完整性」，以及最後其四之「電子證據間的關聯性」，而進來對該區塊鏈數位電子存證平臺，進行具體地審查以及檢驗其於區塊鏈存證上之效力。[1262]

5.區塊鏈與營業秘密舉證責任之降低

(1)我國法律規範

關於區塊鏈與營業秘密舉證責任之降低，若先從根源上觀察，則吾人可知，按我國民事訴訟法係可見知[1263]，凡係可以使該系爭「審判法院」，伊認定該系爭之當事人，究伊所舉證之「事實」，或是其特定之「法則」等，其確係為真之諸「外部原因」，則其實係皆屬該系爭之證據，又法院對於該系爭證據上之認定，係可以對分為兩大項次，此可查，其一係屬「實質證據主義」，以及其二之「形式證據主義」[1264]，可觀，前者係指該當事人係以該系爭之證據，而進對於該系爭之事實，而嗣證明其究是否確為真[1265]，又該系爭

[1261] 補充言之，關於杭州互聯網案法院之判斷，可以參見崔夢雪，前揭註 1250，頁 149-150。

[1262] 請參杭州互聯網法院 2018 年度浙 0192 民初字第 81 號判決。

[1263] 補充言之，關於民事訴訟法、民事訴訟法施行法，以及民事訴訟法關於簡易程序部分施行後應行注意事項等，相關資訊可以參見法源法律網網站，網頁：https://db.lawbank.com.tw/FLAW/FLAWQRY02.aspx (最後瀏覽日：02/20/2020)

[1264] 葉雪鵬(2010)，〈民事訴訟的舉證責任〉，載於法務部暨所屬機關網站：https://reurl.cc/lxAvq (最後瀏覽日：08/05/2019)

[1265] 補充言之，關於實質之證據力，以及形式之證據力實務見解，可以參見最高法院 108 年度臺上字第 644 號判決。判決原文指出：「又當事人提出之私文書必須真正而無瑕疵者，始有訴訟法之形式之證據力，此形式之證據力具備後，法院就其中之記載調查其是否與系爭事項有關，始有實質之證據力之可言。」

事實伊係經「事實審」之法院為調查後[1266]，係以該系爭法院伊前述之「自由心證」，而來判斷該系爭證據伊之「證據證明力」[1267]，同時，該自由證明此之正如前述，係受前揭之「經驗法則」[1268]，以及該「論理法則」[1269]之拘束[1270]；此外，後者則係指凡是可以作為該系爭證據者，其尚係須具備到前述所謂「法定」之方式，嗣該系爭法院才方得進而以之作為到伊判決上之「基礎」。[1271]

此外，按我國民事訴訟法第 222 條第 1 項之規定用字：「法院為判決時，應斟酌全辯論意旨及調查證據之結果，依自由心證判斷事實之真偽。但別有規定者，不在此限。」[1272]即可見知，我國係採所謂地「實質證據主義」[1273]，

[1266] 補充言之，關於事實審與法律審之相關介紹，可以參見中華百科全書網站，網頁：http://ap6.pccu.edu.tw/Encyclopedia/data.asp?id=1659 (最後瀏覽日：02/20/2020)

[1267] 補充言之，關於證據證明力之相關實務見解，可以參見最高法院 108 年度臺上字第 647 號判決。判決原文指出：「又法院認定事實憑證據，證據之證明力固由法院依其自由心證斷定之，惟其認定須合於論理法則與經驗法則，如與卷內資料不符者，其事實之認定即屬違背法令。」

[1268] 補充言之，關於經驗法則之實務見解，可以參見高等法院 107 年度再易字第 48 號判決。判決原文指出：「惟按經驗法則係指由社會生活累積的經驗歸納所得之法則而言，凡日常生活所得之通常經驗及基於專門知識所得之特別經驗均屬之。」

[1269] 補充言之，關於論理法則之實務見解，可以參見高等法院臺中分院 102 年度再易字第 30 號判決。判決原文指出：「所謂論理法則係指理則上當然之法則。」

[1270] 補充言之，關於經驗法則以及論理法則之實務見解，可以參見高等法院 96 年度再易字第 68 號判決。判決原文指出：「二審判決有應於審判期日應調查之證據而未予調查之判決違背法令事由，按證據之證明力雖屬法院自由判斷之職權，惟其所為之判斷，仍應受經驗法則與論理法則之支配，而所謂經驗法則係指吾人基於日常經驗所得之定則，並非個人主觀上之推測，故倘證據本身存有瑕疵或對於待證事實不足以供證明之資料，而事實審法院仍採為判決基礎，則其自由判斷之職權行使，即不得謂非逾越範圍，判決自難謂無違背法令，最高法院 53 年臺上字第 2067 號、31 年上字第 1312 號、30 年上字第 1152 號分別著有判例可稽。又事實審法院應予調查之證據，不以當事人聲請者為限，對於案內一切證據，除認為不必要者外，凡與待證事實有關之證據，均應依職權調查，方是發現事實，否則仍難謂無刑事訴訟法第 373 條第 10 款依法應於審判期日調查之證據而未予調查之違背法令。」

[1271] 參見葉雪鵬，前揭註 1264。

[1272] 請參民事訴訟法第 222 條：「法院為判決時，應斟酌全辯論意旨及調查證據之結果，依自由心證判斷事實之真偽。但別有規定者，不在此限。當事人已證明受有損害而不能證明其數額或證明顯有重大困難者，法院應審酌一切情況，依所得心證定其數額。法院依自由心證判斷事實之真偽，不得違背論理及經驗法則。得心證之理由，應記明於判決。」

[1273] 補充言之，關於民事訴訟法第 222 條第一項之實務見解，可以參見最高法院 108 年度臺上字第 638 號判決。判決原文指出：「按私文書應提出其原本，除民事訴訟法第 352 條第 2 項但書所定情形

而按同法第 277 條之規定用語：「當事人主張有利於己之事實者，就其事實
有舉證之責任。但法律別有規定，或依其情形顯失公平者，不在此限。」[1274]由
上可查，本條係即規範到了我國民事上該當事人伊之「舉證責任」。[1275]

又觀民事訴訟法第 277 條[1276]之內涵，可查，此係可以三方面為細部解釋
之[1277]，其一係所謂地「當事人主張有利於己之事實者，就其事實有舉證之責
任。」[1278]此係指，如若該當事人伊於該系爭之民事訴訟中，其提出該系爭之
主張，而此際，究該系爭主張實係對伊己身為有利，則此時點該當事人實係
必須對之提出到相關之證據，進以「佐證」己身之主張，此即例如，該原告
係欲訴被告而向己為系爭之「清償債務」，而此際由於前揭該「收回該系爭
債權」，常理言之，此即係可使該原告之財產而對為之增加，基此，其即實
係對於該原告為有利之主張，是故，原告此際即需按前揭本法第 277 條，而
提出系爭具體之證據，以證明到該被告確關於伊積欠該原告，於伊債務上之
事實[1279]，此如可進以提出該具體之系爭「借據」紙條，或是得以該借款之當
時，伊有為看見之該系爭特定人，進以伊為「人證」等方式，簡之，該系爭
當事人伊於訴訟中提出到，究所謂地「利己」之主張之際，伊即須負擔到相
關地「舉證」上之責任[1280]；又其二則係指本法如係有系爭「特別規定」之事

外，影本固不得作為文書證據，惟仍可將之視為該當事人關於事實陳述之訴訟資料，依民事訴訟
法第 222 條第 1 項規定，斟酌全辯論意旨及調查證據之結果，依自由心證判斷該事實之真偽。」

[1274] 請參民事訴訟法第 277 條：「當事人主張有利於己之事實者，就其事實有舉證之責任。但法律別
有規定，或依其情形顯失公平者，不在此限。」

[1275] 參見葉雪鵬，前揭註 1264。

[1276] 補充言之，關於民事訴訟法第 277 條之實務見解，可以參見最高法院 108 年度臺上字第 510 號判
決。

[1277] 參見葉雪鵬，前揭註 1264。

[1278] 參見民事訴訟法第 277 條。

[1279] 補充言之，關於民事訴訟法 277 條之實務見解，可以參見智慧財產法院 106 年度民專上字第 16
號判決。判決原文指出：「再按，當事人主張有利於己之事實者，就其事實有舉證之責任，民事
訴訟法第 277 條規定參照，上訴人主張被上訴人公司不當假扣押而構成民法第 148 條之權利濫
用，並侵害上訴人之權利，應依民法第 184 條侵權行為規定對上訴人負損害賠償責任，自應由上
訴人就各該法條之構成要件事實，負舉證之責。」

[1280] 參見葉雪鵬，前揭註 1264。

項，則該系爭當事人即不必對為「舉證」[1281]，此即如同法第 279 條第 1 項文
義：「當事人主張之事實，經他造於準備書狀內或言詞辯論時或在受命法官、
受託法官前自認者，無庸舉證。」[1282]伊關於所謂「自認」上之規定[1283]，或係
如同法第 280 條第 1 項文字：「當事人對於他造主張之事實，於言詞辯論時
不爭執者，視同自認。但因他項陳述可認為爭執者，不在此限。」[1284]伊關於
到「視同自認」之規定等[1285]；其三則係指如若該事實上實確係具有為舉證上
之困難，此在強要該系爭當事人以為舉證恐顯失「公平」，是故本法即將其
排除於前述該「舉證原則」之外，然此關於究是否「顯失公平」等，伊之認
定則係由該系爭法院而為認定之。[1286]

　　由上關於民事訴訟上舉證之簡要介紹[1287]，可以發現到，民事訴訟基本上
係屬於「私權」上所謂地「止爭」之程序，同時，民事訴訟其之原則係由「當
事人進行」之[1288]，是故，法院在其立場上即係並不為「積極」的介入該系爭
案件，然關於該系爭訴訟程序究能否符合到所謂地「程序正義」[1289]，該當事

[1281] 參見葉雪鵬，前揭註 1264。

[1282] 請參民事訴訟法第 279 條：「當事人主張之事實，經他造於準備書狀內或言詞辯論時或在受命法
官、受託法官前自認者，無庸舉證。當事人於自認有所附加或限制者，應否視有自認，由法院審
酌情形斷定之。自認之撤銷，除別有規定外，以自認人能證明與事實不符或經他造同意者，始得
為之。」

[1283] 補充言之，關於民事訴訟法第 279 條第 1 項之實務見解，可以參見智慧財產法院 103 年度民專訴
字第 11 號判決。

[1284] 請參民事訴訟法第 280 條：「當事人對於他造主張之事實，於言詞辯論時不爭執者，視同自認。
但因他項陳述可認為爭執者，不在此限。當事人對於他造主張之事實，為不知或不記憶之陳述者，
應否視同自認，由法院審酌情形斷定之。當事人對於他造主張之事實，已於相當時期受合法之通
知，而於言詞辯論期日不到場，亦未提出準備書狀爭執者，準用第一項之規定。但不到場之當事
人係依公示送達通知者，不在此限。」

[1285] 補充言之，關於民事訴訟法第 280 條第 1 項之實務見解，可以參見最高法院 107 年度臺上字第 2180
號判決。

[1286] 參見葉雪鵬，前揭註 1264。

[1287] 請參前揭關於民事訴訟法之相關介紹。

[1288] 補充言之，關於當事人進行主義之實務見解，可以參見最高法院 107 年度臺抗字第 865 號裁定之
相關論述。

[1289] 補充言之，關於程序正義之實務見解，可以參見高等法院 94 年度上易字第 243 號判決。

人對於伊舉證上責任實係不可不慎之，否則伊在訴訟中即有可能受到相對極
不利之影響，又若需補充言之，則關於區塊鏈與程序正義之討論，亦可參前
述中國區塊鏈信息服務管理規定、最高人民法院關於互聯網法院審理案件若
干問題的規定，以及美國佛蒙特州區塊鏈證據規則之立法實踐，以為細部觀
察之。[1290]

(2)最高法院於營業秘密舉證責任降低之闡釋

以下進入關於營業秘密舉證責任降低之分析，吾人可知，由於我國營業
秘密訴訟中，長久以來係存在到當事人舉證困難之根源問題[1291]，對此我國最
高法院於 106 年臺上字第 55 號民事判決中[1292]，伊對於營業秘密保護之該系爭
案件中[1293]，關於其於之舉證問題究應當如何地認定[1294]，係對之作出「降低舉
證責任」之見解。[1295]

又上述法院之判決原文為：「按『營業秘密侵害之事件，如當事人就其
主張營業秘密受侵害或有受侵害之虞之事實已釋明者，他造否認其主張時，
法院應定期命他造就其否認之理由為具體答辯』；『前項他造無正當理由，
逾期未答辯或答辯非具體者，法院得審酌情形認當事人已釋明之內容為真
實』，智慧財產案件審理法第一○之一條第一、二項定有明文。[1296]考其立法

[1290] 參見葉雪鵬，前揭註 1264。

[1291] 補充言之，對於舉證困難之相關論述，可以參見智慧財產法院民營上更(一)字第 1 號判決。

[1292] 補充言之，關於本件之歷審裁判，可以參見臺南地方法院 102 年度智字第 4 號判決、智慧財產法
院 103 年度民營上字第 3 號判決、最高法院 106 年度臺上字第 55 號判決，以及智慧財產法院 106
年度民營上更(一)字第 1 號判決等。

[1293] 補充言之，關於本件涉及之重要法條，包含智慧財產案件審理法第 10 之 1 條、民法第 184 條及
227 條、民事訴訟法第 286 條、367 之 1 條，以及營業秘密法第 10 條及 11 條等。

[1294] 補充言之，關於原審智慧財產法院 103 年度民營上字第 3 號判決，所整理之主要爭點係為：「故
本件之主要爭點為：被上訴人蕭 OO 及蔡 OO 是否有違反系爭保密同意書之約定及營業秘密法第
11 之規定？」

[1295] 參見莊郁沁，前揭註 246，頁 13。同時請參最高法院 106 年臺上字第 55 號民事判決。

[1296] 請參智慧財產案件審理法第 10 條之 1：「營業秘密侵害之事件，如當事人就其主張營業秘密受侵
害或有受侵害之虞之事實已釋明者，他造否認其主張時，法院應定期命他造就其否認之理由為具
體答辯。前項他造無正當理由，逾期未答辯或答辯非具體者，法院得審酌情形認當事人已釋明之
內容為真實。前項情形，於裁判前應令當事人有辯論之機會。」

理由為營業秘密侵害之民事事件，就侵害事實及其損害範圍之證據，往往存在當事人一方而蒐證困難，如未能促使他造將證據提出於法院，而要求主張營業秘密受侵害或有受侵害之虞之事實者，應就侵害事實及損害範圍負全部之舉證責任，將使被害人難以獲得應有之救濟。故一方面降低主張者舉證之證明度，另方面課他造對主張者之釋明負具體答辯之義務。」[1297]而關於本件法院伊所產生之判准之原因，係需要細部回顧本件之案例緣由，是故以下對為作簡要之介紹。[1298]

I 本件事實

可查，本件原告係為「奇景光電股份股份有限公司」[1299]，而其在前員工離職之嗣後，細發現到該前員工伊於其離職前後之一定期間，係將該公司極為機密之檔案為「交付」寄送至其該系爭之電子信箱內[1300]，此舉遂進而造成前揭公司伊營業秘密之「外洩」，又原告奇景光電進而依前述曾與該系爭員工所簽訂到之該系爭「保密義務暨智財權移轉同意書」[1301]上之約定，嗣向該

[1297] 請參最高法院 106 年臺上字第 55 號民事判決。

[1298] 本文以下將介紹最高法院 106 年臺上字第 55 號民事判決，而以下將本案區分為五大階層為介紹，其一係為本件事實；其二係原審認定；其三係本研究之觀點；其四係最高法院廢棄原判決；而其五則係本案評析，本文依序討論之。同時參見莊郁沁，前揭註 246，頁 13-14。

[1299] 補充言之，關於奇景光電目前所生產之產品，參其網站可知，其係包含驅動 IC、微型顯示產品、觸控面板控制器、CMOS 影像感測器、晶圓級光學元件、智能感測，以及其他半導體之產品，詳細介紹可參奇景光電公司網站，網頁：https://www.himax.com.tw/zh/products/（最後瀏覽日：02/21/2020）

[1300] 補充言之，關於本件原審之判斷係為：「被上訴人蕭OO於 100 年 8 月間亦有將工作中之資料以電郵方式寄至其所使用之外部帳號等事實，為兩造所不爭執，並有被上訴人所簽立之系爭同意書、離職申請電子系統記錄內容、上訴人所提 102 年 1 月 3 日跨部門調查報告書、被上訴人公司之人員基本資料、被上訴人公司禁止非法使用智慧財產權及營業秘密承諾書、同意離職保密義務聲明書影本（見原審卷第 14 至 33、73 至 82 頁）等件為證，應信為真實。惟上訴人主張被上訴人應依系爭同意書第 1 條及第 5 條所載之違約金約定、民法第 184 條之侵權行為損害賠償請求權及第 227 條之不完全給付加害給付損害賠償請求權，以及行為時營業秘密法第 11、12 及 13 條等規定為合併主張，並以系爭保密同意書約定之違約金及營業秘密法第 11 條侵害排除及防止請求權，則為被上訴人所否認，並以前揭情詞置辯。」

[1301] 補充言之，關於系爭同意書之內容，可以參見智慧財產法院 106 年度民營上更(一)字第 1 號判決之整理。

系爭員工請求其一之「損害賠償」，以及其二之「違約金」。[1302]

II原審認定

原審對於該系爭案件之判決，係判定到該奇景光電之敗訴，而觀原審認定之原因係為[1303]，雖然該系爭員工伊於其離職之前後，確係曾將該系爭之檔案寄送至其於公司之外部，伊所使用之該系爭電子郵箱，然該系爭員工伊係否認到其係確有洩漏該公司系爭之營業秘密，具體言之，該系爭員工係宣稱道，其係在家以為「加班」之使用，基此，原審遂進而認定到[1304]，此部則即應由該系爭公司，伊對於伊系爭員工其究是否為其本人之「利益」，或係為該第三人之利益[1305]，抑或伊係其非基於該「業務」上之需要，而嗣將該系爭營業秘密之資料而為外流，惟系爭公司嗣並未對此而為「舉證」，而僅係對於該系爭員工其非於伊上班之特定時間點，進以使用該系爭檔案而以作質疑，是故，原審係認為按此難認該公司方為有理。[1306]

同時原審亦係認為，從該系爭檔案伊之系爭「存取時間」、「資料回傳」與否、該系爭「附加檔案」變更與否、以及系爭「檔案加密」與否等[1307]，上述皆係有可能嗣依該系爭員工伊之加班內容，與伊之習慣性質等變因，以及究該系爭員工伊於離職之時，對其所負責之該「業務」上之完成，究伊之程度等層次而係有多種地「可能」[1308]，是故，原審實係認為該系爭員工伊主張

[1302] 參見莊郁沁，前揭註 246，頁 13。

[1303] 補充言之，關於本件原審之認定，可以參見智慧財產法院 103 年度民營上字第 3 號判決。

[1304] 補充言之，關於本件原審對於系爭同意書之相關認定，可以參見智慧財產法院 103 年度民營上字第 3 號判決。

[1305] 補充言之，原審判決原文係為：「上訴人於未提出任何證據之情形下，僅以其主觀之推論，逕認被上訴人之抗辯不可採，難認有理由。上訴人既無法證明被上訴人係為本人或任何第三人之利益且非基於業務需要，自屬未盡其舉證之責，揆諸上開說明，即應認被上訴人並未違反系爭保密同意書第 1 條第 1 項之約定，上訴人自不得依系爭保密同意書第 1 條第 4 項之規定，請求被上訴人等負損害賠償之責。」

[1306] 參見莊郁沁，前揭註 246，頁 13。

[1307] 參見莊郁沁，前揭註 246，頁 13。

[1308] 補充言之，原審判決原文係為：「訴人雖質疑被上訴人辯稱將相關檔案寄至私人信箱，以供下班後回家加班之用的合理性，然存取檔案之時間、時期、是否確實均係將工作資料回傳、附加檔案是否變更名稱及加密等，均會依加班作業之性質或內容、離職時對其所負責業務之完成度及個人

其外寄公司營業秘密之原因，係因前揭該加班之故，同時該員工之主張該等
資料已係不復存在等，實非屬不可採。[1309]

又公司方所提出之「相關電子郵件資料紀錄」、「跨部門之調查報告」、
「第三人伺服器服務廠商之電子郵件函覆」等，原審係認為此均無法確立到，
究該系爭營業秘密之內容[1310]，同時也實難以之認定該系爭公司伊之營業秘
密，就其之「經濟價值性」以及伊究有無踐行到「合理保密措施」，此外，
原審亦認為對於該公司伊所傳喚之系爭「證人」，縱使使其到庭，則亦係無
法確知到該系爭營業秘密究係為何，是故，原審遂不為傳喚該系爭之證人[1311]，
同時，伊亦認定該系爭公司對於前述所為之損害賠償之請求，以及刪除該系
爭營業秘密等之諸請求[1312]，均係為無理由。[1313]

Ⅲ本研究之觀點

對於本件原審關於該系爭營業秘密之認定，其正好係反應到了我國當前
對於系爭營業秘密，伊保護上之困境，對此亦可以參見到本文第二章關於營
業秘密保護之困難，與相關案例之諸介紹。[1314]而由原審對於該營業秘密上之
認定，亦可發見，該營業秘密之被侵害人伊往往在於營業秘密法第2條之認定

之工作習慣，而有多種可能性，故被上訴人辯稱係為加班而將公司資料傳至個人信箱，非不可採。」

[1309] 參見莊郁沁，前揭註246，頁13。

[1310] 補充言之，原審判決原文係為：「訴人亦未附具任何證據證明上開有為說明之6封郵件之具體內
容，是否確為如附表1-1之『寄出信件的附件原始內容』欄所示之內容，而上訴人於原審所提原
證5之跨部門調查報告書（見原審卷第28頁），亦無法證明附表1-1之『寄出信件的附件原始內
容』欄所示之內容確屬真實，本院自難僅憑附表1-1知悉上訴人主張受侵害之營業秘密的具體內
容，遑論判斷其是否具有實際經濟價值，且上訴人亦未就有無合理保密措施加以舉證」

[1311] 補充言之，原審判決原文係為：「惟查，本院無法僅憑附表1-1知悉上訴人主張受侵害之營業秘
密的具體內容，縱令上開證人到庭證述，仍無法確知其所指之營業秘密為何，況被上訴人已離職
多年，上訴人所稱附表1-1之信件內容是否即為被上訴人於100年7、8月間所電傳之內容，已屬
有疑，故上訴人請求傳訊上訴人公司現在之技術人員，實無必要，併此敘明。」

[1312] 補充言之，原審判決原文係為：「經查，上訴人迄今均無法證明其確有營業秘密受侵害，故難認
上訴人之權利或利益確有受侵害之事實，上訴人既未受有損害，則上訴人依營業秘密法、侵權行
為及不完全給付之規定請求被告負損害賠償責任，自屬無據。」

[1313] 參見莊郁沁，前揭註246，頁13。

[1314] 請參本文第二章之相關介紹。

上[1315]，對於該系爭標的究是否確為系爭之營業秘密，該部即常被系爭法院提出到質疑，此觀原審在本件縱使該系爭企業已提出如「相關電子郵件資料紀錄」、「跨部門之調查報告」、「第三人伺服器服務廠商之電子郵件函覆」以及「證人」等，然法院對於該系爭標的伊之「經濟價值性」，以及是否為「合理保密措施」等皆係不為之採納。[1316]

　　上述案件即可認為係我國營業秘密保護困難之縮影，而針對上述營業秘密保護困難，正如本文於本章以及前述第二章及第三章所介紹的[1317]，如今正是我國引入前揭區塊鏈體系，以來保護該系爭營業秘密之時點，可觀，由於該區塊鏈之技術特性，其係可以明確的紀錄到，該前述第三章曾所提及的，諸如該系爭營業秘密伊其一之「創造之流程」、其二之「系爭營業秘密完成之時點」、其三之「系爭營業秘密創作者身分」、其四之「系爭營業秘密參與之創作者」、其五之「系爭營業秘密被侵權之時點」、以及最後其六之「系爭營業秘密被何人何時侵權之時點」等，可查，由於該區塊鏈技術實係已具有到極高的「可信性」以及「安全性」，同時，透過該區塊鏈而進行地「存證」、「取證」，以及「舉證」等層次，其在世界已係屬行之有年，而對此係可以參照到本章第二節，伊關於中國與美國佛蒙特州之相關介紹[1318]，而關於區塊鏈數位電子證據，伊之證據規則此點在中國以及美國佛蒙特州，均已係定有明確之證據使用規範以及程序，伊們皆已對於利用該區塊鏈而來存證

[1315] 請參營業秘密法第2條：「本法所稱營業秘密，係指方法、技術、製程、配方、程式、設計或其他可用於生產、銷售或經營之資訊，而符合左列要件者：一、非一般涉及該類資訊之人所知者。二、因其秘密性而具有實際或潛在之經濟價值者。三、所有人已採取合理之保密措施者。」

[1316] 補充言之，本件原審對於營業秘密之見解係為：「按本法所稱營業秘密，係指方法、技術、製程、配方、程式、設計或其他可用於生產、銷售、經營之資訊，而符合左列要件者：一、非一般涉及該類資訊之人所知者。二、因其秘密性而具有實際或潛在經濟價值者。三、所有人已採取合理之保密措施者。營業秘密法第2條定有明文。就價值性而言，由於可能成為營業秘密之客體相當廣泛，原則上僅需營業秘密所有人所欲保護之資訊具有潛在經濟價值，即可劃入營業秘密法所欲保護之範圍，則前開所欲保護之資訊是否具秘密性，亦即是否容易為他人所知，以及有無採取合理之保護措施者，於判斷上即成為重要標準，判斷重點在於該項資訊於客觀上是否不易讓他人得以合法之方式可得知悉，且秘密所有人須盡合理之努力將該項資訊限於特定範圍之人方能得知。」

[1317] 請參本文第二章以及第三章之相關介紹。

[1318] 請參本章第二節第五項第八款之相關介紹。

已係有高度之發展，此點也深值得我國借鏡。[1319]

　　若本案該系爭公司伊係確用前述區塊鏈體系而保護其之營業秘密[1320]，則該情事可能大為之不同，由於，區塊鏈技術實具有前述高度的可信性，其即係可以完善的保護該系爭公司其之營業秘密，此亦同本文先前所介紹的，透過區塊鏈而保護系爭之營業秘密，係是目前技術上最為可靠之作法[1321]，現只要該系爭之私鑰以為妥善之保管而不遺失，嗣如若該系爭公司係以現區塊鏈技術而保護其之營業秘密，則其關於系爭營業秘密，除了前述所伊完整之諸創作流程，皆已得被記錄於該區塊鏈上外，何人參與進其中及何人確為侵權等，以及該侵權之時點皆係被完善的以其之時間戳記而為保存之，此外，在合理保密措施層面觀察，則該企業使用現區塊鏈體系而保護其之營業秘密，伊在主觀上亦係可佐證到其確實係具有保護該營業秘密之意思，同時，由於區塊鏈技術正如前述，伊係不需要所謂第三方之中介者，由此，後對其於營業秘密之以往中心化保護層次上之未經竄改，此點亦可遭到確認，而可見知，區塊鏈證據即較傳統數位電子證據之優點，即係在於其之高度可靠性、不能偽造性，以及高度可信性等，可查，現區塊鏈方案可謂是突破現有諸智財困境之一大解方，由上，關於使用區塊鏈體系來保護系爭營業秘密之優點，如若該系爭公司係採區塊鏈系統而保護其之營業秘密，則於本案原審之判決，實似應有所不同之。[1322]

IV最高法院廢棄原判決

　　本件最後最高法院係「廢棄」原審之判決[1323]，而最高法院同時係對於該營業秘密之舉證程度，伊之法律上「判准」做具體地釐清[1324]，進步觀之，最

[1319] 請參本章前揭關於區塊鏈證據使用規則之相關介紹。

[1320] 補充言之，關於區塊鏈之特性可以參見本文第三章之相關介紹。

[1321] 請參本文前揭關於區塊鏈特性之相關介紹。

[1322] 對此可以參照本文前揭第二章對營業秘密保護之現況與問題、第三章之區塊鏈契機、第四章之各國重要案例及政策以及本章前述對於區塊鏈證據之相關討論，以為參鑒。

[1323] 本件最高法院判決主文係為：「原判決廢棄，發回智慧財產法院。」

[1324] 補充言之，關於本件之裁判要旨可以參見法源法律網網站，網頁：https://fyjud-lawbank-com-tw.nthulib\oc.nthu.edu.tw/list.aspx（最後瀏覽日：02/21/2020）

高法院係認為到，按智慧財產案件審理法第 10 條之 1 第 1 項之規定：「營業秘密侵害之事件，如當事人就其主張營業秘密受侵害或有受侵害之虞之事實已釋明者，他造否認其主張時，法院應定期命他造就其否認之理由為具體答辯。」[1325]可知當事人已釋明者，他造於伊為否認時應具體地為答辯，再按同條第 2 項之規定：「前項他造無正當理由，逾期未答辯或答辯非具體者，法院得審酌情形認當事人已釋明之內容為真實」[1326]即可知，前述未為具體答辯者，即可認前揭當事人係已為之釋明，又查該法之立法理由係因，由於到現營業秘密侵害之諸民事案件，關於其之「事實」以及伊損害「範圍」，實係已存在到前述舉證之極困難等諸情事，又該當事人一方對於該系爭侵害之事實以及範圍究係為何，伊於蒐證上亦屬極為地不易，是故，現如不能促使該對造提出該系爭證據於該系爭法院，而逕自要求對於主張該系爭之營業秘密被侵害者，或伊確係有被侵害之虞者，就該系爭侵害之事實抑或其系爭損害之範圍，而進負擔到全部之「舉證責任」，則此在實務上即恐將難讓該系爭營業秘密之被侵害人，伊得獲得其所於法律上應有之「救濟」。[1327]是故，本法即在降低該主張者伊為舉證之「證明度」之同時，係賦予到該對造亦係須對該主張者伊之系爭「釋明」，負擔到具體而為「答辯」之義務。[1328]

　　在本案中，最高法院係認為到：「於本案情形，前開調查報告書中，系爭檔案六封已復原，其餘十二封無法復原，為原審認定之事實。而該等員工

[1325] 請參智慧財產案件審理法第 10 條之 1：「營業秘密侵害之事件，如當事人就其主張營業秘密受侵害或有受侵害之虞之事實已釋明者，他造否認其主張時，法院應定期命他造就其否認之理由為具體答辯。前項他造無正當理由，逾期未答辯或答辯非具體者，法院得審酌情形認當事人已釋明之內容為真實。前項情形，於裁判前應令當事人有辯論之機會。」

[1326] 參見智慧財產案件審理法第 10 條之 1，前揭註 1325。

[1327] 關於智慧財產案件審理法第 10 條之 1 之新訂，請參中華民國一百零三年六月四日總統華總一義字第 10300085261 號令修正公布第 4、19、23、31　條條文；並增訂第 10-1 條條文；施行日期，由司法院定之中華民國一百零三年六月六日司法院臺廳行三字第 1030015766 號令發布定自一百零三年六月六日施行。而觀察智慧財產案件審理法部分條文修正總說明可知，其中第 10 條之 1 之立法理由為「增訂營業秘密民事侵害事件被控侵害人之具體答辯義務，以促使當事人協助法院為適正之裁判，同時兼顧當事人在訴訟程序之保障。」

[1328] 參見莊郁沁，前揭註 246，頁 13-14。

申請離職後，何以尚須外寄郵件，又倘係加班，亦應將工作結果回傳，始合常情。且該公司所提調查報告書既已復原六封，指明係營業秘密，並請求傳喚證人證明復原過程。似此情形，能否謂該公司就其主張被上訴人侵害營業秘密之事實未盡釋明義務，尚非無疑。倘認該公司已盡釋明義務，該等員工否認時，自應命其解密檔案，並敘明加班處理情形，以盡具體答辯義務。」[1329]

最法院對此亦認為，該系爭公司似已對其系爭營業秘密被侵害上之事實，已係盡到前述為「釋明」之義務[1330]，同時，此部亦係可參最高法院以下之論述：「於本案情形，前開調查報告書中，系爭檔案六封已復原，其餘十二封無法復原，為原審認定之事實。而該等員工申請離職後，何以尚須外寄郵件，又倘係加班，亦應將工作結果回傳，始合常情。且該公司所提調查報告書既已復原六封，指明係營業秘密，並請求傳喚證人證明復原過程。似此情形，能否謂該公司就其主張被上訴人侵害營業秘密之事實未盡釋明義務，尚非無疑。倘認該公司已盡釋明義務，該等員工否認時，自應命其解密檔案，並敘明加班處理情形，以盡具體答辯義務。此外，系爭檔案外寄後，該等員工是否業已刪除，屬積極事實，應由其負舉證責任。原審未經該等員工就此舉證，即認該等員工抗辯系爭檔案已不存在等語為可採，亦嫌速斷。」[1331]

由上可知，在本件中最高法院係對之認為到[1332]，由於究前述該系爭營業秘密長久以來地處理，實係對於該被侵害者極為地不利，是故，對於該營業秘密伊之「舉證程度」即應當對為之降低，又在本案當中以觀，最高法院即係認為到該原審係未傳系爭之「證人」到庭，伊對之似係並未善盡對於該營業秘密之被侵害人，伊之保護[1333]，同時，本案員工對於其究是否為「刪除」

[1329] 參見最高法院，前揭註 1295。

[1330] 補充言之，關於本件之後續發展，可以參見智慧財產法院 106 年度民營上更(一)字第 1 號判決。

[1331] 參見最高法院，前揭註 1295。

[1332] 參見最高法院，前揭註 1295。

[1333] 補充言之，關於最高法院之見解，請參最高法院判決原文：「查上訴人聲請傳喚證人陳OO陳述已復原六封郵件之內容，並依民事訴訟法第三百六十七條之一規定，命被上訴人到庭具結訊問郵件內容（見原審卷第一五八至一五九頁），均與被上訴人是否侵害營業秘密有關聯性。原審徒以縱令證人到庭亦無法確知營業秘密為何，預斷難得結果而不傳喚證人，且就不傳喚被上訴人部

該系爭之營業秘密，由前部之介紹可查，此係屬於對該員工訴訟上極為有利之事實，緣此，該員工自須對之負擔到具體答辯地義務。[1334]而在最後，最高法院係援引到民事訴訟法第 286 條之規定：「當事人聲明之證據，法院應為調查。但就其聲明之證據中認為不必要者，不在此限。」[1335]而查本條所謂「不必要者」，可知，其係指按當事人伊所聲明之系爭證據，其係與該「應證事實」並無關係，或是就該系爭之證據伊縱屬實，其亦係不對該系爭法院，伊之「心證」，進以為相對動搖而言之，又本案該系爭之公司伊所聲請之「傳喚證人」，而進以之為闡明該已復原之郵件內容[1336]，可觀，此係與該系爭員工伊究是否確侵害到該系爭營業秘密，實係具前述之「關連性」[1337]，是故，最高法院此際係對之認為到，原審認定該證人伊縱使到庭，亦係無法於本案確知該系爭營業秘密究為何，遂逕而不傳該系爭之證人，其實已係忽視該系爭之侵權人，伊之答辯上義務。[1338]

V 本案評析

由本案最高法院之分析脈絡可知[1339]，在我國營業秘密遭受侵害之案件之中，就該系爭之營業秘密所有人，伊即係常於該訴訟中面臨到前述所謂地「蒐

分，忽視其具體答辯之義務，難謂允洽。」

[1334] 參見莊郁沁，前揭註 246，頁 14。

[1335] 請參民事訴訟法第 286 條：「當事人聲明之證據，法院應為調查。但就其聲明之證據中認為不必要者，不在此限。」

[1336] 補充言之，關於本件於證人見解之後續發展，可以參見智慧財產法院 106 年度民營上更(一)字第 1 號判決。判決原文指出：「被上訴人雖辯稱，證人陳〇〇、邱〇〇為上訴人公司之人員，其證述均屬袒護上訴人，並不實在云云。惟查，證人陳〇〇、邱〇〇均係經具結後證述，不得因其等為上訴人公司人員遽予否認其證言之證明力，且證人陳〇〇、邱〇〇證述上訴人公司所採取之保密措施內容，尤其是可否使用外部郵件信箱之關鍵事實，被上訴人並未提出具體之事證，足以證明證人所述與事實不符，被上訴人所辯，為不足採。」

[1337] 補充言之，關於本件於「業務需要」見解之後續發展，可以參見智慧財產法院 106 年度民營上更(一)字第 1 號判決。判決原文指出：「被上訴人二人所為，顯係以逃避上訴人追查之意圖，被上訴人二人自不得於東窗事發後，以主觀、片面之『業務需要』為藉口，脫免其等應負之侵害營業秘密的責任。」

[1338] 參見莊郁沁，前揭註 246，頁 14。

[1339] 參見最高法院，前揭註 1295。

證困難」，以及「舉證不易」之情事，對此，我國現係以前述智慧財產案件審理法第 10 條之 1 第 1 項，以及同條第 2 項之規定，欲以此除降低該系爭權利人伊之舉證上之「證明度」以外[1340]，其亦係課與他造須對為「具體答辯」的義務，此係進而對於我國營業秘密保護之完善，做出相當程度之努力，同時按本件最高法院之闡釋，可見知，其將對於營業秘密所有人，伊日後於該訴訟中為之主張，係極具細部參考之相關必要，而若需補充言之，則關於前揭舉證不易，以及蒐證困難之兩點，若以區塊鏈思維觀之，則由前述第二章、以及第三章之介紹可知，區塊鏈技術之處理對於營業秘密之保護即具實效，而可為細部注意之。[1341]

由上可觀，對於該營業秘密保護層次之完善，除了我國在法律面對於該舉證證明度係已有所降低外，如該系爭營業秘密所有人，伊如前述，係能妥善地運用該系爭區塊鏈體系，而以來保護其之營業秘密，則即可望於伊日後之訴訟中，有所顯著助益，而本研究除了必須指出我國應當重視區塊鏈體系於營業秘密保護之重要性外，本文亦傾向建議到，我國對於前揭數位電子證據，以及區塊鏈證據之諸使用規則等程序，似需盡速對為明確之，以利我國日後於訴訟層次，以及社會發展層面於之完善地進步。[1342]

6.區塊鏈證據證明力

以下進入區塊鏈證據證明力之問題，吾人可知，關於區塊鏈證據其之證明力，除了本章先前所介紹我國調查局伊預計於 2019 年底將系爭區塊鏈存證平臺上線之外[1343]，目前可查企業界亦已關注到區塊鏈之「證據力」，對此係可以參照日前「當法律遇見科技—以實務觀點探討 LegalTech 與鑑識」研討會[1344]，可觀，其係由「電腦稽核協會」[1345]與「勤業眾信風險諮詢股份有限公司」

[1340] 參見智慧財產案件審理法第 10 條之 1 第 1 項及第 2 項。

[1341] 參見莊郁沁，前揭註 246，頁 13-14。

[1342] 關於對於區塊鏈證據之相關立法建議，可參本章以下第五項第八款之介紹，同時亦可參見本文第肆章之結論與建議。

[1343] 請參本章前揭關於調查局與區塊鏈存證之相關介紹。

[1344] 請參 ACCUPASS 網站，網頁：https://www.accupass.com/event/1801020838587352828520 (最後瀏覽日：08/05/2019)

而為合辦之[1346]，而在該會中係細部探討了，關於現使用該系爭區塊鏈體系，而於該「證物管理」之應用間諸實例[1347]，又在該會中多位與會人士係已表明到，目前可見知，所謂數位電子化實已係是趨勢，是故，我國法律界亦當跟上現科技的腳步，而對於使用區塊鏈系統之重要性，亦係深值得我國法界為較深入地探討之。[1348]具體言之，即可觀勤業副總於會中亦曾提及，「LegalTech」[1349]伊係透過科技而來支持法律，目前在伊多項應用場景中，諸如「eDiscovery」等調查輔助平臺蒐集前述「大數據」等資料[1350]，此點亦係可以在我國訴訟上之「電子化」中，提供到顯著地幫助。[1351]此外，副總亦表示到，由於該系爭區塊鏈伊係已具備到前述之「不易竄改性」，以及「安全性」等，是故，該區塊鏈體系應用在前述「管理」該系爭諸證物之資訊上，係即屬極有相對之發展上空間，同時，因該區塊鏈體系關於就該系爭資料，於伊之「寫入」，及相關之「驗證機制」層次，也係能達到對於該系爭資訊，伊之所謂地「不可否認性」，緣此，就該區塊鏈之諸應用而觀，伊即係現新興科技之技術，而得保護該系爭證據於伊「完整性」上，其之極佳地案例。[1352]

[1345] 補充言之，關於電腦稽核之相關介紹，可以參見黃士銘、黃劭彥、吳東憲(2016)，〈利用電腦輔助稽核技術提高稽核成效〉，《主計月刊》，731 期，頁 34-40。

[1346] 補充言之，關於勤業眾信之風險諮詢服務，可以參見 Deloitte 網站，網頁：https://www2.deloitte.com/tw/tc/services/risk.html (最後瀏覽日：02/22/2020)

[1347] 補充言之，關於區塊鏈證物保存平臺之實例，可以參見 iThome 網站，〈LegalTech 臺灣創新！顛覆傳統紙本監管作業，勤業眾信搶先全球用區塊鏈保護證物！〉，網頁：https://reurl.cc/nVWqjD (最後瀏覽日：02/22/2020)

[1348] 鄭斐文(2018)，〈勤業眾信結合區塊鏈與證物管理系統 證據保護新應用〉，載於 DIGITIMES 網站：https://reurl.cc/aWgQ7 (最後瀏覽日：07/17/2019)

[1349] 請參法律科技黑克松網站，網頁：https://hackathon.lawsnote.com/ (最後瀏覽日：08/05/2019) 其指出所謂 Legaltech 正如 Fintech 一樣，其係由不同領域間結合科技之應用，而目前 Legaltech 譯為法律科技。

[1350] 補充言之，關於所謂 eDiscovery，有稱為「電子蒐證」，而相關服務提供者可以參見如 G suite 所提供之保管箱服務，詳參 G suite 網站，網頁：https://gsuite.google.com.tw/intl/zh-TW/products/vault/ (最後瀏覽日：02/22/2020)

[1351] 參見鄭斐文，前揭註 1348。

[1352] 參見鄭斐文，前揭註 1348。

正如本文先前所介紹地，現今世界上對於該區塊鏈體系，伊前之四大項次，諸如其一之「存證」、其二之「取證」、其三之「固證」，以及最後其四之「舉證」等，均已係有諸多應用上實例[1353]，以及相關各法律間規範等[1354]，又該區塊鏈技術伊係具有到前述高度之「可信性」，以及「可靠信」等之特點，此亦即係有助於該系爭法官，於伊心證之形成。[1355]然不可諱言地，我國對於區塊鏈於法律上之發展，已似稍嫌緩慢，但吾人對之亦不必太過地悲觀，可查目前已係有前述之調查局，以及諸企業界而關注到該區塊鏈技術，伊於法律上為應用之深厚潛力[1356]，惟關於現區塊鏈進使用於之證據上程序，以及究前揭數位電子證據等之相關細部地規範[1357]，法律界實似應積極地探討，究如何完善地將之為明確化，進以利我國得以該區塊鏈體系而來保護系爭之營業秘密，或是其他相關地智慧財產權。[1358]

7.區塊鏈於營業秘密案件之操作

(1)刑事訴訟操作

為求具體的分析區塊鏈體系可為訴訟上之助益，以下將進入對實務之具體案例，而進以前述區塊鏈視角為分析，首先係就刑事訴訟之部分為觀，參照智慧財產法院 107 年度刑智上訴字第 24 號刑事判決[1359]，可觀，本案之爭點係在於該系爭營業秘密，伊究是否有為合理保密措施[1360]，又法院對此判決原文係為：「惟查，自訴人主張被告侵害其所有之營業秘密，本應舉證證明其

[1353] 可以參見如北京互聯網法院所建設之司法聯盟鏈天平鏈等。

[1354] 可以參見本文第四章之相關介紹。

[1355] 可以參見區塊鏈信息服務管理規定，以及聯邦證據規則 901 條及 902 條，及佛蒙特州法第 1913 條等。

[1356] 補充言之，亦可參見司法院之區塊鏈電子訴訟文書平臺網站，網頁：https://efiling.judicial.gov.tw/ SOL/Login.do (最後瀏覽日：02/21/2020)

[1357] 補充言之，關於區塊鏈之相關應用之發展，可以參見法務部之律師查詢系統網站，網頁：https://lawyerbc.moj.gov.tw/ (最後瀏覽日：02/21/2020)

[1358] 相關區塊鏈證據之討論與建議可以參見本文第參章以及本章第二節第五項第八款之討論。

[1359] 補充言之該判決之前審係為，臺灣屏東地方法院刑事判 106 年度智訴字第 3 號判決。

[1360] 補充言之，關於合理保密措施之相關討論，可以參見林依璇(2015)，〈營業秘密合理保密措施之研究—以日本相關判決為中心〉，《智慧財產權》，202 期，頁 28-58。

主張之保護之標的符合營業秘密法第 2 條規定之要件，自訴人本身既未採取合理之保密措施，自不能僅憑主觀上信賴或商業倫理等理由，要求○○公司應對自證 4 工程設計圖負擔保密之義務，至於被告僅係被動接收他人轉寄之電子郵件，並無積極之取得行為，或有使用或洩漏予第三人之行為，自無從令被告負擔侵害營業秘密之罪責，自訴人之主張，不足採信。」[1361]

　　由本案係可以發見，如若該系爭之自訴人，伊係以前述區塊鏈體系而保護其之系爭營業秘密，則縱使該系爭標的究是否確屬於營業秘密，此係屬法院嗣以之認定，然在該系爭合理保密措施之部分，此我國企業最常於系爭營業秘密訴訟中被質疑之點[1362]，由於其係已將該系爭營業秘密，而為完善地保護在該系爭區塊鏈體系中，緣此，於主觀上即係可以判斷其確係有保護以及管理該系爭營業秘密，伊之意思，又此點即可幫助該法院形成伊之心證。[1363]

(2)民事訴訟操作

　　其次係觀察民事訴訟之部分，而此參照到最高法院106年度臺上字第2310

[1361] 請參智慧財產法院刑事判決107年度刑智上訴字第24號判決。

[1362] 補充言之，關於實務對合理保密措施之相關見解，可以參見智慧財產法院107年度刑智上訴字第14號判決。判決原文指出：「按營業秘密法第2條規定：本法所稱營業秘密，係指方法、技術、製程、配方、程式、設計或其他可用於生產、銷售或經營之資訊，而符合左列要件者：一、非一般涉及該類資訊之人所知者。二、因其秘密性而具有實際或潛在之經濟價值者。三、所有人已採取合理之保密措施者。依上開規定，營業秘密法所保護之營業秘密，須具有秘密性、經濟價值，營業秘密所有人已採取合理之保密措施，且可用於生產、銷售之資訊，始足當之。營業秘密法第2條規定所謂『所有人已採取合理之保密措施』，係指營業秘密所有人已盡合理之努力，使他人無法輕易地取得、使用或洩露該秘密資訊。申言之，營業秘密之所有人主觀上有保護之意願，且客觀上已採取保密的積極作為，使人了解其有將該資訊當成秘密加以保守之意思。所有人所採取之保密措施必須『有效』，方能維護其資訊之秘密性，惟並不要求須達到『滴水不漏』之程度，只需所有人按其人力、財力，依其資訊性質，以社會通常所可能之方法或技術，將不被該專業領域知悉之情報資訊，以不易被任意接觸之方式予以控管，而能達到保密之目的，即符合『合理保密措施』之要求（智慧財產法院105年度刑智上訴字第11號判決參見）。又按『所有人已採取合理之保密措施，應指所有人按其人力、財力，依社會通常所可能之方法或技術，將不被公眾知悉之情報資訊，依業務需要分類、分級而由不同之授權職務等級者知悉而言；此於電腦資訊之保護，就使用者每設有授權帳號、密碼等管制措施，尤屬常見』（最高法院102年度臺上字第235號民事判決意旨參見）。」

[1363] 相關論述亦可參見本文第二章對營業秘密保護之新機之介紹，以及本文第三章對區塊鏈能如和保護營業秘密之討論。

號民事判決,本件判決原文係為:「麥奇公司未能證明李 OO 或科見公司有以不正方法取得其營業秘密 1 (包含各項「KPI 報表系統」[1364])、3、4 ,且其所提證據資料,未見任何營業秘密之具體內容,均非營業秘密法保護之營業秘密。至李 OO 雖透過尤 OO 以窺視吳 OO 帳號密碼方式進入營業秘密 2,固堪信麥奇公司已盡保密措施,惟無法遽認李 OO 電腦內確實有營業秘密 2 畫面,且營業秘密 2 頁面共 4 頁,其餘內容僅為教師點名表,為同業常用之資料,不具秘密性,麥奇公司復無法證明該 4 頁資料並非一般涉及該類資訊之人所知者、具有何種實際或潛在之經濟價值,難謂營業秘密 2 屬營業秘密法保護之營業秘密。」[1365]

由上可知,如若上述當事人伊係確透過該區塊鏈體系而以保護其之營業秘密,則將對於其之舉證伊確以不正方法而取得該系爭之營業秘密,以及合理保密措施等營業秘密之諸層次上,具有到相當之幫助[1366],又此即係因,前述該區塊鏈技術,可查,伊係由公鑰以及私鑰而為非對稱加密技術,此亦可以參見到本文第三章關於區塊鏈技術之介紹[1367],可觀,區塊鏈技術確係具有高度地安全性,且同時,該區塊鏈體系伊亦係能夠證明到該何人確於何時而為侵害,此換言之,如若上述當事人伊係以區塊鏈技術,而進保護其之營業秘密,則此由於前揭何人於何時侵害何營業秘密,其於該區塊鏈上皆係有相對完整,且可供驗證之該系爭時間戳記,同時,亦得藉由區塊鏈前述之不可竄改性,嗣將即得具體地幫助該訴訟當事人,伊進提供到較為可信之證明,而遂即利其於訴訟上之舉證。[1368]

[1364] 請參 IBM Knowledge Center 網站,網頁:https://www.ibm.com/support/knowledgecenter/zh-tw/SSES6Y/cxcloud/Using/kpis.html (最後瀏覽日:07/17/2019) 其指出所謂 KPI 係指關鍵之績效指標,其可以幫助企業衡量對於達到特定目標所需之程度目前為何。

[1365] 請參智慧財產法院刑事判決 107 年度刑智上訴字第 24 號判決。

[1366] 補充言之,關於營業秘密法之相關介紹,可以參見本文第二章之討論。

[1367] 請參本文第三章關於區塊鏈技術特性之相關介紹。

[1368] 關於區塊鏈之技術特性,可以參見本文第三章對區塊鏈之緣起、發展、特性以及應用之相關介紹。

(3)行政訴訟操作

最後是關於行政訴訟的觀察，而參照臺北高等行政法院 100 年度訴字第 167 號判決，該判決原文係為：「又檔案法第 18 條第 3 款所謂『工商秘密』，並無立法解釋，因政府資訊以公開為原則，限制為例外，例外事由應從嚴解釋，本院認參酌之營業祕密法第 2 條定義『營業祕密』係指：『方法、技術、製程、配方、程式、設計或其他可用於生產、銷售或經營之資訊，而符合左列要件者：一、非一般涉及該類資訊之人所知者。二、因其秘密性而具有實際或潛在之經濟價值者。三、所有人已採取合理之保密措施者。』檔案法第 18 條第 3 款得豁免公開之『工商秘密』，應限於具有『秘密性』、『商業價值』及『已保密之事實』等 3 項特色者。查原告請求提供之相關禽流感資訊，雖有部分涉及業者飼養規模、數量等資訊，但並無涉方法、技術、製程、配方、程式、設計或其他可用於生產、銷售或經營之資訊，難認屬檔案法第 18 條第 3 款所稱工商秘密而豁免公開。」[1369]

由上可知，在刑事以及民事訴訟外，行政訴訟亦係有涉及前述營業秘密之可能，可觀，本件即係系爭法院伊在適用檔案法第 18 條第 3 款[1370]之工商祕密時，由於該款係並無立法解釋，是故法院參酌到現營業祕密法第 2 條[1371]而以該三項要件，分別是祕密性、商業性，以及已保密之事實而綜為判斷。[1372]

由上述判決之實例，吾人即可知，關於營業秘密法之內涵，其之「祕密性」、「經濟價值性」，以及「合理保密措施」等之重要性，我國政府機關若係以前揭區塊鏈體系而來保護其之資料，優點觀之，除了對於該系爭文件

[1369] 請參臺北高等行政法院 100 年度訴字第 167 號判決。

[1370] 請參檔案法第 18 條：「檔案有下列情形之一者，各機關得拒絕前條之申請：一、有關國家機密者。二、有關犯罪資料者。三、有關工商秘密者。四、有關學識技能檢定及資格審查之資料者。五、有關人事及薪資資料者。六、依法令或契約有保密之義務者。七、其他為維護公共利益或第三人之正當權益者。」

[1371] 請參營業秘密法第 2 條：「本法所稱營業秘密，係指方法、技術、製程、配方、程式、設計或其他可用於生產、銷售或經營之資訊，而符合左列要件者：一、非一般涉及該類資訊之人所知者。二、因其秘密性而具有實際或潛在之經濟價值者。三、所有人已採取合理之保密措施者。」

[1372] 參見臺北高等行政法院 100 年度訴字第 167 號判決。

之安全係無虞外，對於政府管理該系爭之檔案亦得有相當之助益，而若該系爭文件係涉及政府重大之資訊，政府亦即可以透過前揭區塊鏈之特性，以之來追蹤究何人於何時而為何侵害之行為，同時亦可對為進行到較完善之分層授權制度，進而係得具體地幫助法院確立其之心證，簡之，區塊鏈體系對於我國之後續運用，即得有所顯著效益。[1373]

　　(4)區塊鏈於營業秘密操作之小結

　　由上述我國判決之實例，即可顯見到區塊鏈體系於我國營業秘密保護之潛力[1374]，由於目前實務上已係存在系爭當事人伊舉證困難等之問題[1375]，如若透過區塊鏈技術對其之營業祕密進行到前揭之三層次，即其一之「保護」、其二之「存證」，以及其三之「固證」[1376]，則在未來訴訟上伊之第四層之「舉證」層面，即可對於該系爭當事人深具助益[1377]，而此點即係須歸功於該區塊鏈數位電子證據，伊前所述之高度「可信性」，以及伊高度地「可靠信」[1378]，是若該當事人確係以系爭區塊鏈體系而以保護其之營業秘密，而善藉其係實處於當前最為妥善保護方式之技術上地位[1379]，則其係將能突破該營業秘密保護上之困境，又關於現區塊鏈之應用以及學理上之發展，則即係有賴各界人士繼續對為努力地研究，以期能讓法律之發展得不落科技之進步。[1380]

8.對我國區塊鏈證據立法之建議

　　本文以下將綜合本節關於前述區塊鏈證據之介紹[1381]，藉由目前對於區塊

1373　關於政府對於塊鏈相關政策以及案例，可以參見本文第四章對於各國案例及發展之介紹。

1374　參見智慧財產法院 107 年度刑智上訴字第 24 號判決、最高法院 106 年度臺上字第 2310 號判決，以及臺北高等行政法院 100 年度訴字第 167 號判決。

1375　補充言之，關於營業秘密之保護困難，可以參見本文第二章之相關介紹。

1376　補充言之，關於區塊鏈存證之實例，可以參見本文前揭討論之天平鏈存證第一案，以及杭州互聯網案等相關介紹。

1377　補充言之，關於區塊鏈存證之相關論述，可以參見本文前揭之討論。

1378　補充言之，關於區塊鏈數位證據之相關討論，可以參見鄭觀、范克韜(2019)，〈區塊鏈時代的信任結構及其法律規制〉，《浙江學刊》，5 期，頁 119-123。

1379　關於區塊鏈之特性，請參本文第三章關於區塊鏈之相關介紹。

1380　補充言之對於如何讓法律之發展不落科技進步，可參本文第六章之結論、建議以及未來展望。

1381　包含時間戳記於我國營業秘密之推行、時間戳記可以證明主觀有保護之意思、時間戳記與法院判

鏈證據具明確規範之國家進行比較回顧，進而對於我國訂立區塊鏈證據相關之規則，進行具體地建議，而比較對象則係本節前述已為介紹之美國以及中國。[1382] 又選擇美國以及中國作為比較對象之原因係為[1383]，即如前述，我方係處於中美貿易戰之局勢中[1384]，在目前國際局勢下對於美國以及中國之法律制度實係有密切關注之必要[1385]，可觀，其之一舉一動皆係會牽動國際局勢之變動以及經濟上之發展[1386]，同時，在除了經濟與政治之原因外[1387]，美國與中國伊在法律面對於該區塊鏈體系之研究，以及實務上發展係極快速[1388]，可查，前者之佛蒙特州對於區塊鏈於法律訴訟中之實務已係訂立到相關之諸證據規則[1389]，後者則係已頒布「最高人民法院關於互聯網法院審理案件若干問題的規定」[1390]，以及「區塊鏈信息服務管理規定」[1391]，由此可見，其對於該區塊

決、區塊鏈存證平臺效力、區塊鏈與營業秘密舉證責任之降低、區塊鏈證據證明力、區塊鏈於營業秘密案件之操作。

[1382] 補充言之，關於中美貿易戰之發展與影響，可以參見風傳媒網站，網頁：https://www.storm.mg/category/k72016 (最後瀏覽日：02/23/2020)

[1383] 補充言之，關於中美貿易首階段之協議，可以參見中央通訊社網站，網頁：https://www.cna.com.tw/news/firstnews/202001160087.aspx (最後瀏覽日：02/23/2020)

[1384] 補充言之，關於中美貿易戰之相關介紹及影響，可以參見 BBC 網站，〈中美貿易戰持續近兩年，什麼改變了？〉，網頁：https://www.bbc.com/zhongwen/trad/world-51099039 (最後瀏覽日：02/23/2020)

[1385] 補充言之，關於國際局勢之觀察，可以參見天下雜誌網站，網頁：https://reurl.cc/k5G9rb (最後瀏覽日：02/23/2020)

[1386] 補充言之，關於中美貿易戰之相關分析，可以參見聯合新聞網網站，網頁：https://udn.com/news/story/12639/4213469 (最後瀏覽日：02/24/2020)

[1387] 補充言之，關於貿易戰之相關發展，可以參見天下雜誌網站，網頁：https://www.cw.com.tw/subchannel.action?idSubChannel=537 (最後瀏覽日：02/23/2020)

[1388] 補充言之，關於美國區塊鏈之發展趨勢，可以參見經貿資訊網網站，〈美國區塊鏈應用及發展產業專題報告〉，網頁：https://www.trade.gov.tw/ (最後瀏覽日：02/24/2020)

[1389] 補充言之，關於佛蒙特州法的 1913 條可以參見 Vermont General Assembly 網站，網頁：https://legislature.vermont.gov/statutes/section/12/081/01913 (最後瀏覽日：02/23/2020)

[1390] 補充言之，關於最高人民法院關於互聯網法院審理案件若干問題的規定，可以參見最高人民法院網站，網頁：http://www.court.gov.cn/zixun-xiangqing-116981.html (最後瀏覽日：02/23/2020)

[1391] 補充言之，關於區塊鏈信息服務管理規定，可以參見互聯網信息辦公室網站，網頁：https://www.cac.gov.cn/2019-01/10/c_1123971164.htm (最後瀏覽日：02/23/2020)

鏈之證據規範上已多有探究[1392]，是故，美國與中國之區塊鏈證據發展脈絡，對於我國區塊鏈數位電子證據於法律面之發展，即實係具有一定之參考價值，緣此，以下將於回顧美國對於區塊鏈之立法，以及中國對於區塊鏈之法律實務後，對於我方關於區塊鏈證據之立法提出相關地建議。[1393]

(1)美國法之回顧

首先係就美國法之回顧，吾人可觀，區塊鏈證據在美國法上的討論中，可查，雖然其已係具備前述之「安全性」，以及「可溯源性」等諸技術特點，然其在美國法院地訴訟實務之中，還是可能會受到前述傳聞法則之各式質疑，亦即，所謂之「outof-court statement offered to prove the truth of the matter asserted」[1394]，此外，由於美國係採系爭「陪審團制度」[1395]，而此際當該系爭陪審團，伊係無法在訴訟上就該系爭證人，伊經實際地宣示且為檢證其之可信度，同時該對造亦無法進行於其地「交叉詰問」時，可知，該系爭區塊鏈數位電子證據，伊即將在現美國法上面臨到嚴峻地挑戰。[1396]

具體言之，美國法上係持續努力地應對到關於由前曾述之「電腦設備」，伊所生之系爭數據，於伊之傳聞法則上地挑戰，又此點係可以參見到「United States v. Lizarraga-Tirado」一案，可觀，在該案中，該系爭法院最後係斷定到就該系爭標的，伊係並非前述之傳聞，而此即係因，伊其係由系爭之「機器」而為之產生，即非「人為」[1397]，然而，由於現該系爭區塊鏈於其之分類帳目中，可查，就伊之條目之作成係已包含到其揭人為因素，對此有學者即係指

[1392] 補充言之，關於中美區塊鏈競賽之相關介紹，可以參見 DIGITIMES 網站，網頁：https://www.digitimes.com.tw/tech/dt/most.asp?pack=13717&cnlid=1&cat=0 (最後瀏覽日：02/23/2020)

[1393] 本文以下論將涵蓋美國法之回顧、中國法之回顧、中國法與美國法之比較，以及對我國法之建議。

[1394] *See* Concord Law School, *The Admissibility of Blockchain as Digital Evidence*, available at: https://www.concordlawschool.edu/blog/news/admissibility-blockchain-digital-evidence/ (last visited on: 08/07/2019)

[1395] 補充言之，關於美國陪審制度之相關介紹，可以參見司法院電子出版品檢索系統網站，網頁：http://jirs.judicial.gov.tw/judlib/EBookQry04.asp?S=S&scode=S&page=1&seq=20 (最後瀏覽日：02/24/2020) 同時亦可參見劉鴻坤(1964)，〈陪審制度之研究〉，法令月刊，15 卷 5 期，頁 10-12。

[1396] *See* Concord Law School , supra note 1394.

[1397] *See* United States v. Lizarraga-Tirado, No. 13-10530 (9th Cir. 2015).

出到，該區塊鏈證據即可能無法通對為過前述之「United States v.
Lizarraga-Tirado」測試，伊之「檢驗」，但目前吾人尚不必對於該區塊鏈體系
過於的悲觀，可查，前揭區塊鏈證據就伊突破之機會，即係在於到美國法上
傳聞法則下，伊之所謂地「business records」例外，此亦即，透過前述所謂地
「業務紀錄」，伊即可能使該區塊鏈數位電子證據，其在法庭上得以被接受
之。[1398]

　　具體言之，按伊聯邦證據規則（FRE）803（6）可知[1399]，如果前述該系
爭紀錄係於常時經營之該「商業行為」中，進以為之「保留」以及「製作」，
又同時，該系爭紀錄係為該前述系爭之「業務活動」，伊之「常規」上地作
法，則該系爭之紀錄伊於訴訟法庭之中，即係是可以被「接受」的[1400]，而在
此前提下觀察，該系爭紀錄即係為可以提供該系爭事實，伊之「基礎」，以
及就該系爭文件伊於「創建」上等之狀況，只要現其已係具備到就該系爭紀
錄伊之所有人，或其他證人等之「證言」，以及於書面上之「聲明」，則此
用於前揭商業行為中之系爭區塊鏈紀錄，伊即係是有被該系爭法院，伊嗣接
受作為系爭證據使用之可能性。[1401]

　　目前，美國已係有許多州對於前述之區塊鏈數位電子證據[1402]，就伊之傳
聞法則地適用上之諸挑戰做出到回應[1403]，可查，2016 年佛蒙特州在通過「立
法程序」已係明確地宣布，該區塊鏈數位電子證據伊在具備證人之「書面聲
明」其之交易細節等，其即係可以在系爭「法庭審理中」做為證據，對此，
可以參見到佛蒙特州證據規則 12 V.S.A. §1913，其係已具體指出到，該區塊

[1398] *See* Concord Law School , *supra* note 1394.

[1399] 補充言之，關於（FRE）803（6），可以參見 Federal Rules of Evidence 2020 Edition 網站，網頁：
https://www.rulesofevidence.org/article-viii/rule-803/（最後瀏覽日：02/23/2020）

[1400] See Concord Law School , supra note 1394.

[1401] *See* Concord Law School , *supra* note 1394.

[1402] 補充言之，關於美國區塊鏈相關規範之整理，可以參見 BLOCKCHAIN LAW GUIDE 網站，網頁：
https://blockchainlawguide.com/blockchain/（最後瀏覽日：02/29/2020）

[1403] See Concord Law School , supra note 1394.

鏈數位電子證據係是可以被認為實具真實性[1404]；此外，美國亞利桑那州之 HB 2417 則係修訂了該州之「數位電子交易法」，其係將該系爭「區塊鏈紀錄」以及「智能合約」納入其中，伊係使該系爭合約之法律效力得不被剝奪之[1405]；又俄亥俄州亦係在 2018 年通過到類似之立法[1406]；同時，亦可參見德拉瓦州之立法，其已係於 2017 年對該州之公司法 DGCL§224 進行了相關地修正，其係使該系爭公司伊係可以運用前述之「分佈式網路」，或係「數據資料庫」，而進以維護該系爭之「業務紀錄」[1407]。[1408]

　　由上可知，美國對於區塊鏈之證據規則，伊於立法面上已係有所相當程度地發展，而佛蒙特州對於前述區塊鏈證據規則，更係於全美最先地具有完整訂立規範之州[1409]，是故，以下將回顧佛蒙特州對於該區塊鏈證據係究如何為之規範，同時亦可參見本章第二節第四部份，關於中國與美國區塊鏈證據之相關討論。[1410]

　　佛蒙特州關於區塊鏈之證據規範於 12 V.S.A. § 1913[1411]，以下逐點逐項翻譯如下[1412]，本條共分四部分為規定，其中第一部分為名詞定義：(a)本節之名

[1404] 補充言之，關於佛蒙特州法的 1913 條，可以參見 Vermont General Assembly 網站，網頁：https://legislature.vermont.gov/statutes/section/12/081/01913 (最後瀏覽日：02/23/2020)

[1405] 補充言之，關於亞利桑那州法 2417 條，可以參見 Legiscan 網站，網頁：https://legiscan.com/AZ/text/HB2417/id/1497439 (最後瀏覽日：02/23/2020)

[1406] 補充言之，關於俄亥俄州關於區塊鏈之相關規範，可以參見 LAWriter 網站，網頁：http://codes.ohio.gov/search/blockchain (最後瀏覽日：02/23/2020)

[1407] 補充言之，關於德拉瓦州之 DGCL 第 224 條，可以參見 State of Delaware 網站，網頁：https://delcode.delaware.gov/title8/c001/sc07/ (最後瀏覽日：02/23/2020)

[1408] 以上美國法之實務討論及整理請參 Concord Law School , supra note 1394. 同時作者文末亦指出關於區塊鏈更多資訊，可以參見美國 ABA 律師協會，以及美國國家法律評論，及 WIPO 之相關文章及論著。

[1409] 參見施鵬鵬、葉蓓，前揭註 972，頁 3。

[1410] 請參本章第二節第四部份之相關介紹。

[1411] 補充言之，關於佛蒙特州法的 1913 條，可以參見 Vermont General Assembly 網站，網頁：https://legislature.vermont.gov/statutes/section/12/081/01913 (最後瀏覽日：02/23/2020)

[1412] 補充言之，相關翻譯可與「區塊鏈技術的證據法價值」一起參照。參見施鵬鵬、葉蓓，前揭註 972，頁 3。

詞定義如下：(1)區塊鏈：「所謂區塊鏈係指通過互聯網、對等網絡或其他交互方式維護的、安全被加密的、以時間為順序的、去中心化的一致分類賬或一致數據庫。」[1413](2)區塊鏈技術：「所謂區塊鏈技術係指利用或啟用區塊鏈的電腦軟體、硬體、電腦軟體或硬體之集合，或兩者兼而有之。」[1414]

　　第二部分為(b)鑑定、證據可採性以及推定：(1)在區塊鏈中以電子方式登記之數位記錄，其應根據佛蒙特州證據規則第 902 條進行自我驗真，如若其附有經宣誓之合格證人之書面聲明，並說明該進行認證之人之適格性，並且附上：(A)系爭紀錄進入區塊鏈之日期及時間；(B)區塊鏈接收到系爭紀錄之日期及時間；(C)系爭紀錄系作為常規活動而保存於區塊鏈中；(D)系爭記錄是由定期進行之活動之常規做法。(2)在區塊鏈中以電子方式登記的數位記錄，如若附有符合本條第(1)款要求之聲明，則應視為根據佛蒙特州證據規則 803(6)定期開展業務活動之記錄，除非來源該信息或準備方法或系爭情況顯示其缺乏可信度。[1415]而關於本款(2)訂立之目的，系爭記錄包括信息或數據。(3)適用以下推定：(A)通過有效應用之區塊鏈技術核實之事實或記錄係為真實的。(B)通過區塊鏈建立之事實或記錄其記錄之期日及時間，即推定係為系爭事實或記錄被添加到區塊鏈的日期和時間。(C)系爭人員之建立透過該區塊鏈而建立紀錄之人員，即進行系爭紀錄之人。(D)如果法院或其他當事人同意系爭區塊鏈記錄之特定格式或核實方式，則以特定格式或方式向法院或其他法庭提交符合本條之區塊鏈記錄的經核實的陳述，則藉由雙方同意的內容證明了系爭記錄的內容。(4)推定不會延伸到事實或記錄內容的真實性，有效性或法律地位。(5)「因該事實處於不利地位的一方當事人有責任提供足夠的證據,證明相關事實、記錄、時間或身份與添加到區塊鏈時的事實、記錄、時間或身份不

[1413] 該款法條翻譯參見施鵬鵬、葉蓓，前揭註 972，頁 3。

[1414] 該款法條翻譯參見施鵬鵬、葉蓓，前揭註 972，頁 3。補充言之法條原文則係如下：(a) As used in this section：(1)"Blockchain"means a cryptographically secured, chronological, and decentralized consensus ledger or consensus database maintained via Internet, peer-to-peer network, or other interaction.(2) "Blockchain technology" means computer software or hardware or collections of computer software or hardware, or both, that utilize or enable a blockchain.

[1415] 該款法條翻譯，同時可以參見施鵬鵬、葉蓓，前揭註 972，頁 3。

符，但該推定並不影響原先的證明責任配置。[1416]」[1417]

　　第三部分係(C)在不受限制之情況下，本節規範之推定適用於區塊鏈技術維護的事實或記錄，用以確定：(1)契約當事人、條款、執行、生效日期以及法律地位;(2)所有權、轉讓、協商以及金錢、財產、契約、票據及其他法律權利義務之轉讓。(3)任何人之身分、參與、組成狀態、管理、記錄保存及治理；(4)私人交易契約中之相互作用的身份、參與及地位，以及政府或政府部門間、行政機關或機構間；(5)無論其係公開或私人，該記錄的真實性或完整性；(6)溝通記錄之真實性或完整性。[1418]

[1416] 該款法條翻譯參見施鵬鵬、葉蓓，前揭註972，頁3。

[1417] 補充言之法條原文如下：(b) Authentication, admissibility, and presumptions.(1) A digital record electronically registered in a blockchain shall be self-authenticating pursuant to Vermont Rule of Evidence 902, if it is accompanied by a written declaration of a qualified person, made under oath, stating the qualification of the person to make the certification and：(A) the date and time the record entered the blockchain;(B) the date and time the record was received from the blockchain;(C) that the record was maintained in the blockchain as a regular conducted activity; and(D) that the record was made by the regularly conducted activity as a regular practice.(2) A digital record electronically registered in a blockchain, if accompanied by a declaration that meets the requirements of subdivision (1) of this subsection, shall be considered a record of regularly conducted business activity pursuant to Vermont Rule of Evidence 803(6) unless the source of information or the method or circumstance of preparation indicate lack of trustworthiness. For purposes of this subdivision (2), a record includes information or data.(3) The following presumptions apply：(A) A fact or record verified through a valid application of blockchain technology is authentic.(B) The date and time of the recordation of the fact or record established through such a blockchain is the date and time that the fact or record was added to the blockchain.(C) The person established through such a blockchain as the person who made such recordation is the person who made the recordation.(D) If the parties before a court or other tribunal have agreed to a particular format or means of verification of a blockchain record, a certified presentation of a blockchain record consistent with this section to the court or other tribunal in the particular format or means agreed to by the parties demonstrates the contents of the record.(4) A presumption does not extend to the truthfulness, validity, or legal status of the contents of the fact or record.(5) A person against whom the fact operates has the burden of producing evidence sufficient to support a finding that the presumed fact, record, time, or identity is not authentic as set forth on the date added to the blockchain, but the presumption does not shift to a person the burden of persuading the trier of fact that the underlying fact or record is itself accurate in what it purports to represent.

[1418] 該款法條翻譯，同時可以參見施鵬鵬、葉蓓，前揭註972，頁3。補充言之法條原文如下: (c) Without limitation, the presumption established in this section shall apply to a fact or record maintained by blockchain technology to determine：(1) contractual parties, provisions, execution, effective dates, and

最後第四部份則係(D)本條之規定不得否定或生成以下：(1)任何人為本條授權的任何目的而採用或以其他方式實施區塊鏈技術的義務或責任；(2)通過應用區塊鏈技術驗證其實踐或數據之任何特定基礎活動之合法性或授權。[1419]

補充言之，關於佛蒙特州證據規則第 902 條涉及區塊鏈之第 13 款之規定[1420]，本文翻譯如下。[1421](13)區塊鏈記錄。在區塊鏈中以電子方式登記之數位記錄，如若其附有經宣誓之合格證人之書面聲明，並說明該進行認證之人之適格性，並且附上：(A)系爭紀錄進入區塊鏈之日期及時間；(B)區塊鏈接收到係爭紀錄之日期及時間；(C)系爭紀錄系作為常規活動而保存於區塊鏈中；和(D)系爭記錄是由定期進行之活動之常規做法。如有當事人欲提出系爭紀錄作為證據，其需提供書面聲明給對造當事人，同時在提出證據之前必須提供對造係爭紀錄以及聲明，以賦予對造挑戰之機會。[1422]

---

status;(2) the ownership, assignment, negotiation, and transfer of money, property, contracts, instruments, and other legal rights and duties;(3) identity, participation, and status in the formation, management, record keeping, and governance of any person;(4) identity, participation, and status for interactions in private transactions and with a government or governmental subdivision, agency, or instrumentality;(5) the authenticity or integrity of a record, whether publicly or privately relevant; and(6) the authenticity or integrity of records of communication.

[1419] 補充言之法條原文如下: (d) The provisions of this section shall not create or negate：(1) an obligation or duty for any person to adopt or otherwise implement blockchain technology for any purpose authorized in this section; or(2) the legality or authorization for any particular underlying activity whose practices or data are verified through the application of blockchain technology.

[1420] 補充言之，區塊鏈證據規則之相關討論，可以參見施鵬鵬、葉蓓，前揭註 972，頁 3。

[1421] 補充言之，關於佛蒙特州證據規則 902 條，可以參見 casetext 網站，網頁：https://casetext.com/rule/vermont-court-rules/vermont-rules-of-evidence (最後瀏覽日：02/23/2020)

[1422] 補充言之法條原文如下: (13) Blockchain records. Any digital record electronically registered in a blockchain if it is accompanied by a written declaration of a qualified person, made under oath, stating the qualification of the person to make the certification and：(A) the date and time the record entered the blockchain;(B) the date and time the record was received from the blockchain;(C) that the record was maintained in the blockchain as a regular conducted activity; and(D) that the record was made by the regularly conducted activity as a regular practice. A party intending to offer a record into evidence under this paragraph must provide written notice of that intention to all adverse parties, and must make the record and declaration available for inspection sufficiently in advance of their offer into evidence to provide an adverse party with a fair opportunity to challenge them.

由上對於區塊鏈證據規則之逐條翻譯，同時亦可參見本章第二節第四部份之區塊鏈證據相關介紹，以下將對佛蒙特州之立法特色作整理。[1423]

可查，上述佛蒙特州之立法係具有到兩大特色[1424]，其一是其係承認該區塊鏈之體系，伊雖然具有到「安全性」且屬「不易受到竄改」[1425]，然此即換言之，其依然係有受到任意人為「竄改」之可能性，而不論其之機率究多低，是故，該州遂對之規定到，該系爭之區塊鏈數位電子證據，伊在符合前述特定之條件下，係認其可以進行到前述所謂地「自我鑑定真偽」[1426]，惟其仍需向該對造提供到系爭之「紀錄」，以及就該系爭之「聲明」，進以供質疑，此外，觀察該州之證據規則 902 條係可知[1427]，其係傾向到仰賴前述區塊鏈之技術，而按前述「自我證明」伊之真偽[1428]，而係非再透過以往之「公證處」，或「第三方存證」等以為之地「公證證明」，而此即係可與之後中國法之特點為互相比較之。[1429]

補充言之，上述佛蒙特州伊之區塊鏈證據規則，目前適用之對象係在「私人」間，以及「政府機構」間，其實係可與中國最高人民法院「關於互聯網法院審理案件若干問題的規定」，伊係以民事訴訟法以及行政訴訟法而為依據，而可以為互相地參照之。[1430]

(2)中國法之回顧

以下進入對中國法之回顧，吾人可知，中國之國家互聯網信息辦公室伊

[1423] 請參本章第二節第四部份之相關介紹。

[1424] 參見施鵬鵬、葉蓓，前揭註972，頁3。

[1425] 補充言之，關於佛蒙特州於區塊鏈之相關資訊，可以參見 Vermont's online publication for Blockchain business throughout the State 網站，網頁：https://www.blockchainvt.co/ （最後瀏覽日：02/28/2020）

[1426] 參見施鵬鵬、葉蓓，前揭註972，頁3。

[1427] 參見佛蒙特州證據規則第 902 條。

[1428] 補充言之，關於自我鑑真之相關討論，可以參見吳美滿、庄明源，前揭註948，頁53。

[1429] 參見施鵬鵬、葉蓓，前揭註972，頁3。

[1430] 請參中國最高人民法院網站，網頁：http://www.court.gov.cn/zixun-xiangqing-116981.html (最後瀏覽日：08/08/2019)

已係於 2019 年公布到該系爭之「區塊鏈信息服務管理規定」[1431]，又該規定之施行日即係為同年地 2 月 15 日起，而按該規定可知，其係已規範就該區塊鏈信息服務之提供者，伊係須於其系爭服務為上線提供，伊之「十日」前，而於國家互聯網信息辦公室進行到通報，查該信息提供者，伊必須備妥以下四大項次，如其一之該系爭區塊鏈信息服務伊之「名稱」、其二之該系爭服務伊之「類別」及「形式」、其三之該系爭信息服務伊之應用「範圍」領域，以及其四之該系爭信息服務伊之「地址」等諸相關資訊，進以利該國家互聯網信息辦公室得以之進行完善「備案」。[1432]

　　據前述中國之國家互聯網信息辦公室指出[1433]，該系爭「區塊鏈信息服務管理規定」，伊之規範目的係為四大主要面向，其一係為對於該區塊鏈信息服務之提供者，關於其於該系爭信息之安全管理「責任」，於之「明確化」；其二則係為促進該區塊鏈技術以及相關利用前述區塊鏈之服務，伊能夠「健全發展」；其三係為對於該區塊鏈之信息服務，伊所可能產生之諸安全風險，進行相關之「防範」及「規避」；最後，其四則係對於有關該區塊鏈信息服務之「管理」、「使用」及「提供」等，而得於法律面向上能夠具備到有效之「法源」依據。[1434]

　　此若欲進一步解釋該系爭規定之規範目的，則即係須從區塊鏈之技術面解釋之[1435]，由於，前述區塊鏈技術其之特點即在於其係屬現工業 4.0 新興發

[1431] 請參中華人民共和國國家互聯網信息辦公室網站，網頁：https://www.cac.gov.cn/2019-01/10/c_112 3971164.htm（最後瀏覽日：08/08/2019）由上可知，系爭規定係由國家互聯網信息辦公室令第 3 號，經該互聯網信息辦公室室務會議之審議通過，其公布日為 2019 年 1 月 10 日，而其施行日為 2019 年 2 月 15 日。該規定共計 24 條，其法源依據以及規範目的可參系爭規定第 1 條：「為了規範區塊鏈信息服務活動，維護國家安全和社會公共利益，保護公民、法人和其他組織的合法權益，促进區塊鏈技術及相關服務的健康發展，根據《中華人民共和國網絡安全法》《互聯網信息服務管理辦法》和《國務院關於授權國家互聯網信息辦公室負責互聯網信息內容管理工作的通知》，制定本規定。」

[1432] 請參區塊客 blockcast.it 網站，〈中國網信辦發布《區塊鏈信息服務管理規定》將於 2 月 15 日起全國施行〉，網頁：https://reurl.cc/2XM3O（最後瀏覽日：08/08/2019）

[1433] 請參互聯網信息辦公室網站，網頁：http://www.cac.gov.cn/（最後瀏覽日：02/24/2020）

[1434] 參見區塊客，前揭註 1432。

[1435] 補充言之，關於區塊鏈技術之相關討論，可以參見數位時代網站，網頁：https://www.bnext.com.tw/

展之科技,而其係亦具備到前述之安全性、不可竄改性,以及匿名性等第三章諸優勢特點,然不可諱言,其雖係對於到社會上企業,以及其他相關產業等之發展係引入新的技術路徑[1436],但其在改變現社會的同時,也係已造成到特定的「安全疑慮」[1437],及部分較創新之「犯罪」活動,伊即係可能藉由到該區塊鏈之體系,嗣進行相關諸違法行為態樣[1438],如為遂實施及散播該「不實信息」或係「組織網路犯罪」等之各活動,伊進而即可能產生該系爭損害於此三方,諸如其一之「人民」、其二之「企業」,以及其三之「政府機關」,伊等之權益上層次,同時由於到部分之區塊鏈信息服務,伊之提供者,其關於到伊安全防護之「管理」,伊之意識實屬薄弱[1439],由此,其對該技術保護之不周則即係可能會對現系爭互聯網上,於伊信息之安全層次造成到顯著地挑戰。[1440]

由於,上述對於該區塊鏈體系發展[1441]之諸式疑慮[1442],是故,為明確地落實該系爭互聯網信息上之「安全管理」,以及維護系爭「公共利益」,以及國家之「安全」,同時亦欲促進與健全伊之區塊鏈體系地「發展」[1443],緣此,中國之「國家互聯網信息辦公室」,伊在廣泛地徵求學者專家之意見後,以及嗣進行到多項研究,遂制定出此部該系爭之「區塊鏈信息服務管理規

---

article/49047/blockchain-tech (最後瀏覽日:02/28/2020)

[1436] 參見區塊客,前揭註 1432。

[1437] 補充言之,關於區塊鏈可能產生之新型態犯罪行為相關資訊,可以參見區塊鏈報網站,網頁:http://blockchainsdaily.com/ (最後瀏覽日:02/24/2020)

[1438] 參見區塊客,前揭註 1432。

[1439] 補充言之,關於區塊鏈信息服務管理規定之相關解析,可以參見鏈聞網站,網頁:https://www.chainnews.com/zh-hant/articles/282289618725.htm (最後瀏覽日:02/24/2020)

[1440] 參見區塊客,前揭註 1432。

[1441] 補充言之,關於區塊鏈發展之簡史,可以參見區塊吧網站,網頁:https://reurl.cc/4gkzgR (最後瀏覽日:02/28/2020)

[1442] 參見區塊客,前揭註 1432。

[1443] 補充言之,關於區塊鏈信息服務之備案管理系統,可以參見互聯網信息辦公室網站,網頁:https://bcbeian.ifcert.cn/index (最後瀏覽日:02/24/2020)

定」。[1444]

　　為求慎重分析，以下將對該區塊鏈信息服務管理規定[1445]，伊之規範特點進行介紹[1446]，首先就該系爭規定伊對於所謂地「區塊鏈信息服務」之定義，此係規範於其第 2 條第 2 項：「本規定所稱區塊鏈信息服務，是指基於區塊鏈技術或者系統，通過互聯網站、應用程序等形式，向社會公眾提供信息服務。」[1447]而關於「區塊鏈信息服務提供者」之定義則係規範於同條第 3 項：「本規定所稱區塊鏈信息服務提供者，是指向社會公眾提供區塊鏈信息服務的主體或者節點，以及為區塊鏈信息服務的主體提供技術支持的機構或者組織；本規定所稱區塊鏈信息服務使用者，是指使用區塊鏈信息服務的組織或者個人。」[1448]

　　同時，關於國家互聯網信息辦公室之職責，以及各地省、直轄市或自治區之互聯網信息辦公室等之職責，則係規範於該系爭規定之第 3 條：「國家互聯網信息辦公室依據職責負責全國區塊鏈信息服務的監督管理執法工作。省、自治區、直轄市互聯網信息辦公室依據職責負責本行政區域內區塊鏈信息服務的監督管理執法工作。」[1449]同時，該系爭規定對於系爭區塊鏈信息服務提供者，伊之要求係可參見到該規定之第 5 條：「區塊鏈信息服務提供者

[1444] 參見區塊客，前揭註 1432。

[1445] 補充言之，關於區塊鏈信息服務管理規定之相關資訊，可以參見上海證券報網站，〈2019 年中國網絡安全大事評選揭曉〉，網頁：http://news.cnstock.com/industry,rdjj-202002-4495643.htm（最後瀏覽日：02/28/2020）

[1446] 參見區塊客，前揭註 1432。

[1447] 請參區塊鏈信息服務管理規定第 2 條：「在中華人民共和國境內從事區塊鏈信息服務，應當遵守本規定。法律、行政法規另有規定的，遵照其規定。本規定所稱區塊鏈信息服務，是指基於區塊鏈技術或者系統，通過互聯網站、應用程序等形式，向社會公眾提供信息服務。本規定所稱區塊鏈信息服務提供者，是指向社會公眾提供區塊鏈信息服務的主體或者節點，以及為區塊鏈信息服務的主體提供技術支持的機構或者組織；本規定所稱區塊鏈信息服務使用者，是指使用區塊鏈信息服務的組織或者個人。

[1448] 參見區塊鏈信息服務管理規定第 2 條，前揭註 1447。

[1449] 請參區塊鏈信息服務管理規定第 3 條：「國家互聯網信息辦公室依據職責負責全國區塊鏈信息服務的監督管理執法工作。省、自治區、直轄市互聯網信息辦公室依據職責負責本行政區域內區塊鏈信息服務的監督管理執法工作。」

應當落實信息內容安全管理責任，建立健全用戶註冊、信息審核、應急處置、安全防護等管理制度。」[1450]由上，可觀該條係已明確地要求系爭區塊鏈信息服務之諸提供者，伊係需要落實到其對於該系爭互聯網信息，伊之安全管理層次。[1451]

此外，查同規定第 6 條及第 7 條則係要求到，該區塊鏈信息服務提供者，伊係必須設置到與其之服務為相配之諸技術「條件」，同時，其亦須制定就該系爭平臺之「管理規則」以及「公約」。[1452]而該規定第 8 條則係規範了，關於該區塊鏈之實名制，其係用於該系爭區塊鏈使用者，伊之真實身分資訊之相關認證，而同規定第 10 條則已言明，係不得違法地利用系爭之區塊鏈，否則即會依法論處之。[1453]

另外，該規定對於區塊鏈信息服務提供者，伊立案上之要求[1454]，此係規範於該系爭規定之第 11 條第 1 項：「區塊鏈信息服務提供者應當在提供服務之日起十個工作日內通過國家互聯網信息辦公室區塊鏈信息服務備案管理系統填報服務提供者的名稱、服務類別、服務形式、應用領域、服務器地址等信息，履行備案手續。」[1455]而按同條第二項可知，該系爭信息服務提供者，

[1450] 請參區塊鏈信息服務管理規定第 5 條：「區塊鏈信息服務提供者應當落實信息內容安全管理責任，建立健全用戶註冊、信息審核、應急處置、安全防護等管理制度。」

[1451] 參見請參區塊鏈信息服務管理規定第 5 條。

[1452] 請參區塊鏈信息服務管理規定第 6 條：「區塊鏈信息服務提供者應當具備與其服務相適應的技術條件，對於法律、行政法規禁止的信息內容，應當具備對其發布、記錄、存儲、傳播的即時和應急處置能力，技術方案應當符合國家相關標準規範。」同規定第 7 條則為：「區塊鏈信息服務提供者應當制定並公開管理規則和平臺公約，與區塊鏈信息服務使用者簽訂服務協議，明確雙方權利義務，要求其承諾遵守法律規定和平臺公約。」

[1453] 請參區塊鏈信息服務管理規定第 8 條：「區塊鏈信息服務提供者應當按照《中華人民共和國網絡安全法》的規定，對區塊鏈信息服務使用者進行基於組織機構代碼、身份證件號碼或者移動電話號碼等方式的真實身份信息認證。用戶不進行真實身份信息認證的，區塊鏈信息服務提供者不得為其提供相關服務。」同規定第 10 條則為：「區塊鏈信息服務提供者和使用者不得利用區塊鏈信息服務從事危害國家安全、擾亂社會秩序、侵犯他人合法權益等法律、行政法規禁止的活動，不得利用區塊鏈信息服務製作、複製、發布、傳播法律、行政法規禁止的信息內容。」

[1454] 參見區塊客，前揭註 1432。

[1455] 請參區塊鏈信息服務管理規定第 11 條：「區塊鏈信息服務提供者應當在提供服務之日起十個工作日內通過國家互聯網信息辦公室區塊鏈信息服務備案管理系統填報服務提供者的名稱、服務類

伊欲提供新開發之「功能」或「應用」等，其係須按規定通報到其述之「互聯網信息辦公室」，又同條第三項則係明確地規範如若該系爭區塊鏈信息服務提供者，伊欲中止其之服務，則其係須於該終止服務之時點，為前 30 日進行系爭之「註銷」。[1456]

最後，則係關於違反前述系爭規定之罰則[1457]，而對此係可以參見該規定第 19 條至 22 條，其係明確地指出到，就違反相關規定者，伊係將由「國家」、「省」、「直轄市」，以及自治區之「互聯網信息辦公室」，按該「區塊鏈信息服務管理規定」，以及諸相關之「法律」、「行政法規」進行到處罰，如若有構成犯罪者則即依法追究其之「刑事責任」。[1458]

由上述區塊鏈信息服務管理規定之規範可知[1459]，中國對於現區塊鏈信息服務之管理，已係有初步之法律實務上之構建，其已涵蓋對於該區塊鏈信息服務業者，伊之「管理」以及相關「罰則」等層次，且其對於該系爭信息服務係具有相當地認知，即若伊欲完善該區塊鏈體系之發展[1460]，其即須建立完

別、服務形式、應用領域、服務器地址等信息，履行備案手續。區塊鏈信息服務提供者變更服務項目、平臺網址等事項的，應當在變更之日起五個工作日內辦理變更手續。區塊鏈信息服務提供者終止服務的，應當在終止服務三十個工作日前辦理註銷手續，並作出妥善安排」

[1456] 參見區塊鏈信息服務管理規定第 11 條，前揭註 1455。

[1457] 參見區塊客，前揭註 1432。

[1458] 請參區塊鏈信息服務管理規定第 19 條：「區塊鏈信息服務提供者違反本規定第五條、第六條、第七條、第九條、第十一條第二款、第十三條、第十五條、第十七條、第十八條規定的，由國家和省、自治區、直轄市互聯網信息辦公室依據職責給予警告，責令限期改正，改正前應當暫停相關業務；拒不改正或者情節嚴重的，並處五千元以上三萬元以下罰款；構成犯罪的，依法追究刑事責任。」同規定第 20 條係為：「區塊鏈信息服務提供者違反本規定第八條、第十六條規定的，由國家和省、自治區、直轄市互聯網信息辦公室依據職責，按照《中華人民共和國網絡安全法》的規定予以處理。」而同規定第 21 條之規範為：「區塊鏈信息服務提供者違反本規定第十條的規定，製作、複製、發布、傳播法律、行政法規禁止的信息內容的，由國家和省、自治區、直轄市互聯網信息辦公室依據職責給予警告，責令限期改正，改正前應當暫停相關業務；拒不改正或者情節嚴重的，並處二萬元以上三萬元以下罰款；構成犯罪的，依法追究刑事責任。」最後同規定第 22 條則係：「區塊鏈信息服務提供者違反本規定第十一條第一款的規定，未按照本規定履行備案手續或者填報虛假備案信息的，由國家和省、自治區、直轄市互聯網信息辦公室依據職責責令限期改正；拒不改正或者情節嚴重的，給予警告，並處一萬元以上三萬元以下罰款。」

[1459] 參見區塊客，前揭註 1432。

[1460] 補充言之，關於區塊鏈之自主創新面相關討論，可以參見人民網網站，網頁：http://finance.people

善之「法律規範」以及「公共監督」等之具體約束[1461]，進而得健全到就區塊鏈「技術」面、「產業」面以及「社會」面三大方面之平衡，同時由該系爭規定可見，中國對於就區塊鏈技術伊可能產生之安全諸疑慮，已進行法律面之預先防範，此亦可為我方借鏡之。[1462]

有鑑於上述中國對於前述區塊鏈之快速發展，以及就法律面上之演進，我國似須積極加速關於該區塊鏈法治之相關研究，此外，可查中國關於前揭區塊鏈證據之地位，已係於 2018 年 9 月 3 日由伊最高人民法院於系爭「最高人民法院關於互聯網法院審理案件若干問題的規定」作出具體地司法解釋，補充言之，本文對該規定之介紹係可參本章第二節之討論[1463]，又該「最高人民法院關於互聯網法院審理案件若干問題的規定」，伊解釋之法源依據係按「中國民事訴訟法」以及「行政訴訟法」等諸相關法律，而本文將該規定之重要條文意旨具列如下。[1464]

首先，該該規定第 1 條係規範該互聯網法院審理案件之相關形式[1465]；而第 2 條係明定前述互聯網法院得受理之系爭案件類型[1466]；第 3 條則是伊法院

.com.cn/BIG5/n1/2019/1125/c1004-31472038.html (最後瀏覽日：02/28/2020)

[1461] 補充言之，關於區塊鏈之監督，可以參見鏈聞網站，網頁：https://reurl.cc/5g7xgy (最後瀏覽日：02/28/2020)

[1462] 參見區塊客，前揭註 1432。

[1463] 請參本章第二節之相關介紹。

[1464] 參見最高人民法院關於互聯網法院審理案件若干問題的規定。

[1465] 請參最高人民法院關於互聯網法院審理案件若干問題的規定第 1 條：「互聯網法院採取在線方式審理案件，案件的受理、送達、調解、證據交換、庭前準備、庭審、宣判等訴訟環節一般應當在線上完成。根據當事人申請或者案件審理需要，互聯網法院可以決定在線下完成部分訴訟環節。」

[1466] 請參最高人民法院關於互聯網法院審理案件若干問題的規定第 2 條：「北京、廣州、杭州互聯網法院集中管轄所在市的轄區內應當由基層人民法院受理的下列第一審案件：（一）通過電子商務平臺簽訂或者履行網絡購物合同而產生的糾紛；（二）簽訂、履行行為均在互聯網上完成的網絡服務合同糾紛；（三）簽訂、履行行為均在互聯網上完成的金融借款合同糾紛、小額借款合同糾紛；（四）在互聯網上首次發表作品的著作權或者鄰接權權屬糾紛；（五）在互聯網上侵害在線發表或者傳播作品的著作權或者鄰接權而產生的糾紛；（六）互聯網域名權屬、侵權及合同糾紛；（七）在互聯網上侵害他人人身權、財產權等民事權益而產生的糾紛；（八）通過電子商務平臺購買的產品，因存在產品缺陷，侵害他人人身、財產權益而產生的產品責任糾紛；（九）檢察機關提起的互聯網公益訴訟案件；（十）因行政機關作出互聯網信息服務管理、互聯網商品交

管轄之規範[1467]；第 4 條則係規範該互聯網法院，伊之上訴審規範[1468]；第 9 條則係明文地指出，伊係欲透過該互聯網法院審理案件，伊之系爭當事人應將該數位電子證據，為上傳入系爭地訴訟平臺[1469]；第 10 條則明文規範到，該訴訟當事人透過系爭技術為數位電子化，伊之身分「證明」、授權「委託書」、書證、鑑定「意見」、勘驗「筆錄」，等諸相關證據材料，此若經該互聯網法院為審核通過，則該數位電子化之系爭證據，伊即係視為「符合原件形式要求」[1470]；又第 11 條則係明文肯定了該系爭區塊鏈數位電子證據，查其規範原文係為：「當事人提交的電子數據，通過電子簽名、可信時間戳、哈希值校驗、區塊鏈等證據收集、固定和防篡改的技術手段或者通過電子取證存證平臺認證，能夠證明其真實性的，互聯網法院應當確認。」[1471]

易及有關服務管理等行政行為而產生的行政糾紛；（十一）上級人民法院指定管轄的其他互聯網民事、行政案件。

[1467] 請參最高人民法院關於互聯網法院審理案件若干問題的規定第 3 條：「當事人可以在本規定第二條確定的合同及其他財產權益糾紛範圍內，依法協議約定與爭議有實際聯繫地點的互聯網法院管轄。電子商務經營者、網絡服務提供商等採取格式條款形式與用戶訂立管轄協議的，應當符合法律及司法解釋關於格式條款的規定。」

[1468] 請參最高人民法院關於互聯網法院審理案件若干問題的規定第 4 條：「當事人對北京互聯網法院作出的判決、裁定提起上訴的案件，由北京市第四中級人民法院審理，但互聯網著作權屬糾紛和侵權糾紛、互聯網域名糾紛的上訴案件，由北京知識產權法院審理。當事人對廣州互聯網法院作出的判決、裁定提起上訴的案件，由廣州市中級人民法院審理，但互聯網著作權屬糾紛和侵權糾紛、互聯網域名糾紛的上訴案件，由廣州知識產權法院審理。當事人對杭州互聯網法院作出的判決、裁定提起上訴的案件，由杭州市中級人民法院審理。」

[1469] 請參最高人民法院關於互聯網法院審理案件若干問題的規定第 9 條：「互聯網法院組織在線證據交換的，當事人應當將在線電子數據上傳、導入訴訟平臺，或者將線下證據通過掃描、翻拍、轉錄等方式進行電子化處理後上傳至訴訟平臺進行舉證，也可以運用已經導入訴訟平臺的電子數據證明自己的主張。」

[1470] 請參最高人民法院關於互聯網法院審理案件若干問題的規定第 10 條：「當事人及其他訴訟參與人通過技術手段將身份證明、營業執照副本、授權委託書、法定代表人身份證明等訴訟材料，以及書證、鑑定意見、勘驗筆錄等證據材料進行電子化處理後提交的，經互聯網法院審核通過後，視為符合原件形式要求。對方當事人對上述材料真實性提出異議且有合理理由的，互聯網法院應當要求當事人提供原件。」

[1471] 請參最高人民法院關於互聯網法院審理案件若干問題的規定第 11 條：「當事人對電子數據真實性提出異議的，互聯網法院應當結合質證情況，審查判斷電子數據生成、收集、存儲、傳輸過程的真實性，並着重審查以下內容：（一）電子數據生成、收集、存儲、傳輸所依賴的計算機系統

(3)中國法與美國法之比較

綜合觀察，由上述中國法以及美國佛蒙特州法，伊對於區塊鏈數位電子
證據等之規範，進行比較係可知[1472]，該中國法係承認到係爭區塊鏈體系，伊
之「不可竄改性」，然觀美國法則對此除沒有明文地為肯認外，其對該區塊
鏈數位電子證據之態度係為，如若該系爭證據伊於滿足「特定」地條件下，
方可實現前揭之「自我鑑真」[1473]，此外，美國法亦係特別地指出關於該區塊
鏈等之證據，就伊之提出，伊尚須於系爭證據提出於該系爭法庭之前，「事
先」地提出該系爭「紀錄」，以及該系爭書面上地「聲明」，進給於該對造，
遂進得以利伊嗣為「查驗」，以及為「質疑」該系爭證據。[1474]

具體言之，由前可查，中國法較美國係傾向於前述及之「第三方存證中
心」，就伊之所謂「公證證明」，而美國法則是傾向仰賴於區塊鏈體系，伊
之「技術自證」等特點[1475]，而在區塊鏈技術出現之前，該數位電子數位證據
伊在法院實務中之審理上，可觀，伊被採信之比率實係屬極「不高」[1476]，其
即係由於該系爭數位電子證據，就前曾述之「易竄改性」，以及「易造假性」
等不利特徵，然在現區塊鏈技術出現之後，由於，其已係具有深別於傳統上
數位電子證據，就伊之「真實性」、「可信性」以及「可靠性」等，換言之，

等硬件、軟件環境是否安全、可靠；（二）電子數據的生成主體和時間是否明確，表現內容是否
清晰、客觀、準確；（三）電子數據的存儲、保管介質是否明確，保管方式和手段是否妥當；（四）
電子數據提取和固定的主體、工具和方式是否可靠，提取過程是否可以重現；（五）電子數據的
內容是否存在增加、刪除、修改及不完整等情形；（六）電子數據是否可以通過特定形式得到驗
證。當事人提交的電子數據，通過電子簽名、可信時間戳、哈希值校驗、區塊鏈等證據收集、固
定和防篡改的技術手段或者通過電子取證存證平臺認證，能夠證明其真實性的，互聯網法院應當
確認。」

[1472] 參見施鵬鵬、葉蓓，前揭註 972，頁 3。

[1473] 請參最高人民法院關於互聯網法院審理案件若干問題的規定第 11 條。Also *See* Vermont Rules of
Evidence, Rule 902.關於自我鑑真亦可參見吳美滿、庄明源，前揭註 948，頁 53。

[1474] 參見施鵬鵬、葉蓓，前揭註 972，頁 3。

[1475] 補充言之，關於美國對於區塊鏈之相關立法整理，可以參見 NCSL 網站，網頁：https://www.ncsl.org/
research/financial-services-and-commerce/the-fundamentals-of-risk-management-and-insurance-viewed
-through-the-lens-of-emerging-technology-webinar.aspx (最後瀏覽日：02/28/2020)

[1476] 補充言之，關於數位證據之討論，可以參考本章前揭之相關介紹。

其即係得在一定程度上，具體解決現傳統數位電子證據，伊可信性不足之主要缺點，遂進而可以協助系爭法院，伊能更加完善的審理諸式案件。[1477]

　　由上述中國以及美國對於對於該區塊鏈體系等之法律規範，可以得知，伊們對於以下區塊鏈證據之內涵及規範，亦即「其一之區塊鏈以及區塊鏈技術之定義、其二之數位電子證據之審理規則、其三之區塊鏈存證平臺之檢驗、其四之區塊鏈於法院證據規則之使用、其五之區塊鏈信息服務提供者之規範、其六之區塊鏈違法使用之罰則、其七之區塊鏈證據之適用範圍，以及最後其八之法院管轄」[1478]等諸細部治理，係已具有到相關細緻之討論，以及實務上大量運作，而此點即亦深值得我國對於發展區塊鏈數位電子證據，以及究如何運用區塊鏈保護營業秘密之具體法律作為，得為借鑑參考之。[1479]

(4)對我國法之建議

Ⅰ 我國法之現況

　　以下進入對於我國法之建議，首先若以我國法現況為觀，本文以「區塊鏈」為關鍵字，而進於法學資料庫進行檢索結果如下，法規名稱 0 筆資料；條文內容 1 筆資料；大法官解釋 0 筆資料；最高法院大法庭 0 筆資料；原最高法院判例 0 筆資料；停止適用判例 0 筆資料；決議 0 筆資料；具參考價值裁判 0 筆資料；行政函釋 4 筆資料；起訴書 2 筆資料；裁判書 10 筆資料；司法解釋 0 筆資料；訴願決定書 0 筆資料；大法官不受理案件 0 筆資料。[1480]

　　從前揭搜尋結果中顯示可知，條文內容僅有 1 筆資料，然該筆資料係為「歸化國籍之高級專業人才認定標準」，而該標準提及前述區塊鏈之部分，則係其第 2 條第 1 項第 2 款：「在人工智慧、物聯網、擴增實境、區塊鏈、虛擬實境、機器人、積層製造等前瞻科技上具有獨到才能或有傑出研發設計。」

[1477]　參見施鵬鵬、葉蓓，前揭註 972，頁 3。

[1478]　請參本文前揭關於區塊鏈證據規則之相關介紹。

[1479]　請參中國之「區塊鏈信息服務管理規定」、「最高人民法院關於互聯網法院審理案件若干問題的規定」。Also *See* 12 V.S.A. § 1913、Vermont Rules of Evidence, Rule 902.

[1480]　請參法源法律網法學查詢結果網站，網頁：https://reurl.cc/0LKOx (最後瀏覽日：08/10/2019)

[1481]由上可知,雖然條文已提及區塊鏈,然關於其之定義層面亦未臻明確,同時亦係未見伊關於區塊鏈數位電子證據等之專章或係專法,遂可觀,目前對於區塊鏈於我國法律之解釋,以及究應如何為適用仍實未明確。[1482]

①行政函釋

關於行政函釋上,則共計有四筆資料,查其類別係共有 3 面向,分別為金融類、工業類,以及公司法類,其中前述金融類係具 2 筆資料,而工業類及公司法類則各為 1 筆資料,又金融類之資料其一係為「金管銀控字第

[1481] 請參歸化國籍之高級專業人才認定標準第 2 條:「本標準所稱高級專業人才,指有下列各款情形之一者:一、科技領域:(一)在奈米、微機電技術、光電技術、資訊及通訊技術、通訊傳播技術、自動化系統整合技術、材料應用技術、高精密感測技術、生物科技、資源開發或能源節約及尖端基礎研究、國防及軍事戰略等尖端科技上具有獨到才能或有傑出研發設計。(二)在人工智慧、物聯網、擴增實境、區塊鏈、虛擬實境、機器人、積層製造等前瞻科技上具有獨到才能或有傑出研發設計。二、經濟領域:(一)在產業之關鍵技術、產品關鍵零組件或其他技術上具有獨到專業技能,能實際促進我國產業升級。(二)在農業、工業及商業之農業開發、農產行銷、機器設備、半導體、積體電路、光電、資通訊、電子電路設計、生技醫材、精密機械、汽車零組件、系統整合、大眾傳播、法律、保險、銀行、翻譯、諮詢顧問、綠色能源、醫療照護、文化創意或觀光旅遊等企業擔任專業職務,具傑出專業才能或有跨國經驗為我國亟需之人才。三、教育領域:(一)現任或曾任國內外大學講座教授、教授、副教授或助理教授,且現受聘於我國教育、學術或研究機構。(二)現任或曾任國內外研究機構之研究人員或研究技術人員,且現受聘於我國教育、學術或研究機構。(三)學術活動或研究結果獲得國家機關或國際著名學會、團體頒發獎項或論文刊登於著名論文引用目錄或國際著名學術雜誌。四、文化或藝術領域:(一)獲各界或知名評論家、文化、藝術協會、重要媒體報章雜誌評論肯定者。(二)現任或曾擔任獲傑出評價之活動(指標性藝術博覽會、雙年展等藝文計畫)主要或重要角色者。(三)曾獲得國內或國際認可之獎項或擔任獎項之評審者。(四)具備傑出成就獲得加入之組織成員。(五)在文化資產或固有文化之保存、維護、傳承及宣揚具有特殊技能或成就者。(六)在音樂、舞蹈、美術、戲劇、文學、民俗技藝、工藝、環境藝術、攝影、廣播、電影、電視等各種文藝工作有傑出技能或成就者。五、體育領域:(一)曾獲國際體育(運動)比賽前三名或具優異技能有助提升我國運動競技實力。(二)曾任各國家代表隊教練、國際性體育(運動)比賽裁判或具優異賽事績效而有助提升我國運動競技實力。六、其他領域:(一)在民主、人權、宗教等領域有重要著作或享譽國際之具體事蹟。(二)在金融、醫學、公路、高速鐵路、捷運系統、電信、飛航、航運、深水建設、氣象或地震等領域具傑出專業才能或有跨國經驗且為我國亟需之人才。(三)在社會、生活、飲食及流行時尚等具優異才能者。」

[1482] 補充言之本部分將以三大主軸為討論,其一係為我國法之現況;其二係比較觀察;其三則係立法建議。關於我國法之現況,本文以四大部分作整理回顧,其一係為行政函釋;其二係起訴書;其三係裁判書;其四則係現行法規函釋及判決之整理。而關於立法建議則以四大階層作出建言,其一係為立法方向建議;其二係配套措施設置;其三係立法時程目標;最後其四則係刑事面之觀察。

1056000561 號令」[1483]，其二則係「金管銀控字第 10460003280 號令」[1484]，前者述及區塊鏈部分係為解釋究何謂「金融控股公司法」第 36 條第 2 項第 11 款[1485]所稱之「其他經主管機關認定與金融業務相關之事業」，其於該文第二段係對之解釋，究所謂該金融科技業，伊係指其主要業務為：「利用資訊或網路科技，以提升金融服務或作業流程之效率或安全性（例如：行動支付、自動化投資理財顧問、區塊鏈技術、生物辨識、風險管理、洗錢防制、資訊安全、交易安全、消費者權益保護等）。」[1486]後者「金管銀控字第 10460003280 號令」則已遭廢止。[1487]

　　工業類之行政函釋則係「科部科字第 1070010828A 號公告」[1488]，其係指出按「外國專業人才延攬及僱用法」伊第 4 條第 1 項第 2 款之所謂：「外國特定專業人才具有科技領域特殊專長者」，其需符合之條件其一係為：「在人工智慧、物聯網、擴增實境、區塊鏈、虛擬實境、機器人、積層製造等前瞻科技上具有獨到才能或有傑出研發設計或有新創實績。」[1489]

　　公司法類之行政函釋則係「經商一字第 10702263070 號」[1490]，而該函釋

[1483] 請參金融監督管理委員會金管銀控字第 10560005610 號令。

[1484] 請參金融監督管理委員會金管銀控字第 10460003280 號令。

[1485] 請參金融控股公司法第 36 條第 2 項：「金融控股公司得向主管機關申請核准投資之事業如下：一、金融控股公司。二、銀行業。三、票券金融業。四、信用卡業。五、信託業。六、保險業。七、證券業。八、期貨業。九、創業投資事業。十、經主管機關核准投資之外國金融機構。十一、其他經主管機關認定與金融業務相關之事業。」

[1486] 參見金融控股公司法第 36 條第 2 項，前揭註 1485。

[1487] 參見金管銀控字第 10460003280 號令。

[1488] 請參科技部科部科字第 1070010828A 號。

[1489] 請參外國專業人才延攬及僱用法第 4 條：「本法用詞，定義如下：一、外國專業人才：指得在我國從事專業工作之外國人。二、外國特定專業人才：指前款外國專業人才中具有中央目的事業主管機關公告之我國所需科技、經濟、教育、文化、藝術、體育及其他領域之特殊專長者。三、外國高級專業人才：指入出國及移民法第二十五條第三項第二款所定為我國所需之高級專業人才。四、專業工作：指下列工作：（一）依就業服務法第四十六條第一項第一款至第六款之工作。（二）具專門知識或技術，且經中央目的事業主管機關會商教育部指定依補習及進修教育法立案之短期補習班教師。」

[1490] 請參經濟部經商一字第 10702263070 號。

之要旨係為：「有關公司名稱標有「區塊鏈」等文字，應視為『特取名稱』或『表明業務種類之文字』疑義」。又該函釋全文係為：「依來函所述，『區塊鏈』又稱『分散式帳本技術』，是指運用分散式資料庫識別、傳播和記載資訊的智慧化網路應用。爰『區塊鏈』一詞，涉及網路資料應用技術或概念之文字，於公司名稱預查審核時，應屬『表明業務種類之文字』。」[1491]

由上我國僅有之 4 筆關於區塊鏈之行政函釋可知，目前關於區塊鏈之函釋僅觸及區塊鏈法律議題之表面部分，可查，其對於現區塊鏈之定義、解釋及相關證據使用規則亦未臻明確，進步言之，若將之與前述中、美為比較，則可顯見我國對於區塊鏈之起步已然較晚。[1492]

②起訴書

起訴書之資料共計 2 筆，分別係為「107 年度偵字第 35783 號刑事追加起訴書」[1493]及「107 年度偵字第 13343 號刑事起訴書」[1494]，前者係為後者之追加起訴書，而該案係為著作權案件，而係關於「區塊鏈如何幫助音樂人」一文之著作權爭議，系爭案件已由警方依新北地方法院所核之搜索票，扣得「區塊鏈書籍」120 本、「區塊鏈進退貨與庫存資料」3 張以及「區塊鏈銷售紀錄表」1 張，目前全案已係依刑事訴訟法第 251 條第 1 項：「檢察官依偵查所得之證據，足認被告有犯罪嫌疑者，應提起公訴。」以及同法第 265 條第 1項：「於第一審辯論終結前，得就與本案相牽連之犯罪或本罪之誣告罪，追加起訴。」追加提起公訴。[1495]

由上可知，當前涉及區塊鏈之案件，查其之關注面向，僅係淺淺觸及到區塊鏈法律議題之表面，其係無涉於區塊鏈之技術本身及特性，可觀，目前實務案件之處理仍僅係關於傳統之著作權侵害層面，若須再進步言之，現關於區塊鏈刑事上議題，世界注意的主要包含資恐、反洗錢、詐騙，以及比特

[1491] 參見經濟部經商一字第 10702263070 號。

[1492] 請全國法規資料庫網站，網頁：https://reurl.cc/Eqk3k (最後瀏覽日：08/10/2019)

[1493] 請參 107 年度偵字第 35783 號刑事追加起訴書。

[1494] 請參 107 年度偵字第 13343 號刑事起訴書。

[1495] 參見 107 年度偵字第 13343 號刑事起訴書，以及 107 年度偵字第 35783 號刑事追加起訴書。

幣等虛擬貨幣之議題等，又我國對於區塊鏈之關注層度，較之全球似仍有所不及。[1496]

③裁判書

裁判書部分計有共 10 筆資料，可將檢索結果分為三類，其一係為地方法院民事判決共計 5 筆、其二則係高等法院刑事 1 筆，最後其三係為地方法院刑事 4 筆，其中地方法院民事判決之 5 筆資料中，有關區塊鏈之提及多係就區塊鏈報導、或所謂泛用型區塊鏈 SOC 產品開發合約書，抑或區塊鏈有限公司等，可查，其僅係觸及前述區塊鏈之表層，而係未深入地探究關於區塊鏈之證據規則，或區塊鏈之定義，抑或區塊鏈之相關法律解釋；又高等法院提及區塊鏈之判決，則可參「臺灣高等法院 107 年度金上訴字第 83 號判決」[1497]，該判決中之論罪部分，伊於比特幣之定義中，查其原文係為：「比特幣（Bitcoin）是一種基於去中心化，採用點對點網路與共識主動性，開放原始碼，以區塊鏈（Block Chain）作為底層技術的加密虛擬貨幣或數位資產；其取得除少數人可經由挖礦（Mining) 方式取得外，主要取得的方式仍須以現金、商品或勞務等作為交換對價，亦即比特幣是由買受人以一定對價向持有人取得對比特幣之權利。）」[1498]

由上可知，該判決對於系爭區塊鏈之論述亦僅淺淺提及，其主要係解釋究何謂比特幣，又關於區塊鏈之定義，證據使用等諸法律層面之討論，則亦未有所提及；最後，地方法院刑事裁判之 4 筆資料，伊計有 3 筆判決及 1 筆裁定，惟伊們對該區塊鏈之提及，亦僅係淺淺劃過，可觀，其多係如區塊鏈銷售紀錄表等，關於前揭區塊鏈相關之法律論述，則亦未見。[1499]

④我國現行法規函釋及判決整理

從上述我國對於區塊鏈相關法律實務之整理，可知，區塊鏈技術在我國係並未立有到專法或係專章，嗣對其關於前揭之「區塊鏈及區塊鏈技術之定

[1496]　參見全國法規資料庫，前揭註 1492。

[1497]　請參高等法院 107 年度金上訴字第 83 號判決。

[1498]　參見高等法院，前揭註 1497。

[1499]　參見全國法規資料庫，前揭註 1492。

義、區塊鏈證據之審理規則、區塊鏈存證平臺之檢驗、區塊鏈於法院證據規則之使用、區塊鏈信息服務提供者之規範、區塊鏈違法使用之罰則、區塊鏈證據之適用範圍以及法院管轄層面定有規範」，等具體上治理層次，而究如何完善區塊鏈之體系於我國法制落地，此實係為我國需要再為思考之部分。[1500]

進步言之，參見我國實務上之判決或行政函釋等，關於區塊鏈體系之對於上述已提及之諸區塊鏈法律適用規則，及就諸基礎上之定義層面惟未作出到具體可操作地解釋，由此可見，我國關於區塊鏈之相關應用面、法律面以及證據面，現與中國或美國佛蒙特州對於區塊鏈於法律面之發展速率，已似稍嫌緩慢之。[1501]

II 比較觀察

具體言之，若將我國與前述中國及美國佛蒙特州，伊之區塊鏈於法律面之發展進行到比較，即可知中國目前對區塊鏈之規範以及解釋面，已係有「區塊鏈信息服務管理規定」[1502]以及「最高人民法院關於互聯網法院審理案件若干問題的規定」[1503]，而美國佛蒙特州則係在其州法第 1913 條[1504]，以及佛蒙特州證據規則 902 條[1505]中，已關於區塊鏈證據規則及伊相關定義，作出道明確地規範與解釋。[1506]

反觀，我國對於區塊鏈於法律法規，抑或於現解釋面向中，此對於「其一之區塊鏈及區塊鏈技術之定義、其二之區塊鏈證據之審理規則、其三之區塊鏈存證平臺之檢驗、其四之區塊鏈於法院證據規則之使用、其五之區塊鏈

[1500] 相關規範可以參見本文前揭對於中國及美國區塊鏈證據發展之介紹，中國主要可以參見其所發布之區塊鏈信息服務管理規定，而美國則可以參見佛蒙特州法之相關規定。

[1501] 參見全國法規資料庫，前揭註 1492。

[1502] 請參中國國家互聯網信息辦公室網站，網頁：https://www.cac.gov.cn/2019-01/10/c_1123971164.htm（最後瀏覽日：08/10/2019）

[1503] 請參中國最高人民法院網站，網頁：http://www.court.gov.cn/zixun-xiangqing-116981.html（最後瀏覽日：08/10/2019）

[1504] *See* 12 V.S.A. §1913. Blockchain enabling.

[1505] *See* Vermont Rules of Evidence, Rule 902.

[1506] 請參本文前揭關於區塊鏈證據規則之相關討論。

信息服務提供者之規範、其六之區塊鏈違法使用之罰則、其七之區塊鏈證據之適用範圍，以及其八之法院管轄層面」[1507]等，皆係未見明確之規範及定義，現相關實務判決也是付之闕如。[1508]此相較中國及美國對於區塊鏈於證據面使用上之注重，我方似反應已有所不及，現如若再不積極為加速相關區塊鏈法治之規範為之具體地明確化，則我國未來對於區塊鏈體系於伊法律面之發展，如區塊鏈之三大層次，就其一之「存證面」、其二之「取證面」，或最後其三之「固證面」等，在未來法院於訴訟實務，或係應對到可能透過區塊鏈為諸違法之行為時，我國將即可能窮於應對之，緣此，該點極需我國為密切注重之。[1509]

Ⅲ立法建議

我國若欲完善區塊鏈於法治面之發展，本文將綜合到本章前述之介紹，而提出對於我國區塊鏈法治之系統性立法建議，以下將以四方面對我國於區塊鏈之法律面向提出相關建議，其一係為立法方向建議、其二係配套措施設置、其三係對立法時程目標之建議，以及最後其四則係對於刑事面上之觀察。[1510]

①立法方向建議

首先就立法方向上之建議，依前可知，由於我國現並無證據法上之專法[1511]，目前可查相關證據之規定，伊實係散落於現各法律條文之中[1512]，又我國對於數位電子證據之適用，亦係無專法或係專章而對為規範，此點由本章前

[1507] 參見本文前述對於中國及美國區塊鏈證據發展之介紹，前揭註1071。同時小可參見「區塊鏈信息服務管理規定」、「最高人民法院關於互聯網法院審理案件若干問題的規定」。Also See 12 V.S.A. § 1913、Vermont Rules of Evidence, Rule 902.

[1508] 可以參見本節前揭對區塊鏈信息服務管理規定，以及佛蒙特州法之相關介紹。

[1509] 參見全國法規資料庫，前揭註1492。

[1510] 補充言之，本部分亦可與本文第壹章之結論與建議參照之。

[1511] 補充言之，關於證據法專法訂立之相關討論，可以參見中時電子報網站，網頁：https://www.chinatimes.com/realtimenews/20170408002910 260402?chdtv (最後瀏覽日：02/25/2020)

[1512] 補充言之，關於司法改革之相關資訊，可以參見司法改革進度追蹤資訊平臺網站，網頁：https://judicialreform.gov.tw/News (最後瀏覽日：02/25/2020)

段可知，亦即係造成實務上之諸不便[1513]，又對此如若參照到對岸，伊係將數位電子證據已為明文之規範，以及就美國相關之區塊鏈數位電子證據規則等[1514]，即可以發見到我方於前揭數位電子數位證據，伊之規範面即似有不足之處[1515]，緣此，以下將以區塊鏈數位電子證據，伊與前曾述之我國較為與之接近地「電子簽章法」，就伊之適用做檢討與進步建議。[1516]

　　首先，就法律規範上觀察，參照我國電子簽章法第 1 條第 1 項之用字：「為推動電子交易之普及運用，確保電子交易之安全，促進電子化政府及電子商務之發展，特制定本法。」[1517]由上即可見知[1518]，我國電子簽章法，伊之訂立目的係為保障到前曾述之「電子商務」，伊之安全地發展[1519]，而再參見電子簽章法第 4 條用語：「經相對人同意者，得以電子文件為表示方法。依

[1513] 關於數位證據之實務，可以參見本章第二節前揭之相關討論。

[1514] 參見「區塊鏈信息服務管理規定」、「最高人民法院關於互聯網法院審理案件若干問題的規定」。Also See 12 V.S.A. § 1913、Vermont Rules of Evidence, Rule 902.

[1515] 補充言之，關於數位證據之相關討論，可以參見姜世明(2018)，〈電子文件在證據法上作用之比較研究—兼論實體文書掃描保存之相關問題〉，《數位證據與程序法理—比較法視野的觀察》，頁 3-99。

[1516] 請參全國法規資料庫網站，網頁：https://reurl.cc/pq77b (最後瀏覽日：08/10/2019)

[1517] 請參電子簽章法第 1 條：「為推動電子交易之普及運用，確保電子交易之安全，促進電子化政府及電子商務之發展，特制定本法。本法未規定者，適用其他法律之規定。」

[1518] 補充言之，關於本條之實務見解，可以參見高等法院 100 年度上字第 1185 號判決。判決原文指出：「按當事人互相表示意思一致者，無論其為明示或默示，契約即為成立，民法第 153 條第 1 項定有明文。次按契約之成立不以署名畫押為件。故凡當事人間締結契約，其書面之形式雖不完全，而能以其他方法足以證明其意思已有合致之表示者，自無妨於契約之成立（最高法院 71 年度臺上字第 4408 號判決意旨參照）。又按為推動電子交易之普及運用，確保電子交易之安全，促進電子化政府及電子商務之發展，特制定本法。復按依法令規定應簽名或蓋章者，經相對人同意，得以電子簽章為之。再按以數位簽章簽署電子文件者，應符合使用經第 11 條核定或第 15 條許可之憑證機構依法簽發之憑證，始生前條第一項之效力。電子簽章法第 1 條、第 9 條及第 10 條第 1 款分別定有明文。可知以其他方法足以證明其意思表示已有合致者，無論為明示或默示，均可認約已成立。嗣因現代電子科技進步，我國為推動電子交易之普及運用，確保電子交易之安全，促進電子化政府及電子商務之發展，乃立法制定電子簽章法，若契約當事人均同意使用電子簽章以代簽名或蓋章者，應可認該電子簽章即為契約當事人之表示方法，又該電子簽章須符合電子簽章法第 11 條核定或第 15 條許可之憑證機構依法簽發之憑證，始具有電子簽章之效力。」

[1519] 補充言之，關於本條之立法理由，可以參見立法院法律系統網站，網頁：https://reurl.cc/vn9rrL (最後瀏覽日：02/25/2020)

法令規定應以書面為之者，如其內容可完整呈現，並可於日後取出供查驗者，經相對人同意，得以電子文件為之。前二項規定得依法令或行政機關之公告，排除其適用或就其應用技術與程序另為規定。但就應用技術與程序所為之規定，應公平、合理，並不得為無正當理由之差別待遇。」[1520]由此可知，我國電子簽章法係已明定到[1521]，究該法之適用「要件」層次，伊實係須由現電子簽章法第 4 條第 1 項，伊所謂地「經相對人同意者，得以電子文件為表示方法。」[1522]此處換言之可查，該系爭表示方法，伊尚須先經該相對人伊之同意[1523]，此方得以前述「電子文件」之形式而進為該表示方法。[1524]

又關於究前揭該系爭電子文件，伊之「定義」層次，則係可參同法第 2 條第 1 款文字：「一、電子文件：指文字、聲音、圖片、影像、符號或其他資料，以電子或其他以人之知覺無法直接認識之方式，所製成足以表示其用

[1520] 請參電子簽章法第 4 條：「經相對人同意者，得以電子文件為表示方法。依法令規定應以書面為之者，如其內容可完整呈現，並可於日後取出供查驗者，經相對人同意，得以電子文件為之。前二項規定得依法令或行政機關之公告，排除其適用或就其應用技術與程序另為規定。但就應用技術與程序所為之規定，應公平、合理，並不得為無正當理由之差別待遇。」

[1521] 補充言之，關於電子簽章法之立法歷程，可以參見立法院法律系統網站，網頁：https://reurl.cc/W4ppD7 (最後瀏覽日：02/25/2020)

[1522] 參見電子簽章法第 4 條，前揭註 1520。

[1523] 補充言之，關於電子簽章法第 2 條、第 4 條，以及第 9 條之相關實務見解，可以參見臺北地方法院 99 年度簡上字第 194 號判決。判決原文指出：「次按電子簽章法第 1 條規定：為推動電子交易之普及運用，確保電子交易之安全，促進電子化政府及電子商務之發展，特制定本法。本法未規定者，適用其他法律之規定。又電子文件係指文字、聲音、圖片、影像、符號或其他資料，以電子或其他以人之知覺無法直接認識之方式，所製成足以表示其用意之紀錄，而供電子處理之用者；電子簽章係指依附於電子文件並與其相關連，用以辨識及確認電子文件簽署人身分、資格及電子文件真偽者；經相對人同意者，得以電子文件為表示方法；依法令規定應簽名或蓋章者，經相對人同意，得以電子簽章為之，同法第 2 條第 1 款、第 2 款、第 4 條第 1 項、第 9 條第 1 項分別定有明文。是電子簽章法僅係規定在相對人同意下，得以電子文件為表示方法，且在法令規定應簽名或蓋章，復經相對人同意，則得以電子簽章為之，非謂當事人如未為電子簽章，其所發送之電子文件即不具文書之適格。」

[1524] 關於電子文件與證據法之相關討論，可以參見姜世明(2018)，〈從實體正本文件數位化看數據證據使用上所面臨之問題——兼論證券市場參與者實體開戶或交易文件之無實體保存〉，《集保雙月刊》，240 期，頁 8-11。

意之紀錄,而供電子處理之用者。」[1525]由上,即可見知現電子簽章法[1526]對於該系爭電子文件,就伊之定義[1527],細觀其之用語係為「以電子或其他以人之知覺無法直接認識之方式,所製成足以表示其用意之紀錄,而供電子處理之用者。」[1528]此點即可觀,伊係與「傳統」法學討論上,伊對於到「文書」之定義而為「不符」[1529],此換言之,可查傳統上文書之定義,伊於表現上之方式即係較為之地窄縮[1530],而查該法就「電子文件」[1531]上,較之則即係具備「多樣性」,若須再為補充言之,則此部亦可與前述就電子簽章法與區塊鏈體系上之蓋覽,做比較觀察。[1532]

此外,按電子簽章法第 5 條之規定用語:「依法令規定應提出文書原本或正本者,如文書係以電子文件形式作成,其內容可完整呈現,並可於日後

[1525] 請參電子簽章法第 2 條:「本法用詞定義如下:一、電子文件:指文字、聲音、圖片、影像、符號或其他資料,以電子或其他以人之知覺無法直接認識之方式,所製成足以表示其用意之紀錄,而供電子處理之用者。二、電子簽章:指依附於電子文件並與其相關連,用以辨識及確認電子文件簽署人身分、資格及電子文件真偽者。三、數位簽章:指將電子文件以數學演算法或其他方式運算為一定長度之數位資料,以簽署人之私密金鑰對其加密,形成電子簽章,並得以公開金鑰加以驗證者。四、加密:指利用數學演算法或其他方法,將電子文件以亂碼方式處理。五、憑證機構:指簽發憑證之機關、法人。六、憑證:指載有簽章驗證資料,用以確認簽署人身分、資格之電子形式證明。七、憑證實務作業基準:指由憑證機構對外公告,用以陳述憑證機構據以簽發憑證及處理其他認證業務之作業準則。八、資訊系統:指產生、送出、收受、儲存或其他處理電子形式訊息資料之系統。」

[1526] 補充言之,關於電子簽章法之異動條文及理由,可以參見立法院法律系統網站,網頁:https://reurl.cc/Vayyz6 (最後瀏覽日:02/25/2020)

[1527] 補充言之,關於電子文件之定義,及其與傳統文書定義之不同點,可以參見姜世明,前揭註 1524,頁 8。

[1528] 參見電子簽章法第 2 條,前揭註 1525。

[1529] 補充言之,關於電子簽章法第 2 條第 1 款之實務見解,可以參見智慧財產法院 101 年度民商上字第 16 號判決。判決原文指出:「然查,電子郵件為電子簽章法第 2 條第 1 款規定之電子文書,性質上屬民事訴訟法第 363 條第 1 項所規定『於文書外之物件有與文書有相同之效用者』之準文書。」

[1530] 補充言之,關於電子文件於民事相關法律之特殊點,可以參見姜世明,前揭註 1524,頁 8。

[1531] 補充言之,關於電子文件之特性、準文書、證據價值、真實性,以及同一性等相關討論,可以參見姜世明,前揭註 1524,頁 8-9。

[1532] 參見姜世明,前揭註 1524,頁 8。

取出供查驗者，得以電子文件為之。但應核對筆跡、印跡或其他為辨識文書真偽之必要或法令另有規定者，不在此限。前項所稱內容可完整呈現，不含以電子方式發送、收受、儲存及顯示作業附加之資料訊息。」[1533]觀察上述規定之用字即可見知[1534]，若該系爭之情事，伊現為民事訴訟法第 344 條所稱，伊所須提出該「文書」之情況[1535]，此亦可以本條系爭用語，此之「法令規定應提出文書原本或正本者，如文書係以電子文件形式作成，其內容可完整呈現，並可於日後取出供查驗者，得以電子文件為之。」[1536]即以對為地解釋，而此換言之，查本條規定於民事訴訟法為比較，可知該數位電子文書伊得完整地顯現，且可為檢證，則該條與現民事訴訟法上規範，於解釋上似得較為地寬廣，此若再需補充言之，則關於就系爭內容的重新顯現之討論，亦可與本章前述最高法院第 3724 號判決，以及前揭就該區塊鏈數位電子證據，伊就

[1533] 參電子簽章法第 5 條：「依法令規定應提出文書原本或正本者，如文書係以電子文件形式作成，其內容可完整呈現，並可於日後取出供查驗者，得以電子文件為之。但應核對筆跡、印跡或其他為辨識文書真偽之必要或法令另有規定者，不在此限。前項所稱內容可完整呈現，不含以電子方式發送、收受、儲存及顯示作業附加之資料訊息。」

[1534] 補充言之，關於電子簽章法第 4 條及第 5 條之實務見解，可以參見臺中地方法院 106 年度中小字第 1777 號判決。判決原文指出：「又按經相對人同意者，得以電子文件為表示方法。依法令規定應以書面為之者，如其內容可完整呈現，並可於日後取出供查驗者，經相對人同意，得以電子文件為之。依法令規定應提出文書原本或正本者，如文書係以電子文件形式作成，其內容可完整呈現，並可於日後取出供查驗者，得以電子文件為之。電子簽章法第四條、第五條定有明文。由上開規定可知，關於書面通知之方式，電子簽章法已有允許以電子文件代替傳統書面之規定，基於消費者保護法保障消費者之立法精神、網路購物之性質及電子簽章法關於書面之特別法規範，應認消費者保護法第十九條第一項之『書面通知』，應解釋為得以電子文件（例如電子郵件、手機簡訊等）之方式為之。」

[1535] 補充言之，關於民事訴訟法第 344 條之實務見解，可以參見最高法院 108 年度臺上字第 1022 號判決。判決原文指出：「按法院不能依當事人聲明之證據而得心證，為發現真實認為必要時，得依職權調查證據，民事訴訟法第 288 條第 1 項定有明文。所謂法院不能依當事人聲明之證據而得心證，即法院僅依當事人聲明之證據而為調查，尚不能獲得判斷應證事實有無之心證者而言。次按當事人於訴訟程序中引用之私文書，有提出原本之義務，但僅因文書之效力或解釋有爭執者，得提出繕本或影本，為民事訴訟法第 344 條第 1 項第 1 款、第 352 條第 1、2 項所明定。倘私文書原本確曾存在，現已逸失，當事人復對其繕本或影本之真正有爭執，法院非不得依民事訴訟法第 222 條第 1 項規定，斟酌全辯論意旨及調查證據之結果，依自由心證判斷該繕本或影本之真偽，進而審查其有無實質之證據力。」

[1536] 參見電子簽章法第 5 條，前揭註 1533。

係為原件或複製件,以及就前述杭州案之判決等,綜合地觀察之。[1537]

目前,我國由於對於前述該「電子文件」效力[1538],就伊之實務判決上數量實並不多[1539],又關於該系爭電子文件,其於證據法中之具體定位等諸疑義[1540],以及再進步推廣到當今世界上,對於該系爭區塊鏈數位電子證據之發展層次上,可見,此若係將該系爭營業秘密,伊經由到前述之哈希算法為加密嗣上傳入鏈,可觀,其係已轉為「電子化」而以之保存,則其現於我國證據法上之效力,究應如何地為界定,再者,究現區塊鏈數位電子證據,伊是否係適用到該電子簽章法,伊對電子文件就伊之定義等,又現如若系爭法規係已「明定」,此須對為提出該「原件」者,則前揭之區塊鏈數位電子證據,伊現於訴訟上之適用遂應如何地為處理,以及,就其證據力上應如何地為評價,此部疑問,實係具謹慎地討論之必要。[1541]

細部言之,若先將視角聚焦於前述之「電子文件」,即可查,伊在我國當前係屬極為「有限」地實務見解中[1542],對於前揭該系爭電子文件,於伊就所謂「證據能力」上之認可層次,似係可以先為地參見到該系爭「最高法院100 年度臺抗字第 63 號民事裁定」[1543],同時,復按最高法院 98 年臺上字第

[1537] 參見姜世明,前揭註 1524,頁 10。

[1538] 補充言之,關於電子簽名效力之相關討論,可以參見 Adobe 網站,網頁:https://acrobat.adobe.com/tw/zh-Hant/sign/capabilities/electronic-signature-legality.html(最後瀏覽日:02/28/2020)

[1539] 補充言之,關於電子文件其位處之證據法背景以及舉證責任分配之相關討論,可以參見姜世明,前揭註 1524,頁 9。

[1540] 補充言之,關於電子文件效力之相關討論,可以參見王運彬、王小云(2006),〈電子文件的法律效力對立用的影響〉,《四川檔案》,130 期,頁 17-18。亦可參見張茗、吳賀珍(2007),〈電子文件的法律證據性研究〉,《桂林航天工業高等專科學校學報》,48 期,頁 117-119。以及關健(2007),〈電子文件的法律證據價值〉,《山西檔案》,3 期,頁 38-39。蔣喜明(2019),〈社交媒體電子文件證據性研究的司法考量〉,《檔案管理》,237 期,頁 4-5。陳永生、傅薇(2004),〈電子文件法律效力研究的相關概念分析〉,《山西檔案》,6 期,頁 19-21。

[1541] 補充言之,關於區塊鏈證據之討論,可以參見本章第二節之相關介紹。

[1542] 參見姜世明,前揭註 1524,頁 11。

[1543] 請參最高法院 100 年度臺抗字第 63 號裁定。裁定原文指出:「查再抗告人主張相對人對其負有競業禁止之義務一節,已提出聘僱契約、離職申請書、電子信函、聲明書等作為釋明(見臺北地院卷九至一七頁),並經臺北地院九十九年度全字第九九號裁定予以肯認。就相對人違反上開義務部分,再抗告人係提出網路新聞相關報導、公證書及相對人承認於離職前遺失相機之電子信函

2373 號民事判決意旨可見知：「按作為證據之文書或與文書有相同效用之物件，須以科技設備始能呈現其內容或提出原件有事實上之困難者，得僅提出呈現其內容之書面並證明其內容與原件相符，民事訴訟法第三百六十三條定有明文。」[1544]由上述之用字觀察，可知，我國目前對於流通於該前述之網際網絡環境中，就伊之系爭資料訊息，其之於實務處理上，實係並非不具有「證據能力」，然可觀而由於現網際網絡之特性，伊實與該紙本上之內容究有差異，是故，實係難以之妥善判斷該系爭網絡環境上之「資訊」，就其之系爭「內容」確為何，及其伊公開「時點」究為何[1545]，基此，伊在我國實務訴訟之中，對於該系爭當事人，伊對取自於前揭網絡環境之諸式證據，就其之「文書」，或係對伊於「存在」上之形式而遂為「不爭執」之外，其即係應由該系爭當事人，於伊提出之該系爭證據，如此前所曾述，於其之己身為有利之事實而進為主張者，嗣對該系爭之「文書」，抑或該「物件」，就伊之「真實性」，而進負擔到「舉證責任」。[1546]

具體言之，在我國實務上觀察[1547]，對於現系爭「電子文書」之證據能力[1548]，除於「不法」取得之時，有時確係對為「爭執」究其之證據能力[1549]，但

等以為釋明（見同卷一八至四一頁）。」此外本件之歷審裁判，可以參見法源法律網網站，網頁：https://fyjud.lawbank.com.tw/list.aspx(最後瀏覽日：02/26/2020) 由此可知，歷審裁判係為，高等法院 99 年度抗字第 1586 號裁定、最高法院 100 年度臺抗字第 63 號裁定、高等法院 100 年度抗更(一)字第 9 號裁定、最高法院 100 年度臺抗字第 677 號裁定，以及臺北地方法院 99 年度全字第 99 號判決等。

[1544] 請參最高法院 98 年臺上字第 2373 號民事判決。

[1545] 參見最高法院 98 年臺上字第 2373 號民事判決。補充言之，本件之歷審裁判可以參見法源法律網網站，網頁：https://fyjud.lawbank.com.tw/list.aspx (最後瀏覽日：02/26/2020) 由此可知，歷審裁判係為，智慧財產法院 97 年度民專訴字第 23 號裁定、智慧財產法院 97 年度民專訴字第 23 號裁定、智慧財產法院 97 年度民專訴字第 23 號判決、智慧財產法院 98 年度民專上字第 11 號判決、最高法院 98 年度臺上字第 2373 號判決、智慧財產法院 99 年度民專上更(一)字第 2 號判決，以及最高法院 101 年度臺上字第 15 號裁定等。

[1546] 參見姜世明，前揭註 1524，頁 11。

[1547] 補充言之，關於電子文件於證據法上之效用，其之理論面、實務面、證據能力、證據價值，原件與否等相關討論，可以參見姜世明，前揭註 1524，頁 10-14。

[1548] 補充言之，關於電子文件之證據地位，可以參見肖秋會、段斌斌(2018)，〈我國電子文件證據地位及效力立法研究〉，《圖書情報知識》，181 期，頁 58-65。關於電子文件之真實性及原始性之

通常以觀，對於該系爭電子文書，伊之證據能力之「質疑」層次，可謂係較少之[1550]，然我國實務上對於現各式之電子文件中，其之特性究係屬「原本」、「影本」，或係「複本」實亦未對之為細部地「區分」[1551]，又可觀，對於該系爭電子文件，其究係應以前述之「勘驗」或係「文書」之方式，而進以為「調查」該系爭證據，實亦係未對為「明確」地區別，若需補充言之，此部亦可參前述對於區塊鏈數位電子證據，伊採勘驗之處理而為比較之，又回到此部同時係可查，現實務上對於該系爭之「證據價值」，伊於前揭各式屬不同之電子文件中[1552]，系爭法院對該待證事實之「評價」，實係難以認其之系爭心證，伊究屬如何地形成之，觀此，伊對於系爭當事人伊之「應訴」層次，以及對為「辯論」之策略則亦生困惑，此亦即，伊即難以確認到該法院對之地評價脈絡，究竟為何。[1553]

進一步言之，在上述對於系爭電子文件之探討中，現若以區塊鏈數位電子證據而為討論，可觀，由於現區塊鏈數位電子證據，其係由該系爭證據原件，伊經過前述哈希值轉換，而進存入係爭區塊鏈中，緣此，其之地位即似屬於本章第 2 節，前揭部分所介紹之數位證據，又參見電子簽章法第 2 條第 1 款之規定：「電子文件：指文字、聲音、圖片、影像、符號或其他資料，以

討論，可以參見董中印(2005)，〈淺談電子文檔的原始性和真實性及法律證據作用〉，《教育與教學研究》，4 卷 2 期，頁 62-63。關於電子文件之證據價值，可以參見王巍(2008)，〈電子文件的法律證據價值芻議〉，《數字與縮微影像》，1 期，頁 25-27。而關於電子文件其法效實現相關問題，可以參見丁玲玲(2010)，〈電子文件法律效力的實現問題〉，《山西檔案》，6 期，頁 32-33。

[1549] 參見姜世明，前揭註 1524，頁 11。

[1550] 補充言之，關於電子郵件之實務，可以參見最高法院 109 年度臺上字第 294 號裁定。

[1551] 參見姜世明，前揭註 1524，頁 11。

[1552] 補充言之，關於電子文件證據面之相關討論，可以參見徐振杰(2004)，〈電子文件證據的法律定位〉，《北京檔案》，11 期，頁 30-31。程菲(2014)，〈從證據審查判斷的視角看電子文件的真實性保障〉，《蚌埠學院學報》，3 卷 4 期，頁 163-164。陳祖芬(2005)，〈傳統文件與電子文件證據轉化之差異〉，《江漢大學學報》，24 卷 4 期，頁 100-102。周祺、張照余(2019)，〈關於電子文件法律證據價值可行性的研究——以互聯網法院的實踐為例〉，《檔案建設》，5 期，頁 30-33。以及許曉彤、肖秋會(2019)，〈電子文件與證據法學中相關概念的比較及其演化脈絡分析〉，《檔案學通訊》，2 期，頁 23-27。

[1553] 參見姜世明，前揭註 1524，頁 11。

電子或其他以人之知覺無法直接認識之方式，所製成足以表示其用意之紀錄，而供電子處理之用者。」[1554]

由上可知，該區塊鏈數位電子證據，因伊係由該證據原件嗣經哈希算法，而加密上傳入鏈，同時，其係具非對稱加密之公私鑰系統，以及零知識證明特徵，同時，該區塊鏈數位電子證據由本文前述對其之定性，伊實係為所謂數位證據，是若此將之以現電子簽章法第 2 條第 1 款為檢視[1555]，於原則上其係應符合到電子簽章法，伊對於電子文件之定義，然本文須特別地指出，現區塊鏈數位電子證據，由於其之諸技術特點，可觀，現係仰賴該區塊鏈而進形成之數位證據或電子文件等，因其之脈絡係經由該區塊鏈之不可竄改性、安全性等前述第三章介紹之特點，其遂與傳統上之電子證據相較之，將即具更高度之可信賴性。[1556]

此外，正如前述，對於系爭區塊鏈數位電子證據，伊究係屬「原件」或是「複製件」，如前所述係有 2 派學說上地討論[1557]，對此，該認為到前揭之區塊鏈數位電子證據，伊係屬於原件者，其即對之認為由於系爭之數位電子證據[1558]，究伊之特點，即是在於其即能夠對為被「完整」地「複製」，所以，查該主張者即係認為到，只要該系爭之數位電子資訊，伊能夠被完整而為「紀錄」[1559]，則其即係具有如該「原件」上之「證據效力」，而基此係不論該證據之「載體」，與伊之原件究是否為「同一」而謂之[1560]；又採複製件論者亦如前述，伊係認為，由於該系爭數位電子資訊，觀伊之三大項次，如其一之

[1554] 參見電子簽章法第 2 條，前揭註 1525。

[1555] 請參電子簽章法第 2 條第 1 款：「一、電子文件：指文字、聲音、圖片、影像、符號或其他資料，以電子或其他以人之知覺無法直接認識之方式，所製成足以表示其用意之紀錄，而供電子處理之用者。」

[1556] 關於區塊鏈之特性可以參見本文第三章對於區塊鏈特性之相關介紹。

[1557] 參見張玉潔，前揭註 733，頁 104。

[1558] 補充言之，關於電子證據之相關討論，可以參見新華網網站，〈微博短信可作為民事訴訟電子證據〉，網頁：http://www.xinhuanet.com/legal/2019-12/27/c_1125393357.htm（最後瀏覽日：02/26/2020）

[1559] 補充言之，關於電子證據完整性之相關討論，可以參見 FineArt 網站，網頁：https://www.fineart-tech.com/index.php/ch/news/584-fineartsecurity-forensic（最後瀏覽日：02/28/2020）

[1560] 參見張玉潔，前揭註 733，頁 104-105。

「傳播」、其二之「運行」，以及其三之「修改」等，伊係透過無法以人體之「肉眼」，而進為「辨識」之「程序」，而遂為「完成」之，是故，究該「書證」化之數位電子證據，伊即應為「複製件」，此外，具體言之，在前述該多次提及之杭州互聯網法院案中[1561]，伊其實並沒有要求該原告提出到系爭區塊鏈數位電子證據之「原件」[1562]，伊亦未要求該系爭原告，伊係需對為地證明該區塊鏈數位電子證據，伊係與前揭原件具有到前述之「同一性」，是故，吾人由此點即係可以發現到，正如前述，該系爭杭州互聯網法院，伊即係將此部之區塊鏈數位電子證據視為所謂地「原件」。[1563]

　　綜上言之，鑒於我國實並無數位證據專法或係專章，又此電子簽章法雖係有對電子文件上之相關規定，惟其相關規範於區塊鏈數位電子證據之觀點為查，仍似有所不足，是故，短期可為之目標，伊應係進一步地明確到其關於該區塊鏈數位電子證據，伊之定義面，以及確認到現區塊鏈體系與傳統電子文件之差異性究為何，進以明確該區塊鏈數位電子證據，伊於我國訴訟面上之適用規則，而現由於區塊鏈技術與傳統數位證據上之諸不同特徵，該區塊鏈證據由其之技術特點，伊實係具高度地可靠性，以及可信性等，是故，我國對於規範到區塊鏈數位電子證據之規則，正本清源之道似須為訂立明確之區塊鏈專法，嗣將區塊鏈證據之使用規則，賦予法源上依據。[1564]

　　具體言之，對於前述該區塊鏈專法，本文建議係可以參考如中國以及美國佛蒙特州等之相關立法，然本文須先指明的是，由於區塊鏈技術尚處於發展中之科技，國際上雖然係重視區塊鏈於訴訟實務中，伊證據面上之應用，惟目前僅係將其應用於民事訴訟面及行政訴訟面中，伊在刑事訴訟層面上對其之相關應用，則尚需觀察，爰此，本研究建議若我國係欲參考如中國訂立

[1561] 參見杭州互聯網法院 2018 年度浙 0192 民初 81 號判決。

[1562] 關於原件可以參見著作權法第 3 條第 16 款之相關定義。

[1563] 請參本章前述於區塊鏈證據法上地位之介紹，參見張玉潔，前揭註 733，頁 104-105。

[1564] 關於區塊鏈法之訂立，可以參見「區塊鏈信息服務管理規定」、「最高人民法院關於互聯網法院審理案件若干問題的規定」。Also See 12 V.S.A. § 1913、Vermont Rules of Evidence, Rule 902.

所謂「區塊鏈信息服務管理規定」[1565]，以及其之司法解釋「最高人民法院關於互聯網法院審理案件若干問題的規定」[1566]，或係參考美國「佛蒙特州證據規則 902 條」[1567]以及「佛蒙特州州法 1913 條」[1568]之規定，我國即似應將立法方向，首先限縮於民事以及行政面，而對於刑事層面之應用則即可以繼續地觀察，又在參酌到前述中國以及美國之區塊鏈立法例，本文建議，我國區塊鏈專法係必須包含如下列規範，如「其一之區塊鏈及區塊鏈技術之定義、其二之區塊鏈證據之審理規則、其三之區塊鏈存證平臺之檢驗、其四之區塊鏈於法院證據規則之使用、其五之區塊鏈信息服務提供者之規範、其六之區塊鏈違法使用之罰則、其七之區塊鏈證據之適用範圍，以及其八之以及法院管轄層面」[1569]，由上具體項次之借鑑以利區塊鏈於我國法律之適用層面，能構建其之明確性。[1570]

　　補充言之，本文對於區塊鏈數位電子證據究屬原件抑或複製件之問題，本文傾向認為有鑑於前述區塊鏈數位電子證據，其係具備不可竄改性、可靠性、以及真實性等諸特點，應可將區塊鏈證據視為原件，又我國對於該系爭電子文件由哈希算法加密入鏈者，如能藉由國內法律界、產學界，以及政府界，如能將區塊鏈數位電子證據，其體系上之安全性上機制，究伊之高度可

[1565] 請參區塊鏈信息服務管理規定第 1 條：「為了規範區塊鏈信息服務活動，維護國家安全和社會公共利益，保護公民、法人和其他組織的合法權益，促進區塊鏈技術及相關服務的健康發展，根據《中華人民共和國網絡安全法》、《互聯網信息服務管理辦法》和《國務院關於授權國家互聯網信息辦公室負責互聯網信息內容管理工作的通知》，制定本規定。」由上可知系爭規定其法源依據係為「中華人民共和國網絡安全法」、「互聯網信息服務管理辦法」以及「國務院關於授權國家互聯網信息辦公室負責互聯網信息內容管理工作的通知」。

[1566] 請參最高人民法院法釋 16 號，其明確指出「最高人民法院關於互聯網法院審理案件若干問題的規定」其訂立目的係為：「為規範互聯網法院訴訟活動，保護當事人及其他訴訟參與人合法權益，確保公正高效審理案件，根據《中華人民共和國民事訴訟法》《中華人民共和國行政訴訟法》等法律，結合人民法院審判工作實際，就互聯網法院審理案件相關問題規定如下。」

[1567] *See* Vermont Rules of Evidence, Rule 902.

[1568] *See* 12 V.S.A. §1913. Blockchain enabling.

[1569] 參見本文前述對於中國及美國區塊鏈證據發展之介紹，前揭註 1564。

[1570] 對於上述中國區塊鏈信息服務管理規定以及佛蒙特州對於區塊鏈之規範技術，我國若欲完善區塊鏈之法制似可參鑑之。

靠性進行到相關確認，即可促進我國對於該區塊鏈數位電子證據使用上之明確性，以及提高法律之明確性，及安定性等層次，而我國對於區塊鏈數位電子證據，似應以訂立區塊鏈專法而為目標，同時可採「將該系爭證據伊若已係經由適當地程序，而對為之認證者，將之視為係與該系爭原件相同；而對於其之複製件，若伊係已經為適當地認證者，則即推定該系爭之複製件，伊確為真正。」[1571]，惟究該區塊鏈專法之訂立及推動，伊係需要大量時間以及人力之投入，是故，本文呼籲我國應正視到區塊鏈證據伊與傳統數位證據之顯著不同，確認其實係具備高度之可信賴性，進以利未來區塊鏈之證據規則，能於我國法制上明確之。[1572]

此外，鑑於前述營業秘密之舉證困難，我國在智慧財產案件審理法第 10 條之 1，係設有關於舉證責任降低之規定[1573]，由於其係關於營業秘密之舉證層面，其正可與本文著重介紹之區塊鏈技術為結合，加之本文前述對於區塊鏈數位電子證據面，於之法律面向討論及應用介紹[1574]，本文認為似可以將該條與區塊鏈證據為結合應用，未來可以區塊鏈證據之使用規則，補充於該條文後段體系，以區塊鏈之真實性、可靠性等法律面之特點，將之與傳統數位證據而為區分[1575]，進而幫助該營業秘密舉證面之上完善，此換言之，即將區

[1571] 可以參見張玉潔，前揭註 733，頁 104。以及施鵬鵬、葉蓓，前揭註 972，頁 3。及「區塊鏈信息服務管理規定」、「最高人民法院關於互聯網法院審理案件若干問題的規定」。Also See 12 V.S.A. § 1913、Vermont Rules of Evidence, Rule 902. 以及杭州互聯網法院 2018 年度浙 0192 民初 81 號判決等相關討論。

[1572] 同時亦可參見本文第六章之結論與相關建議。

[1573] 補充言之，關於本條之實務見解，可以參見高等法院 104 年度重勞上字第 54 號判決。判決原文指出：「次按營業秘密侵害之事件，如當事人就其主張營業秘密受侵害或有受侵害之虞之事實已釋明者，他造否認其主張時，法院應定期命他造就其否認之理由為具體答辯。前項他造無正當理由，逾期未答辯或答辯非具體者，法院得審酌情形認當事人已釋明之內容為真實，智慧財產案件審理法第 10 條之 1 固有明文。又稱釋明者，僅係法院就某項事實之存否，得到大致為正當之心證，即為已足，此與證明須當事人所提證據資料，足使法院產生堅強心證，可確信其主張為真實者，尚有不同（最高法院 98 年度臺抗字第 807 號裁定要旨參照）。」

[1574] 可以參見本章前揭關於區塊鏈證據面向之相關討論。

[1575] 補充言之，關於區塊鏈證據與傳統數位證據之差異，可以參見本章第二節前揭部分之相關討論。

塊鏈數位電子規則，嘗試引入於現智慧財產案件中之審理實務中。[1576]

②配套措施設置

我國若欲推行區塊鏈數位電子證據及其相關立法，實似可以參酌中國由法院建置「天平鏈」以及相關之證據鏈[1577]，以讓所有證物保存上鏈，進以利法院為認定事實，此部若需補充言之，則可將現調查局所為之雲端區塊鏈證物鏈，進以為之加深推廣，而嘗試建構出所謂地司法區塊鏈。[1578]此外，關於區塊鏈技術之企業宣導，以及對社會大眾之宣導教育也係需一併地推行，又此點則可以參考前述日本當初，伊於推行該時間戳記政策之時[1579]，其係由該總務省作出所謂地「時間戳記指針」，遂使系爭企業能夠完善吸收及消化現新穎之觀念，再進而為應用之，我國似亦可由主管機關對於該區塊鏈於以下三大項次，如其一之營業秘密保護面、其二之智慧財產保護面，以及其三之區塊鏈之證據面，等區塊鏈法律面之具體應用，進行到概念式之介紹，或許未來可以為研擬發布如「區塊鏈營業秘密管理指針」，而以利我國企業及民眾為參考。[1580]

③立法時程目標

區塊鏈法制化之過程實係需要長期地推動，本文以下將以短期目標、中期目標、長期目標為建議。[1581]在短期目標中，我國相關之主管機關，對於該

[1576] 請參智慧財產案件審理法第 10 條之 1：「營業秘密侵害之事件，如當事人就其主張營業秘密受侵害或有受侵害之虞之事實已釋明者，他造否認其主張時，法院應定期命他造就其否認之理由為具體答辯。前項他造無正當理由，逾期未答辯或答辯非具體者，法院得審酌情形認當事人已釋明之內容為真實。前項情形，於裁判前應令當事人有辯論之機會。」

[1577] 補充言之，關於天平鏈存證判決第一案，可以參見本章第 2 節前揭之相關討論。

[1578] 請參區塊客網站，〈北京互聯網法院發布《互聯網技術司法應用白皮書》區塊鏈入列十大技術應用〉，網頁：https://reurl.cc/gg6VR（最後瀏覽日：08/20/2019）作者指出，透過天平鏈之應用，其將能降低訴訟所需之時間及財務成本。

[1579] 參見陳昱宏，前揭註 1171。

[1580] 請參日本經濟產業省網站，網頁：https://www.meti.go.jp/policy/netsecurity/secdoc/contents/seccontents_000012.html（最後瀏覽日：08/20/2019）而其所發布之營業秘密管理指針，電子檔請參：https://www.meti.go.jp/policy/economy/chizai/chitcki/pdf/20150128hontai.pdf（最後瀏覽日：08/20/2019）

[1581] 本文以下將從短期目標、中期目標、長期目標為建議。

區塊鏈之定義及其適用，係必須對為作出明確之函釋及相關解釋；而中期目標則是將該區塊鏈體系於智慧財產案件審理法之證據規則，作出引入與適用；最後，長期目標上則是研討訂立該區塊鏈之專法，俾將其之特性以及使用規則，及其與現傳統數位電子證據之區別，進為相對明確之定義規範，而構建法律上完善地區塊鏈治理體系。[1582]

④刑事面之觀察

在民事層面應用為推行後[1583]，我國除在觀察區塊鏈數位電子證據，伊於訴訟實務之適用狀況外，實似必須密切注意國際間對於區塊鏈於刑事層面之應用，以及立法態度等層次，以茲對我國未來將該區塊鏈技術於刑事訴訟上之使用，而為借鏡。[1584]

三、區塊鏈於營業秘密法之展望

以下進入關於區塊鏈於營業秘密法之展望，吾人可知，在前述營業秘密侵害之實務上，有以下三大困難係是對於現營業秘密保護的痛點，伊分別是其一之營業秘密舉證困難，其二之營業秘密侵權釋明困難，以及最後其三之營業秘密管理困難，而針對上述困難，由本文第三章及本章前揭之討論，係

[1582] 請參全國法規資料庫網站，網頁：https://reurl.cc/Eqk3k (最後瀏覽日：08/20/2019)

[1583] 請參數位時代網站，〈區塊科技結合資安鑑識，用區塊鏈技術提升「數位蒐證」可信度〉，網頁：https://www.bnext.com.tw/article/54390/blockchain-witness-digital-evidence (最後瀏覽日：08/20/2019) 作者指出，鑑於數位證據電磁紀錄常有易竄改性，以及證明力不高等問題，國內已有業者開發出區塊鏈存證 APP，其稱作「區塊鏈存證王」，該研發團隊指出由於區塊鏈其特性具有入鏈資料無法竄改性、無法毀損性以及無法否認性，該研發可以協助訴訟人為自主蒐證，並將之用於民事、毀謗以及交通案件等相關應用。本研究對之認為，隨著國內關於區塊鏈於證據面之應用之出現，我國必須對於區塊鏈相關法制以及法律適用立即進行盤點與規整，以利我國社會之進步發展。

[1584] 請參動區 BLOCKTEMPO 網站，〈刑事局今年撥出 1500 萬預算：進行「區塊鏈及虛擬貨幣分析研究」，追蹤比特幣流向〉由上可知目前我國對於區塊鏈於刑事面已有所危機意識，然關於區塊鏈證據如何於刑事面進行適用，尚有待我國密切注意與探究之。

可知該區塊鏈技術伊在應用面，係可以一定程度地解決上述之問題[1585]，而在技術面上可以克服上述問題點後[1586]，緊接而來必須面對的疑問，即是我國針對上述技術之解方[1587]，在當前法規面需要對之調整之處究何在[1588]，又目前首要探討的問題即在於營業秘密法之調整，我們必須對於系爭證據的認定而作討論，進而論及到區塊鏈技術作為系爭證據的妥當性，以及伊之效力應如何探討之[1589]，而關於證據的概念，我國並沒有訂立一部完整的證據法，而係是將之分散於各法律為規定之，故若現需要討論究系爭證據的定義層次以及效力，則係必須參酌到我國刑事訴訟法，以及民事訴訟法中對於證據的討論。[1590]

　　進步言之，根據本文第三章的介紹係可知[1591]，透過區塊鏈的零知識證明技術[1592]，區塊鏈體系係能夠在證明營業秘密的存在上，起到顯著地作用，同時透過區塊鏈的特性[1593]，將系爭資料儲存於區塊鏈上，則係能完善的保護該系爭營業秘密，伊之創作歷程，同時根據本章第二節對於區塊鏈證據能力的討論[1594]，可觀，世界上已係多有對該區塊鏈證據之明文肯認，我國對之實亦

[1585] 可以參見本文第三章對於區塊鏈技術特性之相關介紹。

[1586] 補充言之，關於區塊鏈技術之近期發展，可以參見 iThome 網站，〈結合區塊鏈技術，臺廠發表雲端郵件存證與真偽驗證工具〉，網頁：https://www.ithome.com.tw/review/135973 (最後瀏覽日：08/20/2019)

[1587] 補充言之，關於區塊鏈技術對法律規範之影響，可以參見鄭觀、范克韜(2019)，〈區塊鏈時代的信任結構—從技術去中心化到信任去中心化〉，《社會科學文摘》，11 期，頁 12-13。

[1588] 補充言之，關於區塊鏈技術監管之相關討論，可以參見周瑞珏(2017)，〈區塊鏈技術的法律監管研究〉，《北京郵電大學學報》，19 卷 3 期，頁 42-45。

[1589] 補充言之，關於區塊鏈存證之實踐、案例，以及法制面之相關討論，可以參見史明洲，前揭註1249，頁 111-113。

[1590] 補充言之，關於區塊鏈具法律操作性之相關討論，可以參見本章第二節之相關介紹。

[1591] 補充言之，關於區塊鏈之不可竄改性、透明性，以及安全性等介紹，可以參見本文第三章之相關討論。

[1592] 補充言之，關於零知識證明之相關討論，可以參見鏈聞網站，〈什麼是零知識證明?〉，網頁：https://www.chainnews.com/zh-hant/articles/993287340177.htm (最後瀏覽日：02/26/2020)

[1593] 補充言之，關於區塊鏈技術之可信電子存固證平臺之建立，可以參見潘金昌(2019)，〈基於"區塊鏈+電子認證"的可信電子存證固證服務平臺〉，《網絡空間安全》，10 卷 3 期，頁 85-88。

[1594] 請參本章第二節之相關介紹。

似有為跟進之必要，遂進以之完善我國法制。[1595]

　　綜合本研究前述之介紹[1596]，本文係整理出系爭區塊鏈體系，伊對於我國營業秘密保護上之具體貢獻，可觀，區塊鏈技術係已解決了營業秘密長期存在的「六大保護困難」[1597]，其分別是其一之舉證困難、其二之證明權利人困難、其三之營業秘密三要件證明困難、其四之營業秘密範圍模糊、其五之侵害時點證明困難，以及最後其六知法院難成案之困難，而透過區塊鏈技術，可查其確係能夠實際地解決上述諸困難[1598]，遂使吾人可以得知該區塊鏈技術伊是具備法律上之操作性的，而以下將先對系爭區塊鏈，伊於訴訟上之功能稍作回顧，接著係於本節第四部份，而對本文於區塊鏈體系於營業秘密保護之潛力，其之六大肯定作相關介紹。[1599]

（一）證明參與創作

　　首先，係關於區塊鏈體系與證明參與創作之部分，吾人可知，由於區塊鏈前述的不可竄改性、安全性，以及透明性等諸式特點[1600]，現透過區塊鏈技術為保存該系爭之營業秘密，可查，伊係將能夠完整的為紀錄該系爭營業秘

[1595] 補充言之本章第二節係對區塊鏈具法律操作性作介紹，涵蓋區塊鏈存證之真實性、區塊鏈存證之司法實務、數位證據相關規範、區塊鏈之證據法地位以及區塊鏈於營業秘密訴訟之操作。

[1596] 補充言之，關於區塊鏈電子存證方式之相關討論，可以參見李振汕(2019)，〈基於完整性的區塊鏈電子存證方法研究〉，《計算機時代》，12期，頁1-4。

[1597] 營業秘密長期存在之六大保護困難，分別係舉證困難、證明權利人困難、營業秘密三要件證明困難、營業秘密範圍模糊、侵害時點證明困難，以及法院成案之困難。

[1598] 補充言之，關於區塊鏈存證之數據真實相關討論，可以參見李靜彧、李兆森，前揭註723，頁112。

[1599] 本文以下將介紹本研究對於區塊鏈於訴訟上之功能作回顧，分別有三，其一係區塊鏈能證明參與創作；其二係區塊鏈能證明創作歷程；其三係區塊鏈能證明侵害發生之時點。而區塊鏈對於營業秘密保護之效用，可以參見本文第三章第三節對於區塊鏈能如何保護營業秘密之介紹。而緊接著以下本文將對於區塊鏈於營業秘密保護潛力面之六大肯定作介紹，其一係肯定區塊鏈之證據能力；其二係肯定使用區塊鏈技術能滿足營業秘密三要件；其三係肯定使用區塊鏈能明確營業秘密範圍；其四係肯定使用區塊鏈能提升營業秘密成案率；其五係肯定使用區塊鏈能使舉證責任明確化；以及其六係肯定區塊鏈技術於法院應用之必要性。

[1600] 補充言之，關於區塊鏈技術之特性，以及民事司法需要區塊鏈之原因，可以參見史明洲，前街註1110，頁110-111。

密，伊之創造過程，同時，吾人藉由該系爭紀錄的完整性係可以得知[1601]，究何人確參與創作該系爭營業秘密，此外，由於該區塊鏈技術此前曾述的「零知識證明技術」，該營業秘密所有者，伊即係可以對為舉證，其確實係有參與到究該系爭營業秘密，伊之研發創作與細部地具體歷程，簡之，現透過區塊鏈之體系，就其於前述第三章所具之各特點，其係可以完善證明特定人於特定時點確為參與該系爭之創作。[1602]

（二）證明創作歷程

其次，係關於證明系爭創作歷程，吾人可知，在前述區塊鏈體系的諸多應用上[1603]，其對於該系爭營業秘密保護，伊之具體貢獻即係在於到，該系爭企業藉由將伊之營業秘密，而保存於前揭之區塊鏈上，此即係可以將該系爭營業秘密，其系爭具體創作歷程，安全且完整地保存下來，如此，伊即係可以起到較傳統作法，更妥善地保護該系爭營業秘密之作用，若需進步言之，則關於區塊鏈之安全性，可以參見前述第三章之相關介紹。[1604]此外，補充言之，於現今該科技趨勢下之發展，就區塊鏈體系的應用，伊在全球已經掀起了滔天地巨大浪潮，世界上對於該區塊鏈的應用模式、發展，以及該態樣之演變等，已係謂愈來愈為地發達及進步，同時亦可查，香港近年已係組成所謂地「一代一路區塊鏈聯盟」，可觀，其亦正積極地探索所謂「全新的網際

[1601] 補充言之，關於區塊鏈證據之數據提取審查關鍵點，可以參見陳平祥、姜琪、朱冠琳(2019)，〈論運用區塊鏈技術提取和審查刑事電子數據〉，《網絡信息法學研究》，5期，頁 168-170。

[1602] 請參 Samson's Blog 網站，〈區塊鏈 Blockchain － 零知識證明 Zero-Knowledge Proof〉，網頁：https://reurl.cc/rOyW1 (最後瀏覽日：07/08/2019)

[1603] 補充言之，關於區塊鏈技術於提取及審查數位證據之優點，可以參見陳平祥、姜琪、朱冠琳，前揭註 1601，頁 165-168。

[1604] 請參 Synergytek 網站，〈區塊鏈與知識產權：天造地設的一對？〉，網頁：https://synergytek.com.tw/blog/2018/05/13/blockchain_and_ipr/?variant=zh-tw (最後瀏覽日：08/20/2019) 補充言之作者指出，區塊鏈技術能於能在這座權等非採登記制之智慧財產權扮演關鍵角色，而此點係由於訴訟人能夠藉由區塊鏈來舉證系爭權利其發想面、使用面、資格面以及狀態面等重要資訊，換言之訴訟人能透過區塊鏈將其初始設計系爭標的其作品資訊及相關資料上載入鏈，同時可以其具有時間戳記之資訊於其中，故區塊鏈係在訴訟舉證面之重大助力。

網路證明方式」，進步觀之，該系爭區塊鏈體系，伊目前亦已係被伊視作係為「振興經濟」，以及可為發展的嶄新平臺。[1605]

（三）證明侵害時點

其三，係關於證明侵害時點之部，吾人可查，由於前述區塊鏈體系，伊係採用前揭所謂「非對稱加密」之技術[1606]，是故，運用該區塊鏈體系，而進對於該系爭營業秘密進行保護之時，此於究何人為違法地「瀏覽」該系爭之文件，此部即係因於系爭體系，伊皆需係使用到前述之「私鑰」而對為進行「解碼」，是故，究其之具體「訪問歷程」，以及完整「下載紀錄」等，皆將係被完整且公開透明的紀錄於該系爭鏈上，緣此，現使用系爭區塊鏈技術，伊即將能為完整地證明該系爭營業秘密，伊究是何時而被何人「侵權」，且同時該數位電子化證據，亦係被該鏈完整地保留之[1607]，此外，由於前揭區塊鏈時間戳記的特性，可觀，此特點係使的任意人，伊要為偽造或竄改該鏈上的紀錄，伊即係會按照現時間的逐步遞增，而難度對為上升，又技術上之觀察，究該區塊鏈體系伊運行的時間越長，伊遂為之竄改的難度即係越高，若需補充言之，則觀前述第三章之介紹可知，雖然區塊鏈體系具有所謂百分之51 之攻擊，然此處之攻擊在經濟成本上動輒上億，是故，於效益上分析可謂不具實益，緣此，區塊鏈之安全性仍得為肯認之。[1608]

（四）肯定區塊鏈於營業秘密保護之潛力

其四，係肯定區塊鏈體系於營業秘密保護之潛力，吾人可觀，由本文第三章對於區塊鏈技術，伊於營業秘密保護之相關探討，即可見知，該系爭區

[1605] Michael J Casey(著)，Pindar Wong(譯)(2017)，〈區塊鏈優化供應鏈〉，《哈佛商業評論》，電子檔參見：https://reurl.cc/E5x9A (最後瀏覽日：07/08/2019)

[1606] 補充言之，關於區塊鏈之特性，可以參見本文第三章之相關介紹。

[1607] 補充言之，關於區塊鏈技術於檢務之運用，可以參見胡勇(2019)，〈基於區塊鏈的電子取證在智慧檢查的應用〉，《網絡安全技術與應用》，7 期，頁 110-112。

[1608] 請參每日頭條網站，〈剖析區塊鏈（七）：核心技術之時間戳〉，網頁：https://reurl.cc/VbAA6 (最後瀏覽日：07/08/2019)

塊鏈體系確係能夠解決到，目前對於該系爭營業秘密保護之痛點，再由本章前述對於系爭區塊鏈之證據能力，伊於中國之肯認，以及其於我國現行法律解釋空間等之適用，以下即是本文對於區塊鏈技術應用於現營業秘密保護之觀點。[1609] 本文係認為，我國現必須對於區塊鏈技術，伊用於營業秘密之保護具有六大肯定，其分別是其一之肯定區塊鏈之證據能力、其二之肯定使用區塊鏈技術能滿足營業秘密三要件、其三之肯定使用區塊鏈技術能明確營業秘密範圍、其四之肯定使用區塊鏈技術能提升營業秘密成案率、其五之肯定使用區塊鏈技術能使舉證責任明確化，以及最後其六之肯定區塊鏈技術於法院應用之必要性，以下分別介紹之。[1610]

1.肯定區塊鏈之證據能力

　　首先，係肯定區塊鏈之證據能力，吾人可知，目前我國知司法實務上，若以區塊鏈為關鍵字進行檢索，則係計有 9 件關於區塊鏈之相關判決[1611]，但系爭法院對於其述之區塊鏈體系，伊僅為匆匆帶過，而對於該區塊鏈之證據能力，伊進行之論述，則係尚未出現以前揭區塊鏈存證之相關具體案例，由此以觀，我國對於區塊鏈法制化之發展，實亦未如對岸般快速，且目前國內對於區塊鏈存證上之討論亦係付之闕如，更遑論於現立法層面對於區塊鏈數位電子證據之討論。[1612]

　　然而，由本文前揭對於區塊鏈體系之介紹，以及其於世界相關之各式應用實務[1613]，本文的觀點係傾向認為到，我國之司法機關伊應該明確的肯認到，

[1609] 請參本文第三章對於區塊鏈於營業秘密保護痛點之相關討論。

[1610] 本研究對於區塊鏈於營業秘密保護潛力面之六大肯定分別為，其一係肯定區塊鏈之證據能力；其二係肯定使用區塊鏈技術能滿足營業秘密三要件；其三係肯定使用區塊鏈能明確營業秘密範圍；其四係肯定使用區塊鏈能提升營業秘密成案率；其五係肯定使用區塊鏈能使舉證責任明確化；以及其六係肯定區塊鏈技術於法院應用之必要性。

[1611] 請參本章第二節對於實務判決之相關介紹。

[1612] 請參司法院法學資料檢索系統網站，網頁：https://law.judicial.gov.tw/FJUD/default.aspx (最後瀏覽日：07/08/2019)

[1613] 可以參見本文第四章之相關介紹，以及「區塊鏈信息服務管理規定」、「最高人民法院關於互聯網法院審理案件若干問題的規定」。Also See 12 V.S.A. § 1913、Vermont Rules of Evidence, Rule 902. 以及杭州互聯網法院 2018 年度浙 0192 民初 81 號判決等相關討論。

基於前述區塊鏈技術而生之數位電子證據,其於現訴訟實務上伊之相關證明
能力,如此,好處將有三,分別是其一之突破營業秘密保護困境、其二之完
善營業秘密保護,以及其三之推廣企業營業秘密保護[1614],而由本文第二章的
介紹係可以得知,中國對於世界營業秘密侵害之案例,實係具有一定地占比
[1615],又由於中國內部完善的區塊鏈發展以及伊於相關法制上積極地推行,其
現已在法律層面上,具體肯認該區塊鏈作為系爭證據之效力,而我方現對於
區塊鏈的法制化,具體討論起步甚晚,緣此,如果未來係能夠藉由到司法單
位,以及相關主管機關伊肯認前揭區塊鏈數位電子證據,其之效力,則如此
將能起到顯著示範上作用,進而得鼓勵我國系爭企業,將伊之系爭營業秘密
嗣能夠安全的保護於該鏈上,同時即得由於該區塊鏈體系伊完善保護系爭營
業秘密之效用,可查,其即亦能幫助系爭法院在審理諸營業秘密案件時,得
到更完善且充足的關於系爭營業秘密侵害之事證,進而提升營業秘密訴訟之
品質,同時亦能突破以往究營業秘密保護不易之困境。[1616]

2.肯定使用區塊鏈技術能滿足營業秘密之三要件

其次,係肯定使用前揭區塊鏈技術,其係能滿足營業秘密之三要件,吾
人可知,由於前揭就區塊鏈體系之分析,伊係確能夠完善地保護該系爭之證
據,同時,究區塊鏈之存證,伊在世界各地之應用狀況及蓬勃之發展態勢,
可查,目前美國以及中國係已都肯定該區塊鏈數位電子證據,就伊之證據效
力[1617],此外據查,歐盟也對於使用該區塊鏈技術,而保護系爭營業秘密之合

[1614] 關於營業秘密保護困境,可以參見本文第二章之介紹,而本文第三章則探討區塊鏈技術具有突破
傳統營業秘密保護困難之能力,同時第三章亦論及當今以區塊鏈技術為營業秘密保護係最具安全
性之方式,而以區塊鏈技術為保護策略,其亦能完善企業對於營業秘密痛點之處理,而本文第四
章則介紹世界對於區塊鏈之態度及政策,本章第五章則是對於區塊鏈於法律面之操作性為介紹,
綜合前述可得,區塊鏈之優點即有三項,分別是突破營業秘密保護困境、完善營業秘密保護,以
及推廣企業營業秘密保護。

[1615] 請參本文第二章之相關介紹。

[1616] 請參全國法規資料庫網站,網頁:https://reurl.cc/z2mzy (最後瀏覽日:08/24/2019)

[1617] 可以參見「區塊鏈信息服務管理規定」、「最高人民法院關於互聯網法院審理案件若干問題的規
定」。Also See 12 V.S.A. § 1913、Vermont Rules of Evidence, Rule 902. 以及杭州互聯網法院 2018
年度浙 0192 民初 81 號判決等相關討論。

理性為肯認，同時，我國調查局目前也對於區塊鏈存證之技術進行相關之研究，若需補充言之，則可參前述第四章之介紹，可見，現對於區塊鏈技術得保護營業秘密及諸式智慧財產權等，及伊之具體應用及潛力，已係於世界上得到肯認。[1618]有鑑於區塊鏈之技術上特性，如若該系爭使用者，伊將該系爭之營業秘密嗣保護於該區塊鏈上，伊即係能夠得到目前技術上最完善之保護，此外，觀察我國營業秘密法第 2 條，其所規範之營業秘密三要件，此際，當該系爭營業祕密之被侵害者，伊業已將其之系爭營業秘密為保存於前述系爭之區塊鏈上時，該系爭法院即似應當對之肯認，其已係踐行到前述地合理保密程序。[1619]

3.肯定使用區塊鏈技術能明確營業秘密範圍

其三，係肯定使用區塊鏈技術，伊能明確該系爭營業秘密其之範圍，吾人可知，營業秘密的範圍係涵蓋了「方法」、「製程」、「配方」，以及「程式」等，然在目前工業 4.0 時代下，前述營業秘密的邊界可謂係變得模糊不清，而現透過前述區塊鏈之技術，伊即係將能完善地界定該營業秘密，伊之範圍以及邊界，進步觀察，此係由於，該系爭營業秘密的資料，伊係已被完善保存於系爭鏈上，是故，若系爭企業伊係採用前述區塊鏈體系，而進保護其之營業秘密，現除了該企業自身為丟失私鑰之風險外，按系爭區塊鏈體系而保護該營業秘密之安全性，係是最高的[1620]，緣此，我國似應當肯認到，運用前

[1618] 請參數位時代，〈貿易戰下臺灣的下一波成長引擎，選擇區塊鏈的機會與隱憂〉，網頁：https://www.bnext.com.tw/article/54269/taiwan-blockchain-trade-war (最後瀏覽日：07/08/2019) 作者指出，我國公部門對於區塊鏈之態度可參目前調查局已應用區塊鏈為系爭證據之蒐集。此外作者亦指出我國區塊鏈產業發展以具相當規模，計有逾 10 家相關貨幣交易平臺、過 7 家區塊鏈服務企業、6 組區塊鏈建設團隊等，我國已具開創新世代之條件。

[1619] 請參營業秘密法第 2 條：「本法所稱營業秘密，係指方法、技術、製程、配方、程式、設計或其他可用於生產、銷售或經營之資訊，而符合左列要件者：一、非一般涉及該類資訊之人所知者。二、因其秘密性而具有實際或潛在之經濟價值者。三、所有人已採取合理之保密措施者。」補充言之，我國營業秘密法第 2 條最新修正日其係為 2013 年 1 月 30 日，可參全國法規資料庫網站，網頁：https://law.moj.gov.tw/LawClass/LawSingle.aspx?pcode=J0080028&flno=2 (最後瀏覽日：08/20/2019)

[1620] 可以參見本文第三章之相關介紹。

述區塊鏈技術，將即能夠明確該營業秘密伊之「邊界」，同時政府應當思考到，如果在未來是否能夠由政府而為建立，如同前揭中國天平鏈之司法區塊鏈證據平臺[1621]，則此際該系爭企業，若將伊之營業秘密存於其中，嗣將能對於伊營業秘密的邊界更加明確且穩固，同時政府亦須在相關立法程序上，思考究要如何針對前揭區塊鏈之證據能力做出函釋、判決，抑或是相關立法等[1622]。[1623]

4.肯定使用區塊鏈能提升營業秘密成案率

其四，係肯定使用區塊鏈能提升營業秘密成案率，吾人可查，使用前揭之區塊鏈技術，其將確能讓就系爭營業秘密侵害的「界定」，變得較以往為之「容易」，又根據本文前述第二章的討論可知[1624]，目前營業秘密實務上，伊即係存在前述定罪率低，以及極難成案等根本之問題，又此係是由於到該系爭企業，伊在為舉證其之營業祕密被侵害際，以及舉證該營業秘密之確為存在，係出現到顯著困難[1625]，而現透過前述區塊鏈體系而來保護系爭之營業秘密，其將即能解決上述諸式難題，是故，我國似應當肯定運用區塊鏈技術，伊將能為明確保存系爭證據，同時伊即能夠對為提升系爭營業秘密，其在訴訟上之「成案率」。[1626]

5.肯定使用區塊鏈能使舉證責任明確化

其五，係肯定使用軏區塊鏈能使舉證責任明確化，吾人回顧可觀，將該區塊鏈體系列入到系爭之證據[1627]，其之優勢，係即將可以之解決到前揭，究

[1621] 補充言之，關於北京互聯網法院之司法聯盟區塊鏈天平鏈，其之介紹、應用框架、接入管理、節點公式、實時公示，以及應用公示等，可以參見北京互聯網法院網站，網頁：https://tpl.bjinternetcourt.gov.cn/tpl/ (最後瀏覽日：02/27/2019)

[1622] 補充言之，本文關於區塊鏈法之訂立方向，可以參見本章第二節之相關討論。

[1623] 關於天平鏈之相關介紹，可以參見本文第肆章之討論。

[1624] 補充言之，關於營業秘密保護之不易，可以參見本文第二章之相關介紹。

[1625] 補充言之，本文關於智慧財產案件審理法第 10 條之 1 與區塊鏈之融合等方向，可以參見本章第二節之相關討論。

[1626] 關於營業秘密保護於法律面之困難，可參本文第二章第三節第一項之討論。

[1627] 補充言之，關於區塊鏈證據、數位證據，以及區塊鏈法之相關討論，可以參見本章第二節之相關介紹。

該營業秘密之範圍而為舉證的難點，又此係因，伊究何時為侵權的時間點，係極為地清楚，進步言之，伊此技術究何人而為侵權，以及伊係進以之用於現何處等，皆係無所遁，而此點對於現該各系爭企業，伊即將能達到最為妥善的技術上相關之保護[1628]，又現可查，透過對於該區塊鏈體系之應用，伊於未來之展望上，即可係謂對於現法律之層次為系爭「重新塑造」[1629]，此亦可觀，以往於法律訴訟之中，即往復存在了關於前揭之「舉證困難」，以及所謂地「舉證責任不明」等，各式固有地問題，然在現使用前揭該區塊鏈技術之後，可查，該系爭當事人等，伊則係將可以之透過該區塊鏈體系，以來進行對為完善的舉證，進步觀之，以往程序上伊所存在之，前述之諸傳統數位電子證據上，伊所根源地容易被前述任意人，伊為竄改的嚴峻問題[1630]，此按現區塊鏈體系運用則可為不同，此即由於，按前述之區塊鏈體系，伊即係可以對為採行到所謂地「實時舉證」，同時，該區塊鏈體系正如前述，伊之可信度及可靠性屬極高，此換言之，如若吾人係可得善用該區塊鏈之數位電子證據，則即係能夠有效地提高究現法律之爭端，於伊解決上的「效率」。[1631]

　　具體言之，由於以往營業秘密如前所述，係存在了根深蒂固的舉證困難等問題，此亦導致最高法院如前述，係曾經作出所謂降低系爭營業祕密被侵害之人，伊之舉證責任，並命對造係必須對為進行解釋[1632]，而未來在現區塊鏈存證的應用普及後，以及在系爭區塊鏈之證據能力得到肯認後，我國法律勢必對於舉證責任須有所調整，本文以為，針對前揭區塊鏈的特性，未來如再遇有系爭營業秘密侵害之諸案件時，除了我國政府應當對為宣導使用該區塊鏈體系，伊保護該系爭之營業秘密之優勢外，政府亦須明文地對於現區塊

[1628] 請參 BtB 比特巴網站，〈當法律碰到區塊鏈會碰出甚麼火花？〉，網頁：https://reurl.cc/bKLk3 (最後瀏覽日：07/08/2019) 作者指出區塊鏈可以在三方面提供協助，分別係訴訟面、仲裁面，以及調解面。

[1629] 補充言之，關於區塊鏈技術於司法場域之潛力，可以參見陳全真，前揭註 971，頁 85。

[1630] 參見 BtB 比特巴網站，前揭註 1628。

[1631] 參見 BtB 比特巴網站，前揭註 1628。

[1632] 補充言之，關於營業秘密舉證之相關實務案例，可以參見本章第二節之討論。

鏈之證據能力為一定程度認可之[1633]，又由前述討論即係可知，現該究區塊鏈技術之運用，伊確係能夠解決現營業秘密保護的諸式問題，然而，對於究如何落實區塊鏈體系於營業秘密的保護，在我國現行法律面即必須做出相應調整，進以利該區塊鏈於保護營業秘密之穩健發展。[1634]

6.肯定區塊鏈技術於法院應用之必要性

最後，係肯定區塊鏈技術於法院應用之必要性，吾人可查，若回顧關於區塊鏈體系伊在法院而為應用，究伊之必要性層次，吾人可知，該系爭區塊鏈體系伊在現法律領域地司法「實務」上[1635]，其較主要的應用係有二，伊分別是其一之該系爭訴訟上當事人，伊係運用到前述之區塊鏈體系，而進為保護其之「權利」地層面；以及其二之「司法機關」，伊運用該區塊鏈體系，而嗣於後續訴訟上之諸層面，又前述系爭當事人，伊對於該區塊鏈體系的應用，即具體體現在究數位電子證據之部分，可查，伊現透過到前述區塊鏈的諸式特性，該系爭當事人對於前揭該系爭之三部，如其一之「交易流程」、其二之「權益歸屬」，以及其三之「侵權行為過程」等，都可以藉由該區塊鏈體系，而來為「取證」之，進而遂得以之為較妥善地保護該自身之「權益」，若需再為補充言之，則吾人可觀，就現智慧法庭之討論，以及關於區塊鏈法院之呼聲亦有所聞，而對於區塊鏈法院之具體實例則可參杜拜之相關作法，又智慧法院之討論以及司法區塊鏈等，則可參對岸之實務。[1636]

具體言之，就前述法院運用區塊鏈體系之事例，則即可以透過到該系爭區塊鏈存證平臺[1637]，此即例如本文第四章所曾介紹之「天平鏈」等[1638]，系爭法院對之即係可以確認到該系爭之證據，伊究是否被任意人為之竄改，進而

[1633] 補充言之，關於本研究之結論與建議，可以參見本文第六章之討論。

[1634] 補充言之關於舉證責任降低，可以參見最高法院106年臺上字第55號民事判決。

[1635] 補充言之，關於司法區塊鏈之治理以及展望，可以參見張春和、林北征，前揭註763，頁121-137。

[1636] 請參每日頭條網站，〈區塊鏈｜區塊鏈相遇司法 會有何變化？〉，電子檔參見：https://reurl.cc/E53zR（最後瀏覽日：07/08/2019）

[1637] 補充言之，關於區塊鏈與科技法庭之相關討論，可以參見鄭新星、柯力，前揭註747，頁167-168。

[1638] 補充言之，關於天平鏈之介紹，可以參見本文第四章之相關介紹。

得以之加速地為解決,伊究於訴訟上諸紛爭間之「效率」,又對於系爭法院依究係如何地應用該區塊鏈體系,則此即係可以參考到前揭中國在 2019 年 1 月 10 日時,伊由「國家網際網路信息辦公室」,其所頒布之「區塊鏈信息服務管理規定」[1639],細部言之,其即係要求其之諸區塊鏈平臺業者,伊必須遵循到前述一定的流程上規範,此點也讓伊法院對於其日後究如何審酌,該系爭區塊鏈數位電子證據,於伊之「可信性」等層次,有了顯著地可以為考量的依據,若需補充言之,則亦如前述,關於區塊鏈之數位電子證據體系,雖然中、美對之的規範不盡相同,然可觀,伊皆已係高度的肯到到區塊鏈數位電子證據,伊於證據應用上之可能性,此點也是我方必須加緊努力的部分。[1640]

細部言之,在法院之實務上,現即可觀「北京網際網路法院」之實例,伊係透過了前揭「天平鏈」為之存證,伊即已經在總數達「20 萬」份之龐大資料中,為之「驗證」及「核可」了,究其中「300」份文件上之效力。[1641]細觀可查,該北京網路法院,伊在透過前述區塊鏈體系之各式技術,伊確係已實現到了在該系爭之五大部分,如其一之「人」、其二之「事」、其三之「時」、其四之「地」、,以及最後其五之「物」,以及究該系爭案件之事件中,伊之三大層次,分別係其一之「前期」、其二之「中期」[1642],以及其三之「後期」等,究伊之全部「流程」地具體紀錄,及究該系爭全部「節點」而進以對為之「驗證」[1643],又可查,此係進一步地具體解決了究該系爭數據上,伊之諸式問題,未來可觀,隨著現區塊鏈技術的發展,由於各該系爭之證據係已為妥善存放於該鏈上[1644],緣此,伊即將係有助於該系爭法院,伊對於各系爭案件之如其一之「管轄認定」,或其二之「侵害時點」等判斷,以及,此

[1639] 補充言之,關於區塊鏈信息服務管理規定,可以參見互聯網信息辦公室網站,網頁:https://www.cac.gov.cn/2019-01/10/c_1123971164.htm (最後瀏覽日:02/27/2020)

[1640] 參見每日頭條,前揭註 1636。

[1641] 請參中國法院網網站,〈北京互聯網法院建電子證據平臺天平鏈 三個月在線證據採集數據超過 100 萬條〉,網頁:https://reurl.cc/oWVAv (最後瀏覽日:08/05/2019)

[1642] 參見每日頭條,前揭註 1636。

[1643] 可以參見北京互聯網法院網站,網頁:https://tpl.bjinternetcourt.gov.cn/tpl/ (最後瀏覽日:02/27/2019)

[1644] 補充言之,關於區塊鏈技術於營業秘密保護之證明及保管,可以參見張懷印,前揭註 521,頁 75-78。

究由何人於何時何地，伊究為何行為等，實係都能以之為完整的「判讀」，此點，對於在現今工業 4.0 時代發展下，即係顯得愈發更為之切要。[1645]

然不可諱言地，正如前述，目前我國尚未有關於該區塊鏈證據效力之判決[1646]，但不必過於悲觀，我國目前已係有如前述之調查局，以來對該司法存證區塊鏈作相關細部研究，未來對於推行區塊鏈存證之數位電子證據效力，即可望得到法律上之肯認。[1647]現今，除了在我國刑事訴訟法以及民事訴訟法係需要將區塊鏈作為證據之相關使用規則為確立之外，實亦可以參考前述民間所謂之「中國區塊鏈法」[1648]，亦即，中國所頒布之「區塊鏈信息服務管理」[1649]，由於，綜上觀之，現區塊鏈的發展實係已越來越快速，可觀，對於該區塊鏈體系伊相關地不能被竄改的特性，以及現已出現之關於所謂「被遺忘權」的討論等，還有對於現區塊鏈可能為應用於所謂「不法」途徑之諸式憂心，在區塊鏈可能與有衝突之際，前述中國區塊鏈法係已對為規定[1650]，正如前述，究該系爭區塊鏈之公司，伊係必須在其為服務之前「10」天進行到相關之註冊，由上亦係可見知，中國對於區塊鏈體系是採行較為嚴格的管制措施，然究其之成效為何，仍待時間為觀察，不過必須承認，對於中國於區塊鏈之諸管制措施，此也可以做為我方借鏡及參考，此若再需補充言之，則吾人可知，區塊鏈體系由於是工業 4.0 下知新興科技，如若我國未來確欲訂立所謂區塊鏈專法，則對於科技發展之空間，似亦須於規範內預留空間，方屬妥適。[1651]

簡之，由上可觀，區塊鏈體系因其之諸潛力層次，係甚為巨大，其於法

[1645] 參見每日頭條，前揭註 1636。

[1646] 可以參見本章第二節之相關介紹。

[1647] 補充言之，關於調查局及法務部對區塊鏈研究之相關討論，可以參見本章第二節之介紹。

[1648] 補充言之，關於區塊鏈信息服務管理規定之相關介紹，可以參見 eCoinomy 網站，〈中國區塊鏈法」及「中國式區塊鏈」—鏈大人〉，網頁：https://reurl.cc/R3pqG (最後瀏覽日：07/08/2019)

[1649] 補充言之，可以參見「區塊鏈信息服務管理規定」、「最高人民法院關於互聯網法院審理案件若干問題的規定」。Also See 12 V.S.A. § 1913、Vermont Rules of Evidence, Rule 902. 以及杭州互聯網法院 2018 年度浙 0192 民初 81 號判決等相關討論。

[1650] 參見 eCoinomy，前揭註 1648。

[1651] 參見 eCoinomy，前揭註 1648。

庭上運用之效用與效率上之顯著提升等層次，亦已有所實績，是故，現於肯定該區塊鏈技術於我國法院之應用，就其之必要性上，亦應對為之確認，同時，對於所謂智慧法院概念之探索，以及在系爭司法區塊鏈之外，進一步地究區塊鏈法院之觀念為研析，此部亦尚須留意，而究如何得讓科技之進步與法律之實務，得妥善地為結合，係有待有志者繼續對為細部地關注。

在介紹完本文對於究區塊鏈應用之態度，亦即上述之六大肯定，若為回顧，伊分別是其一之肯定區塊鏈之證據能力、其二之肯定使用區塊鏈技術能滿足營業秘密三要件、其三之肯定使用區塊鏈技術能明確營業秘密範圍、其四之肯定使用區塊鏈技術能提升營業秘密成案率、其五之肯定使用區塊鏈技術能使舉證責任明確化，以及最後其六之肯定區塊鏈技術於法院應用之必要性，於其後，吾人尚必須對為檢閱地是，究目前我國各相關主管機關，伊對於現區塊鏈體系的態度究為何，並且，實亦須思考未來究應如何對為推行區塊鏈之思維，而以該區塊鏈體系而進保護該系爭之營業秘密，於伊之諸相關法制上具體地建議。[1652]

四、我國主管機關之態度

（一）金融監督管理委員會

以下進入關於我國主管機關態度之觀察，吾人可知，我國金管會對於前揭之區塊鏈，亦已有所注意[1653]，據查，其目前正在與系爭法務部，研擬探討前述所謂地「區塊鏈實名制」，究伊之可能性，並且未來關於該區塊鏈之監管策略，亦係可能朝向「實名制」作為主要方向，而此點與前揭中國對於該

[1652] 以下本文將介紹我國主管機關之態度，將分別按金融監督管理委員會、中央銀行、法務部以及法院之順序討論之，最後本研究將對之提出相關建議。

[1653] 補充言之，關於金融監督管理委員會之相關資訊介紹，可以參見金融監督管理委員會網站，網頁：https://www.fsc.gov.tw/ch/index.jsp (最後瀏覽日：02/27/2020)

區塊鏈之監管措施，可謂相同，查其之原理都是要求各該區塊鏈體系之使用者，伊必須以「身分證」以及「手機號碼」而為登記之，此外，目前我國已係有兩家銀行正在行「比特幣」與「法幣」為交換之業務，據悉，其分別是其一之「凱基」銀行，與其二之「玉山」銀行，又如果需要對於此部為延伸地補充，則吾人可知，關於所謂數位貨幣之探討，以及現「CBDC」等之討論，亦已大量為之出現，對此吾人亦須注意之。[1654]

（二）中央銀行

此外，我國中央銀行對於前揭之區塊鏈，亦有注意[1655]，但是可觀其多係集中於所謂地「虛擬通貨」之層面，亦即，伊對於該區塊鏈體系，其應用於系爭營業秘密，等之諸智慧財產權，於之地保護上則係未有所論及之，可查，其對於區塊鏈體系目前的態度是，其係認為到由於前述之「虛擬通貨」，細觀其之特性係已具備所謂「繞過」現銀行為管制之能力，此換言之，其即會對我國金上融之「穩定」等諸問題間，而為密切地相關，緣此，央行對之正密切以為注意，此若需補充言之，則關於央行數位貨幣之討論，以及虛擬通貨之地位，及對岸之 DCEP 等，亦尚須為留意，且此亦可見該區塊鏈於金融體系之影響，層次上之顯著。[1656]

（三）法務部

又我國調查局對於該系爭區塊鏈的研究，係屬十分地積極[1657]，如前所述，目前已係有所謂地「司法鑑定證據力－區塊鏈存證」等之相關應用，據查，

[1654] 請參中央通訊社網站，〈區塊鏈技術 金管會兩措施監管〉，網頁：https://reurl.cc/ZL0Ng (最後瀏覽日：07/08/2019)

[1655] 補充言之，關於中央銀行之相關資訊，可以參見中央銀行網站，網頁：https://www.cbc.gov.tw/tw/mp-1.html (最後瀏覽日：02/27/2020)

[1656] 楊金龍(2018)，〈金融科技與貨幣管理〉，電子檔參見：https://www.cbc.gov.tw/public/Attachment/83131129871.pdf (最後瀏覽日：07/08/2019)

[1657] 補充言之，關於法務部之相關資訊，可以參見法務部網站，網頁：https://www.moj.gov.tw/mp-001.html (最後瀏覽日：02/27/2020)

其係已結合到前揭區塊鏈之諸式基本特性，可觀，其即係已可以實現到所謂地「實時存證」，同時於未來展望之層次上，其可望得以之提升現司法之「公正性」，此若需補充言之，則關於區塊鏈於司法體系爭體之運用例，亦可參前揭第四章之介紹，可查，區塊鏈於世界之影響已遠非僅止金融之層次，正如前述，其係可望建立到現世界之新的治理方式。[1658]

（四）法院

吾人可知，從前述本文第四章而為觀察，國際上現已有許多的國家對於系爭區塊鏈技術，其在該司法創新之領域，進行具體地研究及實務處理，若進步言之，即可見知，伊諸如杜拜政府其所推行的「智能杜拜計畫」，其即係有望可全面地提升就其之「司法」系統，伊之「效率」。[1659]同時吾人亦可知悉，此觀前述之「智能杜拜辦事處」，其更已係對為提出了，伊所謂地「杜拜區塊鏈戰略」，可查，其實係欲建構到全世界第一個所謂地「區塊鏈城市」，又目前杜拜亦已正係運用前揭之區塊鏈體系，以而建立到世界上第一個所謂地「創新區塊鏈法庭」，此外，亦可觀英國，伊也正在進行究如何運用前揭區塊鏈之體系，進以幫助其之司法得妥善邁往透明化之研究，而此與前揭第四章亦可為比較之。[1660]然而，反觀到我國之法院，伊對於區塊鏈體系相關證據能力之論述上[1661]，係可見知如前述，現遍尋我國司法判決系統，其係皆未有相關運用該區塊鏈技術之判決為產生，同時，目前我國對於前揭數位電子證據之諸難處等層次上，亦也未有完善的法律規範為建立，綜之，前述此點即似是我國需要密切為關注的方向。[1662]

[1658] 參見 Microsoft News，前揭註 1143。

[1659] 請參請參動區 BLOCKTEMPO 網站，〈富比士雜誌（Forbes）報導：杜拜放眼未來，打造全球第一個區塊鏈政府〉，網頁：https://reurl.cc/yzDOl（最後瀏覽日：08/05/2019）

[1660] 請參動區 BLOCKTEMPO 網站，〈【區塊鏈城市｜杜拜】正試圖建立「區塊鏈法院」來改革國家整體法律系統〉，網頁：https://reurl.cc/oEnAM（最後瀏覽日：07/08/2019）

[1661] 補充言之，關於司法院之相關資訊介紹，可以參見司法院網站，網頁：https://www.judicial.gov.tw/tw/mp-1.html（最後瀏覽日：02/27/2020）

[1662] 請參司法院法學資料檢索系統網站，網頁：https://law.judicial.gov.tw/（最後瀏覽日：08/24/2019）

（五）對我國主管機關之建議

　　以下進入對我國主管機關之相關建議，吾人可知，有鑑於前揭區塊鏈體系的廣大發展，我國主管機關現對於區塊鏈技術之態度，實似應該採取所謂「多角化」地觀點，而來推行相關地政策，具體言之，得分別從其一之「技術」、其二之「經濟」、其三之「社會」，以及最後其四之「法律」觀點為出發，亦即，政府應當要重視到區塊鏈產業的發展上潛力，同時亦須積極地探討該區塊鏈系統，伊於社會各層面的具體應用與突破，若需進步補充言之，綜覽本章之介紹，吾人可知區塊鏈技術係已在司法實務上，具有具體可提供幫助之處，其亦可提升諸營業秘密及各智慧財產權上之保護效率，是故，政府實應加速對於區塊鏈治理體系之完善，以利未來發展。[1663]

　　此外，有鑑於目前已是工業 4.0 之社會，在當今科技發展下，現可能產生的犯罪實多係透過網路而發生，又絕大多數之證據正如本文前述所論，皆係採數位電子化之形式而為保存，又針對此項社會上變革，我國除了對於數位電子證據，伊應當訂立明確的法律規範外，針對現行的區塊鏈憑證機構，以及以區塊鏈作為地相關證據，伊之位於我國證據法上之地位究為何，我國政府亦應對為作出明確的解釋，進以利科技與法律之和諧發展。[1664]進步言之，可觀區塊鏈之體系，伊係確能夠在實際的技術層面上，幫助到我國對於系爭營業秘密的保護，而我國對於以區塊鏈作為證據而來舉證，伊在訴訟上即似應肯認現區塊鏈數位電子證據，其係具有前述第三章之「穩定性」、「不可竄改性」，以及「安全性」等之特點，進而如同中國以及美國肯認該區塊鏈之證據能力，並完善區塊鏈於訴訟上之具體證據適用規則。[1665]

　　具體言之，政府係必須建構出明確的對於該區塊鏈證據之法律規範，同

[1663] 蘇怡文(2019)，〈韓國透過區塊鏈技術推動智慧型政府〉，載於中華經濟研究院 WTO 及 RTA 中心網站，電子檔參見：https://reurl.cc/R3plg（最後瀏覽日：07/08/2019）

[1664] 補充言之，關於區塊鏈與法律之操作性面向之討論，可以參見本章第二節之相關介紹。

[1665] 可以參見「區塊鏈信息服務管理規定」、「最高人民法院關於互聯網法院審理案件若干問題的規定」。Also See 12 V.S.A. § 1913、Vermont Rules of Evidence, Rule 902. 以及杭州互聯網法院 2018年度浙 0192 民初 81 號判決等相關討論。

時針對現區塊鏈技術伊可能改善目前數位電子證據，伊證明力不足之問題而作出研析，進而在我國作出修法，而最理想的做法有三大目前政府必須思考之方向[1666]，第一是對於數位電子證據應以專法或法條為明文規範；第二是肯認區塊鏈作為證據之能力以及「妥當性」；第三則是政府必須嚴正思考是否有如中國訂立區塊鏈法之必要性，藉由訂立專門的區塊鏈法律，來對區塊鏈之全面管理以及實踐作妥善規範。[1667]政府唯有研析上述三點之建議，才能實際的解決我國營業秘密法實務上舉證之困難，而藉由區塊鏈來保護營業秘密，是目前技術上最適當之作法，是故，政府必須在我國法制面亦作出上述調整以及思考，如此才能完善我國營業秘密之保護。[1668]

[1666] 關於區塊鏈政策於社會各層面之適用，可以參見蘇怡文，前揭註1663。作者指出，政府必須以多角化之思考方式提出相關政策、同時須隨區塊鏈技術之進步而與時俱進，同時亦因開發區塊鏈之相關模型。

[1667] 補充言之，關於韓國對於區塊鏈之三階段發展面向，可以參見蘇怡文，前揭註1663。

[1668] 本節對於主管機關之建議有三，其一係對於電子證據之相關規範必須明確；其二係對於區塊鏈之證據地位為肯認；其三係研析區快鏈專法之必要性，此外亦可參見以下本文第六章之結論、建議、展望以及未來研究方向。

第六章　結論與建議

一、本文結論

回顧本文之問題意識係為，由於現今我國營業秘密之保護面臨許多困難，其首要即係舉證面之問題，在訴訟上營業祕密之被侵害人，其究如何能夠提出可信之證據證明該系爭營業秘密確為其所有，以及如何證明營業秘密法第 2 條所規之營業秘密三要件，同時如何證明系爭營業秘密侵害之發生時點。[1669] 上述問題於實務上之處理非常困難，難點即係在前述於營業秘密之私密性，其除難以界定範圍外，其亦難以於訴訟面證明系爭營業秘密被侵害人確為系爭權利人，此點亦係當前關於營業秘密之訴訟進到法院審理時，係難以成案之緣故。[1670]

此外，企業在保護營業秘密上亦具兩大面向之困難，其一係為對內具營業秘密內部管理之問題，其二則係對外有訴訟上舉證之困難，故當前若要完善我國於營業秘密之保護，吾人勢必須思考全新之途徑來保護該智慧結晶。[1671] 補充言之，前揭營業秘密保護之困難亦可參見本文第二章所介紹之我國營業秘密保護之五大困難，簡要回顧如下，其一係營業秘密要件之認定；其二係合理保密措施難以實施；其三係營業秘密範圍難以認定；其四係傳統電子證

[1669] 請參營業秘密法第 2 條：「本法所稱營業秘密，係指方法、技術、製程、配方、程式、設計或其他可用於生產、銷售或經營之資訊，而符合左列要件者：一、非一般涉及該類資訊之人所知者。二、因其秘密性而具有實際或潛在之經濟價值者。二、所有人已採取合理之保密措施者。」

[1670] 關於本文之問題意識，請參本研究第壹章第一節之介紹。

[1671] 補充言之，關於區塊鏈技術於營業秘密保護之突破，可以參見本文第三章之相關討論。

據可信性不足；其五則係營業秘密保護於管理面之困難。[1672]

　　針對上述難點，對之可參本文第五章所提出之本研究對於區塊鏈應用於營業秘密保護之六大肯定，此係本研究對於問題意識以及我國營業秘密保護困難之初步回應，回顧本文六大肯定，其一係肯定區塊鏈之證據能力於營業秘密訴訟中之適用；其二係肯定使用區塊鏈證據能滿足營業秘密三要件之檢驗；其三係肯定應用區塊鏈技術能明確營業秘密範圍；其四係肯定使用區塊鏈技術能提升營業秘密訴訟案件於法院成案率；其五係肯定使用區塊鏈技術能使舉證之責任明確化；以及最後其六係肯定區塊鏈技術於我國法院應用之必要性。[1673]

　　由上述本文對於區塊鏈之肯定，可知區塊鏈對於我國於營業秘密之保護係具法律之操作性以及實用性，由於區塊鏈係目前世界上保護營業秘密最安全之技術，其特點為不可竄改性、可追蹤性以及安全性，故營業秘密權利人若使用區塊鏈技術保護其營業秘密，除了其可在訴訟舉證面上提出具有可信性之證據外，因區塊鏈係採非對稱加密機制以及其鏈上之記錄完整性，利用區塊鏈對於營業秘密權利人管理其營業秘密亦能起到幫助，區塊鏈能幫助系爭管理人明確得知區塊鏈上之不可竄改之記錄，以及藉由時間戳記確認相關營業秘密侵害發生之時點，此外亦能藉由前述區塊鏈之不可竄改性以及時間戳記特性以證明該系爭營業秘密之創作歷程以及其身為營業秘密權利人之身分。[1674]

　　若系爭權利人將可信之區塊鏈證據提出於法院，其亦能解決法院於訴訟實務中面臨傳統上電子證據可信度低之問題，藉由區塊鏈證據之高度可信性以及可靠性，進而讓法院能夠明確得知事實真相而為審判。[1675]

　　由此，完善區塊鏈之應用亦能改善營業秘密於法院之成案率，藉由區塊

[1672] 關於營業秘密保護之困難，請參本研究第貳章第三節營業秘密保護困境之介紹。

[1673] 關於本文對區塊鏈於營業秘密保護之六大肯定，請參本研究第伍章第三節之介紹。

[1674] 補充言之，關於區塊鏈之特性，可以參見本文第三章之相關介紹。

[1675] 補充言之，關於區塊鏈於法律面之操作性，以及數位證據之相關討論，可以參見本文第五章第二節之相關介紹。

鏈技術之使用效果，其突破了以往傳統上由於營業秘密其之私密性限制而遭致以往保護困難之問題，權利人使用區塊鏈將營業秘密妥善上傳入鏈亦解決了營業秘密範圍難以認定以及系爭權利人身分之認定問題，由於區塊鏈上記錄完整且不可竄改，其係可供檢證，如能妥善使用區塊鏈技術，不但對內能因區塊鏈之安全性、可追蹤性以及不可竄改性而提升管理之效率，對外亦能於法院之訴訟審判提供可靠之證據。[1676]

由上，本文於此進一步提出若吾人能將區塊鏈完善研究，其將能達成下述五大效果，分別係其一係證明我國營業秘密法的 2 條之營業秘密三要件；其二係合理完善的保護營業秘密；其三係明確營業秘密之範圍邊界；其四係突破傳統電子證據可信性之不足；其五則係改善營業秘密管理之不易。[1677]

綜上所述，本研究最終之結論係為，本文肯定區塊鏈能夠對於營業秘密之保護，其能開創出全新的對於營業秘密之保護以及思考之路徑，其於營業秘密保護之潛力以及實力均需受到我國重視，同時本研究亦認為如能妥善運用區塊鏈技術，其將能對於營業秘密之保護起到關鍵性之影響。[1678]

二、本文建議

我國應當正視區塊鏈於營業秘密保護的積極作用層面，同時加速思考如何完善區塊鏈之法律規範，而首要目標則是我國必須對於區塊鏈之證據能力作出解釋與定義，透過政府明確的對於區塊鏈之肯定，如此才能讓我方體認

[1676] 補充言之，關於區塊鏈之六大肯定，可以參見本文第五章第三節之相關討論。

[1677] 補充言之，關於區塊鏈研究與法律面之結合，則需產學研界多方協作，以利科技與法律之融合內化。

[1678] 本文於結論處在本研究對區塊鏈保護營業秘密之六大肯定外，進一步提出若能完善對區塊鏈之研究其將能達成五大效果，其一係為證明營業秘密三要件；其二係合理完善保護營業秘密；其三係明確營業秘密範圍之邊界；其四係突破傳統電子證據可信性之不足；其五則係改善營業秘密管理之不易。

到應用區塊鏈保護營業秘密之必須性，同時我國必須思考，是否有訂立區塊鏈法之必要，而最後本文對於區塊鏈能夠保護營業秘密採肯定之態度，也建議我國能夠正視區塊鏈於智慧財產權保護之潛力，進而能對營業秘密作出最完善的保護。[1679]

我國若欲完善區塊鏈法治面之發展，本文綜合本章前述之介紹，進而提出對於我國區塊鏈法治之系統性立法建議，本文以下將以三方面對我國於區塊鏈之法律面向提出建議[1680]，其一係為立法方向建議；其二係配套措施設置；最後其三則係對立法時程目標之建議。[1681]

（一）立法方向建議

區塊鏈係為新興科技，經由本文之介紹可知，其於營業秘密保護面以及相關智慧財產權之保護面具有非常大之法律面應用潛力，目前各國對於區塊鏈於法治面之適用亦有許多實例，可以參見如前述中國以及美國佛蒙特州等相關立法，然本文必須指出，由於區塊鏈技術尚處發展中之科技，目前國際上雖然重視區塊鏈其於訴訟實務中證據面之應用，惟目前僅係將其應用於民事訴訟面或行政訴訟面中，在刑事訴訟層面之相關應用則尚需觀察。[1682]

爰此，本研究建議我國若欲參考如對岸訂立「區塊鏈信息服務管理規定」[1683]以及其之司法解釋「最高人民法院關於互聯網法院審理案件若干問題的規定」[1684]，或係參考美國「佛蒙特州證據規則 902 條」[1685]及其「佛蒙特州州法

[1679] 補充言之，對於區塊鏈規範面及實務面，可以參見「區塊鏈信息服務管理規定」、「最高人民法院關於互聯網法院審理案件若干問題的規定」。Also See 12 V.S.A. § 1913、Vermont Rules of Evidence, Rule 902. 以及杭州互聯網法院 2018 年度浙 0192 民初 81 號判決等相關討論。

[1680] 本部分可與本研究第五章第二節參照之。

[1681] 本文以下將以三方面為建議，分別是立法面、配套面，以及時程面。

[1682] 補充言之，關於區塊鏈之政策及案例，可以參見本文第四章，以及第五章第二節之相關討論。

[1683] 請參中國國家互聯網信息辦公室網站，網頁：https://www.cac.gov.cn/2019-01/10/c_1123971164.htm（最後瀏覽日：08/20/2019）其中請參見國家互聯網信息辦公室令第 3 號。

[1684] 請參中國最高人民法院網站，網頁：http://www.court.gov.cn/zixun-xiangqing-116981.html（最後瀏覽日：08/20/2019）其中法釋 2018 年度第 16 號。

[1685] *See* Vermont Rules of Evidence, Rule 902.

1913 條」[1686] 之規定，我國似應將立法方向首先限縮在民事以及行政面，對於刑事層面之應用則可以繼續觀察。[1687]

在數位證據之法律應用面，鑑於區塊鏈與傳統數位證據之不同，區塊鏈由於其技術特點而具有可靠性以及可信性，本文建議我國應訂立明確之區塊鏈專法，而該規範本文建議必須包含前述之「其一區塊鏈及區塊鏈技術之定義、其二區塊鏈證據之審理規則、其三區塊鏈存證平臺之檢驗、其四區塊鏈於法院證據規則之使用、其五區塊鏈信息服務提供者之規範、其六區塊鏈違法使用之罰則、其七區塊鏈證據之適用範圍，以及其八之法院管轄層面」[1688]，由上方能使區塊鏈於我國法律之適用層面能構建其明確性。[1689]

此外，鑑於營業秘密舉證困難，我國在智慧財產案件審理法第 10 條之 1 設有關於舉證責任降低之規定，由於其係關於營業秘密之舉證面問題，正可與本文介紹之區塊鏈技術為結合，加之本文前述對於區塊鏈證據面之法律面向討論及應用介紹，本文認為似可以將該條與區塊鏈證據為結合應用，未來可以區塊鏈證據補充於該條文之體系，以區塊鏈之真實性、可靠性等法律面之特點，將之與傳統數位證據為區分，同時亦應具體化關於區塊鏈證據規則的確立，進而幫助營業秘密之舉證面之完善，換言之亦即將區塊鏈規則引入智慧財產案件中之審理實務中。[1690]

[1686] *See* 12 V.S.A. §1913. Blockchain enabling.

[1687] 補充言之，關於區塊鏈之法律操作性，可以參見本文第五章第二節之介紹。

[1688] 可以參見「區塊鏈信息服務管理規定」、「最高人民法院關於互聯網法院審理案件若干問題的規定」。Also See 12 V.S.A. § 1913、Vermont Rules of Evidence, Rule 902. 以及杭州互聯網法院 2018 年度浙 0192 民初 81 號判決等相關討論。

[1689] 對此請參區塊鏈信息服務管理規定、最高人民法院關於互聯網法院審理案件若干問題的規定、佛蒙特州證據規則 902 條以及佛蒙特州法 1913 條之相關立法技術。

[1690] 請參智慧財產權案件審理法第 10 條之 1：「營業秘密侵害之事件，如當事人就其主張營業秘密受侵害或有受侵害之虞之事實已釋明者，他造否認其主張時，法院應定期命他造就其否認之理由為具體答辯。前項他造無正當理由，逾期未答辯或答辯非具體者，法院得審酌情形認當事人已釋明之內容為真實。前項情形，於裁判前應令當事人有辯論之機會。」

（二）配套措施設置

我國若欲推行區塊鏈證據及其相關立法，似可以參酌對岸由法院建置「天平鏈」以及相關之數位證據鏈[1691]，將所有證物保存上鏈，以利法院認定事實，此外，關於區塊鏈技術之企業宣導以及大眾教育也需推行，此點可以參考日本當初於推行時間戳記政策時，其由總務省作出時間戳記指針，使企業能夠吸收消化新穎之觀念進而應用[1692]，我國似亦可由主管機關對於區塊鏈於營業秘密保護面、智慧財產保護面、區塊鏈之證據面等區塊鏈法律面之應用，進行概念式之介紹，或許發布如「區塊鏈營業秘密保護指針」以利企業及民眾參考之，而在民事層面之應用推行後，我國除在觀察區塊鏈證據於訴訟實務之適用狀況外，似必須嚴正注意國際間對於區塊鏈於刑事層面之應用以及立法態度，以茲我國未來將區塊鏈技術於刑事訴訟之使用為借鑑。[1693]

（三）立法時程目標

區塊鏈法制化之過程需要長期推動，而本文以下將以短期目標、中期目標、長期目標為建議。[1694]在短期目標中，我國相關主管機關，對於區塊鏈之定義及其適用必須作出明確之函釋及相關解釋；而中期目標則是將區塊鏈於智慧財產案件審理法之證據規則作出引入與適用；長期目標則是訂立區塊鏈之專法，將其之特性與傳統數位證據之區別明確定義之。[1695]

[1691] 補充言之，關於司法聯盟區塊鏈天平鏈之相關資訊，可以參見北京互聯網法院網站，網頁：https://tpl.bjinternetcourt.gov.cn/tpl/（最後瀏覽日：02/27/2020）

[1692] 補充言之，關於日本電子時戳制度之相關介紹，可以參見陳昱宏，前揭註 1171。

[1693] 請參日本經濟產業省網站，網頁：https://www.meti.go.jp/policy/netsecurity/secdoc/contents/seccontents_000012.html（最後瀏覽日：08/20/2019）以及其所發布之營業秘密管理指針，電子檔參見：https://www.meti.go.jp/policy/economy/chizai/chiteki/pdf/20150128hontai.pdf（最後瀏覽日：08/20/2019）

[1694] 本文以下將以短期目標、中期目標，以及長期目標為方向。

[1695] 補充言之，關於區塊鏈專法之訂立，以及區塊鏈於社會各產業面之推行，有賴產學研各方一同研究及努力，以讓科技與法律之結合完善，促進社會進步。

三、未來展望

（一）營業秘密保護之新機會

　　區塊鏈技術提供了我國對於營業秘密保護的新機會，同時解決了我國營業秘密長久以來舉證困難之問題，由於區塊鏈技術目前尚處發展階段，我國對於區塊鏈的討論為數不豐，相關對區塊鏈法理上的論證更是有限，縱有也多係集中於虛擬貨幣之應用及監管層面，而對於區塊鏈於保護智慧財產權之潛力面向則未有多數討論，惟目前在國際上已有許多應用區塊鏈來保護智慧財產權的案例，關於營業秘密的保護由區塊鏈來完善亦現出現愈來愈多之趨勢及發展。[1696]

　　總結言之，區塊鏈的技術與我國目前營業秘密保護的難點正係互相吻合，而本文前述分析了區塊鏈之特性以及其可以在營業秘密保護上起到相關證明之效用，同時使用區塊鏈技術來保護企業辛苦研發的技術成果抑或營業秘密，其在目前的科技發展下，係最能夠完善保護企業營業秘密之方式，因其對於何人於何時何地對該系爭營業秘密做出侵害行為，皆能夠明確為證據之保存，而由於區塊鏈能夠完善的保存證據，其證據效力已經在多個國家得到肯認，特別是中國以及美國佛蒙特州，而中國甚至頒布了其民間稱為區塊鏈法的「區塊鏈信息服務管理規定」[1697]，此點亦可以供我國未來進行相關研究為借鑑。[1698]

　　此外，對於應用區塊鏈來保護營業秘密上，除了政府必須對於區塊鏈作為證據於法律適用之地位為研究與解釋外，政府亦須考量到由於中國大陸對於營業秘密侵權面之相關實務案例具有一定占比，而其對於區塊鏈的研究已

[1696] 補充言之，關於區塊鏈於世界之政策面、實務面，以及法制面之相關討論，可以參見本文第四章及第五章之介紹。

[1697] 參見中國互聯網信息辦公室網站，前揭註 725。

[1698] 參見「區塊鏈信息服務管理規定」、「最高人民法院關於互聯網法院審理案件若干問題的規定」。Also See 12 V.S.A. § 1913、Vermont Rules of Evidence, Rule 902.

經領先世界，甚至已肯認區塊鏈證據之效力，其亦建置了司法聯盟區塊鏈，此點值得密切注意觀察。[1699]

綜上，我國司法機關除了應對區塊鏈作為證據之地位作出明確解釋外，亦須立即進行由政府研究建置司法區塊鏈計畫之可行性，同時亦須研議我國是否需訂立區塊鏈專法，藉以完善我國區塊鏈之法制與治理。[1700]

（二）我國需密切觀察

我國需要密切觀察區塊鏈之技術發展，並隨時根據科技的演變思考我國法律是否有對之需要革新之處，鑒於對岸於區塊鏈於司法體系之運用已領先我國許多，我國對於區塊鏈應用於司法體系在學理上的論述非常有限，此係我國必須注重之處，由於中國大陸於我方營業秘密侵害之實務案例具有一定占比，其已對於區塊鏈之法律效力具有諸多論述甚至訂立相關治理規範，我方更應舉步趕上，否則我國未來與對岸之貿易面、技術交流面，以及企業營業秘密之保護面都將處於被動，此點亦將對我國產業發展及進步面造成一定衝擊，是故不可不謹慎待之。[1701]

四、未來研究之方向

區塊鏈可以研究的方向非常之多，而本文僅係對於區塊鏈能夠保護營業秘密作出最初步的研究，經過本文的分析，本文認為區塊鏈在營業秘密的保護上確實深具潛力，且其在安全性的方面目前沒有其他技術可及，此外本文

[1699] 補充言之，關於司法聯盟區塊鏈鏈天平鏈，可以參見本文第四章，以及第五章第二節之相關介紹。

[1700] 補充言之，關於區塊鏈專法之訂立，可以參考「區塊鏈信息服務管理規定」、「最高人民法院關於互聯網法院審理案件若干問題的規定」。Also See 12 V.S.A. § 1913、Vermont Rules of Evidence, Rule 902.

[1701] 補充言之，關於區塊鏈於證據面、舉證面、應用面，以及管理面等相關介紹，可以參見本文第三章、第四章，以及第五章之相關討論。

亦介紹了世界對於區塊鏈證據能力之肯認以及對區塊鏈相關政策之發展，同時本文認為在我國現行證據理論下亦有使用區塊鏈作為證據的空間。[1702]

　　綜上，未來研究者可以對區塊鏈技術繼續進行研究的是，例如關於中國訂立區塊鏈信息服務管理規定，以及美國佛蒙特州證據規則 902 條，伊們對於區塊鏈證據規則之實際成效為何，其是否究能完善該區塊鏈之治理以及應用，研究者可以藉由分析上述治理區塊鏈之相關應用之現況，進而探討我國關於區塊鏈法治及環境是否係具需為調整及改善之處。[1703]

[1702] 補充言之，關於本文對於區塊鏈之潛力面及展望面，可以參見本文第五章第三節，以及本章之相關討論。

[1703] 補充言之，關於區塊鏈未來可以研究的面相非常之廣，舉例而言包含智能合約、代幣經濟、金融發展、創新商業，以及公司治理等，期望產學研界各方能夠繼續研究區塊鏈之應用，以及其與法律之結合，以完善科技與法律之融合進步。

參考文獻

專書論著

1. 張志朋、林佳瑩(2017)。《營業秘密訴訟贏的策略》，臺北：元照。

2. 林洲富(2018)。《營業秘密與競業禁止》，臺北：五南。

3. 蔣勇、文延、嘉文(2018)。《白話區塊鏈》，臺北：碁峰。

4. 吳毅勳、梁光宇、徐嘉謙、蕭家捷、游怡伶、賴弘捷、魏偉城、陳畯男(2018)。《營業秘密管理體系之創建》，臺北：新學林。

5. 王偉霖(2017)。《營業秘密法理論與實務》，臺北：元照。

6. 賴文智、顏雅倫(2004)。《營業秘密法20講》，臺北：益思。

7. 曾勝珍(2009)。《營業秘密法》，臺北：五南。

8. 謝銘洋、古清華、丁中原、張凱娜(1996)。《營業秘密法解讀》，臺北：元照。

9. 施啟揚(1995)。《民法總則》，臺北：三民。

10. 謝銘洋(2008)。《智慧財產權法》，臺北：元照。

11. 林洲富(2018)。《智慧財產權法》，臺北：五南。

12. 趙晉枚、蔡坤財、周蕙芳、謝銘洋、張凱娜(2004)。《智慧財產權入門》，臺北：元照。

13. 陳浩(2019)。《區塊鏈深入淺出——精選16堂課輕鬆學會智慧合約予加密貨幣》，頁5，新北：博碩。

14. 邱聯恭、許士宦(2007)。《口述民事訴訟法講義》。

15. 中國區塊鏈生態聯盟、青島市崂山區人民政府、賽迪(青島)區塊鏈研究院(2019)。《2018-2019年中國區塊鏈發展年度報告》。

16. 協和律師事務所(2018)。《金融科技發展與法律》，臺北：五南。

17. 林鈺雄(2017)。《刑事訴訟法 (上)》，臺北：新學林。

18. 曾勝珍(2019)。《智財權新研發——財經科技新興議題》，臺北：五南。

19. 曾勝珍(2017)。《智慧財產權法專論——透視營業秘密與競業禁止》，臺北：五南。

20. 經濟部智慧財產局(2005)。《營業秘密法整體法制之研究》，臺北：經濟部。

21. 洪永城(2019)。《智財策略與專利攻防》，臺北：五南。

22. 馮振宇(編)(2013)。《兩岸著作權法之修正檢討與展望》，臺北：元照。

23. 陳銘祥、吳尚昆、陳昭華、張凱娜(2019)。《智慧財產權與法律》，臺北：元照。

24. 施茂林(等著)(2019)。《智慧財產權與法律風險析論——人工智慧商業時代的來臨》，臺北：五南。

25. 萬國法律事務所(2019)。《近年臺灣公司經營法制之發展》，臺北：五南。

26. 曾勝珍、嚴惠妙(2017)。《智慧財產權法專論》——透視營業秘密與競業禁止》，臺北：五南。

27. 徐明星、劉勇、段新星、郭大治(2016)。《區塊鏈革命 中介消失的未來，改寫商業規則，興起社會變革，經濟大洗牌》，新北：遠足。

28. 龔鳴(2017)。《寫給未來社會的新帳本——區塊鏈》，臺北：大寫。

29. 李光斗(2019)。《區塊鏈財富革命》，新北：華夏。

30. 許庭榮、彭冠今(2018)。《創富區塊鏈》，臺北：布克。

31. 財團法人資訊工業策進會科技法律研究所(2019)。《從產業秘辛和實務數據探索營業秘密管理》，臺北：元照。

32. 吳壽賀、馮翔、劉濤、周廣益(2019)。《加密金融新格局 以太坊區塊鍊交易實作》，頁 7-9，臺北：佳魁。

33. 姜世明(2018)。《數位證據與程序法理——比較法視野的觀察》，臺北：新學林。

34. 趙晉枚、蔡坤財、周慧芳、謝銘洋、張凱娜、秦建譜(2018)，《智慧財產

權入門》，臺北：元照。

外文譯著

1. Primavera De Filippi(著)，王延川(譯)(2019)。《區塊鏈與法律——程式碼之治》，臺北：元照。

2. Michael J. Casey 、Paul Vigna(著)，林奕伶(譯) (2019)。《真理機器——區塊鏈與數位時代的新憲法》，新北：大牌。

3. Arvind Narayanan、Joseph Bonneau、Edward Felten、Andrew Miller 、Steven Goldfeder(著)，蔡凱龍、王立恆(譯)(2017)。《區塊鏈-金融科技與創新》，臺北：財團法人臺灣金融研訓院。

4. 田籠照博(著)，朱浚賢(譯)(2018)。《區塊鏈——智慧合約開發、安全防護實作》，臺北：旗標。

5. Klaus Schwab(著)，世界經濟論壇北京代表處(譯)(2017)。《第四次工業革命》，臺北：天下。

6. George Glider(著)，鄒篤雙(譯) (2019)。《後 Google 時代沒落中的大數據和崛起的區塊鏈經濟》，臺北：深石。

7. jai Singh Arun, Jerry Cuomo, Nitin Gaur(著)，吳國慶(譯)。〈區塊鏈簡介〉，《區塊鏈的商業應用成功實例 企業轉型 x 創新 x 營收成長》，臺北：碁峯。

外文文獻

1. Guo, A. ,Blockchain Receipts: Patentability and Admissibility in Court., Chi.-Kent J. Intell. Prop, 16, 440. (2016)

2. Debin Liu, L Jean Camp,Proof of work can work, WEIS.1(2006)

3. Satoshi Nakamoto ,Bitcoin:A Peer-to-Peer Electronic Cash System.(2008)

4. Nick Szabo ,The Idea of Smart Contracts,Formalizing and Securing Relationships on Public Networks.(1997)

期刊著作

1. 郭沐鑫(2016)。〈歐洲議會通過營業秘密保護指令〉,《科技法律透析》,28 卷 10 期,頁 4。

2. 陳世傑(2015)。〈歐美營業秘密保護立法趨勢與對我國法制之啟示〉,《科技法律透析》,27 卷 2 期,頁 68-69。

3. 曾勝珍(2010)。〈美國經濟間諜法施行成效之探討〉,《財產法暨經濟法》,22 期,頁 99-104。

4. 廖淑君(2014)。〈網路數位時代下之營業秘密保護探討─從美國白宮減少營業秘密竊盜管理策略談起〉,《科技法律透析》,26 卷 4 期,頁 33-34。

5. 陳恭(2017)。〈智能合約的發展與應用〉,《財金資訊季刊》,90 期,頁 33-39。

6. 王文宇(2018)。〈虛擬貨幣與智能合約的應用與法律問題〉,《會計研究月刊》,397 期,頁 1-7。

7. 李潮雄(1991)。〈營業秘密與專門技術之保護〉,《法令月刊》,42 卷 10 期,頁 411-412。

8. 許惠祐(1992)。〈兩岸對營業秘密保護之比較〉,《資訊法務透析》,4 卷 2 期,頁 32-33。

9. 張凱娜(1993)。〈紐約州法認為構想要受營業秘密保護必須具備新穎性〉,《資訊法務透析》,5 卷 11 期,頁 6。

10. 李慧君(2001)。〈大陸最高人民法院之營業秘密侵權糾紛案例解析〉,《科技法律透析》,13 卷 4 期,頁 4。

11. 葉雲卿(2012)。〈我國侵害營業秘密刑事責任體系之規範體系〉,《法學論著》,63 卷 8 期,頁 58。

12. 陳佑寰(2013)。〈不能說的秘密─營業秘密保護的困境與突破〉,《會計研究月刊》,326 期,頁 104。

13. 王銘勇(1994)。〈日本營業秘密保護法制之研究〉,《公平交易季刊》,2 卷 1 期,頁 58。

14. 曾勝珍、陳武鍵(2012)。〈我國營業秘密保護要件及其相關判決評析〉，《法學論著》，64 卷 2 期，頁 49。

15. 簡秀如、曾鈺珺(2017)。〈於文件標示「機密」字樣是否即屬「合理保密措施」？〉，《理律法律雜誌》，2017 卷 7 期，頁 20。

16. 吳桂森、耿筠(2005)。〈客戶名單保護其間之決策〉，《政大智慧財產評論》，3 卷 2 期，頁 68-71。

17. 林洲富(2017)。〈營業秘密之理論與實務交錯〉，《中華法學》，17 期，頁 248。

18. 徐言良(2017)。〈「臺灣製造」險外流——竊取高科技廠商營業秘密案〉，《清流雙月刊》，7 期，頁 21。

19. 張懷印(2019)。〈區塊鏈技術與數字環境下的商業秘密保護〉，《電子知識產權》，3 期，頁 71。

20. 羅名威(2010)。〈營業秘密的法律保護網與新實務見解〉，《會計研究月刊》，301 期，頁 120。

21. 莊郁沁(2017)。〈最高法院就營業秘密保護案件之舉證程度予以闡明〉，《理律法律雜誌》，2017 卷 3 期，頁 13-14。

22. 張力(2008)。〈數字環境下探究性學習的變革探究〉，《遼寧師專學報》，4 期，頁 77。

23. 李傑清(2015)。〈臺海兩岸共同防制侵害營業秘密罪的檢討與建議——以司法互助落實營業秘密域外犯的處罰為主〉，《輔仁法學》，50 期，頁 23。

24. 陳錦全(1990)。〈商業談判中，談判後營業秘密的保護〉，《資訊法務透析》，2 卷 4-2 期，頁 7。

25. 鄭嘉文、許祐寧(2017)。〈跨境投資技術保護與營業秘密之法制研析〉，《科技法律透析》，29 卷 12 期，頁 52。

26. 高海明、吳大煒、林筱、魏學江、楊樹磊(2018)。〈基於區塊鏈技術之合同防偽〉，《青海金融》，3 期，頁 55。

27. 聶靜(2017)。〈基於區塊鏈的數字出版版權保護〉，《出版發行研究》，9 期，頁 34-35。

28. 中國信息通信研究院數據研究中心(2017)。〈區塊鏈技術如何改變我們的生活〉，《科技中國》，8 期，頁 18-21。

29. 周濟群(2017)。〈區塊鏈的異想世界 金融新科技?分散式帳簿?〉，《會計研究月刊》，376 期，頁 81。

30. 趙龍(2016)。〈區塊鏈－數位金融的推手〉，《證券服務》，647 期，頁 12。

31. 韓秋明、王革(2017)。〈區塊鏈技術國外研究述評〉，《科技進步與對策》，35 卷 2 期，頁 158-159。

32. 黃邵彥、林有志、陳俊志、郭博文 (2019)。〈淺論區塊鏈之發展與趨勢〉，《電腦稽核期刊》，39 期，頁 38-46。

33. 黃紫旻(2017)。〈區塊鏈技術新興法律議題〉，《理律法律雜誌雙月刊》，2017 卷 3 期，頁 1。

34. 華劼 (2018)。〈區塊鏈技術與智能合約在知識產權確權和交易中的運用及其法律規制〉，《知識產權》，2 期，頁 13-19。

35. 劉偉、藺宏宇(2016)。〈區塊鏈技術原理及基於區塊鏈技術的知識產權服務淺析〉，《產權導刊》，11 期，頁 65-66。

36. 王毛路、李莉莉(2018)。〈區塊鏈行業創新應用概述〉，《軟件和集成電路》，11 期，頁 41。

37. 楊家侑(2019)。〈以創新應用技術開創貿易新時代〉，《經濟前瞻》，182 期，頁 91-93。

38. 劉慶新(2018)。〈互聯網+知識產權 生態新模式研究〉，《常州信息職業技術學院學報》，17 卷 5 期，頁 75-76。

39. 戴劍、張宇萌(2018)。〈區塊鏈開啟信息產權時代〉，《國際融資》，11 期，頁 46。

40. 陳永偉(2018)。〈用區塊鏈破解開放式創新中的知識產權難題〉，《知識

產權》，3 期，頁 76。

41. 張鑫(2019)。〈區塊鏈技術對我國證據學領域的應用展望〉，《現代交際》，6 期，頁 46-47。

42. 劉一鳴、蔣欣羽(2018)。〈基於區塊鏈技術的學術出版板權屏障研究〉，《編輯之友‧Editorial Friend》，8 期，頁 97-98。

43. 李晶晶、王志剛(2018)。〈區塊鏈技術推動下的數字版權保護〉，《新聞與法》，6 期，頁 95。

44. 彭玉樹、周佩嬋(2005)。〈被仿冒廠商因應策略之探索性研究〉，《公平交易季刊》，13 卷 4 期，頁 67。

45. 王仁君、張永宏(2018)。〈淺論營業秘密之保護及證據保全〉，《全國律師》，22 卷 10 期，頁 40。

46. 張懷印(2019)。〈區塊鏈技術與數字環境下的商業秘密保護〉，《電子知識產權》，3 期，頁 71。

47. 羅鈺珊(2017)。〈分散式帳本與區塊鏈的應用現況與挑戰〉，《經濟前瞻》，173 期，頁 80。

48. 王化群、吳濤(2017)。〈區塊鏈中的密碼學技術〉，《南京郵電大學學報》，6 期，頁 64。

49. 國發會綜合規劃處(2018)。〈區塊鏈國際趨勢〉，《臺灣經濟論衡》，16 卷 3 期，頁 99。

50. 陳同香(2011)。〈行政訴訟中的電子證據〉，《山東商業職業技術學院學報》，11 卷 5 期，頁 80。

51. 李靜彧、李兆森(2018)。〈基於區塊鏈存證的電子數據真實性探討〉，《COMPUTER ENGINEERING & SOFTWARE》，39 卷 6 期，頁 111-112。

52. 張玉潔(2019)。〈區塊鏈技術的司法適用、體系難題與證據法革新〉，《東方法學》，3 期，頁 103。

53. 彭霄(2014)。〈我國證據法學體系與英美之比較〉，《廣東行政學院學報》，26 卷 1 期，頁 62。

54. 周恒(2018)。〈電子證據載體關聯性理論視角下的網貸平臺電子證據保存服務〉，《科技與法律》，5期，頁38。

55. 熊偉(2014)。〈現代法律合法性理論研究的三個視角——基於理想類型方法的分析〉，《河海大學學報》，16卷2期，頁83。

56. 楊靜怡、張先雨(2019)。〈2019 知識產權南胡論壇——「全球化與知識產權保護」國際研討會綜述〉，《電子知識產權》，4期，頁101。

57. 張曙(2014)。〈工業 4.0 和智能製造〉，《機械設計與製造工程》，8期，頁1。

58. 孟小峰、慈祥(2013)。〈大數據管理：概念、技術與挑戰〉，《計算機研究與發展》，1期，頁147。

59. 何立民(2016)。〈人工智能的現狀與人類未來〉，《單片機與嵌入式系統應用》，11期，頁81。

60. 雷蕾(2018)。〈從時間戳到區塊鏈：網路著作權糾紛中電子存證的抗辯事由與司法審查〉，《View on Publishing》，321期，頁10-14。

61. 陳新(2019)。〈民事訴訟中基於區塊鏈技術的電子證據應用研究〉，《法制博覽》，頁215。

62. 李榮耕(2014)。〈刑事審判程序中數位證據的證據能力－以傳聞法則及驗真程序為主〉，《臺北大學法學論叢》，91期，頁173。

63. 陳受湛、林怡伶、吳佳翰、宋子莉(2015)。〈數位鑑識機構認證標準規範及操作程序之介紹與建議〉，《資訊安全通訊》，21卷1期，頁1。

64. 黃翰義(2010)。《程序正義之理念（三）》，頁9，臺北：元照。

65. 趙元孫(1998)。〈公證書的實質證據力——兼評最高法院八十六年度臺上字第二一四二號民事判決〉，《法令月刊》，49卷12期，頁29。

66. 林鈺雄(1999)。〈嚴格證明法則與直接審理原則——最高法院相關裁判之綜合評釋〉，《臺灣本土法學雜誌》，5期，頁3。

67. 高靖鈞、丁川偉、陳耀鑫、馬金溝、陳澤世(2017)。〈區塊鏈簡介與技術探討〉，《電腦與通訊》，169期，頁10。

68. 王睦鈞(2019)。〈日本熱情擁抱區塊鏈的秘密〉,《臺灣經濟研究月刊》, 42 卷 10 期,頁 94。

69. 朱帥俊(2011)。〈論電子證據之分類與傳聞法則〉,《司法新聲》,99 期,頁 39。

70. 方嘉鴻、林宜隆(2014)。〈網路犯罪問題與防範對策之警政五力分析〉, 《電腦稽核》,30 期,頁 128。

71. 蔡宜縉(2010)。〈數位鑑識工具之介紹與比較以 Encase,FTK 鑑識網拍木馬程式為例〉,《刑事雙月刊》,38 期,頁 47。

72. 邱獻民、林宜隆(2007)。〈數位證據在法庭上之攻防對策〉,《資訊、科技與社會學報》,12 期,頁 57-58。

73. 黃瓊慧、陳政芳、許書偉(2004)。〈電子商務與公司價值〉,《企業管理學報》,61 期,頁 4。

74. 黃宗立、楊竣崴、張智閎、羅翊萍、高士閎、黃勝亮、洪志修、余昆霏(2014)。 〈量子密碼學研究領域介紹〉,《資訊安全通訊》,20 卷 3 期,頁 4。

75. 褚福民(2018)。〈電子證據真實性的三個層面——以刑事訴訟為例的分析〉,《法學研究》,4 期,頁 129-130。

76. 施鵬鵬、葉蓓(2019)。〈區塊鏈技術之證據法價值〉,《檢查日報》,頁 3。

77. 吳冠霆(2012)。〈由嚴格證明法則論數位證據及影音證據於刑事訴訟法上之處理〉,《司法新聲》,101 期,頁 75。

78. 夏蔚、范智欣(2015)。〈網絡證據的證據能力認證規則研究〉,《政法學刊》,6 期,頁 77。

79. 劉品新(2016)。〈電子證據的關聯性〉,《法學研究》,6 期,頁 178。

80. 趙敏(2018)。〈公訴案件電子證據的合法性審查〉,《人民檢察》,10 期,頁 79。

81. 童豐(2018)。〈公證介入區塊鏈技術司法運用體系初探——從杭州互聯網法院區塊鏈存證第一案談起〉,《中國公證》,9 期,頁 62。

82. 李維心(2019)。〈營業秘密之證據保全——借鏡美國 2016 年營業秘密防衛法〉,《智慧財產權月刊》,245 期,頁 46。

83. 姜世明(2018)。〈從實體正本文件數位化看數據證據使用上所面臨之問題——兼論證券市場參與者實體開戶或交易文件之無實體保存〉,《集保雙月刊》,240 期,頁 8。

84. 曾勝珍(2013)。〈營業秘密案例新探討〉,《嶺東財經法學》,6 期,頁 5。

85. 陸品丞、李宜靜、李宜玲(2019)。〈工業 4.0 通訊技術於運動控制系統之應用與趨勢〉,《機械工業雜誌》,434 期,頁 8。

86. 林昭如(2017)。〈從司法實務談「營業秘密管理指針」之內容管理〉,《科技法律透析》,29 卷 3 期,頁 20。

87. 楊佳侑(2018)。〈比特幣有機會成為新經濟時代的主流貨幣之一嗎?〉,《經濟前瞻》,175 期,頁 95。

88. 張東風、沈誠(2018)。〈區塊鏈技術在稽核中的應用探討〉,《內部稽核》,100 期,頁 13-14。

89. 秦波(2010)。〈訴訟證據的關聯性認定標準的思考〉,《四川教育學院學報》,26 卷 9 期,頁 31。

90. 吳弈錡(2018)。〈淺談區塊鏈技術與其法律議題〉,《理律法律雜誌》,2018 卷 1 期,頁 14-15。

91. 馬小花(2005)。〈電子證據在民事訴訟中的運用問題探析〉,《陝西理工學院學報》,23 卷 4 期,頁 29。

92. 林宜隆(2004)。〈網路犯罪防治與信賴機制之建立——以網路交易犯罪為例〉,《研考雙月刊》,28 卷 1 期,頁 92。

93. 王偉霖(2019)。〈高科技產業如何防止技術流失——營業秘密與敏感科技保護〉,施茂林(等著),《智慧財產權與法律風險析論——人工智慧商業時代的來臨》,頁 682。。

94. 鄭婷嫻(2018)。〈區塊鏈技術應用於我國公司治理法制之研究〉,《東吳

法律學報》，30 卷 3 期，頁 6。

95. 林玟君(2019)。〈區塊鏈智能合約的契約法問題〉，《中正大學法學集刊》，63 期，頁 136。

96. 施茂林、顏上詠(2019)。〈智慧財產權與法律風險治理〉，《智慧財產權與法律風險析論——人工智慧商業時代的來臨》，頁 27-28。

97. 王明莊、江欣曄(2019)。〈我國「金融科技發展與創新實驗條例」檢評〉，《近年臺灣公司經營法制之發展》，頁 322-323。

98. 黃帥升、洪志勳(2019)。〈企業建置營業秘密管理制度所面臨之衝擊〉，《近年臺灣公司企業經營法制之發展》，頁 128-131。。

99. 汪家倩(2019)。〈營業秘密檢核表——訴訟及事業經營須知〉，《近年臺灣公司經營法制之發展》，頁 138-148。

100. 曾勝珍、嚴惠妙(2017)。〈案例評析——兩岸營業秘密保護與管理〉，《智慧財產權法專論》——透視營業秘密與競業禁止》，頁 41-45。

101. 林洲富(2019)，〈營業秘密之定暫時狀態處分〉，《智慧財產權與法律風險析論》，頁 636。

102. 曾勝珍、嚴惠妙(2017)。〈我國營業秘密法法制探討〉，《智慧財產權法專論——透視營業秘密與競業禁止》，頁 106-108。

103. 劉遠山(2006)。〈論我國侵犯商業秘密犯罪的認定和處罰及刑法完善〉，《河北法學》，24 卷 2 期，頁 14。

104. 王文杰(2001)。〈中國大陸反不正當競爭法之研究〉，《中國大陸研究》，44 卷 7 期，頁 81。

105. 曾勝珍(2005)。〈美國經濟間諜法初探〉，《中正大學法學集刊》，19 期，頁 86-87。

106. 周作斌(2008)。〈商業秘密法律保護的國際比較與完善〉，《東亞論壇》，460 期，頁 10-11。

107. 簡秀如、游舒涵(2019)。〈重要幹部被集體挖角是否必然侵害營業秘密?〉，《理律法學雜誌》，2019 卷 7 期，頁 10-11。

108. 吳福成(2018)。〈中美貿易戰對「中國製造2025」之挑戰〉,《臺灣經濟研究月刊》,41卷11期,頁85-91。

109. 吳姮憓、羅偉峰(2014)。〈「按讚、留言或分享」──探究影響臉書訊息反應行為意圖之前置因素〉,《行銷評論》,11卷2期,頁107-131。

110. 蔡璧如、吳穎帆、莊苑仙(2016)。〈網路互動性對網路口碑之影響──Facebook與YouTube的比較〉,商管科技季刊,17卷1期,頁81-111。

111. 栗四維、莊友豪(2009)。〈Wiki使用者與使用行為之研究〉,《電子商務學報》,11卷1期,頁185-212。

112. 林佳靜(2019)。〈數位貨幣與代幣經濟初探〉,《臺灣經濟研究月刊》,42卷10期,頁74-79。

113. 徐明星、劉勇、段新星、郭大治(2016)。〈區塊鏈──顛覆世界的力量〉,《區塊鏈革命 中介消失的未來,改寫商業規則,興起社會變革,經濟大洗牌》,頁51-53。

114. 徐明星、劉勇、段新星、郭大治(2016)。〈區塊鏈技術名詞與核心原理〉,《區塊鏈革命 中介消失的未來,改寫商業規則,興起社會變革,經濟大洗牌》,頁240-242。

115. 徐明星、劉勇、段新星、郭大治(2016)。〈區塊鏈──顛覆世界的力量〉,《區塊鏈革命 中介消失的未來,改寫商業規則,興起社會變革,經濟大洗牌》,頁75-78。

116. 龔鳴(2017)。〈區塊鏈:信任的機器〉,《寫給未來社會的新帳本──區塊鏈》,頁18-19。

117. 李光斗(2019)。〈什麼是區塊鏈〉,《區塊鏈財富革命》,頁26-29,新北:華夏。

118. 李光斗(2019)。〈掘金區塊鏈:從互聯網+到區塊鏈+〉,《區塊鏈財富革命》,頁153-154,新北:華夏。

119. jai Singh Arun, Jerry Cuomo, Nitin Gaur(著),吳國慶(譯)(2019)。〈區塊鏈簡介〉,《區塊鏈的商業應用成功實例 企業轉型 x 創新 x 營收成長》,

頁 6-7。

120. Jai Singh Arun, Jerry Cuomo, Nitin Gaur(著)，吳國慶(譯)(2019)。〈機會與挑戰〉，《區塊鏈的商業應用成功實例 企業轉型 x 創新 x 營收成長》，頁 34-35。

121. 許庭榮、彭冠今(2018)。〈區塊練+加密貨幣的新時代來了〉，《創富區塊鏈》，頁 67。

122. 章忠信(2013)。〈兩岸著作權法修正發展之觀察與初步探討〉，《智慧財產評論》，11 卷 2 期，頁 105。

123. 財團法人資訊工業策進會科技法律研究所(2019)。〈法院觀點：營業秘密的秘密性與價值性〉，《從產業秘辛和實務數據探索營業秘密管理》，頁 35。

124. 財團法人工業策進會科技法律研究所(2019)。〈營業秘密保護現況〉，《從產業秘辛和實務數據探索營業秘密管理》，頁 3，臺北：元照。

125. 陳政雄、李翔祖(2016)。〈從工業 1.0 談到工業 4.0〉，《中華印刷科技年報》，頁 53。

126. 吳壽賀、馮翔、劉濤、周廣益(2019)。〈全面認識區塊鏈〉，《加密金融新格局 以太坊區塊鍊交易實作》，頁 7-9。

127. 李光斗(2019)。〈區塊鏈面臨的挑戰〉，《區塊鏈財富革命》，頁 250。

128. 鄭漢榮(2019)。〈臺灣區塊鏈政策趨勢 從中央與地方政府的案例觀察〉，《臺灣經濟研究月刊》，42 卷 10 期，頁 80。

129. 孫智麗、魏于翔、譚中岳(2019)。〈建構食品安全農食鏈體系及區塊鏈技術之應用〉，《臺灣經濟研究月刊》，42 卷 3 期，頁 25。

130. 許家齊、邱祇榮(2019)。〈從區塊鏈及物聯網技術之應用探討我國林業知未來發展〉，《林業研究專訊》，26 卷 4 期，頁 65-67。

131. 魏瑞廷(2019)。〈振興臺灣新林業，區塊鏈展現林業新價值〉，《林業研究專訊》，26 卷 3 期，頁 9-13。

132. 林俊成、邱祈榮、詹為巽、徐韻茹(2019)。〈區塊鏈應用於林業之現況與

挑戰〉，《林業研究專訊》，26 卷 3 期，頁 1-3。

133. 林邑軒、陳瑋婷(2019)。〈成功稽核的關鍵技能〉，《內部稽核》，105
期，頁 64-66。

134. 杜芸璞(2019)。〈美國「音樂現代化法案」給予我國音樂授權之啟示〉，
《智慧財產權月刊》，246 期，頁 95。

135. 汪秀玲、謝明彥、莊仙妃、羅永欽、吳文正(2019)。〈區塊鏈應用在健康
照護是趨勢或炒作〉，《臺灣醫界》，62 卷 3 期，頁 46-47。

136. 陳映竹(2019)。〈新加坡區塊鏈政策與應用發展〉，《臺灣經濟研究月刊》，
42 卷 10 期，頁 88。

137. 蕭佩珍(2019)。〈區塊鏈跨界創新應用與商業模式——工研院專題活動演
講報導〉，《證券服務》，671 期，頁 97。

138. 國發會產業發展處(2019)。〈臺灣區塊鏈大聯盟成立大會〉，《臺灣經濟
論衡》，17 卷 3 期，頁 89-91。

139. 國發會產業發展處(2019)。〈臺灣區塊鏈大聯盟的契機與展望〉，《臺灣
經濟論衡》，17 卷 3 期，頁 76。

140. 廖世偉(2019)。〈區塊鏈發展趨勢及產業應用〉，《臺灣經濟論衡》，17
卷 3 期，頁 69。

141. 黃冠庭、林裕彬、連宛渝、洪甄蔚、張佳祺(2019)。〈區塊鏈串聯產銷履
歷大未來—溯源資訊全透明，食安把關再升級〉，《豐年雜誌》，69 卷
9 期，頁 79-80。

142. 張磊磊(2019)。〈《區塊鏈司法存證應用白皮書》發布〉，《金融科技時
代》，7 期，頁 91。

143. 李杰(2019)。〈互聯網法院的現狀以及區塊鏈存證取證研究〉，《四川職
業技術學院學報》，29 卷 3 期，頁 17。

144. 王文(1967)。〈論自由心證之限制〉，《法令月刊》，18 卷 4 期，頁 10-11。

145. 許晉銘(2011)。〈數位鑑識發展對個資法之影響〉，17 卷 2 期，頁 74-80。

146. 法思齊(2011)。〈美國法上數位證據之取得與保存〉，《東吳法律學報》，

22 卷 3 期，頁 97-99。

147. 楊佳政(1998)。〈電子交易中數位簽章與電子文件之法律效力淺析〉，《資訊法務透析》，10 卷 2 期，頁 13-17。

148. 汪振林(2011)。〈電子文書的原本性確保及其證明問題〉，《重慶郵電大學學報》，23 卷 5 期，頁 30-34。

149. 張春和、林北征(2019)。〈司法區塊鏈的網絡訴源治理邏輯、困惑與進路〉，《中國應用法學》，5 期，頁 129。

150. 陳新(2019)。〈民事訴訟中基於區塊鏈技術的電子證據應用研究〉，《法制博覽》，7 期，頁 215。

151. 牛宗岭(2019)。〈利用大數據及區塊鏈技術構建「政府智慧大腦」〉，《人民論壇》，33 期，頁 74-75。

152. 郭鎧源(2019)。〈法律視角下基於區塊鏈技術的電子存證系統〉，《法制博覽》，25 期，頁 61。

153. 袁勇、王飛躍(2016)。〈區塊鏈技術發展現狀與展望〉，《自動化學報》，42 卷 4 期，頁 481-482。

154. 溫雨薇、黃邱榆(2019)。〈區塊鏈技術背景下司法取證制度的發展〉，《法制博覽》，36 期，頁 124。

155. 李杰(2019)。〈互聯網法院的現狀以及區塊鏈存證取證研究〉，《四川職業技術學院學報》，29 卷 3 期，頁 15-16。

156. 張春和、林北征(2019)。〈司法區塊鏈的網絡訴源治理邏輯、困惑與進路〉，《中國應用法學》，5 期，頁 136-137。

157. 許晉銘(2011)。〈數位鑑識發展對個資法之影響〉，《資訊安全通訊》，17 卷 2 期，頁 73。

158. 張明偉(2018)。〈電子證據之傳聞疑義〉，《東吳法律學報》，29 卷 3 期，頁 30。

159. 林宜隆(2017)。〈淺談數位犯罪、數位鑑識及消費者建議積極作為〉，《消費者報導雜誌》，431 期，頁 5-6。

160. 鄭戈(2018)。〈區塊鏈與未來法治〉,《東方法學》,3 期,頁 83。

161. 趙金旭、孟天廣(2019)。〈區塊鏈如何重塑治理結構與模式〉,《當代世界與社會主義》,3 期,頁 5。

162. 吳美滿、莊明源(2018)。〈區塊鏈存證技術在互聯網金融犯罪治理中的應用〉,《人民檢察》,22 期,頁 53。

163. 張德芬、張邇瀚(2019)。〈區塊鏈技術下知識產權公證業務的創新〉,《河南科技》,33 期,頁 20-21。

164. 陳全真(2019)。〈區塊鏈存證電子數據的司法適用〉,《人民司法》,4 期,頁 85。

165. 陳樸生(1968)。〈修正刑事訴訟法上證據法則之運用〉,《法令月刊》,19 卷 3 期,頁 3-7。

166. 陳世旻(2011)。〈嚴格證明法則下之人證證據方法架構〉,《萬國法律》,180 期,頁 78-80。

167. 蔡墩銘(1997)。〈鑑定之證據能力與證明力〉,《臺大法學論叢》,26 卷 4 期,頁 170。

168. 賴玉山(1978)。〈證據排除法則之研究〉,《臺大法學論叢》,7 卷 2 期,頁 148-155。

169. 王瑞萍(2011)。〈淺析證據的關聯性〉,《商品與質量》,7 期,頁 114。

170. 鄭聖慶(2011)。〈寬頻網路系統與匯流技術發展計畫成果與展望〉,《電腦與通訊》,139 期,頁 18-21。

171. 邱獻民(2015)。〈數位證據在法庭上之檢視與攻防〉,《電腦稽核》,31 期,頁 147。

172. 王以國(2008)。〈數位證據之刑事證據能力相關議題研究〉,《科技法律透析》,20 卷 11 期,頁 13。

173. 曾韵、嚴惠溱(2014)。〈數位鑑識產業趨勢分享〉,《勤業眾信通訊》,頁 17-20。

174. 林宜隆、方彥霏(2017)。〈行動裝置數位證據鑑識標準作業程序與案例驗

證之探討——以行動鑑識工具 UFED 萃取數位證據為例〉，《資訊安全通訊》，23 卷 3 期，頁 7-12。

175. 丁靜玟(2000)。〈電子簽章法草案〉，《理律法律雜誌雙月刊》，2000 卷 2 期，頁 5-6。

176. 李科逸(2000)。〈電子簽章立法之建議與因應〉，《科技法律透析》，12 卷 9 期，頁 40-41。

177. 郭戎晉(2009)。〈日韓憑證機構管理規範之研究——兼論我國「電子簽章法」之修正建議〉，《科技法律透析》，21 卷 6 期，頁 37-41。

178. 林鈺雄(1999)。〈論刑事訴訟之目的〉，《政大法學評論》，61 期，頁 403-420。

179. 周新(2019)。〈刑事案件電子證據的審查采信〉，《廣東社會科學》，6 期，頁 236-237。

180. 陳樸生(1999)。〈傳聞證據處理方法之比較〉，《法令月刊》，50 卷 2 期，頁 80-82。

181. 李春福(2014)。〈檢訊筆錄與傳聞證據——以日本法制之運作為中心〉，《東吳法律學報》，25 卷 4 期，頁 135。

182. 唐舒欣(2019)。〈試探究刑事訴訟中影響證據證明力大小的因素〉，《法制博覽》，26 期，頁 217-219。

183. 姜世明(2018)。〈電子文件於實體法及程序法上基本問題提示〉，《電子文書及電子商務相關實體與程序問題之研析——民事程序法焦點論壇第四卷》，頁 5。

184. 史明洲(2019)。〈區塊鏈時代的民事司法〉，《東方法學》，3 期，頁 113。

185. 郭愷源(2019)。〈法律視角下基於區塊鏈技術的電子存證研究〉，《法制博覽》，25 期，頁 61。

186. 陳新(2019)。〈民事訴訟中基於區塊鏈技術的電子證據應用研究〉，《法制博覽》，7 期，頁 215。

187. 崔夢雪(2019)。〈區塊鏈電子存證的證據法價值分析——以杭州信息網絡

傳播權糾紛案為例〉，《無線互聯科技》，10 期，頁 149-150。

188. 黃士銘、黃劭彥、吳東憲(2016)。〈利用電腦輔助稽核技術提高稽核成效〉，《主計月刊》，731 期，頁 34-40。

189. 林依璇(2015)。〈營業秘密合理保密措施之研究──以日本相關判決為中心〉，《智慧財產權》，202 期，頁 28-58。

190. 鄭觀、范克韜(2019)。〈區塊鏈時代的信任結構及其法律規制〉，《浙江學刊》，5 期，頁 119-123。

191. 劉鴻坤(1964)。〈陪審制度之研究〉，法令月刊，15 卷 5 期，頁 10-12。

192. 吳娉萱(2006)。〈談電子文件發送之效力歸屬規範〉，《科技法律透析》，18 卷 3 期，頁 14。

193. 洪長宏(2016)。〈由電子簽章法探討電子文件簽章的查核〉，《電腦稽核》，33 期，頁 129-134。

194. 王運彬、王小云(2006)。〈電子文件的法律效力對立用的影響〉，《四川檔案》，130 期，頁 17-18。

195. 張茗、吳賀珍(2007)。〈電子文件的法律證據性研究〉，《桂林航天工業高等專科學校學報》，48 期，頁 117-119。

196. 關健(2007)。〈電子文件的法律證據價值〉，《山西檔案》，3 期，頁 38-39。

197. 蔣喜明(2019)。〈社交媒體電子文件證據性研究的司法考量〉，《檔案管理》，237 期，頁 4-5。

198. 陳永生、傅薇(2004)。〈電子文件法律效力研究的相關概念分析〉，《山西檔案》，6 期，頁 19-21。

199. 徐振杰(2004)。〈電子文件證據的法律定位〉，《北京檔案》，11 期，頁 30-31。

200. 程菲(2014)。〈從證據審查判斷的視角看電子文件的真實性保障〉，《蚌埠學院學報》，3 卷 4 期，頁 163-164。

201. 陳祖芬(2005)。〈傳統文件與電子文件證據轉化之差異〉，《江漢大學學報》，24 卷 4 期，頁 100-102。

202. 周祺、張照余(2019)。〈關於電子文件法律證據價值可行性的研究——以互聯網法院的實踐為例〉，《檔案建設》，5 期，頁 30-33。

203. 許曉彤、肖秋會(2019)。〈電子文件與證據法學中相關概念的比較及其演化脈絡分析〉，《檔案學通訊》，2 期，頁 23-27。

204. 肖秋會、段斌斌(2018)。〈我國電子文件證據地位及效力立法研究〉，《圖書情報知識》，181 期，頁 58-65。

205. 董中印(2005)。〈淺談電子文檔的原始性和真實性及法律證據作用〉，《教育與教學研究》，4 卷 2 期，頁 62-63。

206. 王巍(2008)。〈電子文件的法律證據價值芻議〉，《數字與縮微影像》，1 期，頁 25-27。

207. 丁玲玲(2010)。〈電子文件法律效力的實現問題〉，《山西檔案》，6 期，頁 32-33。

208. 周瑞珏(2017)。〈區塊鏈技術的法律監管研究〉，《北京郵電大學學報》，19 卷 3 期，頁 42-45。

209. 鄭觀、范克韜(2019)。〈區塊鏈時代的信任結構——從技術去中心化到信任去中心化〉，《社會科學文摘》，11 期，頁 12-13。

210. 潘金昌(2019)。〈基於「區塊鏈+電子認證」的可信電子存證固證服務平臺〉，《網絡空間安全》，10 卷 3 期，頁 85-88。

211. 李振汕(2019)。〈基於完整性的區塊鏈電子存證方法研究〉，《計算機時代》，12 期，頁 1-4。

212. 陳平祥、姜琪、朱冠琳(2019)。〈論運用區塊鏈技術提取和審查刑事電子數據〉，《網絡信息法學研究》，5 期，頁 168-170。

213. 石超、余曉春(2019)。〈區塊鏈的知識產權保護模式與戰略布局研究〉，《科技與法律》，4 期，頁 41-47。

214. 姜世明(2018)。〈電子文件在證據法上作用之比較研究─兼論實體文書掃描保存之相關問題〉，《數位證據與程序法理——比較法視野的觀察》，頁 3-99。

215. 張凱娜(2018)。〈營業秘密〉，趙晉枚(等著)，《智慧財產權入門》，頁 317-347。

學位論文

1.　張家維(2018)，《智能契約法制與監理之研究》，國立臺灣大學法律學研究所碩士論文(未出版)，臺北。

2.　邱獻民(2007)，《刑事數位證據同一性之攻擊與防禦》，東吳大學法律學研究所碩士論文(未出版)，臺北。

網路文獻

1.　章忠信(2001)，〈營業秘密法之立法目的〉，載於著作權筆記網站：https://reurl.cc/a6Wv9 (最後瀏覽日：06/25/2019)

2.　章忠信(2001)，〈中華人民共和國對於營業秘密之保護〉，載於著作權筆記網站：http://www.copyrightnote.org/ArticleContent.aspx?ID=8&aid=2478 (最後瀏覽日：06/25/2019)

3.　章忠信(2003)，〈營業秘密？權利？利益？〉，載於著作權筆記網站：http://www.copyrightnote.org/ArticleContent.aspx?ID=8&aid=2469 (最後瀏覽日：06/28/2019)

4.　章忠信(2001)，〈營業秘密與其他智慧財產權之關係〉，載於著作權筆記網站：http://www.copyrightnote.org/ArticleContent.aspx?ID=8&aid=2467 (最後瀏覽日：06/28/2019)

5.　范建得、黎昱萱(2019)，〈淺析區塊鏈與其應用的法律問題〉，載於區塊鏈與法律政策研究中心網站：https://reurl.cc/lWxml　(最後瀏覽日：07/02/2019)

6.　章忠信(2004)，〈著作權的取得〉，載於著作權筆記網站：https://reurl.cc/Vb24N　(最後瀏覽日：08/21/2019)

7.　謝銘洋(2018)，〈營業秘密之保護與管理〉，載於經濟部智慧財產局網站：

https://reurl.cc/AveOK　（最後瀏覽日：07/05/2019）

8. 苑守慈(2016)，〈共識決的信任機器　區塊鏈有如拜占庭帝國將軍〉，載於中時電子報網站：https://reurl.cc/2xzyE　（最後瀏覽日：07/05/2019）

9. 張懷印、馬然(2018)，〈著作權侵權案件中電子證據「可信時間戳」的合理運用〉，載於知識產權司法保護網網站：https://www.chinaiprlaw.cn/index.php?id=5253 (最後瀏覽日：08/20/2019)

10. 楊筱敏、倫一(2019)，〈美國區塊鏈技術監管和立法進展及思考〉，刊載於 CAICT 中國信通院網站：http://www.caict.ac.cn/kxyj/caictgd/201904/t20190401_197096.htm (最後瀏覽日：08/013/2019)

11. 周玲玲(2012)，〈「電子證據」概述及其採集與認定〉，刊載於中國法院網網站：https://www.chinacourt.org/article/detail/2012/12/id/799019.shtml (最後瀏覽日：08/01/2019)

12. 蔡孟真(2014)，〈淺談數位鑑識與訴訟程序〉，載於 PHYCOS 網站：http://www.phycos.com.tw/articles/87 (最後瀏覽日：07/08/2019)

13. 陳志龍(2000)，〈電子數位簽章與證據法〉，載於臺灣法律網網站：https://reurl.cc/RMYnr (最後瀏覽日：07/08/2019)

14. 許明恩(2019)，〈調查局用區塊鏈提升作業效率〉，載於 Medium 網站：https://reurl.cc/d6WZV　（最後瀏覽日：08/04/2019）

15. 陳昱宏(2017)，〈電子文書存證制度——淺談日本電子時戳及時戳保存制度〉，載於資策會科技法律研究所網站：https://reurl.cc/pkpNe　（最後瀏覽日：07/08/2019）

16. 葉雪鵬(2010)，〈民事訴訟的舉證責任〉，載於法務部暨所屬機關網站：https://reurl.cc/lxAvq　（最後瀏覽日：08/05/2019）

17. 鄭斐文(2018)，〈勤業眾信結合區塊鏈與證物管理系統　證據保護新應用〉，載於 DIGITIMES 網站：https://reurl.cc/aWgQ7　（最後瀏覽日：07/17/2019）

18. 楊金龍(2018)，〈金融科技與貨幣管理〉，電子檔參見：https://www.cbc.gov.

tw/public/Attachment/83131129871.pdf　(最後瀏覽日：07/08/2019)

19. 蘇怡文(2019)，〈韓國透過區塊鏈技術推動智慧型政府〉，載於中華經濟研究院 WTO 及 RTA 中心網站，電子檔參見：https://reurl.cc/R3plg　(最後瀏覽日：07/08/2019)

20. 資策會科技法律研究所(2016)，〈營業秘密管理指針〉，頁 2-4，電子檔參見：https://stli.iii.org.tw/new_doc/1050527.pdf (最後瀏覽日：08/21/2019)

21. 經濟部智慧財產局(2018)，〈中小企業合理保密措施作業程序〉，頁 4-5，電子檔參見：https://www.tipo.gov.tw/public/Attachment/912418394092.pdf (最後瀏覽日：06/28/2019)

22. 法務部調查局網站，〈商業間諜肆虐臺高科技業 調查局與穩懋半導體共揪竊密集團〉，網頁：https://reurl.cc/e2nOm (最後瀏覽日：06/30/2019)

23. 經濟部智慧財產局網站，〈著作人舉證責任及方法〉，網頁：https://reurl.cc/0Mmq6 (最後瀏覽日：07/05/2019)

24. 經濟部智慧財產局網站，〈現有之著作權集體管理團體〉，網頁：https://reurl.cc/ZLMNW (最後瀏覽日：07/05/2019)

25. 資策會科技法律研究所網站，〈區塊鏈技術運用於智財保護〉，網頁：https://reurl.cc/DrMoQ (最後瀏覽日：07/0/2019)

26. 金融監督管理委員會網站，〈金管會召開「研商證券型代幣發行監理規範座談會」〉，網頁：https://reurl.cc/75kLN　(最後瀏覽日：08/05/2019)

27. 動區 BLOCKTEMPO 網站，〈【區塊鏈城市｜杜拜】正試圖建立「區塊鏈法院」來改革國家整體法律系統〉，網頁：https://reurl.cc/oEnAM　(最後瀏覽日：07/08/2019)

28. 動區 BLOCKTEMPO 網站，〈富比士雜誌（Forbes）報導：杜拜放眼未來，打造全球第一個區塊鏈政府〉，網頁：https://reurl.cc/yzDOl (最後瀏覽日：08/05/2019)

29. 區塊客網站，〈北京互聯網法院發布《互聯網技術司法應用白皮書》區塊鏈入列十大技術應用〉，網頁：https://reurl.cc/gg6VR　(最後瀏覽日：

08/20/2019)

30. 區塊客 blockcast.it 網站，〈中國網信辦發布《區塊鏈信息服務管理規定》將於 2 月 15 日起全國施行〉，網頁：https://reurl.cc/2XM3O （最後瀏覽日：08/08/2019）

31. 國家發展委員會網站，〈國發會將協助各部會運用區塊鏈技術，推動公共事務〉，網頁：https://reurl.cc/OlDvy （最後瀏覽日：08/01/2019）

32. 動區 BLOCKTEMPO 網站，〈國發會宣佈：「臺灣區塊鏈大聯盟」將於 7 月 12 日啟動〉，網頁：https://reurl.cc/MKYOm （最後瀏覽日：07/08/2019）

33. 區塊客網站，〈亞洲區突圍！「區塊鏈城市」首爾將於年內推出區塊鏈市民卡〉，網站：https://blockcast.it/2019/05/21/seoul-to-implement-blockchain-in-citizen-cards/ (最後瀏覽日：08/14/2019)

34. 動區 BLOCKTEMPO 網站，〈歐盟最新報告指出：區塊鏈落地應用將會由「許可制區塊鏈」領頭〉，網頁：https://www.blocktempo.com/eu-report-blockchain-adoption-will-be-led-by-permissioned-platforms/ (最後瀏覽日：08/13/2019)64.

35. 科學人雜誌網站，〈匿名信賴 讓信賴運算與隱私權攜手合作，使線上交易更安全可靠〉，網頁：https://reurl.cc/lE7Yd (最後瀏覽日：07/05/2019)

36. 區塊勢網站，〈圖解：區塊鏈解決工業 4.0 與星巴克的共同難題〉，網頁：https://reurl.cc/apLEY (最後瀏覽日：08/20/2019)

37. 財團法人資訊工業策進會網站，〈區塊鏈技術的衝擊與課題〉，網頁：https://reurl.cc/Q1e6O (最後瀏覽日：07/05/2019)

38. 資策會科技法律研究所網站，〈區塊鏈技術運用於智財保護〉，網頁：https://reurl.cc/RKvax (最後瀏覽日：08/20/2019)

39. Mission International Patent & Trademark Office 網站，〈探討「Know-how」與營業秘密是否為同一概念之問題〉，網頁：http://www.mission.com.tw/news-view.asp?idno=425 (最後瀏覽日：08/17/2019)

40. Satoshi Nakamoto,Bitcoin: A Peer-to-Peer Electronic Cash System.(2008)電

子檔參見，https://bitcoin.org/bitcoin.pdf (最後瀏覽日：06/25/2019)

41. Anue 鉅亨新聞網站，〈虛擬貨幣現況比特幣要泡沫化？ 專家：現在是過熱轉穩定發展〉，網站：https://news.cnyes.com/news/id/4303711 (最後瀏覽日：08/21/2019)

42. Nick Szabo,The Idea of Smart Contracts,Formalizing and Securing Relationships on Public Networks.(1997)

43. 商周.com 網站，〈猜一猜，什麼是「工業 4.0」？〉，網頁：https://reurl.cc/6A676 (最後瀏覽日：08/17/2019)

44. 聯合新聞網網站，〈調查局：商業間諜 嚴重侵害臺灣競爭力〉，網頁：https://udn.com/news/story/11315/3720751 (最後瀏覽日：06/25/2019)

45. 風傳媒網站，〈中美貿易戰〉「中國偷竊商業機密、干預美企投資！」美國貿易代表辦公室聲明（全文）〉，網頁：https://reurl.cc/N3046 (最後瀏覽日：08/09/2019)

46. 自由時報網站，〈提案修營秘法 經濟間諜最重判無期〉，網頁：https://reurl.cc/aQVx9 (最後瀏覽日：08/09/2019)

47. 天下雜誌網站，〈獵殺叛將－揭密梁孟松投效三星始末〉，網頁：https://www.cw.com.tw/article/article.action?id=5063951 (最後瀏覽日：06/25/2019)

48. 聯合新聞網網站，〈陸企搶台積電生意大餅 2 年前吸收 6 高階主管變商業間諜〉，網頁:https://udn.com/news/story/7315/3580382 (最後瀏覽日：06/25/2019)

49. 自由財經網站，〈中國 5 倍薪誘惑 穩懋員工竊密投靠〉，網頁:https://ec.ltn.com.tw/article/paper/930399 (最後瀏覽日：08/21/2019)

50. 財經新報網站，〈《營業祕密法》定罪率低，關鍵在這 3 件事〉，網頁：https://reurl.cc/RV82g (最後瀏覽日：06/30/2019)

51. 聯合新聞網網站，〈維權難、立案更難！兩岸營業秘密的難點與對策〉，網頁：https://udn.com/news/story/6871/3325242 (最後瀏覽日：06/30/2019)

52. 自由財經網站，〈營業秘密保護 臺積視為競爭力管理〉，網頁：https://reurl.cc/2xoGn (最後瀏覽日：08/19/2019)

53. 工商時報網站，〈創新思維 具焦臺灣產業聚落〉，網頁：https://reurl.cc/y8aDy (最後瀏覽日：07/01/2019)

54. 動區 BLOCKTEMPO 網站，〈【中本聰、比特幣的靈感來源】密碼龐克始祖 Timothy May 逝世，享壽 67 歲〉，網站：https://reurl.cc/0Mo1K (最後瀏覽日：07/01/2019)

55. 蘋果仁網站，〈認識區塊鏈：分散式、去中心化、開源〉，網頁：https://reurl.cc/WeyAL (最後瀏覽日：07/02/2019)

56. COBINHOOD 中文報網站，〈區塊鏈? 去中心化? 分散式帳本? 到底是什麼關係？〉，網頁：https://reurl.cc/brQAl (最後瀏覽日：07/02/2019)

57. 新浪科技網站，〈《區塊鏈 100 問》第 47 集:時間戳是什麼?〉，網頁：https://reurl.cc/aYOj4 (最後瀏覽日：07/02/2019)

58. DIGITIMES 網站，〈以區塊鏈追蹤供應鏈管理 交易過程全攤在陽光下〉，網頁：https://reurl.cc/y8dll (最後瀏覽日：07/02/2019)

59. 電腦與通訊 Journal of Information and Communication Technology 網站，〈金融科技發展與芻議〉，網頁：https://reurl.cc/bKzrr (最後瀏覽日：07/02/2019)

60. MKC—知識管理中心網站，〈供應鏈管理(Supply Chain Management；SCM)〉，網頁：https://mymkc.com/article/content/21419 (最後瀏覽日：07/02/2019)

61. iThome 網站，〈北醫轉診病歷區塊鏈應用上線，小診所也能即時查詢病患全病歷〉，網頁：https://www.ithome.com.tw/news/125609 (最後瀏覽日：08/20/2019)

62. 風傳媒網站，〈全臺第一批電子畢業證書！臺中市應用區塊鏈迎接數位時代〉，網頁：https://www.storm.mg/article/449586 (最後瀏覽日：08/20/2019)

63. EUIPO ,Using blockchain in the fight against counterfeiting - EUIPO

launches a Forum to support concrete solutions in that field, available at: https://reurl.cc/jEN7y (last visited on: 07/02/2019)

64. BERNSTEIN,Use of blockchain in protecting and enforcing trade secrets, available at: https://reurl.cc/Wm5L5 (last visitedon: 07/02/2019)

65. 自由時報網站，〈著作權提告年約 5 千件 起訴不到 4 成〉，網頁：https://reurl.cc/rO0mN (最後瀏覽日：07/05/2019)

66. 程式前沿網站，〈對稱加密與非對稱加密優缺點詳解〉，網頁：https://reurl.cc/DN45E (最後瀏覽日：08/20/2019)

67. CloudMile 網站，〈雲端平臺大比拼：GOOGLE VS. AMAZON VS. MICROSOFT〉，網頁：https://www.mile.cloud/zh-hant/cloud-comparison/ (最後瀏覽日：08/20/2019)

68. Mathias Avocats, *How can Blockchain and trade secrets support each other?* , available at:https://reurl.cc/2RAza (last visited on: 08/20/2019)

69. 高維空間網站，〈在版權保護方面，區塊鏈技術如何運作?〉，網頁：https://reurl.cc/G2qA3 (最後瀏覽日：07/0/2019)

70. Acronis 網站，〈何謂區塊鏈技術？〉，網頁：https://reurl.cc/znG1p (最後瀏覽日：07/0/2019)

71. 中時電子報網站，〈陸網路法院 首案例確認區塊鏈存證具法律效力〉，網頁：https://reurl.cc/9mA3v (最後瀏覽日：08/21/2019)

72. BRAVE NEWCOIN.,Colu Partners With Revelator For Blockchain-Based IP Management , available at: https://bravenewcoin.com/insights/colu-partne rs-with-revelator-for-blockchain-based-ip-management-system (last visited on: 08/20/2019)

73. TechCrunch, Blockai uses the blockchain to help artists protect their intellectual property, available at: https://techcrunch.com/2016/03/14/blockai -launch/ (last visited on: 08/20/2019)

74. 每日頭條網站，〈區塊鏈——智慧財產權保護的利器〉，網頁：

https://reurl.cc/eKbGM (最後瀏覽日：08/20/2019)

75. 區塊客網站，〈英國司法部：區塊鏈技術可助政府保護及稽查數位證據〉，
網頁：https://reurl.cc/7zvLy (最後瀏覽日：08/18/2019)

76. Technews 科技新報網站，〈擔心被 AI 換臉技術禍害？Deepfake 糾察隊
正在趕來〉，網頁：https://technews.tw/2019/08/06/diss-deepfake-team-
are-forming/ (最後瀏覽日：08/18/2019)

77. TECH NATION 網站，〈FinTech Futures: UK as World Leader in Financial
Technologies〉，網頁：https://technation.io/news/fintech-futures/ (最後瀏覽
日：08/18/2019)

78. 英國政府由科學辦公室所發布之「FinTech Futures: UK as World Leader in
Financial Technologies」白皮書，電子檔請參: https://reurl.cc/42Axv (最後
瀏覽日：08/18/2019)

79. 英國政府科學辦公室網站所發布之「Distributed Ledger Technology:
Beyond Blockchain」白皮書之電子檔請參：https://reurl.cc/506jV (最後瀏
覽日：08/18/2019)

80. CSRone 永續報告平臺網站，〈歐盟和 105 個機構倡議區塊鏈 加速實現
SDGs！〉，網站：https://reurl.cc/QKkxq (最後瀏覽日：08/13/2019)

81. EU Blockchain Observatory and Forum 網站，網頁：https://www.eublock
chainforum.eu/about （最後瀏覽日：08/18/2019) 而其所發布之
「SCALABILITY INTEROPERABILITY AND SUSTAINABILITY OF
BLOCKCHAINS」報告，電子檔請參：https://reurl.cc/EOEK0 (最後瀏覽日：
08/18/2019)

82. TechOrange 網站，〈【區塊鏈大聯盟】日本一百家製造業即將聯手，使
用區塊鏈共享營運資訊！〉，網頁：https://buzzorange.com/techorange/
2019/06/18/japan-100-company-blockchain/ (最後瀏覽日:08/14/2019)

83. 中國工業和信息化部網站，網頁：http://www.miit.gov.cn/ (最後瀏覽日：
08/013/2019) 而中國區塊鏈技術和應用發展白皮書(2016)，電子檔請參：

https://reurl.cc/NzVpx (最後瀏覽日：08/013/2019)

84. 中國中央人民政府網站，〈國務院關於印發「十三五」國家信息化規劃的通知〉，網頁：http://big5.www.gov.cn/gate/big5/www.gov.cn/gongbao/content/2017/content_5160221.htm (最後瀏覽日：08/018/2019)

85. 中國工業和信息化部網站，〈《大數據產業發展規劃（2016－2020 年）》解讀〉，網頁：http://www.miit.gov.cn/n1146295/n1652858/n1653018/c5465700/content.html (最後瀏覽日：08/018/2019)

86. 中國工業和信息化部網站，〈《雲計算發展三年行動計畫（2017－2019年）》解讀〉，網頁：http://www.miit.gov.cn/n1146295/n1652858/n1653018/c5570632/content.html (最後瀏覽日：08/018/2019)

87. NARLabs 國家實驗研究院科技政策研究與資訊中心，〈中國杭州互聯網法院：區塊鏈具電子存證法律效力〉，網站：https://reurl.cc/vRj2L (最後瀏覽日：08/18/2019)

88. 每日頭條網站，〈最高人民法院：「天平鏈」本鏈，竟有這麼多學問！〉，網頁：https://kknews.cc/tech/eyoakaz.html (最後瀏覽日：07/08/2019)

89. 鉅亨網站，〈「區塊鏈大應用」俄羅斯知識產權法院運用區塊鏈技術 存儲版權數據〉，網頁：https://news.cnyes.com/news/id/4250348 (最後瀏覽日：08/01/2019)

90. 伊谷(2018)，〈數位證據之證據能力與合法調查〉，網站：https://reurl.cc/VV0nb (最後瀏覽日：07/08/2019)

91. 天下雜誌網站，〈蘋果中箭！川普全面開戰，3000 億美元中國商品加徵10%關稅〉，網頁：https://www.cw.com.tw/article/article.action?id=5096285 (最後瀏覽日：08/04/2019)

92. 法操 Follaw 網站，〈【法操小教室】傳聞證據〉，電子檔參見：https://www.follaw.tw/f06/8657/ (最後瀏覽日：07/15/2019)

93. 法操 FOLLAW 網站，〈【法操小教室】何謂證據能力、證據證明力？〉，網頁：https://www.follaw.tw/f06/8657/ (最後瀏覽日：07/16/2019)

94. Microsoft News 網站，〈數位證據怎麼保護 調查局明公布〉，網頁：https://reurl.cc/15Opp (最後瀏覽日：07/16/2019)

95. iThome 網站，〈臺灣司法證據保全引進區塊鏈技術〉，網頁：https://www.ithome.com.tw/news/130738 (最後瀏覽日：07/08/2019)

96. World Patent＆ Trademark Law Office 網站，〈臺灣現正積極推動營業秘密時戳存證服務〉，網頁：https://reurl.cc/VdmVQ (最後瀏覽日：07/08/2019)

97. 鏈證經濟(2019)，〈什麼樣的區塊鏈存證具有法律效力？杭州網際網路法院給出四要素〉，載於區塊塊 QKKFORUM 網站：https://reurl.cc/E9LYg (最後瀏覽日：07/08/2019)

98. Concord Law School, The Admissibility of Blockchain as Digital Evidence, available at: https://www.concordlawschool.edu/blog/news/admissibility-blockchain-digital-evidence/ (last visited on: 08/07/2019)

99. 數位時代網站，〈區塊科技結合資安鑑識，用區塊鏈技術提升「數位蒐證」可信度〉，網頁：https://www.bnext.com.tw/article/54390/blockchain-witness-digital-evidence (最後瀏覽日：08/20/2019)

100. Samson's Blog 網站，〈區塊鏈 Blockchain – 零知識證明 Zero-Knowledge Proof〉，網頁：https://reurl.cc/rOyW1 (最後瀏覽日：07/08/2019)

101. Synergytek 網站，〈區塊鏈與知識產權：天造地設的一對？〉，網頁：https://synergytek.com.tw/blog/2018/05/13/blockchain_and_ipr/?variant=zh-tw (最後瀏覽日：08/20/2019)

102. Michael J Casey(著)，Pindar Wong(譯)(2017)，〈區塊鏈優化供應鏈〉，《哈佛商業評論》，電子檔參見：https://reurl.cc/E5x9A (最後瀏覽日：07/08/2019)

103. 每日頭條網站，〈剖析區塊鏈（七）：核心技術之時間戳〉，網頁：https://reurl.cc/VbAA6 (最後瀏覽日：07/08/2019)

104. 數位時代，〈貿易戰下臺灣的下一波成長引擎，選擇區塊鏈的機會與隱憂〉，網頁：https://www.bnext.com.tw/article/54269/taiwan-blockchain-trade-war (最後瀏覽日：07/08/2019)

105. BtB 比特巴網站，〈當法律碰到區塊鏈會碰出甚麼火花？〉，網頁：
https://reurl.cc/bKLk3 (最後瀏覽日：07/08/2019)

106. 中國法院網網站，〈北京互聯網法院建電子證據平臺天平鏈三個月在線
證據採集數據超過 100 萬條〉，網頁：https://reurl.cc/oWVAv (最後瀏覽
日：08/05/2019)

107. 每日頭條網站，〈區塊鏈｜區塊鏈相遇司法 會有何變化？〉，電子檔參
見：https://reurl.cc/E53zR (最後瀏覽日：07/08/2019)

108. eCoinomy 網站，〈中國區塊鏈法」及「中國式區塊鏈」──鏈大人〉，
網頁：https://reurl.cc/R3pqG (最後瀏覽日：07/08/2019)

109. 中央通訊社網站，〈區塊鏈技術 金管會兩措施監管〉，網頁：
https://reurl.cc/ZL0Ng (最後瀏覽日：07/08/2019)

110. 日本經濟產業省網站，網頁：https://www.meti.go.jp/policy/netsecurity/
secdoc/contents/seccontents_000012.html (最後瀏覽日：08/20/2019)

111. 日本經濟產業省網站，網頁：https://www.meti.go.jp/policy/netsecurity/
secdoc/contents/seccontents_000012.html (最後瀏覽日：08/20/2019)

112. 中國國家互聯網信息辦公室網站，網頁：https://www.cac.gov.cn/2019-01/
10/c_1123971164.htm 最後瀏覽日：08/08/2019)

113. 中國國家互聯網信息辦公室網站，網頁：https://www.cac.gov.cn/2019-01/
10/c_1123971164.htm (最後瀏覽日：08/08/2019)

114. 中國國家互聯網信息辦公室網站，網頁：https://www.cac.gov.cn/2019-01/
/c_1123971164.htm (最後瀏覽日：08/08/2019)

115. 李淑蓮(2017)，〈美國營業秘密法上路年餘，企業主買單嗎？〉，載於北
美智權報網站：http://www.naipo.com/Portals/1/web_tw/Knowledge_Center/
Infringement_Case/IPNC_170823_0501.htm (最後瀏覽日：08/17/2019)

116. 司法院網站，〈刑事案件提起自訴注意事項〉，網頁:https://www.judicial.
gov.tw/assist/assist01/assist01-19.asp (最後瀏覽日：08/24/2019)

117. 章忠信(2017)，〈國防工業與之營業秘密保護〉，網站：http://www.copy

rightnote.org/ArticleContent.aspx?ID=8&aid=2826 (最後瀏覽日：10/07/2019)

118. 李震華(2016)，〈《產業觀測》臺灣區塊鏈技術應用 3 契機〉，載於財團法人資訊工業策進會網站，網頁：https://www.iii.org.tw/Focus/FocusDtl.aspx?f_type=1&f_sqno=138&fm_sqno=12　(最後瀏覽日：12/11/2019)

119. 動區 BLOCKTEMPO 網站，〈區塊鏈產業指南〉，網頁：https://reurl.cc/nVK1vv (最後瀏覽日：01/27/2020)

120. 中華人民共和國最高人民法院網站，〈杭州互聯網法院區塊鏈智能合約司法應用上線—存證量超 19 億條〉，網站：http://www.court.gov.cn/zixun-xiangqing-194221.html (最後瀏覽日：01/28/2020)

121. BBC 網站，〈中美貿易戰:五個問題看懂第一階段協議的關注點〉，網頁：https://www.bbc.com/zhongwen/trad/business-51132474　(最後瀏覽日：02/03/2020)

122. 法安網網站，〈北京互聯網法院「天平鏈」的應用建設〉，網頁：http://m.faanw.com/zhihuifayuan/1770.html (最後瀏覽日：02/03/2020)

123. 智高點網站，〈司法院新推區塊鏈電子訴訟文書服務平臺，凱基銀明年將率先介接提升訴訟聲請效率〉，網頁：https://koin.kcg.gov.tw/?p=2431 (最後瀏覽日：02/04/2020)

124. 聯合新聞網網站，〈創新金融！凱基銀與司法院合推電子訴訟文書服務平臺〉，網頁：https://reurl.cc/jdza8M (最後瀏覽日：07/15/2019)

125. Bitnance 網站，〈杭州互聯網法院常務副院長：司法區塊鏈有五個司法和社會價值〉，網頁：https://bitnance.vip/news/4dbaa93d-fe70-4443-8717-f094350d7cec　(最後瀏覽日：02/04/2020)

126. 法操 Follaw 網站，〈【法操小教室】傳聞證據〉，網頁：https://www.follaw.tw/f06/8657/ (最後瀏覽日：07/15/2019)

127. WIPO(2019)，〈Report on the blockchain workshop〉，網頁：https://reurl.cc/Yl2QW0 (最後瀏覽日：02/09/2020)。

128. 中華人民共和國最高人民檢察院網站，〈電子證據審查認定「四難」及

其解決〉，網頁：https://www.spp.gov.cn/spp/llyj/201911/t20191107_437495
.shtml (最後瀏覽日：02/09/2020)

129. 人民網網站，〈電子證據須保障合法真實關聯性〉，網頁：http://legal.peo
ple.com.cn/n1/2019/0412/c42510-31026319.html (最後瀏覽日：02/09/2020)

130. iThome 網站，〈新創區塊科技推出數位存證上鏈 App，要讓數位證據在
法庭舉證時更具效力〉，網頁：https://www.ithome.com.tw/news/131931 (最
後瀏覽日：02/11/2020)

131. 蔡長春、劉子陽(2019)，〈區塊鏈技術輔助司法辦案優勢明顯〉，載於法
制網網站，網頁：https://reurl.cc/NaVKy5 (最後瀏覽日：02/14/2020)

132. 世界日報網站，〈最高人民法院發新「決定」 微信、微博紀錄可當民事
證據〉，網頁：https://reurl.cc/8lQl9y (最後瀏覽日：02/15/2020)

133. 聯合新聞網網站，〈強化鑑定證據力 調查局研發區塊鏈存證技術〉，網
頁：https://udn.com/news/story/7314/3774944 (最後瀏覽日：02/15/2020)

134. 中央通訊社網站，〈強化鑑定證據力 調查局研發區塊鏈存證技術〉，網
頁：https://www.cna.com.tw/news/asoc/201904240257.aspx (最後瀏覽日：
02/15/2020)

135. 司法院網站，〈司法院研討刑事選任鑑定人、專家證人制度〉，網頁：
https://reurl.cc/k5mdp3 (最後瀏覽日：08/04/2019)

136. 資安人網站，〈時戳-電子化社會的時間證明〉，網頁：https://www.informa
tionsecurity.com.tw/article/article_detail.aspx?aid=7311 (最後瀏覽日：
02/16/2020)

137. 章忠信(2012)，〈立法院修正營業秘密法增訂刑責訪問回應稿〉，載於著
作權筆記網站，電子檔參見：http://www.copyrightnote.org/ArticleCon
tent.aspx?ID=8&aid=2495 (最後瀏覽日：02/16/2020)

138. 財團法人資訊工業策進會網站，〈保守營業秘密 千萬不能大意 資策會
籲研發服務公司(RSC) 注重機密管理與存證保護〉，網頁：
https://www.iii.org.tw/Press/NewsDtl.aspx?nsp_sqno=1993&fm_sqno=14 (最

後瀏覽日：02/16/2020)

139. 財團法人資訊工業策進會網站，〈電子時戳助舉證 智財管理 so easy〉，網頁：https://reurl.cc/ZnDGWl (最後瀏覽日：02/16/2020)

140. 經濟部智慧財產局所編之「營業祕密保護實務教戰手冊」，電子檔參見：https://www1.tipo.gov.tw/ct.asp?xItem=499568&ctNode=6740&mp=1 (最後瀏覽日：02/16/2020)

141. National Center for Industrial Property Information and Training 網站，〈Timestamp Token Certification Service〉，網頁：https://www.inpit.go.jp/english/utili/tstcs_top.html (最後瀏覽日：02/17/2020)

142. INPIT 的相談支援窗口網站，〈「営業秘密・知財戦略相談窓口～営業秘密 110 番～」のサービス概要〉，網頁：https://www.inpit.go.jp/katsuyo/tradesecret/madoguchi.html (最後瀏覽日：02/17/2020)

143. 日本總務省網站，〈電子署名及び認証業務に関する法律の施行（電子署名法）〉，網頁：https://www.soumu.go.jp/main_sosiki/joho_tsusin/top/ninshou-law/law-index_e.html (最後瀏覽日：02/17/2020)

144. INPIT 網站，〈会社の秘密を守るには（第 1 回）〉，網頁：https://www.inpit.go.jp/katsuyo/tradesecret/report_tizai_1.html (最後瀏覽日：02/17/2020)

145. INPIT 網站，〈解説：会社の秘密を守るには（第 2 回）〉，網頁：https://www.inpit.go.jp/katsuyo/tradesecret/report_tizai_2.html (最後瀏覽日：02/17/2020)

146. INPIT 網站，〈会社の秘密を守るには（第 3 回）〉，網頁：https://www.inpit.go.jp/katsuyo/tradesecret/report_tizai_3.html (最後瀏覽日：02/17/2020)

147. 智慧財產法院網站，〈營業秘密訴訟事件(案件)之審理情形〉，電子檔參見：https://ipc.judicial.gov.tw/ipr_internet/doc/Statistics/10801-23.pdf (最後瀏覽日：02/17/2020)

148. 鏈聞網站，〈為什麼時間戳會成為區塊鏈不可篡改的重要條件？〉，網頁：https://www.chainnews.com/zh-hant/articles/528240183491.htm (最後瀏

覽日：02/17/2020)

149. 深圳市知識產權聯合會網站，〈TSA 可信時間戳電子證據固化系統介紹〉，網頁：http://www.szipa.org.cn/nshow-290.html（最後瀏覽日：02/19/2020)

150. 黃玲麗(2019)，〈北京互聯網法院採用「天平鏈」證據判決首案出爐〉，載於人民網網站，電子檔參見：http://blockchain.people.com.cn/BIG5/n1/2019/0412/c417685-31027667.html (最後瀏覽日：02/19/2020)

151. 新浪新聞網站，〈北京互聯網法院使用區塊鏈技術，跨鏈存證數據量達上億條〉，網頁：https://news.sina.com.tw/article/20191202/33520118.html (最後瀏覽日：02/19/2020)

152. 中華人民共和國國家互聯網信息辦公室網站，〈為什麼全球第一家互聯網法院誕生在中國?〉，網頁：http://www.cac.gov.cn/2019-11/04/c_1574400 776656841.htm　(最後瀏覽日：02/19/2020)

153. 中華人民共和國最高人民法院網站，〈最高人民法院關於修改《關於民事訴訟證據的若干規定》的決定〉，網頁：http://www.court.gov.cn/zixun-xiangqing-212711.html (最後瀏覽日：02/20/2020)

154. iThome 網站，〈LegalTech 臺灣創新！顛覆傳統紙本監管作業，勤業眾信搶先全球用區塊鏈保護證物！〉，網頁：https://reurl.cc/nVWqjD (最後瀏覽日：02/22/2020)

155. BBC 網站，〈中美貿易戰持續近兩年，什麼改變了？〉，網頁：https://www.bbc.com/zhongwen/trad/world-51099039 (最後瀏覽日：02/23/2020)

156. 經貿資訊網網站，〈美國區塊鏈應用及發展產業專題報告〉，網頁：https://www.trade.gov.tw/ (最後瀏覽日：02/24/2020)

157. iThome 網站，〈結合區塊鏈技術，臺廠發表雲端郵件存證與真偽驗證工具〉，網頁：https://www.ithome.com.tw/review/135973 (最後瀏覽日：08/20/2019)

158. 鏈聞網站，〈什麼是零知識證明?〉，網頁：https://www.chainnews.com/

zh-hant/articles/993287340177.htm (最後瀏覽日:02/26/2020)

159. 經濟部智財局網站,〈兩岸有關營業秘密保護法制之介紹〉,網頁:
https://reurl.cc/YlMQZO (最後瀏覽日:02/27/2020)

160. 經濟部智慧財產局網站,網頁:https://www1.tipo.gov.tw/np.asp?ctNode=
6738&mp=1 (最後瀏覽日:02/27/2020)

161. 鉅亨網站,〈〈區塊鏈大應用〉印度邦政府聯手 PwC 推出區塊鏈智慧財
產權交易平臺〉,網頁:https://news.cnyes.com/news/id/4248938 (最後瀏
覽日:02/27/2020)

162. 經濟部技術處網站,〈區塊鏈在供應鏈中的創新應用案例[趨勢新知]〉,
網頁:https://www.moea.gov.tw/MNS/doit/bulletin/Bulletin.aspx?kind=4&
html=1&menu_id=13553&bull_id=6733 (最後瀏覽日:02/27/2020)

163. iThome 網站,〈中國最高法院承認區塊鏈資料的證據效力〉,網頁:
https://www.ithome.com.tw/news/125763 (最後瀏覽日:02/27/2020)

164. iThome 網站,〈區塊鏈運作原理大剖析:5 大關鍵技術〉,網頁:
https://www.ithome.com.tw/news/105374 (最後瀏覽日:02/27/2020)

165. 動區 BLOCKTEMPO 網站,〈投資人必讀│你不可不知的「美國加密貨
幣、區塊鏈產業」生態總覽〉,網頁:https://www.blocktempo.com/the-
united-states-of-crypto/ (最後瀏覽日:02/027/2020)

166. 動區 BLOCKTEMPO 網站,〈【ING 銀行│零知識證明】ING 發布新的
「零知識證明套件組」,保護區塊鏈上資料的隱私〉,網頁:
https://www.blocktempo.com/ing-bank-launches-open-source-privacy-improv
ement-add-on-for-blockchains/ (最後瀏覽日:02/27/2020)

167. Samson's Blog 網站,〈區塊鏈 BlockChain -量子計算機與區塊鏈技術〉,
網頁:https://www.samsonhoi.com/771/blockchain-quantum-computing (最後
瀏覽日:02/27/2020)

168. 章忠信(2014),〈著作的原創性〉,載於著作權筆記網站,網頁:
http://www.copyrightnote.org/ArticleContent.aspx?ID=9&aid=2607 (最後瀏

覽日：02/27/2020)

169. 經濟部智慧財產局網站，〈我國營業秘密法介紹〉，網頁：https://www1.
tipo.gov.tw/ct.asp?xItem=207075&ctNode=6740&mp=1 （最後瀏覽日：
02/27/2020)

170. 勞動部網站，〈立法院今（27）日三讀通過勞動基準法部份條文增修，
明確競業禁止、調動、必要服務年限及童工等規範，充分保障勞工權
益。〉，網頁：https://www.mol.gov.tw/announcement/2099/24198/ (最後瀏
覽日：02/27/2020)

171. 中時電子報網站，〈商業間諜! 台積電副理為跳槽陸廠　狂印機密遭起
訴〉，網頁：https://www.chinatimes.com/realtimenews/20180831001529-
260402?chdtv　（最後瀏覽日：02/27/2020)

172. 法律百科網站，〈著作權法所保障的是什麼？──著作、著作物是不同
的概念〉，網頁：https://www.legis-pedia.com/article/Intellectual-property-
rights/53 (最後瀏覽日：02/27/2020)

173. 凌群電子報網站，〈淺談分散式帳本技術〉，網頁：https://reurl.cc/72Zmkk
(最後瀏覽日：02/27/2020)

174. medium 網站，〈區塊鏈技術如何做到難以竄改？就讓散列函數（哈希）
告訴你！〉，網頁：https://reurl.cc/k54gr9 (最後瀏覽日：02/27/2020)

175. 人民網網站，〈對「去中心化」的區塊鏈如何監管〉，網頁：http://blockchain.
people.com.cn/BIG5/n1/2019/0110/c417685-30514073.html (最後瀏覽日：
02/27/2020)

176. 人民網網站，〈數字環境下版權運用和管理〉，網頁：http://media.people.
com.cn/BIG5/n1/2019/1213/c14677-31504526.html (最後瀏覽日：02/28/2020)

177. 自由財經網站，〈刑度高沒用！「營業秘密」審案效率需加快〉，網頁：
https://ec.ltn.com.tw/article/breakingnews/2603933 (最後瀏覽日：02/28/2020)

178. 中國知識產權研究網網站，〈首例時間戳司法應用案例判決書發生法律
效力 附該案件裁判文書〉，網頁：http://www.iprcn.com/IL_Zxjs_Show.

aspx?News_PI=2106　(最後瀏覽日：02/28/2020)

179. 蔡玉琬(2019)，〈未來的網路信任與價值基礎——區塊鏈技術〉，載於科技政策觀點網站，網頁：https://portal.stpi.narl.org.tw/index/article/10471 (最後瀏覽日：02/27/2020)

180. 新華網網站，〈微博短信可作為民事訴訟電子證據〉，網頁：http://www.xinhuanet.com/legal/2019-12/27/c_1125393357.htm (最後瀏覽日：02/26/2020)

181. 上海證券報網站，〈2019 年中國網絡安全大事評選揭曉〉，網頁：http://news.cnstock.com/industry,rdjj-202002-4495643.htm　(最後瀏覽日：02/28/2020)

182. 翁竹霆(2016)，〈淺談區塊鏈之著作權保護機制〉，載於資策會科技法律研究所網站，電子檔參見：https://stli.iii.org.tw/article-detail.aspx?no=66&tp=3&i=94&d=7680 (最後瀏覽日：02/28/2020)

183. cnnfi 網站，〈區塊鏈於著作權產業之應用〉，網頁：http://www.cnfi.org.tw/front/bin/ptdetail.phtml?Part=magazine10708-581-9 (最後瀏覽日：02/29/2020)

184. msn 財經網站，〈善用區塊鏈不可竄改特性，「區塊鏈存證王」APP 能保存數位證據，解決現代人官司糾紛〉，網頁：https://reurl.cc/Yly1YO (最後瀏覽日：02/11/2019)

網站資料

1. 華藝線上圖書館網站，網頁：http://www.airitilibrary.com/ (最後瀏覽日：08/17/2019)

2. 月旦法學知識庫網站，網頁：https://reurl.cc/VyVny (最後瀏覽日：08/17/2019)

3. 法源法律網網站，網頁：https://www.lawbank.com.tw/ (最後瀏覽日：08/17/2019)

4. 司法院全球資訊網網站，網頁：https://www.judicial.gov.tw/index.asp (最後瀏覽日：08/17/2019)

5. THOMSON REUTERS 網站，網頁：https://www.thomsonreuters.com/en.html (最後瀏覽日：08/17/2019)

6. Google 學術搜尋網站，網頁：https://scholar.google.com/(最後瀏覽日：08/17/2019)

7. CNKI 中國知網網站，網頁：http://cnki.sris.com.tw/kns55/default.aspx (最後瀏覽日：08/17/2019)

8. WIPO 網站，網頁：https://www.wipo.int/portal/en/index.html(最後瀏覽日：08/17/2019)

9. EUIPO 網站，網頁：https://euipo.europa.eu/ (最後瀏覽日：08/17/2019)

10. 動區 BLOCKTEMPO 網站，網頁：https://www.blocktempo.com/who-is-satoshi-nakamoto-2/ (最後瀏覽日：06/25/2019)

11. World Trade Organization 網站，網頁：https://reurl.cc/50Alv (最後瀏覽日：8/17/2019)

12. World Trade Organization 網站，網頁：https://www.wto.org/ (最後瀏覽日：08/17/2019)

13. 北大法寶 pkulaw.cn 網站，網頁：https://reurl.cc/YZAgo (最後瀏覽日：08/17/2019)

14. CTCR 財團法人工商研究院網站，網頁：http://www.cicr.org.tw/index.php?do=article&id=75 (最後瀏覽日：06/28/2019)

15. BASF 網站，網頁：https://www.basf.com/tw/zh.html (最後瀏覽日：06/30/2019)

16. Cypherpunks Taiwan 密碼龐克網站，網頁：https://cypherpunks.tech/ (最後瀏覽日：07/01/2019)

17. 國家知識產權局 NATIONAL INTELLECTUAL PROPERTY ADMINISTRATION,PRC 網站，網頁：http://www.sipo.gov.cn/zhfwpt/zlsqzn/zlfssxzsczn/201508/t20150824_1164886.html (最後瀏覽日：08/20/2019)

18. 國家知識產權局 NATIONAL INTELLECTUAL PROPERTY ADMINIS

TRATION,PRC 網站，網頁：http://www.sipo.gov.cn/zcfg/zcfgflfg/flfgbq/fl_bq/1063535.htm (最後瀏覽日：08/20/2019)

19. 國家知識產權局 NATIONAL INTELLECTUAL PROPERTY ADMINIS TRATION,PRC 網站，網頁：http://www.sipo.gov.cn/zcfg/zcfgflfg/flfgsb/fl_sb/1140931.htm (最後瀏覽日：08/20/2019)

20. 國家知識產權局 NATIONAL INTELLECTUAL PROPERTY ADMINIST RATION,PRC 網站，網頁：http://www.cnipa.gov.cn/zcfg/zcfgflfg/zscq/fl_qt/1109520.htm (最後瀏覽日：08/20/2019)

21. 權大師網站，網頁：https://www.quandashi.com/ (最後瀏覽日：08/20/2019)

22. 海洋大學電機資訊學院資訊工程學系 Lagoon 程式設計課程網站，網頁：http://squall.cs.ntou.edu.tw/cprog/materials/Strings.html(最 後 瀏 覽 日 ：08/20/2019)

23. WIPO 網站，網頁：https://www.wipo.int/portal/en/index.html (最後瀏覽日：08/20/2019)

24. EUIPO 網站，網頁：https://euipo.europa.eu/ (最後瀏覽日：08/17/2019)

25. 全國法規資料庫網站，網頁：https://reurl.cc/WjRG7 (最後瀏覽日：08/09/2019)

26. 國家圖書館網站，網頁：https://www.ncl.edu.tw/content_53.html (最後瀏覽日：08/09/2019)

27. 國家圖書館全國新書資訊網網站，網頁：https://reurl.cc/g9G7z (最後瀏覽日：08/09/2019)

28. 中華保護智慧財產權協會網站，網頁：http://www.ippa.org.tw/ (最後瀏覽日：08/10/2019)

29. 中華保護智慧財產權協會網站，網頁：http://www.ippa.org.tw/Service2.htm (最後瀏覽日：08/10/2019)

30. IBM Knowledge Center 網站，網頁：https://reurl.cc/ap4LX (最後瀏覽日：07/05/2019)

31. NEO Docs 網站，網頁：https://reurl.cc/0Vvgk (最後瀏覽日：08/20/2019)

32. 請參 MyDocSafe 網站, 網頁：https://mydocsafe.com/us/ (最後瀏覽日：08/20/2019)

33. 請參 MONEGRAPH 網站, 網頁：https://monegraph.com/ (最後瀏覽日：08/20/2019)

34. INATBA 網站，網頁：https://inatba.org/ (最後瀏覽日：08/18/2019)

35. 巴克萊銀行網站，網頁：https://www.barclays.co.uk/ (最後瀏覽日：08/18/2019)

36. 巴黎萊雅網站，網頁：https://www.lorealparisusa.com/ (最後瀏覽日：08/18/2019)

37. 原本鏈網站，網頁：https://yuanbenlian.com/ (最後瀏覽日：08/20/2019)

38. 英國政府科學辦公室網站，網頁：https://www.gov.uk/government/organisations/government-office-for-science (最後瀏覽日：08/18/2019)

39. Standards Australia 網站，網頁：https://www.standards.org.au/ (最後瀏覽日：08/14/2019)

40. Coinnewshk 幣訊網站，網頁：https://reurl.cc/VyEOA (最後瀏覽日：08/14/2019)

41. 三菱電機網站，網頁：https://www.mitsubishielectric.co.jp/ (最後瀏覽日：08/18/2019)

42. 安川電機網站，網頁：https://www.yaskawa-global.com/ (最後瀏覽日：08/18/2019)

43. IVI(Industrial Value Chain Initiative)網站，網頁：https://iv-i.org/wp/ja/about-us/whatsivi/ (最後瀏覽日：08/18/2019)

44. CONSENSYS 網站，網頁：https://consensys.net/about/ (最後瀏覽日：08/18/2019)

45. 外交部網站，網頁：https://reurl.cc/oOWdj (最後瀏覽日：08/13/2019)

46. e-estonia 網站，網頁：https://e-estonia.com/solutions/interoperability-services/x-road/ (最後瀏覽日：08/13/2019)

47. 中國國家發展和改革委員會網站，網頁：http://www.ndrc.gov.cn/fzgggz/fzgh/ghwb/gjjgh/201706/t20170622_852132.html (最後瀏覽日：08/018/2019)

48. 中國國家互聯網信息辦公室網站，網頁：https://www.cac.gov.cn/2019-01/10/c_1123971164.htm (最後瀏覽日：08/20/2019)

49. 中國最高人民法院網站，網頁：http://www.court.gov.cn/zixun-xiangqing-116981.html (最後瀏覽日：08/20/2019)

50. 全國法規資料庫網站，網頁：https://law.moj.gov.tw/LawClass/LawSingle.aspx?pcode=J0080028&flno=2　(最後瀏覽日：08/20/2019)

51. 司法院法學資料檢索系統網站，網頁：https://law.judicial.gov.tw/FJUD/default.aspx (最後瀏覽日：07/08/2019)

52. 法源法律網法學查詢結果網站，網頁：https://reurl.cc/0LKOx (最後瀏覽日：08/10/2019)

53. 中國國家互聯網信息辦公室網站，網頁：https://www.cac.gov.cn/2019-01/10/c_1123971164.htm (最後瀏覽日：08/10/2019)

54. 中國最高人民法院網站，網頁：http://www.court.gov.cn/zixun-xiangqing-116981.html (最後瀏覽日：08/10/2019)

55. IBM Knowledge Center 網站，網頁：https://www.ibm.com/support/knowledgecenter/zh-tw/SSES6Y/cxcloud/Using/kpis.html(最後瀏覽日：07/17/2019)

56. 奇景光電股份有限公司網站，網頁：https://www.himax.com.tw/zh/company/about-himax/ (最後瀏覽日：08/05/2019)

57. ACCUPASS 網站，網頁：https://www.accupass.com/event/1801020838587352828520 (最後瀏覽日：08/05/2019)

58. 法律科技黑克松網站，網頁：https://hackathon.lawsnote.com/ (最後瀏覽日：08/05/2019)

59. 司法院資料查詢系統網站，網頁：https://www.judicial.gov.tw/lab3.asp　(最後瀏覽日：07/17/2019)

60. YAHOO!奇摩網站，網頁：https://tw.yahoo.com/ (最後瀏覽日：08/05/2019)

61. Youtube 網站，網頁：https://www.youtube.com/intl/zh-TW/yt/about/ （最後瀏覽日：08/05/2019）

62. 國家教育研究院網站，網頁：http://terms.naer.edu.tw/detail/1679224/?index=6 (最後瀏覽日：08/05/2019)

63. 司法院法學資料檢索系統網站，網頁：https://law.judicial.gov.tw/FJUD/default.aspx (最後瀏覽日：07/17/2019)

64. 中國知識產權雜誌官方網站，網頁：http://www.chinaipmagazine.com/Topics/InfoShow.asp?56-2510.html (最後瀏覽日：08/05/2019)

65. 淘寶網網站，網頁：https://reurl.cc/KN0gj （最後瀏覽日：08/05/2019）

66. 深圳市中級人民法院網站，網頁：https://www.szcourt.gov.cn/ （最後瀏覽日：08/05/2019）

67. 中國科學院國家授時中心網站，網頁：http://www.ntsc.ac.cn/ （最後瀏覽日：08/05/2019）

68. 國家發展委員會檔案管理局網站，網頁：https://www.archives.gov.tw/Publish.aspx?cnid=1840 (最後瀏覽日：08/05/2019)

69. 獨立行政法人工業所有權情報‧研修館網站，網頁：https://www.inpit.go.jp/index.html (最後瀏覽日：08/05/2019)

70. 資策會科技法律研究所網站，網頁：https://stli.iii.org.tw/model.aspx?no=74 (最後瀏覽日：08/05/2019)

71. 行政院農業委員會產銷履歷農產品資訊網，網站：https://taft.coa.gov.tw/ct.asp?xItem=1217&ctNode=211&role=C (最後瀏覽日：08/03/2019)

72. SD Association 網站，網頁：https://www.sdcard.org/cht/developers/overview/index.html (最後瀏覽日：08/03/2019)

73. Apple 網站，網頁：https://www.apple.com/tw/leadership/ （最後瀏覽日：08/03/2019)

74. LINE 網站，網頁：https://linecorp.com/zh-hant/company/info （最後瀏覽日：08/03/2019)

75. 中華人民共和國最高人民法院網站,網頁:http://www.court.gov.cn/zixun-xiangqing-116981.html (最後瀏覽日:08/01/2019)

76. 保全網,網頁:https://www.baoquan.com/ (最後瀏覽日:08/01/2019)

77. 中央人民政府門戶網站,網頁:https://reurl.cc/qx3DR (最後瀏覽日:08/01/2019)

78. 司法院法學資料檢索系統網站,網頁:https://law.judicial.gov.tw/FJUD/default.aspx(最後瀏覽日:08/01/2019)

79. BIP 區塊鏈驗證中心網站,網頁:https://blockchainip.net/ (最後瀏覽日:03/31/2019)

80. 國家發展委員會網站,網頁:https://reurl.cc/gLKEQ (最後瀏覽日:08/18/2019)

81. EU GDPR.ORG 網站,網頁:https://eugdpr.org/ (最後瀏覽日:08/18/2019)

82. TECHTARGET NETWORK 網站,網頁:https://reurl.cc/Vykly (最後瀏覽日:08/18/2019)

83. 中國國家發展和改革委員會網站,網頁:http://www.ndrc.gov.cn/ (最後瀏覽日:08/018/2019)

84. 中國中央人民政府網站,網頁:http://www.gov.cn/zhengce/content/2017-07/20/content_5211996.htm (最後瀏覽日:08/018/2019)

85. 中國商務部流通業發展司網站,網頁:http://ltfzs.mofcom.gov.cn/article/ag/wlbzh/201708/20170802627302.shtml (最後瀏覽日:08/018/2019)

86. 中國中央人民政府網站,網頁:http://www.gov.cn/zhengce/content/2017-10/13/content_5231524.htm (最後瀏覽日:08/18/2019)

87. 中國中央人民政府網站,網頁:http://www.gov.cn/zhengce/content/2017-11/27/content_5242582.htm (最後瀏覽日:08/18/2019)

88. 中國教育部網站,網頁:http://www.moe.gov.cn/srcsite/A16/s3342/201804/t20180425_334188.html (最後瀏覽日:08/18/2019)

89. 中國最高人民法院網站,網頁:http://www.court.gov.cn/zixun-xiangqing-

116981.html (最後瀏覽日：08/18/2019)

90. 中國中央人民政府網站，網頁：http://www.gov.cn/xinwen/2018-09/11/content_5321054.htm (最後瀏覽日：08/18/2019)

91. ITREAD01 網站，網頁：https://www.itread01.com/content/1543463772.html (最後瀏覽日：08/04/2019)

92. 外交部網站，網頁：https://www.mofa.gov.tw/igo/cp.aspx?n=26A0B1DA6A0EBAA2 (最後瀏覽日：08/17/2019)

93. 法律圖書館網站，網頁：http://www.law-lib.com/law/law_view.asp?id=3201 (最後瀏覽日：08/23/2019)

94. 中國人民代表大會網站，網頁：http://www.npc.gov.cn/wxzl/wxzl/2000-12/06/content_4408.htm　(最後瀏覽日：08/23/2019)

95. 法律圖書館網站，網頁：http://www.law-lib.com/law/law_view.asp?id=2555 (最後瀏覽日：08/23/2019)

96. Findlaw.cn 網站，網頁：http://china.findlaw.cn/fagui/p_1/319504.html (最後瀏覽日：08/23/2019)

97. 北京互聯網法院網站，網頁：https://www.bjinternetcourt.gov.cn/　(最後瀏覽日：08/24/2019)

98. 中國最高人民法院網站，網頁：http://www.court.gov.cn/zixun-xiangqing-75412.html (最後瀏覽日：08/24/2019)

99. 螞蟻金服網站，網頁：https://tech.antfin.com/blockchain (最後瀏覽日：08/24/2019)

100. 中國政府網網站，網頁：http://big5.www.gov.cn/gate/big5/www.gov.cn/flfg/2006-10/29/content_1499268.htm　(最後瀏覽日：08/24/2019)

101. 全國法規資料庫網站，網頁：https://law.moj.gov.tw/ (最後瀏覽日：08/24/2019)

102. Facebook for developers 網站，網頁：https://reurl.cc/WejRe (最後瀏覽日：08/24/2019)

103. Instgram 網站，網頁：https://www.instagram.com/about/us/?hl=zh-tw （最後瀏覽日：08/24/2019)

104. 全國法規資料庫網站，網頁：https://reurl.cc/e0qZL （最後瀏覽日：07/15/2019)

105. 經濟部智慧財產局網站，網頁：https://www.tipo.gov.tw/tw/cp-90-693761-02f9d-1.html (最後瀏覽日：10/17/2019)

106. 尼克·薩博個人網站，網頁：https://reurl.cc/al49gZ (最後瀏覽日：08/21/2019)

107. 臺灣積體電路製造股份有限公司網站，網頁：https://www.tsmc.com/chinese/default.htm (最後瀏覽日：11/30/2019)

108. 穩懋半導體公司網站，網頁：https://www.michaelpage.com.tw/zh/client profile/win-semiconductors (最後瀏覽日：12/01/2019)

109. Timothy May 之網站，網頁：http://groups.csail.mit.edu/mac/classes/6.805/articles/crypto/cypherpunks/may-crypto-manifesto.html （最後瀏覽日：12/10/2019)

110. UBS 網站，網頁：https://www.ubs.com/tw/en.html (最後瀏覽日：12/11/2019)

111. Credit Suisse 網站，網頁：https://www.credit-suisse.com/us/en.html (最後瀏覽日：12/11/2019)

112. BBVA 網站，網頁：https://www.bbva.com/en/ (最後瀏覽日：12/11/2019)

113. Barclays 網站，網頁：https://www.barclays.co.uk/ (最後瀏覽日：12/11/2019)

114. RBS 網站，網頁：https://www.rbs.com/ (最後瀏覽日：12/11/2019)

115. eBay 網站，網頁：https://www.ebay.com/ (最後瀏覽日：12/11/2019)

116. Uber 網站，網頁：https://www.uber.com/tw/zh-tw/ (最後瀏覽日：12/11/2019)

117. Paypal 網站，網頁：https://www.paypal.com/tw/home (最後瀏覽日：12/11/2019)

118. Spotify 網站，網頁：https://www.spotify.com/tw/ (最後瀏覽日：12/11/2019)

119. 鏈聞網站，網頁：https://www.chainnews.com/zh-hant/articles/731353744191.htm (最後瀏覽日：12/27/2019)

120. 社團法人中華音樂著作權協會網站，網頁：https://www.must.org.tw/ (最後瀏覽日：12/28/2019)

121. 社團法人亞太音樂集體管理協會網站，網頁：https://www.acma.org.tw/ (最後瀏覽日：12/28/2019)

122. 社團法人臺灣錄音著作權人協會網站，網頁：https://www.arco.org.tw/ (最後瀏覽日：12/28/2019)

123. 社團法人中華有聲出版錄音著作權管理協會網站，網頁：http://www.rpat.org.tw/ (最後瀏覽日：12/28/2019)

124. 保全網-區塊鏈電子數據存證平臺網站，網頁：https://www.baoquan.com/mobile/news/f8QWrx2aQvagC1dUvqRTuB?lang=zh(最後瀏覽日：12/30/2019)

125. 亞洲矽谷網站，網頁：https://reurl.cc/vnMdmN (最後瀏覽日：01/27/2020)

126. 法信公證雲網站，網頁：https://reurl.cc/RdNvdr (最後瀏覽日：01/28/2020)

127. 區塊鏈存證王網站，網頁：https://app.chainsecurity.asia/blockchainwitness/web/index.html (最後瀏覽日：01/28/2020)

128. 法務部暨所屬機關網站，網頁：https://www.moj.gov.tw/cp-1033-45746-3deac-001.html (最後瀏覽日：01/29/2020)

129. 比特幣資訊網站，網頁：https://reurl.cc/QprXaM (最後瀏覽日：02/03/2020)

130. ASIAPEAK 網站，網頁：https://www.asiapeak.com/timestamp.php (最後瀏覽日：02/16/2020)

131. 經濟部主管法規系統網站，網頁：https://law.moea.gov.tw/LawContentSource.aspx?id=FL011321#lawmenu (最後瀏覽日：02/16/2020)

132. 日本電信電話公司網站，網頁：https://www.ntt.co.jp/index_c.html (最後瀏覽日：02/16/2020)

133. Japan Data Communication Association 網站，網頁：https://www.dekyo.or.jp/tb/contents/summary/index.html (最後瀏覽日：02/16/2020)

134. 日本通信協會網站，網頁：https://www.dekyo.or.jp/tb/contents/list/index.html　(最後瀏覽日：02/16/2020)

135. Time Business Forum 網站，網頁：https://www.dekyo.or.jp/tbf/index.html (最後瀏覽日：02/17/2020)

136. Japan Trust Service Forum 網站，網頁：https://www.dekyo.or.jp/tsf/ (最後瀏覽日：02/17/2020)

137. INPIT 網站，網頁：https://www.tss.inpit.go.jp/web/tssa01/sctssz990101 (最後瀏覽日：02/17/2020)

138. 日本總務省網站，網頁：https://www.soumu.go.jp/main_sosiki/joho_tsusin/top/ninshou-law/timestamp.html (最後瀏覽日：02/17/2020)

139. INPIT 網站，網頁：https://faq.inpit.go.jp/tradesecret/ts/ts_day.html (最後瀏覽日：02/17/2020)

140. INPIT 網站，網頁：https://faq.inpit.go.jp/tradesecret/service/jirei.html (最後瀏覽日：02/17/2020)

141. INPIT 網站，網頁：https://faq.inpit.go.jp/tradesecret/faq/kanri.html (最後瀏覽日：02/17/2020)

142. INPIT 網站，網頁：https://faq.inpit.go.jp/tradesecret/ts/ts_manage.html (最後瀏覽日：02/17/2020)

143. INPIT 網站，網頁：https://faq.inpit.go.jp/tradesecret/ts/jirei.html (最後瀏覽日：02/17/2020)

144. INPIT 網站，網頁：https://faq.inpit.go.jp/tradesecret/ts/ts-glossary.html (最後瀏覽日：02/17/2020)

145. 新浪新聞網站，網頁：https://news.sina.com.tw/article/20200123/34068280.html (最後瀏覽日：02/17/2020)

146. 法規資料庫網站，網頁：https://reurl.cc/5ge39n (最後瀏覽日：02/18/2020)

147. 科技部網站，網頁：https://reurl.cc/A1x9EE (最後瀏覽日：02/18/2020)

148. 中國科學院國家授時中心網站，網頁：http://www.ntsc.ac.cn/jgsz/kybm/ssffyjs/ (最後瀏覽日：02/19/2020)

149. 中國科學院國家授時中心網站，網頁：http://www.ntsc.ac.cn/kycg/ (最後瀏

覽日：02/19/2020)

150. TIME.AC.CN 網站，網頁：http://www.time.ac.cn/Service/003/174.html （最後瀏覽日：02/19/2020)

151. 聯合信任時間戳服務中心網站，網頁：https://www.tsa.cn/ (最後瀏覽日：02/19/2020)

152. YouTube 網站，網頁：https://www.youtube.com/watch?v=-IJSozFWSfc (最後瀏覽日：02/19/2020)

153. 法安網網站，網頁：http://m.faanw.com/zhihuifayuan/1770.html (最後瀏覽日：02/19/2020)

154. 阿里雲網站，網頁：https://cn.aliyun.com/ (最後瀏覽日：02/19/2020)

155. 中國網絡安全審查技術與認證中心網站，網頁：http://www.isccc.gov.cn/ (最後瀏覽日：02/19/2020)

156. 中國審判流程信息公開網網站，網頁：https://splcgk.court.gov.cn/gzfwww/ (最後瀏覽日：02/20/2020)

157. 法源法律網網站，網頁：https://db.lawbank.com.tw/FLAW/FLAWQRY02.aspx (最後瀏覽日：02/20/2020)

158. 中華百科全書網站，網頁：http://ap6.pccu.edu.tw/Encyclopedia/data.asp?id=1659 (最後瀏覽日：02/20/2020)

159. 奇景光電公司網站，網頁：https://www.himax.com.tw/zh/products/ (最後瀏覽日：02/21/2020)

160. 法源法律網網站，網頁：https://fyjud-lawbank-com-tw.nthulib-oc.nthu.edu.tw/list.aspx (最後瀏覽日：02/21/2020)

161. 司法院之區塊鏈電子訴訟文書平臺網站，網頁：https://efiling.judicial.gov.tw/SOL/Login.do (最後瀏覽日：02/21/2020)

162. 法務部之律師查詢系統網站，網頁：https://lawyerbc.moj.gov.tw/ (最後瀏覽日：02/21/2020)

163. Deloitte 網站，網頁：https://www2.deloitte.com/tw/tc/services/risk.html (最

後瀏覽日：02/22/2020)

164. G suite 網站，網頁：https://gsuite.google.com.tw/intl/zh-TW/products/vault/ (最後瀏覽日：02/22/2020)

165. 風傳媒網站，網頁：https://www.storm.mg/category/k72016 (最後瀏覽日：02/23/2020)

166. 天下雜誌網站，網頁：https://reurl.cc/k5G9rb (最後瀏覽日：02/23/2020)

167. Vermont General Assembly 網站，網頁：https://legislature.vermont.gov/ statutes/section/12/081/01913 (最後瀏覽日：02/23/2020)

168. 最高人民法院網站，網頁：http://www.court.gov.cn/zixun-xiangqing-116981.html (最後瀏覽日：02/23/2020)

169. 互聯網信息辦公室網站，網頁：https://www.cac.gov.cn/2019-01/10/c_11 23971164.htm (最後瀏覽日：02/23/2020)

170. 中央通訊社網站，網頁：https://www.cna.com.tw/news/firstnews/2020011 60087.aspx (最後瀏覽日：02/23/2020)

171. Legiscan 網站，網頁：https://legiscan.com/AZ/text/HB2417/id/1497439 (最後瀏覽日：02/23/2020)

172. State of Delaware 網站，網頁：https://delcode.delaware.gov/title8/c001/sc07/ (最後瀏覽日：02/23/2020)

173. LAWriter 網站，網頁：http://codes.ohio.gov/search/blockchain (最後瀏覽日：02/23/2020)

174. Federal Rules of Evidence 2020 Edition 網站，網頁：https://www.rulesofevid ence.org/article-viii/rule-803/ (最後瀏覽日：02/23/2020)

175. DIGITIMES 網站，網頁：https://www.digitimes.com.tw/tech/dt/most.asp? pack=13717&cnlid=1&cat=0 (最後瀏覽日：02/23/2020)

176. casetext 網站，網頁：https://casetext.com/rule/vermont-court-rules/vermont-rules-of-evidence (最後瀏覽日：02/23/2020)

177. 聯合新聞網網站，網頁：https://udn.com/news/story/12639/4213469 (最後

瀏覽日：02/24/2020)

178. 司法院電子出版品檢索系統網站，網頁：http://jirs.judicial.gov.tw/judlib/ EBookQry04.asp?S=S&scode=S&page=1&seq=20 (最後瀏覽日：02/24/2020)

179. 司法院電子出版品檢索系統網站，網頁：http://jirs.judicial.gov.tw/judlib/ EBookQry04.asp?S=S&scode=S&page=1&seq=20 (最後瀏覽日：02/24/2020)

180. 互聯網信息辦公室網站，網頁：http://www.cac.gov.cn/ (最後瀏覽日：02/24/2020)

181. 互聯網信息辦公室網站，網頁：https://bcbeian.ifcert.cn/index (最後瀏覽日：02/24/2020)

182. 區塊鏈報網站，網頁：http://blockchainsdaily.com/ (最後瀏覽日：02/24/2020)

183. 鏈聞網站，網頁：https://www.chainnews.com/zh-hant/articles/282289618725.htm (最後瀏覽日：02/24/2020)

184. 中時電子報網站，網頁：https://www.chinatimes.com/realtimenews/20170408002910-260402?chdtv (最後瀏覽日：02/25/2020)

185. 立法院法律系統網站，網頁：https://reurl.cc/vn9rrL (最後瀏覽日：02/25/2020)

186. 立法院法律系統網站，網頁：https://reurl.cc/W4ppD7 (最後瀏覽日：02/25/2020)

187. 立法院法律系統網站，網頁：https://reurl.cc/Vayyz6 (最後瀏覽日：02/25/2020)

188. 金融監督管理委員會網站，網頁：https://www.fsc.gov.tw/ch/index.jsp (最後瀏覽日：02/27/2020)

189. 中央銀行網站，網頁：https://www.cbc.gov.tw/tw/mp-1.html (最後瀏覽日：02/27/2020)

190. 法務部網站，網頁：https://www.moj.gov.tw/mp-001.html (最後瀏覽日：02/27/2020)

191. 司法院網站，網頁：https://www.judicial.gov.tw/tw/mp-1.html (最後瀏覽

日：02/27/2020)

192. 益思營業秘密管理產品知識分享園地網站，網頁：https://reurl.cc/e50aYK (最後瀏覽日：02/27/2020)

193. 阿里雲網站，網頁：https://www.alibabacloud.com/tc/knowledge/what-is-blockchain (最後瀏覽日：02/27/2020)

194. 科技新報網站，網頁：https://technews.tw/2019/12/11/block-weekly-191211/ (最後瀏覽日:02/27/2020)

195. 法規資料庫網站，網頁：https://law.moj.gov.tw/LawClass/LawHistory.aspx? pcode=J0070017 (最後瀏覽日：02/27/2020)

196. 網管人網站，網頁：https://reurl.cc/YlMRKo (最後瀏覽日：02/27/2020)

197. 經濟部智慧財產局網站，網頁：https://www1.tipo.gov.tw/lp.asp?CtNode= 7561&CtUnit=3348&BaseDSD=7&mp=1 (最後瀏覽日：02/27/2020)

198. CloudMile 網站，網頁：https://www.mile.cloud/zh-hant/what-is-blockchain/ (最後瀏覽日：02/27/2020)

199. 工研院產業科技發展所網站，網頁：https://reurl.cc/nVQAme (最後瀏覽日：02/027/2020)

200. 行政院農業委員會網站，網頁：https://www.coa.gov.tw/ws.php?id=4178 (最後瀏覽日：02/28/2020)

201. 鼎新 AI 商務應用雲網站，網頁：https://a1.digiwin.com/essay/essay-content. php?detail=57 (最後瀏覽日：02/28/2020)

202. iPAS 網站，網頁：https://www.ipas.org.tw/CV/?AspxAutoDetectCookie Support=1 (最後瀏覽日：02/28/2020)

203. nextlink 網站，網頁：https://www.nextlink.com.tw/2019/03/26/choose-the-cloud/ (最後瀏覽日：02/28/2020)

204. LIEN & LIN LAW FIRM 網站，網頁：https://reurl.cc/vnybGk (最後瀏覽日：02/28/2020)

205. 中央研究院資訊科學研究所網站，網頁：https://iis.sinica.edu.tw/page/res

earchoverview/Achievements.html?lang=zh&mobile (最後瀏覽日：02/28/2020)

206. SUNRISE ATTORNEYS-AT-LAW 網站，網頁：https://sunrisetaipei.com/ 20191003-2/ (最後瀏覽日：02/28/2020)

207. 科技新報網站，網頁：https://reurl.cc/EKqN5g (最後瀏覽日：02/28/2020)

208. 經濟部智慧財產局網站，網頁：https://www1.tipo.gov.tw/lp.asp?CtNode= 7023&CtUnit=3436&BaseDSD=7&mp=1 (最後瀏覽日：02/28/2020)

209. 著作權筆記網站，網頁：http://www.copyrightnote.org/ArticleContent.aspx? ID=3&aid=533 (最後瀏覽日：02/28/2020)

210. 中國審判網站，網頁：http://al.chinatrial.com/lib/cpal/AlyzContent.aspx?isAl yz=3&gid=C656843 (最後瀏覽日：02/28/2020)

211. 佛蒙特州網站，網頁：https://www.vermont.gov/ (最後瀏覽日：08/04/2019)

212. Vermont's online publication for Blockchain business throughout the State 網 站，網頁：https://www.blockchainvt.co/ (最後瀏覽日：02/28/2020)

213. NCSL 網站，網頁：https://www.ncsl.org/research/financial-services-and-com merce/the-fundamentals-of-risk-management-and-insurance-viewed-through-t he-lens-of-emerging-technology-webinar.aspx (最後瀏覽日：02/28/2020)

214. 臺網中心電子報網站，網頁：http://www.myhome.net.tw/2015_11/p02.htm (最後瀏覽日：02/28/2020)

215. 區塊吧網站，網頁：https://reurl.cc/GkzR4d (最後瀏覽日：02/28/2020)

216. cisco 網站，網頁：https://www.cisco.com/c/zh_tw/products/security/fire walls/what-is-a-firewall.html (最後瀏覽日：02/28/2020)

217. 人民網網站，網頁：http://media.people.com.cn/BIG5/n1/2019/1213/c14677-31504523.html (最後瀏覽日：02/28/2020)

218. softnext 網站，網頁：https://www.softnext.com.tw/dataprotection/epaper/05/ index.html (最後瀏覽日：02/28/2020)

219. 鏈聞網站，網頁：https://www.chainnews.com/zh-hant/articles/23692356822 2.htm (最後瀏覽日：02/28/2020)

220. 經濟部智慧財產局網站，網頁：https://www1.tipo.gov.tw/lp.asp?ctNode=7202&CtUnit=3564&BaseDSD=63&mp=1 (最後瀏覽日：02/28/2020)

221. 杭州互聯網法院網站，網頁：https://www.netcourt.gov.cn/portal/main/domain/index.htm (最後瀏覽日：02/28/2020)

222. 中國網網站，網頁：http://www.china.com.cn/law/txt/2007-02/28/content_7881994.htm (最後瀏覽日：02/28/2020)

223. 司法院網站，網頁：https://www.judicial.gov.tw/tw/cp-1414-12021-bc1f4-1.html (最後瀏覽日：02/28/2020)

224. Cornell LAW School 網站，網頁：https://www.law.cornell.edu/rules/fre (最後瀏覽日：02/28/2020)

225. 數位時代網站，網頁：https://www.bnext.com.tw/article/49047/blockchain-tech (最後瀏覽日：02/28/2020)

226. 人民網網站，網頁：http://finance.people.com.cn/BIG5/n1/2019/1125/c1004-31472038.html (最後瀏覽日：02/28/2020)

227. 區塊吧網站，網頁：https://reurl.cc/4gkzgR (最後瀏覽日：02/28/2020)

228. 鏈聞網站，網頁：https://reurl.cc/5g7xgy (最後瀏覽日：02/28/2020)

229. Adobe 網站，網頁：https://acrobat.adobe.com/tw/zh-Hant/sign/capabilities/electronic-signature-legality.html (最後瀏覽日：02/28/2020)

230. 數位時代網站，網頁：https://www.bnext.com.tw/article/54356/ione-blockchain-logistics (最後瀏覽日：02/28/2020)

231. Blocknotary 網站，網頁：https://www.blocknotary.com/timestamp (最後瀏覽日：02/28/2020)

232. BINANCE–ACADEMY 網站，網頁：https://www.binance.vision/zt/security/symmetric-vs-asymmetric-encryption (最後瀏覽日：02/28/2020)

233. 動區 BLOCKTEMPO 網站，網頁：https://www.blocktempo.com/blockchain-use-case-food-security/ (最後瀏覽日：02/28/2020)

234. softnext 網站，網頁：https://www.softnext.com.tw/dataprotection/TS_rule

list_e.html (最後瀏覽日：02/28/2020)

235. iThome 網站，網頁：https://www.ithome.com.tw/news/88090 (最後瀏覽日：02/28/2020)

236. 外交部網站，網頁：https://www.mofa.gov.tw/OverseasOffice.aspx?n=63578 34932B83C83&sms=5A961ED2E4BA25E8 (最後瀏覽日：02/28/2020)

237. FineArt 網站，網頁：https://www.fineart-tech.com/index.php/ch/news/584-fineartsecurity-forensic (最後瀏覽日：02/28/2020)

238. inwinSTACK 網站，網頁：https://www.inwinstack.com/2018/12/07/block chain-intro/ (最後瀏覽日：02/29/2020)

239. IBM 網站，網頁：https://www.ibm.com/tw-zh/blockchain/what-is-blockchain (最後瀏覽日：02/29/2020)

240. 行銷人網站，網頁：https://www.marketersgo.com/trend/201805/dg1-aliba ba-blockchain-food-products/ (最後瀏覽日：02/29/2020)

241. 經濟部智慧財產局網站，網頁：https://www1.tipo.gov.tw/ct.asp?xItem=70 8742&ctNode=7124&mp=1 (最後瀏覽日：02/29/2020)

242. BINANCE–ACADEMY 網站，網頁：https://www.binance.vision/zt/block chain/blockchain-use-cases-digital-identity (最後瀏覽日：02/29/2020)

243. 中時電子報網站，網頁：https://www.chinatimes.com/newspapers/20191219 000359-260210?chdtv (最後瀏覽日：02/29/2020)

244. 科技新報網站，網頁：https://technews.tw/tag/blockai/ (最後瀏覽日：02/29/2020)

245. 鉅亨網站，網頁：https://news.cnyes.com/news/id/4399795 (最後瀏覽日：02/29/2020)

246. 電腦與通訊網站，網頁：https://ictjournal.itri.org.tw/Content/Messagess/con tents.aspx?&MmmID=654304432122064271&CatID=654313611331661503 &MSID=744065356735474250 (最後瀏覽日：02/29/2020)

247. iThome 網站，網頁：https://www.ithome.com.tw/voice/129246 (最後瀏覽

日：07/0/2019)

248. LIBRA LAW OFFICE 網站，網頁：https://www.justlaw.com.tw/News01. php?id=7558 (最後瀏覽日：02/29/2020)

249. 法律百科網站，網頁：https://www.legis-pedia.com/QA/question/213 (最後瀏覽日：02/29/2020)

250. BLOCKCHAIN LAW GUIDE 網站，網頁：https://blockchainlawguide.com/ blockchain/ (最後瀏覽日：02/29/2020)

251. The Economist 網站，網頁：https://www.economist.com/gulliver/2018/11/ 05/america-accuses-china-of-stealing-aerospace-trade-secrets (最後瀏覽日：10/01/2019)

252. 經濟部智慧財產局網站，網頁：https://www.tipo.gov.tw/tw/cp-207-625771 -ceb2d-1.html (最後瀏覽日：10/17/2019)

253. BIP 區塊鏈驗證中心網站，網頁：https://blockchainip.net/ourservice (最後瀏覽日：02/09/2020)。

254. 澎湃新聞網站，網頁：https://www.thepaper.cn/newsDetail_forward_55471 10 (最後瀏覽日：02/09/2020)。

255. 上海市法學會網站，網頁 https://reurl.cc/Z77onp (最後瀏覽日:08/22/2020)。

判決函釋

1. 最高法院 28 年渝上字第 10 號。

2. 最高法院 28 年上字第 2595 號判決。

3. 最高法院 79 年臺上字第 540 號民事判例。

4. 最高法院 9 年度第一次民事庭會議。

5. 最高法院 91 年度第四次刑事庭決議。

6. 最高法院 91 年臺上字第 741 號民事判決 。

7. 最高法院 93 年度臺上字第 560 號民事判決。

8. 最高法院 97 年度臺上字第 2550 號刑事判決。

9. 最高法院 97 年度臺上字第 3854 號刑事判決。

10. 最高法院 100 年度臺抗字第 63 號裁定。

11. 最高法院 100 年度臺上字第 96 號判決。

12. 最高法院 104 年度臺上字第 2200 號民事判決。

13. 最高法院 104 年度臺上字第 1455 號民事判決。

14. 最高法院 106 年臺上字第 55 號民事判決。

15. 最高法院 106 年度臺上字第 350 號民事判決。

16. 最高法院 107 年度臺上字第 3724 號刑事判決。

17. 最高法院 107 年度上自第 3724 號刑事判決。

18. 最高法院 104 年度臺上字第 1455 號民事判決。

19. 最高法院 104 年度臺上字第 1455 號判決。

20. 最高法院 91 年度臺上字第 2908 號判例。

21. 最高法院 93 年度臺上字第 664 號判例。

22. 最高法院 93 年度臺上字第 3360 號判決。

23. 最高法院 96 年度臺上字 4464 號判決。

24. 最高法院 106 年度臺上字第 105 號判決。

25. 最高法院 108 年度臺上字 3389 號判決。

26. 最高法院 108 年度臺上字第 3078 號判決。

27. 最高法院 108 年度臺上字第 3376 號判決。

28. 最高法院 107 年度臺上字第 4583 號判決。

29. 最高法院 108 年度臺上字第 3327 號判決。

30. 最高法院 107 年度臺上字第 4178 號判決。

31. 最高法院 86 年臺上字第 394 號判決。

32. 最高法院 108 年度臺上字第 4121 號判決。

33. 最高法院 108 年度臺上字第 4359 號判決。

34. 最高法院 108 年度臺上字第 644 號判決。

35. 最高法院 108 年度臺上字第 647 號判決。

36. 最高法院 108 年度臺上字第 638 號判決。

37. 最高法院 107 年度臺上字第 2180 號判決。

38. 最高法院 107 年度臺抗字第 865 號裁定。

39. 最高法院 108 年度臺上字第 1022 號判決。

40. 最高法院 100 年度臺抗字第 63 號裁定。

41. 最高法院 98 年臺上字第 2373 號民事判決。

42. 最高法院 109 年度臺簡上字第 3 號裁定。

43. 最高法院 108 年度臺抗字第 919 號裁定。

44. 最高法院 108 年度臺抗字第 518 號裁定。

45. 最高法院 104 年度臺抗字第 738 號裁定。

46. 最高法院 107 年度臺抗字第 687 號裁定。

47. 最高法院 102 年度臺上字第 235 號判決。

48. 最高法院 108 年度臺上字第 2348 號判決。

49. 最高法院 108 年度臺上字第 3259 號判決。

50. 最高法院 108 年度臺抗字第 748 號裁定。

51. 最高法院 108 年度臺上字第 2486 號判決。

52. 最高法院 102 年度臺簡抗字第 129 號裁定。

53. 司法院大法官釋字第 582 號解釋理由書。

54. 智慧財產法院 98 年度民著訴字第 9 號民事判決。

55. 智慧財產法院 101 年度民專訴字第 119 號判決。

56. 智慧財產法院 102 年度民著上字第 13 號判決。

57. 智慧財產法院 103 年度民營上字第 1 號民事判決。

58. 智慧財產法院 105 年度民暫字第 13 號民事判決。

59. 智慧財產法院 106 年度民營上字第 1 號民事判決。

60. 智慧財產法院 107 年度刑智上訴字第 24 號刑事判決。

61. 智慧財產法院 107 年度行專訴字第 63 號行政判決。

62. 智慧財產法院 108 年度民著上易字第 5 號判決。

63. 智慧財產法院 101 年度民商上字第 16 號判決。

64. 智慧財產法院 102 年度民營訴字第 6 號判決。

65. 智慧財產法院 108 年度民秘聲上字第 6 號裁定。

66. 智慧財產法院 107 年度民營上字第 7 號判決。

67. 智慧財產法院 101 年度民商上字第 16 號判決。

68. 智慧財產法院 106 年度民專上字第 16 號判決。

69. 智慧財產法院 103 年度民專訴字第 11 號判決。

70. 智慧財產法院 107 年度刑智上訴字第 14 號判決。

71. 智慧財產法院民營上更（一）字第 1 號判決。

72. 高等法院 107 年度金上訴字第 83 號判決。

73. 地方法院 106 年度智訴字第 3 號刑事判決。

74. 107 年度偵字第 35783 號刑事追加起訴書。

75. 107 年度偵字第 13343 號刑事起訴書。

76. 金融監督管理委員會金管銀控字第 10560005610 號令。

77. 金融監督管理委員會金管銀控字第 10460003280 號令。

78. 科技部科部科字第 1070010828A 號。

79. 經濟部經商一字第 10702263070 號。

後 記

　　這本書能夠出版，實在必須感謝太多人，首要必須感謝的就是我的指導老師范建得教授，同時也必須感謝蔡昌憲教授，以及李紀寬教授兩位委員，最後也一定要感謝元華文創的編輯們，沒有您們的大力協助，這本書絕對無法出版，在此致上我最深的感謝。

　　同時也要感謝一路以來一直與精神疾病對抗的自己，從確診憂鬱症、強迫症，以及開始服用抗憂鬱藥以來，已經歷時六年了，雖然疾病始終沒有痊癒，我在想我這一生可能都無法像正常人一樣思考，而必須一輩子與疾病共處了，對於不了解的人，我可以簡單說明，借用網路上憂鬱症患者 Ted 演講中的話，我覺得非常的貼切，「我的腦中就好像正進行著一場緩慢而陰暗的葬禮」，雖然可能有點誇張，但我認為描述得十分精準，在內心陰鬱躁鬱的同時，我的腦中的思緒亦是一刻都無法歇息，就像一臺過度運轉的發燙的機器，以至於我的表達以及文字理解可能都無法十分精確以及完整，而流於片面及產生許多謬誤及錯誤，且同時夜不能安眠，終日精神惶惶。

　　雖然我的精神狀況不佳，但我仍覺得我算是幸運的，因為我能有機會對於區塊鏈現存的既有的文獻作整理，並能努力嘗試為觀者梳理整理出一條前人努力堆積而砌成的道路，進而供後續研究者能夠方便整理既有的文獻，我可能行文用字表達面及文獻整理面不精確以及不細緻正確，然暫且不論本書的貢獻多麼微薄，如果本書能為後人的研究以及區塊鏈的發展作出些微的貢獻或啟發的話，那我也能稍稍有一點點開心了。

2021.2.8 寫於臺北大學三峽校區

國家圖書館出版品預行編目(CIP) 資料

區塊鏈與營業秘密保護困難之突破 / 郭彥呈,
范建得著. -- 初版. -- 臺北市 : 元華文創,
2021.08
面; 公分

ISBN 978-957-711-178-4 (平裝)

1.經濟法規 2.智慧財產權 3.電子商務

553.433   109009238

區塊鏈與營業秘密保護困難之突破

郭彥呈 范建得 著

發 行 人：賴洋助
出 版 者：元華文創股份有限公司
聯絡地址：100 臺北市中正區重慶南路二段 51 號 5 樓
公司地址：新竹縣竹北市台元一街 8 號 5 樓之 7
電　　話：(02) 2351-1607　　傳　　真：(02) 2351-1549
網　　址：www.eculture.com.tw
E - m a i l：service@eculture.com.tw
出版年月：2021 年 08 月 初版
定　　價：新臺幣 580 元

ISBN：978-957-711-178-4 (平裝)

總經銷：聯合發行股份有限公司
地　址：231 新北市新店區寶橋路 235 巷 6 弄 6 號 4F
電　話：(02)2917-8022　　　　傳　真：(02)2915-6275